DR. RAMAZAN KURTOĞLU

ŞÖV... LERİ VE NÖRO-MESİH

Para - Sessiz Silahlarla Terörizm ve Lucifer'in Çocukları'nın Yeni Dünya Düzeni'nde Gnostik İslam

DESTEK yayınları

DESTEK MEDYA GRUBU

DESTEK YAYINLARI: 867
ARAŞTIRMA: 200

DR. RAMAZAN KURTOĞLU / TAPINAK ŞÖVALYELERİ VE NÖRO-MESİH

İmtiyaz Sahibi: Yelda Cumalıoğlu
Genel Yayın Yönetmeni: Ertürk Akşun
Yayın Koordinatörü: Özlem Esmergül
Editör: Aslı Bahşi
Kapak Tasarım: İlknur Muştu
Sayfa Düzeni: Cansu Poroy
Sosyal Medya-Grafik: Tuğçe Budak - Mesud Topal

Destek Yayınları: Kasım 2017 (10.000 Adet)
11. Baskı: Ocak 2019
12. Baskı: Şubat 2019
Yayıncı Sertifika No. 13226

ISBN 978-605-311-326-3

© Destek Yayınları
Abdi İpekçi Caddesi No. 31/5 Nişantaşı/İstanbul
Tel. (0) 212 252 22 42
Faks: (0) 212 252 22 43
www.destekdukkan.com
info@destekyayinlari.com
facebook.com/DestekYayinevi
twitter.com/destekyayinlari
instagram.com/destekyayinlari

Deniz Ofset – Nazlı Koçak
Sertifika No. 40200
Maltepe Mahallesi
Hastane Yolu Sokak No. 1/6
Zeytinburnu / İstanbul

DESTEK yayınları KARAKARGA BEYAZ BAYKUŞ genç DESTEK

DR. RAMAZAN KURTOĞLU

TAPINAK ŞÖVALYELERİ VE NÖRO-MESİH

Para - Sessiz Silahlarla Terörizm ve Lucifer'in Çocukları'nın Yeni Dünya Düzeni'nde Gnostik İslam

DESTEK yayınları

İÇİNDEKİLER

YAZAR HAKKINDA

Elinizde tuttuğunuz bu kitabın yazarına sık sık sorulan bir soru var:

"Hocam hangi tarikattansınız, şeyhiniz kim?"

El cevap:

"Kuran tarikatındanım, şeyhim de Hz. Muhammed Mustafa."

Diğer taraftan, evime üç şeyi çerçeveletip astım:

- Peygamberimiz Hz. Muhammed'in "Veda Hutbesi".
- Devletimizin kurucusu Gazi Mustafa Kemal Atatürk'ün "Gençliğe Hitabe"si.
- "İstiklal Marşı"mız.

Allah Müslüman Türk milletine yeni bir "İstiklal Marşı" yazdırmasın dua ve dileklerimle...

ÖNSÖZ

Günümüzün postmodern dünyasında olup bitenleri, "sembolik sistemlerin", küresel dönüşüm/dönüştürme projelerinin "semavi/kitaplı ve felsefi dinlerle" nasıl iç içe çalıştıklarını anlamadan Yeni Dünya Düzeni ütopyasını tam manasıyla anlayamayız. Nitekim Prof. John Gray'ın da ifade ettiği gibi, tarihten bugüne yeryüzünde olup biten "ekonomi-para-siyasi-içtimai/sosyal politikalarda" ve dahi "teknolojik" alanda kullanılan "seküler" ifade ve tanımlar gerçekte dini kökenleri olan, kısaca semavi ve/veya felsefi dinlerden neşet etmiş sembolik sistemlerdir/ifade ve tanımlardır. Tıpkı "kapitalizm", "sosyalizm", "siyasal İslam" gibi.

"Din" bir toplum olayı ve sosyal hayatı "zihniyet" üzerinden etkileyen en önemli iki temel unsurdan biridir. Diğeri, gelenek ve görenek ya da örf ve âdetlerdir. Mesela, bu bağlamda "kalkınma" bir zihniyetin ürünüdür. Zihniyet ise din, gelenek ve göreneklerin sonucu oluşur. Elbette bu iki hususa, biraz daha makrodan mikroya doğru inersek toplumsal "psiko-genetik" yapı ve "teknolojik" gelişmelerinde -ki bu sonuncusu dışarıdan müdahale ya da insanlığın tabii seyrine yönelik manipülasyonları da bünyesinde barındırmaktadır- etki ettiğini ifade etmek gerekir.

Levi-Strauss'ın "siyaset felsefesini" anlamadan, bir başka ifade ile "din-para-siyaset" "üçgeninin" iç içe geçtiğini tarihten bugüne bu hususu tam manasıyla "oku"madan günümüzde olup bitenleri doğru olarak tanımlayamayız.

Haçlı orduları (1096'dan itibaren) içinde kendine yer edinen Tapınak Şövalyeleri Tarikatı tam manası ile "din-para-siyaset" temelinde küresel bir projenin ürünüdür. Günümüzde de her ne kadar bu tarikat "resmen" ortada görünmüyorsa da ideolojisiyle/ idealleriyle küresel boyutta "din-para-siyaset" alanında dönüştürme/ dönüşüm projelerinin mimarıdır. Görünmeyeni yok edemezsiniz.

Tapınak Şövalyeleri Tarikatı çok sayıda ve çeşitli alanlardaki okült/ezoterik-Batıni kulüp ve sivil toplum kuruluşlarıyla "legal"izedir. Haham-piskopos-ulema üçgeni üzerinden pek çok Yahudi-Hıristiyan-İslam tarikatları "Gnostik din" temelinde Panteist-Kabala'nın "Varlıkta Birlik"te ifade edilen "Tanrı"sından senkretik/bağdaştırılmış "Tek Dünya Dini" halindedir. Bazıları buna "İbrahimi dinler" diyor, "dinler arası diyalog" adını veriyor.

Tapınak Şövalyeleri Tarikatı "Sion"un çocuklarının olup, sadece Hıristiyanlığı değil, 13. yüzyıldan itibaren, "Allah indinde yegâne din" –Âli İmran, 19. ayet– olan mübarek dinimiz İslam'ı da dönüştürmüştür.

Ortalık "uydurma hadis külliyatları" daha açık ifadesiyle Tevrat-Talmud-İncil'lerden araklanmış, sevgili peygamberimiz Hz. Muhammed Mustafa'nın –selam ve sevgiler onadır– ağzından mütedeyyin mümin kardeşlerimize "pazarlanan" "İsrailiyat" ürünü "hadislerle" doludur.

Bu satırların yazarı, İslami bilgi ve terbiyeyi, şampiyon bir milli güreşçi ve müderris bir babanın evladı olan rahmetli babam Muharrem Kurt Pehlivan ve rahmetli Atatürk'ün liderliğindeki Türk İstiklal Harbi'nde Atatürk'ün yanında yer almış yine ulemadan olan bir babanın kızı olan annem Fatma Hanım'dan almıştır. Dahası Arvasi ailesinin rahle-i tedrisatından geçmiş bir akademisyen olarak Müslümanların kurtuluşunun "iman+akıl" temelinde ya da "vahiy" kadar "akıl da danışarak" olabileceğine inanıyorum. Daha 10. yüzyılda "tarikatların artık İslam"a hizmet yolu olmaktan çıktığını ifade eden Hoca Ahmet Yesevi örneği ortadayken. Mensubu olduğumuz Hanefi-Maturidi Sünni İslam'ın önderi olan İmamı Azam Ebu Hanife'nin kabul ettiği hadis sayısı ortadayken ve hadislerin en erken peygamberimizin vefatından 30 yıl sonra yazılmaya başlandığı gerçeği varken... Muhyiddin İbn Arabi ve Mevlana'nın

"Varlıkta Birlik/Vahdet-i Vücut" çizgisindeki tarikatlar ve cemaatler İslam'ı "Gnostik"leştirmişlerdir.

İslam dünyası 8. yüzyıldan 13. yüzyıla "beş yüz yıl" tam manasıyla bir "altın çağ" yaşamıştır. İlim ve bilimde şartsız dünyaya hâkimdir. İslam âlemi 13. yüzyıldan bu tarafa –birkaç istisna isim hariç– hem ilmi hem de bilim alanında "yetim"dir. Bunun bir numaralı sebebi ezoterizm/Batını bataklığına sürüklenmiş bir kısım tarikat ve cemaatlerdir. Aklı vestiyere asan "biat"çılıktır. Bunların pek çoğu Yeni Dünya Düzeni ütopyasının kurucu babalarının arzu ettiği "Tek Dünya Dini" yani Panteist-Kabalist "Varlıkta Birlik"çi senkretik/bağdaştırılmış, yani "Hz. Peygambersiz" bir "İslam"a hizmet etmektedirler. Bazıları bunun farkında bile olmayabilir.

Elinizdeki kitabın satırlarında gezindikçe "Kuran ve sahih hadisler dışında" bir "tarikat ve cemaat İslam"ının 13. yüzyıldan beri İslam'ın içini boşalttığını görecek, ah çekecek ve ağlayacaksınız.

Bugüne kadar maalesef, Atatürk'ün Genelkurmay Başkanlığı ile aynı gün kurduğu 130 bin çalışanıyla Diyanet İşleri Başkanlığı, rahmetli Atatürk'ün ölümünden sonra ve dahi ilahiyat fakülteleri –70 adet– bu hususlarda üzerine düşeni yapmamıştır.

İslam dünyası dahil, küresel anlamda gerek semavi, gerek felsefi dinler "para" ile "Gnostik"leştirilmiştir. Din ve para siyasetin temel enstrümanlarıdır. Din-para-siyaset üçgeninde ilim, bilim, teknoloji Tapınak Şövalyeleri Tarikatı'nın "kutuplarının" kontrolündedir. Her din ve inançtan insanlık "sesli" ve "sessiz silahlar" ile mankurtlaştırılmaktadır.

Artık her dinden, inançtan insanlar "bir kurtarıcıyı", Mesih ve Mehdi'yi bekliyor. Ortada çok sayıda Mesih ve Mehdi dolaştığı için yakında her inanca uygun, uzaydan teknoloji marifetiyle holografik, Nöro-Mesih "insanlığa görünecek".

Bu çalışma ile Tapınak Şövalyeleri Tarikatı'ndan bugüne insanlığın din-para-siyaset üçgeninde "sesli" ve "sessiz" silahlarla, bireyden kitlelere, ekonomiden sinema, müzik endüstrisine, ilim ve bilime nasıl dönüştürüldüğünü belgelerle göstermeye çalıştık.

"Tanrı'nın seçilmiş ırkı"nın bu dünya için seçildiği ve yine "Tanrı'nın öbür dünya için seçtiği" "elitlerinin" kurguladığı bir Yeni Dünya Düzeni için başta Müslümanlar olmak üzere insanlık büyük tehdit altında.

Elinizdeki bu kitapta, teo-majik bir din, teo-majik bir para, teo-majik bir siyaset ekseninde kurgulanmış, küresel teo-siyaset ve tekno-maji ve psiko-maji ile insanlığın ve özelde Müslümanların ne duruma düşürüldüğünü ve daha da önemlisi okült-ezoterik/Batıni kardeşlik teşkilatlarının nasıl çalıştığını örneklerle görecek, en mütevazı ifade ile şaşıracaksınız.

Postmodern günümüz dünyasında, başta Raymond Aron, Edward Shils ve Daniel Bell gibi bazı önde gelen düşünürler her ne kadar çağımızın ideolojilerinin ölüm döşeğinde olduğunu ilan etmiş olsalar da, 20. yüzyılda 1978 Washington Mutabakatı'ndan bu tarafa baktığımızda olup bitenlerin tam manasıyla "postmodern ideolojik" olduğunu görürüz. 2008 küresel finans krizinden bu tarafa yaşananlar ise 21. yüzyılın "pembe"den giderek "siyah"a dönüşen bir postmodern "yeni ideolojik" devir olacağını gösteriyor.

Bu "yeni ideolojik" devirde şu hususların öne çıkacağını düşünebiliriz:

- Para savaşı. 1944'ten beri küresel para sisteminin "esas oğlan"ı olan ABD dolarına karşı "dijital kripto para"nın devreye sokulması. Bu aynı zamanda küresel boyutta ekonomik, siyasi, sosyal kaotik gelişmelere sebep olacak. Tek çare emniyet supabı altına yatırım.
- Dinden mezhebe, mezhepten tarikatlara, tarikatlardan cemaatlere doğru "amip"leşen bir din anlayışının giderek yaygınlaşacağı, özellikle İslam coğrafyasında toplumsal dokunun ve heterodoks parçalanmaların artacağı varsayılabilir.
- "Deizm"in senkretik/bağdaştırılmış "Tek Dünya Dini" projesi gereği İslam dünyasının dahil güçleneceği bir devir yaşanacak. Bilahare deist inanç da yıkılacak. Bu hususta Dan Brown'ın son kitabı *Başlangıç* neler olacağını tahmin etmek için iyi bir

okuma başlangıcı olabilir. Nitekim Türkiye'de bir ironiden bahsetmek mümkün. Cumhuriyet tarihinin en muhafazakâr-neoliberal partisinin 16 yıllık iktidarı döneminde, Diyanet İşleri Başkanlığı'nın Nisan 2017'de yayımladığı raporda ifade edildiği gibi ülkemizde giderek artan dini algılara rağmen bir de giderek artan dejenerasyon ve ayrışma mevcut. Üniversite gençliği arasında deizm –yani bir yaratıcıya inanan ama hiçbir dine inanmayan– patlamış durumda. Bu durumun liselere de sirayet ettiği muhtelif mahfillerde konuşuluyor.

- Bütünleştirilen millet yerine "kabileleştirme" ve "klanlaşma"nın giderek etkili olduğu, manipülasyonlarla "kimlik" haline getirildiği bir dünyaya şahitlik edebiliriz.
- Bütün bunlar yeryüzünde mevcut 200 devlet sayısını önce 1.000 sonra 2.000'e çıkarma yolunda katalizör olacak.
- Böyle bir dünyada barış falan olacağını ummak safdillikten öte bir şey olur. Tam ifadesiyle "Armegedon" ya da "ahir zaman" öncesi bir durumu gösterir ki "apokaliptik" güç simsarlarının da istediği budur.

Öngörülerimde yanılmak dilek ve dualarımla...

Dr. Ramazan Kurtoğlu
İstanbul, Kasım 2017

GİRİŞ I:

KANAL İSTANBUL VE TAPINAK ŞÖVALYELERİ TARİKATI

Kanal İstanbul ve Tapınak Şövalyeleri

1307 sonbaharında La Rochelle Limanı'ndan ayrılan 18 karavel tipi geminin –ki bunlar sığ sularda seyredebilme yeteneği ve üstün manevra gücüyle meşhurdurlar, azami yüz ton yük taşıyabilirler– akıbetleri 700 yıldır meçhuldür.

Tapınak Şövalyeleri'nin Süleyman Tapınağı'nın yıkıntıları altında kazılar gerçekleştirdikleri bilinmektedir. Papa III. Innocentius 1202'de Venedik'te Kudüs'ü kurtarmak gayesiyle yeni bir Haçlı Seferi başlattı. Bu sefer 1204 yılında İstanbul'un Haçlı ordularınca talanıyla nihayete erdi. Klasik ve ortaçağın kültür hazineleriyle dolu olan İstanbul talan edildi.

İmparator Konstantin'in annesi Helena'nın Kudüs'ten getirdiği birçok kutsal (haç, dikenli taç, Hz. İsa'nın kefeni, Yahya Peygamber'in kesik başı ve muhtelif rölikler) çalınmış ve kaçırılmıştır.

Bugün bunlardan sadece kefen ve dikenli taçtan bir parça mevcuttur, diğerleri asla bulunamamıştır. Söz konusu kutsalların o veya daha sonraki dönemde Tapınak Şövalyeleri Tarikatı'nın eline geçtiği düşünülmektedir. Bu hadisenin Vatikan'ı çok kızdırdığı aşikârdır.

Tapınak Şövalyeleri'nin ilişkide olduğu bilinen Katarlara 1209'da ayrı bir Haçlı Seferleri düzenlenmiştir. Kutsal Kâse'ye sahip olduğu düşünülen bu tarikatın 22 bin mensubu katledilmiş, buna rağmen hazinesi ve Kutsal Kâse ele geçirilememiştir. Tapınak Şövalyeleri tarafından korunduğu düşünülmektedir.

Tapınak Şövalyeleri'nin Katar kökenli tanrıça bazlı bazı Heretik inançlarının olduğu düşünülmektedir. Beş köşeli yıldız veya beş yapraklı gül tanrıçayı simgelemektedir. ABD'nin New York Limanı'nın girişine Hürriyet Heykeli adı altında tanrıçanın sembolünü dikmişlerdir. Buranın seçilmesinin sebebi New York'a gelen yeni göçmenler için bir transit merkezi durumunda olan Ellis Adası'na yakınlığıdır. Verilmek istenen mesaj Kilise'ye karşı hürriyetin ilanıdır.

Tarikatın IV. Philip'in gizli planlarını uygulamaya koyduğundan haberdar olması Fransa kralının Tapınakçıların hazinesine niçin ulaşamadığını açıklayabilir...

1307'de tutuklamalar başlamadan kısa bir süre önce hazinenin Paris Tapınağı'ndan kaçırılarak nehir yoluyla Tapınak Şövalyeleri'nin ana üssü La Rochelle Limanı'na ulaştırıldığı yönünde yaygın bir kanaat vardır.

Bazı araştırmacılara göre hazine ve Kutsal Kâse İskoçya'ya kaçırılmıştır. Ancak bunun olabilirliği son zamanlarda giderek zayıflamıştır. Zira o dönemde İskoç ve İngiliz Savaşı sürmektedir.

Diğer bir görüşe göre hazine ve Kutsal Kâse ve dahi Ahit Sandığı İstanbul'a kaçırılmış olup 18 karavel tipi gemi bugünkü Büyükçekmece Körfezi'ne gelmiştir.

Neden?

Birincisi buranın kendileri için güvenli olduğudur. İkincisi, Tapınak Şövalyeleri'nin bir devlet kurmak gibi büyük bir hayalleri vardı.

Nitekim Töton Şövalyeleri Bavyera'da Hospitalierler Rodos'ta bu işi başarmışlardı. Kıbrıs'ı satın almışlardı ancak bu onlar için yeterli değildi. Gözlerini Bizans'a yani Gül Çizgisi'nin –İstanbul'dan Mekke'ye uzanan çizgi Kıbrıs ve Kudüs'ün üstünden geçer ve Kudüs tam orta noktada kalır– başlangıcı olan İstanbul'a dikmişlerdi.

O dönem Bizans Devleti incelendiğinde şöyle bir tablo ortaya çıkmaktadır:

- İstanbul 1261'de Latinlerden geri alınmış olsa da Bizans Devleti toparlanamamıştır.
- O dönem İmparator II. Andronikos Paleologos'tur ve babasının Doğu Ortodoks Kilisesi'nin Papalığa tabi olarak birleştirilmesi için yapmış olduğu antlaşmayı reddetmiş ve bunun sonucunda Papa ile anlaşmazlığa düşmüştür.
- II. Andronikos Bizans kıyılarını korumakta olan donanmasını fazla masraf oluyor gerekçesiyle söktürmüştür.
- Türk tehlikesine karşı, eski bir Tapınak Şövalyesi olan Roger de Flor idaresinde olan Katalan paralı askerlerini kiralamıştı. Ne hikmetse hırsızlık sebebiyle tarikattan atılan Roger de Flor öldürülmüş, bu birlik yine Tapınak Şövalyesi Tarikatı üyesi olan yardımcısı tarafından Trakya'ya geçirilerek Bizans bu bölgeden uzak tutulmuştur. Yani o dönemde Bizans Devleti bu bölgeye hâkim değildir. Rumeli daha Türkler tarafından fethedilmemiştir.
- Netice olarak 1307'de Fransa'nın La Rochelle Limanı'ndan ayrılan 18 gemi kaybolmuştur.
- İstanbul'un Rumeli bölgesinde Marmara'dan Karadeniz'e kadar yüksek tepelere bir çizgi üzerinde inşa edilmiş ve bölgeyi tamamen kontrol eden 18 adet toprak beşgen tabyalar mevcuttur. Bu tabyaların odaları gömülüdür. Beş tanesinin hazine arayıcıları tarafından –ki biri de İstanbul-Edirne TEM otoyolunun yapımı sırasında– bulunduğu/açıldığı tahmil edilmektedir. Sadece açılmış bir oda tamamen açıktadır.

Hançer ve beşgen inşa edilirken beşin katları kullanılmıştır. Hançerin temsili boyu 100 metre olup söz konusu sahada bulunan beşgenin ve tabya beşgenlerinin taban uzunlukları 100 metredir. Bölgede bulunan temsili hançerin ucundan söz konusu sahadaki beşgenin ortasına uzatılan düz çizgi 100 metrenin 5 katı olan 500 metredir. Kendileri için zamanı geldiğinde kapıyı bulabilmek gayesiyle büyük yıldıza bir çentik oluşturmuşlardır. Bu çentiğin boyu 50 metredir. Bu temsili çentiğin ortasından uzatılan 50 metrelik düz çizgi hançerden gelen çizgi ile aynı noktada 90 derecelik açı ile birleşmektedir.

• Söz konusu bölgede yer alan "yıldız biçimli saha" yerinde incelendiğinde karşıdan tipik bir tümülüs görünümündedir. Toprak yapısı komşu alanlardan farklıdır ve buraya sonradan taşındığı bellidir.

• Bahsi geçen alan 36 bin metrekaredir. Temmuz sıcağında bile en tepe noktasında toprağın 10 santimetre altı ıslaktır ve burada kamış yetişmektedir. Kış aylarında çevresi bataklık haline gelmektedir. Bütün bu bulgular ışığında buranın "su tuzaklı" olduğu kesindir.

• İncelediğimiz yapının toprağın dokuz metre altında taban yüksekliği olduğunu tahmin ediyoruz.

• Yapıldığı dönem göz önüne alındığında bu kadar büyük bir alanın inşası günümüz şartlarında bile oldukça zordur. Bu kadar zahmetli bir yapının boşuna yapılmadığı kesindir.

• Muhtemel bir İstanbul depreminde üzerinde bu kadar yükle bu yapının ve içinin ne kadar çok zarar göreceği aşikârdır, bir an önce "hazine-kutsal Hıristiyanlık-Yahudilik malzemeleri"nin çıkarılması devletimiz açısından son derece önemlidir diye düşünüyoruz.

Din-para-siyaset üzerinden küresel hegemonya, Tapınak Şövalyeleri Tarikatı'nın insanlığa "hediye" ettiği çok ustaca hazırlanmış bir o kadar da sinsi kıyamet projesidir.

ABD Başkanı Franklin D. Roosevelt, 1933 yılında şöyle diyordu:

"Önlenemeyen finansal sömürü bizim içinde bulunduğumuz trajik durumun en temel sebebidir."[1]

Asil bir Katolik aileden gelen Subay Guy Fawkes (1570-1606), 5 Kasım 1605 tarihinde, Lortlar Kamarası'nın altında, odun ve demir yığınlarının ardına saklanmış 36 varil barut ile yakalanmıştı.

1. Unrestrained financial exploitations have been one of the great causes of our present tragic condition.

İngiltere parlamento binasını havaya uçurmak üzereyken (Gunpowder Plot) yakalanmış en büyük vatan haini ilan edilerek idam edilmişti.

İngiltere Kralı James, Katolik İngilizlere zulümlerden zulüm uyguluyordu. Fawkes dininden dönmemiş az sayıdaki Katolik İngilizlerden biriydi. Dört yüz yıldan daha fazla yıldır 5 Kasım günü "Guy Fawkes'i Lanetleme Günü" olarak kutlanıyor. Önceleri ateşler yakılıp Fawkes'in kuklaları ateşlere atılarak yakılırken zamanla havai fişek gösterileriyle (bonfire night) gerçekleştirilen bir gösteriye dönüştü.

Meşhur *V for Vendetta*[2] filminde kullanılan maske Guy Fawkes'e atfen haksızlığa ve sömürüye karşı gelmeyi sembolize etmektedir. *V for Vendetta* ilk kez 1981 yılında yayımlanan bağımsız çizgi roman dergisi *Warrior*'da yayımlanan ve kült haline gelen çizgi romandaki hikâyenin sinemaya uyarlanmış versiyonu olup, Amerikan-Alman ortak yapımı olarak İngiltere hariç bütün dünyada 2006 yılında gösterime girmişti.

Gişe rekorları kıran bu film, Guy Fawkes'ten esinlenilerek 2020'de hadiselerin yaşandığı fütürist bir senaryoya dayanmaktadır. Çizgi romanın kurgulayıcısı David Lloyd'un tasarladığı ve çizdiği Guy Fawkes maskesi söz konusu filmden daha meşhur oldu. Filmdeki kahramanın kullandığı bu maske günümüzde her neviden otoriteye, idealleri uğruna haksızlığa ve zulme direnmenin, protesto ve başkaldırının bir sembolü durumunda.

Yapılan araştırmalara göre Guy Fawkes sadece günah keçisi seçilmiş olup İngiltere'deki Katolikleri düşman ve terörist-vatan haini gibi göstermek için Kraliçe Elizabeth ve Kral James'e başyardımcılık yapan Robert Cecil (ölm. 1612) tarafından planlandığı öne sürülmektedir.[3]

---

2. İntikam İçin V.
3. Francis Edwards, The Enigma of Gunpowder Plot 1605, Four Courts Press, Dublin, 2008.

Aslında 800 yıl önce de, 400 yıl önce de, bugün de kullanılan yöntem aynı. Manipülasyon, iftira, suni gündemler... Hasılı küresel finans elitlerine direnen siyasetçi, akademisyen, hâkim, gazeteci, din adamı vs saf dışı etmek.

Aslında özellikle din-siyaset-para –ki siz isterseniz bunu tersten okuyunuz– ile alakalı gerçek tarih "maskenin arkasında"kiler tarafından yönlendirilmekte, planlanmaktadır. İnsanlık tarihinde devlet dışı iki kurum yani Vatikan ve Tapınak Şövalyeleri'nin tarihini bilmeden, metodolojisini bilmeden yeryüzünde olup biteni tam anlamak mümkün değildir. Zaten Tapınak Şövalyeleri Vatikan'ın çocuğudur. Tarihte Tapınak Şövalyeleri, 1980'lerde P2 Mason Locası, günümüzde Opus Dei. Bunlar alenen kamuoyuna yansımış resmiyet kazanmış ilişkiler. Ya perdenin arkasındaki ilişkiler?

Vatikan-Yahudi Dostluğunun Resmiyet Kazanması

1962-1965 yılları arasında toplanan ve "İkinci Vatikan Konseyi" olarak bilinen toplantıda Vatikan ile Yahudiler arasındaki, tarihin her devrinde sürdürülen gizli kapalı ilişkiler resmiyet kazandı. Bu konseyde yayınlanan "Nostra Aetate" adlı deklarasyon, Katolik Kilisesi'nin de beş yüz yıl sonra Protestanların yoluna girdiğini gösteriyordu. Bu gelişme bir sürecin sonucuydu. ABD'de yayımlanan *Look* dergisine göre, Papa XII. Pius (Pio) 1949 yılında, Dünya Yahudi Kuruluşları sözcüsü Jules Isaac ile görüşmüş, Isaac, bir sonraki Papa XXIII. John ile çok yakın bağlantılar kurmuştu.[4] Papa XXIII. John Tapınak Şövalyeleri'nin bir alt birimi olan Gül-Haç örgütü üyesiydi.

The Universe isimli Katolik gazetesinin yayımcısı Peirs Compton, *The Broken Cross* adlı kitabında bu hususta delilller ortaya koymuştu. Yine Compton, Masonluk ve Gül-Haç gibi ezoterik gizli

4. *Look* dergisi, 25 Ocak 1966.

örgütlerin Vatikan'a sızdığını anlatıyordu. Papa XXIII. John'un da bu sızma operasyonunun en somut sonucu olduğunu ifade ediyordu.

Compton'a göre Papa XXIII. John 1935 yılında Sofya'ya, piskopos iken Vatikan elçisi olarak atanmış ve burada Gül-Haç örgütü sembollerini kullanan bir gizli örgüte üye olmuştu. Vatikan'da papalık koltuğuna oturduktan sonra Vatikan-Yahudi ilişkilerini düzenlemesi için Yahudi asıllı Kardinal Augustin Bea'yı görevlendiren XXIII. John Vatikan'da tam anlamıyla Kabalistleşme sürecinin resmiyet kazanmasına vesile oldu.

Meşhur Yahudi kuruluşu "B'nai B'rith" Vatikan'dan Kilise metinlerindeki bütün Yahudi aleyhtarı metinleri çıkarmalarını istedi. Dahası bu "temizlik operasyonu" İncil'lerde de yapılmalıydı. Kardinal Bea, konuyla alakalı deklarasyonun çalışmalarını yürütmek üzere Kilise bünyesi içinde görev yapan Yahudi kökenli, Father Baum, John Oesterreicher gibi kişilerin de yer aldığı bir komisyon oluşturdu.

Kardinal Bea 31 Mart 1963 günü, Amerikan Yahudi Komitesi merkezinde, hahamlardan meydana gelen "Sanhedrin" kuruluyla görüştü... Nihayet 1965 yılında Vatikan Yahudilere büyük sempati ifadeleri içeren Nostra Aetate deklarasyonunu yayımladı ve "Yahudilerin Hz. İsa'nın katili olmadıklarını ilan etti".

1985 yılında ise son nokta konuldu. Amici Israel Birliği'nin takriben 60 sene önce deneyip de kabul ettiremediği açıklama Vatikan'ın en üst yetkililerince kabul edildi. 1985 yılında yayımlanan "Vaaz ve Dini Eğitim İçin Notlar" isimli tamimde Yahudiler "Eski Ahit'in insanları" olarak tanımlandıktan sonra şöyle deniliyordu:

"Yahudiler Tanrı'nın seçilmiş milletidir ve Tanrı bu statüyü hiçbir zaman iptal etmemiştir... Hıristiyanlar ve Yahudiler olarak, dünyanın geleceği için birlikte çalışmalı ve dünyayı 'Mesih'in gelmesi' için hazırlama sorumluluğunu birlikte üstlenmeliyiz. Bunları Tanrı'nın Krallığı için beslediğimiz ortak umutlar için yapmalıyız."

Bu arada bir hususu da zikredelim. Resmi kuruluşu 1099 olan Sion Tarikatı -ki Tapınak Şövalyeleri tarikatının çekirdeğini oluşturmaktadır- Fransız kanunlarına uygun olarak 20 Temmuz 1956'da resmi olarak kayıt altına alınmıştı.

Sion Tarikatı, günümüzde İngiliz Yahudisi Dan Brown'un *Da Vinci Şifresi* kitabı, bilahare filmiyle tekrar tekrar gündeme geldi ve gelmeye devam edecek. *Da Vinci Şifresi*'ne göre, Hıristiyan âleminin hiç evlenmediğine kutsal bir ayet gibi inandığı İsa Mesih aslında evliydi.

Karısı da Magdalalı/Mecdelli Meryem idi. Öyle ki İsa Mesih çarmıha gerildiğinde -Kuran'a göre Hz. İsa çarmıha gerilmemiştir- Meryem kızları Sarah'a hamileydi. Magdalalı Meryem ve karnındaki doğmamış çocuğu, neslinin korunması için kutsal topraklardan kaçtı. Bu noktada hep bir sır isim devreye giriyor. Meryem'i Fransa'ya getiren Arimatea'lı Yusuf. Fransa'daki Yahudiler arasında kendini güvende hisseden Meryem kızı Sarah'ı Fransa'da doğurdu.

İsa Mesih ile alakalı gerçekleri ısrarla sakladığı iddia edilen Vatikan, İsa'nın neslinin artmasından, İsa Mesih-Magdalalı Meryem sırrının açığa çıkmasından ve temel Katolik öğretilerine meydan okunmasından hep korkmaktadır. Vatikan'ın/Roma Kilisesi'nin bütün engellerine rağmen İsa'nın nesli çoğalmaya devam etti. Zira 15. yüzyıla kadar bu nesil gizlice çoğalmıştı.

Fakat bu tarihte İsa Mesih'in son temsilcisi Fransız asillerinden biriyle evlendi. "Merovingian Hanedanı" diye bilinen İsa Mesih'ten gelen bir soy meydana geldi. Vatikan, bu soyu yok etmek için her neviden entrikanın kurgulayıcısı oldu. İşte söz konusu hanedanda bir isim öne çıktı ve "Kral Dagobert" adıyla anılmaya başladı. Yani Dagobert Merovingian kralıydı.

17. yüzyıl sonunda İsa Mesih'in soyunu temsil eden hanedanlık-krallık yok olma ile karşı karşıya kaldı. Kral Dagobert öldürüldü. Ancak oğlu Sigisbert kaçmayı başardı. Aileye sonradan, muğlak bir şekilde bir isim eklendi: Godefroi de Bouillon. *Da Vinci*

Şifresi'ne göre İsa Mesih'in sırrı bu isimle beraber gizli bir cemiyetin-tarikatın himayesine girdi.

Bu tarikat "Sion Tarikatı" ve daha geniş anlamda "Tapınak Şövalyeleri". İddiaya göre İsa Mesih'in soyundan olan Merovingian'ların günümüzde soyunu temsil edenlerin soyadları "Plantard ve Saint Clair". Bu soyadları Sion Tarikatı /Tapınak Şövalyeleri tarikatı tarafından yüzlerce yıl boyunca korundu. İsa Mesih'in soyunun son temsilcisi bugün hayatta. Fransa'da yaşıyor ve tarikat tarafından gizlice korunuyor.

Aytunç Altındal'a göre Hz. İsa'nın soyunun günümüzde temsilcisi olduğu iddia edilen kişinin ismi Pierre Plantard de St. Clair. "Pierre Plantard de St. Clair, İkinci Dünya Savaşı sırasında bu adamı Almanya'da aramaya başlıyorlar. Paris'te ikamet ediyor. Hemen Londra'ya kaçırıyorlar. Adamı Londra'da saklıyorlar. Savaş bitince geliyor. 1945'ten itibaren de AB'nin kurulması meselesinde, Sion Tarikatı yeraltından çıkıyor. Sion Tarikatı'nın elindeki, İsa'yla ilgili dosyalar birdenbire devlet arşivinde bulunuyor."[5]

Tapınak Şövalyeleri Tarikatı, Sion Tarikatı ve Gül ve Haç Kardeşliği başta olmak üzere ezoterik gizli teşkilatlar "İsa'nın sırrını saklamak" ve yüzlerce yıldır Vatikan'a kaptırmamak için çalışıyorlar. Hadise din üzerinden algı yönetimi ve siyasete yön vermek ve parayı kontrol etmek.

Gül ve Haç Derneği, benzer şekilde Masonluk gibi Tapınak Şövalyeleri Tarikatı geleneğinden gelen, devamı niteliğinde kurulmuş ezoterik-Kabalist bir gizli örgüttür. Ortaçağın sonlarından itibaren Avrupa'daki pek çok felsefeciyi simya tutkusu sarmıştı. Gül ve Haç Derneği mensuplarıyla Kabalistler arasındaki ilişkinin gün yüzüne çıkmasına sebep olan alanlardan en önemlisi simyacılık idi.

Simya, bir kısım "metafizik güçleri kullanarak fiziki dünyayı etkileme", çalışmalarıydı ve Kabala'nın ana fonksiyonu idi. Kabalistlerin sahibi olduklarını iddia ettikleri bu gücü Kral Davud

5. Aytunç Altındal, *Gül ve Haç Kardeşliği / Avrupa Birliği'nin Gizli Masonik Kimliği*, Yeni Avrasya Yayınları, Ankara, Ekim 2003.

soyundan kurtarıcı Mesih Planı'nı gerçekleştirmek için kullanacaklardı. Ancak bu güç sıradan elementlerin yapısını değiştirme, altına çevirme alanında da kullanılabilirdi.

Altın denilince, yüzyıllardır, yani 1307'den bu tarafa Tapınak Şövalyeleri'nin tonlarca altını kayıp ve nerede olduğu ile alakalı tartışmalar sürüp gidiyor: ABD, İskoçya, İsviçre, Afrika, Türkiye...

"Sır" ve "Gizlilik": Okültizm/Ezoterizm-Batınilik

Okült/ezoterik örgütler "gizli gelenek" (secret tradition) yöntemleri ile faaliyetlerini yürütür. Bu neviden teşkilatlar kanuni örgütlerden çok farklı metot ve yöntemlerle inançlarını, görüşlerini hayata geçirirler.

Peki, pek bilinmeyen okült/ezoterik örgütlerin yöntemleri nasıl işletilir?

Okült/ezoterik gizli örgütler -ki bunlara Hermetik cemiyetler de denir- iki ana prensibe uyarak faaliyetlerini yürütür. Bunlar:

- "Sır" saklamak
- "Gizlilik"

Sır ve gizlilik kavramlarından okült/ezoterik/Hermetik örgütler ne anlar? Elbette kanuni örgütlerin de bir "sır"ları vardır. Mesela bir güvenlik teşkilatının bütçesi bir "sır"dır ve de "gizlidir".

Fakat okült örgütlerinde "sır" olan bütçe, üye sayısı vb. gibi hususlar değil doğrudan doğruya örgütü kuran "inanç" ya da fikirdir. "Sır" sahibi olmayan ya da böyle bir iddiası bulunmayan okült/ezoterik-Batıni örgüt, tarikat yoktur, olmaz, olamaz.

"Sır" (secret) ile "gizlilik" (clandestine) birbirleriyle çok karıştırılmaktadır. Tıpkı "komplo" ile "fesat" (conspiracy) kavramlarının karıştırılması gibi. Komplo tek kişiyle olmaz. Mutlaka iki veya daha fazla kişiye ihtiyaç vardır. Komplo ile konspirasyon kavramları da farklıdır. Komploda esas olan "caydırıcılık"tır. Konspirasyonda asıl olan ise "saldırganlıktır".

Konspirasyon=fesat, komplodan farklı olarak hangi "teori/ inanç" uğruna gerçekleştirileceği keyfiyetidir. Ancak bütün bunların bir ortak noktası mevcuttur ve/veya olması gerekir. Yani önceden hazırlanmış bir "ana strateji" olmadan ne komplo ne de konspirasyon olur. Ana strateji komplo veya konspirasyon hangisini uygun görüyorsa onu kullanır.

Dünden bugüne tarih boyunca gizli/yeraltı okült/ezoterik-Batıni örgütlerde yukarıda zikrettiğimiz iki ana faaliyet dalı kendi kuruluş sırlarının ortaya koyduğu ana strateji çerçevesinde uygulamaya konulmuştur.

Mesela Masonik teşkilatlar ve onlara insan devşiren yarı legal-resmi teşkilatların çoğu sadece spekülatif faaliyetlerde bulunurlar. Fakat Tapınak Şövalyeleri Tarikatı, Sion Tarikatı, Gül ve Haç, İlluminati ve bunların yönlendirdiği okült/ezoterik-Batıni gizli-yeraltı örgütleri operatif faaliyetleri yönetirler. Bu bağlamda komplolar "spekülatif" konspirasyonlar ise "operatif"tirler.

Okült/ezoterik-Batıni teşkilatlarda "sır"="mystery", sadece saklanması gereken örgütle alakalı bir bilgi değildir. Bu nevi teşkilatlarda "mystery" bireylerle ilgili değil, "uhrevi" bir güce atfen "sır" olarak saklanmaktadır. Mesela büyü, simya, uzgörü, sihir vb. gibi okültik/ezoterik-Batıni uygulamaların "nihai" kaynağı Tanrı ya da onun yerine kaim edilmiş bir "olağanüstü güçtür".

Söz konusu uhrevi olağanüstü güç "Tanrı"dan başlayarak "evrenin ulu yaratıcısı"na ve "Lucifer"e kadar gider. Ancak buradaki "Tanrı" kavramı Kuran'da ifadesini bulan, önü ve sonu olmayan mutlak Yaratıcı Allah anlamına gelmemektedir. İşin içine Panteizm, Hermetizm girmektedir: "Varlıkta Birlik."

Ezoterizm/Batınilikte yer alan "gizlilik" ise "sırrın" ("mystery"nin) hiç kimseye fark ettirmeden, "gizlilik" ("clandestine") içinde toplumlara/topluma yönelik uygulamaya konulması, bilinçaltlarına enjekte edilmesi faaliyetleridir.

Özetlersek okült/ezoterik-Batıni örgütlerde "sır" belirli bir "ana strateji" meydana getiren ve spekülatif olan bir "mystery"dir. Operatif olana gelince, verili "ana strateji"nin öngördüğü tarzda söz konusu "mystery"yi "gizlilik" için toplum katmanlarına aşılamaktır.

Okült/ezoterik-Batıni örgütler de kendi meşrebine göre, inanılan "sır" (mystery) sebep, gizlilik içinde bu "sır"rı uygulamaya koymak sonuçtur. Bu tip örgütlerde "sır" her daim "gizli gelenek" diye tanımlanan anlatıma uygundur. Söz konusu gizli gelenek okült/ezoterik-Batıni gizli kardeşlik örgütleri için çok önemlidir. Burada kullanılan "gizli" (secret) kavramı bu gelenek içinde okült/ezoterik-Batıni manasında kullanılmıştır.

Roma/Katolik Kilisesi'nin acımasız saldırı ve manipülasyonlarına duçar olmuş olan alşimist, Hermetist, okültist ve ezoterikler "gizli" manasına gelen "okült" kelimesini kullanmaktan kaçınmışlar ve bunun yerine "sır" manasına karşılık gelen "secret" kelimesini kullanmayı tercih etmişlerdi.

Ezoterikler/Batıniler tarafından kullanılan terminolojide "gelenek" kelimesi de toplumların bildiği ve anladığı anlamın dışında kullanılır. Gelenekten kast edilen/murat edilen "Kabala"dır. Kabala, İbranice de kelime anlamı olarak "gelenek" demektir.

"Gizli gelenek" denildiğinde insanlığın kadim dönemlerinden beri "seçkinlerin/seçilmişlerin" uğraştığı "okült" uygulamaları ile daha sonraki asırlarda, özellikle de 11. ve 12. yüzyıllardan itibaren gelişen ve Hıristiyan ve İslam toplumlarında ortaya çıkan içinde Yahudi Kabalizmi'nin de yer aldığı bütün yasaklanmış "ilim ve bilgi" tomarları kast edilmektedir. Bu en kapsayıcı manasıyla "gelenek" (tradition) okült gizli teşkilatların kastettiği ve kullandığı "bilim"di.

Bu "bilim/büyü" tarih boyunca, Helen, Yahudi Antik Mısır, Roma, Sümer, Babil, Hint ve Çin "geleneklerinden" füzyon yoluyla taşınmış öğeleri bünyesinde barındırmaktadır. Bu "bilim/büyü" formatının gelişimine en fazla etki eden coğrafya Anadolu ve Ortadoğu'dur. Bu coğrafyada meşhur Baküs, Ceres, Cybele ve Eleusis, Samothrace kültürlerindeki okültistik, Hermetik, ezoterik, alşimist uygulamalar sentezlenerek belirli bir "tarikat/teşkilat" tarafından günümüze kadar ulaştırılmıştır.

Söz konusu gizli tarikat "Cabiriler" adı ile bilinmektedir. Heredot ve Çiçero başta olmak üzere birçok yazar Cabiri kültürü hakkında detaylı tanıtımlar yazmışlardır. Bu kültürün tapınak ve tanrılarına ilk defa 1888'de ulaşılabilmiştir. Thebes'te gerçekleştirilen kazılarda "Cabiri kültü"nün tanrılarından biri olan ve tarihçi Heredot tarafından "En Güçlü Büyücü" diye tanımlanan Caberios'un heykeli bulunmuştur.

Araştırmaların ortaya koyduğuna göre, Cabiri geleneği, Anadolu'nun Ege ve Batı bölgesindeki en eski ve etkili "okült" sistematiğiydi. Haçlı Seferleri esnasında ve sonrasında Cabiri geleneğinin "sırlar" (mysteries) Avrupa'ya Tapınak Şövalyeleri Tarikatı vasıtasıyla taşınmıştır.

"1307 Felaketi'nden sonra önce Gül ve Haç Kardeşliği teşkilatı bu sırların çoğuna sahip oldu. Bilahare bu örgütün üst derecedeki/seviyedeki üyeleri Masonluktaki "spekülatif ve operatif" Mason localarını kurdular.

"Gizli geleneğin", Yahudi Kabalizmi dahil her yönüyle uğraşan ve sadece elitlerin, zenginlerin ve bilim insanlarının üye olabildikleri ilk "açık" Gnostik Hıristiyan tarikat ve locaları 1767 yılından itibaren peş peşe açılmaya başladı. Bunlar tamamen Cabiri geleneğine uygun, en eski kültür ve kült uygulamalarının taşıyıcıları oldukları bilinen özel örgütler olup, Apokaliptik/Kıyametçi "Yeni Dünya Düzeni" ütopyasını temel alırlar.

Cabiri geleneğinin sembolleri beyaz önlük, çekiç ve demir örstür ve bu asli semboller günümüzün Masonları tarafından da kullanılır. Başlangıçta şu dört Gnostik Hıristiyan teşkilat, tarikat ve localar bütün Avrupa'da sadece "manevi" planda değil, Kilise karşıtı bütün faaliyetlerde başrolde görev yapmışlardır. Böylelikle ezoterik-Yahudi-Hıristiyan değerlerinin füzyonlanarak oluşturulduğu senkretik/bağdaştırılmış yeni bir inancın, Gnostik Hıristiyanlığın yerleştirilmesini sağlamışlardır:

• "The Academy of the Ancients and of the Mysteries", 1767'de Habsburg Hanedanı'nın himayesinde Avusturya'da kuruldu.

• "The Knights of the True Light", 1780'de kuruldu.

• "The Order of Jerusalem", 1780'de Rosicrucian üyeleri tarafından Almanya'da kuruldu.

• "The Society of the Universal Auora", 1783'te Fransa'nın başkenti Paris'te kuruldu.

Yukarıda ismini verdiğimiz tarikat ve localar temel olmak üzere 17, 18, 19 ve 20. yüzyıllarda meşhur olmuş çeşitli entelektüel kişiler günümüzün Avrupa Birliği'nin "kültürel mirasına" işte yukarıdaki neviden gizli örgütler vasıtasıyla yön vermişlerdir. Hatta öyle ki bazı tanınmış aydınlar/zenginler zikrettiğimiz gizli örgütlere 6 yaşındayken "inisiye" edilerek çok gizli çok özel bilgilerle donatılmışlardır.

Bir misal verelim. Yukarıda Apokaliptik/Kıyametçilik'ten söz etmiş. Hıristiyanlığın dönüştürüldüğü ifade etmiştik... Emmenuel Swedenburg (Swedberg) bu husustaki en önemli isimlerden biridir. 1688'de bir papazın oğlu olarak Stockholm'de doğan Swedenburg, konunun uzmanlarına göre Avrupa'daki gelmiş geçmiş en büyük "mistiktir".

Spritüel felsefe hakkında çok sayıda kitap yazan Swedenburg sadece İsveç, Norveç ve Finlandiya'da değil Avrupa'nın tamamında meşhur olmuştu. İncil'de yer alan ve günümüzde giderek Batı'nın reel politikasının kaynağını teşkil eden Apokalips üzerine yeni ve oldukça karmaşık "kehanet" tarzı yorumlar yapmıştır. Özellikle "Yeni Kilise Yeni Kudüs" temalarını işlemiştir. Uzayda "hayat" olduğunu ve diğer dünya dışı gezegenlere, kendisinin ifadesiyle ve kendi tecrübesiyle "ruhsal" seyahatler yapılabileceğini söyleyen Swedenburg 1772'de ölmüştür. Sağlığında hiç istemediği halde, ölümünden sonra adına bir kilise kurulmuştur. Günümüzde onun adına kurulan kilise, İsveç, Danimarka, Norveç, Finlandiya, Rusya ve ABD'de oldukça etkilidir.

Swedenburg'ün ezoterik öğretilerine bağlı ilk loca 1755'te Stockholm'de açılmış, bunu 1760'ta, açılan ve Prusya kralının yönettiği loca takip etmişti. Kardinal Rohan ise 1769'da üçüncü locayı Paris'te açtı.

Günümüz Avrupa Birliği'nde (AB) etkili olan Kilise Hıristiyanlığı (Vatikan) ya da "Eklesiastik-Sacerdotalizm" değil, felsefi manada kendilerini din hususunda, iman bağlamında "Agnostik" olarak tanımlayan "okültist-Masonik" çevrelerdir. Günümüze damgasını vuran bu akımın kökenlerini Cabiri geleneğinde aramak gerekir. Gnostik Hıristiyanlıkta bu akım İsa Mesih'in "çarmıh"ta ölüşünden hemen sonra başlamıştır.

Vatikan ile Gnostik Hıristiyanlar arasında havariler ile Meryem Ana arasında derin görüş ayrılıkları mevcuttur. Vatikan tarafından muhtelif ekümenikal konsillerde ve Synod'larda kabul edilen kararlar çerçevesinde meydana getirilen "Canonlar"a (Yasama/Yönetmelik) uygun olarak İsa'nın 12 Havari'sinden Peter (Petrus=Simon), James (İsa'nın kardeşi sayılan), John ve Andrew'a Gnostik Hıristiyanlar öncelik vermezler. Yukarıdaki saydığımız havariler resmi yerleşik kilise ve taraftarları için önceliklidir. Buna mukabil Thomas, Philip, Mathew (Matta) ve Bartolomew Gnostik Hıristiyanlar için önemlidir.

Yeni Ahit'te iki önemli kadın figürü vardır. Biri Meryem Ana diğeri ise Mecdelli Meryem (Maria Magdelena). Gnostik Hıristiyanlar Meryem Ana'yı göz ardı ederek, fahişeyken nadim olup İsa Mesih'e "hizmetkâr" (bazılarına göre de günümüzde İsa Mesih'in soyunu devam ettiren eş olan) Mecdelli Meryem'i öne çıkarırlar.

Yine Gnostikler için Philip'in Gospel'i (İncil'i) ve bu Meryem'in İncil'i çok kıymetlidir. Fakat bu kitaplar resmi Kilise-Vatikan tarafından tanınmaz. Bu kitaplar Gnostik Hıristiyanlar için neredeyse en kutsal kitaplardır.

Cabiri geleneğinde, MÖ 5. yüzyıldan itibaren özellikle de Batı Anadolu'da egemen olan bazı kültlerde (mesela, Eleusis, Dionisus vb.) erkeklerin kadın elbiseleri giyerek "dişil" prensiple özdeşleşmeleri törenleri yapılıyordu.

Gospel of Mary isimli Gnostik kitapta Mecdelli Meryem'in "Tanrı bizi erkek yaptı" ("Lord has made us male") şeklinde bir sözüne yer veriliyor.[6] Buradaki sembolizm ile erkek=ruh (Spirit=Lord=İsa Mesih) ile dişil prensip Wisdon/Word'un (Kelam) birbiriyle bütünleştikleri anlatılıyor. Söz konusu kitaba göre Mecdelli Meryem "dişiliğini" aşarak nihayetinde "erkek" olabilmiş, bu aşamadan sonra Lord Jesus (İsa Mesih) onun yanına yaklaşmasına ve hizmetkârı olmasına izin vermişti.

Dişinin erkeğe veya erkeğin dişiye dönüştürülmesi bir nevi gizli "inisiyasyon" olarak kabul edilmişti. Bu geleneği sürdüren Masonlar sadece erkeklerden meydana gelen localarında biraderlerine, aynı locaya mensup olan diğer bir Mason'un karısının adını almak mecburiyetini getirmişlerdi.

Erkeklerin kadın giysileriyle dans etmesi geleneği de Cabiri kökenli olup, Osmanlı'da özellikle Batı Anadolu'da yaygın olan "zenne" geleneği muhtemelen bu kökenleri çok eski çağlara dayanan ezoterik gelenekten kaynaklanmaktadır.

Bir başka Cabiri geleneği, Hıristiyanlıkta kendisine esaslı bir yer bulmuştur. Buradaki sihirli kelime "süt"tür. Cabiri inanç sistematiğine göre kutsal sayılan sütün gerçekte insanı yaratan iki temel unsurdan (diğeri kan) biri olduğu fikri Gnostik Hıristiyanlarda hâkimdir. Gnostik Hıristiyanlara göre Tanrıça Juno, oğlu Herkül'ü emzirirken sütü taşmış ve Türkçede Samanyolu denilen ama aslı "Sütlü Yol" olan (Milkyway) olan "galaksileri" yaratmıştı...

Yunancada "Galaktos" kelimesi "Süt" manasına gelmektedir. Latincesi ise "Lac". Marina Warner'in anlattığına göre 1. yüzyıl filozoflarından Macrobius, sütü "yıldızların arasındaki en yüksek saflık" olarak tanımlamaktadır.[7]

Meryem'in "yıldızları" Macrobius için bütün insanlığı geliştiren

6. Pheme Perkins, *Gnosticism and the New Testament*, Ausburg, 1993 s. 155-159.
7. Erik Erikson, *Childhood and Society*, Norton, New York, 1963, s. 237.

sütünü sembolize etmekteydi. Gnostik Hıristiyan okültistler için süt, Astral-Işık/Nur demekti. Sahi Fethullah Gülen Hareketi'nin "Samanyolu" sembolizması sadece "tesadüf" olabilir mi? Lewis Mumford'a göre Avrupa'daki en köktendinci değişim ve dönüşümler 15. ve 18. asırlar arasında gerçekleşmiştir. İncil'de İsa'nın başlangıç ve son olduğu Grek alfabesindeki Alfa (ilk harf) ve Omega (son harf) ile belirtilmiş olmasına rağmen zaman içinde farklı anlam yüklemeleri olmuştur. Sekizinci asırda Aziz Boniface'in yasakladığı "büyü ve sihir", 1484 yılında Katolik Kilisesi tarafından resmen ele alınmıştır.

Tapınak Şövalyeleri ve Aydınlanma - Lucifer'in Işığı

Avrupa'da "Aydınlanma Çağı" olarak adlandırılan dönemi başlatanlar genellikle Gnostik Hıristiyanlığın temsilcileri olan "yeni egemenlerin" Avrupa şehirlerini Roma Kilisesi'nin "karanlığından kurtarıp" sokaklarıyla evleriyle, meydanlarıyla yeniden inşa etmeleriyle başladı.

Avrupa'da 16. asrın sonlarına değin, evlerin doğu cephelerine pencere yapmak yasaktı. Zira bütün kötülüklerin hastalıkların ve belaların Doğu'ya hâkim olan Türklerden ve Müslümanlardan geldiğine inanıyorlardı.

Avrupa'nın Tapınak Şövalyeleri ve görünürdeki "Mason Biraderleri" şehirlerini artık Kilise'nin değil kendi tanrılarının yani "evrenin ulu mimarının"/Lucifer'in isteklerine göre düzenliyorlardı.

18. yüzyılda George Washington, Benjamin Franklin, Lafayette ve Patrick Henry gibi 33 derece Masonların görünürde ama esasen Tapınak Şövalyeleri Tarikatı'nın "yeniden inşa ettikleri" ilk devlet ABD olmuştur.

ABD anayasasından kanunlarına, mimarisinden eğitim sistemine kadar hayatın her alanında Tapınak Şövalyeleri'nin/Masonların kendi "geometrik" tasarımlarının izi bu ülkenin her kurumuna damgasını vurmuştur. Bu hususta Dan Brown'ın yazmış olduğu ABD'nin başkenti Washington DC'deki Masonik sembolleri anlatan kitabını okuyabilirsiniz.[8]

Ancak Tapınak Şövalyeleri Masonik örgütlerin pervasız teşebbüslerine yönelik tepkiler de yükselmeye başlamıştı. 1821 yılında Pittsburgh şehrindeki Presbiteryen Kilisesi Masonların "Hıristiyanlığı kirlettiklerini" öne sürerek onları lanetlemişti. 1823'te ise Methedoist Kilisesi (General Conference) mensuplarının bu "kirli" tarikata girmesini yasakladı.

Bunlar ve benzeri Hıristiyan grupların öne sürdüklerine göre, Masonlar, İngiltere tarafından idare edilen kişiler olup Hıristiyanlığın en kutsal değerleriyle, Haç ve Meryem ile alay etmekte onları kirletmekteydiler. 1826 yılında New York'ta yaşanan bir olay Masonları ve ABD'yi çok sarsmıştı. Bir taş ustası Mason Locası'nın faaliyetlerini kendi dini inançlarına aykırı olduğunu fark edince mensubu olduğu Mason Locası'ndan ayrılmak istemişti.

Taş ustası William Morgan Mason Locası'ndan ayrılamayacağını, ayrılırsa öldürüleceğini öğrenince gizlice bir kitap yazarak yayımlamak istemişti. Masonluğun gizli törenlerini, ritüellerini, tertipledikleri konspirasyonları vs. yazdığı kitapta açıklayan Morgan kitabını yayımlatmaya çabalarken birdenbire polisi karşısında bulmuş ve hırsızlıktan tutuklanmıştı.

Tarih 12 Eylül 1826'yı gösterirken tutuklanan Morgan, ertesi gün hapishaneden serbest salıverilmişti. Hapisten çıkıp yolda yürürken yanına gelen yedi kişi onu aniden bir at arabasına bindirerek uzaklaşmışlardı... Birkaç gün sonra William Morgan'ın cesedi Niagara Şelalesi'nde bulunmuştu.

Amerikan halkı Morgan'ı kaçıran yedi Mason'u teşhis etti ve ayaklandı. Masonlar yakalandı ancak Mason şerifler ve hâkimlerin yardımlarıyla serbest bırakıldılar. Amerikan halkı tekrar galeyana

8. Dan Brown, *Kayıp Sembol*, çev. Petek Demir, Altın Kitaplar, İstanbul, 2010.

geldi. Bir grup dindar Hıristiyan Morgan'ın kitabını bastırıp dağıtmaya başladı. Bu hadise ABD ve dünya tarihinde tek örnek olarak bir siyasi partinin kurulmasına vesile oldu. Partinin adı "Anti-Masonik Parti".[9]

1827 seçimlerine Anti-Masonik Parti ünlü bir yazar olan Thurlow Weed'in desteğiyle bağımsız adaylarla katıldı. Bunlardan 15'i seçimleri kazandı... Masonların bütün sırları ifşa edildi. Ortaya dökülen gizli bilgilere göre Tapınak Şövalyeleri Tarikatı'nın görünen yüzü Masonlar ABD'yi 100 sene içerisinde bir imparatorluk yapacaklar ve aralarında dağıttıkları "gizli soyluluk" unvanlarıyla, İngiltere Krallığı ile bütünleşerek bütün dünyayı yöneteceklerdi.

Anti-Masonik cephenin hedefi Cumhuriyetçi ve Demokrat Parti'den seçilen Mason liderlerini Vali Clinton (meşhur Monika Lewinski'nin Beyaz Saray'daki cinsel ortağı Bill Clinton'un ahfadı) ile General A. Jackson'dı.

Anti-Masonik Parti'nin devasa gösterileri ve mahalli seçimlerde olağanüstü başarılı olması Tapınak Şövalyeleri'ni-Masonları çok endişelendirdi. Masonlar, asker kökenli ve sevilen şahsiyet olduğu için Andrew Jackson'ın Mason olmadığını ileri sürerek ABD başkanlığına aday gösterdiler.

Cumhuriyetçi ve Demokrat Mason partileri, iktidarı Anti-Masonik Parti'ye kaptırmak için işbirliği yaparak Jackson'ı başkan seçtirdiler. Andrew Jackson Masonlara yönelik bazı "göstermelik" çıkışlar yaptı. Amerikan halkının gazı alındı ve beş yıl içinde Anti-Masonik Parti halk desteğini kaybetti.

Ancak Anti-Masonik Parti sayesinde o dönemde yayımlanan belgeler şu dört hususu ortaya koyuyordu:

- ABD'nin Tapınak Şövalyeleri Tarikatı ideallerine uygun olarak Masonlar tarafından kurulmuş bir devlet olduğu,

9. Iona Opie and Moire Tatem, *A Dictionary of Superstitions*, Oxford, 1992.

• Bu devletin, topyekûn insanlığa Tapınak Şövalyeleri tarafından formatlanan Pagan-Kabalist-bir ezoterik dünya dini kurguladığı bir başka ifadeyle Gnostik-Hıristiyanlığı "Tek Dünya Dini" yapma misyonu ile donatıldığını,

• Buzdağının görünen yüzü Masonların "kutsal görevi"nin senkretik/bağdaştırılmış Tek Dünya Dini'ni yeryüzünde şekillendirecek, hâkim kılacak ekonomik-finansal, siyasi ve toplumsal projeleri üretecekleri,

• ABD'nin tarihi misyonunun/"belirlenmiş kaderinin" "Tek Dünya Devleti" ve "Tek Dünya Dini" olduğunu ortaya koydu. 1826'nın Anti-Masonik Partisi hemen hemen günümüzün ABD yönetimini ve Yeni Dünya Düzeni'ni deşifre etmişti.

Tapınak Şövalyeleri –Mason locaları ABD'de yaşanan büyük depremi– tepkiyi unutturabilmek için kendi kontrolleri altındaki basın ve yayın organlarını kullandılar. Bugün dahi tarihin tozlu raflarını boylamış bu hadisenin duyulmasını, yazılmasını ve yayılmasını engellerler. Özel bir sansür uygularlar. Bu hadisenin belgeselinin ve filminin yapılması hâlâ yasaktır.

Günümüzün Yeni Dünya Düzeni projesi ve bu projenin hayata geçirilmesine yönelik pek çok Tapınak Şövalyeleri Tarikatı projesi Masonik mahfiller tarafından hem gündemde tutulmakta hem de uygulanmaktadır.

Christendome'da temelleri atılan AB'de (Avrupa Birliği) Tapınak Şövalyeleri Tarikatı'nın Gnostik-okültik projelerinden biridir. 2016'da İngiltere'nin AB'den çıkma yönündeki halk oylaması ve kararı, başta Avrupa olmak üzere dünyanın Tapınak Şövalyeleri tarafından yeniden dizayn edileceğini göstermesi bakımından önemlidir.

Bir başka ezoterik, Gnostik-okültist örgütten bahsedelim. "Moral Rearmament" (Manevi Cihazlanma Örgütü). Düşman kardeşler olan Almanya ve Fransa'yı yan yana getiren bu örgütün İsviçre'deki şatosunda AB'nin temelleri atılmıştır.

"Manevi Cihazlanma" Derneği ve Türkiye'de Mason Tarikat İşbirliği

"Moral Rearmament", Manevi Cihazlanma Cemiyeti adıyla İstanbul'da da faaliyet göstermiş olan bu örgüt, İstanbul'da "Mason" ve "İslamcı" ağır topları bir araya getirerek ünlü bir muhafazakâr cemiyetin kurulmasını sağlamıştır.

Pek çok siyasi-ekonomik-dini olayın "perde arkasındaki" yeri ve rolü yeni fark edilen bu örgütün, yani MRA'nın (Moral Rearmament) kurucusu ABD'li Lutheran Papazı (Pastor) Frank Buchman'dır. 1929'da İngiltere'de Oxford Grubu adıyla kurulan MRA'nın kurucusu Lutheran olmasına rağmen, İngiltere'de "Evanjelizm" tarikatına girmiştir. Karizmatik ve bir kısım gizli bilgilere sahip bir kişi olarak tanıtılmıştı. Buchman Tanrı'ya hizmet için yeni bir yöntem bulduğunu iddia etmişti.

İlginçtir Buchman, "sessiz dinleyicilik" ve "gizli yönlendiricilik" olarak tanımladığı yöntemiyle olayları "göze görünmeden" yönlendirmeyi başarmıştı. Araştırmacı Edward Luttwak'ın gizli ve açıklanmış belgelerden yola çıkarak verdiği bilgilere göre, AB'yi gerçekleştirmek gayesi ile Almanya ve Fransa arasında 1945-1950 yılları arasında "Reconciliation" (Barıştırma) toplantılarını gerçekleştiren MRA'dır. İsviçre'nin Caux şehrindeki görkemli MRA şatosunda gerçekleştirilen toplantılara Almanya'yı temsilen katılan Konrad Adenauer devlet başkanı yapılmıştır. İlginçtir, toplantıların Fransa tarafına başkanlık eden ve AB'nin "manevi babası" sayılan kişi de Robert Schuman'dır. Bu toplantılara katılan ve bilahare Fransa cumhurbaşkanı olan kişilerden biri de Francois Mitterand'dı.

Bir başka ilginçlik ise Shuman, Adenauer ve Mitterand Tapınak Şövalyeleri Tarikatı'nın Gül ve Haç bağlantılı olmalarıydı. 1970'li yıllarda Mitterand, lideri olduğu Sosyalist Parti'nin amblemi olarak "Kızıl Gül"ü seçmişti.

Biz şimdi MRA'nın Türkiye ayağına biraz daha yakından bakalım. "Manevi Cihazlanma Derneği" adıyla, Asmalımescit Sokağı, Beyoğlu-İstanbul adresinde bir apartmanın üst katında faaliyetlerini yürütmüştür.[10]

Manevi Cihazlanma Derneği'nin üyesi ve kurucularından biri meşhur İstanbul Valisi öteki adıyla "Minik Kuş" Prof. Dr. Fahrettin Kerim Gökay'dır. 11 Kasım 1966 tarih ve 6/7285 sayıyla Ankara Valiliği Manevi Cihazlanma Cemiyeti/Derneği'nin kamu yararına çalışan dernekler statüsüyle kuruluşuna izin veriyor.

Derneğin başkanı dönemin İstanbul Valisi Prof. Dr. Kerim Gökay'dı. Nasıl bir tesadüftür ki Vali Gökay meşhur İlim Yayma Cemiyeti'nin de kurucusuydu. 11 Ekim 1951'de İlim Yayma Cemiyeti kurulmuştu. Görünürdeki maksat manevi değerleri Türk gençlerine öğretmekti. Ama asıl gaye komünizm ile mücadeleydi.

Bir tarafta Said-i Nursi'nin avukatı Seniyüddin Başak, diğer tarafta emekli Kurmay Albay Vehbi Bilimler liderliğinde İlim Yayma Cemiyeti hızla teşkilatlandı. En büyük destek Masonlardan gelmişti, yönetimde Masonlar da vardı.[11]

"Manevi Cihazlanma" ve "İlim Yayma" cemiyetlerini birer koltuğuna alan İstanbul Valisi Prof. Dr. Fahrettin Kerim Gökay "İlluminati" üyesiydi.[12] Bir başka meşhur isim. Nakşibendi Şeyhi Küçük Hüseyin Efendi'den icazet alarak "halifesi" olan Şeyh Ömer Fevzi Mardin. İstanbul Kalamış'taki evini dergâh haline getirmişti.

1942 yılında İstanbul Kadıköy'de İlahiyat Kültür Telifleri Derneği'ni kuran Mardin'in gayesi "dinler arası diyalog"du. Bu hustaki en büyük desteği "Moral Rearmament"in (MR) kurucusu Protestan-Evanjelist gezici rahip Dr. Frank Buchman vermişti.

10. *Manevi Cihazlanma Cemiyeti Neşriyatı*, Binbirdirek, İstanbul, 1972.

11. Soner Yalçın, *Beyaz Müslümanların Büyük Sırrı - Efendi 2*, Doğan Kitap, İstanbul, Haziran 2006, s. 47.

12. *Haftalık* dergisi, 2004.

Şeyh Ömer Fevzi Mardin ile Evanjelist rahip MR'nin kurucusu Dr. Buchman'ı tanıştıran kişi meşhur solcularımızdan Ahmet Emin Yalman'dı.

Şimdi sözü Aytunç Altındal'a bırakalım:

"Gökay, 33 dereceden Mason'du ve hiç evlenmemişti. Sayısız derneğin kurucusu ve üyesiydi. Mason Cemaati içinde adı çok geçen bir valiydi. Manevi Cihazlanma Derneği'nin bazı özel toplantıları bu "minik" valinin Kadıköy-Göztepe'deki köşkünde yapılırdı. Derneğin başka bir toplantı yeri de Kadıköy-Selamiçeşme'deki İsmail Ağar'ın köşküydü.

Ağar, 1961'de idam edilen Dışişleri Bakanı Fatin Rüştü Zorlu'nun yakın akrabasıydı. Derneğin bütün üyeleri Circle d'Orient'in (Büyük Kulüp) üyeleriydiler. Derneğin açık propagandası "anti-komünizm"di ve buna karşı "maneviyatı" yeniden "cihazlandırmak" gerekiyordu! Dernek aynı zamanda İstanbul'da sayısız "güzelleştirme derneği" açmış ve buralardan "adam derlemişti"!

1960 yılındaki 27 Mayıs darbesinden önce dernek Menderes hükümetine ilginç bir "Reconciliation" projesi götürmüştü. Buna göre İstanbul şehri "dünya dinlerinin başkenti" yapılacaktı. Fener Patrikhanesi, Vatikan gibi bir devlet haline getirilecek, Kariye Camisi bir tür hilafet merkezi yapılacak ve Yahudilik de en üst düzeyde yeniden yapılandırılacaktı. Dönme ve Karaim Yahudileri de böylelikle temsil hakkına kavuşacaklardı. Bu projeyi hayata geçirmek için "Manevi Cihazlanma Derneği", 1957'den sonra Başbakan Menderes'e ünlü "istimlak ve onarım" projesini götürmüş ve "Ayasofya'da Ortodoks ibadeti"ne başlanmasına izin verilmesi tavsiyesinde bulunmuştu. Bu derneğin o zamanki başkanı DP Milletvekili Ekrem Tok idi.

Manevi Cihazlanma Derneği'nin üyelerinin tamamı Mason'du. İlginçtir ki bu kişiler İstanbul'u "dünya dinlerinin başkenti" yapmak ideallerini 1963 yılından itibaren "dinler arası diyalog ve hoşgörü" toplantıları ile yaygınlaştırmışlardı. Türkiye'de 1990'lardan itibaren moda olan üç dinin birliği projesi de (İbrahimi Dinler

Projesi) bu teşkilat tarafından ilk kez 1957 yılında Mason derneklerinde teklif haline getirilmişti.[13]

"Dinler arası diyalog" ve "İbrahimi dinler projesi"nin en önemli görünen figürü Fethullah Gülen olup 15 Temmuz 2016'da Cumhuriyet Türkiyesi'ne karşı darbe/isyana teşebbüsünün elebaşıdır. Ancak hadisenin kökenleri daha derindedir. F. Gülen Said-i Nursi ekolündendir. Said-i Nursi bakın neler söylüyor:

"Müslümanlık-Hıristiyanlık ittifakını bozmaya çalışanlara karşı üç zümre, Nurcular, Hıristiyan ruhaniler ve misyonerler, uyanık olmalıdır."[14]

Said-i Nursi Sultan II. Abdülhamit döneminde "Kürtçe eğitim" istediği ve bozgunculuk yaptığından tutuklanarak hapse atılmıştır. İşte onun incilerinden bir tanesi daha:

"Birinci Dünya Savaşı'nda bizimle savaşmış da olsa, bir Hıristiyan ölmüşse 'şehit' sayılır, ahirette mükâfatı vardır."[15]

Dönemin gazete haberlerine baktığımızda Said-i Nursi'nin Fener Rum Patriği ile görüştüğünü, Vatikan'a mektup yazdığını öğreniyoruz. Bunu çok daha ileriye taşıyan kişi ise F. Gülen. Bir nevi usta-çırak dayanışması. Gülen Papa'ya şöyle yazıyor:

"... En âciz bir şekilde, hatta biraz cüretle, bu pek kıymetli diyalog hizmetinizi icra etme yolunda en mütevazı yardımlarınızı sunmak için size geldik."[16]

Her ikisi, yani Said-i Nursi ve F. Gülen'in Sünni Türk Müslümanlığı'na, İngiliz tarihçi ve siyaset bilimci Arnold Toynbee'nin ifadesiyle, Semerkand-Buhara-İstanbul eksenindeki Hanefi-Maturidi Türk Müslümanlığına Mehdi-Mesih fenomenini sokan ve yaygınlaştıran kişilerdir. Bir nevi Yahudilerin Kral Davud soyundan Mesih, Hıristiyanların İsa Mesih, Şii Müslümanların kayıp 12. İmam Mehdi ve Hz. sa beklentisinin hemen hemen aynısı,

13. Aytunç Altındal, *Gül ve Haç Kardeşliği - Avrupa Birliği'nin Gizli Masonik Kimliği*, Yeni Avrasya Yayınları, Ekim 2003, Ankara, s. 151.

14. *Emirdağ Lahikası I*, s. 1712; *Tarihçe-i Hayat*, s. 434.

15. *Kastamonu Lahikası*, 75.

16. "Papa'ya Mektup", *Zaman* gazetesi, 10.04.1998.

kurtuluşçu, Apokaliptik/Kıyametçi bir "Gadot". Diğer taraftan Müslüman Türkler "Kurtarıcı"yı bekleyen "Avanak Avni"lere dönüştürülmek isteniyor.

Nöro-Mesih ve Tapınak Şövalyeleri

Ne Yüce Kuran'da ne de birincil hadislerde Mesih/Mehdi'nin geleceğine dair herhangi bir bilgi yoktur... Nitekim Ekim 2016'da hemen hemen bütün basın organlarında yer alan bir resim haberde Afrika'da bulut şeklinde bir İsa Mesih figürü çıplak gözle görülmüş, halk panikleyerek evlerine kapanmıştır. Elbette bu hologram-bilgisayar teknolojisinin kullanıldığı ve muhtemelen önümüzdeki yıllarda giderek örneklerin artacağı holografik Nöro-Mesih operasyonunun bir parçasıdır.

Neyse konumuzun ana unsuruna dönelim. Manevi Cihazlanma Derneği'nden yetişen ve/veya ona üye yapılmış çok sayıda siyasetçi, akademisyen, işadamı ve bürokrat vardı. Bunlardan biri de dönemin Cumhurbaşkanı Celal Bayar'a yakınlığı ile tanınan Hazım Atıf Kuyucak'tı. İktisat Profesörü Kuyucak 27 Mayıs 1960 darbesinden sonra adını unutturarak Masonik "uykuya yattı". Kuyucak Masonların en üst kurulu olan "Supreme Council"deki en etkili iki profesörden biriydi ki diğeri Profesör Sahir Erman'dır. Türkiye'nin bütün petrol tasarıları ve anlaşmaları onun elindeydi. İÜ İktisat Fakültesi'ndeki görevini başka bir Mason biraderine, Prof. Şükrü Baban'a bırakarak bütün gayretlerini Türkiye'nin Avrupa ile "bütünleştirilmesi" meselesine adamıştı.[17]

Burada biraz Prof. Şükrü Baban'a göz atmakta fayda var. Baban Türkiye Cumhuriyeti'ne Osmanlı Türkiyesi'nden devreden "Boğaz'daki Aşiret"e[18] mensup olup, bugün devletimizin başına bela

17. Aytunç Altındal, a.g.e., s. 152.
18. Mahmut Çetin, *Boğaz'daki Aşiret*, Biyografi.Net, Haziran 2002, İstanbul.

edilen gerek seküler tabanlı PKK, PYD, gerek "Mele" tabanlı "siyasal İslamcı" Kürtçülüğün temellerini atan "Bedirhan aşireti"ne mensuptur.[19]

Hazım Atıf Kuyucak, Altındal'ın yukarıda zikrettiğimiz kitabında yer alan bilgilere göre, Masonlara en etkili "spekülatif" locası, "Nur Locası"nın 33 dereceli Maşrık-ı Azam'ı idi. Meşhur Bilderberg'in 1959'da İstanbul Yeşilköy'de toplanan gizli oturumunda Türkiye'yi Kuyucak temsil etmişti. Altındal'a göre hâlâ günümüzde AB Türkiye ilişkilerinin perde arkasında kalan görüşmelerini Masonlar yönetmektedir. Özellikle Fransız Büyük Doğu Mason Locası'nın üstadı Alain Bauer ile Türkiye'deki Masonlar bağlantılıdır.

Tam bu noktada "Nur Locası" hakkında bilgi verelim. Bu loca 1987 yılında Türkiye Cumhuriyeti vatandaşı Jack Kamhi tarafından İsrail'in başkenti Tel Aviv'de açılmış olup bilgilendirme dili Türkçedir. 15 Temmuz 2016 kalkışmasının lideri olan ünlü orgeneral bu locanın üyesidir. Nerede kalmıştık?

Hazım Atıf Kuyucak aynı zamanda "Gül ve Haç Kardeşliği" gizli teşkilatının da 1964 yılına kadar başında olan kişiydi. Gül ve Haç Kardeşliği'nin gizli toplantıları İstanbul ve İzmir'de yapılıyordu. İstanbul Teşvikiye'deki ilginç cami kubbesi gibi bir bölümü olan binada yapılıyordu.

Gül ve Haç Kardeşliği'nin şövalyelik postuna 1964 yılında İzmirli bir Sabetayist olan Cemal Birlik getirildi. Birlik 17. derecede Mason iken İskoç Riti'nin izniyle önce "Tapınak Şövalyeliği" mertebesine bilahare de 33 dereceye terfi ettirilerek "Gül ve Haç Baş Şövalyesi" olarak tayin edilmişti. Hazım Atıf Kuyucak ve Necmettin Erol çok ilginç siyasetçilerdi.

TC Dışişleri Bakanı ve Cumhurbaşkanı vekili ve adayı İhsan Sabri Çağlayangil. Eski bir vali ve istihbaratçı olan Çağlayangil, 33 derecedeki siyasetçilerdendi. İran'a, Fransa'nın başkenti Paris'ten

19. Mahmut Çetin, *Kart Kurt Sesleri*, İstanbul.

Fransız Havayolları uçağına bindirilerek 1978'de Tahran'a indirilen meşhur Humeyni, Bursa'da mecburi oturuma tabiyken, Çağlayangil, Ayetullah ile alakalı bütün gizli bilgilerin elinde toplandığı zatı muhteremdi.

Dahası, Çağlayangil Manevi Cihazlanma Cemiyeti'nin (MRA) Türkiye'deki çok güçlü ellerinden biriydi. Başta Koç ve Sabancı aileleri olmak üzere kalburüstü kişileri bu İsviçre merkezli teşkilatla tanıştıran Çağlayangil'di.[20]

Türkiye'deki Masonlar ile "siyasal İslamcı" tarikat/cemaat ekibinin ortak bir söylemi vardır: "Atatürk Mason'dur."

Benim de İslami terbiye ve bilgimde büyük emeği olan Arvasi ailesinden, Atatürk döneminin milletvekillerinden rahmetli İbrahim Arvas *Tarihi Hakikatler* adını taşıyan hatıralarında şöyle anlatıyor:

"Mustafa Kemal Paşa'nın sevmediği iki zümre vardı. Birincisi dönmeler, ikincisi Masonlardı. Meclisteki Masonları bir telaştır aldı. Zira 'Mason localarını kapatalım' sesleri yükseliyordu.

Atatürk, 'Arkadaşlar, bugünden itibaren bütün Mason locaları kapanmıştır' deyince, Maşrık-ı Azam Dr. Mim Kemal ve yanında diğer Masonlar, Atatürk'e gidiyorlar. Mustafa Kemal, 'Ben sizin gibi bir çıfıt Yahudi'ye uşak mı olacağım? Hadi defolun buradan' der.

İsmet İnönü, Mason localarını yeniden açtırdı. Atatürk'ün kapattırdığı Mason localarını Celal Bayar nüfuzunu kullanarak pekiştirmiştir."[21]

Mustafa Kemal Atatürk bütün bunları 1935 yılında gerçekleştirmişti. MRA (Manevi Cihazlanma Cemiyeti) ve benzeri kuruluşlar 18. yüzyılın gizli, 20. yüzyılın yarı gizli, 21. yüzyılın artık açıktan "operative" kuruluşları olup Tapınak Şövalyeleri'nin "Messianik Devlet/Tanrı İmparatorluğu" amacına hizmet etmektedirler. "Gayeleri tektir: ABD'nin, dinsel öngörüler ve kehanetlerle belirlenmiş olan 5. İmparatorluk (Messianik Devlet) olduğunu dünyaya

20. Aytunç Altındal, a.g.e., s. 152.
21. İbrahim Arvas, *Tarihi Hakikatler*, Biyografi Net, İstanbul, Aralık 2005, s. 121.

ispatlamak ve milletlerin bütün yeraltı ve yerüstü kaynaklarıyla çoğunluğunu üyelerinin oluşturduğu bir Evanjelist elitin 'seçkinlerin' emrine sunacak bir Tek Dünya Hükümeti kurmaktır. Tevrat'a göre 'seçilmiş halk' Yahudilerdir. Günümüzde Evanjelist-Methodist CFR ve benzeri örgütler, gerçek 'seçkinlerin' kendileri olduğunu öne sürmüşler ve egemenliklerini ilan etmişlerdir."[22]

Evanjelist dünya hâkimiyeti için yürütülen çalışmalarda sözde birtakım din adamları vasıtasıyla siyasal Mesihçilik/Mehdicilik ölçüsü giderek artan bir dozda insanlığa dayatılmaktadır. Bu cenahın Evanjelist ayağı baş düşman olarak İslamiyet'i görmekte olup, yeryüzünden sileceklerini pervasızca ifade etmektedirler.

Bunlardan biri, Evanjelist Papaz Grant R. Jeffrey 2002'de yayımladığı *War on Terror / Unfolding Bible Prophecy* adlı kitabında şöyle yazıyor:

"Bu kitabı yazmaktaki gayem yakında dönecek olan İsa Mesih'in Ortadoğu ile alakalı kehanetlerinin bizim neslimizin döneminde gerçekleşeceğini göstermektir. Korkunç İslami terörün saldırıları hususunda sizleri bilgilendirmektir. Bütün Batı dünyasının Hıristiyanlarını, İsrail'in Yahudilerini ve yumuşak başlı ve bizimle uyumlu Müslüman hükümetleri yok etmeyi planlamış olan İslamcı teröristlere karşı topyekûn bir savaş başlatmalıyız. Kutsal Kitap'ta yazdığına göre (Jer. 50-51) Babil (bugünkü Bağdat) en kısa zamanda yerle bir edilecektir. Bu kehanet çok yakında gerçekleşebilir."[23]

Kitapları beş milyondan fazla satan ve toplam 18 kitabı bulunan Evanjelist Papaz Jeffrey'in Kutsal Kitap'tan yaptığı alıntı ve kehanetler Irak'ın işgali için "spekülatif" manevi zemini hazırlamış ve 2003 Mart'ında ABD ve müttefikleri silahlı saldırıyla "operatif" olanı gerçekleştirmişlerdi. Bir başka söyleyişle *spekülatif kehanet* zorla gerçekleştirilmiş *"Tanrı kıyamete zorlanmıştır"*.

22. Aytunç Altındal, a.g.e., s. 162.
23. Grant R. Jeffrey, *War on Terror*, Frontier Research Publications, 2002, s. 206.

Okült/ezoterik-Batıni inançlarda kehanetlerin, rüyaların ve kutsal metinlerde yer alan sayıların önemi çok büyüktür. Okült teşkilatlarda, Tapınak Şövalyeleri, Gül ve Haç Kardeşliği ve bütün Masonik yapılanmalarda, pek çok tarikatta yukarıda zikrettiğimiz unsurlar "asli unsurlardır".

Gnostik Hıristiyanlıkta da benzer durum vardır. Sayılar ve bunlara atfedilen değer ve yorumlar, birer uzgörü ve geleceği belirleme, yönlendirme, bildirme vasıtasıdır. Gül ve Haç Kardeşliği'nin kurucusu Christian Rosenkreutz nümerolojinin merkezi sayılan Damcar şehrine yaptığı "sırra erme" gezisinden döndükten sonra Almanya'da başlattığı nümeroloji çalışmaları ile ünlüdür.

Doğu-İslam nümeroloji sistematiğini incelemek ve uygulamak gayesiyle kurulan ilk Rosycrucian okült teşkilatı "Order of the Brotherhood of Asia" (Asya Kardeşliği Tarikatı) ismini taşımaktaydı.

1780'de kurulan bu okült/ezoterik teşkilat "sayılar" ve "harfler" arasındaki bağlantıyı anlayabilmek için Türk, Yahudi, Arap "ebcet" ustalarıyla dostluk kurmuş ve bu kişileri Protestanlığı esas almış olan örgüte üye yapmıştı. Bu okült-Masonik loca, Almanya'nın Saksonya eyaletinde aynı yıl faaliyete geçen "Üç Dünya" (Three Globes) Büyük Locası'yla bağlantılıydı. Üç Dünya Locası 5 Eylül 1762'de Tapınak Şövalyeleri ritüelini kabul etti. Arkasından Almanya'daki diğer Mason locaları da bu geleneği uygulamaya başladı.[24]

Yukarıda bahsettiğimiz Asya Kardeşlik Teşkilatı günümüzde ABD'de "The Ancient Arabic Order of the Nobles of the Mystic Shrine" ismiyle faaliyetlerini sürdürmektedir. Şimdi sıkı durun! Oldukça ilginç bir ayrıntı. Söz konusu ABD'li okültistlerin-Masonların sembolü "al fes=kırmızı fes"tir.

Günümüzde Cumhuriyetimizin kurucusu cennetmekân Mustafa Kemal Atatürk'e hiç durmadan saldıran "Kırmızı fes"li "İslamcılar" ile alakalı yorumu siz sevgili okuyuculara bırakıyorum.

24. *History of Freemasonry, Derived From Official Sources*, by Robert Freke Gould, İngiltere Büyük Üstadı, c. V1, 1887, s. 268.

1960'lı yıllarda başlarında "al fesli/kırmızı fesli" ABD'li masonlar –ki bunlara "Jay Jay" da denir– Türkiye'ye sık sık gelmişler, İstanbul, Ankara ve Konya'da bir kısım "İslamcılar"la temaslarda bulunmuşlardı.

Bir başka ilginçlik "Al Fesli Masonlar" İsviçre'nin Zürich şehrindeki "Camel Zunft Locası" ile de sıkı ilişkiler içindeydiler. Her sene "al fes"lerini giyen Zürich'li masonlar, atlarıyla geçit törenleri düzenlerler.

"Asya İhvanı"na "üye" olmadan kabul edilen iki şöhretli kadın vardır: Madam Blavatsky ve sosyalist-okültist Annie Besant'tır. Blavatsky, Rosicrucian şifrelerini bir araya getirmiş ve 1877 yılında *The Sovereign Princess: Rose Cross* adıyla yayımlamıştır.

Madam Blavatsky'nin gençlik yıllarında İstanbul'da at cambazı olarak çalıştığını da belirtelim.

Ebcet-cifir hesabıyla uğraşmış olan bir kısım İslam âlimi aynı zamanda tekkeler ve zaviyeler ile şekillenen tarikatlar da kurmuşlardı. Bunlardan Melamiler, Rifailer ve Kalenderiler en meşhurlarıydı.

Yukarıda anlattığımız okültist-Mason Christian Rosenkreutz'un kabul edildiği ve eğitim gördüğü ve merkezi Şam'da olan Damcar (Damascene) tekkesi muhtemelen Melamilik-Rıfailer-Kalenderiler'in bir arada bulundukları ve Talibar Rıfai'nin (Ölm. 1284) kurucusu olduğu Talibiyye Tekkesi idi. Bu tekkede günümüzdeki ifadesiyle Theo sofi işleniyordu. ebcet-cifir sayı biliminin en ileri tekniği bu tekkeden yayılmıştır.[25]

Ebcet-cifir sayı bilimi metodolojik olarak Yahudi mistisizmi Kabala ile aynı olup Arapça harflere verilen rakamsal değerler İbranicedekiler ile aynıdır. Mesela, Elif=1, Ce=3, Lam=30, Ze=7, Ye=10, Dal=4, Kef=20 gibi ebcet sayılarıyla Güneş'in hareketleri tanımlanıyordu.

25. Aytunç Altındal, a.g.e., s. 165.

Sünni İslam'ın Çiçeği: Lale, Gnostik İslam'ın Çiçeği: Gül

Şam-Damcar'da olan bu Melami merkezinde "gül" en önemli sembol olup Latinler buna "rosa damascene" (Şam gülü) adını vermişlerdi.

Adını tam koyalım. Sünni İslam'ın çiçeği "lale"dir. "Gül", "lale"ye karşıydı ve alternatifiydi. Bu tekkelerde –ki hâlâ günümüzde de– "Gnostik Müslümanlık" işlenmektedir ve sembol çiçeği "gül"dür.

İslam dünyasında "Gnostik Müslümanların Efendisi" diye bilinen Cafer Sadık ve ondan "Melamet Hırkası"nı almış olan Yezid el-Bestami, Nakşibendi-Melami ekolünün önde gelen büyükleridir.

Şimdi gelelim can alıcı noktalardan birine. Melami geleneğinin üç önemli özelliği mevcut olup, bunlar okültist-Mason Christian Rosenkreutz tarafından da aynen benimsenmiştir.

- Melamiler ibadetlerini gizli tutmaktaydılar. Abu Abdurrahman es-Sulami'nin yazdığına göre (Ölm. 1021) Melamiler "fıkıh"a değil, "marifet ehli" zatı muhteremler olarak Theosofist/Havass aracılığıyla "tasavvufun" en gizli öğretilerine sahiptiler.
- Melamiler, kendilerini belli etmeyi ve her ortam ve fırsatta vaaz vermeyi sevmezler.[26]
- Melamilerin sembolü "gül"dür. Melamiler "gül"de Tanrı'nın kokusunun bulunduğuna inanırlardı. Melamiler mezarlarının bir an önce yitip gitmesini istemişlerdir.

Melamilere "Mütevekkiller" de denmekte olup, Nakşilerin "Zikrihafisi" yani gizlice Allah'ın adını anma ritüeli Melami geleneğinden bu tarikata geçmiştir.

---

26. *Risalat al Malamatiyya*, Ed. Abdul ala Afifi, "El Malamatiye ve Suffiyye", Kahire, 1945, s. 86-87.

Tapınak Şövalyeleri'nin ritüellerini benimseyen okültist-Mason Rosenkreutz'un Şam'a geldiği kabul edilen 1420'li yıllarda bu şehirdeki en gizli "sufi" geleneği Melami-Nakşi-Kalenderi-Rıfai çizgisinde saklanmaktaydı.

Christian Rosenkreutz, mezarının sadece dört kişi tarafından bilinmesini ve gizlenmesini istemişti... Masonluk, Tapınak Şövalyeleri ve "Gnostik Müslümanlar". Benzer mahfil ve ritüelleri, sembolizmaları kullanıyorlardı.

Kuran-hadis temelli Sünni İslam sadece görüntüde vardır. Ancak içi boşaltılmıştı.

Okült/ezoterik, Tapınak Şövalyeleri'nin ritüellerini benimseyen Gül ve Haç Kardeşliği örgütünün 1780'de kurduğu "Asya İhvanı=Kardeşliği" örgütünün sembolü "kırmızı haç" ve "yeşil gül" idi. Bu teşkilat, İslami gelenekte yer alan ve özellikle Melami-Rıfai çizgisinin uzmanlık sahasındaki Cabiri geleneğine ait "gizli geleneğin" uygulamalarından cinlerin yönlendirilmesi rüya iletimi, muska, tılsım ve mühür yazıcılığı ki özellikle de 7 Arap mührü sembolizmi, nümeroloji/sayı bilim ve diğer okült/ezoterik-Batıni ilimleriyle meşgul olmuştu. Üyeleri arasında Sabetay Sevi'den gelen Dönmeler/Sabetayistler de mevcuttu. Bunlar özellikle de Jacob Frank'in Sabetaycı koluna mensup şahıslardı. İslami literatürü iyi bildikleri için örgüte çevirileri genellikle bunlar yapmıştı.[27]

Bu örgüt 1912 yılına kadar İstanbul'da faaliyet gösterdi. Aynı yıl içinde bütün belgeleri önce İzmir'e, oradan İtalya'ya ve oradan da ABD'ye götürüldü... "Gül ve Haç Kardeşliği" teşkilatı 1882 yılında İtalyanların yönetiminde İstanbul'da faaliyet göstermekteydi. Adı "Savrano Capitalo Rosa Croce" (Gül ve Haç Kurtarıcı Başkenti) idi.[28]

27. Aytunç Altından, a.g.e., s. 166.

28. A. Locavella, *Gönye ve Hilal*, Tarih Vakfı, 1998, s. 17-27.

Sayılar ve Sayılar Kitabı ile Sembolizma

Yahudiler için asli metinlerden olan Kutsal Kitap'ın ilk beş kitabından dördüncüsü "Sayılar" kitabıdır. Sayılar kitabında pek çok sayıda şifreler formüle edilmiştir. Kutsal Kitap'ın "Daniel" bölümünde yer alan 70/7 ya da "Time, times and half time" gibi formülasyonların söz konusu Sayılar kitabına dayandığı kabul ediliyor.

Sayılar kitabının 7. bölümünde bulunan 70. ibare Daniel'e bildirilen 7'li sırlardan birisidir. Bu ibarede "Bir günah için bir oğlağın kurban edilmesi" gerektiği yazılıdır.

Gnostik Hıristiyanlar bu kurbanın İsa Mesih olduğuna inanmışlar ve neticede kehanetin gerçekleştiğini varsaymışlardır. Diğer taraftan 7 sayısı 3 ve 4'ün toplamı olup 3 ve 4'ün çarpımı ise 12'yi verir. Buda Yeni Ahit'teki Kehanetler kitabının 12. babını işaretler. Burada başında 12 yıldızlı taç taşıyan bir kadından (12:1) söz edilmekte olup bu Meryem'dir.

Kabalistlere göre Musa Tanrı'dan 10 yazılı emir almıştır. Ancak aynı anda sözlü bilgiler de kendisine verilmiştir. Musa, "Tanrı'nın Kubbesi" veya "Tanrı'nın Çadırı" diye bilinen Tabarnakı'da kadınlı erkekli 70 kişi seçilmiş ve onlara da bu sözlü sırları aktarmıştır. Onların da her biri 7 kişiye aktararak gizli sırların günümüze kadar ulaşmasını sağlamışlardır. Gelelim AB'nin hikâyesine.

Avrupa'da ilk defa 1957'de 6 ülke birlik meydana getirdiler. Bu sayı 1986'da 12 devlete ulaştı. Ancak AB'nin 12 yıldızlı bayrağı 1955 yılında hazır bekliyordu. 1986 yılında resmen kabul edildi. AB bayrağı, gerçekte Katolik âleminin en kutsal ikinci kişisi sayılan Meryem'i sembolize etmektedir.

Katolik Kilisesi için Meryem "mükemmellik ve tamlık" sıfatlarının taşıyıcısıdır. Günümüzde AB üye sayısı 30 civarında olmasına rağmen AB bayrağındaki yıldız sayısı 12'de kalmıştır. Yani 12 yıldızlı taç taşıyan Meryem'i sembolize etmektedir. Sayılarla harfler, sayılarla büyü ve sihir arasında direkt bağ bulunduğu Hindistan-Mezopotamya ve Antik Mısır kültürünün ürünüdür.

Dünyanın siyasi, ekonomik, kültürel ve dini formasyonlarının tamamı, şu ya da bu şekilde, esasen "sayılardan" ve dolaylı olarak da "matematik mantık"tan esinlenilerek kurulmuştur. Ezoterik-Batıni inanca göre öğretilerin ve dinlerin şifreleri çözümlenince onların kehanetleri/öngörüleri de meydana çıkar.

Ezoterik-Batıni inancın en büyük dayanağı olan ve günümüze kadar gelen "sayılar ilminin" ilk sistematik kurucusu Pisagor'dur.

Pisagor ve okültistlere göre sayılar evrenin sırlarını anlamak için kullanılabilecek temel anahtarlardır. Mesela:

- 1: Tevhidi, Tanrı'nın birliğini,
- 2: Şeytanı,
- 4: Kutsallığı,
- 5: Evliliğin sembolünü gösterir.

Pisagor ve okültistlere göre; 1=Güneş, 2=Ay, 5=ateş, 6=yeryüzü, 8=hava, 12=su kelimelerinin karşılığıdır.

"Sihirli sayılar" geleneği en büyük üstadını 16. yüzyılda yetiştirdi. Cornellius Agrippa adlı okültistin 1533'te yayımlanan *Occult Philosophy* isimli kitabı günümüzde hâlâ geçerliliğini koruyan sayısal/nümerolojik değerleri ve şifreleri anlatır.

Agrippa'ya göre "1" bütün nesnelerin ortak ölçüsüydü. Bölünemez ve çarpılamaz. "1 Tanrı", "1 Güneş", "1 Felsefe Taşı" vardır.

İnsanı yöneten *"1 Tanrı"nın karşısında* onun meleği sayılan asi/isyankâr *"1 Lucifer"* vardır.

"2", kötü bir sayıdır ve evliliğin sembolüdür.

"3", çok esrarengiz bir sayı olup "zamanın teslisi"ni yani, geçmiş, şimdi, gelecek zamanın birliğini sembolize eder.

"4", dayanışmayı sembolize eder ve Evanjelist'tir. Dört temel elementi, dört günü, dört mevsimi sembolize eder.

"5", bütün sayıların başı ve adaletin sembolüdür. 10'u bölebilen tek sayıdır. İnsanda beş duyu vardır. Çarmıha gerilmiş olan İsa Mesih'in bedeninde 5 yara/Stigmata açılmıştı. Tanrı'nın gizli adı, Pentagram 5 harften meydana geliyordu ve insanı vahşetten koruyordu.

"6", yaratılışı sembolize eder ve mükemmel sayıdır.

"7", mucizevi bir sayı olup, hayatı temsil eder. İnsanın bedeninde dört unsur, ruhunda üç unsur vardır.

"8", bütünlük/tamlık ve hakkaniyetin sayısıdır.

"9", ilham perisi olan sayı olup, insanı düşlerde yaşatır.

"10", mutlak sayı olup, okültist gizli teşkilatlara üyelik 10 günde tamamlanan törenlerle yapılırdı. Tanrı'nın 10 sırrı yani hikmeti vardır.

"11", emirlerin sayısıdır.

"12", İsa'nın havarilerini, İsrail'in 12 kavmini ve Yeni Kudüs'ün 12 kapısının sembolüdür.

Günümüzde AB'nin "ortak kültürel mirasındaki" temel taşlarından birisi Agrippa'nın bu sayılarıdır. Onun Sayılar kitabı bütün ortaçağ boyunca en çok okunan kitaptır.

Şöyle bir düşünün. 12 yıldızlı AB bayrağı, 4 kollu NATO yıldızı, 12 köşeli haçlar vs. hep okültizmin sembolleridir. Hakeza ABD'nin 1 dolarlık banknotunun üstüde sembollerle doludur. Sembollerin sayıları, üçgenin, piramidin, kartalın pençesinde tuttuğu başakların, yıldızların sayılarına bakınız.

Agrippa 1531 yılında hazırladığı okültist ve Hermetik "sigiller" listesinde AB'nin bugün kullandığı sembolleri yapılmış olan "sigillere" yer vermişti.

Gnostik Hıristiyanlığın okültist/ezoterik-Batıni şifrelerle oluşturulmuş "kültürel mirası"nı anlamadan Batı'nın siyasi-ekonomik-sosyal politikalarını tam manasıyla anlamak mümkün değildir.

Mesela, Fred Gettings tarafından hazırlanan "Okültist, Hermetik ve Alşimik Sigiller" listesinde, Agrippo'nun "Birleşme" (Conjunctio) Sigilleri olarak gösterdiği 12 adet Sigil vardır. Bunlardan beşincisi, AB'nin para birimi "€" euronun sigilidir.

W. Wynn Westtcott "Gül ve Haç Kardeşliği" ritüelleri ile yetişmiş bir Mason üstadı, "Tapınak Şövalyesi"ydi. 20. yüzyılda "sayılar" hususunda en önemli çalışmayı yapan kişidir. 1883'te İngiliz Gül ve Haç Kardeşliği teşkilatının "Supreme Magus"u ("Büyük Üstat"ı) seçildikten sonra 1890 yılında, örgütün arşivlerinden faydalanarak Kabalist ve Hermetistlerin kullanması maksadıyla *Sayılar ve Mistik Erdemleri* adını verdiği bir risale yazmıştı. Bu risale sadece en güvenilir üyelere dağıtılmıştı. Başta Masonlar olmak üzere okültistler 20. yüzyıl boyunca bu risaleyi özel bir "takvim" olarak kullanmışlardı.

Yaklaşık 100 yıl müddetle sadece okültist örgütlerin yöneticilerinin dışında hiç kimse tarafından bilinmeyen bu risalenin bir bölümü ilk kez 1984'te yayımlandı. Bu arada birkaç "tesadüf"ten söz etmeden geçmeyelim.

2003 yılında İngiltere'nin Türkiye büyükelçisi bir Westtcott olup eşi İrlandalı bir Hıristiyan olan bu 1950 doğumlu Büyükelçi Peter Westtcott'tur. Avrupa'nın en prestijli şövalye tarikatı "St. Michael ve St. George"un üyesidir.

Sıkı bir Gül ve Haç öğretisi eğitiminden geçirilen bu tarikat üyelerinin 1940'lardaki lideri tanıdık bir İngiliz'dir: Sir Hugne Montgomery Knatchbull-Hugensen. Bu zat 1939-1945 yıllarında, yani İkinci Dünya Harbi sırasında İngiltere'nin Ankara büyükelçisiydi.

Adını ne koyarsınız bilmem. Nasıl tanımlarsanız tanımlayın, gözünü sevdiğimin "rastlantılarına" bakınız. Ne zaman Ortadoğu'da bir savaş ortamı olsa, İngiltere ya da diğer adıyla Birleşik Krallık büyükelçi olarak Türkiye'ye bir "Tapınak Şövalyesi" gönderirler.[29]

Westcott'un *Sayılar ve Mistik Erdemleri* risalesinde yer alan bilgilere göre, bir başka ifadeyle Tapınak Şövalyeleri'nin Gül ve Haç Kardeşliği örgütünün büyük büyücüsü Westcott'un antik-kadim kaynaklara dayandırarak aktardığı bilgilere göre sayıların erdemleri:

- 7 sayısı: "Hep tad" adıyla bilinir ve İbranicede ShBO şeklinde yazılır. Bu manasıyla "bakire", "kutsal", "annesiz doğmuş çocuk"

29. Aytunç Altındal, a.g.e., s. 170.

demektir. Yeryüzünü yedi gezegen yönetir; bir okült dalı olan "astro-teoloji" de hayat yedi sayısından türemiştir.

• 12 sayısı: Kabalistler için İsrail'in Tanrısı Jahve'nin, on iki farklı yazımı ile ortaya çıkmıştır. Kabalistlere göre on iki harfle yazılan İsrail Tanrısı'nın adı "HIH-HVVH-VIHIH" ("Vardı-Vardır-Var Olacaktır") biçimindeki formülü verir. Gnostik Hıristiyanlar için 12 sayısı Mısır Tanrısı Horus'un ilk kimliğidir. Westcott'a göre dünya üzerinde 70 millet ve 70 dil vardır. Âdem'in sayısı 45, Tanrı ise 1+30=31'dir.

Gül ve Haç Kardeşliği örgütü tarafından Tapınak Şövalyeleri, Masonlar ve diğer okültist örgütlerin gizli yazışmalarında kullanılmaları için özel bir *alfabe geliştirilmiştir.* Söz konusu alfabenin adı "Atbash" olup bilmeyenlerce kullanılması mümkün olmayan bu alfabede harfler belirli bir sayısal "ritme" göre kullanırlar. Her harfin 21 farklı kullanım ihtimali vardır. Atbash, özellikle Kabalistler tarafından kullanılır. Atbash alfabesi 22 harften oluşur ve 11'li iki seri oluşturur. Birinci serideki "A" harfinin yerine ikinci seride onun altında yer alan "T" harfi yazılır, "V" harfinin yerine "P" harfi yazılır.

Günümüz dahil, kullanılan *bütün şifreler ve kodlar işte bu Atbash alfabesinin* kullanım ihtimallerinin geliştirilmesiyle meydana getirilmiştir. Askeri ve sivil vb. Mesela, Manly Palmer Hall'ın yazdığına göre, İlluminati şifrelerinde "Mısır" denildiğinde Avusturya Krallığı ifade edilmektedir.[30]

Hall Rosicrucian'ların "Gül"ü ile İlluminati'nin "Zambak"ının aynı daldan yetiştiklerini ifade etmektedir. Westcott'un risalesinde "gemetria", "notaricon" ve "temura" adı verilen Kabalistik sayı tekniklerini ve gizli yazışma metodolojilerini de açıklamıştır.

Nitekim "notaricon" sistemi 1950'li yıllarda dünyada "stenografi" olarak bilinmekteydi. Günümüzde de "internet dili"dir. "Temura" ise doğrudan doğruya "şifre" ve "kod" meydana getirmek

30. Manly P. Hall, *Adeps*, Los Angeles, 1950, s. 79.

için kullanılmakta olup tam olarak nasıl işlediği "Maguslar" tarafından bilinir.

Bugün Almanya'nın Baden-Baden şehrinde ve ABD'de San Jose kentinde Gül ve Haç Kardeşliği merkezlerinde üstat masonlar bu sahada özel kurslar almaktadır.

Netice olarak, bütün bu gizli-kadim ilimler, büyü formları, uygulamalar ve alfabeler başta günümüzdeki AB'nin Christendome'daki "kültürel mirası"nı meydana getiren Gnostik ve Yahudi-Hıristiyan/Kabala formasyonlarıdır.[31] Dahası Batı medeniyetinin temel taşıdır. Ezoterik Yahudi-Hıristiyan inancından beslenmektedir. Gnostik Hıristiyanlık kaynaklardan beslenen çift tabiatlı İsa Mesih, yani hem insan hem Tanrı İsa Christendome'da seküler olanla "sacred"/kutsal olanı iç içe geçirmiştir.

Christendome'da 2000 yılda meydana gelmiş/getirilmiş olan bu "seküler-kutsal" (seküler-sacred) Yahudi-Hıristiyanlık ne "İbrahimi dinler" ne de "dinler arası diyalog" ile İslam'a uygulanamaz.

FETÖ ve benzeri cemaat ve tarikatlar eliyle neredeyse Hz. Peygamber Muhammed Mustafa'nın vefatından beri şer mihraklarınca İslam'a sokuşturulmaya çalışılan "İsrailiyat" tam manasıyla ezoterik-Batıni bir Kuran anlayışını dayatarak "Gnostik İslam" hortlatılmak, geniş kitlelere mal edilmek isteniyor.

Gnostik İslam dayatmasının en önemli figürü Kabalist-Panteist-okültist/ezoterik-Batıni metinlere dayalı Mehdi fenomenidir. Dahası İslam'ın "Yaratıcı-yaratılan" temelindeki Allah inancı, mutlak ilah yerine "Varlıkta Birlik"/"Varlığın Birliği", Panteist-Kabalist öğretisine dayalı "bir" senkretik/bağdaştırılmış yaratılanları "Yaratıcı"nın bir parçası olarak İslam'a sokuşturan Yeni Dünya Dini tezgâhlanıyor. Oyun yeni değil. Tapınak Şövalyeleri Tarikatı'ndan, 13. yüzyıldan itibaren İslam'a sokuşturulmuş "Akılsız İman" algoritmasıdır. Yeni Dünya Düzeni'nin kurucu babaları zaten böyle bir "İslam" ve "dünya dini" istiyor. Dahası Hz. Muhammed'siz, Musa'nın gölgesinde "İbrahimi dinler" içinde Gnostik İslam.

31. *Gnostic and Historic Christianty*, Gerald Massey, Fire Press, 1985, s. 25.

Kanal İstanbul resimleri

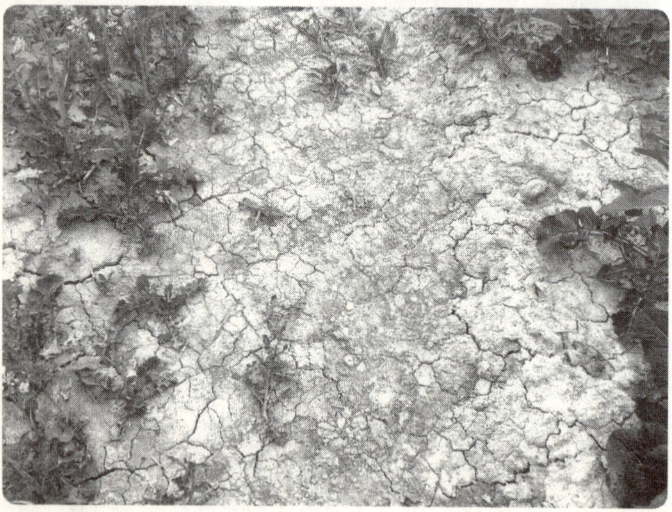

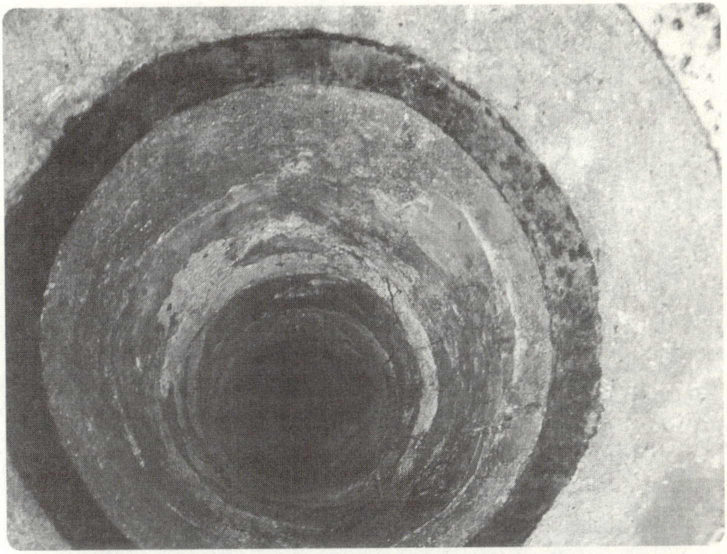

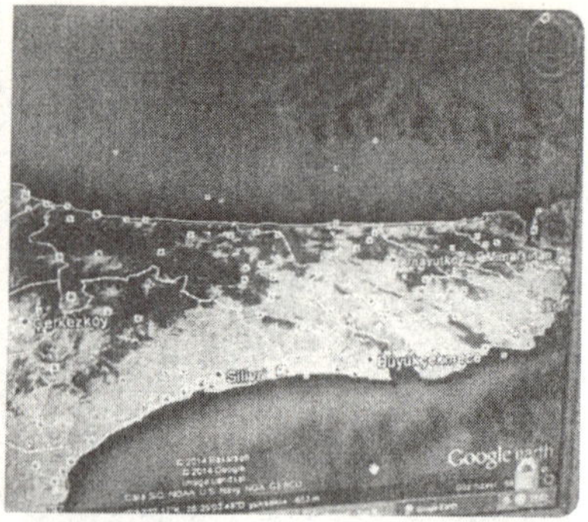

*Alanımız Bizans döneminde
Arkadiapolis bölgesi içerisindedir.*

Kutsal Kâse nedir?

Son yıllarda seri olarak yayımlanan Dan Brown kitaplarının ilki olan *Da Vinci Coda* isimli kitapta açıkça ne olduğu yazılmıştır. Dan Brown kendisine verilen bazı bilgilerin üzerine kendi uydurduğu senaryolarla kitaplar yazmaktadır. Bu arada Maria Magdelena'nın lahdi olarak açıklanmıştır. Bazı çevrelerce kadeh olarak düşünülürse Tanrıça ve Kadeh ayrı olgulardır.

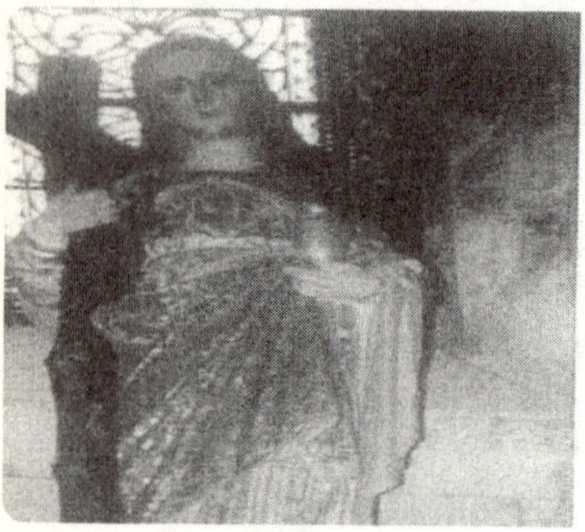

Maria Magdelena ve Sümer Tanrıçası İnanna

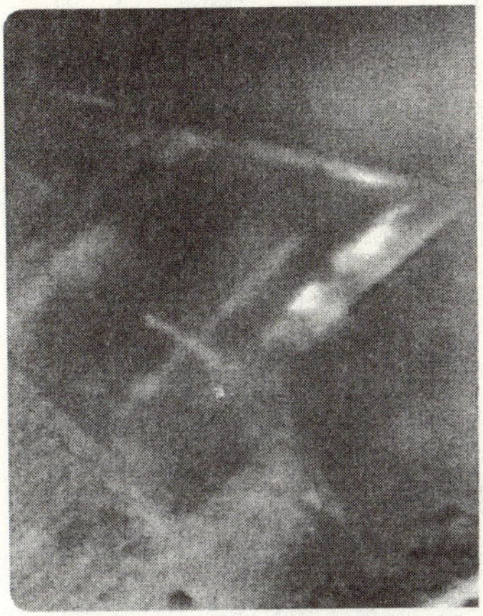

Beşgen içerisinde yıldız Tanrıça'yı sembolize eder. Altın orandır ve sonsuza kadar kendini tekrar eder ve Tanrıça'nın sonsuzluğunu simgeler. Sahamızda bulunan hançer Tapınak Şövalyeleri'nin kullandığı Latin hançeri tipindedir ve aynı kabzaya sahiptir.

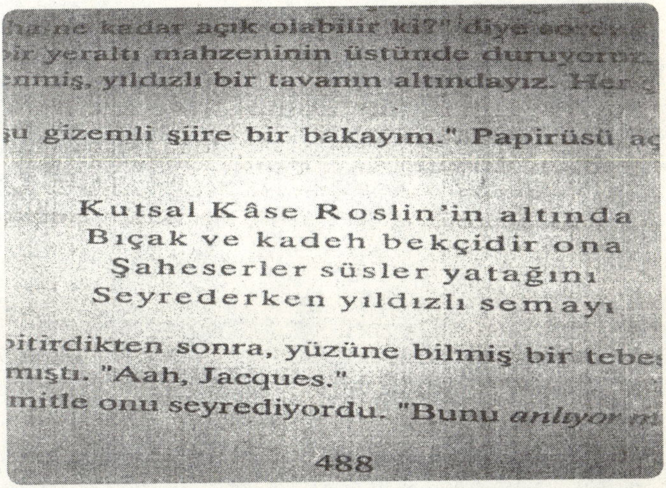

...ne kadar açık olabilir ki?" diye so...
...ir yeraltı mahzeninin üstünde duruyoruz...
...nmiş, yıldızlı bir tavanın altındayız. Her...

...u gizemli şiire bir bakayım." Papirüsü aç...

Kutsal Kâse Roslin'in altında
Bıçak ve kadeh bekçidir ona
Şaheserler süsler yatağını
Seyrederken yıldızlı semayı

...itirdikten sonra, yüzüne bilmiş bir tebe...
...mıştı. "Aah, Jacques."
...mitle onu seyrediyordu. "Bunu *anlıyor m*...

488

Da Vinci Code kitabının finalinde verilen dörtlük Kutsal Kâse'nin yerini tarif eder. Alanımız Rose Line'ın altındadır. Eşlik eden hançer alanımızdadır. Lahdin gömülü olan beşgen yapının ortasında bulunan salonun göbeğinde bulunduğunu tahmin ediyoruz ve yıldız tavanı oluşturmaktadır.

GİRİŞ II:

TAPINAK ŞÖVALYELERİ'NİN TÜRKİYE PLANI VE TÜRK POLİSİNİN "DA VINCI ŞİFRESİ OPERASYONU"

Türk Emniyet Genel Müdürlüğü'nün Antalya teşkilatının yürüttüğü "Da Vinci Şifresi Operasyonu" 7 Şubat 2006 tarihinde Antalya Havaalanı'nda ilginç bulgulara ulaşmıştı. Kendilerini Malta Şövalyeleri olarak tanımlayan bir grup ve üzerinde "Malta Şövalyesi" damgası bulunan diplomatik pasaport çıkan bir Türk'ün gözaltına alınmasıyla başlayan garip "Da Vinci Şifresi Operasyonu" herkesi şaşırtmıştı.

Çünkü Tapınak Şövalyeleri'nin 21. yüzyıldaki devamı oldukları iddiasındaki bu grup, Antalya polisinin yaptığı sorgularında Antakya'daki Tapınak Şövalyeleri tarafından kurulan Bakras Kalesi'ni ele geçirmek istediklerini belirttiler.[32]

Antalya Havaalanı'nın dış hatlar bölümünde bulunan pasaport kontrol noktasına 7 Şubat 2006 günü, M. Ali Gülbeyaz adında Hataylı bir işadamı geldi. Polis, kendisine uzatılan diplomatik pasaportu açtığında hiç tanımadığı bir damga ile karşılaştı. Pasaportta "Malta Şövalyeleri" kaydı vardı. M. Ali Gülbeyaz hemen polis tarafından bir sorgu odasına çekildi.

Gülbeyaz ısrarla, "Ben diplomatım. Bu da bana verilen resmi diplomatik pasaporttur. Beni gözaltına alamazsınız" diyordu. Sorgu sonrasında Türk polisi 3 kişiyi daha gözaltına aldı: Selim Emektaş, Bülent Bayraktar ve Kazakistan uyruklu Mehmet Bayramov.

---

32. *Tempo* dergisi, 16 Mart 2006, sayı 954.

Sorgulamalar neticesinde bir klasör dolusu belgenin oluştuğu garip bir dava ortaya çıkıyordu. Türkiye Cumhuriyeti tarafından tanınmayan Malta Şövalyeleri diplomatik pasaportuyla Almanya'ya gitmek üzereyken yakalanan Hataylı M. Ali Gülbeyaz, tutuklanarak Antalya Cezaevi'ne gönderilirken diğer üç kişi serbest bırakılıyordu.[33]

Dan Brown'un *Da Vinci Şifresi* kitabı ile bütün dünyanın ilgiyle okuduğu Tapınak Şövalyeleri Tarikatı, Sion Tarikatı ve Kutsal Kâse hikâyesi, Türkiye'de ilginç bir gerçekliğe büründü.

Bütün sorgulamalar neticesinde ortaya çıkan gerçek şuydu: Hıristiyanlığın en sır dolu örgütü Tapınak Şövalyeleri Tarikatı'nın günümüzdeki temsilcileri olduğunu öne süren "Malta Şövalyeleri" Türkiye'yi de kendilerine hedef seçmişlerdi.

Aralık 2006 sonlarında Türkiye'de, Antakya merkezli resmi kuruluşları için başvuruda bulunmaya hazırlanan tarikatın bütün planları, Türk polisinin "Da Vinci Şifresi Operasyonu" ile tarumar olmuştu.

Ukraynaca yazılmış yüzlerce sayfalık dokümanı İstanbul'da bir yeminli tercümanlık bürosunda tercüme ettirip notere tasdikleten Malta Şövalyeleri/Tapınak Şövalyeleri üyesi iki Türk vatandaşı ceplerinde sözde diplomatik pasaport-diplomatik plaka ve ruhsatlarla polis tarafından yakalanmışlar ancak sadece sahte evraktan işlem yapılarak M. Ali Gülbeyaz tutuklanmıştı.

Dava açılmadı. Açılma ihtimali de çok düşüktü. Zaten kısa bir süre sonra M. Ali Gülbeyaz da serbest bırakılmıştı. Sanki ayrı bir devlet gibi 79 maddeden meydana gelen anayasaları olan, diplomatik pasaport taşıyan Tapınak Şövalyesi Malta Şövalyeleri'nin Türkiye planı oldukça ilginçti.

Şövalyeler Hatay-Antakya ilimizdeki Bakras Kalesi'ni restore edilmesi için alıp, ayrıca yanına bir otel, hastane, okul inşa etmeyi planlamışlardı. Çünkü onlara göre Bakras Kalesi Tapınak

33. Tutkun Akbaş, Fotoğraf: Çağrı Kılıççı, *Tempo* dergisi, 16 Mart 2006.

Şövalyeleri tarafından yapılmıştı ve burada kendileri için çok önemli "sır"ların olduğuna inanıyorlardı.

Antalya Emniyet Müdürlüğü'nün son derece gizli tuttuğu "Da Vinci Şifresi Operasyonu"nun detayları da adeta şifrelerle doluydu ve ilmik ilmik işlenmişti. Türkiye'de temsilcilik açmak isteyen sözde Malta Şövalyeleri polise verdikleri ifadelerinde, bağlı oldukları merkezin Ukrayna'da olduğunu söylediler. İfadelerine göre, Tapınak Şövalyeleri'nin Türkiye şubesinin başkanı ise Hataylı Rum Ortodoks yani Türk vatandaşı Selim Emektaş. Selim Emektaş da gözaltına alınıp serbest bırakılmıştı.

Dan Brown'un *Da Vinci Şifresi* kitabıyla yeryüzünün her köşesinde pek çok kişinin ilgi ve alakayla okuduğu "Tapınak Şövalyeleri, Sion Tarikatı ve Kutsal Kâse" hikâyesi, Türkiye'de oldukça ilginç ve garip bir gerçekliğe bürünmüştü. Antalya Emniyet Müdürlüğü her ne kadar resmen adını koymasa da "Da Vinci Şifresi Operasyonu"na imza atmıştı.

Türk polisinin bütün sorgulamalarının sonucunda ortaya çıkan bir gerçek vardı. Hıristiyan Haçlı ordularının içinden neşet eden, başta Hıristiyan dünyası olmak üzere dünyanın en "sır" küpü gizli teşkilatı Tapınak Şövalyeleri'nin günümüzdeki temsilcileri olduğunu ileri süren Malta Şövalyeleri Türkiye'yi de hedef seçmişlerdi.

Tutkun Akbaş ve Çağrı Kılıççı adlı gazetecilerin başarılı bir gazetecilik örneği taşıyan haber ve röportajlarında, Tapınak Şövalyeleri'nin Türkiye Başkanı Hataylı Rum Ortodoks Selim Emektaş'a göre, "Tapınak Şövalyeleri hak savaşçıları"dır.

2006 yılında 41 yaşında olduğunu ifade eden Selim Emektaş, Kazakistanlı Mehmet Bayramov aracılığı ile Malta Şövalyeleri ile tanıştığını söylüyor. Hataylı Rum Ortodoks olan Emektaş turizmci.

İlkokuldan sonra Şam'daki Ruhban okulunda üç yıl eğitim gören Selim Emektaş 2006 yılı başında merkezi Ukrayna'da bulunan OSJ tarafından temsilci atanmış ve diplomatik pasaport sahibi olmuş.

Selim Emektaş ve Mehmet Bayramov'a göre, Malta Şövalyesi olmak için sadece Hıristiyan olmak gerekmiyor. Din ve mezhep ayrımı yapılmıyor. Emektaş'a göre bu kuruluş misyonerlik faaliyeti yapmıyor. "Kudüs'teki tapınağın koruyucularıdır. İsa Peygamber orada doğdu. Bizler otel kuracağız kalenin yanında. Hastane kuracağız. Hastadan para alınmayacak. Doktorlarımızı merkezden getireceğiz. Parasız tedavi yapacağız."

Hemen iki hususta bilgi notu ilave edelim. Emektaş'ın kastettiği "tapınak" Yahudiler için kutsal olan Süleyman Tapınağı'dır. İkincisi İsa Peygamber Nasıra'da doğmuştur. Kazakistanlı Mehmet Bayramov, kendisinin Malta Şövalyesi olduğunu belirttikten sonra Ukrayna'daki "OSJ"nin Malta Şövalyeleri olduğunu ifade ediyor.

Bayramov özetle şunları dile getiriyor:

"Bakras Kalesi 'Templier'ler tarafından kurulmuş. 1300'lü yıllarda Tapınak Şövalyeleri oradaymış. Tarih orada yazılı... Tapınak Şövalyeleri Osmanlı Türkleri ile beraber savaşmışlar omuz omuza verip. Bizde din ayrımı yok. Büyük üstadı azamız rahmetli oldu. Onun yerine başkan şimdi Aleksandır Yablosky'dir. Malta Şövalyeleri'nin başkanı var, bizim başkanımız onunla irtibatlı, biz tanımıyoruz. Ukrayna'da da kalemiz var. Kiev'den 600 kilometre uzakta bir yer. Bizimde amacımız Bakras Kalesi'ni restore etmek. Tapınak Şövalyeleri kurmuş orayı. Merkezimizden geldiler, baktılar kaleye, buraya bir para ayrılsın, restore edelim dediler... Bakras Kalesi'nin içinde yaşayan şövalyeler vardı. Biz de tarihi yaşatmak istiyoruz. Kültürleri yaşasın. 10 milyon dolar para ayırdı merkezimiz. Evet, 10 milyon dolar. Dünyanın her yerinde büyük para."

"Bu değirmenin suyu nereden geliyor acaba?" diye sormak gerekmez mi?

Bayramov şu sözlerle devam ediyor:

"Malta şövalyeleri devlet değil ama anayasası var. Üye olan bir kimse isterse diplomatik pasaport alabiliyor. O da neye göre veriliyor? Rahat hareket etmek için. Bir vize almak için aylarca uğraşıyorsun. Bu olunca nasıl yardım yapabileceksin. Tek gayemiz yardım. Dünyada 32 ülke tanıyor bizi. ABD, Kanada, Kore ve Avustralya'ya vize alarak gidebiliyoruz, o pasaportlarla bütün Avrupa kabul ediyor bizi. Diplomat muamelesi görüyoruz. 4.500 üyemiz var. Türkiye devleti haklı şu anda. O pasaportu tanımıyorlar. Sonuçta bizde kilise, ayin yoktur. Senede bir kere Jerusalem'de (Kudüs) toplantı olur. Toplantıda gündemler belirlenir, nereye yardımlar yapıldı bunlar konuşulur. Hesap kitap yapılır. Bunların kendi bankaları var, hastaneleri var. Mesela 1500'den fazla Müslüman var bizim içimizde. Dil, din, renk, ayrımı yok bizde. Bizim gizlimiz saklımız yok. Bize suçlu muamelesi yaptılar. Londra'daki darphanede basılıyor pasaportlarımız. Nasıl sahte olabilir?

Ukraynacadan yeminli, tercüme bürosunda Türkçeye çevrilen anayasalarına göre tarikatın tam ismi şöyle: 'Rodos ve Malta Şövalyeleri Kudüslü Aziz John Rus Devlet Emperyal Militar ve Hospitaler Tarikatı.' Kısa adı ise 'OSJ' olarak zikrediliyor.

Dünyanın pek çok ülkesinde teşkilatı olan Malta Şövalyeleri üyelerinin beyaz ve siyah pelerinleri ile üzerindeki kırmızı Tapınak Şövalyeleri haçı dikkat çekerken, diplomatik pasaport hakkı kazanan üyeler asla sıradan insanlardan seçilmiyor."[34]

Türkiye'deki Katolisizm uzmanlarından olan ve Hıristiyan tarikatlarını araştıran Dr. Ali Murat Yel Malta Şövalyeleri'ni şu sözlerle anlatıyor:

"*Cennetin Krallığı* filmini seyretmiş olanlar, üniformalarının göğüs kısmında beyaz ve kırmızı haç figürü olan asker-sağlık görevlilerini hemen hatırlayacaklardır."

Bunlardan beyaz renkli haç olanlar Katolik Kilisesi'nin Kudüslü Aziz Yuhanna Hastanesi Tarikatı veya daha çok bilinen adıyla Tapınak Şövalyeleri; siyah elbise ve kırmızı haç figürü taşıyanlar ise Malta Özerk Askeri Tarikatı yani yaygın bilinen isimleriyle Malta Şövalyeleri mensuplarıydı. Her iki tarikat da Katolik Kilisesi

34. *Tempo* dergisi, 16 Mart 2006, sayı 954.

tarafından hemen hemen aynı tarihlerde Filistin'de süregelen Haçlı Seferleri sırasında Haçlıların ele geçirdikleri yerlerde hem halkın dini ihtiyaçlarını yerine getirecek ve aynı zamanda gerektiğinde savaşacak muharip keşişlerden oluşan bazı dini cemaatler olarak kurulmuş ve Hıristiyan hacıları korumakla görevli olarak bölgeye gönderilmişlerdi.

Bu tarikatlar içinde Malta Şövalyeleri olarak bilinen Kudüs Hastanecileri bir istisna teşkil eder, zira onların kuruluşu Haçlılardan öncesine dayanır. Diğer benzer cemaatlerin zamanla savaş tehlikesi ortadan kalktıktan sonra dağılmasına rağmen Malta Şövalyeleri günümüzde de varlığını sürdürmektedir. Dünyanın hemen hemen her bölgesinde üzerinde sekiz köşeli beyaz haç amblemi olan Malta Şövalyeleri'ne ait ambulanslar ve görevli insanlara rastlanabilir.

Bugün Malta Şövalyeleri olarak bilinen bu cemaat, tarihin çeşitli dönemlerinde ve yerleştikleri bölgelere göre farklı isimlerle anılmıştır. Mesela, 1309 yılına kadar Kudüs Aziz Yahya Şövalyeleri/Hastanecileri, 1309-1522 yılları arasında Rodos Şövalyeleri ve 1530'dan günümüze kadar 'Aziz Yahya'nın Kudüs, Rodos ve Malta Özerk Askeri Hastanecileri Cemaati' adlarını taşımışlardır.

Napolyon'un Mısır Seferi yolunda 1798'de Malta'yı fethetmesi ile cemaat merkezini yitirmiştir. Böylesine zor şartlar altında Rus İmparatoru I. Paul cemaate St. Petersburg'da yerleşebilecekleri iznini verince 1801'de onu cemaatin "büyük üstadı" seçmişlerdir. Fakat imparatorun iki yıl sonra öldürülmesiyle cemaatin başına yeniden bir Katolik üstat geçirilmiştir. Papalığın izni ile cemaatin merkezi Roma olmuştur. Cemaatin merkezi 1834 yılından beri Roma'dadır ve bugün itibariyle dünyada 54 ülkede 10.000 şövalye ve kadın şövalye vardır. Mensuplar dünyadaki 50 manastır veya milli kurumlardan birisine bağlı olarak faaliyetlerini sürdürmektedir.

Savaşların ve deniz korsanlarının bittiği modern dönemde cemaat önce 'özerk' bir yapıya ve daha sonra da Birleşmiş Milletler'de daimi gözlemci üye statüsü elde etmişlerdir. Her ne kadar bir vatan ve toprakları olmamasına rağmen dünyada 90'dan fazla ülke ile diplomatik ilişkiler geliştirmiş ve kendi pasaportları, paraları (scudo), araba plakaları ve posta pullarını basma yetkisine de sahip olmuşlardır.

'Savrano Millitare Ordine Ospedaliero di San Giovanni di Gerusalemme di Rodi e di Malta' ismiyle, Malta Sarayı da denilen 'Via dei Condotti 68' adresinde 'Büyük Üstat' ikamet etmekte ve cemaatin önemli toplantıları da yine burada gerçekleştirilmektedir.

94 ülke ile diplomatik ilişkileri, 6 ülke (Belçika, Fransa, Almanya, Lüksemburg, Monako Prensliği ve İsviçre) ile de 'resmi' ilişkileri devam etmekte, uluslararası hukukta devlet olmayan kurumlara verilen statü ve Avrupa Birliği ile Uluslararası Kızıl Haç Komitesi gibi kurumlarda üyelik hakları vardır.

Cemaatin amblemi olan sekiz köşeli haç Hz. İsa'nın kutsadığı sekiz grubu temsil eder. Cemaate bugün itibariyle yöneltilen en büyük eleştirilerden birisi mensuplarının aristokrat ve Katolik olması sebebiyle sol ve komünizm karşıtı olmalarının yanı sıra CIA'in kuruluşunda önemli ve etkin bir rol oynamasıdır. Çünkü CIA kurucularının hepsi şövalye idi ve Ronald Reagan döneminde kurumun başına getirilen William Casey ile J. F. K. dönemindeki CIA Başkanı John Mccone'a kadar pek çok başkan ve önemli görevlerde hep şövalyeler yer almıştır.

Malta Şövalyeleri'nin kilit rol oynadıkları bölgelerin başında Afrika ve Latin Amerika gelmektedir; mesela Arjantinli sivil diktatör Juan Peron'un bizzat kendisi ile diktatör Pinochet suikastını gerçekleştiren kişinin bile cemaate üst düzey üye olduğu artık herkesin kabul ettiği bir gerçektir.

Bilderberg Grubu'nun da şövalyeler tarafından kurulup idare edildiği iddialar arasındadır. Malta Şövalyeleri ile Tapınak Şövalyeleri kuruluş itibariyle de Masonluğa benzemesi dikkat çekici olup, Masonluğun Tapınak Şövalyeleri'nin mirasçısı olduğu bile söylenebilir.[35]

Sinemalarda gösterilen *Cennetin Krallığı* filmi ortaçağın Avrupa için karanlık bir dönem olduğunu anlatır. Bu dönemi Kudüs'ün Haçlı orduları tarafından işgali, ardından yaşanan vahşetler, Tapınak Şövalyeleri'nin kuruluşu ve Türk-İslam âleminin büyük kumandanı Selahattin Eyyubi'nin liderliğinde kazanılan Hıttin Savaşı ve Kudüs'ün kurtarılması olarak özetleyebiliriz. Birçok tarihçi söz konusu filmi tarihi gerçeklere yakın olarak değerlendirmişti.

Yaklaşık 460 yıl Müslümanların egemenliği altında olan Kudüs, 1099 yılında Birinci Haçlı Seferi sonucu Hıristiyanlar tarafından işgal edildi. Birinci Haçlı Seferi'ne katılanlar beş hafta süren bir kuşatmanın ardından büyük bir katliam gerçekleştirerek Kudüs'e girdiler. Tapınak Şövalyeleri, Haçlıların Kudüs'ü kanlı bir şekilde ele geçirmelerinden ve bir Latin Krallığı kurmalarından yaklaşık 20 yıl sonra resmen tarih sahnesine çıktılar.

1118 yılında kurulan ve "Tapınakçılar" veya "Tapınak Şövalyeleri" olarak bilinen bu tarikatın tam adı "İsa'nın ve Süleyman Tapınağı'nın Yoksul Şövalyeleri" idi. Bu tarikatın kuruluşu Kudüs'te sessiz sedasız gerçekleştirilmişti.

Tapınak Şövalyeleri Kudüs Kralı II. Baldwin'in huzuruna çıkarak Birinci Haçlı Seferi'nin ardından Kudüs'e akın eden Hıristiyan hacıların mallarını ve canlarını koruma işine talip olduklarını belirttiler.

Kral Tapınakçıların ilk "büyük üstadı" olan Hugues de Payens'i yakından tanımaktaydı. Onlara büyük destek verdi. İstekleri doğrultusunda onlara bir zamanlar Süleyman Tapınağı'nın yer aldığı (Mescidi Aksa'yı da kapsayan) bölgeyi tahsis etti.

Müslümanların Selahattin Eyyubi önderliğinde Kudüs'ü geri almasına kadar geçen 70 sene müddetince "Tapınak Tepesi" Tapı-

35. Ali Murat Yel, *Tempo* dergisi, 16 Mart 2006, sayı 954.

nakçıların merkezi oldu. Burası rastgele değil şuurlu bir seçimdi. Tapınak Hz. Süleyman'ın gücünün bir simgesiydi.

Kurucu şövalyelere göre, bir araya gelmelerinin, diğer bir ifadeyle bu tarikatı kurmalarının gayesi, kutsal toprakların ve Hıristiyan hacıların mal ve can güvenliğini sağlamaktı. Ancak Tapınak Şövalyeleri'nin gerçek maksadı çok çok farklıydı. Faaliyetleri ve yandaşları zamanla değişikliğe uğrayan gizli bir örgüttür.

Birinci Haçlı Seferi'nden sonra çok kısa bir müddet içinde çok güçlü bir siyasi nüfusa sahip olan Tapınakçılar, ortaçağ Avrupası'nın en büyük maddi güçlerinden biri haline gelmişti. Başlangıçta kendilerini dindar"mış" gibi gösteren Tapınak Şövalyeleri, bu görüntü ile kazandıkları itibar ve imtiyazları mükemmel bir şekilde kullandılar. Tapınakçılar bir hususu çok iyi biliyorlardı. Haçlı Seferleri her ne kadar Hıristiyan inancının bir ürünü olarak ortaya çıksa da, gerçekte temeli tamamen maddi çıkarlara dayalı olan bir savaş harekâtıydı.

Avrupa çok büyük bir fakirlik ve sefalet içinde yaşarken, Doğu'nun ve özellikle de Ortadoğu'daki Türk-Arap Müslümanların refah ve zenginliği, Avrupalıları özellikle de Kilise'yi cezp etmiştir.

Bu cazibenin, Kilise'nin de artan dozda kışkırtmasıyla Hıristiyanlığın radikal dini öğretileriyle de süslenmesi sonucunda, dini görünüm altında, fakat esasen dünyevi gayelere yönelik bir "Kutsal Haçlı" zihniyeti ortaya çıkmıştır. Tapınak Şövalyeleri 1307 yılında başlayan tutuklama ve mahkemelerine ait tutanaklar ise, bu gizli teşkilatın içyüzünü gözler önüne çıkardı.

Tapınak Şövalyeleri, kurulduktan sonra kısa bir süre sonra bir nevi "Satanist" öğretiye yönelmiş, Kabala'nın büyü/majik öğretilerini kendisine düstur edinmişti. Ayrıca Avrupa'nın en büyük servetlerinden birine hükmeder hale gelmişti.

Dışarıya verdikleri görüntünün aksine çok farklı gayeleri olan bu tarikat, 1307 yılından itibaren yeraltına çekilmiştir. Günümüzde her ne kadar tarihten silinmiş gibi görünse de 1307'den beri faaliyetlerine kapalı kapılar arkasında muhtelif isimler adı altında gizlice devam etmektedir.

Bu hususları net olarak ifade edebiliriz. Tapınak Şövalyeleri:

- Küresel finans sistemi ve parayı kontrol etmektedirler.
- Başta CIA, MOSSAD, MI 6, BND gibi istihbarat teşkilatları olmak üzere, Batılı istihbarat kurumlarında kurucu-yönetici olarak çok etkilidirler.
- Gerek Masonik, gerek Hıristiyan ve İslami tarikatların pek çoğu olmak üzere "Yeni Çağ" tarikatları üzerinde oldukça etkilidirler.
- Nihayet dünya siyasetinde en önemli belirleyici bir güç merkezidir.

Elbette yukarıdaki hususların hiçbirisini somut bir belge ile destelemek mümkün değildir. Zaten Hermetik-ezoterik-Kabalist "sır" örgütleri için somut belgelere değil "karinelere" bakılır ve geçmiş ile mukayese edilir.

Haçlı orduları içinde, Kudüs'te ve Avrupa'da bugünün modern finans-para sisteminin kurucusu olan Tapınak Şövalyeleri'nin 1307'den sonra bu işten vazgeçtiklerini düşünmek safdillik olur. Bir tarihçinin ifadesiyle "buldukları bütün Arap ve Türkleri öldüren, erkek veya kadın, hepsini katleden" Tapınakçıların en önemli özellikleri, "acımasızlık, gizlilik, istihbarat, para operasyonları"dır.

Haçlı Seferleri'nin başlangıç noktası, Kasım 1095'tir. Papa II. Urban'ın başkanlığında ve 300 din adamının katılımıyla gerçekleşen "Clermont Konseyi" oldu. Papa II. Urban bu konseyde Hıristiyanlardan kendi aralarındaki çekişme ve savaşları bırakmalarını istedi. Zengin, fakir "asil", "köylü" bütün Hıristiyanları tek bir bayrak altında birleşmeye ve "kutsal toprakları Müslümanların elinden kurtarmak için" savaşmaya çağırdı. Papa II. Urban'a göre bu, "kutsal bir savaş" olacaktı.

"Kutsal savaş" projesi "kutsal bir mafya" tarikatı doğurdu. Kudüs'e hem bağışları hem de hacıların paralarını güvenle aktarma görevini üstlenen dini-askeri tarikat günümüzün modern bankacılık sistemine öncülük eden bir tür bankacılık sistemi kurdular. Zamanla "fakir şövalyeler" bağışlar ve bankacılık sisteminden gelen muazzam bir malvarlığının sahibi oldular.

Kontrolsüz servet başta Papalığı ve Fransa kralını çok rahatsız etmeye başladı. Üstelik Tapınak Şövalyeleri, Hz. İsa ve İncil hakkında öğrendikleri "gerçekleri" açıklama tehdidiyle Papalık üzerinde muazzam bir nüfuz sahibi olmuşlardı. İşte bu ahval ve şerait içinde 1305'te Papa olan V. Clement, Fransa Kralı IV. Phillippe (Güzel Phillippe) ile anlaşarak Tapınak Şövalyeleri'ni ortadan kaldırma sürecini 1307'de başlattı.

Papalık, muazzam bir finansal gücü yöneten Tapınak Şövalyeleri'ni cinsel ve dini sapkınlık, Müslümanlarla/Haşhaşilerle işbirliği gibi suçlamalarla yasaklattı. Fransa'da Tapınak Şövalyeleri aleyhine açılan davaların mahkûmiyetle sonuçlanması onlar için bir dönüm noktası olmuştur. Artık daha gizli, daha teşkilatlı olmayı öğretmiş, bugüne kadar gelen Tapınak Şövalyeleri-diğer ezoterik kardeşlik örgütleri işbirliği ve gizliliği ve muhtelif alt birim olarak kurdurulan ve kontrol edilen gizli örgütlenme sistematiği geliştirilmiştir. Bunun en iyi örneklerinden biri Tapınak Şövalyeleri-Mason gizliliğidir. Bir diğerleri[36] Tapınak Şövalyeleri, İlluminati Tapınak Şövalyeleri, Opus Dei, Tapınak Şövalyeleri, Bilderberg vs.'dir.

Tapınak Şövalyeleri'ni mahkûm eden Kilise'nin temsil ettiği her türlü inanca ve değere karşı büyük bir öfke ve intikam duygusuyla ve elbette Kilise'nin pek çok keyfi uygulamalarının da kolaylaştırıcı etkisiyle örtülü-açık bir savaş açmışlar, bunda başarılı da olmuşlardır.

---

36. *Tapınak Şövalyeleri - Gül / Haç Kardeşliği.*

Din ahlakına-semavi dinlere karşı besledikleri nefret ve düşmanlık, nihai hedef ve mücadelelerinin de merkezini oluşturmuştur. Netice olarak hiçbir semavi dine uygun olmayan, milli devletlere yönelik yıkıcı Apokaliptik/Kıyametçi bir dünya hâkimiyeti... Tarikat 200 yılda Papalık tahtından başka her krallığa meydan okuyacak kadar güçlü bir hale gelmişti.

Politik ilgilerinin yanı sıra Tapınakçılar, parasal konularla da yakından ilgili ve aktiftiler. Modern bankacılık sisteminin garantisi Tapınak Şövalyeleri tarafından oluşturulmuştur. Bu günkü çek sisteminin garantisi onlar tarafından oluşturulmuş, esasını da yine ilk olarak onlar uygulamışlardı. Avrupa krallıklarından çok miktarda paralar alarak ihracat işine de girdiler ve deniz taşımacılığı da yaparak büyük miktarda paralar kazandılar.[37]

Kendisine yöntem "düstur" edinmiş ilk devlet dışı kurum olan Vatikan'ın bu yöntemi "Eski için yeni fikirler dene, olmazsa yeni için eski fikirlere dön" şeklindedir. Vatikan'ı her devirde ayakta tutmuş olan sihirli formül budur.[38]

Tapınak Şövalyeleri Tarikatı Vatikan'ın bu sihirli formülünü devşirmişler ve aynen daha da geliştirerek kullanmışlardır. Tapınak Şövalyeleri de devlet dışı kurumdur. Roma Kilisesi varlığını 2.000 yıldır etkili ve aktif bir şekilde sürdüren bir kurumdur. Roma Kilisesi, olup bitenleri kenarda durup seyrederek mevcudiyetini sürdürmüş falan da değildir. Aksine, bütün küresel çalkantıların tam ortasında yer almıştır ama daima başkaları kaybetmiştir. Kilise bazen sendelemiş, hatta yok olma noktasına kadar gelmiş ancak 20-30 yıl içinde toparlanıp yine "süper güç" haline gelmiştir.

Kilise'nin Opus Dei desteği ile 21. yüzyılda dünyadaki "Dine Dönüş" hareketinin en önemli yönlendirici aktörlerden biri olacağı iddia ediliyor... Ya da Tapınak Şövalyeleri-Da Vinci ekseni ile Evanjelistlere karşı ilk ve son kez kaybedeceği söyleniyor.

---

37. Halit Erol, *Sion Tarikatı ve Tapınak Şövalyeleri*, Pozitif Yayınları, tarihsiz, İstanbul, s. 69.
38. Aytunç Altındal, *Vatikan ve Tapınak Şövalyeleri*, Alfa, 4. baskı, İstanbul, 2004, s. 35.

Karol Wojtyla, 16 Kasım 1978'de saat tam 5.17'de Papa seçilmiş ve II. John Paul olarak anılmaya başlanmıştı. Seçilmesinden yaklaşık üç yıl kadar sonra 13 Mayıs 1981'de saat tam 5.17'de Mehmet Ali Ağca tarafından vurulmuştu. Aslında Ağca Papa'ya suikast düzenleyen ikinci Müslüman'dı.

Papa II. John Paul Türkiye'ye gelip, İzmir Selçuk'taki Bülbül Dağı'nda olduğu varsayılan Meryem Ana evine giderek hacı olmadan önce 16 Şubat 1981'de Pakistan'a gitmişti. Karaçi'de konuşma yapacağı stadyuma gelirken yolda polis arabasını durdurmuş, yavaşlatmıştı... Tam konuşacağı kürsünün altında bir el bombası patlamış, kürsüyü koruyan Müslüman ölmüştü. Yani Papa II. John Paul'a iki kez Müslüman birileri tarafından suikast düzenlenmişti.

Tiyatro eserleri yazmış, şarkıcılık ve aktörlük yaparak geçimini sağlayan Polonyalı Karol şair bir aydındı. Çok ilginç bağlantıları vardı. Bağlantıların görünen kısmı istihbarat kurumlarıydı. Ancak rakip istihbarat kurumlarınca el üstünde tutulması Tapınak Şövalyeleri'ni akla getiriyordu. Nitekim Papa II. John Paul olarak Vatikan'a oturduktan sonra "Opus Dei" adlı İspanya merkezli gizli bir örgütü kutsayarak Vatikan'da güç ve kudret sahibi olmalarını sağlamıştı. Komünist Polonya'da din görevlisi olduğu halde yazıları Batı basınında yayınlanmıştı. Bunda da görünürde iki istihbarat örgütü rol oynamışlardı:

- Polonya Komünist Partisi'nin gizli polisi.
- Amerikan istihbarat kurumlarından biri olan CIA.

Tad Szulc adlı araştırmacı yazar Papa II. John Paul'un ilginç bir şekilde yukarıda zikrettiğimiz gizli istihbarat teşkilatı tarafından korunduğunu ve desteklendiğini biyografisinde dile getirmektedir.

Öte yandan Ağca olayının en ilginç yanı, SSCB istihbarat teşkilatı KGB ve CIA ile ABD'nin en gizli güvenlik ve istihbarat teşkilatı NSA (Milli Güvenlik Teşkilatı) arasındaki yazışmalardır. Bunlardan KGB ile alakalı olanların bir kısmı açıklanmıştı.

Bir hususu daha belirtelim. Papa suikastını araştırma işini CIA değil, NSA yürütmüştür. Ancak hadisede KGB'nin hiçbir dahlinin olmadığını dünyaya CIA duyurmuş bünyesindeki "iliştirilmiş" gazeteciler vasıtasıyla bu kanaati pekiştirmiştir. Diğer taraftan Papa suikastında CIA'in hiçbir suçu olmadığını da bizzat KGB açıklamıştı.

Güzel Türkçemizdeki şu söz ne kadar anlamlı değil mi? "Bozacının şahidi şıracı."

CIA ve KGB, ölümcül iki rakip gizli istihbarat teşkilatı birbirlerini "sütten çıkmış ak kaşık" haline getirmişlerdir. Hangi güç, Polonya Komünist Partisi gizli polisi, CIA ve KGB'yi aynı noktada birleştirmişti? Tapınak Şövalyeleri olabilir mi?

Hakikaten dünya tarihinde 1978 yılı çok özel bir yıl olmuştu:

- Karol Wojtyla, papalık tarihinde, papa seçilen ilk Slav kökenli Polonyalı'ydı. Tam 455 yıl sonra papa seçilen ilk Slav. Dahası bir "mucize" olmuştu. Meryem Ana sevgisiyle coşan Bernardin Tarikatı mensuplarından biri olan Karol Jozef Wojtyla 18 Mayıs 1920'de Güney Polonya'daki Wadovice şehrinde doğduğu gün Polonya son 200 yılda Rus ordularına karşı ilk kez zafer kazanmıştı. Doğumundan üç ay sonra da Polonyalıların "Vistül Mucizesi" adını verdikleri, Vistül Nehri önünde Sovyet Ordusu'nu durdurmuşlardı. Bu mucizeyi de Meryem Ana'nın yaptığına inanılmıştı. Karol 21 yaşındayken babasını da kaybedince aileden hayatta kimse kalmamıştı. Yalnız, fakir ve acılar içindeydi ama "Meryem Ana bir kez daha mucizesini gösteriyordu". I. John Paul adıyla Papalık makamına oturan Papa 33 gün sonra garip bir şekilde "ölüverince" Karol 16 Kasım 1978 papa seçildi. I. John Paul'ün papa seçilmesi ve ölümü *Baba - 3* filminin ana temalarından biridir.
- Fransa'nın Başkenti Paris'te sürgün yaşayan Molla Humeyni, Fransız Havayolları uçağına bindirilerek Tahran Havaalanı'na 1978'de indirilmişti.
- Neoliberalizmin, yani serbest piyasa ekonomisinin resmen ilanı da 1978 yılında "Washington Mutabakatı" ile dünyaya dayatılmıştı.

• 1978'de İran-Irak, daha doğrusu Humeyni ve Saddam bugünlerde açıktan telaffuz edilen Şii-Sünni Savaşı'nı başlatmışlar, Müslüman'ı Müslüman'a kırdırmışlardı.

• SSCB yani Rusya 1978'de Afganistan'ı işgal etti. El Kaide, Taliban, IŞİD ve türevleri burada kuluçkadan çıkarıldı.

• 1978'de Mao'nun yerine Komünist Partisi Genel Sekreteri Deng Sioping "Kedi fare yakalıyorsa, renginin önemi yoktur" diyerek küresel sermayeye hoş geldin işaret fişeğini atmıştı. Kim veya hangi güç yukarıda kısaca özetlediğimiz Yeni Dünya Düzeni'ne giden "taşları" döşemişti?

Yoksa 1978'de ve sonrasında olanların tamamı tesadüflerden mi ibaretti?

Yukarıda "Vistül Mucizesi"nden söz etmiştik.

Katolik Hıristiyan dünyasının resmi literatüründe "Vistül Mucizesi" adıyla anılan zafer 1683'te Merzifonlu Kara Mustafa Paşa'nın Osmanlı Sarayı'ndaki Enderun devşirmelerinin ayak oyunlarıyla lojistik destek göndermemesi sebebiyle Viyana önlerinde püskürtülmesinden sonra Katoliklerce Hıristiyanlığın düşmanı güçlere karşı kazandıkları ikinci büyük zafer olarak değerlendirilmektedir. Hıristiyan dünyasında "John" ve "Paul" iki farklı, hatta zıt anlayışı temsil eder.

Papalık tarihinde 23 papa "John" adını kullanırken 6 papa "Paul" adını kullanmayı yeğlemiştir. "Paul" ne denli gerçekçiyse, "John" da o denli esrarengiz/gizemli akımı temsil eder.

Karol, papa seçildikten sonra Hıristiyan âleminde ilk defa, 33 gün papalık yapan selefi papa tarafından bir araya getirilmiş olan "John Paul" adını alarak tarihe Papa II. John Paul olarak geçti. Aziz John ve onun yazdığı İncil bölümüne (Gospel) ağırlık verenlerle, Aziz Paul'a ağırlık tanıyanlar hiçbir devirde tam ve mutlak bir uyum içinde olmamışlardır.

John Paul adını alan Karol her ne kadar her iki azizi birleştirmeye çalıştıysa da "John" tarafı hep öne çıktı. Esrarengiz, sır dolu bilgilere çok düşkündü. Her gün "yedi" saatini -ki Yahudi inanışının "Semitah Döngüsü"nün kutsal sayısıdır- duaya ayırdı. M. Ali Ağca tarafından Mayıs 1981'de vurulunca, bu hadiseyi kendisine iletilmiş ilahi bir sır, esrarengiz bir olay olarak değerlendirdi.

Suikastın 13 Mayıs'ta yapılması, suikastı gerçekleştiren Müslüman Türk'ün isminin 13 harften meydana gelmesi ve bu sayının Hıristiyan ezoterizmindeki (okült, Batıni, gizli bilimler) önemini yorumlayarak, Meryem Ana'nın bu suikastla kendisine bir "sır ilettiği"ni söyledi.

Nitekim Papa II. John Paul, suikasttan bir ay sonra Kardinaller Koleji için yaptığı açıklamada suikast hadisesinden sonra Meryem Ana'nın Portekiz'deki meşhur "Kutsal Fatma" vasıtasıyla kendisini koruduğunu ve kendisine bir sır tevdi ettiğini açıkladı. Dikkat edilirse Papa, Tapınak Şövalyeleri, Opus Dei, İlluminati ve çok sayıda gizli örgüt okültizm, ezoterizm/Batınilik, nümeroloji, sır ekseninde "sır"rın "sır"rı için dolanıp duruyor.

Neden Türkiye ve Anadolu?

- Paganizm, ezoterizm, Yahudilik, Hıristiyanlık ve İslam Anadolu ve hinterlandının coğrafyasında doğmuştur.
- Katolik Hıristiyanlığın kurucusu Pavlus Tarsuslu'dur.
- Dört İncil'den birinin ve Esinlenme'nin yazarı Yuhanna'nın bazilikası İzmir Selçuk'tadır.
- Dünyadaki 46. "Meryem Ana Evi" İzmir Selçuk'taki Bülbül Dağı'ndadır iddiası 1966'da zamanın papası tarafından kutsanarak hac merkezi haline getirilmiştir.
- Protestan-Evanjelist Hıristiyanlar (Siyonist Hıristiyanlar) başta olmak üzere Hıristiyanlığın "Yedi İnayet Dönemi" Kilisesi Ege Bölgemizdedir.
- Ürgüp-Göreme/Ihlara Vadisi, Hatay, Fırat ve Dicle Hıristiyanlık için kutsal yerlerdir.
- Ortodoks Hıristiyanlık İstanbul doğumludur.

Bebek katili, bölücü terör örgütü PKK'nın başı Abdullah Öcalan Papa II. John Paul'a yazdığı mektupta şöyle diyor:

"Aziz Peder. Hıristiyanlığa çok yakınım. Sizin şahsınıza ve dininize duyduğum saygı benim savaşımın ve düşüncelerimin merkezindedir."[39]

Kiliseler 1965'ten bu tarafa Ortadoğu'daki Kürtçülük hareketleriyle ve 1983'ten sonra da PKK ile çok yakından ilgilendiler. Güneydoğu Anadolu'daki ilk gizli ve örgütlü etnik ve dinsel ayrımcılığı esas alan istihbarat faaliyetlerini 1962'de "Barış Gönüllüleri" adıyla bölgeye gönderilen çoğunluğu Katolik ve Anglikan Kiliseleri'ne kayıtlı Amerikalı uzmanlar başlatmıştı.[40]

Barış Gönüllüleri topladıkları "bilgi"leri iki merkeze aktardılar:

1. ABD'deki muhtelif istihbarat birimlerine
2. Doğrudan doğruya kiliselere

1965'te II. Vatikan Konseyi'nin kararları yayınlandı. Şu üç kavramın küresel çapta yaygınlaştırılması kararlaştırılmıştı:

- Ekümenizm
- Diyalog / Dinler arası diyalog
- Hoşgörü

15 Temmuz 2016'da Türk Ordusu'nun içine yıllarca önce Masonik yapılanma ve desteği ile yerleştirilen isyancı "FETÖ" terör örgütünün elebaşı Fethullah Gülen de "diyalog" ve "hoşgörü" masalları ile insanlarımızı devşirmişti.

Sahi, Tapınak Şövalyeleri Hatay ilimizdeki Bakras Kalesi'ni niçin istiyor olabilir?

39. *La Republica*, 23 Kasım 1998, s. 1-3.
40. Aytunç Altındal, a.g.e., s. 123.

BİRİNCİ BÖLÜM

A. TANRILAŞAN BATI EZOTERİZMİ, YENİ DÜNYA DÜZENİ VE TÜRKİYE'NİN GELECEĞİ

Batı medeniyetinin kurucu babaları kendileri ile Tanrı arasında özdeşleşmeye varan bir bağ kurmuşlar. Evrenin düzenini kuran Tanrı gibi, Batı medeniyeti de Yeni Dünya Düzeni'nin mutlak hâkimi/"kadir-i mutlak"ı olmak istiyor. Buna kendilerine göre ilahi gerekçeler de uydurmuşlar.

Öyle ki ta Hz. İbrahim döneminde Tanrı ile yapılmış bir anlaşmaları olduğundan başlıyorlar. Yahudiler soylarını Hz. İbrahim'in Tanrı'ya kurban etmek istediği oğlu İshak'a dayandırıp, bu sebeple kendilerini Tanrı'nın seçilmiş kavmi sayıyorlar.

Hıristiyanlara gelince, onlar da Tanrı'nın insanlığın kötülüklerden kurtulması için kurban ettiği "oğlu İsa'ya" taparak, dünya üzerinde onun temsilcisi olmak iddiasındalar. Hasılı Yeni Dünya Düzeni için Tanrı ile anlaşabilmek, hatta lüzum gördükçe tanrılaşabilmek için birilerinin kurban edilmesi gerek.

Okültist-ezoterik/Batıni açık-gizli cemiyetlerin/örgütlerin kontrolü altına tamamen girmiş olan, Tanrı'nın temsilcisi hatta vekili olarak yeryüzüne hükmetmeye çalışan Batı medeniyetinin liderleri Tanrı'nın temsilcisi hatta vekili olarak dünyaya hükmetmeye, nizam vermeye çalışırken insanlık nizamının efendi-köle ilişkisi üzerine kurulduğu inancı içindeler.

Eski Yunan'da başlayan bu efendi-köle sistemi Hegel'de en açık felsefi dayanağını bulmuştur. Yani iki insan karşılaştığında mutlaka çatıştıklarını, neticede güçlünün efendi, güçsüzün köle olduğunu ifade ediyor.

Hegel için hürriyet sadece efendilere mahsus. İnsanlar arasında topyekûn barış mümkün değil. Zaten çatışma bittiği takdirde "tarihin de sonu" gelmiş olacak. Bu sebeple, dilini anlamadığı için barbar dediği kendileri dışındaki bütün toplulukları toptan köle sayan Eski Yunan toprak sahipleri, kendi milletinin topraksız insanlarını da köleleştirerek, toprak sahiplerini efendiler sınıfı haline getirmiştir.

Eski Yunanlılara ve onların yolundan giden Batı medeniyetinin kurucu babalarından başlayarak günümüze kadar gelen anlayışa göre "efendilik" "babadan oğula" geçiyor. Yani bir soyluluk, "seçilmişlik" meselesi. Efendi soyundan gelmeyince bu sınıfa kabul edilmek kesinlikle imkânsız.

Diğer yanda, efendiler arasında da bir güç hiyerarşisi mevcut. Neticede mutlak egemenlik Tanrı'nın temsili gücüne sahip tek "birey"e kadar gidiyor. Bir tarafta mutlak yanılmazlık içindeki papa, öbür tarafta imparator. Bu ikisinin uzlaşması ise Batı medeniyetinin kurucu babalarına göre "demokrasinin kaynağı".

Her ne kadar "demokrasi" lafını eski Yunanlılar icat etmiş olsalar da icatlarını hayata geçirememişlerdir.

Batı medeniyeti mutlak efendiliğin, yani tanrısal gücün sadece "birey"de gerçekleşeceğine inandığı için bireyi kutsallaştırmış ve bireyleri "avam", "seçkinler" diye ikiye ayırmıştır. Toplumsal değer olarak birey devletin, toplumun ve ailenin üzerinde konumlandırılmıştır. Papa ve imparator bu inancın tezahürüdür.

"Birey" kelimesinin Frenkçe karşılığı "individual". "Dividire" Latince "bölmek" anlamına geliyor. Buna "in" olumsuz takısı eklenince "individual", "bölünemez" manasına geliyor. Kısaca, "birey"e kadar toplumsal birimlerin hepsi bölünebilir vaziyette. Esasen tek bir gücün hâkim olabilmesi için öbürlerinin bölünmeleri gerekmektedir.

İngiliz İmparatorluğu'nun temel prensibi, "Divide and rule" yani "böl ve yönet". Günümüzde de Amerikan, İngiliz, İsrail öncülüğündeki Batı projesi olan Yeni Dünya Düzeni, neoliberalizm-küreselleşmenin temel politikası birebir aynıdır: "Böl ve yönet."

Ne kadar sıkıştırılırsa sıkıştırılsın özellikle Çin, Rusya ve Hindistan gibi ülkeler parçalanma tehdidine karşı koyacak güçtedir.

Türkiye'ye gelince. Önce sol-sağ, arkasından ASALA, PKK ve derken DEAŞ / IŞİD gibi farklı kumaşlardan aynı terzinin elinden çıkma silah öncelikli projelerle Türkiye'yi parçalayamayan Batılılar, şimdi parayı kullanarak Türk milletini köleleştirmek istiyorlar.

1838 Baltalimanı Serbest Ticaret Antlaşması ile başardıklarını WB, IMF, AB ve Gümrük Birliği politika ve dayatmaları ile artı derecelendirme kuruluşlarının garazkâr raporları ile Cumhuriyet Türkiyesi'ne de yapmaya çalışıyorlar.

Batılılar önce seküler, "Beyaz Türk" elit bir kesimden iş çevresini zenginleştirdiler, sonra da "İslamcı" olarak kendilerini tanımlayan "Beyaz Müslümanlar"dan elit bir kesimi, özellikle Londra üzerinden dolandırılan Arap-İngiliz sermayesi ile zenginleştirdiler. Yani gerek "Beyaz Türk" gerek "Beyaz Müslüman" ama ortak özellikleri olan "Boğaz'daki Aşiret" küçük-elit bir iş çevresi Türkiye'deki 500 iş sektörünün yüzde 50'sine tam hâkimler, diğer yüzde 50'de de ciddi şekilde etkililer.

"Beyaz Türk" ve "Beyaz Müslüman" ya da "seküler", "İslamcı" olarak tanımlanan Boğaz'daki Aşiret Türk soylu değil, Hanefi-Maturidi Sünni Müslüman değil.

İş, siyaset, basın ve bürokraside öyle akrabalıklar var ki... Size "vay anasını" dedirtir. Mesela V. K. ile S. Ü. ailesi kan bağıyla akraba olup yine bu iki sanayici aileye Ankaralı tüccar bir ailenin siyasetçi oğlu AB ile akademisyen-siyasetçi A. D. akrabadır. Yine bu ailelerle ünlü bir gazeteci aile Ç. A. akrabadır.

Bir başka akrabalık 180 derece zıt kutuplarda yer alan iki siyasetçi öz teyze çocukları. D. B. ve B. A. Siz iyisi mi Mahmut Çetin'in *Boğaz'daki Aşiret, Genetik İhanet* kitapları ile Tayfun Er'in *Erguvaniler - Türkiye'de İktidar Doğanlar* kitaplarını okuyunuz.

Osmanlı Türkiyesi'nde "devşirme" ve "dönme" savaşı çok sert bir şekilde yaşanmıştır. Bu savaş Atatürk'ün ölümünden sonra yeniden gün yüzüne çıkmıştır. Bilmeyenler için kısaca açıklayalım. "Devşirme", Rum, Ermeni, Sırp, Hırvat vb. kökenli olup da kelimeyi şahadet getirtilerek bir gecede "Müslüman" olup Osmanlı

Türkiyesi'nin siyasi-bürokratik kontrolünü eline geçiren elit bir kesimdir. Bu kesim ağırlıkla "İslamcı" cenah içinde, tarikat ve cemaatlerde kendine yer edinmiştir. Osmanlı'da Melamilik, Cumhuriyet Türkiyesi'nde Nakşibendilik ve Kadirilik tarikatlarında oldukça etkilidirler. Çoğunluk "Beyaz Müslüman".

"Dönmeler", "Avdetiler", "Sabetayistler", Yahudi ırkı ve Yahudi dininden olanların kelimeyi şahadet getirtilerek "Müslüman" olanlarına verilen isimdir. Osmanlı'da daha çok saray hekimleri, şeyhülislam, hazinedar, dışişleri mensubu olarak varlıklarını gösteren "dönmeler" içinde "İslamcılar" olsa da esas olarak bu kesim, "Beyaz Türk" tanımlaması içinde yer almaktadır.

Bu kesimin en meşhuru İzmir'de kendini Yahudi Mesih'i ilan eden, bilahare Edirne'de saraya çağrılınca "Müslüman oldum" diyerek saraya kapıcı yapılan Sabetay Sevi'dir. Bugün biliyoruz ki Sabetay Sevi görünürde, halk içinde "Müslüman" ama gizliden gizliye Yahudi inancını ölünceye kadar sürdüren, bu yönde çalışmalar yapan biri. Ölümünden sonra da Sabetayistler varlıklarını sürdürmüşlerdir.

Günümüzde Karakaşi-Yakubi adıyla anılan üç grup olarak siyaset, ekonomi, basın, bürokrasi ve bazı İslami tarikat ve cemaatlerde varlıklarını devam ettirmektedirler.

Türkiye'de gerek "devşirmeler" gerekse "dönmeler" kendi içlerinde oldukça organize, eğitimli ve mali durumu iyi ailelerin kontrolü altındadır.

Mesela ünlü *Kaplumbağa Terbiyecisi* tablosunun ressamı ve 22 yıl Sanayi-i Nefise'nin rektörlüğünü yapan Osman Hamdi Bey Tanzimat'ın ünlü paşası ve bakanlarından Ethem Paşa'nın oğludur. Kendileri Sakız devşirmesi olup, bu aile bugün de Türkiye'de siyasetten bürokrasiye, ekonomiden sanat dünyasına etkilidirler. Başbakan ve MİT müsteşar yardımcısı, general, parti lideri, gazeteciler vb. çıkarmışlardır.

Bu aile ile alakalı bir anekdot:

Her ne kadar burada yazacağım tanımlamalardan hoşlanmasam da maalesef kamuoyunda bu şekilde bir tanımlama yapılıyor.

Edebiyatçı ve yazar H. N. Z. (İslamcı), romancı P. K. (solcu), romancı E. I. (sağcı-milliyetçi). Bu üçlü birbiriyle çok yakın akraba olup, teyze ve kuzendirler.

Buna benzer misaller o kadar çok ki... Siyaset, bürokrasi, akademik dünya, basın, sanatçı, bankacılık vb. Elbette geldikleri yere bir itirazım yok. Ama sadece bir grup elit ailelerin çocukları mı sadece akıllı? Veya şöyle soralım, bu ve benzer ailelerin çocuklarının hepsi mi süper zekâlı? Kurucu unsur Müslüman Türk'ün çocuklarından hiç mi akıllı olanı yok?

Hepsi kabul. Osmanlı'dan Cumhuriyet'e Türkiye'yi esas olarak –Atatürk dönemi hariç– devşirme ve dönme ailelerin mensupları yönetiyor. Koskoca Osmanlı İmparatorluğu'nun feci akıbeti ortada. Cumhuriyet Türkiyesi'nin içinde bulunduğu vaziyet ise herkesin malumu!?

Osmanlı'dan Cumhuriyet'e, Türkiye'de kurucu unsur Müslüman Türk adeta "barışta rençper, savaşta asker", iş siyasi-iktisadi-dini nimetlere gelince, 1526 Mohaç Muharebesi'nden sonra olduğu gibi dışlanan Müslüman Türk çocukları.

Sorun şudur!

Askerimiz, biri Memiş, biri Mehmet ve fakirdendir! Neden?

Zenginimiz, bürokratımız ulemamız, devletlimiz. Enderunilerdendir! Niçin? Türk milleti bu sorunun cevabını bulmak zorunda. Cumhuriyet Türkiyesi Osmanlı'dan devraldığı siyasi-ekonomik-dini-sosyal problemlerle boğuşuyor. İçinde bulunduğu durumu Türk milletinin feraseti, milli birlik ruhuyla aşacaktır.

Türk milletinin sağcı-solcu, Alevi-Sünni, Türk-Kürt diye ayırıcı, bölücü bir meselesi ve tavrı yoktur. Tarihte de, bugün de bu böyledir... Türkiye'nin temel meselesi yüzde 99 kurucu unsur Müslüman Türk ile "Boğaz'daki Aşiret" arasındaki kavgadır. Çünkü "Boğaz'daki Aşiret" her anlamda elindeki gücün zayıflamakta olduğunu görüyor... Müslüman Türk çocuğu "Oku" ayetini anladıkça, "700 ayetteki aklı" kullandıkça devletine giderek daha çok sahip olacak ve yeni bir Türk-İslam medeniyeti kuracaktır...

B. TAPINAK ŞÖVALYELERİ YA DA YENİ DÜNYA DÜZENİ'NDE MAHŞERİN ATLILARI

Paganizm - Okültizm - Ezoterizm - Kabala

Paganizm'in ahlak kuralları, belki antikçağın bilgisiz insanının ihtiyaçlarını karşılamıştı, fakat ta ki mükemmellik ve basit kurtuluş yolunu gösteren, parlak "Bethlehem Yıldızı" ortaya çıkana kadar. Eskiden, fazilet ve ruhaniyetten uzak, kalabalık hüküm sürerdi. Şimdi, en duygusuzu bile, onun vahiy ettiği, "Her insanın içinde iyi olma dürtüsü vardır ve insanoğlu sürekli iyiye gider" sözünde, Tanrı'nın niyetini okuyabilir.[41]

Yukarıdaki alıntı Teosofi Cemiyeti'nin Eş Sekreteri H. P. Blavatsky'nin Hz. İsa'nın doğuşu ile –biraz da kinayeli bir şekilde– Hıristiyanların bakış açısını özetliyor. H. P. Blavatsky, başta Tapınak Şövalyeleri olmak üzere "ezoterik" kardeşlik teşkilatlarının ana düsturlarını-dünya tasarımlarını teorik zemine oturtan kişidir. Yazar yukarıda alıntıladığımız Hıristiyanlığın temel görüşünden sonra şunları söylüyor:

"Bu bir varsayım, ya gerçek nedir? Bir tarafta, ruhsallıktan uzak, dogmatik, çoğu sefih bir ruhban sınıfı, bir tarikat ordusu, birbirine muhalif, birleşme yerine ihtilafta olan üç büyük din; belgesiz dogmalar, sansasyon meraklısı vaizler, acımasız itibar ihtiyaçlarından doğan ikiyüzlülük ve bağnazlıkla hareket eden kilise

---

41. H. P. Blavatsky, *Peçesiz İsis - I / Kadim ve Modern Bilimin Sırları ve Teoloji İçin Temel Bir Anahtar*, çev. Rüya S. Uğurlu, Mitra Yayıncılık, İstanbul, 2016, s. 13.

cemiyeti üyeleri, içtenlik ve merhametin olmadığı âdetler. Diğer tarafta, hiçbir soruyla uyuşmayan, kum üzerine inşa edilmiş bilimsel hipotezler, kinci kavgalar ve kıskançlık, materyalizme doğru genel bir sürüklenme... Bilim ile teolojinin yanılmazlık üzerine ölümcül dövüşü devirlerin çatışması."[42]

Konunun temelini oluşturduğu için H. P. Blavatsky'den alıntıyla devam edelim:

"Roma'da, sözde Hıristiyanlık mevkisinin ve Peter'in koltuğunun kanuni vârisi, görünmez ama her yerde ve her zaman hazır olan bağnaz ajanlarıyla sosyal düzeni alttan alttan kazıyor ve onları, kendi ruhsal ve dünyevi egemenliği için, Avrupa'ya yeni bir düzen getirmek adına kışkırtıyordu. Biz, kendisini 'İsa'nın Vekili' olarak adlandırılan bu kişiyi Hıristiyan milletine karşı olan anti-Hıristiyan, İslam'la dostluk ilişkisi içindeymiş gibi davranırken ve yüzyıllardır, Mesih'inin tanrılık iddiasıyla yola çıkan, ateş ve kılıçla direnen orduları içinde, herkesin önünde Tanrı'dan kutsama dilerken görüyoruz... Spiritüalizm, düşmanları, kalabalık, dostları ve koruyucuları ise sadece bir avuç... Bir modelimiz olmadığında, onun sahtesini yapmak da mümkün değildir. Spiritüalistlerin fanatizmi, kendi fenomenlerinin gerçekliği ve olabilirliğinin tek başına bir delilidir. Onlar, bize araştırabileceğimiz gerçekleri verirler, delilsiz inanmak zorunda olduğumuz iddiaları değil. Milyonlarca mantıklı adam ve kadın, kolektif halüsinasyona kolayca boyun eğmezler. Ve bu yüzden, ruhban sınıfı, İncil'in kendi anlatımlarını takip ederken, bilim de tabiattaki ihtimaller üzerine kendi kodeksini oluştururken, tarafsızca onu reddeder, asıl bilim ve gerçek din sessiz kalır, ağır bir şekilde gelecek gelişmeleri bekler."[43]

Yukarıdaki Blavatsky'ye ait görüşler "Hermetik felsefe"nin bir özetidir. Bir başka anlatımla "Ego sum qui sum" ("Neysem oyum").

42. H. P. Blavatsky, a.g.e., s. 13.
43. H. P. Blavatsky, a.g.e., s. 14-15.

Bu felsefenin, inançların temeli ve adına okült bilimi denilen *Siphra Dzeniouta* bilinen en eski İbranice metindir. Âdem'den fışkıran ilahi özü temsil ettiği kabul edilir. Bu inanç Yahudi mistisizmi Kabala'nın "Doğu Kabalacıları" tarafından yetmiş bin yıllık tecrübe üzerine kurulmuş bir inançla, Âdem'den önceki insanlıkla, bugünkü/Âdem'den sonraki insanlık arasında büyük fark olduğunu, Âdem'den önceki -düşüşten önce insanlığın, şimdiki görülmeyen "evrenlerle" özgürce iletişim kurduğu görüşü- inancı kabul edilmektedir. En eski ezoterik gelenekler-inançlar aynı zamanda mistik Âdem'den önce, her biri diğerine sırasını vererek, pek çok çeşitli insan varlığının yaşadığını iddia eder. En önemlisi de Âdem'den sonra yani "insanlığın düşüşü"nden sonra, insanlarla "ruhlar" dünyası arasında aşılamaz bariyerler meydana geldiğini savunur.

Ezoterizme göre, varoluş öncesinde, insanlığın şimdi ait bulunduğundan çok daha fazla spritüel bir insan ırkı olduğu kabul edilir. Kabala'ya göre, insan ırkına ait döngü ilerlerken insanın gözleri daha da açıldı. Elohimlerin kendilerinin de olduğu gibi "iyi" ve "kötü"yü bilme safhasına gelinceye kadar bu süreç devam etti. Bilginin zirvesine ulaşıldığında, döngü bu kez aşağıya doğru inmeye başladı. Yay, bizim yeryüzü planımızın, belirlenmiş bir çizgisiyle paralel konuma getirildiği belli noktaya eriştiğinde, insan tabiat tarafından "deri tabakasıyla" döşendi ve "Efendi Tanrı onları giydirdi".[44]

Yine ezoterik inanca göre, mesela Brasseur de Bourbourg tarafından yayımlanan kadim bir Quiche elyazmasında -Popol Vuh- ilk insanlar, her şeyi bilen, görüleri sınırsız, mantık yürütebilen ve konuşabilen bir ırk olarak belirtilmektedir. Blavatsky'nin aktardığına bakacak olursak, Philo Judaeus'un ifadesiyle, hava insanların göremediği bir "ruh" kalabalığıyla dolu, bunların bazıları kötülükten azade ve ölümsüz, diğerleri ise tehlikeli ve ölümlüler.

44. H. P. Blavatsky, a.g.e., s. 24.

Kötülükten muaf ve ölümsüzler şöyle diyor:

"Biz 'El'in[45] oğullarından geliyoruz ve 'El'in oğulları, biz tekrar olmalıyız."

John'a göre İncil'i yazan, adı bilinmeyen "Gnostik"in anlaşılır ifadesi, "Onu ne kadar iyi anladıysa..." yani, "Kimler İsa Mesih'in 'Ezoterik Doktrini'ni uygulamalı olarak takip ederse Tanrı'nın oğulları olacaklardır" sözü de aynı inanca işaret eder.

Keldani felsefeye göre, –Kabala'daki döngüden farklı olarak– bütün insanlığı bir ve aynı zaman içinde kapsayan bir döngüden bahsedilemez. Ezoteriklere göre esasen insanlık tarihi, insan varoluşunun bu dünyadaki varlığının sonsuz dönemlerini, her biri müddetince, insanlığın kademeli olarak medeniyetin üst seviyesine ulaştığı ve yine kademe kademe barbarlığa doğru tekrar gerilediği döngüler şeklindedir.

Pisagor'un Mısırlı rahiplerden öğrendiği sayıların "kozmolojik teorisi", tek başına iki yapıyı "ruh" ve "madde"yi buluşturur ve her birinin diğerini matematiksel olarak ortaya koymasına sebep olur. Pisagor sayı ve geometri sistemiyle meşgul olmuş bir Kabalacı.

Platon'un en katı matematik prensiplerine dayalı metafizik görüşleri Kabala tarafından açıklanabilir. Platon felsefesinde, bütünden parçaya ilerleyen tek bilimin geometri olduğunu iddia eder. Kabala'nın "Adam Kadmon"u veya Muhyiddin İbn Arabi'nin "Varlıkta Birlik"i gide gide buraya gelir dayanır.

Ezoterik/Batıni kombinasyonlarında evrenin kutsal sayıları, "büyük problem"i çözerler, radyasyon teorisini ve ortaya çıkışların döngüsünü açıklarlar. Daha yüksek olana doğru gelişmeden önce, daha alt düzenler, yüksek spritüel olanlardan çıkmalıdır ve dönüş noktasına gelindiğinde tekrar sonsuza absorbe olmalıdır. Ezoteriklere göre "tapınaklarda" öğretilen ilimlerin üzerine, delinmez bir "sır" örtüsü atılmıştır.

45. İbranicede Tanrı.

1. Ruh Geçişmesi Doktrini ve Pisagor

En temel bilimsel prensipleri "hiçten ancak hiç çıkar". Spritüel hususlara ilişkin öğretileri, derin bir şekilde "ezoterik"tir. Ruh ve maddenin anlaşılamayan ilişkileri üzerine gizlilik yemini etmiş olduklarından "gerçek düşüncelerini" inisiye kardeşlerin dışındaki geniş toplum kesiminden saklarlar. İnandıkları sistem "Ruh Geçişmesi Doktrini" olarak tanımlanır. Ruh geçişmesi Pisagor'a aittir. Pisagor'a göre 4 rakamı kutsaldır. O kusursuz "kare"dir. Çizgilerin hiçbiri diğerini uzunlukta asla geçemez. O, geometrik olarak ifade edilen, ilahi eşitlik ve adaletin amblemidir.

"... Önce Brahmanlar, Budistler sonra da Pisagorcular tarafından öğretildiği ezoterik anlamda, ruhun bir bedenden diğerine geçiş doktrinini sürdürmüş, kötü üne sahip bir filozof yoktur. Origen, Clemens Alexandrinus, Synesius ve Chalcidius, hepsi bu doktrine inandılar ve hiç tereddütsüz, tarih tarafından en bilgili, en aydınlanmış insanlar topluluğu olarak beyan edilen 'Gnostik'lerin hepsi de ruh geçişmesine inanıyorlardı."[46]

Bir bilgi notu ilave edelim. Sokrates de Pisagor ile aynı görüşleri savunmakta olup her ikisi de "ilahi felsefeleri"nin cezası olarak ölüme mahkûm edilmişlerdir.

Bu filozoflara ve dahi ezoteriklere göre, Tanrı, her partiküle şekil ve canlılık veren "ruhunu" maddenin içine nüfuz ettirmiştir. Bu inanışa göre, insanların birbirinden ayrı ve tamamen farklı iki ruhları vardır:

- Birincisi, bozulabilir, "Astral Ruh", yani iç akışkan beden.
- İkincisi, bozulmayan ve ölümsüz "İlahi Ruh Parçası" (Augoeides).

46. H. P. Blavatsky, a.g.e., s. 36.

Ölümlü olduğuna inanılan "Astral Ruh", her bir kürenin eşiğindeki dereceli değişiminde, her bir ruh sıçramasıyla daha saflaşmış bir duruma geçer. Ezoterik inanca göre, insanların dünyevi duygularına göre dokunulmaz ve görülmez olan "Astral İnsan", süblimleşmiş olmasına rağmen, yine de madde özelliğini taşır.

Aristo, ezoterik inanç meselelerine mesafeli durmasına rağmen, nihayetinde, insan ruhunun Tanrı özü olduğunu ve sonunda tekrar "İlahi Birlik"e karışacağını iddia eder. Burada da "Varlıkta Birlik" inancı karşımıza çıkıyor.

Stoic felsefenin kurucusu Zeno'nun öğretisine göre tabiatın içinde iki sonsuz nitelik vardır:

- Biri, aktif, eril, saf, süptil ether veya İlahi Ruh.
- Diğeri, pasif, dişi ve aktif prensiple birleşene kadar kendi içinde bütünüyle hareketsizdir.

İlahi Ruh, madde üzerinde etki yaparak "ateş-su-toprak-hava"yı yaratmıştır. Bütün tabiatı hareket ettiren başlı başına tek etkidir.

Sonuç olarak Paganizm ve Paganizm'in en etkili öğretilerinden olan Yahudi mistisizmi Kabala neticede sondaki "İlahi Birliğe Karışma"ya inanmaktadırlar. Aziz Justin de ruhların Tanrı özü olduğuna inanıyordu ve öğrencisi Asurlu Tatian "insanın Tanrı'nın kendisi gibi ölümsüz olduğu" düşüncesini aleni ilan etmişti. Ezoterikler Kabala'nın –her ne kadar dile getirmeseler de– Paganizm, Hz. İbrahim ve Hz. Musa'ya gidip gelen metinlere sürekli atıfta bulunurlar.

"Kabala'nın temel geometrik şekli –gelenek ve ezoterik doktrinlerin bize anlattığı, İlahi Varlığın kendisi tarafından Sina Dağı'nda[47] Musa'ya verilen– kendi görkemi içinde basit kombinasyonuyla evrensel problemin anahtarını içerir. Şekil kendi içinde

47. Tevrat, Ekzodus, XXV, 40.

bütün diğerlerini bulundurur. Ona hâkim olabilecek olanlar için hayal gücünü çalıştırmaya gerek yoktur. Dünyaya ait hiçbir mikroskop, ruhsal algının keskinliği ile kıyaslanamaz. Ve bu muhteşem bilim ile -Kabala- tanışmayanlar için bile, iyi eğitilmiş bir çocuk psikometrici tarafından verilen bir tohumun meydana gelişinin tarifi, bir kristal parçası ya da başka herhangi bir nesne 'kesin bilim'in bütün teleskoplarına ve mikroskoplarına değerdir."[48]

2. Ruh Gözü Mikroskobu, Kabala, Tapınak Şövalyeleri Tarikatı

İşte akla ve bilime inandığını iddia eden ezoterikler, söz konusu Kabala dogmaları olunca bu kadar keskin ve peşin hükümlü bir görüşü/inancı savunuyorlar. İşin daha da vahimi avam/halk yani kitleler bu bilgilere sahip olamazlar. Ancak "seçilmişler"den ve "inisiyeler"den olan elit bir grup "Kabala'nın Ruh Gözü Mikroskobu" ile gelecekte olacak olanları görebilir, dünyanın/insanlığın meselelerini çözebilir.

İşte bu seçilmişlerin en üstteki organizasyonu Tapınak Şövalyeleri'dir. Görünüşte 1307 sonbaharında Fransa'nın La Rochelle Limanı'ndan ayrılan 18 karavel tipi geminin -ki sığ sularda seyredebilme yeteneği ve üstün manevra gücüyle meşhurdurlar, her biri 100 ton yük taşıyabilir- 700 senedir akıbetleri meçhuldür.

Tapınak Şövalyeleri Tarikatı, Fransız asilzadesi de Payen tarafından 1118 civarında Kudüs'te Hıristiyan hacıları korumak için dokuz şövalyeden meydana gelen bir grup olarak kuruldu. Süleyman Tapınağı'nın harabeleri üzerinde Zeytin Dağı olarak bilinen Tapınak Dağı'na yerleşen grup "İsa'nın ve Süleyman Tapınağı'nın Takipçileri" adını aldılar.

48. H. P. Blavatsky, a.g.e., s. 38.

Başlangıçta para kaynaklarından mahrum olan ve tamamen bağışlara bel bağlayan Tapınak Şövalyeleri Tarikatı aynı ata binmekte olan iki şövalye -ki sadeliği ve fakirliği simgelemekteydi- amblemini kullanmıştır.

Papa II. Innocentius tarafından yayımlanan bir ferman sayesinde tarikat mensupları bütün ülkelerin sınırından serbestçe geçebilme, vergi ödememe ve papa haricinde hiçbir otoriteye hesap vermeme gibi çok geniş yetki ve haklara sahip oldular.

Kudüs ve Avrupa'da birçok mevzi inşa eden tarikat bankacılık ve para transferinin ilkel bir formunu oluşturarak kısa zamanda "finansal" olarak da çok güçlenmişlerdir. 700 yıldır geniş kitleler Tapınak Şövalyeleri Tarikatı'nı duyar veya bazı meraklılar da haklarında yazılanları okur. Ama Musevi kökenli ABD'li ünlü düşünür Noam Chomsky'nin dediği gibi, "toplumun genelinin neler döndüğünden haberi yoktur, hatta haberi olmadığından bile habersizdir".[49]

Bir başkası, çok çok etkili bir Tapınak Şövalyeleri üstadı aynen şunları söylüyor:

"Bütün gerçekçi dogmatik dinler Kabala tarafından verilmiş olup ve ona geri dönmektedir. İlluminati ve diğerlerinin, dinsel hayallerindeki bilimsel ve haşmetli her şey, Kabala'dan ödünç alınmıştır."[50]

49. Noam Chomsky, "Noam Chomsky Quotes".

50. Albert Pike, "Morals and Dogma".

C. YENİ DÜNYA DÜZENİ'NİN ELİTİST MAFYASI: TAPINAK ŞÖVALYELERİ, İLLUMİNATİ VE MASONLAR SARMALINDA "SIR"

2016 yılında hayatını kaybeden meşhur İtalyan düşünür Umberto Eco şöyle der:

"Ne kadar çok şey bilir ya da biliyormuş algısını meydana getirirseniz, o kadar güçlenirsiniz. Bildiklerinizin doğru olup olmadığının bir önemi yoktur. Asla unutulmamalıdır ki önemli olan bir 'sırra' sahip olmaktadır."

Küresel hegemonya ya da ele geçirme siyaseti için lüzumlu olan ana unsurlar arasında dört husus çok önemlidir:

- Finansal kontrol
- Dinleri kontrol
- Zihin kontrolü
- Algı yönetimi

Yukarıdaki üç ezoterik/okült gizli kardeşlik örgütlerinden en çok bilineni ve şeklen kanuni zeminde faaliyet göstereni Masonluktur. Geniş kitleler nezdinde en çok bilineni de Masonluktur. Diğer taraftan medyatik olan ve daha magazin ağırlıklı haberlere konu olan ise İlluminati'dir. İlluminati'ye atfedilen pek çok Masonik-okült sembollerin özellikle pop ikonları şarkıcıların kliplerinde, sürekli televizyon ekranlarında yer almasından dolayı genç nesiller tarafından daha fazla bilinirliğinden söz edilmektedir. Tapınak Şövalyeleri ise her ikisinin üstünde yer alan bir gizli ezoterik-elitist kardeşlik örgütü olup "küresel finans sistemine" yani "para"ya kesinlikle hâkimdirler. Para ve finansal sistemin din-siyaset-ekonomi üçgeninde artık "mutlak kudret" olduğunu kesinlikle söyleyebiliriz.

Tapınak Şövalyeleri, 1307'de Fransa'da başlarına gelen felaketten büyük ders çıkarmış durumdalar. Etkileri ve güçleri Londra City-FED-BIS üzerinden her geçen yıl artmasına, küresel sistemin beyni olan para ve finansal sisteme tam hâkim olmalarına rağmen isimlerini ustalıkla 700 yıldır geri planda tutmayı becermişlerdir.

Şayet tepesinde "her şeyi gören göz" olan üçgen üzerinden bir analiz yapacak olursak, üçgenin tepesindeki göz, para ve finansal sistem, üçgenin aşağıdaki iki köşesinden biri, zihin kontrolü, diğeri ise algı yönetimidir. Bu hususlar ilerleyen bölümlerde detaylı bir şekilde analiz edilmiştir.

Küresel elit, ya da Tapınak Şövalyeleri, dünya sinema ve TV sektörünün kalbi durumundaki ABD film endüstrisini yani Hollywood'u yönetme ve yönlendirme hususunda oldukça mahirdirler. Hollywood ve derin finansörleri olan Tapınak Şövalyeleri'nin Wall Street merkezli bankerlik/bankacılık kuruluşları arasındaki ilişki son derece karmaşık bir tarzda kapalı kapılar arasında yürütülüyor. Kısaca Hollywood'daki film şirketlerinin kontrolü para ve finans sistemini kontrol eden küresel-ulus üstü elitlerin elindedir.

Yahudi Ansiklopedisi[51] bu hususu şu satırlarla ifade etmektedir: "Hollywood'un United Artists haricindeki bütün büyük şirketleri, Yahudiler tarafından kurulmuş olup kumandaları Yahudilerin elindedir." Ulus üstü çok küçük bir grup olan ve çoğu evlilikler-vakıflar-şirket yönetim kurulu üyelikleriyle tabiri caiz ise yedi yirmi dört birlikte olan bu küresel "seçilmişler" Yeni Dünya Düzeni için, kendilerinin küresel oyun düzenini destekleyen ve bu yönde algı oluşturan sahneleri, reklam, sponsorluk ve/veya finansal teşvikler yoluyla veya doğrudan kendi yerleştirdikleri kadroların –yapımcı, yönetmen, senarist, kameraman vb.– müdahalesiyle, senaryo, sahne, müzik görüntü seçimleriyle filmlere istenilen yönde etki ederek sinema-TV seyircilerini Tek Dünya Devleti merkezli Yeni Dünya Düzeni'ne doğru yönlendiriyorlar.

51. *Encyclopaedica Judaica.*

Daha önceki *Evanjelizm* ve *Hollywood İşi* ya da *Hollywood Filmleri ve Bilinçaltı Operasyonları* adlı kitaplarımda da kısaca zikretmiştim. "Hollywood", kelime manası olarak "kutsal tahta" demektir. Bu anlam Pagan inancına dayanmaktadır. Ezoterik bir inançtır. Aztek rahiplerinin karşısındakini transa geçirip "hipnoz" edebilmek için kullandığı bu tahta "kutsal"dır.

İşte küresel "seçilmişlerin" Hollywood film endüstrisini kullanarak yapmak istediği de budur. "Kutsal tahta"nın yerini alan "kutsanmış filmler" ile "zihin kontrolü".

- Çizgi filmler ile çocuklara yönelik zihin kontrolü operasyonları.
- Bilgisayar oyunlarıyla gençlere yönelik zihin kontrolü operasyonları.
- TV dizileriyle -özellikle- hanımlara yönelik zihin kontrolü operasyonları.
- Sinema filmleriyle her yaştan seyirciye yönelik zihin kontrolü operasyonları.

Özellikle çizgi filmler de çocukların ve bilgisayar oyunlarında gençlerin şuuraltına çok masumane gizlice ekilen düşünce tohumları, onları, geleceğin yetişkinlerini yıllar sonrası için Yeni Dünya Düzeni için hazırlıyor.[52] Mesela dünyanın en büyük çocuk kanalı olan Nickelodeon'un açılış jeneriğinde İlluminati sembolü yer almaktadır. *Matrix* üçlemesi, *Yüzüklerin Efendisi*, *Star Wars*, *Uzay Yolu* gibi bilimkurgu, fantastik ve korku filmlerinde hep bir "takip eden büyük göz" ya da "Kurtarıcı Mesih" figürü vardır. Dış düşmana, hatta dünya dışı birçok düşmana karşı bizi koruyan "Tek Dünya Devleti" ve yönetimi sürekli olarak tek kurtuluş çaresi olarak işlenir.

Neoliberal kapitalizmin-postmodernizmin sözde "bireyselciliğine" rağmen Yeni Dünya Düzeni'nde "şirketokrasi"nin "şirket sosyalizmi"ne geçişine altyapı oluşturmak maksadıyla Hollywood filmlerinde "bireyselliğin dışlandığı, mülkiyet ve aile kavramlarının

52. Uğur Kurt.

hafife alındığı, evlilik dışı cinselliğin ve çocuk sahibi olmanın meşrulaştırıldığı, tek tip hayat ve toplum biçimi" ile "kontrol altında ve disiplinli-sistematik bir toplum düzeni" inceden inceye tekrarlanır durur. Açıkçası kumaşlar farklı olsa da elbise "aynı terzi"nin ürünüdür.

Mason ABD'li tarihçilere göre, Tapınak Şövalyeleri ile Masonlar arasında tarihi bir fikir birliği olması bu iki gizli örgütün başarılı olmasının en temel sebebidir. Başta ABD Bağımsızlık Bildirgesi'ne imza atanların da bulunduğu nüfuzlu kişiler olmak üzere, Birleşik Devletler başkanlarından Benjamin Franklin, George Washington ve Andrew Jackson Mason'dur. En az 20 ABD başkanı ve başkan yardımcısı Masonluğa aktif bir biçimde destek vermişlerdir. Amerikan başkanlarından sadece ikisi, Harry Truman ve Gerald Ford Masonluğun en üst seviyesi olan 33. dereceye ulaşabilmişlerdir.[53]

Tapınak Şövalyeleri inisiye törenlerinde, Masonik ritüellerin vazgeçilmez bir öğesi olan "Baphomet" adında bir şeytana taparlar.[54] Pek çok kaynağa göre Tapınak Şövalyeleri Allah'ı inkâr ederek "şeytana" tapmaktadırlar. Yüce Kuran bu neviden kişileri "şeytanın fırkası" olarak tanımlamaktadır:

"Şeytan onları etkisi altına aldı da kendilerine Allah'ı anmayı unutturdu. İşte onlar şeytanın yandaşlarıdır. İyi biliniz ki şeytanın yandaşları hep kayıptadırlar."[55]

"Allah'a ve peygamberine karşı gelenler sürüm sürüm sürüneceklerdir."[56]

Tapınak Şövalyeleri akla gelince vurgulanması gereken en önemli noktalardan biri de, bu gizli örgütün elinde tuttuğu muazzam maddi güçtür. Tarihin ilk bankerleri olarak anılan Tapınak Şövalyeleri, söz konusu büyük para ve maddi gücü nasıl elde etmişlerdir? Servetlerinin boyutu nedir? Sermayeyi ele geçirme

53. John Lawrence Reynolds, *Gizli Örgütler*, çev. Şükrü Kanter, Koridor Yayıncılık, İstanbul, 2007, s. 49-50.
54. Reşat Numan, *Tapınak Şövalyeleri ve Masonlar*, Düşünce Yayınları, İstanbul, 2004, s. 5.
55. Bayraktar Bayraklı, *Kuran-ı Kerim Meali*, Düşün Yayıncılık, İstanbul, 2016, Mücadele Suresi, 19. ayet.
56. Mücadele Suresi, 20. ayet.

yöntemleri nelerdir? Elde ettikleri karanlık servet günümüzde kimlerin elindedir ve ne amaçla kullanılmaktadır?[57]

"1118'de dokuz şövalye ile kurulmasından beri son derece gizli bir örgüt olan Tapınak Şövalyeleri bir sonraki 200 yıl içinde öylesine zengin ve güçlü oldular ki, servet ve toprak bakımından Katolik Kilisesi'nden sonra ikinci sıradaydılar."[58]

Tapınak Şövalyeleri, kim bilir, belki de sahip olduklarının içinde Vatikan'daki Papalığın otoritesinin yerine geçecek "din" ve "teknoloji" ile alakalı gizli bilgiler de vardı.

İşte bu sebeplerden dolayı 1305 yılında Papa olan V. Clement, Fransa Kralı IV. Phillippe'nin de desteğini alarak Tapınak Şövalyeleri'nin ortadan kaldırılma sürecini 1307'de başlattılar. Ancak hâkimiyetlerini sürdürdükleri dönem boyunca modern bankaların işletmecisi oldular ve hatta kredi sistemini de onlar buldular.[59] Böylesi bir yapılanmayı ve finansal enstrümanları kullanmayı kurgulayan bu gücün 1307'den sonra yok olduğunu söylemek mümkün değildir. Hele hele 1978 Washington Mutabakatı ile dünyaya dayatılan neoliberalizm-kapitalizmin pür parasallaşma süreci ve bu süreçte olup bitenler dahası bu süreci besleyen Birinci ve İkinci Dünya Harbi ile sonrasında olanlar... Hikâyeleri 1118 yılında Kudüs'te, dokuz Fransız şövalyesinin Kudüs Kralı Baldwin II'den askeri bir teşkilat kurmak için izin almalarıyla başlayan Tapınak Şövalyeleri, adına ister İlluminati ister Mason locaları veya başkaca okült-ezoterik seçkinler kulübü densin, mevcut küresel sistemin kurgulayıcıları ve sahibidirler.

1. Şeytanla Çorba İçenin Kaşığı Uzun Olur

Artık kuruluşlarındaki "İsa'nın fakir şövalyeleri" yok, Yeni Dünya Düzeni'nin kurgulayıcısı, "3. Süleyman Tapınağı'nın müteahhitleri, Kabala'nın Armegedon Savaşı karar vericileri olan

57. Reşat Numan, *Tapınak Şövalyeleri ve Masonlar*, s. 8.
58. Michael Bradley, *Gizli Cemiyetlerin El Kitabı*, İstanbul, 2006, s. 79.
59. Michael Bradley, a.g.e., s. 79.

"para-din-siyaset"in "seçilmişleri" Tapınak Şövalyeleri var. Açıkçası "Şeytanla çorba içenin kaşığı uzun olur" sözü günümüz dünyasında fazlasıyla doğrulanıyor... Çok az Hıristiyan, gerçekte, Yahudi teolojisi hakkında hiçbir şey bilmediğini idrak eder.

Talmud, çoğu Yahudi için bile sırların en karanlık olanıdır. Talmud'u gerçekten anlayan Musevi teologlar her şeyi bildikleri kanaatine varırlar. Diğer taraftan Yahudilerin Kabalistik kitapları hâlâ pek az anlaşılmaktadır.

"Günümüzde, Yahudi öğrencilerden daha çok Hıristiyan, onların büyük gerçekliklerini elemekle meşguldürler. Gerçek ya da evrensel Kabala, kesinlikle ne kadar az bilinmektedir! Ustaları çok azdır fakat Bulwer'in *Zanoni*'sinde dediği gibi, 'Keldani bilgesinin büyük 'Shemaia'sı üzerinde parlayan yıldızlı gerçekleri' ilk keşfetmiş olan 'seçilmiş bilgelerden' oluşan bu vârisler 'mutlak' olanı çözmüşler ve şimdi büyük işlerini kolaylamışlardır. Bu dünyanın ölümlüleri, kendilerine bilmeleri için izin verilenden daha öteye gidemezler ve hiçbiri, bu seçilmişler bile, 'İlahi Varlığın' kendi parmağı ile çizdiği çizginin ötesine izinsiz geçemezler."[60]

Endülüslü İbn Meymun yani Yahudi Tevrat tefsircisi Meymonides (1135 Kurtuba-1204 Mısır) döneminde kendi toplumu tarafından neredeyse tanrılaştırılmış sonra da kâfir sayılmış bir teolog olup, "Talmud'un ne kadar mantıksız ve manasız görülürse o kadar yücelmesinde" yattığına dikkat çeker.

"Bu bilge adam, Keldani sihrinin/büyüsünün, Musa'nın ve diğer âlim büyü bilimcilerin bilgilerinin, bütünüyle tabiat biliminin engin bilgisi ve şimdilerde unutulmuş olan çeşitli tabiat bilimi dalları üzerinde kurulmuş olduğunu başarılı bir şekilde ortaya koyar... Sihri ve okült bilimi sahtekârlıkla damgalamak insan tabiatına bir hakarettir."[61]

60. H. P. Blavatsky, a.g.e., s. 41.

61. H. P. Blavatsky, a.g.e., s. 42.

D. TAPINAK ŞÖVALYELERİ VE ALEISTER CROWLEY: BÜYÜ - BİLİM - DİN VE HEDONİZM

Aleister Crowley ve Tapınak Şövalyeleri-İlluminati ve Masonların dinsel öğretileri birbirinin aynısıdır. Crowley'in seçkinci, isyankâr ve hür dini öğretisini biçimlendiren asıl unsur Helena P. Blavatsky'nin[62] teozofi okulu (1877) olup, "ırklar arası kast sistemi", Aryan (Himalaya kökenli beyaz ırk) ırk üstünlüğü, "seçilmiş ruhlar" miti Blavatsky'nin ezoterik inancının/felsefesinin temellerini oluşturur. Helena Petrovna Blavatsky'nin "doktrin"i ile Tapınak Şövalyeleri başta olmak üzere, bütün ezoterik-okült-Hermetik-Batıni inancı temel alan gizli teşkilatlar ve tarikatların idealleri/hedefleri örtüşür: "Mesihi Tek Dünya Dini."

Blavatsky'nin iki temel kitabı yayımlandı. Bunlardan *Isis Unveiled*, Doğu'daki Pagan dinleri ve mistisizmi, Yunan mitolojisi, Mısır sırları ve Kabala'nın karışımından oluşur. Ölümünden yaklaşık 100 yıl sonra 1988'de yayımlanan *The Secret Doctrine* kitabı yarı bilimsel-ruhani bir dini inancı savunmakta olup, Yeni Dünya Düzeni'nin "Tek Dünya Dini", senkretik/bağdaştırılmış Kabala'nın altyapısı niteliğindedir.

Tapınak Şövalyeleri-İlluminati-Masonlar ve diğer okült-ezoterik örgütler de benzer çizgidedirler. H. P. Blavatsky, "ırklar" arasındaki manevi mücadeleyi ve "Aryan" ırkının tabii üstünlüğü fikrini oldukça popüler hale getirdi. Eserlerinde "üstün insan" öngören Blavatsky ırkçı felsefi-siyasi akımların yol göstericisi olmuştur.

---

62. 1831-1891.

Mesela Nazizm'in arkasındaki akıl, Von List, Von Sebottendorff ve Von Liebenfels'in yazılarını da biçimlendirilen Blavatsky'nin ezoterik doktrinidir. Blavatsky, "seçilmiş ırk" mitini astroloji ve astronomi ile desteklenmiş Pagan efsaneleri içinde kodlanmış/şifrelenmiş kozmik gerçekler ve SS ideolojisinde bulmuştur. Hitlerin "Gamalı Haç"ının sır dolu bir önemi olduğunu ilk dile getiren Blavatsky'dir. Her ne kadar bir çelişki gibi gözükse de, bugünkü Ukrayna sınırları içinde doğmuş olan Bayan Blavatsky'nin görüşleri Marksist-sosyalist elitler tarafından da kabul görmüştür. Eh, zaten neoliberal kapitalizmin nihai hedefi "şirket sosyalizmi" olup "seçilmişlerin" dünyası için paradoksal bir ilerleme siyasetidir.

Aleister Crowley işte böyle bir ezoterik doktrinin teorisyeni olan Madam Helena Petrovna Blavatsky'nin "öğrencisi"dir. "Dilediğin gibi yaşa" ideolojisi ile "Thelema" öğretisinin mimarı olan Aleister Crowley (12 Ekim 1875-1 Aralık 1947) İngiliz okültist ve simyager, Yeni Dünya Düzeni mitinin 20. yüzyıldaki en önemli temsilcilerinden birisidir. Hippi ve protest gençlik akımlarının idolüdür. Batı basınının takmış olduğu lakap ile "Bütün zamanların en ahlaksız adamı" (The wickedest man in The World) ve "Büyük Canavar 666" (The Great Beast 666)... "Büyük Canavar 666" Hıristiyan inancında İsa karşıtı, şeytanın temsilcisi manasında olup "sonun zamanı" öncesinde ortaya çıkacağına inanılan "Deccal"ı temsil eder. İnancın kaynağı ise bazilikası/mezarı İzmir-Selçuk'ta olduğuna inanılan, dört İncil'den biri olan Yuhanna İncil'inin yazarı Aziz Yuhanna'nın "Esinlenme"/Vahiy kitabında yer alan metinlerdir. Crowley, kendisinin spritüel tecrübelerini büyücülükten farklı olduğunu göstermek için, İngilizce "büyü" manasına gelen "magic" kelimesinin sonuna "k" harfi ekleyerek "magick" olarak kullanan bir büyücü ateist.

12 Ekim 1875'te İngiltere'nin Warwickshire şehrinde doğan Edward Alexander Crowley, asilzade ve oldukça varlıklı bir aileye mensup. Babası "Crowley Ale" adlı bir bira fabrikasının sahibi olup, aile Protestanlığın en radikal kanadından biri olan "Exclusi-

ve Brethren" olarak da anılan "Darbyte" üyesidir. Özel hocalarla çok iyi bir dini eğitim verilen Crowley, annesinin aşırı dini baskısına isyan ederek Hıristiyanlıkta günah ve yasak olan her şeyi yapan hedonist -Yeni Dünya Düzeni'nin postmodern birey anlayışının temeli- bir hayat tarzı yaşadı ve savundu. Annesi bunun üzerine ona "Canavar" (The Beast) ismini/lakabını taktı ve E. A. Crowley de bu lakabı zevkle-gururla kullandı. Çok zeki bir kişi olan Bay Crowley 1895'te Cambridge Üniversitesi'ndeki Trinity Kolej'de, aynı anda felsefe, psikoloji ve ekonomi okudu. Üniversite yıllarında sapkın cinsel faaliyetleri sebebiyle çok kötü bir şöhrete sahip oldu. Bu yıllarda ismini "Aleister" olarak değiştirdi. Annesinin taktığı Canavar lakabına, Yuhanna'nın İncil'inin Vahiy bölümünde yer alan "şeytan'ın sayısı 666" rakamını ilave etti.[63] Muhtelif kaynaklara göre zaman zaman görüştüğü "birtakım insanların" etkisiyle 1896'da ani bir dönüşüm gösterdi. Kendini mistisizm-okültizm ve ezoterizme verdi. Nihayetinde 20. yüzyılın en önemli büyü ve simya uzmanı oldu. Altın Şafak Hermetik Cemiyeti'ne üye oldu. Crowley'in mensubu olduğu Altın Şafak Hermetik Cemiyeti, Yahudi mistisizmi Kabala formatlı bir organizasyondu. Öğretisi "Theurgy" adıyla anılıyordu. Kabalistik temelli bir dinsel arınma ritüeli olan Theurgy, gerçekte ilk kez MS 300'lerde Platonizm'in büyü ayinlerine dayanan bir dini öğreti olup, Rönesans Avrupası döneminde Gnostikler tarafından sahiplenilmiştir.

Crowley, insanı anlamak için spritüel tecrübelere, büyü ritüellerine ihtiyaç olduğunu, böylelikle altta yatan ahlaki ve nörolojik manaya ulaşılabileceğini iddia ediyor. Theurgy öğretisi, Kabala'nın sefirotu yani 10 sefirası yüklenmiş "Hayat Ağacı" üstüne kurulmuş olup, öğrenen-sırra eren "Theurgos" olurdu. Öğreti, "kozmik güçlerden faydalanarak kendini geliştirme ve fayda sağlama" bilimi (!) olarak tanımlanmaktadır.

63. Aleister Crowley, *The Confessions of Aleister Crowley, An Autohogiography*, Londra, 1969.

Mesela, dua etmek, bu öğretiye göre bir Theurgy ritüeliydi ve yüksek uzmanlık gerektiren bir uygulamaydı. Dahası *dua esnasında* ve/veya *vaaz verirken ağlamak* bu öğretinin temellerinden biriydi. Şimdi size bir soru. Müslüman Türk milletine vaaz verirken ve/veya dua ederken ağlayan "efendi" kimdir? Bu yoldaki Gnostik İslam şeyhleri kimlerdir? Ağlayarak dua ve vaaz Kabala ritüelidir.

Crowley, gerek hedonist hayat tarzı gerek biseksüel cinsel tercihlerinin İngiliz toplumu tarafından sert bir tarzda tenkit edilmesi sebebiyle Altın Şafak Cemiyeti'nden kovuldu. Crowley, Kasım 1899'da İskoçya'nın dağlık kesimindeki Loch Ness Gölü yakınında bulunan ve "Boleskine House" ismiyle anılan malikâneyi satın alarak buraya yerleşti. Boleskine House, İkinci Dünya Harbi sonrasında yavaş yavaş uç vermeye başlayan ve 1970'e gelindiğinde zirve yapan 20. yüzyıl hippi-isyankâr Batı gençliğinin "tapınağı" halini aldı. 1970'te Led Zeppelin müzik grubunun meşhur gitaristi Jimmy Page, bu malikâneyi satın aldı ve Crowley'in özel eşyalarını da muhafaza ederek burada yaşamaya başladı.

Meksika, Hindistan seyahatleri derken, evlendiği Rose Edith Kelly ile Nisan 1904'te Kahire'ye gittiler. *Liber AL vel Legis: The Book of the Law* (Kanun Kitabı) adlı meşhur kitabını burada yazdı. Crowley, "Kutsal Koruyucu Meleğim" (Holy Guardian Angel) diye söz ettiği "Aiwass" adlı sırdaş ve tanrısal bir varlık tarafından *Kanun Kitabı*'nın satır satır kendisine yazdırıldığını iddia etti.

Kanun Kitabı, "Thelema Kanunu" adı verilen bir öğretiyi-inancı anlatıyor ve sonuçta iki temel tavsiyede bulunuyordu:

- "Ne istiyorsan onu yap, kanunun kendisidir." (Do what thou wilt shall be the whole of the law.)
- "İrade ile gelen aşk kanundur." (Love is the law, love under will.)

Açıkçası *Crowley'in kutsal öğretisi bilimsel aydınlanma yoluyla akıl ve dini temaları bir araya getiren yeni bir din oldu.* Yani günümüzdeki *Kaliforniya merkezli Yeni Çağ (New Age) dinlerinden biri.* Yani *Kabala, Kabala, Kabala...*

Logosu altı köşeli "Davud'un Yıldızı"nın bir versiyonu olan "Thelema" dininin peygamberi Crowley, müritleri de "Thelemite" olarak anılır oldu. Müritlerin, yani Thelemitelerin asıl hedefi "gerçek arzularını" keşfetmek ve uygulamaya koymaktı. Bu maksada erişmek için lüzumlu teknikler ve ritüel "Magick" (Büyü) başlığı altında toplandı.

Crowley 1905 ve 1906 yıllarında Hindistan ve Çin'de kaldıktan sonra, 1907 yılında İngiltere'ye döndü ve İngiliz aristokrasisinin önde gelen ailelerinden biri olan "Cecil" ailesinden George Cecil Jones ile birlikte "Argenteum Astrum" adını verdikleri, sembolü 7 köşeli bir Kabala figürü olan Telemit Tarikatı'nı kurdu. Latincede "Gümüş Yıldız" manasına gelen "Argenteum Astrum" bir "Büyü" (Maji) locasıydı.

Telemik büyü kardeşliği prensibine dayanan tarikatın öğretisi "Thelema" oldu. Kutsal kitabı da Crowley'in yazdığı *Kanun Kitabı* oldu. Tarikatın sloganı da "Bilimin metodu, dinin gayesi" biçimindeydi. Tarikat, 1909 yılında *Equinox* adı verilen bir dergi yayımlamaya başladı ve bu dergi sonraları çok meşhur oldu. Ciltler halinde kitap olarak yayımlandı.

Aleister Crowley, bir müddet Cezayir'de yaşayarak Kuran üzerine çalışmalar yaptı. Kadim "Enochian büyüsü"nün 19 ritüelini gerçekleştirdi. Elbette bu kadim büyü ile Kuran çalışmaları farklı farklı hususlardır.

1910 yılına gelindiğinde Bay Crowley bir başka "ezoterik" cemiyete üye oldu: "Ordo Templis Orientis" (Doğu Şövalyelerin Tarikatı). Kısaca O.T.O. Bu tarikatın logosu "kadın cinsel organı" yani vajina biçimindeydi. Horusun gözü ya da üçgenin içindeki "her şeyi gören göz" erkek cinsel organı iken aşağıya doğru inen kartal "spermi", alttaki kâse ise dişil organı yani "Kutsal Kâse"yi simgeliyordu. Bu tarikatta herkesin bir takma ismi vardı. Crowley "Brother Baphomet" rumuzunu aldı. "Baphomet" şeytanın keçisi olarak ün yapmış olup, satanizmin simgelerinden biridir. Tapınak Şövalyeleri Tarikatı'nın sembollerindendir.

Crowley 1910 yılında, 10 derecelik hiyerarşik bir sistemini yazdığı ve "Mysteria Mystica Maxima" (M.M.M.) adını verdiği bir organizasyon kurdu. 1913 yılında Moskova'ya giden Crowley, 1917 Bolşevik ihtilali öncesinde Rusya'da olup biteni İngiliz *istihbaratına rapor ediyordu.* Moskova'da *The Gnostic Mass (Liber XV)* adını verdiği meşhur ritüelini yazdı. Bu ritüel, tarikatın genel toplumsal ve ferdi kutlama seremonisiydi.

Evlilik, hasta ziyareti, Exorcism (şeytan çıkarma) vb. durumlar için özel merasim ritüelleri sunuyordu. Ordo Templis Orientis'in (Doğu Şövalyeleri Tarikatı) kendini bu ritüele adayan koluna "Gnostik Katolik Kilise" (Ecclesia Gnostica Catholica-E.G.C.) ismi verildi.

1914'te Birinci Dünya Harbi'nin başlamasından kısa bir müddet sonra ABD'ye yerleşti ve burada altı yıl süren bir Thelema öğretisi ile Ordo Templis Orientis (O.T.O.) sistemini eğitimli-zengin kesime yaymakla zaman geçirdi. 1915 yılında M.M.M. için ritüel revizyonları yaptı.

E. CROWLEY VE CASUSLUK İLE BÜYÜ: BİLİMİN YÖNTEMİ DİNİN GAYESİ

Kendi hatıralarında belirttiğine göre Crowley, Amerika'da bulunduğu süre müddetince Alman yanlısı lobiye sızmak için İngiliz istihbaratı adına çalışmalar yaptı. Crowley, Leah Hirsing adlı bir yardımcısı ile 1920 yılında İtalya-Sicilya'nın Cefalu kasabasına yerleşti.[64] Bu kasabada yerleştiği eve "Abbey of Thelema" (Thelema Manastırı) ismini verdi ve kendi mahalli komününü meydana getirdi. Manastırda komün halinde yaşayanlar bir ahlaki değere bağlılık göstermeyi reddediyorlardı. Kanun ve kural tanımıyorlardı. Kısaca her türlü cinsel sapkınlığı meşru sayan hedonist bir hayat yaşıyorlardı. Bu neviden "perdeleme" bir hayat tarzına rağmen Crowley'in İngiliz casusu olduğu 1923 yılında anlaşıldı ve Mussolini hükümeti tarafından sınır dışı edildi.

İngiliz, ABD, Fransız ve İtalyan arşiv kaynaklarına göre, Crowley biyografisi üzerine çalışan Richard Spence ve Tobias Curton onun her iki dünya savaşı esnasında 007 James Bond'un babası Ian Fleming yönetiminde İngiliz ve Alman casusu olarak çift ya da çok taraflı bir casus olarak görevler yaptığını söylüyorlar.

Onun "The Great Beast 666" unvanı ile "modern satanizm"in teorisyeni olduğunu söyleyebiliriz. Yeni Dünya Düzeni-neoliberalizm-postmodernizmin insanlığa dayattığı içi boş, isyankâr popüler kültürün aykırı unsurlarının meydana gelmesinde rol oynayan en etkili sembol ismi İngiliz Crowley'dir. İngiliz yayın kuruluşu BBC'nin yaptığı 2002 yılındaki anket sonuçları da bu tespitimizi doğrulamaktadır.

64. John Symonds, *The Great Beast, The Life and Magic of Aleister Crowley*, 1971.

"Derin Kabala" tam manasıyla büyü formuna dayanır. Crowley yazdığı *Magick in Theory and Practice* (Teori ve Pratikte Büyü) kitabıyla, Kabala'nın bu yönünü geliştirdi, sistematize etti. Ona göre "magick" kelimesiyle tanımladığı büyü formu "şuurla değişiklik meydana getirme bilimi ve sanatı"dır. Bir başka "magick" tanımında ise "Magick bizden daha yüksek bir düzlemde bulunan ruhsal fertlerle iletişime geçmektedir. Mistisizm bireyin kendisini onların düzeyine yükseltmesidir" demektedir. Nitekim bu tanım tam anlamıyla *Kabala'nın "Adam Kadmon", Muhyiddin İbn Arabi'nin "Varlıkta Birlik" tasavvuf anlayışı* ile örtüşmektedir.

Bu noktada şöyle bir analiz yapabiliriz: "İslam'a sokuşturulan tasavvuf anlayışı, Hoca Ahmet Yesevi anlayışı hariç, İslam dininin istismarına, Kabalist unsurların İslam'a yüklenmesine en açık kapıdır." Bu derin mevzu elbette kitabımızın konusu dışında.

Crowley, Kabalacı bir anlayış ve inançla "büyüyü, din ve bilim" arasında "üçüncü bir yol" olarak sundu ve yayımladığı *The Equinox* adlı dergide *büyü* için *"bilimin yöntemi, dinin gayesi"* tanımını kullandı.

Günümüzde ABD ve Kanada başta olmak üzere pek çok ülkede yayın olarak kullanılan Kabala formlu-okültist "tarot kartları" Crowley tarafından sistematize edilmiş olup en yaygın olarak kullanılan "Thoth Tarot Kart" sistemi onun eseridir.

Ezoterizm-okültizm-Kabalizm ve Batı felsefesi literatürüne olağanüstü etkili katkılarda bulunan Crowley'in görüşleri Yeni Dünya Düzeni'nin "büyü-bilim-din" üçgeninde formatlanmasında etkili kaynak olup Tapınak Şövalyeleri'nin küresel hegemonya projesine hizmet etmektedir.

Yazdığı homoerotik şiirleri ile günümüzdeki popüler Anglosakson kültürü içine iyice yerleşen -başta Hollywood, müzik ve moda endüstrisi- homoseksüel ve lezbiyen sapkınlığa kaynaklık ve yataklık etti/etmektedir. Şiirleri dışında yüzlerce makalesi ve felsefi kitapları mevcuttur.

F. YENİ DÜNYA DÜZENİ POP KÜLTÜRÜNÜN İKONU: ALEISTER CROWLEY

Günümüzün bireysel hedonizminin temelleri 1950-1970 yıllarında atıldı ve bunun bireysel temsilcisi, ahlaksızlığın her türlüsünü yaşayan ve bunun kültürel-teorik altyapısını hazırlayan Aleister Crowley'dir. Protest müziğin, rock müziğin en meşhur besteci ve yorumcularının idolü Crowley'dir. Mesela bunlardan birkaç isim... Günümüzden geriye doğru gidelim.

- New York'taki Columbia Üniversitesi'nin CIA ile işbirliği içinde çalışan "Gelecek Vaat Eden Gençler Kulübü"nde yetiştirilen şarkıcı Lady Gaga 2013 yılında çıkardığı *Artpop* adlı albümünde Aleister Crowley'in "Ne istiyorsan onu yap" sloganını şarkı haline getirdi.
- Homoseksüelliği ile meşhur olmuş David Bowie, 1971 yılında çıkardığı albümünde yer alan "Quicksand" adlı şarkısının sözlerinde Aleister Crowley'e atıf yapmıştır.
- Yine 1970 yılında, Crowley'in ünlü "Ne istiyorsan onu yap" sloganı, Led Zeppelin grubunun *Led Zeppelin III* albümünün kapağına "666" logosuyla birlikte konulmuştu. Bu grubun kurucularından ve gitarcısı Jimmy Page, Crowley'den o kadar etkilenmişti ki 1971 yılında onun İskoçya'daki malikânesini yani Boleskine House'u satın aldı. Bu müzik grubunun *The Song Remains the Same* filminin bir bölümü söz konusu evde Crowley'in özel eşyaları arasında çekildi.
- 1967 yılında Beatles adlı müzik grubunun *Sgt. Pepper's Lonely Hearts Club Band* albümünün kapağında Bay/Bayan Aleister Crowley yer almaktaydı.
- Bir başkası, meşhur rock şarkıcısı Ozzy Osborne'un ünlü şarkısı, "Mr. Crowley", Aleister Crowley adına yazılmıştı.

Kendi ifadesiyle "egzotik kadınlar ve erkeklerle" cinsel bir hayat süren Crowley 1903 yılında Rose Kelly ile evlendi. Balayında halüsinasyonlar görmeye başlayan Kelly'den 1910'da boşandı. Bu tarihte *karısı çoktan akıl hastanesine kapatılmış ve alkol tedavisi görüyordu.* İkinci eşi de delirerek ölmüş, çoğu genç bohem kadınlardan oluşan çok sayıdaki metreslerinin *tamamı ruh hastası olmuş, beşi ise intihar etmiştir.* Bu kadınlardan dört kız bir erkek çocuk sahibi olduğu biliniyor. Martin Booth tarafından yazılan biyografisine göre 1937'de doğan oğlu, Patrica Deirdre MacAlpine adlı kadından, Aleister Crowley, babası Crowley öldüğünde 1947 yılında 10 yaşındaydı. Daha sonra ABD'ye göç etti. Geçmişinden kurtulmak isteyen oğul adını Aleister MacAlpine (annesinin soyadı) olarak değiştirdi ve izini kaybettirdi. Kızlarının akıbeti ise bilinmiyor.

Aleister Crowley, İngiltere'nin Hastings şehrindeki Netherwood'da yer alan bakımevinde *eroin bağımlısı* olarak 1 Aralık 1947'de öldü. Cenaze töreni 5 Aralık 1947 günü Brighton krematoryumunda cesedi yakılarak yapıldı. Külleri ABD'deki *halefi olan Kark Germer'e gönderildi.* O'da Crowley'in küllerini New Jersey Hampton'daki evinin bahçesine gömdü. Cenazesine katılan müritleri *Gnostic Mass*, *The Book of the Law* ve *Hymn to Pan* adlı kitaplarından bölümler okudular ve ayin yaptılar.

Crowley'in cenaze töreni İngiltere ve Batı'da büyük tartışma meydana getirdi. Toplumsal nefret o kadar büyüktü ki *Brighton Şehir Konseyi bir kınama yayımlayarak* bir daha böyle bir olayın asla yaşanmayacağını duyurmak mecburiyetinde kaldı. Toplumdaki ortak kanaat, *Crowle'in cenaze merasimi "şeytana tapınma ayini" idi.*

Crowley şöyle söylüyordu:

"Hiç şüphesiz ki *büyü*, bütün bilimlerin ve sanatların en incelikli ve en zor olanlarından biridir. Anlama, muhakeme ve uygulamadaki hata ihtimalleri diğer fizik dallarının hepsinden fazladır."[65]

65. Martin Booth, *The Confessions of Aleister Crowley: An Autohagiography.*

G. TAPINAK ŞÖVALYELERİ VE ALBERT PIKE: YENİ DÜNYA DÜZENİ İÇİN "ÜÇ SAVAŞ" YA DA ARMAGEDON

Meşhur Fransız romancı ve düşünür Balzac, "Dünyada olup bitenlerin kulis arkalarında gezinen insanlar yüzünden iki çeşit tarih meydana geldi: Biri düzmece, yani resmi 'Ad Usum Delphini', diğeri, tarihi olayların gerçek sebeplerinin yazılı olduğu gizli tarih, yani utanılacak tarih" diyor.[66]

Günümüzün neoliberal-postmodern dünyasında üzerinde hiç durulmayan konu: "Ahlak." Platon, kendi yaşadığı dönemde sofistlerle kavga ederken, insanın tabii gayesi olan mutluluğu yakalayacak yaşama şeklini ve bunun ne olabileceğini arıyordu. Ama mesele tek kişinin, ferdin ahlakı değil, toplumun genel ahlakıydı. Platon şöyle söylüyordu:

"Eğer toplumsal ahlak bozulmuşsa, birey olarak sizin ahlaklı olmanız ve bunu yaşamanız hiçbir mana ifade etmez. Mesele toplumun ahlak kurallarına uyması ve bunu taviz vermeden uygulamasıdır."

Tek başına bir kişinin "ahlak" meselesi kendi vicdanını ve yakınındakileri ilgilendirir. Bu hususun bütün toplumun hayatını etkileyecek duruma getirilmesi halinde buna "sosyal ahlak" adı verilir. Ahlak, önce fertten başlıyor. Bireyler ahlaksızlaştıklarında toplum ahlaksız oluyor ve yaşananlar da tabii olarak toplumsal oluyor.

Bireyler, günümüzün postmodern dünyasında, özellikle medya sektörünün hemen hemen her gün ısıtıp ısıtıp sunduğu *"ikon"ların sözüm ona hayat tarzı ile ahlaksızlık çukuruna çekiliyor*. Sinema-televizyon, müzik ve moda endüstrisinden devşirilmiş şöhretler kullanılarak bireyden topluma doğru bir ahlaksızlaştırma süreci-

66. Honore de Balzac, *Les Illusions Perdues*.

algısı pompalanıyor. Neoliberal-postmodern dünyanın bu anlamda *ahlaksızlaştırma ikonu* Aleister Crowley'dir.

Yeni Dünya Düzeni için "medeniyetler çatışması" gözlüğünden bakıldığında varılmak istenen "tek tip kültür"dür.

İskender'in Persepolis Kitaplığı'nın, Romalıların Kartaca Kitaplığı'nın, Arapların Bağdat Kitaplığı'nın, Hıristiyanların İskenderiye ve Endülüs kütüphanelerinin yok edişindeki temel sebep, daha ileri bir kültürü yok etmeye çalışmaktan ziyade kendi kültürünün daha iyi olduğundan emin olmayışlarındandır.

Günümüz dünyasında Tapınak Şövalyeleri liderliğinde yürütülen "neoliberal tek tip kültür" modeli ile insanlık topyekûn mankurtlaştırılarak ölüme sürükleniyor. Çünkü *insanlığı canlı ve uyanık tutan onun kültürel çeşitliliğidir.*

Allah inancıyla alay edenlere bilim muhteşem cevaplar veriyor. Mesela: CERN deneylerinde en son bulunan ve maddeye kütlesini veren *"Higgs Parçacığı" hiçbir şekilde görünmüyor, ama varlığı ispatlanmış durumda.* İnsanlığın bugün içine düşürüldüğü durum, bundan yaklaşık 600 yıl önce Galileo'nun "Dünya dönüyor" demesinin ardından, "Dünya dönüyorsa biz niye düşmüyoruz?" diye soran Engizisyon'a benziyor.

Dogma savunucuları, yani Tapınak Şövalyeleri gibi ezoterikler sorularını dini, özellikle İslam dinini çürütmek için sorarlar. Zira kendilerine göre cevap tektir ve kolaydır. Bu cevabın kaynağı "imansız akıl"dır. Zira bazı konularda –şimdilik– bilim buna hemen cevap verecek güçte değildir. Zira tek cevap yoktur.

Tapınak Şövalyeleri, İlluminati ve Masonlar ile alakalı çok sayıda kaynak mevcut. Bunlardan bir kısmı yukarıda isimlerini zikrettiğimiz gizli okült-ezoterik gizli teşkilatlar tarafından kendi güç ve kudretlerini abartılı bir biçimde dünya kamuoyuna duyurarak psikolojik etki-algı operasyonu meydan getirmek maksadıyla yazdırılan kitaplar. Bir kısmı yalan yanlış bilgilerle doldurulmuş hakaretamiz eserler. Pek azı da onların gerçek içyüzünü deşifre eden, milli devletleri ve semavi dinleri nasıl tarumar etmek istediklerini, ne kadar yol aldıklarını belgelerle ortaya koyan, analiz eden, uzun yıllara dayanan araştırma kitapları.

1999 yılında ABD'de bulunduğum sırada eski kitapların satıldığı bir kitapçıdan satın aldığım bir kitap hem bilgi dağarcığımı olağanüstü genişletti hem gözümü açtı. Kitap "Grand Commander" (Büyük Kumandan) 1859-1891 tarihleri arasında görev yapan Albert Pike tarafından 1871'de ilk kez yayımlanmış. Bilahare 1906 yılında tekrar yayımlanmış. Bu kitap 1950'de revize edilerek yeniden yayımlanmış. Masonluğun İskoç ritine ait kitabın benim elimdeki baskısı 1966 yılında "The Robert Publishing Company, Washington DC" tarafından yapılmış. 982 sayfalık İngilizce metnin adı *House of the Temple - Morals and Dogma of the Ancient and Accepted Scottish Rite of Free - Masonry* (Tapınak Evi - Masonluğun Kadim ve Kabul Edilmiş İskoç Ritüelinin Ahlakı ve Dogması). Bu kitabın yazarı Albert Pike 33. dereceden Mason ve Tapınak Şövalyeleri'nin 32 yıl Kuzey Amerika liderliğini yapmış "Büyük Kumandan".

Yeni Dünya Düzeni'nin Tapınak Şövalyeleri-İlluminati-Masonluğun küresel bir komplosu olduğu ABD ve Kanada başta olmak üzere, Avrupa ve Türkiye'de 2008 küresel finans krizinden sonra geniş kitleler tarafından kabul görmeye başlamıştır. Bir dolarlık ABD banknotunun ön ve arka yüzünde ABD'nin "büyük mührü" yer alıyor. Tamamlanmamış piramidin tepesindeki üçgenin içinde "her şeyi gören göz" yer alıyor. Bunlar Tapınak Şövalyeleri-İlluminati-Mason örgütleri için çok önemli sembollerdir. Gözün temsil ettiği pek çok anlam yüklemelerinden biri okült-ezoteriklerin mutlak tanrısı "Gaot"u veya "evrenin ulu mimarının" "her şeyi gören göz"üdür. Tamamlanmamış piramit ve anlamı:

a. Tanrı'nın bu dünya için henüz planlarının tamamlanmadığı manasındadır.

b. Kudüs'te üçüncü kez inşa edileceği planlanan Süleyman Tapınağı'nı sembolize eder. Bu Yahudi tapınağının yapılacağı yer, iki İslam mabedinin şu anda bulunduğu mevki olup, Süleyman

Tapınağı'nın yapılması için Mescidi Aksa ve Kubbet-üs Sahra camilerinin yıkılması gerekir. Bu iki İslam mabedini önümüzdeki yıllarda IŞİD benzeri, Mehdici bir, sözde Müslüman münafık çeteye yıktıracaklar.

c. Piramit, aristokratik sosyal düzenin klasik sembolüdür. Manası, en tepede en fazla 12 kişilik "Tanrı'nın seçilmiş ırkından" seçkin/elit yöneticiler, altında onların atadığı idareciler ve en altta güçsüz, milyarlarca insan. Yani Tapınak Şövalyeleri'nin, "evrenin ulu mimarının" kurmak istediği "ideal" sosyal düzen: Yeni Dünya Düzeni. Bir dolarlık ABD banknotunda yer alan piramidin altında şöyle yazar: "Novus Ordo Seclorum." Bu Latince deyimin Türkçesi: "Novus (yeni), Ordo (düzen) Seclorum (maddi dünya). Yani "Yeni Dünya Düzeni".

Son 200 yıldır sık sık atıfta bulunulan ama 1991'de SSCB'nin dağılmasıyla birlikte öncelikle Türk-İslam coğrafyasında BOP olarak dayatılan "Tanrı Projesi". Bu projenin kod adı "Leviathan" ve istikamet Armegedon Savaşı.[67] Son 200 yıldır dünya politikasında kıyasıya mücadele eden üç küresel aktör mevcuttur. Bunlar Tapınak Şövalyeleri-İlluminati-Mason ekseni, Katolik Kilisesi-Opus Dei ve Evanjelistlerdir.

Osmanlı Türkiyesi, yukarıda saydığımız küresel aktörlerin el ele vermesiyle parçalanmış ve yıkılmıştır. Şimdi de Osmanlı İmparatorluğu mirasçısı, rahmetli Atatürk ve arkadaşlarının kurduğu Türkiye Cumhuriyeti aynı güç merkezlerinin işbirliği ile parçalanmak ve tarih sahnesinin dışına çıkarılmak isteniyor.

Dünya siyasetindeki en önemli aktör olan Vatikan, İkinci Dünya Harbi'nden sonra devamlı güç kaybetmektedir. Vatikan-Opus Dei birlikteliğine rağmen Vatikan'ın dünya hükümeti olması Tapınak Şövalyeleri-İlluminati-Mason üçlemesi –ki aslında Tapınak Şövalyeleri demek yeterlidir– ile Evanjelist Protestan Hıristiyanlar tarafından

67. Ramazan Kurtoğlu, *Evanjelizm / Tanrı'yı Kıyamete Zorlamak*, Destek Yayınları, İstanbul, 2017.

engellenmiştir. Önce İngiliz İmparatorluğu, sonra ABD bu güç odağının askeri ve finansal merkezi ve taşeronu pozisyonundadır.

Rothschild bankerliği ve bankacılığının İngiltere ve ABD üzerinde İsrail Devleti'nin kuruluşu için yaptığı olağanüstü çalışmalar ayrı bir kitap konusu olacak kadar kapsamlı ve derindir. Meşhur Bolfour deklarasyonunun arkasındaki güç Rothschild ailesi olup Osmanlı Türkiyesi'nin yıkılmasında finansal-siyasal-dini rol üstlenmiştir.

Vatikan muhalifi güçler değişik dönemlerde sürekli farklılık gösteren koalisyonlarla işbirliği yapmışlardır. Çünkü küresel hegemonya savaşının başlangıcı Tapınak Şövalyeleri'nin ortaya çıkışına kadar gidiyor. Günümüzde yeni ortaya çıkan, çıkarılan güç merkezi Çin ile "radikal İslamcı" unsurlar Yeni Dünya Düzeni'nin planlayıcı aktörleri tarafından destekleniyor.

Vatikan'ı siyasi olarak bitirdikten sonra günümüzde iyice hırpalanmış vaziyette esasen son darbeyi Vatikan'ın temel dayanağı olan Katolik Hıristiyanlığı bitirerek indirecekler. Çünkü Vatikan'ın Hıristiyanlığı, Yahudi Pavlus tarafından Kabala ve Roma Paganizmi'ni harmanlayarak oluşturduğu senkretik bir Hıristiyanlık inancına dayanmaktadır. Teslis'ten söz ediyorum: Baba Tanrı, Oğul Tanrı İsa ve Kutsal Ruh Kilise.

Vatikan'ın kabul ettiği İncillerin dördü de birbiri ile çelişmekte olup, hiçbiri Vahiy kitabı değildir. Ölü Deniz Parşömenleri[68] ve Dan Brown tarafından yazılan yarı belgesel niteliğindeki *Da Vinci Şifresi* kitabı Vatikan'ın dinini bitirme operasyonlarının kilometre taşları. "Dinler arası diyalog" "İbrahimi dinler" madrabazlığı ile İslam bu çürük yumurta sepetinin içine sokulmak isteniyor.

Evanjelist çizgideki *Criminal Politics* ve *The Spotlight*[69] gibi yayınlara göre Yeni Dünya Düzeni komplosunun en tepesinde küresel finans oligarşisinin kontrol ettiği *milletlerarası bankacılık, IMF ve Dünya Bankası* yer alıyor. Evanjelistler Vatikan'a karşı, Tapınak

68. Geza Vermes, Ölü Deniz Parşömenleri - Kumran Yazıtları, çev. Nurfer Çelebioğlu, Nokta Kitap, İstanbul, 2005.

69. *Spotlight*, DVD film. 2016 yılında gösterime giren bu Hollywood yapımı film Katolik din adamlarının erkek çocuklara yönelik cinsel istismar ve tecavüzlerini anlatıyor.

Şövalyeleri, İlluminati ve Masonlar ile işbirliği yapmalarına, İsrail'e çok büyük misyon yüklemelerine, Yahudileri, "Tanrı'nın bu dünya için seçtiği ırk" olarak görmelerine rağmen, 1970'lerden itibaren iyice güçlendikleri için Anglosakson, Tanrı'nın öbür dünya için seçtiği Beyaz Hıristiyan ırk liderliğinde bir Amerikan imparatorluğu hayal etmektedirler. Bu sebepten dolayı kapalı-açık İsrail ve özellikle ABD Yahudileri ile çatışma-kuzu sarması ikilemindeler. Evanjelist Hıristiyanlara/Siyonist Hıristiyanlara göre dünyada dini bir mücadele sürüyor. Bu mücadele Tanrı ve oğlu İsa Mesih'e karşı şeytanın savaşıdır.

Tapınak Şövalyeleri'nin Kuzey Amerika'daki en önemli liderlerinden biri olan ve ABD'de 32 yıl süreyle "Hür Masonluğun Bağımsız Büyük Kumandanı Albert Pike", yukarıda adını verdiğimiz kitabında şunları yazıyor:

"Şeytan ışığın taşıyıcısı! Karanlığın ruhuna verilen tuhaf ve esrarlı isim! Şeytan sabahın oğlu! Işığı taşıyan o mudur ve görkemiyle tolere edilmeyen halde, zayıf, şehvet düşkünü ya da bencil ruhları kör eden? Bundan asla şüphe duymayın!"

İtalyan Giuseppe Mazzini'nin tavsiyesi ile Tapınak Şövalyeleri-İlluminati'ye kabul edilen bir ABD'li Tuğgeneral Albert Pike'ın üç dünya savaşı ve çeşitli ihtilaller için hazırladığı planı son 150 yılda olup bitenlerle birebir örtüşüyor. Albert Pike, 29 Aralık 1809'da ABD'nin Boston şehrinde doğdu. Ayakkabıcı Benjamin ve Sarah (Andrews) Pike'ın altı çocuğundan biridir. Fakir bir aile olan Pike'ler Byfield ve Newburyport'ta yaşıyorlardı. Albert Pike 15 yaşına kadar Framingham'da okula gitti.

Ağustos 1825'te Harvard Üniversitesi'nin imtihanlarını kazanmasına rağmen okul parasını ödeyemediği için okulu bırakmıştı. Bir yıl bir kasabada öğretmenlik yaptı ve 1826 yılında üçüncü sınıfa yatay geçiş imtihanını kazandı. Ancak üniversite atladığı ilk iki sınıfın ücretini de istiyordu. Harvard'dan ayrıldı. ABD'nin New England eyaletinin muhtelif okullarında 1826-1831 tarihleri arasında öğretmenlik ve müdürlük yaptı. *Blackwood's, Edinburg Magazine* ve çeşitli mahalli gazetelerde 1832'den itibaren şiirleri yayımlandı. 1833 yılında ABD'nin güneyindeki Arkansas'a yerleşti ve Forth Smith ve Little Rock şehirlerinde öğretmenlik yaptı. *Little Rock Arkansas Advocate* gazetesinde "Casca" takma adıyla makaleler yazdı. Yazdıkları ilgi görünce gazetenin yönetim kadrosuna alındı. *Casca, Sezar*'ı arkadan vuran politikacıdır.

Zengin bir aileni kızı olan Mary Ann Hamilton ile 10 Ocak 1834'te evlendi. Karısının mali desteği ile 1835'te gazeteyi satın aldı. Bilahare *Cumhuriyetçi Parti'ye* dönüşecek olan *Whig Party'nin* siyasi görüşlerine paralel yayınlar yapmaya başladı.

ABD Başkanı Andrew Jackson'dan ilham alınarak 1833'te Jacksonian Demokrasisi adı verilen dönemde ortaya çıkan "Whig Party" ABD tarihinin en önemli siyaset figürlerinden biri oldu. Whig Party, *devlet destekli hızlı bir iktisadi ve sanayi büyüme* modelini öngörmekteydi. Dönemin muhalif sesi olarak "Amerikan Modernizasyon Projesi" olarak öne çıkan bu siyasi yaklaşım daha sonraları "American System" olarak meşhur oldu.

Başkan Jackson'ın Jacksonian demokrasisi ise "tarımsal bir büyüme sistemi içinde bütün beyaz Amerikalılara eşitlik ve seçmen olma hakkı verilmesini" istemekteydi. Jackson'culara göre, hızlı bir sanayileşme, Amerikan toplumunda yeni aristokrat kastlar oluşturma riskine sahipti.

Whig Party, sonraları yanlış seçmen siyaseti sebebiyle kendi kendini yok etti. Günümüzde bile ABD'de, *Whig'lerin yolunda yürümek* deyimi, taraftarlarını kaybeden parti manasında kullanılmaktadır.

Albert Pike kendini hukuk alanında çok iyi yetiştirdiği için 1837'de Arkansas Barosu'na kabul edildi. Gazeteyi sattı. Arkansas yüksek mahkemesinin ilk raportörü oldu. Yazdığı *The Arkansas Form Book* kitabı avukatların elkitabı olarak büyük sükse yaptı. Albert Pike 1840 yılında ezoterik bir örgüt olan ve bir adı "Three Link Fraternity" (Üç Halka Kardeşliği), diğer adı "Independent Order of Odd Fellows-IOOF" (Bağımsız Sıra Dışı Dostlar) isimli örgüte üye oldu. Bu ezoterik örgüt ile doğrudan Amerikan Masonluğu içine dahil olan Pike çok sayıda Masonik kitaplar yazdı. *Magnum*

Opus'u 1857'de yayımlandı ve 1871 yılında yayımladığı *Morals and Dogma* adlı eserleri onun Tapınak Şövalyeleri-İlluminati-Masonluk için adeta Yeni Dünya Düzeni'nin felsefesini oluşturdu.

1845'te ABD-Meksika Savaşı'na katılan Pike, Buena Vista Muharebesi'nde derin görüş ayrılığına düştüğü komutanı John Selden Roane ile kendisinin meydan okumasıyla bir düello yaptı. İlk atışta isabet olmayınca, taraflar barıştırıldı.

1853 yılında New Orleans'a yerleşen Pike hukuk alanında çalışmaya ve yazmaya devam etti. Pike "Kuzeyli" olmasına rağmen "Güneyli Konfederasyon" tarafında yer aldı. 1857'de Arkansas'a dönüp avukatlık yapmaya başladı. Müvekkillerinin çoğu kölelik yanlısı olmasına rağmen, liberal görüşlü Whig Party ile destek münasebetini devam ettirdi. Fakat bu parti kapanınca ırkçı "Know-Nothing Party" veya diğer ismiyle "American Party" üyesi oldu. American Party, hem göçmenlik karşıtı hem de Katolik Hıristiyanlık düşmanı olarak ünlenmiştir. Pike, 1856'da Harvard Üniversitesi tarafından –şiir ve hikâyelerine atfen– verilen "Master of Arts" unvanını reddetti.

1861'de başlayan Kuzey-Güney İçsavaşı'nda, bildiği mahalli diller sebebiyle, konfederasyon elçisi olarak başta Creeks olmak üzere çeşitli Kızılderili kabilelerini "Güney Ordusu" saflarına kattı. Sivil olmasına rağmen bu başarısından dolayı 22 Kasım 1861'de konfederasyon tarafından tuğgeneral rütbesi ile Kızılderili bölgesi komutanı olarak görevlendirildi.

8 Mart 1862'de Pike'ın birlikleri Pea Ridge (Elkhorn Tavern) Muharebesi'nde ağır bir mağlubiyet yaşadı. Bu yenilgiden sonra Pike, emrindeki Kızılderililerin kafa derilerini yüzme suçlaması ile karşılaştı. Ayrıca eldeki mühimmat ve paranın yanlış kullanımı sebebiyle *vatana ihanet ve isyanla* suçlandı. Pike, hakkında tutuklama istendiğini öğrenince 12 Temmuz 1862'de konfederasyon ordusundan istifa ederek Arkansas Dağları'na kaçtı. 3 Kasım 1862'de yakalandı ama 11 Kasım'da istifası kabul edilip serbest bırakıldı. Arkansas'a döndü. *Pike Başkan Andrew Jackson tarafından affedilmişti.* Tapınak Şövalyeleri duruma müdahale etmiş, Pike'ı ipten almıştı.

Ayrı yaşadığı eşi 1876 yılında ölen Albert Pike, 1880 yılında işlerini oğlu ve ortağına devrederek, tamamen Tapınak Şövalyeleri-Masonik felsefe çalışmalarına yöneldi. 33 dereceli Mason olan Pike 1859-1891 yılları arasında 32 yıl süreyle Kuzey Amerika Masonluğu'nun büyük komutanıydı.

1869'da WASP'lardan (Beyaz Anglosakson Protestan) oluşan ırkçı Ku Klux Klan adlı örgütün liderliğini üstlenen Pike satanist idi. Kolunda taşıdığı bir bileziği ile Kabalist büyüler yaptığı, şeytan ile sürekli temasta olduğu yönünde bilgiler vardır. Ku Klux Klan adlı ırkçı örgüt hakkında bilgi sahibi olmak isterseniz *Mississipi Yanıyor* adlı filmi seyrediniz.

Pike, satanist Palladium tarikatının büyük mastırıydı. Palladizm Yunanistan'a, İtalya'ya, Mısır'ın İskenderiye şehrinde 24 yıl ve Babil Kudüs*'te 12 yıl Kabala eğitimi gören Pisagor tarafından* (MÖ 580-504) getirilmiştir. Bu satanist kült Mason localarında 27. dereceden sonra kardeşlere anlatılır.

Albert Pike, başta Washington DC olmak üzere Montevideo'da, Napoli'de, Kalküta'da, Mauritus'ta olmak üzere günümüzde de Tapınak Şövalyeleri-İlluminati'nin faaliyetlerinin yönetim ve bilgi toplama merkezleri olarak kullanılan toplam 23 alt konsey kurdu.

Tapınakçı *Albert Pike "ruhsal rehber"inden aldığını iddia ettiği bir mesajı 15 Ağustos 1871 tarihinde Giuseppe Mazzini'ye yazdığı bir mektupta* anlatmaktadır. 15 Ağustos 1871, Mazzini'ye Albert Pike tarafından yazılan mektubun kaleme alındığı tarih. *15 Ağustos 1971, Başkan Nixon*'ın ABD dolarının *altın ve gümüşle olan bağının koparıldığı tarih* olup Yeni Dünya Düzeni için *para temelli operasyonun* başladığı tarihtir. Geçelim...

Pike mektubunda Yeni Dünya Düzeni'ni gerçekleştirmek için gerekli olan "üç dünya savaşı"nın planlarını grafik olarak tasarlayarak anlatmış olup, Pike'ın öngörüleri şaşırtıcı bir şekilde gerçekleşiyor. Bu mektup kısa bir süre Londra'daki British Museum kütüphanesinde sergilendikten sonra aniden oradan kaldırılıyor.

Albert Pike'ın gözünden "üç dünya savaşı" şöyle gelişiyor:

1. Birinci Dünya Savaşı

"Birinci Dünya Savaşı, Tapınak Şövalyeleri'nin, İlluminati'nin Rusya'daki Çar'ın iktidarını devirmesine izin vermesi ve bu ülkeyi ateist komünizmin bir kalesi haline getirmesi için oluşturulmalıdır. Tapınak Şövalyeleri'nin 'agentur'u (ajanları) tarafından İngiliz ve Alman imparatorlukları arasında meydana çıkarılacak ayrılıklar bu savaşı körüklemekte kullanılacaktır. Birinci Dünya Savaşı'nın nihayetinde Rusya'da komünizm inşa edilecektir. Ve diğer hükümetleri ortadan kaldırmak ve dinleri zayıflatmak için kullanılacaktır."

Pike'ın bu "kehaneti" 1914-1918 yılları arasında üç kıtayı kan gölüne çevirdi. Rusya'da, Ekim 1917'de komünist bir avuç Bolşevik, Çarlık Rusyası'nda iktidarı ele geçirdi. Din yasaklandı.

2. İkinci Dünya Savaşı

"İkinci Dünya Savaşı, faşistlerle siyasal Siyonistler arasındaki farklılıklardan istifade etmek suretiyle kışkırtılmalıdır. Bu savaş faşizmin ezilmesi ve Siyonizm'in Filistin'de bağımsız bir İsrail devleti kuracak derecede güçlenmesi için çıkarılmalıdır. İkinci Dünya Savaşı esnasında milletlerarası komünizmin, nihai sosyal felaket için öngördüğümüz zamana kadar, dizginlenip kontrolde tutulacak olan Hıristiyanlığı dengelemek için gerektiği kadar güçlü hale getirilmelidir."

1945 yılında ABD Başkanı Truman, İngiliz Başbakanı Churchill ve Sovyet lideri Stalin arasında gerçekleştirilen Postdam Zirvesi'nde Almanya'nın yarısı da dahil Doğu Avrupa Sovyetler'e bırakıldı. 1939'dan 1945'e kadar süren İkinci Dünya Savaşı bittiğinde, Japonya'nın karşısına, komünizme teslim edilen Çin yerleştirildi.

Günümüzde komünist Çin, Yeni Dünya Düzeni'nin planlayıcısı Tapınak Şövalyeleri-küresel finans karteli tarafından savaşın bir tarafına yerleştirilmek için iyice semirtiliyor. 29 Ağustos 1897'de

İsviçre'nin Basel şehrinde gerçekleştirilen Rothschild Organizasyonu Siyonist Kongre... Kabalist-Siyonist kehanetlere ve Evanjelist kehanetlere[70] uygun olarak kurulması öngörülen İsrail devletine giden yolun siyasi hazırlığı 2 Kasım 1917'de İngiltere Dışişleri Bakanı Arthur James Balfour tarafından Lord Rothschild'e yazılan ve "Balfour Deklarasyonu" olarak tarihe geçen mektupla tamamlanmıştı. 14 Mayıs 1948'de İsrail Yahudi devleti kuruldu.

3. Üçüncü dünya savaşı

"Üçüncü dünya savaşı, Tapınak Şövalyeleri-İlluminati'nin ajanları tarafından 'Siyonistlerle İslam âleminin' liderleri arasındaki farklılıklar kullanılarak kışkırtılmalıdır. Savaş 'İslam dünyası' ile 'Siyonizm'in-İsrail devleti birbirlerini karşılıklı olarak tahrip edecekleri bir tarzda yürütülmelidir. Bu hususta bir kez daha bölünmüş olan diğer milletler de, aynı zamanda komple fiziksel, ahlaki, spritüel ve ekonomik tükeniş noktasına kadar savaşa zorlanacaktır. Ateistleri ve nihilistleri teşvik edeceğiz. Bütün dehşeti içinde milletlere açıkça, vahşiliğin ve çok kanlı bir karmaşanın kaynağı olan mutlak ateizmin etkisini göstereceği muazzam bir içtimai felaketi maniple edeceğiz. Daha sonra her yerde, kendilerini dünyanın azınlıktaki devrimcilerine karşı savunmak mecburiyetinde olan vatandaşlar bu medeniyet tahripçilerinin kökünü kazıyacaktır.

Hıristiyanlıktan hayal kırıklığına uğrayan ve Allah'a yönelik ruhları o andan itibaren pusula ve rehberden mahrum kalan, bir ideali şiddetle arzulayan fakat neye inanacağını bilmeyen kitleler en sonunda kamuoyuna sunulacak olan 'şeytan'ın saf doktrinin evrensel manifestosu vasıtasıyla gerçek ışığa kavuşacaktır."

Sovyet Bloku'nun 1991'de dağılmasından itibaren Yugoslavya'da olanlar, Bosna Hersek'te katledilen, tecavüze uğrayan yüz binlerce

70. Michael D. Evans, *The American Prophecies - Ancient Scriptures Reveal Our Nation's Future*, Warner Faith, Time Warner Book Group, New York, 2004.

Müslüman, Birinci Körfez Savaşı, Ermenilerin Türk yurdu Karabağ'ı işgal etmesi, 11 Eylül 2001 saldırıları, Afganistan ve Irak'ın işgal edilmesi, İran'a "sopa" ile Türkiye'ye "havuç-sopa" karışımı gözdağı, Eylül 2017'de Barzani'nin Kerkük dahil "referandum"u, İsrail'in desteği ve Prof. Oktay Sinanoğlu'nun ifadesi ile "yumuşak güç"le ele geçirilmeye çalışılan Türkiye... Türk ekonomisinin, siyasetinin içinde bulunduğu kısırdöngü... 26 milyonu açlık sınırındaki Türk milletinin ısrarla sürdürülen "laik-dinci" kayıkçı kavgası karşısındaki şaşkınlığı, sonu gelmez başörtüsü tartışmaları ve ve ve... Politikalarını Talmud'daki dogmalara göre belirleyen İsrail devletinin Güneydoğu Anadolu'da, GAP bölgesindeki toprak alımları[71] Türkiye'deki 1500'den fazla şirketi ve "Boğaz'daki Aşiret" dediğimiz "yüksek faiz-düşük kur" lobisinin Türk bankacılık sistemindeki toplam mevduatın yüzde 40'ına hâkim 5001 (beş bin bir) kişilik haramileri... Bu haramilerin yandaşı olan ve yüzde 99'u İngiliz ve İsrail istihbarat kurumlarının kontrolü altındaki İslami tarikat ve cemaatlerin Kuran ve sünnetteki İslam'ı rafa kaldıran "şeyh İslam'ı" denilen "Allah'a öğretilen İslam". Yani Gnostik İslam...

Gelelim 15 Temmuz 2016 Cuma-Cumartesi gecesine. Fethullah Gülen ve etrafındaki devşirme-dönme-Kürtçü merkezli, Mason destekli "isyan" kalkışmasına. Bunlara Amerika'ya biat etmiş bu zavallının ne aklı yeter ne kabiliyeti. Tapınak Şövalyeleri liderliğindeki küresel finans oligarşisinin Türk milletinin köküne kibrit suyu dökme operasyonun taşeronu-mayın eşekleridir bunlar.

Tapınak Şövalyeleri-İlluminati-Mason üçgeninin kontrolündeki bu Pagan-Haçlı operasyonunun üç temel sebebi vardır:[72]

- Tarihi ve coğrafi sebeplerden dolayı Kavimler Göçü'nden bu yana Batı'nın kafasındaki "Türk meselesi". 1071'deki Malazgirt

71. Hasan Taşkın, İstihbarat Arşivlerindeki Gizli GAP Raporu, Neden Yayınları, İstanbul, 2007.

72. Ramazan Kurtoğlu, *Din ve Küresel Ekonomi-Politik*, Destek Yayınları, İstanbul, 2017.

Zaferi'yle "Müslüman Türk meselesi"ne dönüşmüş olup 1453'te ise "yenilmez Türk meselesi" halini almıştır. Ancak 1683 İkinci Viyana Kuşatması'nda, İstanbul'daki Osmanlı Sarayı'nı ele geçirmiş olan Enderunilerin kasten oynadığı bir oyundur, Merzifonlu Kara Mustafa Paşa'nın lojistik destekten mahrum bırakılmasıyla aldığımız dramatik yenilgi. Hoş geldin 1699 Karlofça. Türk'ün Batı karşısındaki psikolojik-ekonomik-askeri-siyasi üstünlüğünü kaybedişidir bu. Çanakkale Zaferi, İstiklal Harbi ve Kıbrıs Harekâtı dışında 300 yıldır Batı'dan dayak yiyoruz. 15 Temmuz 2016 kalkışmasının asıl gayesi içsavaş çıkarma, Türk Ordusu'nu savaşamaz hale getirme projesidir. Ne demişti CIA'in paralarını yıkayan Soros: "Türkiye'nin en önemli ihraç ürünü Türk Silahlı Kuvvetleri'dir." Maalesef artık öyle bir "ihraç ürünümüz" yok noktasına itiliyor...

• Dini sebepler. Anadolu ve hinterlandı Roma-Yunan-Yahudi Paganizmi, Hıristiyanlık ve İslam'ın doğduğu topraklardır. Anadolu yani bugünkü Türkiye Cumhuriyeti toprakları Yeni Dünya Düzeni'ne giden yolda son seferde fethedilecek "Edom"dur. Edom ilkçağda Anadolu'nun adıdır. Bugünkü Türk toprakları Paganizm'in tapınaklarıyla doludur. Bugünkü Türk toprakları Kabala-Tevrat-Talmud'dan beslenen Yahudi inancına göre, Antalya, Kıbrıs, Ürgüp, Göreme ve topyekûn Güneydoğu Anadolu ve kutsiyetiyle Dicle-Fırat-Asi vaat edilmiş topraklar içindedir. Bugünkü topraklarımız içinde kalan Tarsus, Katolik Hıristiyanlığın kurucusu Tarsus-Romalı Pavlus'un doğduğu ve yaşadığı topraklardır. Evanjelist Hıristiyanlar için Ege Bölgesi'nde yer alan Efes-İzmir-Bergama-Akhisar-Salihli-Alaşehir ve Pamukkale'de yer alan kiliseler ve kilise yıkıntıları Evanjelist Hıristiyanlar için hac yerleridir. Yine İzmir Selçuk'ta ki Bülbül Dağı'nda yer alan/olduğu iddia edilen "Meryem Ana Evi" ve yine Efes'te bazilikası olduğu varsayılan, dört İncil'den birinin yazarı kabul edilen Yuhanna'nın mezarı küresel siyasetin "temel taşlarından"dır.

• Ekonomik ve finansal sebepler. Günümüzde New York-Los Angeles arasında saatte 1000 km hızla gidecek "Maglev trenleri" inşa ediliyor. Maglev trenlerinin yakıtı hidrojen ve bor temelli. Bor madeninin yeryüzündeki rezervlerinin yüzde 67'si Türk topraklarında. Bu trenlerin hareket mekanizması "monatomik elementler"/"tek atomlu elementler" dediğimiz "altın" ve "platin" temelli. Bu elementlerin belli bir hızdan sonra havada bir yere bağlı olmadan tutunma yeteneği mevcut. Maglev trenleri de belli bir hızdan sonra "hava yastığı" oluşturarak o muhteşem sürate ulaşıyor. İnsanlık tarihi boyunca, 2017 yılı sonunda çıkarılan altın miktarı 185 bin ton civarında. Bu rakamlar Dünya Altın Konseyi verileri olup yeraltında bilinen altın rezervi 90 bin ton. Bu rezervin yaklaşık 10 bin tonu Anadolu Türk topraklarında. Özellikle Ege Bölgesi'nde. Kaldı ki altının başka özellikleri de var. Ayrıca nereye, hangi karışıma dahil ederseniz edin altın asla kaybolmaz. Altın gerçek rezerv paradır, dövizdir. Küresel para savaşının ana unsurudur.

Talmud'dan iki alıntı:

• "Diğer milletlerin bütün malları Yahudi ırkına aittir, o da dolayısıyla onları tereddütsüz ele geçirmek hakkına sahiptir."[73]

• "Tanrı Yahudilere bütün milletlerin malları ve kanı üzerine yetki vermiştir."

Talmud'da öyle dogmalar var ki, buraya yazmaya terbiyemiz müsaade etmez. Anlaşılıyor ki Tapınak Şövalyeleri'nin kontrolü altındaki küresel finans oligarşisi Yeni Dünya Düzeni kurmak için bir yandan "köktendinciliği" teşvik ederken, diğer taraftan kendilerinin "din" adını verdikleri tuhaf dogmalara dayalı "Yeni Dünya Dini" tezgâhlanıyor. Çok ilginçtir. Şeytanın temsilcileri de, çok sayıda köktendinci Hıristiyan tarikatı da umutlarını "son"un gelmesine endekslemiş, Mesih'i bekliyor.

Şii İslamcılar kayıp 12. İmam'ı, Mehdi'yi ve Hz. İsa'yı, bir kısım Sünni İslam cemaat ve tarikatı da hem Mehdi'yi hem de Hz. İsa'yı bekliyor. Bazıları da çoktan "kediciklerin" Mesih'i...

73. Choszen Hamiszpat, 348.

Hepsi "Armagedon Savaşı"nı, insanlığın yok oluşunu ve Cennet Krallığı'nda yeniden doğumu umut ediyor/pazarlıyor.

Evanjelistler ya da diğer adlarıyla Siyonist Hıristiyanlar, yaşlı/koca dünyanın ve insanlığın son günleri yaşadığını iddia ediyorlar. Onlar cennetin açılıp "Baba Tanrı"nın oğlu Rab İsa'nın kendilerini bedensel dönüşüme tabi tutarak "eve" götüreceği zamanın geldiğine inanıyorlar. Evanjelistlere göre, Tanrı'nın öbür dünya için seçmiş olduğu "Kuzu'nun Gelini" olanlar yani "seçilmişler" hemen cennete taşınacaklar. Bazı Evanjelist teologlar ise daha teknolojik düşünüyor. Dev UFO'lar gelecek, onları Tanrı'nın yani "Baba Tanrı"nın kendileri için ayırdığı cennet yere götürecek.

Bazı köktendinci Hıristiyan tarikatları, özellikle Evanjelistler, sabırla-huşu içinde uslu uslu beklemek istemiyorlar. Yeryüzünde Ortadoğu'dan başlayarak bir şeyleri daha fazla kötüleştirip, kaosa sürükleyerek "Tanrı'yı kıyamete zorlamak" ve "son"un gelmesini çabuklaştırmak histerisi içindeler. Ya böyle biri HAARP projesinin tepesine oturursa? Bu projeleri insanlığa dayatan insanlar sıradan, cahil insanlar değil. İyi eğitimli ve ABD devlet mekanizmasının yüksek pozisyonlarında oturuyorlar.

"Liberal ekümenizm", "Katolik ekümenizm" ve "Evanjelist ekümenizm" kıyasıya bir mücadele içindeler. Ekümenik hareketler ve organizasyonlar devamlı insanların kafasını karıştırıyor. Araştırdıkça piramidin tepesine doğru giden zincirin halkalarına ulaşıyorsunuz. Öyle şöhretli ve zengin isimlerin zavallı piyonlar olduğunu anlıyorsunuz.

Tek Dünya Hükümeti kurmak isteyen küresel finans oligarşisinin en tepedeki 12 kişiden biri olan, "üçlü komisyon" üyesi, Rockefeller ailesi mensubu David Rockefeller, "Tanrı'nın Krallığı" derken neyi gaye edinmiş durumda?

Rockefeller Vakfı'nın finansal desteği altında olan "Anlayış Tapınağı" New York Piskoposu'nun "payitahtı" olan ilahi St. John Katedrali ile iç içedir. Bu katedralde Amerikalı bir grup 2006 yılında kadın erkek karışık, başı açık, kapalı birlikte *"cuma namazı"* kıldılar.

Anlayış Tapınağı, çok dinli ve çok *milletlidir*. Eski Sovyet Lideri *Mihail Gorbaçov'un* siyasal-ruhsal gelişmeci, ekonomi ahlakı kuramcısı "Yeşil Haç" organizasyonuyla da bağlantılı olan tapınağın kurucuları arasında kimler yok ki? Eski BM Genel Sekreteri General U. Thant, Türk düşmanlığı ile meşhur Ortodoks Patriği Athenagorus, Jawaharlal Nehru, Eleanor Roosevelt, Dalai Lama, Enver Sedat, Papa 23. John ile Papa 6. Paul Moon vs.

Dinler arası diyalogcu Müslüman "Hocaefendi" ve aveneleri, "siyasal İslamcılar", tarikatlar, Yeşiller, spiritüalistler, çevreciler, komünistler, homoseksüel ve lezbiyenler, faşistler vs. "Tek Dünya Hükümeti"ne giden yolda kullanılan birer taşeron.

Yukarıdakilerin hepsi, Yeni Dünya Düzeni'nin başvuru "fermanları" için dini-psikolojik-ekonomik "evrensel temel" hazırlamak için adeta birbirleriyle rekabet halindeler. Bu hususta Anlayış Tapınağı Yönetim Kurulu Üyesi Hans Kung tarafından yazılan *Global Responsibility: In Search of a New World Ethic* (Küresel Sorumluluk: Yeni Dünya Düzeni Ahlak Anlayışı) adlı kitap oldukça manidar detaylara yer veriyor.

- Okült Apokalipti /Kıyametçi ezoterik gizli örgütler
- Yeni Çağ (New Age) tarikatları
- İkinci geliş ve Cennet Krallığı, Evanjelistler
- Kral Davud soyundan beklenen kurtarıcı Mesih, Mesih İsa ve Tanrı'nın Krallığı
- Vatikan-Opus Dei
- İslam dünyasından dinler arası-İbrahimi dinler temelindeki "Protestanlaştırılmış İslam" savunucuları, Gnostik İslam tarikatları

Bunların hepsi "aynı terzinin elinden çıkmış farklı kıyafetler, aynı iş". Unutmayalım! Siyasetten önce din ve siyasetçilerden önce rahipler ve hahamlar vardı. Unutmayalım! Vicdansız insanın –tersi görünse bile– dini ve ahlaki sınırlamaları olmaz. Unutmayalım! Hayal edin, "Madem bu aptallar Mesih-Mehdi, ikinci geliş ve cenneti istiyorlarsa, hepsinin meşrebine göre onlara istediklerini verelim" diyen bir güç merkezi, mevcut "hologram teknolojisi ve holografik beyin teknikleri" ile neler yapabilirler? Hoş geldin "Nöro-Mesih" ve "Nöro-Mehdi" ve dahi "Armagedon/Kıyamet Savaşı". Unutmayalım! Güç simsarlarının en fazla sevdikleri "mankurtlardır". İnsanları mankurtlaştırmak için HAARP[74] ve benzeri projeler ile adına "sessiz silahlar" dediğim, kitleleri zihnen devşirme, algı operasyonları ile dönüştürme çalışmaları son sürat devam ediyor.

ABD'nin başta 16 milletlerarası istihbarat kurumları ve Pentagon "insanların zihinlerindeki savaşı kazanmak" arzusu ile insanları zombilere dönüştürmeyi umursamıyorlar. Bunun için Pentagon'un "Araştırma ve Teknoloji Programı" –bilinen– 42 laboratuvar ve ARGE merkezinde 10 binden fazla bilim insanı, mühendis ve uzman, milyarlarca dolarlık bütçe ile gece gündüz çalışıyor. Jim Keith'in *Mind Control, World Control* kitabında söylediği gibi, "zihinleri kontrol eden, dünyayı kontrol eder".

Türk milleti için soru şudur ve sonuçları acıdır. 10 Kasım 1938'den beri Türk milletine dini-siyasi-ekonomik-kültürel olarak neler oldu? Tapınak Şövalyeleri tarafından devşirilen Fethullah Gülen denen ve bir Kabala ritüeli olan "ağlayarak vaaz" veren, salya sümük bu zavallıya Türk Ordusu'nun içinden general rütbeliler dahil binlerce subay-astsubay, binlerce hâkim ve nihayet binlerce öğretim üyesi-öğretmen, vali, kaymakam, hesap uzmanı vs. nasıl ve hangi sebepten "biat" etti? *15 Temmuz 2016 ayaklanması, vatana ihanet, neden, niçin, nasıl oluştu?*

ABD'nin Kaliforniya-Leandro'daki Kaliforniya Teknik Araştırmalar Laboratuvarı Müdürü Dr. Elizabeth Rauscher daha 1970'lerde şöyle demişti:

"Bana yeterince para ve üç ay verin, bu şehirdeki insanların davranışlarını kendileri farkında olmadan yüzde 80 nispetinde etkileyebilirim."

74. Ramazan Kurtoğlu, *Küresel Hegemonya Savaşları - İklim Su ve Gıda*, Orion Yayınları, 3. baskı, Ankara, 2015.

Türk milletinin, Türkiye Cumhuriyeti Devleti'nin "bekası" için "sivil-asker" bunlara karşı hangi tedbirleri alacak? Anadolu Türk toprakları başını Tapınak Şövalyeleri çetesinin çektiği küresel finans oligarşisi tarafından işgal edilmek isteniyor. Bu yargımı abartılı bulan, komplo teorisi olarak damgalayanlar çıkabilir. Onlara iki hususu hatırlatacağım: Birincisi, 15 Temmuz 2016 ihanetinin adım adım nasıl geldiğini araştırsınlar. İkincisi, bu satırların yazarı yayımlanmış 13 kitabı, 1000'den fazla makalesi, 300'den fazla TV programı ve 700'den fazla verdiği konferanslarda şu hususları yüzde yüz tahmin etmiştir:

- FETÖ maşalı 15 Temmuz 2016 ihanetini. Özellikle *Evanjelizm* kitabıma bakınız.
- Arap Baharı'nı.
- Suriye İçsavaşı'nı.
- AB'nin dağılacağını ve İngiltere'den başlayacağını.

Elinizdeki bu çalışma bitmeden önce ABD'deki 2016 başkanlık seçimleri henüz yapılmamıştı. Nihayetinde:

- Beklenmedik şekilde Trump kazandı.
- Trump ile küresel finans elitlerinin arasındaki kavganın temeli 2017 sonunda dolar-dijital para/bitcoin savaşına dönüşmüş durumda. Suudi Arabistan-Katar peşrevinin arkasında, Kuzey Kore-ABD "yenge çekişi"nin arkasında yeni küresel para sistemi kavgası vardır.
- Küresel para sistemi çökecek. Orta vadede altın ve gümüşe yatırım yapın.

Tekrar gelelim Yeni Dünya Düzeni'nin bilinen en önemli aktörlerinden Albert Pike'a. Tapınak Şövalyeleri'nin bu efsanevi liderinin altı çocuğu olmuştu. Oğullarından biri Arkansas Nehri'nde boğularak ölmüş. Bir oğlu da konfederasyon ordusunda savaş esnasında hayatını kaybetmiş, işlerini devrettiği üçüncü oğlu da ölünce üç kızı kalmış.

Albert Pike, Washington DC'de bulunan ve Amerikan İskoç Riti Masonluğu'nun ana konsey binası olan ve "The House of Temple" adıyla anılan binada 2 Nisan 1891'de ofisinde öldü. Vasiyetinde yakılmayı/kremasyon arzu etmesine rağmen, Washington DC'deki Oak Hill Mezarlığı'na gömüldü. Mezarı 1944 yılında, "The House of Temple" binasının içine taşındı. Günümüzde pek çok park, cadde, otoyol ve derneğe –kuruma– mabede Albert Pike adı verilmiş durumda.

ABD Kongresi 9 Nisan 1898'de aldığı bir kararla, Albert Pike'ın Washington DC'de heykelinin dikilmesine onay verdi. Heykel 23 Ekim 1901'de Tapınak Şövalyeleri Mason Tapınağı olan The House of Temple önüne dikildi. 1977 yılında bu heykel tapınağın önünden alınarak, Washington DC'nin çok işlek caddeleri olan 3. ve 4. caddelerin arasındaki çok merkezi D Caddesi Judiciary Meydanı'na dikildi.

Arkansas eyaletinin Little Rock şehrinde "Albert Pike Memorial Temple" adı verilen bir ezoterik tapınak inşa edildi. Yine bu şehirde bulunan evi "Arts Center Community Gallery" adı verilen müzeye dönüştürüldü. Albert Pike, 1871'de tamamladığı, *Morals and Dogma*'da şöyle der:

"Bir fikri anlayabilmemiz için o fikrin tarihi gelişimini de anlamış olmamış şarttır."

Bir diğer Albert Pike sözü:

"... zaman geçtikçe, 'mevki' ve 'şeref' bir arada kalamazlar..."

Albert Pike'ın *Morals and Dogma* adlı kitabında İlluminati hakkında da yer yer bilgi ve yorumlar yer alıyor. İşte onlardan bir alıntı ve dünyada, İslam dünyasında ve 15 Temmuz 2016 sürecine sürüklenen Türkiye'de din ve Yeni Dünya Düzeni bağlantısının Tapınakçı yorumu:

"Bütün gerçekçi dogmatik dinler Kabala tarafından verilmiştir ve ona, Kabala'ya geri dönmektedirler. İlluminati ve diğerlerinin, dinsel hayallerindeki bilimsel ve haşmetli her şey, Kabala'dan ödünç alınmıştır..."

"Dinler arası diyalog", "İbrahimi dinler", Muhyiddin İbn Arabi, Varlıkta Birlik=Kabala=senkretik din=Yeni Dünya Düzeni'nde "Tek Dünya Dini".

İKİNCİ BÖLÜM

A. TAPINAK ŞÖVALYELERİ'NİN "YENİ DÜNYA DÜZENİ" İÇİN DİNE BAŞVURU POLİTİKASI

1980 veya tam manasıyla 1978 "Washington Mutabakatı" öncesinde İslam ve sosyalizm özellikle bir araya getiriliyordu. Bunun başını ise Pakistanlı Mevdudi çekiyordu. Öyle ki Libya Lideri Muammer Kaddafi bile bu süreçten etkilenerek Libya'nın adında İslam ve sosyalizmi birlikte kullanmıştı.

Halbuki Mevdudi İngiliz istihbaratının ve İsrail istihbaratı MOSSAD'ın kontrolü altındaydı. Mevdudi'nin sağ kolu-şoförü-koruma müdürü Yahudi Meryem Cemile ile evlendirilmişti. Meryem Cemile 1960'ların başında Yahudilikten Hıristiyanlığa geçmiş, bu süreçte İslam'ı öven yazılar yazmaya başlamıştı. Nihayetinde 1960'ların ilk yarısında "İslam'a avdet etmiş", adını da Margret Marcus iken "Meryem Cemile" yapmıştı.

Meryem Cemile'nin milliyetçiliğini ve vatanseverliğini "İslam'a aykırı" bulan kitaplar Arap âleminde görünmez bir el tarafından milyonlarca adet basılıp bedava dağıtılıyordu.

"Enteresan"dı!? İsrail de benzer şekilde, Müslümanlara yönelik olarak Meryem Cemile'nin görüşlerinin propagandasını yapıyordu.

Müslümanlar için "vatan seccadeyi serdiği yer"di... Arap toplumları sol milliyetçi BAAS ve milliyetçi-muhafazakâr sağ kanat diye karpuz gibi ikiye ayrılmışken, Meryem Cemile'nin kitapları doğrultusunda milliyetçi-muhafazakâr sağda, karpuz gibi ikiye ayrılmıştı. Milliyetçiler ve İslamcılar. Milliyetçilere göre İslamcılar "hain" iken, İslamcılara göre de milliyetçiler dinsiz kâfirler ve ırkçılardı... Enteresan bir şekilde bu tarihten itibaren İslam dünyasında İsrail'in söylemlerinin çoğu ile "siyasal İslamcıların" söylemleri hep örtüşmüştür.

Arap dünyasında bu tartışma giderek alevlendi. Benzer tartışma 1971 muhtırasından sonra Türkiye'ye de sıçradı...

1967 yılının bir pazar günü –Arap âlemi birbiriyle tartışırken– İsrail Hava Kuvvetleri, iki saat içinde Mısır ve Suriye Hava Kuvvetleri'ni havalanmaya bile fırsat vermeden yok etti.

1978'de küresel finans oligarşisinin yani Tapınak Şövalyeleri'nin göz kırpmasıyla SSCB Afganistan'ı işgal etti. Müslüman Mücahitler Sovyetler'in cehennemi silahlarına karşı insanüstü bir gayret ve inançla Sovyet Ordusu'nu perişan etti. Bu süreçte Tapınak Şövalyeleri'nin Yeni Dünya Düzeni Projesi için ve 2000'lerden itibaren "mayın eşeği" olarak kullanmak maksadıyla El Kaide-Taliban-IŞİD-Boko Haram ve türevleri devşirildi. Çünkü Haçlı Seferleri, Endülüs İslam Devleti'ndeki ve Osmanlı Türkiyesi'ndeki devşirme ve dönme düzeni, Lawrens ve Meryem Cemile örnekleri Tapınak Şövalyeleri'ne müthiş bir ilham kaynağı oluşturuyordu.

Dindarlık başka, dine başvuru ise bambaşkaydı. 1978 Washington Mutabakatı neoliberalizm-postmodernizm diye seküler tanımlamalarla ifade edilirken Tapınak Şövalyeleri için "Tanrı İmparatorluğu" projesinden başka bir şey değildi: Din-para-siyaset mutlaka birlikte değerlendirilmeliydi. Dinlerin, özellikle İslam'ın içi boşaltılmalıydı... Öyle de oldu zaten.

Gelişmelere biraz daha yakından bakalım.

Yahudi ve Hıristiyan inancından neşet etmiş olan "kapitalizm insani değil, rekabetçi ve acımasızdır".[75]

R. H. Tawney (1880-1962), din ve kapitalizm arasındaki bağlantıları inceleyen İngiliz iktisatçıdır. Yahudilik ve Hıristiyanlığın kapitalizmle uyuşma göstermediğini söylemiyor. Hoca, Yeni Dünya

75. R. H. Tawney, *Religron and the Rise of Capitalizm*, Penguin Books, Londra, 1926, 1990 s. 38.

Düzeni sistemi teorisyenlerinin sol kanat kalesi olan London School of Economics and Politic Science Üniversitesi'nde öğretim üyesi. Üstelik cenabın en saygın ekonomistlerinden biridir.

Yahudilik-Hıristiyanlık inancının Kabala Paganizmi ile harmanlanmasından, bağdaştırılmasından senkretizm oluşturulan Gnostik temelli bir inancın teo-ekonomi sistemi, kapitalizm, Batı medeniyetinin lokomotifi olmuş ve insanlık bugünkü perişan duruma, son 300 yılda ağır ağır getirilmiştir.

Paranın dini ve imanı vardır. Tapınak Şövalyeleri'nin kontrolü altındaki para merkezli sistem dinleri-inançları ve siyaseti dönüştürmüş, değiştirmiştir. Değişim ve dönüşüm sadece Yahudi ve Hıristiyan dünyasında değil, İslam dünyası ve diğer dünyevi dinler için de geçerlidir.

Batılı "İslam dostları" geçmişteki İslam-sosyalizm harmanlanmasını bu kez "Neoliberal İslamcılık"la[76] Berlin ve Harvard üniversitelerinin himayesinde "Kalvinist Müslümanlar Vakfı" benzeri kurumlarla yürütüyorlar.

Tapınak Şövalyeleri ve bunların kontrolü altındaki vakıf-matruşka-sivil toplum teşkilatları eliyle üretilen neoliberalizm, küreselleşme ve bunların uzantısı olan postmodernizmin dayattığı evrenselleştirilmiş Batı kültürü, para-müzik endüstrisi-sinema/medya endüstrisinin her yere, her şeye hâkim olması... İnsanlık son 25 yılda son 2500 yıldan daha büyük bir değişim ve dönüşümle karşı karşıyadır.

1978 Washington Mutabakatı ile dünyaya dayatılan neoliberal-kontrolsüz piyasa ekonomisi, kapitalizm ahlaki değildir, demokratik değildir. Seçkinci ve Apokaliptik-Kıyametçi bir sistem olan neoliberalizm din-siyaset-para üçgeninde semirmiştir.

- Katolik Hıristiyanlık dünyasında "Opus Dei Holding".
- Protestan Hıristiyanlık dünyasında "Evanjelist Holding".

76. Ercan Yıldırım, *Neoliberal İslamcılık 1980-2015, İslamcıların Dünya Sistemine Entegrasyonu*, Pınar Yayınları, İstanbul, 2016.

• Yahudi dünyasında küresel boyutta "Kabalist-Siyonist Para İmparatorluğu".

• İslam dünyasında Batı'nın oyuncağı durumdaki "diktatörler" ve bir kısım "İslami cemaat-tarikat holdingleri".

• Öncelikle yeryüzündeki yaklaşık 1,5 milyarlık Çinli için ezoterik kaynaklardan beslenen "Falun Gong Cemaati/Kanun Çemberi" Holding.

• Koreliler ve "yiyenler" için ezoterik-Kabalist senkretik bir inanç pazarlayan "Moon Holding".

• Hintliler ve "yiyenler" için OSHO/OWO benzeri ezoterik-Kabalist "içsel ve parasal arınma holdingleri".

• En sosyetik olanından en sapkınına kadar New Age (Yeni Çağ) tarikatları denilen, modern çağın, postmodernizmin tabiatına uygun züppelere yönelik ezoterik-Kabalist "kulüp holdingler".

Özellikle ABD merkez olmak üzere, yeryüzünde dini cemaatler, tarikatlar masum-mütedeyyin insanların dini duygularını istismar ederek ticari-parasal holdingler oluşturmuşlardır.

Bunların üç özelliğinden söz edebiliriz:

a. Yahudi, Hıristiyan, Müslüman veya dünyevi dinlerden oluşsalar da dini tarikat ve cemaatler Kabala formatlı ezoterik, senkretik/bağdaştırılmış inançlar olup sonunda hepsi "Varlıkta Birlik" istasyonunun yolcularıdırlar.

b. Söz konusu dini tarikat ve cemaatler Apokaliptik/Kıyametçi, Mesih/Mehdi fenomeninden beslenirler.

c. Burada bahsettiğimiz tarikat/cemaat ticari-parasal holdingler olağanüstü bir şekilde küresel para operasyonlarıyla birbirlerine bağlıdır. Hepsi inançlı insanlara "gelecekteki cennet"i pazarlar.

Yukarıda özetlediğimiz üç temel özellik Tapınak Şövalyeleri'nin adeta kimlik bilgileridir. Yani:

• Tapınak Şövalyeleri Kabala temelinde harmanlanmış ezoterik Yahudi-Hıristiyan inancının savunucusu, İsa Mesih'in soyunun koruyucusudur. "Varlıkta Birlik" istasyonunda Yeni Dünya Düzeni kurmak için bekliyorlar. Unutmayalım, Tapınak Şövalyeleri Haçlı Orduları içinden neşet etmiştir.

• Tapınak Şövalyeleri Apokaliptik/Kıyametçi, Mesih/Mehdi fenomeninin en seçkin elitleridir. 13. yüzyıldan itibaren Gnostik İslam'ın mimarıdırlar.

• Tapınak Şövalyeleri, Haçlı Seferleri vesilesi ile para ve kutsalları sistematize etmişlerdir. Bir kısım kadim bilgilere de sahiptirler. Ayrıca Mecdelli Meryem-Hz. İsa'nın kanlı kefeni-Ahit Sandığı üçgeni üzerindeki sır perdesini aralayacak bilgiler de muhtemelen ellerindedir.

Hasılı Tapınak Şövalyeleri'nin muhtemelen elinde bulundurduğu bir kısım kutsallar ve para gücü küresel siyasete hükmetmelerini kolaylaştırmaktadır.

Tarihte para gücü ile Papalığa/Vatikan'a hükmeden, oradan da Avrupa'yı avucunun içine alan bu para sihirbazlarının günümüzde yok olduğunu ya da köşelerinde oturduğunu düşünenlerdenseniz çok safsınız demektir.

Sistemi soruşturmadan itaat eden kitleleri devşirmenin en kolay yolu "dine başvurmaktır". Daha Hoca Ahmet Yesevi Hazretleri zamanında kontrolden çıkan ve Yesevi'nin yerden yere vurduğu tarikatlar günümüzde hidayete ermiş olabilirler mi?

Yıl 1998. Kanada'nın Vankauver şehrindeki British Colombia Üniversitesi'ndeyim. Ömrümde ilk kez bu şehirde karşılaştığım, Nakşibendi Şeyhi Şeyh Nazım Kıbrisi, etrafındaki MI6 ajanı güzel kızlarla cilveleşerek verdiği konferansta şunları söylüyordu:

"İngiliz kraliyet ailesi Hz. Muhammed'in soyundandır. Prens Charles doğuştan sünnetli gizli Müslüman'dır."

Fransız Komünist Partisi kurucularından ve sonradan İslam'la şereflenen cennetmekân Roger Graudy öldükten sonra yayımlanan hatıralarında aynen şöyle söylüyor:

"Allah nasip kısmet etti, Müslüman oldum, İslam'la şereflendim. Ama keşke Müslümanları tanımasaydım."

Kısaca, Tapınak Şövalyeleri tarihten getirdikleri tecrübelerle, 7,5 milyarlık insanlık ailesini her türlü dini kullanarak, din baronlarını, şeyhleri, şıhları satın alarak toplum mühendisliğinde din üzerinden algı yönetimiyle işini olağanüstü kolaylaştırıyor.

Önce sosyalizm-komünizm eliyle din, inanç düşmanlığı... Sonra neoliberal kapitalizm ile "dine/inanca hoşgörü" ve içi boşaltılmış muhafazakârlık... Gelinen nokta kurtarıcı Mesih/Mehdi'yi bekleyen "Avanak Avni"ler durumundaki devasa kitleler ya da "Üçüncü Süleyman Tapınağı"nın sunağındaki kurbanlık-kızıl renkli düveleri andıran milyarlarca "modern cahil" insanlık... Öncelikle Müslümanlar...

Yukarıda zikrettiğimiz "Falun Gong/Kanun Çemberi" Cemaati Komünist Çin vatandaşı Li Hongzhi Changchun (doğ.1952) tarafından kuruldu. Bay Changchun 1998'de ABD'ye yerleşti.

"Falun" adamak, "gong" gayret etmek ifadelerinin bir araya getirilmesiyle oluşturulan "Kanun Çemberi" anlamındaki hareket Teoizm ve Budizm'i Kabala ile harmanlayarak, bir kısım kadim Çin kültürü egzersizlerini de ekleyerek oluşturulan bir Yeni Çağ (New Age) tarikatıdır.

Sözde doğruluk, merhamet, hoşgörü egzersiz uygulamalarının da prensipleştirilerek "zihni ve bedensel gelişimi" tamamlayan bir "Varlıkta Birlik" (Adam Kadmon) eğitimi deniliyor.

Hareketin lideri doğrudan Çin sistemini hedef alarak, Çin rejimini tanrısız, ateist, yoldan çıkmış insanlar olarak yetiştiriyordu. Bu tanımlama M. Fethullah Gülen'in Cumhuriyet Türkiyesi'ne yönelik suçlamalarına benziyordu. Gülen'e göre Türkiye'de Cumhuriyet rejimi, Allahsız, ateist, yoldan çıkmış nesiller yetiştirmişti.[77]

77. M. Fethullah Gülen, Ölçü veya Yoldaki Işıklar, Nil Yayınları, İstanbul, 2011, s. 175.

Osmanlı Türkiyesi, küresel güç odakları tarafından parçalanırken "daha çok hürriyet" naraları kullanılmıştı. Günümüzde ise başta Türkiye'ye olmak üzere, hedef ülkelere yönelik olarak, beyin yıkama, algı operasyonlarında "demokrasi-hoşgörü-doğruluk" sloganları –içi boşaltılarak– küresel sömürü için öne çıkarılıyor.

Gülen, demokrasi-hoşgörü-doğruluk için Vatikan'a kadar davet edilerek, Papa'ya "en âciz bir şekilde" ortak değerler için mektup sunmuş, daha sonraki yıllarda da ABD'nin yolunu tutmuştu.

Benzer şekilde Falun Gong Cemaati lideri de 1998'de ABD'ye yerleşmişti. Çin hükümeti, suç teşkilatı lideri olarak gördüğü Li Hongzhi'yi ABD'den resmen istedi fakat Amerikalılar vermedi. Çin devleti Li Hongzhi taraftarlarına yönelik olarak büyük bir operasyon başlattı. Önemli isimleri tutuklayıp demir parmaklıkların arkasına gönderdi. Çin hükümeti bir kez de Interpol'den Li Hongzhi'nin tutuklanması talebinde bulundu.

Bu talep, Interpol tarafından "dini ve siyasi karakter" gerekçesiyle reddedildi. AKP hükümeti de Fethullah Gülen'i Eylül 2014'te ABD'den resmen istedi. Ancak 2017'nin sonuna kadar net bir cevap alamadı.

Gülen ve Li Hongzhi'nin yöntemleri ne kadar birbirine benziyordu? Açıkça kumaş farklı ama terzi aynıydı.

Bay Li Hongzhi, insanın beden enerjisini düzenleyen "Çin sporu" ya da savaş sanatı olarak bilinen Çigong ustası olarak 1992 yılında Çin'de okul açma izni aldı. Öğretisi "Falun Gong", Çigong'un bir dalı olarak görüldü. 1992-1994 yılları arasında Çin'in büyük şehirlerinde dersler verdi, hızlı bir şekilde çok sayıda okullar açtı. Konuşma ustasıydı ve sözleriyle takipçilerini etkiliyordu. 1995'ten itibaren Fransa, İsveç, ABD, Kanada, Avustralya, Yeni Zelanda, Almanya, İsviçre, Singapur vs. ülkelerde öğretisi yaymak için konferanslar verdi. Yazdığı kitaplar çoksatanlar listelerine girdi. Çin dışında yüzden fazla ülkede okullar açtılar, teşkilatlandılar.

Çok ilginçtir ABD'nin Pensilvanya şehrinde Bay Li Hongzhi'ye "fahri vatandaşlık" verildi ve 1998'de buraya yerleşti. Bir başka ilginçlik ise Bay Li Hongzhi ile Gülen'in söylem benzerliği idi.

Falun Gong Cemaati lideri, yabancı ırklar arasındaki evliliklerden doğan çocukların fiziken ve zekâ seviyesi olarak zayıf olduğu, uzaylı canlıların bilimi kullanarak insanlığı yanlış yönlendirdiği ve bir müddet sonra yeryüzünü istila edeceklerini diline pelesenk etmişti.[78]

ABD'nin himmetine sığınan ve Pensilvanya'da yaşayan Fethullah Gülen de şöyle söylüyordu:

"Evet, uçan dairelerin bir aslı varsa bunları cin, peri ve şeytana icra etmek (yormak) mümkündür."[79]

Falun Gong ve diğer cemaatlerin takipçilerinin "düşünce mekanizmalarını" köreltttiği, sadece liderlerinin söylediklerini ve ritüellerini tekrarlamaya şartlandırıldıklarını, bu yöne doğru algı oluşturulduğu hususunda konunun uzmanlarınca tenkit edilmektedirler.[80]

Ancak küresel hegemonya peşindeki Yeni Dünya Düzeni oligarkları, zaten soru sormayan koyun gibi başını uzatmış, körü körüne biat eden mankurtlaştırılmış kitleler istiyor.

1. Masonluğa İslami Tarikat Elbisesi Giydirmek

Hadiseye İslami açıdan baktığımızda karşımıza, bugünün daha önceden planlandığını düşündürecek karineler mevcut. Mesela, "Osmanlıların Avrupa Masonluğu'nda kendi tarikatlarını bulduklarını ve bu aşinalığın Masonluğun Osmanlı İmparatorluğu'na

78. James R. Lewis, *Controversial New Religions*, Oxford University Press, Oxford-New York, 2014, s. 251-253.
79. Fethullah Gülen, Çizgimizi Hecelerken, Prizma 8, 2010, s. 110.
80. Don Lattin, *Falun Gong Derided as Authoritarian Sect by Anti-Cult Experts in Seatle*, San Francisco Chronicle, 29.04.2000.

yerleşmesini kolaylaştırdığını biliyoruz. Osmanlı ve İranlı, Masonlukta manevi bir yol ve bir fikir cemiyeti, insanın tekâmülünü amaçlayan bir yol ve siyasal sistemler de reform yapabilecek bir cemiyet bulurlar".[81] İslam coğrafyasında birleşen bu iki yol Batı'da birbirinden kopmuştur. Bu görüşü dile getiren bir Fransız tarihçiye göre, "Biraderlerin iki tercih arasında kalıp bölündükleri hususunda Joseph de Maistre ve Mirabeau hemfikirdir: Maistre'e göre tercih, ikameci Aydınlanma felsefesi yolu ile iman ve gelenek yolu arasında; Mirabeau'ya göre ise, hürriyete giden felsefi yol ile Cizvitlerin koruyup sürdürdüğü alçaklık imanı arasında yapılacaktır".[82]

Fakat İslam toplumlarının Masonlukta kendi tarikatlarını tanıyıp bulması bazı örneklerde bir sahiplenme, "öteki" aracılığıyla kendini yeniden tanımlama ihtiyacını da beraberinde getirmektedir: "Yani Masonluğun mükemmelleştirilmesi veya düzeltilmesi, Osmanlılaştırılması veya İranlılaştırılması, kısacası yönlendirildiği siyasal ve kültürel tasarılara hizmet edebilmesi için sırtına İslam ve Doğu kültürü giysileri geçirilmesi gerekmektedir."[83]

"Batı'daki aynı rolü Doğu'da da üstlenmesi beklenen Masonluğun o diyarın âdetlerini ve dinini benimseyip, orada yaşayanların Masonlukta bulup tanıdıkları tarikata biraz daha yaklaşmasında fayda vardır. Para-Masonik teşkilatlanmanın doğum belgesi işte budur."[84]

Fransız Bilimsel Araştırmalar Milli Merkezi'nde (CNRS) araştırmacı olarak görev yapan Thierry Zarcone'nin uzmanlık alanı Türkiye ve Orta Asya'daki entelektüel akımlar ve İslam. Zarcone'ye göre, "Türk-İran bölgesinde karşılaşılan para-Masonik cemiyetler çapında cemiyetlerin gelişmesine dünyanın hiçbir yerinde

81. Thierry Zarcone, İslam'da Sır ve Gizli Cemiyetler, çev. Ali Berktay, Alkım Yayınevi, İstanbul, 2003, s. 11-12.

82. Gerard Gayot, *La Franc-Maçonnerie Française, textes et pratiques*, (XVIII e-XIX e siecles) Paris, Gallimard, 1980, s. 149.

83. Thierry Zarcone, a.g.e., s. 12.

84. Thierry Zarcone, a.g.e., s. 12 .

rastlanmamıştır".[85] Hatta bu dünya çok zengin bir Masonluk tarihine sahip olmasına rağmen.[86]

Diğer taraftan buna yakın para-Masonik cemiyetler Mısır'da görülmektedir. Mesela 1858'de Mısır'da, "Mısır ordusu içinde Hıristiyan karşıtı (buraya dikkat -R. K.), bir *Müslüman Masonluk* örgütlemeyi amaçlayan" gizli entrikalardan söz edilmektedir.[87]

Bir başka husus, bir Avrupalı 19. yüzyıl sonunda Mısır'ın İskenderiye şehrinde Avrupa Masonluğu ile hiçbir alakası olmayan, ancak düşünceleri Avrupalı Masonlarınkine yakın olsa da İslami renklere de bürünmüş, bir *"Doğulu Masonlar" locası* keşfeder.[88]

Zarcone'ye göre, "Türkler ve İranlılarda olduğu gibi, *Arap tarikatları da masonik düzene yakındır.*"[89] Mesela bir Avrupalı, Kuzey Afrika'daki Senusiyye Tarikatı'nı, İslami nitelik taşıdığı açık bir Masonluk uzantısına benzetmektedir.[90]

Tapınak Şövalyeleri, Masonluk, tarikatlar ve benzeri gizli cemiyetlerin, ezoterik/Batıni kardeşlik teşkilatlarının ortak odak noktasında "sır" vardır: "Masonların sırrı, 'Carbonaro'ların sırrı veya 'sufi'lerin sırrı. İyi korunan ama her zaman da ihanete uğrayan bu sır ne yazık ki araştırmacıların pek ilgisini çekmemiş, gizli cemiyetlere sık sık değinilirken sır, onun İslam'daki dini ve felsefi rolü, merkezinde yer aldığı sosyolojik mana ve çeşitli boyutları nedense hemen hiç sorgulanmamıştır."[91]

Ezoterik/Batıni-Hermetik cemiyetler *iki büyük gruba* ayrılırlar: Birinde tören usulleri basitleştirilmiş hatta iptal edilmiştir. Diğerinde ise kendini ötekinde görmeye yönelik yoğun bir okuma

85. Thierry Zarcone, a.g.e., s. 13.

86. Jacob M. Landau'nun makaleleri, *Prolegomena to a Study of Secret Societies in Modern Egypt*, Middle Eastern Studies, I, 1965, s. 135-136.

87. J. M. Landau, *Prolegomena to a Study of Secret Societies in Modern Egypt*, Ek VI, s. 167.

88. J. Nimet, Origin of the National Party in Egypt, The Nineteenth Century, c. XII, 1883, s. 126.

89. Thierry Zarcone, a.g.e., s. 13.

90. J. M. Landau, a.g.m., s. 163.

91. Thierry Zarcone, a.g.e, s. 14.

ile tam tersine iyice zenginleştirilmiştir. Zarcone'nin tanımıyla birinci gruba dahil cemiyetlere "Carbonaro-Masonik" denilmektedir. Buna mukabil, *Masonluğun tören usullerinden ve simgesel dilinden, içinde tasavvufun ve Müslüman Ahi loncalarının (fütüvvet) simgeselliğini buldukları Hermesçi alametlerinden etkilenen, hatta büyülenen para-Masonik cemiyetler ikinci gruba dahildir.* Demek ki onlar "Simge Yolu"nu takip ederler, çünkü önemli bir yer ayırdıkları o söylenemez "sır"ra, ancak simge-sembol sayesinde geri dönülebilir.[92]

Osmanlı Türkiyesi'ndeki ilk Mason locaları daha 1738'de İzmir ve Halep'te görülmüştür. Masonluk İstanbul*'da 1856 Hatt-ı Hümayün/ Islahat Fermanı* uygulamaya konulduktan itibaren, *ilk Mason Locası olan Oriental Lodge (1856)*, İngiltere Birleşik Büyük Locası'na bağlı olarak kurulur. Onu Alman, Fransız, İtalyan obediyanslarından birçok başka loca takip eder... Fransız Masonluğu'nun meşhur simalarından, Avukat Louis Amiable Union d'Orient Locası'nın üstad-ı muhteremi olarak 1864-1869 yıllarında Osmanlı Türkiyesi'nde ikamet eder. Amiable, Müslümanları da Masonluk bünyesine kabul etmeye ve locanın ritüeliyle nizamnamesini ilk kez Türkçeye çevirir... 1865'te Union d'Orient Locası'nda sadece üç Müslüman Mason bulunurken, 1869'da bu sayı, toplam 143 üyesi olan locada, 53 Müslüman'a çıkar. Bu Müslüman Masonların çoğu, entelektüeller, sultanın yakınları, yüksek mevkilerdeki memurlar olup, içlerinde nazırlar/bakanlar da vardır... *Müslüman Masonlar genellikle liberalizmi Osmanlı İmparatorluğu'na sokma işinde rol alan insanlardan oluşmaktadır...* Özellikle İstanbul'daki Italia Risorta Locası tarafından temsil edilen İtalyan Masonluğu ise, Mazzini ve Garibaldi'nin "Yeni Dünya Düzeni"ne ait fikirlerini Türkiye'ye sokarlar. Her iki isim de Türkiye'deki İtalyan Masonları arasında çok meşhurdur.[93] Mazzini İtalya'daki Tapınak Şövalyeleri'nin lideri olup ABD'li general ve Masonluğun İskoç ritinin 32 yıl Kuzey Amerika üstad-ı

92. Thierry Zarcone, a.g.e., s. 14.
93. Thierry Zarcone, a.g.e., s. 16-17-18-19.

azamlığını yapan, Masonluğun bir de kitabını yazan Albert Pike da Tapınak Şövalyeleri'nin Kuzey Amerika lideridir. Yeni Dünya Düzeni, Birinci, İkinci ve Üçüncü Dünya Harbi ile alakalı Albert Pike tarafından Mazzini'ye, 1871'de yazılan mektup çok çok ilginçtir.[94]

Osmanlı Türkiyesi'nde "çevirmenler bazı *Masonik terimleri Türkçeye doğru aktarabilmek için tasavvuf, tarikat ve fütüvvet (lonca) dilinden yararlanmışlardır, çünkü tarikat toplumcullaşmasının Batılı modeliyle karşı karşıya olduklarına inanmışlardır.*[95]

Nitekim "Türkiye'deki Tarikat-ı Salahiyye 1920'de bir tarikatla Masonluğun kesişme noktasında kurulmuş anti-Kemalist bir teşkilattır ve Sırr-ı Tarikat adını verdiği sırrını çok kararlı bir biçimde korumayı tercih eder. Örgüt, Mustafa Kemal'in yeni Türkiyesi'ne karşı mücadele ettiği için bu tavrın siyasal nedenleri de vardır gerçi, ama asıl neden örgütün tam bir kapalı-gizli tarikat örneği olan *Bektaşilikten esinlenmesidir.*[96]

Bu arada 17. yüzyıldan beri İstanbul'un Peştemalcılar Hanı'nın içinde yuvalanan Melami Tarikatı ile alakalı olarak İstanbul'a yerleşmiş Batılı bir Mason'un 19. ve 20. yüzyıllarda onların üyelerini niye *Müslüman Masonlar* (Musulman Free-Masons) olarak tanıttığına dikkatlice bakmak gerekir.[97] Türkiye'de, özellikle günümüzde siyasi ve ekonomik olarak çok etkili olan TÜSİAD benzeri bir *işveren kuruluşunun mensuplarının çoğu Melami Tarikatı mensubu* iken, emekli bir genelkurmay başkanı da Melami/Müslüman Mason'dur.

94. Ramazan Kurtoğlu, *Tanrı İmparatorluğu ve Türkiye*, Destek Yayınları, İstanbul, 2017.

95. Masonik Ritüellerin çevirisi ve tarikat ve tasavvufun etkisi hakkında bkz. Thierry Zarcone, *Mystiques, Philosophes at Francs - Maçons en Islam*, 1993, s. 272-274 ve V. Bölüm.

96. Thierry Zarcone, a.g.e., s. 75.

97. John Porter Brown, *The Darvishes or Oriental Spiritualism*, 1868, Londra, Frank Cass, 1968, s. 64-229.

Zarcone'ye ve bazı araştırmacılara göre, Melamilikte sırrın kurumsallaştırılmasına rastlanmaz. Buna mukabil, Melamilik Tarikatı ehli mensubiyetini-aidiyetini açıklamaz ve genellikle öteki sufi tarikatların ardına saklanır.[98] Arkasında saklanılan başlıca Sünni tarikatların Nakşibendilik ve Kadirilik olduğu bilinmektedir.

1978 Washington Mutabakatı'ndan sonra iyice aleniyete dökülen "dinler arası diyalog" ve "İbrahimi dinler" söylemi üzerinden Tapınak Şövalyeleri'nin Yeni Dünya Düzeni projesine paralel yürütülen Kabala/ezoterizm temelinde Yahudilik, Hıristiyanlık ve İslam'ı bağdaştırma çalışmalarının kökenleri çok eski tarihlere gitmektedir.

Tarikat-ı Salahiyye örneğinde başarılı bir uygulaması görülen Mason ve Bektaşi İslamı'nı belli bir uyum içinde birleştirme hususu Sünni İslam tarikatlarının çoğunluğu için de geçerlidir. Bunların çoğu Gnostik İslam kapsamındadır.

Buradaki en önemli katalizör özellikle Türk-İslam coğrafyasındaki Hanefi-Maturidi Sünni İslam'ın tarikat-tasavvuf ayağını oluşturan Hoca Ahmet Yesevi çizgisinin Osmanlı Türkiyesi'nde zaman içinde Endülüslü Muhyiddin İbn Arabi çizgisine kaymış olmasıdır. Kabala'daki "Adam Kadmon", Arabi'de "Vahdet-i Vücut" ya da her ikisi için "Kâmil Mümin/Varlıkta Birlik" aynı yolun farklı söyleniş tarzlarıdır. Keza ebcet ve cifir hesaplarında kullanılan yöntem ve rakamsal değerlerde Kabala ile hemen hemen aynıdır... İşin ilginci böyle bir ezoterik-Batıni-Hermetik inanç sistemi Tapınak Şövalyeleri'nin Tek Dünya Dini projesi ile örtüşmektedir. İslami ayağı Gnostik'tir.

Bunun en hafif deyimi ile manası, İslam'a İsrailiyat şalının örtülmesi-giydirilmesidir. İslam inancının bağdaştırma/senkretizm ile önce Hz. Peygamber'siz hale getirilmesi sonra İbrahimi dinler potasında Kabalistleştirilmesidir. "*Masonluğu İslam'la birleştirme* tasarısı sadece Müslüman dünyada değil, onun diyasporasında,

98. N. Clayer, A. Popovic Th. Zarcone (Ed.), *Melami et Bayrami Etudes sur trois mouvements musulmans*, İstanbul, 1998, s. 227-248.

özellikle Afrika kökenli Amerikalıların bağdaştırmacı İslam anlayışı çerçevesinde de görülmüştür."[99]

ABD'nin New Jersey şehrinde Timothy Drew veya Soylu Drew Ali (ölm.1929) tarafından kurulmuş "Moorish İlim Tapınağı" (The Moorish Science Temple) çerçevesinde ABD'li *"Shriners"in şövalye tarzı Masonluğuyla İslam* 1928'den beri gayet güzel geçinmektedir.[100]

Yukarıda zikrettiğimiz *"Shriners" kardeşlik cemiyetinin tam da günümüzde olup bitenleri anlatan önemli bir özelliği vardır. Bu ezoterik gizli cemiyet/teşkilat resmen Masonik olmayan ama üyeliğe sadece ve sadece Tapınak Şövalyeleri'ni/Templier Şövalyeleri'ni ve 32. derece ve üstü Masonları kabul eden kuruluştur.*

Tapınak Şövalyeleri'nin "Tek Dünya Dini" projesinde Masonluğa Yahudi-Hıristiyan-Müslüman inancıyla hiçbir bağı bulunmayan kültürlerce de yer açmak için ezoterik/Kabala inancında "kendini bulma" olgusu, basın ve sinema endüstrisi ile ve akademik dünyadan "hacamat" bilimsel çalışmalarla 7,5 milyarlık insanlık âlemine sürekli servis ediliyor.

Nitekim sürekli 1978 Washington Mutabakatı'ndan sonra 1979'da Japon Masonları'nın Batı kültürüne pek ilgi duymamaları sebebiyle *Kaliforniya riti Masonik ritüel Japon inancı* Şinto *ve Budist ortama uyarlanır.* Bu uyarlamanın Kapitalizmin küreselleşme-neoliberalizm-serbest piyasa sistemiyle aynı döneme denk gelmesi-getirilmesi Tapınak Şövalyeleri'nin inanca/dini başvuru politikalarının bariz bir göstergesidir.

Japonya'daki bu bağdaştırmayı-senkretizmi-uyarlamayı yapanların gayesi Masonluğa tekris edilmiş Japonların bu postmodern yapı-anlayış içinde "kendilerini bulmalarını" sağlamaktadır.[101]

---

99. Thierry Zarcone, a.g.e., s. 158.
100. Ernest Allen, *Identity and Destiny: The Formative Views of The Moorish Science Temple and the Americanization Path*, Berkeley, University of California Press, 1998.
101. Thierry Zarcone, a.g.e., s. 159.

Çünkü, söz konusu bağdaştırmayı yapanların iddiasına göre, kültürel sebeplerden dolayı dış görünüşte "farklı olsa" da, Japonların kendi inanç ve kültürlerinde sahip oldukları prensiplerin ve davranış şekillerinin taşıyıcılığını yapmaktadır. Bu sebeple *Masonluğun Kabalist-ezoterik ve Tevrat kökenli sembolik dili Budizm'in diline çevrilir,* "ama tekris kurgusu ve tören değişmez".[102] *Ancak Tevrat ve İncil yazarı İzmir-Selçuk-Efes'te bazilikası bulunan Yuhanna yerini Budist Keşiş Honen'e (13. yüzyılda yaşadı), Vaftizci Yahya da yerini Japon Budizmi'nin babası, Budist Saf Dünya Mezhebi'nin kurucusu Keşiş Şinran'a bırakır.*

Dikkatlice analiz ettiğimizde Masonik inanca göre inşa edilmesi gereken Üçüncü Süleyman Tapınağı[103] öncesinde, başta Japonya'nın en büyük ve saygın Budist mabedi olan, muhtelif defalar yıkılıp yeniden inşa edilen Todaiji Mabedi'dir (Nara'da).[104]

Yani Budizm'den İslam'a ve bu inançların mabetleri bağdaştırma-senkretizm yoluyla adeta Üçüncü Süleyman Tapınağı'na/Tapınakları'na dönüştürülmek isteniyor. Bir kez daha yani, "*Masonluk nasıl ki İslam'da tasavvuf prizmasından süzülerek gözden geçirilip düzeltilmişse, Japon Budizm'i bağlamında da yeniden yorumlanmıştır*".[105]

Türkiye'miz başta olmak üzere İslam coğrafyasında bir kör dövüşüdür gidiyor. Özellikle ülkemizdeki muhafazakâr basın ve pek çok muhafazakâr düşünür, siyasetçi zaman zaman her taşın altında Yahudileri, olmadı Masonları ararlar. Halbuki Osmanlı Türkiyesi'ne Masonluğu getiren seçkinler arasında çok meşhur *İslam ulemasından insanlar* vardır.

---

102. Thierry Zarcone, a.g.e., s. 159.

103. Ramazan Kurtoğlu, *Evanjelizm - Tanrı'yı Kıyamete Zorlamak*, Destek Yayınları, İstanbul, 2017.

104. F. Ronald, *The Kanto Ritual: an Essay in Indigenisation*, Chater-Cosmo Transaction. Masonic Research in the East, Hong Kong, The Paul Chater Lodge of Installed Masters, No. 5391, Hong Kong 8, 1986, s. 205-220.

105. Thierry Zarcone, a.g.e., s. 159.

İşte Mason-İslam ulemasından bazı isimler:

• Şeyhülislam Musa Kâzım Efendi (1858-1920). Nakşibendi tarikatına mensuptu. İttihat ve Terakki Cemiyeti mensubuydu ve elbette Mason'du. Bu Mason-Şeyhülislam tesettürün ve birden fazla kadınla evliliğin en hararetli savunucusuydu.[106]

• Hür ve Kabul Edilmiş Büyük Mason Locası, Türkiye'nin en büyük Mason locasıdır. Bu locanın belgelerine göre üç şeyhülislam daha Mason'dur. Osmanlı Türkiyesi'nin 118. Şeyhülislamı Mehmed Ziyaüddin Efendi (1846-1917) bunlardan biridir. Bir diğer Mason şeyhülislam ise Mustafa Sabri Efendi'dir. (1869-1954)

Mustafa Sabri, Sevr Antlaşması'nı savunmuş, İstiklal Harbi'ne karşı çıkmış, Atatürk ve Milli Mücadele'ye katılanlar için ölüm fetvaları vermiş, Yunanistan'a kaçtıktan sonra orada Türklük aleyhine yazılar neşreden dergi çıkarmıştır. Mustafa Sabri, kadınların yalnız başına sokağa çıkmasına bile karşı olan *Mason bir şeyhülislamdı.* Bu zatı muhteremin mensup olduğu parti ise Hürriyet ve İtilaf Fırkası idi.

Mustafa Sabri Efendi *Yarın* dergisinde yazdığı bir makalede şöyle demekten utanmıyordu:

"Benim elimden gelse Türkleri Arap yaparım, diğer Müslümanları da. Bunların vaktiyle Araplaşmadığına da çok eseflenirim. Arap dili, ne Türk diliyle ne de Çerkez diliyle kıyas kabul etmeyecek derecede üstünlüğe sahip olduğundan, insanın, milliyetin küçüğüne sahip olup da onunla iftihar edeceğine, büyüğüne sahip olarak onunla iftihar etmesi daha kârlı ve makul olur."[107]

Atatürk'ün 150'likler listesine koyup Türkiye'den kovduğu Mason Şeyhülislam Mustafa Sabri Efendi'nin oğlu kimdir?

Suat Hayri Ürgüplü!

---

106. İ. Kara (aktaran), "Türkiye'de İslamcılık Düşüncesi I", *Sırat-ı Müstakim*, sayı 1, 2, 3, 1908.

107. Mustafa Sabri, *Yarın* dergisi, 14 Nisan 1930.

Elbette "cep telefonu çocukları" yeni nesil, bu ismi hatırlamayabilir. Atatürk'ün ölümünden sonra İnönü liderliğindeki CHP'den gümrük ve tekel bakanlığı ve başbakanlık yapmış olan Suat Hayri Ürgüplü babası gibi Mason'du.

Suat Hayri Ürgüplü'nün kardeşi Münip Hayri Ürgüplü Demokrat Parti'den milletvekili seçilmişti. Yani Mahmut Çetin'in "Boğaz'daki Aşiret"i dün de işbaşındaydı. Sahi bugün ne durumdayız? Hangi birini sayayım?

İstanbul'un en büyük camilerinden birinde vaizlik yapan 33. dereceli Mason biraderi mi? En "İslamcı" gözüken siyasetçi, işadamı, öğretim üyesi, gazetecilerden teşekkül eden "Boğaz'daki Aşiret"i oluşturan akrabaları mı? Ya bunların çoğunun devşirme, dönme kökenli olduklarını mı sayayım ve Masonluklarını-"İslamcılık"larını görmezden mi geleyim?...

Osmanlı Türkiyesi'nin ikinci yarısında kurucu unsur Müslüman Türk çocuğuna ne misyon biçilmişse, Cumhuriyet Türkiyesi'nde de Atatürk'ün ölümünden sonra biçilen misyon aynıdır: "Barışta rençper, savaşta asker."

Biz tekrar mevzuya dönelim.

Hür ve Kabul Edilmiş Büyük Mason Locası belgelerine göre Mason olan İslam ulemasından bazıları:

- Müderris Mahmut Esad Efendi
- Berlin Sefareti Başimamı Mustafa Hafız Şükrü ve Sefaret İmamı Haşim Veli
- Darülfünun'da rektörlük yapan Babanzade Ahmet Naim (1872-1934)

Babanzade ailesinin çok önemli bir özelliği vardır. Ailenin hem "İslamcı" hem "Kürtçü" olduğunu görüyoruz. Ailenin ortak özelliği Türk milliyetçiliğine karşı olmalarıdır.

Babanzade Ahmet Naim "siyasal İslamcı" düşünürlerin teorisyenlerindendir.

"İrşatlarımız, hizmetleriniz Türklük adına değil Müslümanlık adına olsun. 'Türkler' hitabı yerine daima 'Müslümanlar' hitabını kullanınız. Cengiz'in kanununu bilmek, İlhan'ın yurdunu tanımak, Altınordu'yu anmak bize lazım değil. Bize Muhammed'in şeriatı, İslam yurdunu, İslam mücahitlerini bilmek, tanımak lazım gelir."[108]

İsmini yüce kitabımız Kuran'daki "İttebiuni ehdiküm sebilürreşad" ayetinden alan *Sebilürreşad* dergisi Osmanlı'dan Cumhuriyet'e, aralıklarla yayımlanan (1908-1965) "siyasal İslamcı"ların merkez üssüydü. Bu dergiyi finanse edenler Kavalalı ailesiydi. Hani şu Osmanlı Devleti'ne ihanet etmiş-isyan etmiş olan Kavalalı Mehmet Ali Paşa'nın torunları.

Kavalalı Mehmet Ali Paşa ailesi Mısır'a hâkim olduktan sonra "Kavalalı" adını bırakıp "Mısırlı" ismini kullanmaya başlamışlardı. Çünkü bu Osmanlı paşası, –Atatürk'e alerjilerinden dolayı "siyasal İslamcılar"ın hiç sevmediği– Selanikli'ydi. Yani Selanik-Kavala'dan olan aile devşirme kökenliydi.

Sebilürreşad dergisinin mali kaynağı ve isim babası olan Abbas Halim Paşa, Kavalalı Mehmet Ali Paşa'nın torunu Abdulhalim'in yani uyduruk prens unvanlı Prens Muhammed Abdülhalim Paşa'nın oğluydu. Prens Muhammed Abdülhalim Paşa Mason idi.

İttihat ve Terakki devrinde sadrazamlık yapan (1913-1917) Said Halim Paşa –meşhur yalıyı hatırlayınız– *Sebilürreşad* dergisinin finansörü Abbas Halim Paşa'nın ağabeyidir. Said Halim Paşa, yine siyasal İslamcıların nefret ettiği İttihat ve Terakki Cemiyeti genel sekreteriydi. Bu görevden sadrazamlığa atanmıştı.

Gelelim küçük kardeş Abbas Halim Paşa'nın görevlerine. Bu siyasal İslamcı ve *Sebilürreşad*'ın mali destekçisi İttihat ve Terakki Cemiyeti döneminde önce Bursa valisi sonra nafia nazırlığı (bakanlık) görevlerinde bulundu.

Siyasal İslamcıların şöyle bir beylik söylemi vardır: "İttihat ve Terakki Cemiyeti'nin arkasında Masonlar vardır!"

---

108. Babanzade Ahmed Naim, *İslam'da Dava-yı Kavmiyet*, s. 18.

Olabilir.

Ancak siyasal İslamcı *Sebilürreşad*'ın yazarı Sadrazam Said Halim Paşa, finansörü küçük kardeş Abbas Halim Paşa, yani iki kardeş İngiliz kaynaklarına göre Mason'du. Sadrazam Said Halim Paşa siyasal İslamcı ve Mason'du![109]

Dönemin İngiltere İstanbul Büyükelçisi Sir G. Lowtherin, İngiliz Dışişleri Bakanı Sir C. Harding'e yazdığı "çok gizli" damgalı raporlarında İttihatçı-Yahudi-Mason sacayağından oluşan isimleri tek tek saymaktadır.[110]

Yukarıda bu iki siyasal İslamcı kardeşin babaları olan uyduruk prens unvanlı Muhammed Abdülhalim Paşa'nın Mason olduğunu yazmıştık. Fransız Yüksek Şûra (Büyük Doğu/Grand Orient) azalığına kadar yükselmiş çok önemli bir Mason olan bu zatı muhterem 1861'de Fransa Maşrık-ı Azam'ından ruhsat olarak "Şûra-yı Âl-i Osmani" adında Osmanlı locasının kurucusudur.

İttihat ve Terakki Cemiyeti Genel Sekreteri, Sadrazam, siyasal İslamcı ve Mason Said Halim Paşa *Sebilürreşad*'da aynen şöyle yazıyor:

"Müslümanların kurtuluşu ve saadeti onların tam olarak İslamlaşmalarındadır."[111]

Dün, *Sebilürreşad* siyasal İslamcı ve Masonlar tarafından finanse edildi. Bugün de farklı değil. Pek çok tarikat ve İslami cemaat liderine bakınız. İş dünyasının sözde TÜSİAD karşıtı kesiminin toplandığı işveren kuruluşlarına bakınız. İktidardan muhalefete siyasi partilerin önde gelenlerine bakınız. Basına kümelenmiş seküler "İslamcı" akrabalara bakınız. Dahası akademik dünyadaki siyasal İslamcı-Mason akrabalara dikkatlice bakınız.

Siyasal İslamcı *Sebilürreşad* dergisi etrafında toplananların *ideolojik önderi*, "Doğu'nun Çırpınan Şahini" unvanlı Cemaleddin Efgani idi.

109. İlhami Soysal, *Türkiye'de ve Dünyada Masonlar*, s. 380.

110. Prof. Eli Kidor, "Arabic Political Memories and other studies", Londra, 1974, zikreden *Gündüz* gazetesi, 19.05.1998.

111. İ. Kara (zikreden), *Türkiye'de İslamcılık Düşüncesi*, c. I, s. 114.

Cemaleddin Efgani ve Mısır'daki Müslüman Kardeşler hareketinin önderlerinden Muhammed Abduh'un makaleleri sık sık *Sebilürreşad* dergisinde yayımlanırdı. Muhammed Abduh Cemaleddin Efgani'nin öğrencisiydi. Ve Mısır'daki Müslüman Kardeşler hareketi İngiliz istihbaratının kontrolü altındaydı.

Peki Cemaleddin Efgani kimdi?

Mısır'ın başkenti Kahire'deki Şarkın Yıldızı Mason Locası'na 7 Temmuz 1868'de 1355 numara ile üye olan kişiydi.

"Mısır'da kurulan Mason localarının başına Cemaleddin Efgani ve ondan sonra Muhammed Abduh getirildi. Bunlar Müslümanlar arasında Masonluğun yayılmasına çok yardım ettiler."[112]

İngiltere'nin Mısır'daki sömürge valisi Lord Cromer'in şu sözleri oldukça manidardır: "Şüphesiz İslami reformist hareketin geleceği Muhammed Abduh'un belirlediği yolda ümit vaat ediyor. Ve o yolun yolcuları Avrupa'nın her neviden yardım ve teşviklerine layıktırlar."[113]

"Arabistanlı Lawrence'in 'kâhin' dediği Wilfrid Scawen Blunt, hayatını Türkleri Arap topraklarından atmaya ve İslam'da reform yapmaya adamış bir İngiliz casusuydu. Bugün modern İslamcıların kendilerine önder olarak gördükleri Cemaleddin Efgani ve Muhammed Abduh vasıtasıyla İslamı içeriden çökertmeye çalıştı. Blunt, şimdiki Papa Francisco'nun da mensubu olduğu Cizvitlere hizmet ediyordu. Churchill'in üstadıydı. Mısırlı, İrlandalı ve Hintli ulusalcıların ve Jön Türklerin yakın dostuydu. Mısır'ın Osmanlı'dan kopartılmasında büyük rol oynadı. En büyük rakibi olarak gördüğü Sultan Abdülhamid'in düşüşünü ve Arap ihtilalini görecek kadar uzun yaşadı. Wilfrid S. Blunt'ı ve bağlantılarını bilmeden, ne Cizvitlerin ne Britanya'nın İslam politikasını ne de günümüz İslam dünyasını anlamak mümkün..."[114]

112. *Yahudilik ve Masonluk*, s. 350.

113. M. Muhammed Hüseyin, *Modernizmin İslam Dünyasına Girişi*, s. 91-92.

114. Mehmet Hasan Bulut, *Siyah Papa'nın Casusu - Wilfrid S. Blunt ve İslam'da Reform*, IQ Kültür Sanat Yayıncılık, İstanbul, 2017.

Osmanlı'nın son dönemi şeyhülislamlarından ve Mason Mustafa Sabri Efendi, Atatürk ve Milli Mücadele kahramanlarına ölüm fetvaları verirken Muhammed Abduh'la alakalı şunları söylüyor:

"Üstadı Efgani vasıtasıyla, Masonluğu Ezher'e (Kahire'deki El Ezher Üniversitesi -R. K.) idhal (sokan) eden odur."[115]

Hasılı Cemaleddin Efgani Türkiye'deki siyasal İslam hareketinin mihenk taşını oluşturan ekibi en çok etkileyen kişi olup, Said-i Nursi, Eşref Edip, Şemsettin Günaltay ve Said Halim Paşa bu isimlerden bazılarıdır. Bunlardan Said-i Nursi "Kürtçe eğitim isterim" diye meydan meydan dolaşınca cennetmekân Sultan Abdülhamit tarafından tutuklatılarak hapishaneye konmuştur.

Osmanlı'dan Cumhuriyet'e Türkiye'de siyasal İslamcı hareket ve tarikatlar ile İslami cemaatlerin kahır ekseriyeti devşirme ve dönme klanının elinde/kontrolünde olup temel özelliklerinden birinin anti-Türk, Türk-İslam ideal ve inancına karşı olmalarıdır. Arabi hepsinin dayanak noktasıdır. Gnostik İslam'dır.

Bunlar Yüce Kuran'ın "Oku" ayetini anlasalardı ya da ruhlarındaki "etnik çentik" baskın çıkmasaydı, yine Kuran'daki 700 ayette yer alan "Siz aklınıza danışmaz mısınız?" mealindeki ayetleri belki anlayabilirlerdi.

Ancak bunların durumu gaflet ve hıyanet arasında bir yerdedir. Bunların trajikomik durumunu Cemil Meriç *Umrandan Uygarlığa* adlı kitabında şöyle özetliyor:

"Zavallı Türk intelijansiyası! Kimlerin peşinden gitmemiş. Düşmanları dost, dostları düşman olarak tanımış. Peygamberin adını anmaya cesaret edemeyen bir Efgani'yi peygamber kadar saygıya layık görmüş."[116]

Cumhuriyet'in kuruluşuna, İstiklal Harbi'ne ve Atatürk'e en çok karşı çıkanların Bektaşi veya Sünni tarikat liderlerinin oluşu tesadüf olabilir mi?

---

115. M. Sabri Efendi, *Mevkıfu'l-Akl Ve'l-ilm Ve'l-âlem*, Beyrut, 1314, c. I, s. 133.
116. Cemil Meriç, *Umrandan Uygarlığa*.

Bunlardan biri malum Said-i Nursi, yine bu familyadan Fethullah Gülen. Bektaşi tarikatından Tarikat-ı Salahiyye ise özel bir öneme sahip.

"1920'ler İstanbul'da, padişahlığa yakın çevrelerde şekillenir. Kurucusu olan Hamdi Kiraz Paşa, Bektaşi tarikatına üye bir askerdir ve Sultan Vahdeddin'in yaverliğine kadar yükselmiştir; ayrıca sufi şeyhlerden ve Masonlardan da yardım görmektedir."[117] Bu tarikatın tarihi ile alakalı daha detaylı bilgiler sizi ilginç bilgilere götürecektir. Bu tarikata "siyasi bir İslam Masonluğu" ve "İslam Masonluğu" tanımlaması yapılmıştır. Tarikatın lideri Hamdi Kiraz Paşa İstiklal Mahkemeleri'nde yargılanır ve mahkûm olur, yurtdışına kaçar.[118]

Dikkat! Müslüman Türk milleti için dün bugündür. Oyun aynı, terzi aynı ve figüranlar da aynı. Devşirme ve dönme klanın "dededen toruna ihaneti"ni seyrediyoruz. Buna Mahmut Çetin'in deyimiyle "genetik ihanet" de diyebiliriz.[119]

Şayet buraya kadar verdiğimiz bilgiler sizi kesmediyse sevgili okuyucular, vatanımızın, dinimiz İslam'ın ve Türklüğün nasıl bir kumpas ile Osmanlı'dan bugüne elimizden alınmaya çalışıldığını *Boğaz'daki Aşiret* kitabındaki[120] akrabalık ilişkilerine bakınız.

Hangi millete ait olduğunu hatırlamıyorum ama şöyle bir atasözü vardır:

"Hedef aldığın bir milleti yıkmak için huzur içinde hedefine varmak istiyorsan, o insanlarla birlikte ol ve onlarla birlikte ulu."

Tapınak Şövalyeleri'nin Tek Dünya Dini projesinde elbette başka oyunlar ve aktörler de mevcut.

Koreli Protestan Moon Tarikatı başta olmak üzere, CIA kontrolündeki Amerika'daki "Müslümanların lideri" Farrakhan'dan,

---

117. Thierry Zarcone, a.g.e., s. 123.
118. Sadık Albayrak, *Meşrutiyet'ten Cumhuriyet'e Meşihat, Şeriat, Tarikat Kavgası*, Mizan Yayınları, İstanbul, 1994, s. 105-135.
119. Mahmut Çetin, *Dededen Toruna Genetik İhanet*, Emre Yayınları, İstanbul, 2006.
120. Mahmut Çetin, *Boğazdaki Aşiret*, Biyografi.net, İstanbul, 2002.

İspanyol Opus Dei Tarikatı'na... Öncelikle hepsi Tapınak Şövalyeleri'nin kontrolü altındadır. Çünkü CIA kurucularının hepsi Tapınak Şövalyesi'ydi.[121]

Tapınak Şövalyeleri-CIA-Vatikan projesi olan Tek Dünya Dini'nin temel argümanı dinler arası diyalog ve İbrahimi dinlerdir. "Ilımlı İslam" bu projede İslam'ın soslanmasıdır.

Bu proje bağlamında yürütülen çalışmalara kısaca bir göz atalım.

ABD'ye yerleşmiş olan Tibet'in ruhani dini lideri Dalai Lama, ki Dalai Lama, Budizm'in kurucusu olan Shakyamuni'nin reenkarnasyon sürecini tamamlayarak yeniden doğduğuna inanılan kişilere verilen isimdir.[122] Dalai Lama, CIA marifetiyle Tapınak Şövalyeleri tarafından kullanılan dini liderlerden biridir.

Amerikalıların Yahudi gazetesi dediği ve Tapınak Şövalyeleri'nin dünya üzerindeki en etkili gazetelerinden *The New York Times*, Dalai Lama'yı CIA'in 1950 yılının sonlarından 1974 yılının sonlarına kadar yılda 180 bin dolarla maaşa bağladığı haberini verdi.[123] Öte yandan meşhur Wikileaks belgeleri de ABD'nin Tibet'teki gizli operasyonlarında Dalai Lama ile yaptığı işbirliğini ortaya seriyordu.[124]

1.800 milyarlık İslam coğrafyasında da tarikatlar ve cemaatler üzerinden, özellikle 1978 Washington Mutabakatı'yla yoğunlaştırılan neoliberal İslamcılık[125] çalışmaları, Türkiye'de AKP iktidarı,

121. Doç. Dr. Ali Murat Yel, *Tempo* dergisi, 16 Mart 2006.

122. Dalai, "engin deniz"; Lama, "bilge" manasına gelmektedir. Bugüne kadar geçen zaman müddetince 14 Dalai Lama'nın varlığı kabul edilmiştir. Dalai Lama'lar, Budizm inancının başöğretmenleri olduğu gibi, Budistlerin de ruhani liderliğini yapmaktadır. Tibet'in ve Budizm'in lideri, günümüzdeki Dalai Lama, gerçek adıyla Tenzin Gyatso, barış yanlısı söylemleri ve Tibet'in hürriyeti için şiddet karşıtı mücadelesi sebebiyle 10 Aralık 1989'da Nobel Barış Ödülü'ne layık görülmüştür.

123. World News Briefs, "Dalai Lama Group Says It Got Money From CIA", *The New York Times*, 02.10.1998.

124. "The US embassy cables", Confidential Section, 01-04, 11.02.2010, New Delhi 00290, SIPDIS, http://www.westernshugdensociety.org/photos/dalai-lama-wikileaks-shamel/.

125. Ercan Yıldırım, *Neoliberal İslamcılık 1980-2015 İslamcıların Dünya Sistemine Entegrasyonu*, Pınar Yayınları, İstanbul, 2016.

Arap İslam coğrafyasında Arap Baharı ve Suriye İçsavaşı ile yeni bir şekle savrulmuştur.

Neoliberalizmin postmodern din-İslam anlayışı içi boşaltılmış bir muhafazakârlık ile tamamen şekilci bir din, rantlar, menfaatler, para, kadın ve siyasi maksatlar uğruna Kuran ve sahih hadislerdeki İslam dışında yeni bir "şeyh İslam'ı", "tarikat İslam'ı", "cemaatler İslam'ı" türetmiştir. Hepsine birden "Gnostik İslam" diyebiliriz.

Artık ahlak ve adalet dini olan İslam yerini ılımlı İslam-neoliberal İslamcı bir yapılanmaya bırakmıştır. Geleneksel, adaletçi, mütevazı, erdemli ve yardımlaşmacı Müslümanlar artık kıyıda köşede kalmış azınlık durumundadır. Dün "akbil basan" "İslamcı"lar, artık günümüzde Mercedes ve BMW'nin gaz pedalına basıyor. Tesettürlü hanımlar artık Aker ve Vakko'nun yerli-milli motifli eşarplarını son derece banal buluyor, Hermes, Burberry ve Chanel tercih ediliyor.

İslam iktisadi sitemi, arsız daha çok kazanç, daha çok tüketim hedefleyen küreselleşmeyle yani neoliberal kapitalizm ile 180 derece zıttır. İslam'ın evrenselliği ile neoliberalizmin evrenselliği zıt yönlere bakan sistemlerdir.

Neoliberalizm, kalesi olan ABD'de bile yıkıcı bir eşitsizliğe[126] sebep olurken diğer kapitalist ülkelerde de benzer sonuçlara sebep olmuştur.

ABD'li araştırmacı yazar Ronald Kessler'in Türkçeye de çevrilen *CIA Savaşta*[127] isimli detaylı kitabında CIA'in bütün dünyada din adamlarını nasıl devşirdiğini, maaşa bağladığını ve kendi menfaatleri doğrultusunda kullandığını uzun uzun anlatıyor. Kessler, CIA'in Müslüman ülkelerde İslam dinini ve din adamlarını-ilahiyatçıları kullanarak sürdürdüğü siyasi operasyonları inceden inceye anlatıyor.

126. Joseph E. Stiglitz, *Eşitsizliğin Bedeli, Bugünün Bölünmüş Toplumu Geleceğimizi Nasıl Tehlikeye Atıyor*, çev. Ozan İşler, İletişim Yayınları, İstanbul, 2014.

127. Ronald Kessler, *CIA Savaşta - Teröre Karşı Gizli Savaş*, Pegasus Yayınları, İstanbul, 2016.

Kessler, kitabını yazmadan önce, Yunanistan'dan ABD'ye göçmen olarak gelmiş bir aileye mensup olan CIA Direktörü George Tenet ve diğer üst düzey CIA yetkilileri ile uzun uzun görüşmeler yapıyor. İşte Ronald Kessler'in meşhur kitabından bir paragraf:

"*CIA kolaylıkla Müslüman akademisyenleri, medya mensuplarını, din adamlarını* (imamlar, mollalar vb.) maaşa bağlıyor (kontrolüne alıyor) ve onların ABD'nin terörle savaşını (gerçekte gayri hukuki) destekleyen uzlaşmacı mesajlar vermesini sağlıyordu. Diğer birçok dini inanışta olduğu gibi İslam'da da herhangi bir kişi kendisini bir dini lider olarak tanımlayabilir. Bundan dolayı din adamlarını satın alarak onları sözde dini lider olarak kendileri adına çalışan ajan gibi sahte dini liderler oluşturuyor... Bir CIA kaynağının verdiği bilgiye göre, *CIA'in medyayı kullanarak bu tip Müslüman din adamlarını destekleyerek ılımlı Müslümanlar oluşturulduğuna* dikkat çekiliyor."[128]

Minhacül Kuran (Kuran Yolu) adında bir cemaat Pakistan merkezli ve dünyanın 90 ülkesinde okulları ve temsilcilikleri var. Minhacül Kuran Cemaati her anlamda Gülen Cemaati'nin, Evanjelist Hıristiyan Tarikatı'nın yapılanmasına benzer bir yapılanma içinde.

Kendini *kurtarıcı bir Mehdi olarak gören Tahirül Kadri Efendi (doğ. 1951)*, Tapınak Şövalyeleri'nin Tek Dünya Dini projesine uygun, ABD/CIA ve Vatikan destekli dinler arası diyalog/İbrahimi dinler işlerini Pakistan'da başlatan Minhacül Kuran Cemaati'nin lideri.

Dünyanın 90 ülkesinde "Kuran merkezleri" adı altında okullar ve temsilcilikler açmış durumdalar. Cemaat aynı zamanda çok sayıda sanayi ve finans şirketine de sahip. Milletlerarası Minhacül Kuran Teşkilatı'na *Birleşmiş Milletler Ekonomik ve Sosyal Konseyi tarafından* "Özel İstişare Statüsü" *hakkı tanındı. BM'nin bu konseyi İsrail ve Yahudi Lobisi'nin kontrolü altındadır.* Tahirül Kadri Efendi, 12 Ekim 1999'da, Başbakan Navaz Şerif hükümetinin dönemin Genelkurmay Başkanı Pervez Müşerref tarafından darbeyle devrilmesinden sonra, bu darbeye coşkulu destek vermesinden dolayı

128. Ronald Kessler, *The CIA at War*, st. Martin Griffin Publ., New York, 2004, s. 276.

2002 yılında milletvekili seçildi. Ancak 2004 yılında istifa ederek Kanada'nın Toronto şehrine yerleşti. Şimdi RCMP'nin ve elbette CIA'in kontrolünde "Kuran ile irşad"ına buradan devam ediyor... Elbette yerseniz. Benzer bir uygulama da 12 Eylül 1980 darbesini yapan Kenan Evren ve suç ortakları tarafından yürütüldü. "Asmasaydık da beslese miydik?" diyecek kadar kendi milletine yabancılaşmış "Netekim Paşa" Kenan Evren, vatansever milliyetçi-ülkücü gençler ile solcu vatansever gençleri darağacında sallandırırken, yüce dinimiz İslam'ı neoliberalizm bataklığında ahlak ve adaletten soyutlayacak, tarih ve Türklük şuurundan yoksun "biat" gençliğinin yetiştirilmesi için ortamı hazırlıyordu.

Bu süreçle birlikte Kabalist İslam tarikatları, cemaatleri, pıtrak gibi vatanın bütün sathına yayılarak ortalık kurtarıcı Mehdi'lerle dolup taşmıştı. Bu sürecin içinden biri, Siirtli M. Fethullah Gülen şöyle diyordu:

"ABD'nin egemenliğinin zayıflamasından kaygı duyulmalıdır."[129] Gülen de ABD'nin egemenliğinin zayıflamaması için olacak herhalde 1999'da Amerika'ya yerleşti.

Gülen Cemaati'nin Türk Ordusu'na, akademisyenlere, gazetecilere, işadamlarına, öğretmenlere, hâkim ve savcılara, kaymakam ve valilere, emniyet mensuplarına kurduğu kumpas ve yapılan zulümler, mutlaka, en az bir düzine doktora konusu olur... Ama dönemin başbakanı olan Recep Tayyip Erdoğan'a yönelik tutuklama kumpası bardağı taşıran son damla oldu. 17 Aralık 2013'ten itibaren devlet desteğinin arkasından çekildiğini gören Gülen, bir haham ritüeli olan ağlayarak vaaz vermeyi bırakarak beddualar yağdırmaya başladı.

Ta 13. yüzyılda Yunus Emre şöyle demişti:

"Peygamber yerine geçen hocalar, bu halkın başına zahmetli (bela) oldu."[130]

129. Nevval Sevindi ve İsmail Ünal'ın ABD'de yaptıkları röportajdan.

130. Burhan Oğuz, *Türk Halkının Düşüncesi ve Hareketlerinin İdeolojik Kökenleri*, III, Simurg Yayınları, İstanbul, 1997, s. 298.

B. VATİKAN - OPUS DEI VE TAPINAK ŞÖVALYELERİ DESTEKLİ TEK DÜNYA DİNİ ÜTOPYASI: DİNLER ARASI DİYALOG VE SENKRETİK DİN

"Dünya yasaklanmış kötülüklerden yıkılmaz. Âlemi mahveden âlimlerin ikiyüzlülükleridir."[131] "Bütün insanlığın Hıristiyanlaştırılması hususunda Katoliklik dışında her kilise aynı derecede sorumluluk altındadır."[132]

Papa VI. Paul'un onayı ile "Nostra Aetate" adı verilen bir deklarasyon, yani Kilise'nin Hıristiyan olmayan dinlerle ilişkisi, 28 Ekim 1965'te yayımlanır. Bu deklarasyon, II. Vatikan Konsili kararlarının dogmatik düstur diye ifade edilen belgesinin bir parçasıdır.

"Dinler arası diyalog" ifadesini ya da bir başka ifade ile "İbrahimi dinler" söyleminin kökenlerini bu deklarasyonda aramak gerekir.

"Nostra Aetate" oldukça kısa, beş maddeden ibarettir.

Üçüncü maddede özetle, Müslümanlarında tek Tanrı'ya inandıklarını, Hz. İbrahim'i inançlarına bağlamaktan mutluluk duyduklarını, Müslümanların Hz. İsa'nın tanrılığını kabul etmemelerine rağmen peygamber olarak kabul ettiğini, tarihteki sürtüşmeleri ve düşmanlıkları unutup birbirini anlamaya çalışıp hep beraber dünyadaki adaleti, refahı, barışı, hürriyeti sağlamak için birlikte çalışmayı önerir.

Nostra Aetate'nin beşinci maddesinde İncil'den şu alıntı yapılır: "Sevgili kardeşlerim birbirimizi sevelim. Çünkü sevgi Tanrı'dandır. Seven herkes Tanrı'dan doğmuştur ve Tanrı'yı tanır. Sevmeyen kişi Tanrı'yı tanımaz. Çünkü Tanrı sevgidir."[133]

131. Şair Keçecizade İzzet Molla (1785-1829).
132. Papa 16. Benedikt - Napoli, 21 Ekim 2007.
133. Yuhanna'nın (John) I. Mektubu, 4: 7-8.

Papalık açısından, yani Vatikan'ın ileri sürdüğü "dinler arası diyalog", İsa Mesih ve Katolik Kilisesi etrafında birleşmek ve kurtuluşa ermektir.

Yukarıda Yuhanna'nın İncil'inden alıntılanan "Sevgi Tanrı'dır" ve devamındaki güzel sözleri Hıristiyanlık tarihinde bulmak mümkün değildir:

- Ortaçağ Engizisyon mahkemelerinin zindanlarında ölüme yollanan masumlar.
- Ateşte yakılan bilim insanları.
- İskenderiye ve Endülüs kütüphanelerini ateşe veren-verdiren bağnaz papazlar.
- Mezhep savaşları ile kendi dindaşlarını boğazlayanlar, milyonlarca masumun ölümüne şarap içenler.
- İstanbul'u yağmalayıp talan edenler.
- Haçlı Seferleri'nde sadece Müslümanları değil kendi dindaşlarını da katleden.
- Amerika Kıtası'nın yerlileri Kızılderililerin kökünü kurutanlar.
- Avustralya'da tam bir soykırım yapanlar.

Bunların hepsi Hıristiyan Kilisesi'nin başının altından çıkmıştır.

Kuran'a ve İslam'a iftira atanlar İncil'de yer alan şu kölelik övgüsüne ne diyecekler?

"Ey hizmetkârlar, efendilerinizin sadece iyi ve yumuşak huylu olanlarına değil, huyu kötü olanlarına da tam bir saygıyla bağlı olun."[134]

Dinler arası diyalog manipülasyonu 1990'lı yıllarda iyice zirve yapmıştır. Bu proje Türkiye başta olmak üzere ılımlı İslamcı denen grupların katılımıyla uygulamaya konulmaya çalışılmıştır.

Dışarıdan bakıldığında teşebbüs ve görünüş olarak dinler arası diyalog son derece sıcak ve olumlu mesajlar veren bir teşebbüs gibi

134. İncil, (Yeni Ahit), Petrus'un, 2. Mektubu, 2: 8.

görülmektedir.[135] Halbuki *Dinler Arası Diyalog* İhaneti[136] Tapınak Şövalyeleri'nin Vatikan Opus Dei üzerinden kotarmaya çalıştığı senkretik/bağdaştırılmış bir Tek Dünya Dini projesidir.

Böyle bir senkretik din halen mevcuttur. Roma Paganizmi ile Yahudiliğin harmanlandığı ve Tarsuslu Musevi Pavlus tarafından kurulan Katolik Hıristiyanlık giderek Yahudi ezoterizmi Kabala ile harmanlanarak Protestan-Püriten-Evanjelist Hıristiyanlık şeklini almıştır. Dinler arası diyalog ile İslam, önce Hz. Muhammed'siz hale getirilecek, bilahare "İbrahimi dinler" sekansı içinde Kabala temelli bir inanca dönüştürülecektir.

Tarihe baktığımızda Endülüslü Muhyiddin Arabi'nin "Varlıkta Birlik" tasavvuf anlayışı Kabala'nın "Adam Kadmon" inancından beslenmektedir. "Ebcet ve cifir" hesaplarında kullanılan Arap alfabesinin rakam karşılıkları İbrani alfabesinin rakamsal değerleriyle aynıdır.

Diğer taraftan Said-i Nursi aynen şunları söylüyor:

"Müslümanlık-Hıristiyanlık ittifakını bozmaya çalışanlara karşı üç zümre, Nurcular, Hıristiyan ruhaniler ve misyonerler, uyanık olmalıdır."[137]

"Birinci Dünya Savaşı'nda, bizimle savaşmış da olsa, bir Hıristiyan ölmüşse şehit sayılır, ahirette mükâfatı vardır."[138]

"İkinci Dünya Harbi'nde zarar görmememiz Risale-i Nur sebebiyledir."[139]

"Sadakalar kazaları, belaları def ettiği gibi, Risale-i Nur da belaları defeder."[140]

FETÖ hareketinin beslendiği kaynak fikir babası uzun yıllar "Said-i Kürdi" ismini kullanan Said-i Nursi'dir. Türk İstiklal Harbi yıllarında Kürt Teali Cemiyeti, Teali İslam Cemiyeti, Kürt Neşriyat

---

135. Mustafa Köylü, *Dinler Arası Diyalog*, İnsan Yayınları, İstanbul, 2001.
136. Prof. Yümni Sezen, *Dinler Arası Diyalog İhaneti - Dini, Psikolojik, Sosyolojik Tahlil*, Kelam Yayınları, İstanbul, 2006.
137. *Emirdağ Lahikası*, I, s. 1712) Tarihçe-i Hayat, 434.
138. *Kastamonu Lahikası*, 75.
139. Said-i Nursi, *Sikke-i Tasdiki Gaybi*, s. 45.
140. Said-i Nursi, *Asayı Musa*, s. 73-75.

Cemiyeti ile Kürdistan Azmi Kavi adlı derneklerin kurucuları arasında yer alan Said-i Nursi, "Türklerin, Kürtlerin milliyetlerini kaldırıp onların dillerini unutturduklarını" iddia ediyor.[141]

Atatürk'ün "Deccal" olduğunu söyleyen Said-i Nursi, Elmalılı Hamdi Yazır'a cebinden 600 TL vererek Kuran meal ve tefsirini yazdıran Mustafa Kemal Atatürk'e *Barla Mektupları, Şualar, Risale-i Nur Sönmez, Münazarat, Rumuzat-ı Semaniye* ve *Sırrı İnna A'tayna* adlı risalelerinde "Süfyan, Mason, Deccal, mülhit, mürtet, habis, firavun, zındık, münafık" diyerek asla İslami terbiyeye sığmayacak ifadelerle saldırıyor.

Dersim İsyanı hadisesini belge olarak ileri sürüp, Atatürk'ün "Deccal" olduğunu bunun "zındıklık, münafıklık, vatan ve millete hadsiz bir düşmanlık olduğunu" ifade ediyor.[142]

Cennetmekân Sultan II. Abdülhamit Said-i Nursi'yi bir müddet akıl hastanesine kapatmıştır. Çünkü "Kürtçe" eğitim yapan bir okul açmak istemektedir.[143] 2017'nin eylül ayı içinde vefat eden Prof. Şerif Mardin de Abdülhamit Han'ın Said-i Nursi'yi akıl hastanesine kapattığını yazmaktadır.[144] Atatürk'ten "tek gözlü Deccal"[145] diye söz eden Said-i Nursi, "Süfyan ve bir İslam Deccal'ının Mustafa Kemal olduğu Beşinci Şua'da anlatılıyor"[146] diyor.

FETÖ'cülerin 50 yıldan fazla "Işık Evleri"nde Türkiye Cumhuriyeti'ni "dinsiz devlet" olarak yaftalayan kaynak Said-i Nursi'nin risaleleridir. Benzer sözleri Fethullah Gülen de dile getirmişti.[147]

Said-i Nursi, Hz. Ali, Şeyh Abdülkadir Geylani ve bazı evliyalardan aldığı bir habere göre (!) "ahir zamanda beklenen bir zat gelecek, Hıristiyanların ruhani liderleriyle işbirliği yaparak üç görev

---

141. *Mektubat*, s. 339.
142. *Sırr-ı İnna A'tayna Risalesi*, s. 42-44.
143. Said-i Nursi, *Divan-ı Harbi Örfi*, s. 6.
144. Şerif Mardin, *Bediüzzaman Said-i Nursi Olayı*, s. 131-132.
145. *Barla Mektupları*, s. 53.
146. *Sırr-ı İnna A'tayna Risalesi*, s. 44.
147. ATV, 18 Haziran 1999 ve *Sabah* gazetesi, 19 Haziran 1999.

yapacak: Birincisi, imanı kurtaracak. İkincisi, şeriatı tatbik edecek. Üçüncüsü, hilafeti yeniden kuracak."[148]

Bu "işaret fişeği" ile "dinler arası diyalog" ve "İbrahimi dinler" mavrasıyla Papa'ya bir mektup döşenen FETÖ Nasr Suresi'nin ilk ayetini ele alarak aynen şöyle diyor:

"Buradaki nükteye gelince, Allah'ın bizi yaratması, hizmet yoluna sevk etmesi, halkın kalbini bize tevcih etmesi... Hepsi Allah'ın yardımı ve inayetiyledir..."[149] Kısaca FETÖ Nasr Suresi'nin birinci ayetinde geçen "ve'l feth" ifadesinin "Fethullah" demek olduğunu iddia edecek derecede Kabalist kehanetlere batmış, İslam'ı Gnostikleştirmeye çalışmıştır.

Said-i Nursi Kabala'dan yüce dinimiz İslam'a sokuşturulan cifir ve ebcet hesaplarıyla, Cumhuriyet'e saldırıyor, bununla da kalmıyor, Atatürk, İnönü ve Fevzi Çakmak'a "iki Deccal bir süfyan" nitelemesi ile hakaret ediyor.[150] Dahası Kevser Suresi'nde geçen "feselli rabbike" ifadesinin "ebcet değeri" üzerinden ve Kevser Suresi'nin 3. ayetindeki "Sana buğzeden, soyu kesik olanın ta kendisidir" ifadeleriyle Cumhuriyet'e ve Atatürk'e saldırıyor. Yaptığı ebcet ve cifir hesaplarının bile yanlış olduğunu Şerafettin Güç ortaya koyuyor.[151]

Hangi birisini yazayım? "Ölmüş gitmiş ve dünyadan ve hükümetten alakası kesilmiş bir adam hakkında 30 sene evvel hadis-i şerifin ihbarıyla Kuran'a zararlı öyle bir adam çıkacak dediğimi ve sonra Mustafa Kemal'in o adam olduğunu zaman gösterdi"[152] diyen de Said-i Nursi'dir.

Bir başkası, M. Fethullah Gülen de aynen şunları söylüyor:

"En âciz bir şekilde, hatta biraz cüretle, bu pek kıymetli diyalog hizmetinizi icra etme yolunda en mütevazı yardımlarımızı sunmak için size geldik."[153]

---

148. *Sikke-i Tasdiki Gaybi*, s. 9-10.
149. Fethullah Gülen, *Fasıldan Fasıla*, s. 184.
150. *Sırr-ı İnna A'tayna Risalesi*, s. 27-28.
151. Şerafettin Güç, *Bir Tahrifatın Deşifresi, Said-i Kürdi Kevser Suresini Neye Alet Etti*, Düşünce ve Tarih, s. 18, s. 16-21.
152. *Emirdağ Layihası*, c. I, s. 279.
153. M. Fethullah Gülen, "Papa'ya Mektup", *Zaman* gazetesi, 10.04.1998.

"ABD'nin egemenliğinin zayıflamasından kaygı duyulmalıdır."[154]

"Herkes kelime-i tevhidi esas alarak çevresine bakışını yeniden gözden geçirmeli ve ıslah etmelidir. Hatta kelime-i tevhidin ikinci bölümüne, yani 'Muhammed Allah'ın Resulüdür' kısmını söylemeksizin sadece ilk kısmını ikrar eden kimselere rahmet ve merhamet nazarıyla bakılmalıdır."[155]

"Kuran devamla, 'Allah'ı bırakıp da bazılarımız bazılarımızı Rab edinmesin' diyor. Dikkat edin, bu mesajda 'Muhammedün Resulüllah' yok."[156]

Bir başkası, ABD'nin Teksas Üniversitesi Din Bilimleri Bölümü Öğretim Üyesi Dr. Jill Caroll, "Gülen, evrensel değerlerin savunucusudur"[157] diyor.

Yahudiler "Biz Tanrı'nın seçilmiş kullarıyız-ırkıyız" derken ve Baba, Oğul Tanrı'ya inanırken, Hıristiyanlar "Kurtuluş sadece Hz. İsa'ya iman etmekle olur" derken ve Baba-Oğul-Kutsal Ruh üçlüsünden (Teslis) oluşan Tanrı'ya inanırken,[158] dinler arası diyalog "ilahi" olmaktan ziyade, "siyasi" bir hesabın projesinden başka bir şey değildir.

Vatikan-Opus Dei, Evanjelistler ve Tapınak Şövalyeleri, her biri kendi Tanrı İmparatorluğu'nu kurmak derdindedir. Ancak Tapınak Şövalyeleri diğer ikisini gerek siyasi, gerek parasal güce hâkimiyetinden dolayı kontrol etmektedir.

Katolik Vatikan-Opus Dei tarikatı tarafından yayımlanan İtalyan *Studi Cattolici* dergisi[159] İslam Peygamberi Hz. Muhammed'i cehennemde tasvir eden karikatür yayınlanmıştır. Senkretik/bağdaştırılmış bir tarikat-din olan "Moon Tarikatı", Yeni Çağ tarikatları (New Age tarikatları) adı verilen Kabalist inançlardan biridir.

---

154. Nevval Sevindi ve İsmail Ünal'ın ABD'de yaptıkları mülakattan.

155. M. Fethullah Gülen, *Küresel Barışa Doğru*, s. 131.

156. M. Fethullah Gülen, *Hoşgörü ve Diyalog İklimi*, s. 241.

157. Sezai Kalaycı, *Zaman* gazetesi, 10 Haziran 2007.

158. Hz. İsa'nın aracılığı olmadan kimsenin Tanrı'ya (Baba'ya) gelemeyeceği –Yuhanna İncil'i 1:14– ve Birinci Vatikan Konsili'nde –1869, 1870– kabul edilen Papa'nın yanılmazlığı doktrini, hasılı "Tanrı'nın yeryüzündeki gölgesi" olan Papa'nın her dediği doğrudur inancıyla.

159. Mart 2006.

Silah ticaretiyle uğraşan ama barış, sevgi ve hoşgörü mesajlarını dillerine pelesenk eden bu ikiyüzlü topluluğun internet sitesinde, Birinci Dünya Harbi'nde müttefik olan ABD, İngiltere, Fransa ve Rusya'yı Tanrı'nın yanında, Almanya ve Türkiye ise şeytanın yanında yer almış ülkeler olarak gösteriliyordu.[160]

Dinler arası diyalog, Vatikan-Opus Dei misyonerlik faaliyetlerinin, "Üçüncü bin yılda Anadolu ve Asya'yı Hıristiyanlaştıracağız" planlamasının postmodern bir versiyonudur. Malum, Vatikan'ın temel düsturlarından biri, "Eski fikirleri yeni metotlarla, eski metotları yeni fikirlerle uygulayınız" şeklindedir.

Açıkçası her şey paranın kudretine tam manasıyla hâkim olan Tapınak Şövalyeleri'nin Yeni Dünya Düzeni projesine uygun. Yeni Dünya Düzeni'nin coğrafi anlamda ilk ayağı Büyük Ortadoğu Projesi (BOP) ve bu projenin dini ayağı ılımlı İslam ve İbrahimi dinler safsatasıdır. Bunun temelleri 1929'lara kadar hatta daha eskilere gitmesine rağmen kamuoyu önüne 1996 yılında çıkarıldı.

Türkiye'de ılımlı İslam-İbrahimi dinler söylemi, 17-25 Aralık 2013 tarihinde zamanın başbakanı olan Recep Tayyip Erdoğan'a yönelik olarak başlatılan operasyondan sonra, yine R. T. Erdoğan tarafından "Paralelci" olarak tanımlanan "Gülen Cemaati" tarafından üstlenilen bir misyondur. Gülen vaizlikten emekli olmuş, ilkokulu dışarıdan bitirmiş bir kişi. Said Nursi'nin "Hz. İsa Aleyhisselam, İsevilik şahsı manevisini temsil ederek dinsizliğin şahsı manevisini temsil eden Deccal'ı yok eder"[161] kehanetinin modern temsilcisi olarak 9 Şubat 1998'de Papa 6. Paul'a bir mektup yazar ve Papa ile M. F. Gülen buluşturulur. Gülen daha sonra ABD'ye gider ve bir daha Türkiye'ye dönmez.

Bu arada belirtelim, Türkiye'de Fener Rum Patriği'ni 1950'lerde ziyaret ederek elini öpen ilk din adamı da Said-i Nursi'dir. Ayrıca Said-i Nursi, "Kürtçe eğitim isterim" diye bozgunculuk çıkardığı için cennetmekân Abdülhamit Han tarafından tutuklatılıp

160. www.unification.net/uts/bretmoss/08.

161. Said-i Nursi, *Mektubat*, s. 6.

hapishaneye gönderilmiştir. Daha sonra Selanik'e giderek İttihat ve Terakki'ye katılmıştır.

Prof. Nadim Macit, *Küresel Güç Politikaları, Türkiye ve İslam* adlı kitabında dinler arası diyalog meselesini şöyle değerlendirmektedir:

"Diyalog kavramına yüklenen anlam, insani etkinlik alanlarında, yani ekonomik, politik ve teknolojik güçlerden soyutlanmakta ve oldukça yalın ve *her şeyi çözen din kavramına indirilmektedir*. Küresel güçlerin yayılmacı ve sömürgeci politikalarının altında, 'öteki' gördüğü kültürleri eşitlemek ve bütün kültürleri kendi dünya görüşüne uydurmak temel amaç olunca, bahse konu olan kavramların içeriği buna göre biçimlenir. Küresel hedefte olan ülkeleri özgürlük ve demokrasi adına parçalama, işgal etme muhtemel ki böyle bir diyaloğun sonucudur... Dinler arası diyalog toplantılarında bu zamana kadar ABD'nin şiddet politikalarını kınayan, onu uluslararası anlaşmaları imzalamaya davet eden tek bir karar çıkmış mıdır? Hayır."[162]

21 Ekim 2007 tarihinde, Katolik bir grup tarafından İtalya'nın Napoli şehrinde tertiplenen dinler arası diyalog toplantısında Papa 16. Benedikt aynen şu sözlerle katılımcılara hitap etti: Hıristiyanlığı bütün dünyaya yaymak hususunda Katolik dışındaki Hıristiyanların da gayret göstermeleri gerekir... Bütün insanları Hıristiyanlaştırması hususunda her kilise (Katolik Kilisesi dışında da) aynı derecede mesuldür... Hıristiyan dinini dünyaya yaymak için çalışan misyonerlere de dualarımızı esirgemeyelim."[163] Papa 16. Benedikt yukarıdaki sözlerini Katolik olmayan Hıristiyan, Müslüman, Yahudi, Zerdüşt, Mecusi dini temsilcileri önünde, dinler arası diyalog adına söylemekteydi. Dinler arası diyalog, arkasında Tapınak Şövalyeleri'nin bulunduğundan asla şüphe edilmeyecek bir ütopya-küresel manipülasyondan Mesih/Mehdi fenomeninden başka bir şey değildir.

---

162. Nadim Macit, *Küresel Güç Politikaları, Türkiye ve İslam*, Ankara, 2006, s. 587-589.

163. Dünya basını, 22 Ekim 2007. Bu toplantıda Türkiye'den Fener Rum Patriği Bartholomeos, İngiltere'den Başpiskopos Rowan Williams, İsrail Hahambaşılarından Rabbi Yona Metzger, Lübnan Başmüftülüğü Siyasi Danışmanı Şeyh Muhammed Raşid Kabbani, Türk Musevilerin dini lideri Hahambaşı İshak Haleva, AÜ İlahiyat Fakültesi'nden Prof. Mehmet Paçacı ve muhtelif ülkelerden toplam 42 din adamı bulunuyordu.

C. TANRI'NIN BANKERLERİ - VATİKAN/OPUS DEI VE TAPINAK ŞÖVALYELERİ

Vatikan, 820 civarında vatandaşı, 3000 çalışanı ve 44 dönüm arazisi ile dünyanın en küçük devletidir. Çalışanlar genellikle Roma'da ikamet eder. Vatikan İtalya'nın başkenti Roma'nın ortasında, devlet içinde devlettir. Vatikan, İsviçre vatandaşı olan Katoliklerden seçilen bir albay komutasındaki askeri birlik tarafından korunur. Vatikan'ın bulunduğu bölge, Hıristiyanlıktan da önce, binlerce yıldır insanlar tarafından kutsal olarak görülen bir yerdir.[164] Vatikan'ın başına kardinaller tarafından ömür boyu hüküm sürmesi için papa seçilir.

Papa kutsaldır!

Papa Baba-Oğul-Kutsal Ruh'tan oluşan ve "Üçlü Teslis" denilen Tanrı'nın yeryüzündeki gölgesidir.

Papa dokunulmaz ve yanılmazdır.

Dahası papa her nevi hukukun ve soruşturmanın üstündedir.

Bu kadar küçük bir krallığın/monarşinin gücü nereden geliyor? Vatikan her şeyden önce dünyadaki yaklaşık "bir milyar" Katolik Hıristiyan'ın ruhani lideridir.

Diğer taraftan Vatikan "Tanrı'nın bankeri"dir. Muhtelif kaynaklar farklı rakamlara yer verse de *30 trilyon dolarlık bir parasal güce hükmettiği* ifade edilmektedir. Vatikan'ın dokunulmaz-yanılmaz ruhani gücüne, sahip olduğu bankalar, ticari yatırımlar, üniversiteler, okullar, medya kuruluşları ve bir milyarlık kitlenin

---

164. Mesela, merkezdeki Aziz Peter Bazilikası'nın tarihi Hıristiyanlıktan çok önceki devirlere gitmektedir. Anadolu/Türkiye kökenli Frigya Tanrıçası Kibele'ye ve Attis'e tapınılan bölgedir.

kutsanması-günahlarının zaman aşımına uğratılarak silinmesi ve elbette Opus Dei'nin gücü... Adeta para milyonlarca musluktan Vatikan'a doğru akar.

Kutsiyet-yanılmazlık-dokunulmazlık ve para Vatikan'ı kesin bir "dokunulmazlık zırhı"nın içine alıyor. Bu durum Vatikan'ı "para-siyasi-sosyal" alanda kotarılacak karanlık işler için tam manasıyla bir "merkez" haline dönüştürmüş vaziyette. Hele hele için içine bankacılık-bankerlik-ticarette girince... İman ve *para dokunulmazlık zırhını* daha da güçlendiriyor. Tanrı adına hareket eden, Tanrı adına bankerlik yapan... Yani hem *ilahi gücü* ile hem de parasal gücü ile Vatikan/Opus Dei küresel bir güçtür.

Vatikan/Opus Dei küresel hegemonya savaşının üç ana aktöründen birisidir, yani, küresel hegemonya mücadelesi içinde yer alan üç ana aktörden biridir:

- Vatikan/Opus Dei
- Evanjelistler/Protestan Hıristiyan/Siyonist Hıristiyan
- Tapınak Şövalyeleri

Halk arasında İlluminati ismi öne çıksa ve daha çok zikredilse de, Tapınak Şövalyeleri "para" ve "istihbarat kurumları"na doğrudan hükmetmektedir. Mesela, "CIA kurucularının hepsi şövalyeydi".[165]

Para Lidyalılar tarafından bulunmuş olup, daha o tarihten bu tarihe, her şey bir tarafa fahişeliği meşrulaştıran bir unsurdur.[166] Yani para girdiği her yerin ulviyetini bozuyor. Vatikan da *Baba - 3* filminde anlatıldığı gibi büyük ölçekte milletlerarası sermaye ve ticaret işlerine girdi.

"Instituto per le Opere di Religione" (IOR) Vatikan'ın sahip olduğu bankanın adıydı. Gerçek yukarıdaki ismin manası "Dini İşler Enstitüsü"dür.

---

165. Ali Murat Yel, *Tempo* dergisi, 16 Mart 2006.
166. Bkz. *Herodot Tarihi.*

Vatikan merkezli Katolik Hıristiyanlığın başı iki skandalla sürekli belada:

- Para skandalları
- Küçük erkek çocuklarına yönelik papazların cinsel tacizleri[167]

Daily Express gazetesinde görev yapan bir gazeteci Londra-Thames Nehri üzerinde yer alan Blackfriars (Karakeşiş) Köprüsü'nden geçerken, köprünün altında sallanan bir ceset gördü. Tarih 17 Haziran 1982'yi gösteriyordu. Polis... Gazeteciler derken cesedin kimliği belli olur. Roberto Calvi isimli bir İtalyan bankacıdır bu ceset ve cebinden Mason-mafya ritüellerine göre infaz edildiğini gösteren tuğla ve taş parçaları çıkar... Calvi öldürüldükten sonra *"Karakeşiş" Köprüsü'ne getirilip asılmıştı.* Roberto Calvi, İtalyan gizli P2 Mason Locası üyesiydi.

Bu locaya ihanet edenler mutlaka asılarak öldürülürdü.

Londra-Thames Nehri üzerinde seçilen köprünün adı da tesadüf değildi. Köprünün isminin "Karakeşiş" olması İtalyan Mason ritüellerine atıfta bulunuyordu. İtalyan Masonları birbirlerine "Keşiş" diye hitap ederlerdi. "Karakeşişler" (Fratelli Neri) İtalyan Masonları'na verilen takma bir isimdi.

16 yıl sonra Roberto Calvi'nin mezarı açıldı ve öldürüldüğü kesinleşti. Mafya üyesi Francesco Mannoia, Calvi'yi öldüren kişinin Sicilya mafyasının uyuşturucu trafiğinden sorumlu olan Francesco Di Carlo olduğunu ifşa etti.

Di Carlo'ya göre Roberto Calvi, *meşhur mafya ailesi Carleone* ailesine ait yüklü bir parayı zimmetine geçirmişti. İş giderek çığırından çıktı ve Calvi'nin öldürülmesine İtalyan gizli Mason locası P2'nin üstadı azamı olan ünlü Gladio Licio Gellie ve Vatikan'ın tanınmış finans uzmanlarından birinin de adı skandala karıştı.[168]

---

167. *Spotlight*, DVD film, 2016.
168. Paul L. Williams, *Para, Cinayet ve Mafya Üçgeninde Vatikan Sırları*, çev. Handan Eğlence, Güncel Yayınları, İstanbul, 2004, s. 192.

Şimdi Mason üstadı ve Gladio olan Licio Gellie'ye biraz yakından bakalım:

Vatikan ile çok sıkı fıkı olan Bay Gellie Etalya da "komünist avcısı" idi. Cinayet, para aklamak, silah tüccarlığı ve CIA ile işbirliği gibi "marifetleri" ise mide bulandıran cinstendi. İtalyan siyaset dünyasında en korkulan isimlerden biri Bay Gellie idi. Polis yakaladığında, cebinde ilişki içinde olduğu *900 kişilik* bir liste çıkmıştı. Bu isimlerden biri bilahare İtalya'da başbakan olan, para ve seks skandallarına adı karışan Silvio Berlusconi'ydi. Berlusconi başbakanlığı süresince hiç mafyanın üzerine gitmedi.

Arjantin'de, Juan Peron iktidara, Gellie ve CIA desteği ile gelmişti.

Gellie, NATO'nun antikomünist-silahlı paramiliter gizli teşkilatı Gladio ile çalışıyordu. Gellie, başkanı/üstadı olduğu P2 Mason Locası'na öldürülen banker Roberto Calvi dahil, pek çok emekli ve görevde olan ordu komutanlarını, istihbarat uzmanlarını, hasılı İtalyan derin devletinin mensuplarını üye yapmıştı.

İşte Vatikan bütün kutsiyeti-yanılmazlığı ve dokunulmazlığı ile böyle tiplerle işbirliği yapmıştı.

Roberto Calvi, Vatikan'dan Rahip Marcincus ve mafya işbirliği meyvesini vermiş, küçük bir mahalli banka olan "Banco Ambrosiano" küresel bir banka haline gelmişti.[169] İtalyan Merkez Bankası'nın 1978 yılında hazırladığı raporda, Calvi, Banco Ambrosiano'dan yüz milyonlarca İtalyan liretini yurtdışına uçurduğu yazıyordu... Calvi 1981 yılında tutuklandı. Suçlu bulundu. Temyiz mahkemesinin kararını beklerken görevinin başına döndü... Artık Calvi kutsal bir el ve kudret tarafından korunuyordu.

Michele Sidona, Sicilyalı bankacı, vergi uzmanı ve emlakçı. Elbette Calvi'nin iş arkadaşlarından biri. Dahası Bay Sidona

169. Noam Friedlander, *What is Opus Dei*, Collins and Brown, Londra, 2005, s. 142.

Vatikan'ın en güvenilir adamıydı. Vatikan ona, "Uomini Di Fiduci" (Güvenilir Adam) adını takmıştı ve Vatikan'ın en saygın finans danışmanıydı.

Şimdi Kutsal Vatikan'ın "güvenilir adam"ına biraz yakından bakalım.

1960 yılında "Banca Private"in sahibi olan Sidona, mafyanın vergi işlerini tereyağından kıl çekercesine hallediyordu. 1969 yılında da Sidona Vatikan'a danışman oldu. Artık kutsallar için büyük oynuyordu. Paracıklar, Sidona'nın bankalarından Vatikan Bankası'na, oradan da İsviçre bankalarına kuş olup uçuyorlardı.

Sidona, 1972'de ABD'de Franklin National Bank'ı satın aldı. Bu banka, şansa bakın 1974 yılında aniden iflas ediverdi. Eee... Bir sıçrarsın çekirge! İki sıçrarsın çekirge! Sidona, Amerika'da 65 suçtan, yani hepsi bankacılık-finansman "indiragandi"sinden tutuklandı ve *25 yıl cezaya* çarptırıldı... Sidona'nın bankalarının batışından Vatikan'ın uğradığı zarar *240 milyon dolardı.*[170] Sidona'nın bankaları batarken dostu Calvi'nin bankası da 1981 yılında sallanmaya başladı. Çünkü İtalyan mali kurumları, Ambrosiano Bankası'ndan paravan şirketler kullanılarak milyonlarla ifade edilen paraların çekilerek bankanın içinin boşaltıldığını fark etmişlerdi. Bankanın diğer hissedarları, 21 Ocak 1981'de, Papa II. John Paul'e mektup yazdılar. Mektupta, Rahip Marcinkus, Calvi, Gellie, Sindona ve diğerleri arasındaki bağlantılar ile Vatikan'ın himayesi altındaki sekiz paravan şirket üzerinden yapılan para aklama iddialarının araştırılması isteniyordu.

Elbette ne kutsal-yanılmaz Papa Hazretleri ne de bir Vatikan görevlisi mektuba cevap vermedi... Sadece Calvi'nin başında bulunduğu Ambrasiano Bankası'ndan hiç edilen para miktarı *1.3 milyar dolardı.*

---

170. Malachi Martin, *Rich Church, Poor Church,* G. P. Putnam's Sons, New York, 1984, s. 67; Paul L. Williams, a.g.e., s. 160.

Roberto Calvi, İtalyan mali kurumları ve polis/adliye tarafından sıkıştırılınca şöyle demişti:

"Öyle şeyler biliyorum ki eğer konuşursam Vatikan temelinden sarsılır; Papa istifa etmek mecburiyetinde kalır."[171]

Artık ok yaydan çıkmıştı. Calvi kutsal ve yanılmaz Vatikan'ı tehdit ediyordu... Calvi 15 Haziran 1982'de özel bir uçak kiralayarak Londra'ya kaçtı... Londra'nın en lüks semti Chelsea'de bir otele yerleşti. 17 Haziran 1982'de, kaçışından iki gün sonra, cesedi Londra-Thames Blackfriars Köprüsü'nde asılı bulundu. İşin infaz kısmını İtalyan mafyası gerçekleştirmişti.

Peki öldürme emrini kim vermişti?

Peki Calvi'nin yoldaşı, Vatikan'ın güvenilir finans danışmanı Michele Sidona ne durumdaydı?

Sidona, Milano'da çok iyi korunan hapishanede tek kişilik bir odada kalıyordu... 20 Mart 1986'da tek kişilik odasından çıkıp mükellef kahvaltısını yaptı. Hemen sonra "toprağı bol olsun"lar kervanına dahil oldu. Siyanür ile zehirlenmişti.

Hakikaten emri, ölüm emrini kim vermişti?

Vatikan, tenkitlerin önünü almak için 1984 yılında 120 kişiye 224 milyon dolar ödeme yaparak Ambrosiano Bankası meselesini örtbas etti. Peki Vatikan Bankası başkanı olan ve Calvi ile Sidona'nın sırdaşı Rahip Marcinkus'a ne oldu?

Üstelik, bankalardan buharlaşan paralardan en az 10 milyon dolarının Papa II. John Paul'un memleketindeki antikomünist Dayanışma Sendikası'na gönderildiği de ortaya çıkmıştı. Böyle bir parasal operasyonun Papa'dan habersiz yapılması imkânsızdı...

Rahip Marcinkus'un suçlu bulunması durumunda işin ucu Papa'ya gelip dayanacaktı.

Papa John Paul, arkadaşım dediği Kardinal Marcinkus'un üstüne yanılmazlık ve dokunulmazlık şalını atarak, ona dil uzatanlara karşı

171. A.g.e., s. 191.

hoşgörülü davranmayacağını ilan etti.[172] Papa John Paul, 1929 yılında imzalanan ve Vatikan'a bağımsız devlet statüsü veren Lateran Antlaşması'nın 2. maddesinde yer alan, "Katolik Kilisesi'nin şirket ya da kurumlarıyla alakalı hiçbir meseleye İtalyan mahkemeleri müdahale edemez" hükmüne dayanarak Rahip Marcinkus'u Vatikan'da yedi yıl korumaya aldı. Üstelik Rahip Hazretleri 1989 yılına kadar Vatikan Bankası'nın başında kaldı.

Rahip Marcinkus 1990'ların başında emekli oldu. ABD'nin Arizona eyaletinin Sun City şehrine yerleşti. Golf oynadı. En pahalı puro ve şarapları içti. 2006'da 84 yaşında öldü.

172. Avro Manhattan, *Murder in the Vatican*, Ozark Books, Springfield, 1985, s. 267-269.

D. 33 GÜN DAYANABİLEN NAMUSLU BİR PAPA

Tarih *25 Ağustos 1978'i* gösterdiğinde *Albino Luciano* yeni "papa" seçildi. Papa I. John Paul adını almıştı. 1978 yılı insanlık tarihi açısından çok önemlidir. Kısaca bir hatırlatma yapalım:

a. 1978 Washington Mutabakatı'nın dünya kamuoyuna duyurulması. Hoş geldin neoliberalizm veya kapitalizmin tamamen "paraizm"e dönüşmesi.

b. SSCB'nin Afganistan'ı işgal etmesi.

c. Molla Humeyni'nin Paris'ten Fransız Havayolları uçağına bindirilerek Tahran Havaalanı'na indirilmesi, Mollalar ve komünist Tudeh işbirliği, Şah'ın devrilmesi...

d. Humeyni-Saddam liderliğinde yaklaşık 10 yıl sürecek İran-Irak Savaşı'nın başlatılması.

e. 1978, Çin'de Mao'nun ölümü, Pekin Tiananmen Meydanı'nda üniversite öğrencilerinin masum isteklerinin tanklarla tam katliama dönüştürülmesi... Deng Sioping'in Çin Komünist Partisi genel sekreterliğine seçilmesi... Bir hafta sonra Sioping'in New York'ta küresel para oligarklarını ziyareti... Sioping şöyle diyordu: "Şayet kedi fare yakalıyorsa, o kedinin renginin önemi yoktur." Yani komünizm veya neoliberalizm fark etmezdi. Nitekim Sioping siyasette komünist, ekonomide kızıl-neoliberalizm politikalarına yöneldi.

f. Nihayet bir başka 1978 yılı depremi. 1978 Vatikan'ın parayla ilgili olarak, Calvi-Sindona-Rahip Marcinkus'un başkanı olduğu

Vatikan Bankası, bizatihi Vatikan'ın entrikanın içinde olduğu rezalet silsilesi yılıdır.

g. 1978, Vatikan'da İtalyan Albino Luciano'nun papa seçilmesi *I. John Paul* adıyla göreve başlaması ve 33 gün sonra zehirlenerek öldürülmesi yılıdır.[173]

1978 yılı, Mehmet Ali Ağca tarafından daha sonra vurulan, Polonyalı Kardinal Karol Wotjyla'nın 16 Ekim 1978 günü papa seçilerek II. John Paul adıyla göreve başladığı yıldır... Böylece 16. yüzyıldan beri ilk kez İtalyan olmayan bir kişinin papa seçildiğini Sistine Şapeli'nin bacasından çıkan beyaz duman dünyaya duyurmuştu.

Elbette Vatikan'da görevli herkesin bu pis işlere bulaştığını söylemek mümkün değildir. Ancak Vatikan'da Papa'dan bağımsız bir hukuk ve sorgulama-yargılama sistemi yoktur. Yeni seçilen Papa I. John Paul hemen işe koyulmuştu. Çünkü dürüst ve ahlaklı bir insandı. Papa Hazretleri tamamen din maksatlı bir kuruluş olan Vatikan Bankası'nın hesaplarında yer alan *11 bin hesabı incelemiş sadece 1650'sinin dini maksatlı olduğunu görmüştü... Diğer hesapların tamamı Calvi-Gellie-Sindano üçlüsüne hizmet etmekteydi.*

1978 yılı depremleri devam ediyordu. 12 Eylül 1978 günü Papa I. John Paul'un önüne gelen *L'Osservatore Politico* gazetesinde yer alan haberler dehşet vericiydi. Gazetenin haberinde, *121 Katolik* din adamının isim isim *Mason locaları, Locio Gelli ve P2 bağlantıları* yer alıyordu. Vatikan Devlet Bakanı Kardinal Jean Villot ve yardımcısı Kardinal Sebastiaono Baggio bunlar arasındaydı. Diğer 119 kişinin de yüksek mevkilerde olan din adamları olması tesadüf müydü?

Zannetmem!

Din-siyaset-para-Gladio-mafya-Mason Locası Vatikan'ın dokunulmazlık duvarının arkasında iş kotarmakla meşguldüler... İşlerine kim çomak sokmaya çalışırsa komünist damgası yiyor, biraz ileri giderse öldürülüyordu.

---

173. *Baba - 3* filmine bakınız.

P2 Mason Locası Üstadı Licio Gelli 121 kişilik listeyi gazetede yayımlatan Editör Mino Pecerolli'ye hakaretler yağdırıyordu. Tahmin edileceği üzere gazeteci Mino Pecerolli, Mason Locası üyesi üst düzey Katolik din adamları listesini yayımladıktan kısa bir müddet sonra ofisine giderken çapraz kurşunlara hedef oldu ve öldürüldü.

Papa I. John Paul, 23 Eylül 1978'de Vatikan'ın önde gelenlerine şu sözlerle hitap ediyordu:

"Her ne kadar 20 senedir Venedik ve Vittoria Veneto'da piskoposluk yapmış olsam da görüyorum ki bu işin ince noktalarını sizler kadar öğrenememişim."[174]

Papa I. John Paul, Vatikan'daki din adamı kisvesi altındaki P2 Mason Locası üyelerini, Gladio uzantılarını, mafya işbirlikçilerini ve para sihirbazlarını ve dahi "şirket" işbirlikçilerini temizleyecekti.

Hıristiyan hukuk kanunu "Kanon"a göre hiçbir Vatikan mensubu Mason Locası'na üye olamazdı. Üye olanların derhal kiliseden uzaklaştırılmaları gerekirdi.[175] Başta Jean Villot olmak üzere 121 Katolik din adamı topun ağzındaydı.

Papa, 28 Eylül 1978 tarihini gösteren günde, her zamanki gibi akşam yemeğini yiyerek saat 21.30'da odasına çekildi. 29 Eylül sabahı, Papa I. John Paul'un yakın hizmetçisi Bayan Vincenza saat 4.30'da Papa'ya getirdiği kahveyi Papa'nın içmediğini görünce, saat 5.00'te Papa'nın odasına girdi. Papa yatağının üzerinde oturuyordu ve dudakları mosmor ve ağzı açıktı. Papa'nın üzerinde çalıştığı finansal yolsuzluk dosyaları etrafa saçılmıştı. Tahmin ettiğiniz gibi, hiçbir sağlık problemi olmayan Papa I. John Paul zehirlenerek öldürülmüştü.

P2 Locası üyesi Jean Villot koşarak Papa'nın odasına girmiş "ortalığı temizlemişti". Papa'ya otopsi yaptırmadılar. Vatikan dokunulmazlık ve koruma kalkanını açmıştı... Papa'nın ölümü "kalp yetmezliği" diye ilan edildi... Papa 33 gün dayanabilmişti.

---

174. David Yallop, *In God's Name: An Investigation into the murdere of pope John Paul I*, Carol and Graf. Publ., New York, 2007, s. 179.

175. David Yallop, a.g.e., s. 157.

16 Ekim 1978 tarihinde 16. yüzyıldan itibaren ilk kez İtalyan olmayan biri, Polonyalı Kardinal Karol Wotijyla Sistine Şapeli'nin bacasından çıkan beyaz duman ile ilan edilen ritüel ile papa seçildi ve Papa II. John Paul adını aldı. Papa II. John Paul'un ilk icratı, Papa I. John Paul'un ölümünün bir numaralı şüphelisi olan ve görevinden azledilmiş bulunan Jean Villot'u eski görevine iade etmek oldu.

Arkasından, yine görevinden azledilmiş bulunan ve her türlü pisliğe batmış durumdaki Vatikan Bankası Başkanı Kardinal Marcinkus'u da görevine iade etti.

Papa II. John Paul her neviden ahlaksızlık ve yolsuzluğun önünü sonuna kadar açmıştı... Açıkçası Papa II. John Paul her anlamda karanlık bir din adamıdır. Bu arada pusuda bekleyen Opus Dei giderek güç kazanıyordu. İspanya merkezli bu Katolik tarikatı acımasızlığı ile tanınıyordu.

Roberta Calvi, öldürülmeden önce, Banco Ambrosiano'nun 1.3 milyar dolar açığını kapatmak mukabilinde, Opus Dei'nin bankanın yüzde 16 hissesini istediğini ailesine ve yakınlarına anlatmıştı... Ancak bunu Vatikan Bankası Başkanı Marcinkus kabul etmemişti. Çünkü Marcinkus kendi geleceği için Opus Dei'yi tehdit olarak görüyordu.

E. OPUS DEI

Papa I. John Paul Opus Dei'ye karşı bir tavır sergilerken Papa II. John Paul Opus Dei tarikatına arka çıkıyordu. Opus Dei, İspanya'da, 1928 yılında Jose Escriva adında bir Katolik rahip tarafından kurulmuştu. Aşırı muhafazakâr bir tarikattı. Kurucusu Escriva, 1947'de Papa tarafından piskopos ilan edilince varlığı Vatikan tarafından onaylanmıştı. Opus Dei, CIA, FBI ve muhtelif istihbarat kuruluşlarıyla ilişkileri olduğu pek çok kaynak tarafından zikredilen, politikacılar, para işleri ve ticareti harmanlayan bir tarikattı. Bu tarz ilişkiler her daim dini inanç ve dini kuruluşlar için tehlikeliydi.

Tam olarak üye sayısı bilinmeyen ve sürekli bir perdenin arkasında olan Opus Dei'nin 100 bin dolayında üyesinin olduğu tahmin ediliyor. Opus Dei 1980'lerin başında beş kıtada, 479 üniversite ve liseye, 604 adet yayın organına, 52 adet radyo ve televizyon istasyonuna, 38 adet basım ve reklam şirketine ve 12 adet film ve dağıtım firmasına sahip bulunuyordu.[176]

Papa II. John Paul Opus Dei tarikatına özel piskoposluk statüsü verince Vatikan'da işler iyice karıştı. Tarikat Vatikan içinde oldukça güçlenmişti.

Papa II. John Paul 13 Mayıs 1981'de, Vatikan'daki Aziz Peter Meydanı'na konuşma yapmak için giderken Mehmet Ali Ağca tarafından yakın mesafeden tabancayla vuruldu. Ölmedi.

Kutsallık ve küresel güç olma yolunda insan aklını zorlayan entrikalar, yolsuzluklar ve dinler arası diyalog masalı.

---

176. Noam Friedlander, a.g.e., s. 163.

F. PAPA BENEDİKTÜS

Bir başka papa... Almanyalı Joseph Ratzinger. 19 Nisan 2005 tarihinde Sistine Şapeli'nden çıkan beyaz duman 16. Benediktüs adıyla Joseph Ratzinger'in yeni papa seçildiğini dünyaya duyuruyordu. Papa 16. Benediktüs gençlik yıllarında Nazi gençlik kollarında çalışmıştı. Ona göre dini yayarken şiddet kullanmak meşru yollardan biriydi.[177]

Öte yandan Papa 16. Benediktüs, Bizans İmparatoru II. Manuel Paleologos'tan yaptığı alıntı ile İslam'a hakaret etmekte mahsur görmemiştir.

Elbette papaların-Vatikan'ın skandalları sadece bunlardan oluşmuyor. Tarihe şöyle bir göz attığımızda Vatikan'ın günahlarından bazıları şunlardır:

- Kütüphane yakmalar (İskenderiye Kütüphanesi) ve meydanlara kitapları yığarak ateşe vermeler (Endülüs).
- Kanlı Haçlı Seferleri.
- Engizisyon mahkemeleri.
- Aforozlar-soykırım ve kitle katliamlarına ses çıkarmamak.
- Bilime ve bilim adamlarına yönelik kıyımlar.
- Paris'te genelev açmak.

Papa 16. Benediktüs Vatikan'da dönen entrikalara dayanamayarak, sağlık durumunu öne sürmüş ve 11 Şubat 2013'te ölün-

177. Samim Gümüşel, *Tempo*, 23-29 Kasım 2006.

ceye kadar seçilmiş olduğu görevden istifa etmiştir. Papa 16. Benediktüs'ün görevinden istifa etme kararının arkasında aşağıda sıraladığımız skandalların yattığı iddia edilmektedir:

• Seks skandalları, homoseksüel ilişkiler. Roma'daki çeşitli mekânlarda, villalarda, saunalarda "Eşcinsel Lobisi"nin/"Şebekesi"nin organize ettiği seks partileri.

• Erkek çocuklara yönelik, Katolik din adamlarının cinsel tacizleri.[178]

• Şantaj ve kara para skandalları.

İtalya'nın önde gelen gazetelerinden *La Republica*'nın haberine göre, Papa 16. Benediktüs'ün "Vatileaks" (Vatikan'dan gizli belgelerin basına sızdırılması) soruşturmasını yapmakla görevlendirdiği 3 kardinal, 300 sayfalık raporlarını 17 Aralık 2012'de sundu. Papa bu tarihte raporu da gördükleri için istifaya karar verdi. Çünkü 300 sayfalık rapor, Vatikan'ın örtüsü altındaki pis ilişkileri detaylarıyla göz önüne seriyordu.[179] Nitekim 2012 Mayıs'ında Papa 16 Benediktüs'ün hizmetinde bulunan Paolo Gabriele, Papalığın kirli işlerini belgelerle ifşa ettiği için tutuklanıp cezalandırılmıştı.

La Republica'nın haberine göre, kardinallerin 300 sayfalık raporunda "Vatikan'da muhtelif lobiler, 6. ve 7. Emir'e karşı geliyorlar" diye yazıyordu. 10 Emir'den 6.'sı "Zina yapmayacaksın" 7.'si ise "Çalmayacaksın" şeklindedir. Habere göre "Zina yapmayacaksın" emri Vatikan içindeki eşcinsel ilişki bağlamında yorumlanıyor. Yine *La Republica*'nın haberine göre, Vatikan'dan sızdırılan belgelerde güç savaşının başaktörü olmakla suçlanan Kardinal Tarcisio Bertone, Vatikan'ın ikinci adamı ve Vatikan Bankası'nın (IOR) kontrolünü elinde tutuyor. Bertone banka hakkındaki bütün soruşturmaları engellemek ve kirli işleri örtmekle suçlanıyor.

---

178. *Spotlight* filmi, 2016.

179. John Hooper, "Papal resignation linked to inguiry into Vatican gay officials, says paper", *The Guardian*, 22.02.2013.

19. yüzyılın sonlarına doğru Vatikan güç kaybetmeye başlamıştı. Tekrar eski gücüne kavuşmak için *11 Şubat 1929 tarihinde İtalya Kralı ve Başbakan Mussolini'nin imzalarıyla "bağımsız devlet" olmuştu.* Vatikan, faşist Mussolini ile işbirliği yapmış, Nazi Almanyası'nı dönemin papası olan XII. Pius desteklemiştir. Dahası faşist İspanya diktatörü Francisco Franco da Papa XII. Pius tarafından desteklenmiştir.[180] Çok ilginçtir. *Hitlerin Papası* kitabını yazan Amerikalı John Cornwell Vatikan tarafından karalama kampanyasına tabi tutulmuştur. Daha ilginci de söz konusu kitapta yazılanların gerçekdışı olduğunu iddia eden bir kitap *Yahudi Rabbi David G. Dalin tarafından 2005 yılında yayımlanmıştır.* Kitabının adını nazire yaparcasına "Hitler'in Papası" olarak isimlendiren Dalin, Papa XII. Pius'un Yahudilere yardım ettiğini yazarak onu temize çıkarmaya çalışmıştır.

180. John Cornwell, *Hitler's Pope: The Secret History of Pius XII*, Viking, New York, 1999.

G. HIRVAT-NAZİ ALTINLARI

Naziler işgal ettikleri ülkelerin hazinelerinden çalmış oldukları altınları Vatikan Bankası'nda saklamışlardı. II. Dünya Harbi'nde Naziler işgal ettikleri devletlerin hazinelerinden ele geçirdikleri altınları Hırvatistan'da saklıyorlardı. Bu hazine Nazi-Hırvat altını olarak anılıyordu.

İkinci Dünya Harbi'nin sonuna doğru, Nazi-Hırvat altını denilen bu hazine, altın ve İsviçre frankı olarak, operasyonda İsviçre Merkez Bankası (Swiss National Bank) başta olmak üzere bir kısım İsviçre bankasının yer almasıyla Hırvatistan'dan kaçırılıp Vatikan Bank'a yatırıldı. 1996 yılından itibaren bu konunun üzerine gidilmeye başlandı.

Aralık 1997'de Londra'da bir toplantı yapıldı, raporlar hazırlandı.

1998'de ise ABD resmi bir devlet raporuyla[181] bu hadisenin doğru olduğunu açıkladı. Ancak Vatikan bunu yalanladı. Fakat o döneme ait banka kayıtlarını da ısrarla açmadı.[182] Dipnot niyetine bir bilgi ilave edelim. Vatikan Bank'ın bu hususta hâlâ devam eden davaları mevcut.[183]

2013 yılı başlarında Vatikan ile alakalı bir başka sermaye-servet skandalı patladı. İngiltere'nin başkenti Londra'nın en lüks ve pahalı yerlerinden biri olan New Bond Street, St. James's Square ve Pall Mall'da, *Fransa ve İsviçre'de Vatikan*'ın pek çok pahalı binalara

---

181. US State Department.

182. Mark Aarons ve John Loftus, *Unholy Trinity: The Vatican, The Nazis and The Swiss Banks*, St. Martin's Press, New York, 1998.

183. www.vaticanbankclaims.com/press.html ve www.vaticanbankclaims.com/links.html

sahip olduğu ortaya çıktı. Vatikan uzun senelerdir bu gayrimenkulleri off -shore şirketlerinin yapısı içerisinde gizlemekteydi.[184]

Bernardino Nogara (1870-1958), Papalığın 1929-1954 yılları arasında yatırım danışmanlığını yapan kişi. Bu kişi Vatikan ila İtalyan hükümetleri arasındaki ilişkide kilit rol oynayan insandır. Özellikle faşist Mussolini iktidara geldikten sonra (1922-1945) 1929 yılında, Vatikan'a bağımsızlık veren Lateran (Laterano) Anlaşması'ndan sonra ilişkiler giderek al gülüm ver gülüm modundadır.[185]

"Modern Papalık için en büyük tehlike, Papalığın kendi finansal işlerini yönetirken takip ettiği metodolojinin kendi dini öğretisiyle çelişmesidir."[186]

184. David Leigh, "How the Vatican built a secret property empire using Mussolini's millions Papacy used offshore tax havens to create £.500m international portfolio, featuring estate in U.K., France and Switzerland", *The Guardian*, 21.01.2013.
185. John F. Pollard, *Money and the Rise of the Modern Papacy; Financing the Vatican 1850-1950*, Cambridge University Press, 2005, s. 222.
186. John F. Pollard, a.g.e., s. 216-217.

H. PAPA FRANCIS

Mart 2013'te Sistine Şapeli'nin bacasından beyaz duman Yeni Papa Jorge Bergoglio adlı Arjantinli bir Katolik din adamının "Papa Francis" adıyla papa seçildiğini müjdelemişti. Vatikan'ın tarihi boyunca Avrupa dışından seçilen ilk papaydı yeni papa. Papa'nın Francis adını aldığı kişinin hayat hikâyesi oldukça ilginçti.

1182-1226 yılları arasında İtalya'nın Umbaria bölgesinin Asisi şehrinde hayat sürmüş 12. yüzyıl Katolik azizlerinden fakirlere yardımlarıyla ve mütevazı hayatı ile meşhur Francis'in (Francis Xavier veya Asisili Francis) isminden esinlenerek "Francis" ismini almıştı yeni Papa. Ancak Aziz Francis gençliğinde oldukça uçarıymış. Zengin bir ailede doğmuş, zevk-i sefa içinde genç ömrünü kadınların peşinde koşmakla harcamıştı.[187]

Ancak algı yönetimi hemen devreye sokuldu. Yeni Papa çok mütevazı, yeni araba kabul etmeyen, işe otobüsle giden bir fakir fukara babasıydı.

Ama diğer kanallar da boş durmuyordu. Papa Francis Arjantin'de 1970'lerde iktidarda olan dikta rejimini ve diktatörleri desteklediğini ortaya koydular.[188]

Peki niçin Arjantinli bir Katolik din adamı papa seçildi? Küresel güç mücadelesinin üç temel aktörü mevcuttur:

---

187. M. Alex Johnson, "New Pope's choice of Francis has deep meaning for Catholic Church", NBC News, 14.03.2013.

188. Uki Koni ve Jonathan Watts, "Pope Francis: questions remain over his role during Argentina's dictatorship's", *The Guardian*, 14.03.2013.

- Katolik Vatikan-Opus Dei
- Evanjelist Hıristiyanlar-Siyonist Hıristiyanlar
- Tapınak Şövalyeleri/İlluminati

Güney Amerika ülkeleri Katolik Hıristiyanlığın en güçlü olduğu bölgedir. Ancak her gün 5500 kişinin Protestan/Evanjelist mezhebine geçtiği de bir vakıa. Yani Vatikan en güçlü olduğu Güney Amerika'da sürekli mevzi kaybediyor.

İşte yeni Papa'nın Güney Amerika-Arjantin'den olmasının en önemli gerekçesi. Diğer taraftan yeni Papa Protestan Hıristiyan-Evanjelistlere en uzak mesafede duran bir kişilik yapısında. Dahası 1966'dan bu yana Türkiye'yi ziyaret edip de İzmir-Selçuk Bülbül Dağı'ndaki 46. "Meryem Ana Evi"ni ziyaret etmeyen Papa'dır.

"Meryem Ana" evinde Hz. Meryem'in mezarının olduğu iddiası ve Ege Bölgemizdeki 7 İnayet Dönemi Kilisesi Evanjelist Hıristiyan ya da Siyonist Hıristiyan-Tapınak Şövalyeleri ve İsrail üçlüsü için son derece önemli figürler.[189]

Katolik inancına göre papalar günah işlemeyen, yanlış yapmayan, insanüstü ve kutsal kişiler olarak kabul edilir.

Yukarıda belirtmiştik, Papalık yani Vatikan-Opus Dei yeryüzündeki küresel güç mücadelesinin üç aktöründen biridir. Küresel güç mücadelesinde yer alınca işin içine siyaset, menfaat, para giriyor. Bu durum ise bütün kutsiyetleri dünyevileştiriyor. Kutsalların dünyevileştirilmesi küresel güç mücadelesinin en önemli argümanlarından birisine dönüştürülmüş vaziyette: Din-siyaset-para üçgeninden oluşan küresel hegemonya mücadelesi zorbalık-adaletsizlik-günah üzerinden yürütülmektedir.

Para ile dinler/inançlar, siyaset kurumları, adalet mekanizmaları yozlaştırılmış, içi boşaltılmıştır.

Para, Haçlı Seferleri'nden bu tarafa Tapınak Şövalyeleri'nin kontrolü daha açık ifadesiyle hegemonyası altındadır. Köroğlu'nun

---

189. Ramazan Kurtoğlu, *Evanjelizm - Tanrı'yı Kıyamete Zorlamak*, Destek Yayınları, İstanbul, 2017.

"Tüfek icat oldu mertlik bozuldu" sözünden hareketle banknot-kâğıt para icat edildi, paranın ciddiyeti ve namusu tamamen ortadan kalktı.

Günümüzde İkinci Dünya Harbi'nden bu yana, Londra-City'de planlanan, New York Wall Street, Belçika Brüksel ve Singapur merkezli küresel operasyonlar ile insanlığı serseme çeviren ülkeleri talan eden, İsviçre Basel-BIS üzerinden kontrol edilen küresel para hegemonyası vardır. İsviçre Tapınak Şövalyeleri devletidir.

Küresel para hegemonyasının anaparası olan ABD doları 15 Ağustos 1971'den bu yana tamamen karşılıksız olarak basılmaktadır. Yeni ABD-Kanada-Meksika ortak para birimi 2005'ten beri tedavüle çıkacağı günü beklemektedir. Yani "Amero".

İşte böyle bir fahişeleştirilmiş para dinleri ve siyaseti dönüştürmekte, içi boşaltılmış postmodern muhafazakârlıkla inançlar ahlak ve adaletten tamamen soyutlanmaktadır.

Hıristiyanlık inancı ta başından beri Roma Paganizmi ve Yahudi tasavvufu/sırdaşlığı ile Tarsuslu Pavlus tarafından kurgulanmış bir dindir. Ortada Hz. İsa'nın tebliğ ettiği din yoktur.

Böyle bir yapının içine dinler arası diyalog, İbrahimi dinler, kurtarıcı Mesih/Mehdi fenomeni ile İslam dinide çekilmek isteniyor. "Varlıkta Birlik"/"Vahdet-i Vücut" yani Arabi çizgisindeki İslam tarikatları ile İslam 13. yüzyıldan beri "Gnostik İslam"a dönüştürülüyor. Tapınak Şövalyeleri Tarikatı'nın istediği "Tek Dünya Dini" aynen böyle. İleride detaylı olarak ele alacağız.

ÜÇÜNCÜ BÖLÜM

A. PARA TİCARETİNİ KUTSAYANLAR "SIRRIN" SAHİBİ OLUNCA: KÜRESEL EFENDİLER - TAPINAK ŞÖVALYELERİ

Bazı ezoterik sembol ve manaları:

• *Her şeyi gören göz şekli:* Tevrat'a göre Tanrı'nın gözü "Yehova". Tevrat'tan önceki dönemde ise Mısır Tanrıçası "İsis"in oğlu "Horos'un gözü"dür. Temel bir semboldür. ABD'nin bir dolarlık banknotundan Mason localarına, Tapınak Şövalyeleri'nden İlluminati'ye kadar ezoterik-okült gizli kardeşlik örgütleri tarafından kullanılır. Anlamı, Tek Dünya Hükümeti ve yeryüzündeki her şeyi yapan-yaptıran ve kontrol eden, bir güç merkezi olduğunu sembolize eder. Başta Rothschild Hanedanlığı olmak üzere 12'yi geçmeyen Sion ailelerinin bulunduğu Yeni Dünya Düzeni'nin merkezi.

• *Yarım kalan piramit sembolü:* Kudüs'te bulunan Hz. Süleyman Tapınağı'dır. Yeni Dünya Düzeni kurulunca üçüncü ve son kez inşaatı tamamlanacaktır.[190] ABD dolarının üzerinde yer alır. Birinci Süleyman Tapınağı MÖ 586'da Babil Kralı Nebukadnezar tarafından yıkıldı, Kudüs yağmalandı. MÖ 515'te ikinci kez inşa edilen Süleyman Tapınağı MS 138'de Romalı Titus tarafından yıkıldı ve günümüzde "Ağlama Duvarı" olarak bilinen duvar dışında

190. Grace Halsell, *Tanrı'yı Kıyamete Zorlamak*, çev. Mustafa Acar ve Hüsnü Özmen, Kim Yayınları, Ankara, 2003.

diğer parçaları yok ve yerinde iki İslam mabedi, Mescidi Aksa ile Kubbet-üs Sahra camileri yer almaktadır.[191] Sion ailelerinin, yani "Tanrı Yehova'nın seçilmiş ırkı"nın kontrolü altında olan küresel sermaye-siyaset-din-istihbarat-vakıf kuruluşları ile ezoterik-okült cemiyetler sembolik manada yarım kalan piramidin parçalarıdır. Yeni Dünya Düzeni kurulduğunda sembolik olarak piramit tamamlanacaktır. FED, BIS, Londra City, Dünya Bankası, IMF, BM, Bilderberg, CFR,CIA, MOSSAD, MI6, NSA, Mason locaları, Tapınak Şövalyeleri, Siyon Tarikatı, Gül ve Haç Kardeşliği, İlluminati, Yeni Çağ (New Age) tarikatları, pek çok İslami tarikatlar/cemaatler, Evanjelik kiliseler, Vatikan-Opus Dei, Hollywood film endüstrisi, küresel medya şirketleri ve pek çok sayıda sivil toplum örgütü ile pek çok vakıf.

• *Piramidin alt tarafında yer alan MDC CL XXVI tarihi:* Bir dolarlık ABD banknotu üzerinde de yer alan bu tarih Roma rakamı ile 1776'nın yazılışıdır. Aynı zamanda İlluminati örgütünün-yani politik ihtilalciliğin sistematize edilişine bir göndermedir. ABD'nin bir dolarlık banknotu üzerine adeta milim milim yerleştirilen bu Kabala-büyü sembollerini ilk bakışta anlamak pek mümkün değildir. Nitekim, "... kesik piramidin üzerindeki ışığın anlamını tam olarak kavramadan... Pagan Mısır üçgeni ile ilgili birtakım bilgilere sahip olmadan... Hıristiyanlığın 33 sayısının sırları hakkında belli bir bilgiye sahip olmadan... Dolar banknotunun üzerindeki iki büyülü daire sembolünü tam olarak anlamak mümkün değildir".[192]

• *"Novus Ordo Seclorum" (Yeni Dünya Düzeni):* Dolar banknotunun üzerindeki bu vecize gizli nümeroloji-büyü-ebcet ve cifir hasılı Kabala ile ilişkilidir. Süleyman Tapınağı'na yani piramide gönderme olup zaten doların üzerindeki tamamlanmamış piramidin altında Latince olarak yer alır. Bir yaygın inanış ise "İsa

191. Ramazan Kurtoğlu, *Evanjelizm*, Destek Yayınları, İstanbul, 2017.

192. David Ovason, *Dolar Banknotundaki Gizli Semboller*, çev. Cem Şen, Klan Yayınları, İstanbul, 2005.

Mesih'in gelişinin kehaneti" olarak kabul edilmesidir. "1935 yılında piyasaya sürülen yeni dolar banknotunun tasarımında en etkili olan insanlar, 'Özgür Masonlar'dı. Bunların arasında, ABD Başkanı Franklin D. Roosevelt, Tarım Bakanı Henry A. Wallace ve Hazine Bakanı Henry Morgenthau bulunmaktadır. Bunların üçü de Mason'du."[193]

Ezoterik-Masonik büyü sembollerini anlamadan ve bunların niçin ABD dolar banknotunun üzerine nakşedildiğini bilmeden, FETÖ'nün 15 Temmuz 2016 kalkışmasında niçin bir dolarlık banknotları şifre olarak kullandığını anlayamayız. Yeni Dünya Düzeni'ne giden yolda "para" "kadir-i mutlak" hale getirilmiştir. Paranın sistematik bir şekilde, Avrupa çapında dolaşımını, Tapınak Şövalyeleri sağlamıştır. Gerçek bir bankacılık ve emlak imparatorluğu kurdular. Kendi gemi filoları olan Tapınak Şövalyeleri, kendi içişleri hakkında çok ketum ve son derece gizliydiler. 13 Ekim 1307 Cuma günü Paris'te başlatılan tasfiye sürecinde, akla hayale sığmaz işkence altında Baphomet[194] adını verdikleri bir varlığa tapınarak gizli ritüellerle gizlice törenler yaptıkları ve iddialara göre onlarla konuşan, büyülü güçleri olan sakallı bir erkek başının önünde secdeye kapandıkları gibi detaylı itiraflara tutanaklarda bolca rastlanıyor. Tapınak Şövalyeleri'nin en acımasızca cezalandırıldıkları yer Fransa olmasına rağmen, yine de, büyük çoğunluğunun Kraliyet Sarayı'ndan bir gün önce aldıkları istihbaratla örgütün gemi filosuyla La Rochelle Limanı'ndan kaçtıkları anlaşılıyor. Bu tarihten itibaren bir kısmı İskoçya ve İrlanda'ya yerleşiyor.

Bu hususta M. Baigent ve R. Leigh tarafından yapılan araştırmalar ve belgeler mevcut. Mason tarihiyle alakalı bir çalışmasında Robinson, İsa'nın zavallı şövalyelerinin yeraltında saklandıklarının belgesini ifşa ediyor ve diğerleri yanında "Hayat Vergisine.

193. David Ovason, a.g.e., s. 31.

194. Baphomet kelimesi bir isim olup, muhtemel anlamlar yüklenmektedir. Bunlar, "İdrakin Babası", "Bilgeliğin Babası" ya da "Bilgeliğin Kralı Şeytan".

Karşı Tapınakçılar" yazılı bir slogan hakkında açıkça bir kayıt olmasa da, 1381 Köylü Ayaklanması'nda örgütsel bir itici güç olduklarını vurguluyor. İskoçya'ya giden Tapınakçıların Bannockbum Savaşı'nda etkili oldukları ve sonra da İskoç Kraliyet Ailesi için bir "Praetorian Muhafız Birliği"[195] meydana getirdikleri iddia ediliyor. "Ameli-operatif Masonluk"la alakalı bağlantılar da (günümüzün "Serbest-Hür Mason" terimi çalışan duvar işçilerinden gelir) Siclairler gibi aristokrat İskoç ailelerinin de katkıda bulundukları tezine göre, 15. yüzyıldan sonra inşa edilen kiliselerin ve özel şapellerin[196] ilginç, ezoterik bazı sistemlerinde görülebilir. Belgelere göre, kaçan-sürgün edilen Tapınakçıların hem İngiltere Büyük Locası'nın 24 Haziran 1717'deki kuruluşu esnasında mevcut olan İngiliz localarına, hem de sürgün edilen Yakubilerle (Jacobites)[197] beraber Kıta Avrupası'na göç eden "sıkı gözetim" ve "Serbest-Hür Masonluğun" Büyük Oryent şubelerine uzanan doğrudan ve muhtemelen de süreklilik arz eden bağlantıları göz önüne getiriyor.

Christopher Knight ve Robert Lomas, *The Hiram Key* (Hiram Kilidi) adlı eserlerinde Tapınakçıların kökenlerine yönelik araştırma sonuçlarını yayımlamışlardır. Bu iki yazarın tezine göre, Tapınak Şövalyeleri, Kudüs'te bulundukları dönemlerde büyük bir değişim-dönüşüm yaşamışlardır. Tapınakçılar, Hıristiyanlık inancı yerine başka öğretileri yani ezoterizmi kabul etmişlerdir.

Bu değişim ve dönüşümün temelinde, Kudüs'teki Yahudi Tapınağı yatmakta olup, Süleyman Tapınağı'nda "keşfettikleri bir sır" onları olağanüstü güçlendirmiştir. Zaten Tapınak Şövalyeleri'nin asıl hedefleri, Süleyman Tapınağı'nın harabelerini araştırmak olmuştur. İki yazara göre, Tapınakçıların "Filistin'e giden Hıristiyan hacıları korumak" biçimindeki görüntülerinin

195. Roma döneminden kalma bir birlik ismi.

196. Küçük kilise.

197. Büyük Britanya tarihinde 11. James taraftarlarını nitelemek için kullanılan "Jacobite" terimi aynı zamanda MS 451'de toplanan Kadıköy Konsili'nde aforoz edilmeleri sonrası 6. yüzyılda Süryani Piskopos Yakup Baradeus'un çalışmalarıyla yaygınlaşan Süryanilik tarikatını tanımlamaktadır.

sadece bir kılıf olarak kullanıldığını örgütün gerçek hedefinin çok daha farklı olduğunu şu satırlarda dile getirmektedirler: Tapınak Şövalyeleri'nin herhangi bir zaman *Hıristiyan hacılara koruma sağladıklarına dair hiçbir belge yoktur.* Fakat diğer taraftan Herod Tapınağı'nın (Süleyman Tapınağı'nın 2. kez inşa edilmiş hali) yıkıntıları altında yoğun kazı yaptıklarına dair son derece ilginç belgeler bulunuyor. Fransız tarihçi Gaetan Delaforge ise şu yorumu yapıyor: "*Tapınak Şövalyeleri Cemiyeti'ni kuran dokuz şövalyenin gerçek maksadı, Yahudiliğin ve Eski Mısır*'ın *gizli geleneklerinin özünü kapsayan kalıntılar ve yazıları bulabilmek için bölgede araştırma yapmaktı.* Kudüs'te 19. yüzyılın sonlarına doğru arkeolojik bir araştırma yapan İngiltere Kraliyet araştırmacısı *Charles Wilson da, Tapınak Şövalyeleri'nin Süleyman Tapınağı harabelerini araştırmak maksadıyla oraya gittikleri fikrindedir.*" Wilson, Süleyman Tapınağı'nın temellerinin altında bazı araştırma ve kazı izlerine rastlamış, neticede bunların Tapınak Şövalyeleri'ne ait araç ve gereçler olduğunu tespit etmiştir. Söz konusu buluntular halen Tapınak Şövalyeleri hakkında büyük bir arşive sahip olan İskoçyalı Robert Brydon*'un koleksiyonu içindedir. The Hiram Key* kitabına göre, Tapınak Şövalyeleri'nin Süleyman Tapınağı'nda yaptıkları araştırmada, onların dünya ve dini görüşlerini değiştiren önemli bir şeyler bulduklarıdır. Pek çok araştırmacı da benzer kanaattedir. Tapınak Şövalyeleri'nin Hıristiyan bir dünyada doğmalarına, Hıristiyan kökenden gelmelerine rağmen, *Hıristiyanlıkla hiç alakası olmayan çok farklı bir inanç ve felsefeye bağlanmalarına* sebep olan, dahası Tapınakçıları sapkın ayinlere, kara büyü ritüellerine yönelten buldukları kaynak "Kabala"dır. Çok sayıda araştırmacının görüşü de bu yöndedir. "Kabala" kelime manasıyla "sözlü gelenek" demektir. Yahudi dininin mistik, tasavvufi, ezoterik/Batıni yönünü tarif eder. Kabala (Kabbala), Tevrat, Talmud ve diğer Yahudi dini kaynaklarının gizli anlamlarını araştıran bir öğretidir, tasavvuftur. Yahudilere göre Kabala'nın kökeni Hz. İbrahim'e dayanır. Ancak tarihi belgeler ve araştırmacıların bulguları Kabala'nın,

Yahudiliğin temeli olan Tevrat ve Talmud'dan da önce mevcut olan, bilahare Yahudi inancının içinde yayılan "Pagan" yani "putperest" bir öğreti olduğudur.

Fransız tarihçi Gougenot des Mousseaux da, *Kabala'nın gerçekte Yahudi inancından çok daha eski* olduğunu belirtmektedir. Yahudi kültürü-inancı içinde gelişen Kabala, *gerçekte Yahudilik dışındaki kaynaklara dayanmaktadır. Kabala, Eski Mısır'daki ve Mezopotamya'daki Pagan/putperest* inançlardan doğmuştur. Türkiye Cumhuriyeti vatandaşı bir kişi, Mason Murat Özgen Ayfer, *Masonluk Nedir ve Nasıldır?* adlı eserinde Kabala hakkında şunları yazmaktadır:

"Ne zaman doğmuş ve nasıl gelişmiş olduğu tam ve kesin bir şekilde bilinmeyen Kabala, özellikle Yahudi dini ile bağlantılı olmak üzere, metafizik nitelikli, kendine özgü bir ezoterik sistemi olan bir sırcı felsefenin genel adıdır. Yahudi sırcılığı olarak benimsenmekle birlikte, içerdiği öğelerden birçoğu aslında Tevrat'ın ortaya çıkışından çok daha eski bir tarihte oluşturulmuş bulunduğunu göstermektedir."

"İnsan zihninin en kötü ve tehlikeli sapmalarından biri" olarak gösterilen Kabala, binlerce senedir hemen her nevi büyü ritüelinin temel taşı niteliğindedir. Kabala ile meşgul olan hahamların büyü gücü olduğu iddia edilir. Yahudi olmayan pek çok Hıristiyan-Müslüman ve Budist'in de Kabala'nın sırrından etkilenmiş ve bu öğretiyi kullanarak büyü ile uğraşmıştır. Ortaçağın sonlarında Avrupa'yı saran, özellikle simyacılar tarafından kabullenilen ezoterik çalışmaların kökeninde Kabala'nın büyük rolü var. İslam inancında bunun pik noktası Endülüslü Muhyiddin İbn Arabi'dir (28 Temmuz 1165, Murcia-16 Kasım 1240, Şam). Günümüzdeki İslami tarikatların yüzde 95'i onun çizgisindedir. Arabi'nin "Varlıkta Birlik" (Vahdet-i Vücut) tasavvuf sistemi ezoterik/Batıni felsefeye dayanmaktadır. Onun çizgisindeki İslami tarikatların iddia ettiği "Ricali Gayb Erenleri"nin pek çok özel ilimleri arasında üç ana "ilim" var ki, yorumsuz aktarıyorum: "İlmi Ledün: Bir nevi vahiy iddiası", "İlmi Simya: Kabala kökenli büyü ritüeli olup maddenin yapısını değiştirme", "İlmi Cifir: Kabala kökenli olup İbrani alfabesinin harf karşılığı Arap alfabesine aktarılarak yapılır".

Muhyiddin İbn Arabi "İslam düşüncesinin Batıni/ezoterik boyutunu eksiksiz bir felsefi anlatıma kavuşturan ilk mutasavvıf ve düşünürdür... Mekke'de 1201 yılında "aldığı tanrısal bir buyrukla" en önemli eseri *Futühatul Mekkiye*'yi yazmaya başladı. Kitabı çok sonra Şam'da bitirdi. 560 bölümlük bu dev eseri, bütün Batıni İslam bilimlerini kendi anladığı ve yaşadığı biçimde ele alan, ayrıca iç dünyasıyla ilgili önemli bilgiler de içeren kişisel bir ansiklopediydi... Düşüncesinin kaynaklarının başında ilk İslam mutasavvıfları Hallac-ı Mansur, Tirmizi, Beyezid-i Bistami ve Gazali gelir. Muhyiddin Arabi'nin tasavvuf sisteminin temelini Vahdet-i Vücut (Varlığın Birliği) öğretisi oluşturur."[198] Theodore Reinach, Yahudi bir tarihçidir ve *Kabala'yı "Yahudiliğin damarlarına giren ve onu tamamen ele geçiren gizli bir zehir" olarak tanımlamaktadır.* Yine bir başka Yahudi, *Salomon Reinach ise Kabala'yı "insan zihninin en kötü sapmalarından biri"* diye nitelemektedir. Yahudi inancının içine, Tevrat ve Talmud'a büyücülüğü sokan Kabala, *Yahudi tarihçi Fabre d'Olivet'in ifadesiyle,* Kabala'nın kökeni *Eski Mısır'a uzanmaktadır.*

Kabala, İsrailoğulları'nın bazı liderlerinin Eski Mısır'da sürgün öncesi öğrendikleri, sonra da *hahamlar tarafından nesilden nesile* sözlü olarak aktardıkları bir gelenektir. Eski Mısır'ın mutlak hâkimleri olan Firavunlar, kendilerini "ilah" olarak göstermiş ve insanların kendilerine tapınmalarını istemiştir. Eski Mısır'la alakalı yazıtlar 19. yüzyıldan itibaren, Mısır alfabesinin çözülmesiyle Mısır tarihi hakkında pek çok bilgiyi açığa çıkarmıştır. *Yüce Kuran'da Mısır'la alakalı detaylı bilgiler verir.* Ayetlere göre Mısır'da iki önemli güç merkezi bulunmaktadır: Firavun. Firavun'un emrindeki yönetici kadro. Mısır tarihi verilerine göre, yönetici kad-

198. *Ana Britannica*, c. 16, s. 286.

ronun iki temel unsuru mevcuttur: Ordu. Rahipler Eski Mısır'daki Firavun iktidarının en önemli dayanağı-fikri temeli Rahipler/Büyücüler sınıfıydı. *Büyücülerin öğretisi, bilahare Kabala'nın temelini oluşturdu ve oradan Masonluğa ve Tapınak Şövalyeleri'ne, ezoterik-okült gizli örgütlere ve bir kısım İslami tarikat ve cemaatlere aktarıldı.* Hadisenin İslami tarikat, cemaat ve Masonluk boyutu hakkında daha geniş bilgi edinmek isteyen okuyucularımız, Fransız Bilimsel Araştırmalar Milli Merkezi'nde (CNRS) araştırmacı olarak görev yapan "Thierry Zarcone'nin İslam*'da Sır ve Gizli Cemiyetler* adlı kitabına bakabilirler.[199]

Eski Mısır'daki rahipler, Kuran'da "Büyücüler" olarak bahsedilen sınıftır. Kendilerinde özel bir güç ve gizli bir ilim olduğuna inanan rahipler sadece Firavunları etkilemekle kalmamış, Mısır halkını da bu otoriteyle etkilemiş ve halkın Firavun yönetimine olan bağlılıklarını sağlamışlardır. Mısır okumalarının ortaya koyduğu belgelere göre, "Amon Rahipleri" olarak bilinen bu sınıf, astronomi, matematik, geometri gibi pozitif konuların yanında büyücülük ve kâhinlik üzerine de yoğunlaşmışlardır. *Eski Mısır'daki bu rahipler sınıfı, kendi içine kapalı ve özel bir ilme sahip olan ve/veya olduğunu düşünen-kitleleri buna inandıran, bir tarikattır.* Bu neviden tarikat, cemiyet ve cemaatlere ezoterik/Batıni örgütler denir.

Kuran'da inkâra dayalı bir sistemin klasik modeli olarak anlatılan Eski Mısır'ın günümüzdeki yansımalarından biri, 15 Temmuz 2016 kalkışmasını tertipleyen FETÖ tarikatı-cemaatidir. Fethullah Gülen Muhyiddin İbn Arabi ve Said-i Nursi ekolünün takipçisidir. Ve dahi, bir kez daha, Türkiye'de tarikat ve cemaatlerin tasavvuf sistemi yüzde 95 Arabi'nin "Varlıkta Birlik" felsefesine dayanmaktadır. Böyle bir anlayış ise "şirk"tir. Kendileri de Mason olan İngiliz yazarlar Christopher Knight ve Robert Lomas *The Hiram Key* (Hiram Kilidi) adlı eserlerinde *Eski Mısır'ın Masonluğun kökeninde* çok önemli bir rolü olduğunu anlatmaktadırlar.

199. Thierry Zarcone, İslam'da Sır ve Gizli Cemiyetler, çev. Ali Berktay, Alkım Yayınları, İstanbul, 2003.

1. Kaos Teorisi: Dün ve Bugün

Eski Mısır'dan Masonluğa miras kalan en önemli inançlardan biri *kendi kendine var olan ve tesadüflerle evrimleşen evren* fikridir. Eski Mısırlılara göre, *madde her daim vardır ve madde ölümsüzdür.* Bu durumda bizatihi *kâinatın kendisi Tanrı'dır.* Eski Mısırlılar için yaratıcının mutlak olarak hiçlikten bir şey yapmasını düşünmek mantık dışıydı. Bu görüşe göre, dünya *kaosun içinden düzenin doğması ile meydana gelmişti...* Bu kaotik duruma "Nun"[200] deniyordu. Bu ifade tıpkı Sümerlerin tanımı gibi karanlık, güneşsiz, sulu bir derinlik olup, bu derinliğin kendi içinde bir gücü mevcuttu, bu yaratıcı güç kendi kendine düzenin başlamasını emretmişti. Kaosun maddesinin içinde yer alan bu gizli güç, kendi mevcudiyetinin şuurunda değildi; o bir ihtimaldi, düzensizliğin rastgeleliği ile birleşmiş bir potansiyeldi. Yukarıda kısaca özetlediğimiz inanç, günümüz dünyasında "materyalist felsefe" tarafından savunulan ve "evrim teorisi-kaos teorisi-maddenin öz teşkilatlanması" benzeri terimlerle bilim dünyasının gündeminde tutulan fikirlerle tam olarak uyum içindedir. Knight ve Lomas bu hususta şu görüşlerini dile getirmişlerdir:

"Enteresandır ki, bu yaratılış tanımı, günümüzde modern bilim tarafından kabul edilen görüşle, özellikle de *karmaşık dizaynların tamamen evrimleşerek ve matematiksel olarak kendini tekrarlayarak düzensiz yapılardan çıkabileceğini savunan kaos teorisi ile kusursuz bir uyum içerisinde olup örtüşmektedir.* Eski Mısır'ın 'Firavun-Büyücü' merkezli bu 'dünya görüşü', kendisini Eski Mısır'ın vârisleri olarak gören 'ezoterik-okült' gizli cemiyetler-tarikatlar-dernekler aracılığı ile günümüze kadar taşınmıştır. Şurası oldukça şaşırtıcıdır ki Eski Mısır'ın büyü formatlı bu inanışı Kabala'yı biçimlendirmiş olup, Kabala ile Yahudilik-Hıristiyanlık ve Müslümanlığın özellikle 'tasavvuf' sistemleri derin bir şekilde

200. NUN, Eski Mısır inanışında yaratılış öncesi bütün evreni dolduran, hayatın kaynağı olarak kabul edilen ilahi suya verilen isimdir.

bu 'inanç-büyü-nümeroloji'den beslenmektedir. Şunu söyleyebiliriz Paganizm, Panteizm-Kabala üç semavi dinin tasavvuf sistemine ezoterizmi/Batıniliği sokarak üç semavi dinde ciddi sapmalara kaynaklık etmiş/etmektedir. Nümereloji-Kabala'dan İslam'a Hurufilik, ebcet-cifir olarak aynı harf-rakam değerleriyle girerken, ister Pagan, ister seküler, ister dini olsun 'Varlıkta Birlik' noktasında kesişiyorlar. Bu ise 'Allah indinde yegâne din İslam'a[201] Pisagorculuğun, Kabalacılığın, Paganizm'in hasılı literatürdeki adıyla 'İsrailiyat'ın şu veya bu sarmalama ile sokuşturulmasıdır. Nitekim 'Varlıkta Birlik' inancının en yaygın isimlerinden, 15 Temmuz 2016 kalkışmasının lideri olan FETÖ lideri F. Gülen, 'kendisini sabah namazına Osmanlı Padişahı Sultan Murat'ın cama vurarak uyandırdığını' söylemektedir."[202]

Dahası da var. "Mesela, 1960'ta Gülen'in karanlık yüzünü fark eden gezici vaiz Salih Cemal Esirger, Diyanet'e yazdığı mektupta Gülen'in adeta ajan gibi çalıştığını, Yahudi cemaatinden çantayla para aldığını ve kendisini Mehdi ilan ettiğini söylemişti. Bir dönem Gülen'e yakınlığıyla bilinen Nurettin Veren de bu ilişkileri doğrulamıştı."[203]

15 Temmuz 2016 kalkışmasından sonra ortaya çıkan belge ve bilgiler gösteriyor ki FETÖ ve onun lideri F. Gülen "Siyonist İslamcı" bir harekettir. Tıpkı Evanjelist Hıristiyanların "Siyonist Hıristiyan" olarak tanımlandığı gibi. Tarih bize gösteriyor ki Kabala-Siyon-Masonluk-Tapınak Şövalyeleri-İlluminati-İslami tarikatlar-Yeni Çağ tarikatları gibi bir sistematik "ezoterik din" temelinde gizli, okült cemiyetler yapılanması ile karşı karşıyayız. Elbette bu yapılanmanın kontrolü altında olan pek çok ezoterik-okült başkaca gizli cemiyet ve tarikatlar dün de bugün de varlıklarını sürdürüyorlar. Ancak Tapınak Şövalyeleri her daim geri planda kalmayı, 1307 yılının bir cuma günü, 13 Ekim'inden bu tarafa

201. Âli İmran Suresi, 19. ayet.
202. Gazeteler, 28 Ağustos 2016.
203. "FETÖ'nün Karanlık Hikâyesi 2", *Yeni Şafak* gazetesi, 19 Ağustos 2016.

ustalıkla sürdürüyorlar. Tapınak Şövalyeleri Masonluk da dahil olmak üzere gelecekteki gizli topluluklar için bir model sağlayan bir yapı oluşturmuşlardı. Derecelerle ayrılıyorlardı ve ritüel olarak sırlar tutuyorlardı, yalnızca halktan değil, aynı zamanda birbirlerinden de üye sayısı yirmi bin gibi büyük bir sayıya ulaşana kadar yeni üyeler alındı.[204] *Tapınak Şövalyeleri'nin iç merkezi son derece varlıklı-zengin bir duruma gelmişti. 1139 yılında Papa II. Innocent Tapınak Şövalyeleri'nin kilise dışında başkaca hiçbir otoriteye uymak mecburiyetinde olmadığını ilan etmişti.* Tapınakçılar bol miktarda toprak satın aldılar ve bir ücret karşılığında para transfer ettiler, para bozdurdular. Kredi kavramının mucidi onlardır. İlk kredi kartlarını çıkardılar. İngiltere'de, kral için yaptıkları hizmetlerden biri vergi toplamaktı. Bu hasılattan bir yüzde aldıkları basit bir işti. Meşhur araştırmacı, ABD'li yazar Jim Marrs'a göre, Tapınak Şövalyeleri bankacılık uygulamalarının yanı sıra, onlar Avrupa'ya sahip oldukları mimari, astronomi, matematik, tıp ve tıbbi teknikleri getirdiler. Tarikatın kurulmasının üzerinden daha yüz yıl geçmemişken, *Tapınak Şövalyeleri günümüzün çokuluslu-ulus üstü şirketlerinin ortaçağdaki karşılığı haline gelmişti.* Tapınak Şövalyeleri Avrupa'da Almanya'dan İstanbul'a kadar uzanan güçlü bir imparatorluk kurmaya başladılar. Vatikan'ın yani Kilise'nin kendisi dışında, *Tapınak Şövalyeleri 1150 yılında Batı dünyasındaki* en güçlü, en etkili kurum haline gelmişti. Tapınak Şövalyeleri'nin *dördüncü Büyük Üstadı olan Bertrand de Blanchefort* (1153-1170) Tapınakçıları teşkilatlandıran ve onları günümüzdeki milletlerarası bir şirket denebilecek duruma getiren kişidir. *1200 yılına gelindiğinde,* Tapınak Şövalyeleri Avrupa'daki şatoların yaklaşık *dokuz bininin sahibiydi.* Bu yapıların pek çoğunu kendileri inşa etmişlerdi. Ayrıca kiliseler ve askeri kaleler de yapmışlardı. Kaleler çoğunlukla saldırmayı daha da güçlendirmek için yarımadalara veya dağların tepelerine inşa ediliyordu.

---

204. Michael Benson, *Gizli Topluluklar Sözlüğü*, Neden Kitap, İstanbul, Kasım 2005, s. 244.

2. Paris'teki Chartes Katedrali ve Ahit Sandığı

Wolfram Von Eschenbach tarafından 1195-1220 tarihleri arasında yazılan "Parzival" adını verdiği romantik-epik şiirde, Tapınak Şövalyeleri'nin gücü ve kudreti, onların "Kutsal Kâse", "Kâse Ailesi"ni ve "Kâse Şatosu"nu koruyan kişiler olduğu gerçeği vurgulanmaktadır. Tapınak Şövalyeleri'nin kendilerine ait güçlü bir ordusu ve donanması mevcuttu. Tapınak Şövalyeleri'nin gemileri üzerinde *bir kafatası ile çapraz kemikler bulunan ve bilahare korsanlıkla alakalı hale gelecek olan bir bayrak yer almaktaydı.* Bayraklarında yer alan kafatası ve çapraz kemikler Tapınak Şövalyeleri'nin sahip olduğu "sır" ile yani güçlerinin mistik-kutsal anahtarlarıyla ilişkilendirilmektedir.

Denizlerde yıldızların gözle görülemediği gecelerde yolculuk yapılmasına imkân sağlayan manyetik pusulayı ilk kullananlar arasında Tapınak Şövalyeleri de vardır. Yani onlar usta gemiciler idi. 13. yüzyılda düzenlenen *Albingensian Seferi* ile Fransa'nın güneyindeki *Catharlar yok edildi.* Tahminen iki yüz bin kişi katledildi. Bu katliamda hayatta kalmayı tek başaran kişi, bilahare dördüncü büyük üstat olan, *Bertrand de Blanchefort bir Cathar ailesi mensubuydu.* Günümüzde de varlığını sürdüren, Paris'in güneybatısındaki Eure Nehri kıyısında yer alan ve Tapınak Şövalyeleri tarafından 1145'te yapılan *Chartes Katedrali,* 1194 yılında bir yangın sonucu yok olunca 26 yıl süren bir inşaat dönemi sonunda yeniden yapıldı. Chartres Katedrali'nin *kuzey kapısında bir yük arabasında taşınan Ahit Sandığı oyması yer almaktadır.* Bu oyma, *Tapınak Şövalyeleri'nin Kudüs'te Ahit Sandığı'nı buldukları ve Avrupa'ya getirdikleri yönünde bir belge olarak yorumlanmaktadır.* Çok önemli bir ayrıntı. Tapınak Şövalyeleri'nin inşa ettiği katedrallerin hiçbirisinde *Hz. İsa'nın çarmıha gerilmesi resmedilmemiştir.* Hasılı 13. yüzyılın ortalarına gelindiğinde, artık Tapınak Şövalyeleri dünyadaki en güçlü askeri kuvvetlerden biri durumundaydı. *Fransa'nın*

Atlantik kıyısında La Rochelle'de üslenmiş bir donanma ve bir kara ordusunun sahibiydiler. Jim Marrs'a göre, *1252'de bir Tapınak Şövalyesi* "Adil davrandığınız müddetçe, saltanat süreceksiniz. Ne var ki adaleti bozacak olursanız, artık kral olmayacaksınız" sözleriyle *İngiltere Kralı III. Henry'yi tehdit etmişti.* Çünkü Tapınak Şövalyeleri artık ne Kilise ne İngiltere ne de bir başka güçten emir almak istemiyorlardı.

Müslümanlar 1291'de Kudüs'ü Hıristiyanlardan geri aldılar. Tapınak Şövalyeleri'nin Ortadoğu ayağı, daha önceden Aslan Yürekli Richard'dan (İngiliz) satın aldıkları *Girit'e yöneldiler.* Özerk Kudüslü Aziz John Tarikatı (Misafir Severler) olarak bilinen grup da Girit'e gitmişti. Tapınak Şövalyeleri çok milletli bir hale gelmişti ve pek çok Şövalye, Kilise'nin asla onaylamadığı "Gnostik Düalizm"e inandığını söylüyordu. Tapınak Şövalyeleri 1300'lerin başında güçlerinin zirvesindeydi. *Fransa Kralı IV. Philip Tapınakçılara borç yükü altında* eziliyordu. 1305'te Fransa Kralı Roma'ya gitti ve Papa V. Clement ile buluştu. Papa o zamanlar Fransa Kralı'nın adeta kuklasıydı. Çünkü Fransa Kralı Philip Papa VII. Boniface'e suikast tertiplemeyi planlamış ve onun yerine geçen Papa XI. Benedict de şüpheli bir şekilde ölmüştü. *Papa V. Clement* Bordeaux başpiskoposuydu ve Kral IV. Philip'in hizmetindeydi. Hasılı Kral, Papa'dan destek alacağından çok emindi. IV. Philip, Papa V. Clement'e Tapınak Şövalyeleri'nin Kilise'yi devirmeyi planladığını söyledi. Kilise, Tapınak Şövalyeleri merkezli tehdidi yok etmek için, Fransa tarihinin kanlı bir sayfasını, Catharlar hadisesinde olduğu gibi, yeni bir sefer düzenlenmesi emrini verdi.

Önce Tapınak Şövalyeleri'ne yönelik bir propaganda savaşı başlatıldı. Rencide edici ve ağır ithamlarla dolu dedikodular her tarafa yayıldı. Öyle ki insanlar, Tapınak Şövalyeleri'nin Baphomet adlı bir şeytana taptıklarını, homoseksüel olduklarını ve bebekleri öldüren yamyamlar olduklarını konuşuyorlardı. Dahası Tapınak Şövalyeleri İsa Mesih'in tanrısallığını yadsıyan ritüeller yapıyor, haça tükürüp ayaklar altında çiğniyorlardı. Dedikodular bir yana, bazı

Tapınak Şövalyeleri'nin yazılarında gerçekten Baphomet'e gönderme yaptıklarına dair belgeler bulunmaktadır. Açıkçası Baphomet'e saygıyla bakıldığını ve onun iblis benzeri heykellerle alakalı olduğu açıktır. Bu husus bazı kişilerin 1204'ten itibaren 1307'ye kadar Tapınak Şövalyeleri'nin Turin Örtüsü'ne (Kutsal Örtü) bir gönderme olduğuna inanmasına yol açmıştır.[205] Peter Tompkins'in *The Magic of Obelisks* (Dikilitaşların Sihri) adlı kitabında yazdığına göre, "halkın öfkesi Baphomet adlı bir idol biçiminde iblise tapınma suçlamalarıyla uyandırıldı". Baphomet, *fallik tapınma ve yönlendirilmiş irade gücüne dayanan Gnostik ritlerin Tapınak Şövalyeleri sembolüydü.* Bir keçi sakalı ve yarık toynakları olan "çift cinsiyetli" bir figür ilk çağların boynuzlu tanrısı, Mendes'in keçisiyle birbirine bağlıdır. *1991 yılında John J. Robinson* tarafından yayımlanan *Dungeon, Fire and Sword* (Ejderha, Ateş ve Kılıç) adlı kitapta ise şu görüşlere yer veriliyor:

"Bazıları kırmızı, gri ya da siyah veya benekli bir kedi biçimindeki bir idole tapındıklarını da itiraf etmiştir. Kimi zaman bu idole tapınma kediyi kuyruğunun altından, yani kedinin cinsel organından öpmeyi gerektirirdi. Kimi zaman da kedi kızartılmış bebeklerden alınan yağ ile yağlanırdı. Tapınak Şövalyeleri ölmüş şövalyelerin küllerinin bulunduğu eti yemeye zorlanırdı; bu ölen şövalyelerin cesaretinin geçirildiği bir büyücülük biçimiydi."

Peter Partner'in *The Murdered Magicians* (Öldürülmüş Majisyenler/Büyücüler) adlı kitabında yazdığına göre, Tapınak Şövalyeleri, "... meclislerinde, fiziki özellikleri hususunda farklı biçimlerde tanımlanan, ama etimolojik olarak *eski Fransızcada Muhammed ile aynı kelime olan bir Baphomet olarak bilinen dinsizlere özgü bir idole tapınıyorlardı* (Mahomet biçimi de dava esnasında şahitler tarafından gerçekten bir iki kez kullanılmaktadır). Meclislerini sadece gizlilik içinde ve geceleri topladıkları söylenmiştir... Tapınak Şövalyeleri'nin Muhammed Peygamber'in adını taşıyan bir idole

205. Michael Benson, a.g.e., s. 249.

tapınmayı Doğu'dan almış olmaları mümkün değildi, zira böyle bir idol Doğu Akdeniz Bölgesi'nde hiçbir yerde, İsmaililer ya da Dürziler gibi aykırı gruplar arasında bile mevcut değildi. Müslümanların putperest oldukları fikri Batılı Hıristiyanların kafasındaki Doğu dünyasının aşağılayıcı temsili olan başka bir 'karalamalar' sisteminin bir parçasıydı".

Ağır propaganda saldırısının ardından Tapınak Şövalyeleri'ne yönelik saldırı 13 Ekim 1307 Cuma günü başladı. Bu, pek çok filme konu olan ve uğursuz sayılan "13" rakamı ve "13. cuma" buradan gelmektedir. Tapınak Şövalyeleri'ne yönelik saldırıların gizli tutulması için büyük gayret gösterilmesine mukabil, bazı şövalyeler önceden ikaz edildi ve Tapınak Şövalyeleri'nin hazinelerini başka bir yere taşıyıp saklamayı başardılar. *Tapınak Şövalyeleri'nin Paris tapınağında saklamış oldukları altın ve kutsal hazineler ortadan kayboldu.* Dahası Tapınak Şövalyeleri'nin Atlantik kıyısındaki La Rochelle Limanı'nda demirlemiş olan *18 karavel tipi gemi* ve donanması da kayboldu. Kilise emirleri Tapınak Şövalyeleri'nin bütün Hıristiyan dünyasında öldürülmesi için olmasına karşın, onlara karşı olan saldırılar Fransa ile sınırlı kaldı. Diğer Avrupa ülkelerinde pek kabul görmedi. Fransa Kralı V. Philip'in damadı olan İngiliz Kralı II. Edward bile Tapınak Şövalyeleri'ne karşı savaşa girmek istemedi; her ne kadar yarım ağızla itaat etse de... İngiltere İskoçya ile savaştaydı ve Tapınak Şövalyeleri'ne karşı savaş açarak güçlerini bölmek istemiyordu.

İskoçya ile İngiltere arasındaki savaş sebebiyle, Papalığın Tapınak Şövalyeleri Tarikatı'na son verme emri İskoçya'ya asla ulaşmadı. İskoçya Hıristiyan dünyasında Tapınak Şövalyeleri'nin hâlâ resmi olarak var olduğu tek ülke oldu. *Engizisyon Mahkemesi 12 Ağustos 1308 tarihinde Tapınak Şövalyeleri'ne karşı bir suçlamalar listesi hazırladı.* Bunlar çok ağır suçlamalardı. 1314'te *Tapınak Şövalyeleri'nin son resmi Büyük Üstadı Jacques de Molay yakalandı ve kazığa oturtulup yakıldı.* Molay 1265'ten beri bir Tapınak Şövalyesi'ydi ve *1298'de büyük üstat olmuştu.* Molay'ın Tapınak

Şövalyeleri'nin inançlarına en büyük katkısı Yahyacılar denen bir grubun aykırılığa ilave olmuştur; onlara göre *gerçek Mesih Hz. İsa değil, Vaftizci Yahya'dır.* Bu husus Tapınak Şövalyeleri'nin Molay'ın, kazığa bağlanıp yakılırken, kendine zulüm edenlere beddua ettiği efsanesinin parçası oldu. Molay bir yıl içerisinde Papa Clement ve Kral Philip'in "Tanrı'nın Mahkemesi" önünde kendisine katılacağını söylemişti. Daha bir ay geçmeden Papa Clement dizanteriden öldü. Kral Philip ise o sene bitmeden bilinmeyen bir sebepten öldü. Peki Tapınak Şövalyeleri'nin yakalanmayanları, hazine ve donanmaya ne olmuştu?

Bazı Tapınak Şövalyeleri'nin Kolomb'dan önce, iki yüz yıl evvel Atlas Okyanusu'nu geçip sonunda Amerika'ya vardıklarına dair bir teori mevcuttur. Christopher Knight ve Robert Lomas tarafından yazılan *The Hiram Key: Pharaohs, Free Masons and the Discovery of the Secret Scrolls of Jesus* (Hiram Anahtarı: Firavunlar, Far Masonlar ve İsa'nın Gizli Parşömenlerinin Keşfi) adlı eserde iddia edildiğine göre, *La Rochelle Limanı'ndan ayrılan Tap*ınak Şövalyeleri donanması araç *gereç almak için Portekiz'de durdu.* Sonra da *"La Merica" adını verdikleri bir ülkeye* gitmek için Batı'ya yöneldi. *1308'de ABD'de bugün Westford, Massachusetts* denen yere vardılar. Westford'da, elinde bir kalkanı olan bir Tapınak Şövalyesi gravürü vardır. Kalkanın üstünde, bir gemi ve tek bir yıldız bulunur. Newport, Rhode Island'da çok eski bir kule vardır ve yapıldığı tarih bilinmemektedir. Mimarisi Tapınak Şövalyeleri tarafından yapılmış olabileceğini göstermektedir.

Tapınak Şövalyeleri'nin karavel tipi gemisinin -ki bunlar sığ sularda seyredebilme yeteneği ve üstün manevra gücüyle meşhurdurlar. Maksimum 100 ton yük taşıyabilirler- Yenidünya'ya ulaştığı ve geri döndüğüne dair bir diğer gösterge ise *1486'da tamamlanan Rosslyn Şapeli'dir.* Bu şapelin tavanlarında teorik olarak o zamanda Avrupa'da bilinmeyen Kuzey Amerika bitkileri olan kaktüs ve mısır resimleri bulunmaktadır. Fransa dışında Papa'nın Tapınak Şövalyeleri'ni yok etme emrini ciddiye alan olmamıştı. Bazı

Tapınak Şövalyeleri Portekiz'de kaldı ve adlarını *Mesih'in Şövalyeleri* olarak değiştirip denizlerde keşfe çıktılar. İddiaya göre *Kolomb, bir Mesih'in* şövalyesinin kızıyla evlenmiş ve kayınbabasının deniz haritalarından faydalanmıştır. Bazı Tapınak Şövalyeleri de "Misafir Severler" ile birleştikleri İskoçya'ya gitti. Bazı Tapınak Şövalyeleri ise Almanya ve İsviçre'ye gittiler. Bu bağlamda İsviçre bir Tapınak Şövalyeleri devletidir.

Almanya'daki Tapınak Şövalyeleri, "Aziz John Misafir Severleri" ve Töton Şövalyeleri gibi başka gizli toplulukların içine dahil olarak etkinliklerine devam ettiler. Tapınak Şövalyeleri'nin başka tarikatlar kisvesi altına girdiği ve etkinliklerine devam ettikleri ülkelerden biri de İspanya'dır.[206] İşte günümüzdeki *Opus Dei Tarikatı'nın teşkilatlanma modeli tam anlamıyla Tapınak Şövalyeleri'ne benzemektedir.* Kökenleri de oldukça eskidir. Hatta İlluminati *hareketi esasen İspanyol kökenlidir.* Daha geniş ve derin araştırmaya ihtiyaç var.

Peki Fransa'nın La Rochelle Limanı'ndan ayrılan 18 karavel tipi gemi ve hazinesi neredendir? Yaklaşık 700 yıldır akıbetleri meçhuldür. Acaba İstanbul-Büyükçekmece Limanı'na gelmiş olabilirler mi? Tapınak Şövalyeleri'nin Kudüs meselesinde zaman zaman Müslümanlar ile işbirliği yaptıkları biliniyor. Öyleyse kıyımdan kurtulmak için Akdeniz'e, İslam coğrafyasına dümen kurmuş olmaları oldukça mantıklı. 21. yüzyılda hâlâ Tapınak Şövalyeleri var mıdır? Bu soruya Michael Benson evet demektedir. 1894 yılında Morya Dağı'nın altındaki kemerli mezar odalarının haritalarını çıkaran İngiliz mühendislerden oluşan bir grup kilit taşlı kemerleri olan geçitlerde bir Tapınak Şövalyesi haçı, bir kılıç ve bir mızrak parçası gibi insan eliyle yapılmış nesneler buldu. Bunların belge olduğuna inanılmaktadır ve günümüzde İskoçya*'da müze* sergilerinde yer almaktadır.

206. Michael Benson, a.g.e., s. 253.

Bugün, 21. yüzyılda, Tapınak Şövalyeleri adını kullanan en az üç, muhtemelen de daha fazla sayıda gizli topluluk bulunmakta ve kökenlerinin ortaçağa kadar takip edilebileceğini iddia etmektedirler. Derecelerinden biri olarak Tapınak Şövalyesi bulunduran belli Mason locaları da bulunmaktadır.[207]

207. Michael Benson, a.g.e., s. 254.

DÖRDÜNCÜ BÖLÜM

A. KOZMİK İNTERNET VE SANAL GERÇEĞİN NÖRO-MESİH'LE GÖBEK BAĞI

"Sanal gerçek" evren, tıpkı kablosuz internet gibi çalışır. Şifrelenmiş bilgi, bilgisayar sistemi tarafından okunur ve *kolektif/ortak şuura dönüşür.* Tıpkı dizüstü bir bilgisayarın görünmeyen kablosuz bilgiyi "www"ya deşifre etmesi gibi.

İnsan bedeni de, beden bilgisayarı da görünmeyen bilgiyi fiziksel gerçeğe deşifre eder. Şayet beyinlerimizde aynı gerçeği inşa edersek, mesela hepimiz aynı televizyonu, arabayı, aynı sokak numarasını veya manzarayı görürüz.

Tıpkı yeryüzündeki bütün bilgisayarların internete bağlı olmaları gibi, insanın beden bilgisayarı da "sanal evren"e bağlıdır.

"www"nun bilgisayarlar için kolektif bir gerçek olduğunu biliyoruz. "Sanal evren" de insanların beden bilgisayarlarının kolektif gerçeğidir. Her ikisi de bilgiyi deşifre ederek kolektif bir dünya oluştururlar.

Dünyanın herhangi bir yerinden internete bağlandığınız an, kültür, din, ırk veyahut da durumunuz ne olursa olsun, aynı kolektif hakikate ulaşırsınız. Ta ki herhangi bir bloke konulmamış olsun.

Diğer taraftan insanların ulaşacakları gerçek, seçecekleri web sitesine göre değişir. İnsanın beden bilgisayarı bir bilgi alıcı-vericisi durumunda olup, sanal evrene hem titreşimsel hem de dijital/sayısal olarak bağlı. Bu vaziyette hem sanal gerçeklikten bilgi alıyor hem de kendi algılamamızı sisteme geri gönderiyoruz. *Algılarımız sanal gerçekte biçimleniyor*, ama bu arada bizde kolektif bilinci etkiliyoruz.

Bir hususa dikkat çekmek istiyorum. Radyo ve bilgisayarlardaki alıcı-verici teknolojisi kuartz kristali olduğuna göre, insan bedeni de yürüyen, koşan, konuşan bir kristal.

Tıp alanında Profesör Bruce Lipton İnanç Biyolojisi adlı kitabında hücre membranı/zarı hakkında verdiği detaylı bilgilerle, *hücre zarının sıvı kristal yarıiletken olduğu* neticesine varmış.

Bilgisayar, dijital ses çalar, televizyon, kol saati, cep telefonları, sonar ve radarda bulunan yarıiletkenler, elektriği çok iyi geçirir ve yalıtkan olarak da kullanılabilirler. Yeni nesil bilgisayar-televizyon ekranınız LCD/sıvı kristal ekrandır.

Bilgisayarlı veya radyo dalgası kullanılan her şey *yarıiletkenlere bağlıdır. İnsan bedenindeki her hücre yarıiletken kristal hücre zarı ile sarılıdır. Üstelik bu hücreler 75 trilyon adettir.*

Hücrenin kontrol merkezi çekirdektir. Ama çekirdek alındığında hücre görevine devam eder; yani *hücre bilgiyi, sıvı kristal membrandaki moleküler anten vasıtasıyla alır.*

Dahası, *DNA da kristal yapıda* olup mükemmel bir alıcı-vericidir. Bu dev molekülün karakteristik biçimi itibariyle, birbirine sarılmış çift heliks/sarmal DNA ideal bir elektromanyetik anten oluşturuyor. Bir yandan uzayıp, elektrik atımları veya "puls"ları alıyor, diğer yandan yukarıdan bakıldığında halka gibi manyetik anten görüntüsü veriyor.

Kristal bir yapı olan DNA mükemmel bir alıcı-verici ve bizi kozmik internete veya sanal evrene bağlayan bir "ışık" veya frekans amplifikatörü veya güçlendiricisi. İnsan bedeni ise *temelde bir sıvı kristal.*

Harvey Bigelsen'in *Holografik Kan* adlı eserinde detaylı anlatılıyor. Kanın kristal yapısı, kuartz kristali... Yeryüzü kuartz dolu... Kuartz kristali her kum tanesinde, kuartzitte, granitte ve her nevi kayada mevcut.

Yeryüzünün kristal yapısı ve insan bedeni/bilgisayarı, gerçeklik duygusunun HAARP ile nasıl maniple edildiği mevzusu ile doğrudan ilintilidir.

Kuartz kristali sabit bir frekans üretme yeteneğine sahip, titreşimi elektrik sinyaline dönüşüyor. Bu ise aynen *insanoğlunun beş duyusunun yaptığı iş.*

İnsan bedeni bilgisayarımız kristal alıcı verici olup, bedenimizdeki her hücreye ulaşıyor, muazzam bir ölçekte frekans deşifre ediyor. Mesela zamanı böyle algılıyoruz.

İnsan beyninin her bir saniyede 400 milyar çeşidi algıladığı tahmin ediliyor. Ancak bizler sadece 2000'den biraz fazlasından haberdarız.

Nitekim insan beynin üst lobu saniyede 600 bin bite kayıt yaparken, bilinçaltı dediğimiz alt lop saniyede 2 milyon bite kayıt yapmaktadır. Böylelikle bilinçaltı, üst beyni yeni mantığımızı çok kolay etkilemektedir. Buna mukabil DNA/hücresel bilgisayar ağının daha ne işlemler yaptığını herhalde bugünkü bilgilerimizle insan havsalası almaz.

Şuurlu aklı "Biz neyiz?" biçiminde tanımlıyoruz. Halbuki bu, sadece beden seviyesinde bile gerçekte ne olduğumuzun yüzde kaçı?

Bedenimiz, elektriksel bilginin işlemcisi. *Elektriğin etkin iletkeni su ve tuz/mineral* içerik. İnsan bedeninin *yüzde 70'i ise sudan meydana gelir.*

Bu durumda en az 40-50 yıldır bütün insanlarda adeta *"tansiyonu eşitleyen"* ve her insana tansiyon ilacı dayayan ve *"Aman ha tuzdan uzak durun!"* diyen modern tıbbın aymazlığına ne diyelim? *Acaba Yeni Dünya Düzeni oligarklarıyla ilaç endüstrisinin patronları birlikte mi iş yapıyorlar?* Cevabı sizlere bırakıyorum.

1. Kristal Alıcı-Verici İnsan Bedeni

Özetlersek, insan bedeni bir bilgisayar, bir kristal alıcı-verici ve bilgi deşifre edici/çözücü.

- Beş duyu titreşimsel dalga durumundaki bilgiyi alıyor ve elektrik sinyali şeklinde beynine aktarıyor-iletiyor.
- Beyin kristal hücrelerden meydana geldiği için, bu bilgiyi – beş duyudan gelen– bizim dışımızda görülen üçboyutlu bir dünya biçiminde çözüyor-deşifre ediyor.
- Bu dünya bizim dışımızda gibi görünmekle beraber, gerçekte beynimizin içinde.
- Aynı-benzer prensiple, bu tıpkı, ekrandaki televizyon programları veya bilgisayar ekranındaki internet ve adeta kafamızın içindeki bir perdeye yansıtılan sinema gibi.
- İnsan bedeni/beyni titreşimsel bilgiyi, önce elektriksel bilgiye, sonra da fiziki olarak algıladığımız dijital/sayısal bilgiye deşifre ediyor, fakat bu "dünya" kafamızda sadece bir illüzyon olarak mevcut.

Gerçek dünya bağlamında, dışarıda olan yok. İnsan beyni duyulardan gelen elektrik bilgilerini iki aşamada deşifre ediyor-çözüyor. Önce dijital bilgi, bir piksel aşaması, sonra da beynin sol tarafı-sol beyin, biz bunu görüyormuşuz şeklinde okuyor.

Hologramlar, aynı lazer ışının iki bölümü kullanılarak gerçekleştirilir. İşleyen ışın daha sonra, kaynak ışın ile çarpıştığı, fotografik filme geri döndürülür. Bu motifin üzerine lazer tutulduğu zaman nesnenin üçboyutlu görüntüsü görünür. *Katı gibi görünür ama içine elinizi sokabileceğiniz bir illüzyondur.* Peki şimdi, bizim bedenimizin bir parçası olan beyinlerimizde inşa edilmiş olan bir şey, nasıl bu derece katı/sübtil ve maddesel görünüyor?

Cevabı oldukça basit. Satın aldığımız üçboyutlu görüntülerin düz bir yüzeye basılı olduğu hologramları biliyoruz. İnsanlar da gerçeğini bu prensiplere göre inşa eder. Yani hologramlar üçboyutlu veya katı halde bulunan cisimler değildir. Tıpkı bizim gerçeğimiz gibi, onlar da öyle görünürler.

Bir hologram, üçboyutlu illüzyona döndürülen *ikiboyutlu "bilgi"dir*. İnsan beyni de bunu yapar... Mağazadan satın aldığınız hologram, aynı lazer ışınının fotoğraf filmine yönlendirilerek yapılır.

Holografik teknolojinin gelişmiş haline *dijital hologram* diyorlar. Matematik ve piksel kullanılarak masaüstünden holografik resimler alınıyor ve holografik televizyon ve sinema filmi yapılıyor.

Netten edindiğim bilgilere göre, "yeni hologramlar sadece kredi kartlarının üzerindeki basit, küçük üçboyutlu sarı-yeşil-kırmızı görüntülerden oluşmaz. Teksas modeli zebra görüntüleme yöntemi, tam renkli yüksek kalitede görüntüler olup ölçeği-büyüklüğü sınırsızdır. Ve dahası artık dijital formatta yapılabiliyor. Öyle bir gerçeklik görüntüsü var ki, Ford otomotiv şirketi yeni otomobil konseptini sunarken insanlar görüntünün içine girmekten korktular".

İşte *insan beyni de* bu şekilde, çok çok *gerçek görünen holografik bir dünya meydana getirebiliyor. Gözlerden "bilgi"yi alarak* bizim fiziksel dünya dediğimiz hologramı oluşturan beynimizdir.

Beynimiz ayrıca, algılamış olduğu sinyallerle kodlanmış bilgiyi çözerek-okuyarak, buna derinlik ve mesafe illüzyonlarını da ekliyor. Çok uzakta görünen şey her ne ise gerçekte bizim beynimizde. Tıpkı bilgisayar oyunlarındaki derinlik ve mesafenin, sadece küçük diskte-USB'de olması gibi.

Sık sık kullandığımız "dijital" kelimesinin manası: "Özellikle bilgisayar kullanılırken, sayısal formda dijitleri okurken, verilerin sayısal değerler olarak temsil edilmesi, sayısal formda verilmiş olan bilgiyi yazmak ya da muhafaza etmek için kullanılan şeylerdir."

Burada gerçeğimizin bir seviyede matematik ve numaralar ile ifade edildiğini gösteriyor. Bilim insanları ve araştırmacılar *tekrarlanan matematik kodlarını "Fibonacci" sayı dizisi olarak* tanımladılar. Yani son iki sayıyı bir sonrakine ilave ettiler. 1, 1, 2, 3, 5, 8, 13, 21... *Bu dizi bütün tabiatta mevcut.* İnsan vücudundan, bitki ve midyelerin büyümesine kadar her şeyde var.

Fibonacci sayı dizisi, 12.-13. yüzyıllarda, İtalyan matematikçi Pisalı Leonardo veya diğer ismiyle Leonardo Fibonacci'ye mal edilir. Fakat Hindistan'da ve ondan en az 100 yıl önce bütün *Doğu kültürlerinde bilinmekteydi.*

2. "Altın Oran" ve İnsan

Kadim kültürlerden gelen *pi "altın sayı", 1.618 "altın kesit", "altın oran" ve "ilahi oran"* diye biliniyordu. *Bu oran ellerin, yüzün, hatta dişlerin ebatlarında insan bedeninde mevcut.*

Bir kısım araştırmacı "altın oran"ı, insan bedeninin sıcaklığında, kalp atışında tanımlanabildiğini ve hayvanların, deniz canlılarının, böceklerin, dahası DNA ebatlarında da bulunduğunu ifade etmektedirler. *Benzer sayıları ve orantıları Mısır Piramitleri'nde, Yunan tapınaklarında ve pek çok diğer kadim dönem yapılarında da bulmak mümkün.*

Antik Yunan filozofu Platon "altın oran"ın bütün matematiksel ilişkilerin bağlayıcısı ve kozmosun fiziğinde anahtar olduğuna inanmaktaydı.

Bilim insanları 2010 yılında, "altın oran"ın atom altı kuantum âleminde de işlediğini belirlediklerini açıkladılar. Böylelikle atom altı frekanslarının *altın oran matematiği* ile rezonans içinde olduğu keşfedilmiş durumda.

Bu araştırmayı yapan ekipten Oxford Üniversitesi öğretim üyesi Dr. Radu Coldea yayımladıkları ortak isimli makalede şunları dile getiriyordu:

"Bir dizi tınlayan nota bulduk. İlk iki nota birbiriyle mükemmel bir ilişkiyi gösteriyor. Onların frekansları sanat ve mimariden gelen meşhur *altın oran 1.610* frekansındadır. Bu husus *gizli bir simetri* olan 'kuantum sistem'in güzel bir özelliğini yansıtır."

Burada keşfedilen simetri bizi şaşırtmamalı. Çünkü madde dediğimiz *holografik hal, kuantum bilgisinin planını yansıtıyor. Bilim fiziki dünyanın sayılara ve işlemlere indirilebildiğini keşfetti.* Öyle ki bunlar fizikte, bilgisayar ve yazılımda yaygın olarak kullanılan problem çözücü işlemler.

Burada kısa bir açıklama notu koyalım. *Bütün elektronların aynı yüke, bütün protonların da zıt yüke sahip olduğunu hatırlayalım.* Bu atomların ve moleküllerin istikrarı için lüzumlu. Şayet bu yükler bir parçacıktan diğerine rastgele değişiyorsa, nötr atomlar olmazdı ve DNA gibi biyolojik moleküller çalışmazdı. Fizik kanunları hayatı yaşamaya izin verecek kadar, Yüce Yaratıcı tarafından incelikle kurulmuş vaziyette. Pisagor'un her yerde-şeyde gördüğü sayılar ve söyledikleri Babil'de çoktan bilinmekteydi. *Pisagor Sümer ülkesinde yaşamıştı*, bu bilgilere orada ulaşmıştı.

Pek çok sanatçı resimlerinde ve heykellerinde sayı dizilerini kullanmışlardı. Leonardo Da Vinci'nin meşhur *Son Akşam Yemeği* tablosu da buna dahil.

William Neil *Nasıl Oluştuk: İtiraflar Kitabı* adlı eserinde tekrarlanan sayıları anlatıyor. *60 sayısı ve türevlerini temel alan Sümer sisteminin* devamlı olarak tekrarlandığını bulmuş: İnsanlar, gezegenler, eski antik yapılar, "zaman"ın ölçülmesi, kar taneleri ve daha pek çok şey. Ayrıca tekrarlanan sayı dizilerinin 360, 3.600 ve 6x6x6 (216) olduğunu da görmüş.

Bir diğer husus mezarı İzmir-Selçuk'ta bulunan İncil yazarlarından Yuhanna'nın Vahiyler/Esinlenme Kitabı'nda şöyle yazıyor:

"Bilgelik burada. Onu hayvanların sayısını hesaplama anlayışına sahip kılalım; bu bir adamın sayısı içindir ve onun sayısına 666 denir."

Yani Hıristiyan inancındaki "Deccal"ın sayısı. Başka pek çok misal verilebilir, ama bir hususun altını çizelim, *tekrarlanan bütün bu sayılar, oranlar ve sekanslar*, dijital Matrix'in, yani "sanal realite/gerçek" bilgisayar oyununun matematiği.

Astroloji adı verilen şey-gelecek okuma ise titreşimsel matematik yapısı. Amerikalı Dr. Stephen Marguart, Fibonacci üzerinde çalışırken "pi" sekansı/sayısı ile insan yüzünü özdeşleştirmiş. "Bütün hayat biyoloji, bütün biyoloji psikoloji, bütün psikoloji kimya, bütün kimya fizik, bütün fizik matematik"tir şeklinde konuşuyor.

Matrix üçlemesi filminde bir sürü yeşil kodla dolu bilgisayar ekranına bakarlar, ancak gördükleri sadece insanlar ve manzaralardır. İnsan *Matrix'i de öyle çalışıyor. Web sitesine matematik bilgisayar kodları verip enter tuşuna basarsanız, bu kodlar bilgisayar ekranında grafik ve resimler olarak belirir.* Buradaki fiziksel gerçek, insanların fiziksel realitesi için de söz konusudur. İnsan beyni bilgiyi *"katı"* dünya olarak çözer/deşifre eder. *Bu durum da dijital hologram kitlelerinden başka bir şey değildir.*

3. "Forier Dönüşümü" ve Sanal Realite Evren Kurgusu Enerji

18. yüzyılda, motifleri basit dalga formlarına, sonra da yeniden motife çeviren bir matematiksel sistem tanımlandı. Buna "Fourier dönüşümü" adı verildi ve televizyonun keşfi böylelikle gerçekleştirildi. Fransız Jean B. J. Fourier'in bu buluşu, günümüzde bir televizyon kamerasının, resimleri elektromanyetik frekanslara dönüştürmesi ve bir televizyonun da onları tekrar resimlere dönüştürmesi noktasına geldi. İnsan beyni de, kesinlikle son derece ileri olmasına rağmen temel olarak aynı tarzda "fiziksel realite" olduğuna inandığımız şeyi inşa ediyor. Sanal realite evrenin temel kurgusu "enerji" içinde şifrelenmiştir. İlk olarak dalga formunda holografik kalıp üzerinde dalga motifleri, dalga formunda görünür. İşte o zaman beş

duyu organlarımız vasıtasıyla, dalga formlarını, beynimizin daha sonra "üçboyutlu" insanlar, her neviden manzaralar veya bizim fiziki olarak gördüğümüz her şeye deşifre etmek üzere elektrik sinyallerine deşifre eder.

Bunu, yani *elektrik halindeki bilgiyi, hologram dediğimiz dijital yapıya deşifre ederek* yapıyor. *Ancak holografik yapı gerçek süreklilik arz eden bir yapı olmayıp, tıpkı televizyonun ekranını oluşturan pikseller gibidir.*

Bir misalle anlatalım. Televizyona oturduğunuz odadaki kanepeden-belli bir mesafeden bakarsanız devamlılık arz eden bir resimler silsilesini görürsünüz, fakat yakından ekrana iyice yaklaşarak bakarsanız nokta dizileri görürsünüz. Bu süreç realiteyi deşifre etme işleminden başka bir şey değildir. *Holografik şekilden başlayıp derine indikçe gerçeğin bu dijital holografik seviyesine ulaşabilirsiniz.* Bir adım daha devam ederseniz pikseller elektrik sinyallerine götürür ve sonunda "beş duyu" ötesinde sadece "dalga" şekli-boyutu olarak görünürler. Ama bir hususu hiç gözden kaçırmamalıyız. Yukarıda zikrettiğimiz aşamalar-safhalar, seviyeler ve ifadeler, hep aynı *bilginin farklı halleridir*. Meşhur *The New Scientist* dergisinin 2009 yılının ilk çeyreğindeki bir sayısının kapağında "You are a hologram" (Siz bir hologramsınız) yazmaktaydı. Bu yazının altında ise "Evrenin kıyısından yansıtılan bir hologramsınız" yazıyordu.

ABD'nin Illinois eyaletindeki Parçacık Astrofizik Fermilab Merkezi Müdürü Craig Hogan'ın yazdığı makalenin başlığı ise "Bütün Dünya Bir Hologram!" şeklindeydi ve *The New Scientist* dergisine göre başka bilim insanları da aynı düşüncelere sahiplerdi.

Elbette bir hologramda yaşadığımız fikri biraz komplo teorisi gibi algılanabilir. Ancak ya "kara delikler" konusuna nasıl bir yorum getireceğiz?

Kredi kartları veya banknotların-kâğıt paraların üzerindeki hologramlar iki boyutlu plastik film tabakası üzerine yapılıyor. Üzerine ışık vurduğunda üçboyutlu bir görüntü çıkıyor.

Fizikçi Leonard Susskind ile Nobel mükâfatlı Gerard't Hooft 1990'lı yıllarda benzer prensibin evrende de olabileceğini ifade ettiler.

Kuantum fiziği olarak bilinen profesyonel bilimin öncüleri, "realite"yi atomdan daha derin düzeylerde, yani *atom altı düzeyinde* olduğunu tespit ettikten sonra, *fiziksel dünyanın illüzyon olduğunu* uzun müddet önce anlamışlardı.

Atom altı parçacıkların, elektronlar gibi, ya bir parçacık (fiziksel) ya da dalga (fiziksel olmayan) gibi davranabildiklerini ve ikisi arasında ileri-geri hareket edebildiklerini keşfeden de aynı bilim insanlarıdır. Işık, gama ışınları, radyo dalgaları, x-ışınları vs., bu yolla şekil değiştiriyor. Bilim insanları "kuantum" tabirini ne birinin ne de diğerinin bu durumunu tasvir etmek için kullanıyorlar. Yani onlar aynı zamanda *hem dalga hem de parçacık.*

4. Enerjinin Dalga Formu (Parçacık Formu)

*Bir parçacık ile dalga formu arasındaki fark, sadece aynı frekans alanının gözlemci tarafından deşifre-*çözülme-*edilme tarzıdır.*

Enerjinin *dalga formu*, sanal gerçeğin ortaya çıkarılmasından gelen bilgiyle deşifre edilen başlangıçtaki *fiziksel* realitedir. *Parçacık formu* ise, insan beyninin dalga ya da frekans alanını üçboyutlu görünen bir holografik görüntüye deşifre etmesidir... Ama gerçekte durum böyle değil.

Atomlar ve parçacıklar olarak isimlendirilen şey, sadece insan beyninin frekans alanlarını hologramlara deşifre ettiği zaman mevcuttur. Dalga formları potansiyel "gerçek"tir. *Parçacık veya holografik form ise, deşifre edilmiş veya yaşanmış gerçektir.*

Bizim –insanların– birbiri ardına/peşi sıra potansiyel gerçeği seçmemizin sebebi, hangi halde olduğumuzu algılamamıza ve inanmamıza bağlıdır.

Yeni Dünya Düzeni ütopyasının kurgulayıcısı oligarkların insanlığı köleleştirmek için oluşturduğu "sistemin" yaptığı gibi, *insanların "zihin hallerini"* ve *"gerçeklik duygularını" kontrol* edebiliyorsanız, dalga formu potansiyelinden, insanları kontrol etme planlarına uygun olarak, onların *tecrübe ettikleri gerçeği deşifre etmelerini* sağlayabilirsiniz.

Bu "gerçek", gözlem veya odaklama yoluyla deşifre edildiği zaman, sadece "fiziksel" formda oluşur.

Mesela, bilgisayar bir yazılım diskini deşifre ediyorsa, her şeyi ekrana aynı anda yansıtmaz. Ekranda beliren, bilgisayarın o anda gözlemleyip veya disketten/USB'den okuyup deşifre ettiği bilgilerdir. Diskin geri kalanı ekranda gözükmez. Zira deşifre edilmemiştir. Aynı durum biz insanların gerçeği/realitesi için de söz konusu olup, gözlenmediği zaman, sadece kendi enerjik dalga formundadır.

Atomlar ve atom altı parçacıklar, dalga formlarının "fiziksel" ifadesidir. Bu durum bir "ya şu ya bu" manasında değildir. "Tıpkısı/aynısı" veya "farklı ifadeleri" durumudur.

Mesela, bir lazer holografik görüntü meydana getirmek-oluşturmak için bilgiyi okuduğu zaman, holografik bir baskının üzerindeki dalga formu veya müdahil motif kaybolmaz. Hologram ile motifin her ikisi de birlikte durur.

Buradan insan bedenine gelirsek... İnsan bedeni *aynı zamanda hem bir dalga formu* yapısındadır (şifrelenmiş bilgi) hem de *fiziksel gözlemle deşifre edilen bir hologramdır* (fiziksel).

İşte meşhur "aura" adı verilen *beden* ve *enerji* alanı budur. Birisi şifrelenmiş bilgi, diğeri ise okunduktan-deşifre edildikten sonraki bilgidir. Aynen holografik baskıdaki lazer gibi. *Beden ve aurik alan aynı bilgi kaynağının farklı* versiyonlarıdır, fakat "tek/bir"miş gibi çalışırlar.

Konunun uzmanı bazı bilim insanlarına göre bizim bilgi kaynağımız *"aurik alan"* diye bildiğimiz *titreşimsel dalga/enerji yapısıdır. Bellek veya hafıza da burada yer alır. Beynimiz auradaki bilgiyi okur.* Bedenimiz, auraya ve yüksek benliğe merkezi sinir sistemi aracılığıyla çakra noktaları hipofiz ve epifiz gibi endokrin bezleri yolu ile bağlıdır.

Karl Pribram, *nesnel dünyanın mevcut olmadığını* ya da en azından bizim inandığımız biçimde olmadığını ifade eden nöro-fizyolog/sinir sistemi fizyolojisi uzmanıdır. Stanford Üniversitesi İnsan Davranışları Enstitüsü'nde görev yapan bu bilim insanının görüşlerini araştırmacı yazar Michael Talbot *The Holographic Universe* (Holografik Evren) adlı eserinde inceden inceye anlatır.

Pribram'a göre, "fiziksel gerçeklik" holografik bir görünüştür. "Orada" olan, dalgaların ve frekansların engin bir okyanusudur. Gerçeklik/realite bize katı görünür, zira beynimiz bu holografik bulanıklığı alıp onları dünyamızı oluşturan, çevremizdeki canlı-cansız varlıklara dönüştürür.

Bilim insanları *fiziki dünyanın atomlardan meydana geldiğini*, ama *aynı zamanda atomların katı olmadığını* da kabul ediyorlar.

Atomlar, esas olarak *hem dalga hem de parçacık formu olan parçacıklardan meydana gelen enerji paketleridir*. Yani başka bir anlatımla, bilim insanlarına göre *sübtil/katı fiziki dünya, katılığı olmayan atomlardan oluşmaktadır*.

Bu görüş doğru olabilir mi?

Mesela, bir bilgisayar programındaki yazılım diskinde yer alan yazılımda katılık var mı? Hayır, o sadece bilgisayarın ekranda katı olarak deşifre ettiği/çözdüğü bilgi. İnsan beyni de aynı şeyi yapıyor. İçinde bulunduğumuz dünyanın-çevrenin "katı" görünümü-oluşu, beden bilgisayarı yazılımının, etrafımızdaki nesneleri katı, daha az katı ve okyanuslar olarak deşifre edilecek biçim de tasarlanmış olmasından kaynaklanmaktadır. Elbette bu tasarımın sahibi Yüce Yaratıcı Allah'tır.

Yukarıda anlattıklarımızın hepsi "bilgi"de ve "deşifre işlemi"nde, bir dalga formunda veya titreşimsel seviyede, *bir şey ne kadar ağır/yavaş titreşirse*, beynimiz tarafından da o kadar katı olarak deşifre edilmektedir. *Ne derece hızlı titreşirse o derece daha az katı görünür.* Beş duyumuzun deşifre edebileceği hızın ötesinde titreşirse, insan gözünden kaybolur. Halbuki gerçekte sadece "insan beden bilgisayarının" ulaşabileceği frekans menzilinden çıkmıştır.

Bir başka önemli husus: Beş duyunun ve beynimizin de bir illüzyon oluşu. "Ölüme yakın tecrübe" ve "beden dışına çıkma tecrübesi" yaşadığını söyleyen insanların bedenlerini terk ettikleri zaman tecrübe ettikleri gibi, bedenlerinin dışına çıktıkları zaman da görebildikleri... Yani dolayısıyla görmek için gözlere ihtiyacımız olmadığı anlaşılıyor.

İnsan-beden bilgisayarı, görmeye ihtiyaç duyduğuna inanmak üzere şifrelenmiş olup buna göre cevap almaktadır. Bazı yapılan deneylerde insanların bedenlerinin başka bölümleriyle de görebildikleri belirlenmiştir.

İslam inancındaki "gönül gözüyle görmek/gönül gözü açık olmak" bu bağlamda değerlendirilebilir. Ancak bu hususun istismar edildiği de bir gerçek.

Bir kez bedenin dışına ve programlanmış beden bilgisayarının sınırlamalarının dışına çıkabilince gözler olmadan da görülebilir ve diğer duyu fonksiyonları yerine getirilebilir. Zira fiziksel bedenlerimiz de illüzyondan ibarettir.

Bu bağlamda İslam Peygamberi Hz. Muhammed'in Mescidi Aksa'dan Miraç Seferi oldukça manidar olup, bilim Kuran'ı doğrulamaktadır.

Şimdi kendi bedeninize bakınız. Her nerede iseniz orada görünürsünüz, ancak fiziki biçimde sadece kafanızda-beyninizde oradasınız. Beyin sadece şifrelenmiş bir dalga-enerji yapısı, halbuki deşifre eden, o dalga yapısındaki "bilgi"dir. *Beynin kafatasının altında yedi kat zar ile örtülü ve "jöle"* içindeki kendisi sadece onun holografik versiyonudur.

Bilgi şifrelenir, ama tıpkı aynı zamanda, diğer bilginin dekoderi veya şifre çözücüsü gibi de programlanabilir. Bu durum, aynen bir bilgisayarın, yazılım diskindeki diğer/öteki bilgiyi de okuyabilmesi kabiliyetine benzer.

Sol Beyin - Sağ Beyin

Beden bilgisayarımızın gerçeği deşifre etme-çözme sistemini anlama da beynimizin iki yarımküresinin çok önemli rolü vardır. Beynimizin *sağ ve sol yarımküreleri Corpus Callosum adı verilen bir köprü* ile birleşirler. *Corpus Callosum, beynin sağ ve sol yarımküresi arasında bilgi veya algılama geçişi sağlayan bir köprü* vaziyetindedir.

Beynimizin sol tarafı bizim bu dünyamızdır. Dil, yapı, mantık olarak geçen ne ise o ve umumi fiziki dünya görüşü. *Sağ beyin (beynin sağ tarafı) ise yaratıcı, sanatsal, beş duyunun ötesindeki şuur seviyeleri ile bağlantılıdır. İnanç ve estetik maharet bu tarafın uhdesindedir.*

5. Sol Beyin ve "Algılama Hapishanesi"

Neil Hague, sağ ve sol tarafı anlatırken şu ifadeleri kullanıyor: *Sağ taraf, "orası" her şeyi "tek/bir" olarak görüyor.* Sol taraf ise her şeyi, yapı, şekil, dizin, zaman, uzay ve dil olarak deşifre ediyor. Her ikisi de bu gerçeği tecrübe etmek açısından lüzumlu ama günümüzde olduğu gibi, çoğu kişide *sol taraf egemen olunca*, o zaman bir *"algılama hapishanesi"ne* dönüşüyor.

Dengeli bir bütün, insan beyni normalde iki yarımküre ahenk içindedir. Bir taraf diğerine egemenlik kurmaz. Aradaki Corpus Callosum denilen köprü, bilgiyi iki taraf arasında taşır. Fakat ne yazık ki, "Batı tipi eğitim" sisteminin egemenlik kurduğu son 200 yılda insanlık *"pozitif bilimler" mavrası ile "sol beyin"e hapsedilmiştir.*

Bilim, eğitim ve akademi sol beyin realitesine köle olmuştur. Bu durum bir tesadüflerin sonucu değildir. *"Batı tipi eğitim" modeli ile tasarlanarak* oluşturulmuştur.

Sol beyin, beş duyu gerçeğinin arayüzü olup, ama esas mesele algılamanın arabulucusu konumundadır. *Tecrübelerimize hizmet edecekken, yönetici, gardiyan ve diktatörlüğe yönelir.*

Küresel finans sistemini, dinleri ve siyaseti kontrol yani para-din-siyaset üçgeninde Yeni Dünya Düzeni tasarlayan küresel güç-Tapınak Şövalyeleri-İlluminati son 200 yılda ve hassaten 1978 Washington Mutabakatı'ndan bu yana insanlığı öyle bir yapılandırdılar ki... Sembolik olarak ifade edersek, "sol beynin kapısı"na "eğitim", "bilim", "akademi" ve "medya" gibi gardiyanlar yerleştirdiler. Bunlar sağ beynimizin gerçek duygusunu algılamasını da engelliyor.

Bir araştırmacının deyimi ile artık insanların çoğu, *sol beyin mahkûmları.* Zaten küresel sistemin istediği de bu. Michael Talbot, *Holografik Evren'de bir hipnotizma gösterisini anlatır.* Hipnotizmacı, gösteri için insanları trans haline sokuyor. Misafir katılımcılardan Tom, uyanık olduğu halde kendi kızını yanında göremiyor. Hipnotizmacı Tom'un kızını tam karşısına koyuyor ve parmağını şıklatıyor. Fakat Tom burnunun ucundaki kızını göremiyor. Tom, "Hayır, kızım burada değil" diyor. Hipnotizmacı elini Tom'un kızının arkasında tutarak Tom'a elinde ne olduğunu soruyor. Aslında Tom, normal şartlarda kızının arkasında ne olduğunu bilmemesi gerekir. Ancak Tom hipnotizmacının elinde bir kol saati olduğunu görüyor. Hipnotizmacı bu kez saatin üzerinde ne yazdığını soruyor. Kızı "katı" olarak saat ile Tom'un arasında durduğu halde saatin üzerinde ne yazdığını okuyor.

Bunlar, pozitif bilimcilere göre kesinlikle olması mümkün olmayan şeyler. Hipnotizmacı, Tom'un beyninde şuuraltının derinliklerine kızının odada olmadığı *inancını yerleştirmiş*, dolayısıyla Tom'un beynindeki deşifre sistemi, kızının titreşimsel enerji alanını algılayamadığı için okuyamıyor. Yani Tom'un beyninin inşa ettiği fiziki holografik sinemada kızının yeri yok. Bu arada aynı odadaki herkes Tom'un kızını görebiliyor, çünkü onların deşifre sistemleri programlanmamış.

Bazı insanlar hayalet, UFO veya insan olmayan varlıklar görürken, diğerleri göremiyor. Zira beyinleri o enerji alanını holografik gerçeğe dönüştürmüyor.

"Prosopagnosia", Türkçesi "*yüz körlüğü" adı verilen bir beyin hastalığı vardır.* Bu hastalar *yüzleri tanıyamazlar*. Bazı hallerde evlerindeki aşina cisimleri veya sokaktaki arabaları bile tanıyamazlar. Beyinleri belirli enerji alanları veya dalga formlarını, holografik fiziksel gerçeğe deşifre edemez. Dolayısıyla da beyinlerinde inşa etmiş oldukları evrende bunlar yoktur.

Hugg Herr, "Gerçeklik çoğu zaman bilimkurguyu takip ediyor, çünkü insanların hayal ettikleri gerçekleşebilir" diyor.[208] Nitekim ABD'nin meşhur DARPA adlı araştırma kurumu-projesi 2006'dan 2015 yılına kadar 153 milyon dolar protez araştırmaları için harcamıştır. Elbette başka projeler de var ve bunlar insanların hayal ettiklerini gerçekleştirmeye yönelik.

Yapılan araştırma sonuçlarına göre, kimi insanlar beynin sol yanını (mantık) kullanmaya yatkındır, kimileri sağ yanını (yaratıcılık). Bu görüş 1960'larda Kaliforniya Teknoloji Enstitüsü'nde nöropsikolog olan Roger Sperry tarafından yapılan araştırmalara dayanıyor. Ancak 2012 yılında bu satırların yazarının da eğitim gördüğü Kanada'nın British Columbia Üniversitesi'nden *psikologlar yaratıcı düşünmenin beynin iki tarafını da kullanan yaygın bir sinir ağını etkinleştirdiğini gösterdiler.*[209]

Yetişkin farelerde, tavşanlarda ve hatta kuşlarda *yeni nöronlar oluşuyor* fakat bilim insanları tam 130 yıldır yetişkin insanlarda yeni beyin hücresi gelişimini belirlemede başarısız oldu. Ancak bütün bunlar 1998'de İsveçli bir ekibin, beynin hatıraları depolamaktan sorumlu hippokampus bölgesinde yeni beyin hücrelerinin oluştuğunu ispatlamasıyla değişiverdi.

Ardından İsveç'teki Karolinska Enstitüsü'nden bir ekip 2014'te DNA'daki karbon 14 kalıntılarını hücrelerin yaşını ölçmek için kullandı ve motor denetim ve kavramadan sorumlu *striatum* bölgesinin *hayat boyunca yeni nöronlar ürettiğini gördü.* Beyinlerimiz deli gibi çoğalan hücrelerle dolup taşmasa da, bu hücreler devamlı yenileniyor.[210]

---

208. *Popular Science*, Kasım 2015, sayı 43, s. 31.
209. *Popular Science*, Kasım 2015, sayı 43, s. 51.
210. *Popular Science*, Kasım 2015, sayı 43, s. 49.

Beynimizle ilgili birkaç not daha...

2014 yılında Kanada Vancouver'daki British Columbia Üniversitesi'nin bir araştırması, altı ay boyunca haftada iki defa birer saat tempolu yürüyüş yapan -fakat ağırlık kaldırmayan ya da egzersiz yapmayan- *kadınların beyninin düşünme ve hafıza kontrol alanlarında hacim artışı olduğunu ortaya koydu.*

Hemşireler Sağlık Araştırması'ndan bir ekip, 13.388 kadını onlarca sene boyunca takip etti ve *yapraklı yeşil sebze tüketimi arttıkça öğrenme ve bellek testlerindeki performansın da arttığını ortaya koydu.* Bunun bir sebebi *sebzelerdeki folik asit olabilir.* Minnesota'da 60 kişilik Roma Katolik rahibesi üzerinde yapılan uzun vadeli araştırma da, *folik asidin bunamayı geciktirmekte kilit rol oynadığını gösterdi.*

John Hopkins Üniversitesi'nden bilim insanları *2004 yılında, sosyal etkileşim arttıkça 50 yaş üstünde bilinçsel gerilemenin azaldığını keşfettiler.* Ayrıca yaşlılarda önde gelen risk faktörlerinden biri sosyal izolasyon. Yani *yalnızlık insanı gerçekten öldürebiliyor.*[211]

Günümüzde *sahte hatıraların insan beynindeki nöral işleyişinin* incelendiğini biliyoruz. Kurkela ve Dennis'in literatürdeki FMRI bulgularını karşılaştırdığı meta analiz çalışması, sahte hatıraların kodlanması ve hatırlanmasında hangi beyin bölgelerinin aktive olduğunu belirlemeyi gaye edindi.

Sol orta temporal girus (left middle temporal gyrus) ve önsin gulat kabuğun (anterior cingulate cortex) kodlamada, medyal üst prefrontal kabuğun (medial superior prefrontal cortex) ise hatırlamada rol oynadığı, "algı" operasyonlarında görsel kabukta (visual cortex) semantik çalışmalarda da sol prefrontal kabukta (left prefrontal cortex) aktive olduğu belirlendi.[212] Hemen belirtelim, *hatıralarımız sahte bile olsa da beynimizde ve hayatlarımızda bıraktığı izler gerçek.* Farelere sahte hatıraların yerleştirildiği çalışma[213] *Nature* dergisinde

211. *Popular Science*, Kasım 2015, sayı 43, s. 49.

212. Kurkela K. A., Dennis N. A., "Event-related fMRI studies of falsememory: an activationlikelihoodestimation meta-analysis", *Neuropsychologia*, 2016, 81: 149-167.

213. Liu X ve ark., "Optogeneticstimulation of a hippocampalengramac -tivates- fearmemoryreall", *Nature*, 2012, 484 (7394). 381-385.

2012 yılında yayımlandı. Bu araştırmada kullanılan teknik optogenetik adı verilen görece yeni bir nörostimülasyon tekniği ve kavram ilk defa 2006 yılında kullanılmıştı.[214] Yapılan araştırmalar gösteriyor ki, insanoğlu söz konusu olduğunda, zihinlere sahte hatıra yerleştirmek için farelerde kullanılan böyle gelişmiş bir teknolojiye bile ihtiyaç duyulmuyor. Bu durum da oldukça ironik olsa gerek.

Loftus tarafından gerçekleştirilen yönlendirici/tuzak bilgi ve hafıza-bellek yanılgılarıyla alakalı çalışmalar 1970'li yıllarda başlamıştı.[215] Ancak insan zihnine sahte hatıra yerleştirebileceğini ispatlayan ilk araştırma sonuçlarını Jacqueline E. Pickrell ile beraber 1995 yılında yayımladı.[216]

Mihenk taşı niteliğindeki yukarıdaki çalışma, insanların hiç yaşamadıkları bir hadiseyi yaşadıklarına inanmalarının mümkün olduğunu ortaya koymuştu. Bu hususta medyada yer alan olaylar-haberler de etkiliydi. Loftus, sahte hatıraların insan hayatında oluşturduğu travmaya savaş açan bir araştırmacı lider olarak nitelendiriliyor. Fakat bir bilim insanı olarak konuyu objektif kıstaslarla ele aldığında, sahte hatıraların zihne yerleştirilmesinin insan sağlığına faydalı olabileceğini ileri sürüyor. Genelde tam tersi, küresel sermayenin kontrolündeki medya-sanayi şirketleri-ilaç endüstrisi-gıda şirketleri tarafından, gerçekleştirilse de...

Bu hususta meslektaşlarıyla beraber yürüttüğü araştırmalar, insanların zihnine sağlıksız yiyeceklerle alakalı olumsuz, sağlıklı alternatifleriyle alakalı olumlu hatıralar yerleştirildiğinde, yeme içme kararının sağlıklı beslenme yolunda olumlu davranış değişikliğine sebep olduğunu gösteriyor.[217]

---

214. Alp, M. İ.; Demir, E. A.; Gergerlioğlu, H. S., "Optogenetiğin Temelleri", http://www.ejbms.org/upload/sayi/28/JBMS-98- pdf

215. Loftus, E. F.; "Creating - falsememories", https://faculty.washington.edu/eloftus/Articles/sciam.htm

216. Loftus, E. F.; Pickrell, J. E., "The Formation of falsememories, psychiatricannals", 1995, 25 (12): 720-725.

217. Bernstein, D. M. ve ark., "False beliefs about fattening foods can have healthy consequences", *Proceedings of the National Academy of Sciences*, 2005a; 102; 13724-13731.

Loftus ve Ketchamise, hatıraları birer buluta benzetmişlerdi.[218]

Bir ironi olsa gerek, günümüzde "bulut" deyince bilgisayar-internet üzerinden devasa verileri alan, saha sınırı olmadan depo edebildiğimiz dijital-sayısal sistemler aklımıza gelir.

Fakat araştırmalar gösteriyor ki, hayati kararları hatırlamanın çokluğu değil doğruluğu belirler.

Bulutlar hareket halinde olup dinamiktir, ulaşılabilir ama elle tutulamaz ve hatıralarımızın tek bir beyin bölgesinde saklanmadığının göstergesidir.[219]

Sahte hatıraların davranış değişikliğine olumlu-olumsuz sebep olduğu kesindir. Fakat en önemli mesele gerçek ile ona çok benzeyen kurgudan ayırabilmektedir. Netice olarak biz insanların ne kadar çabuk ve kolay yanılabildiğimizi kabul etmek ve hatırladıklarımızın doğruluğundan emin olmak için iyi "oku"yup sorgulamak ve belge toplamaktadır.

Jill Bolte, 10 Aralık 1996 tarihinde -ki kendisi bir nöro-anatomisttir- kendi başına gelen bir sol beynindeki damar patlaması olayından sonra şu yorumu yapıyor:

"Sağ beynimiz (sağ yarımküre), *paralel işlemci*, sol yarımküre ise *seri işlemci* gibi çalışıyor."

Paralel işlem, çeşitli eylemleri devamlı olarak yapabilme becerisidir. Seri işlem ise bir bilgisayarın verileri silsile halinde deşifre etmesi durumudur.

Avustralya'nın Sydney Üniversitesi'nde bulunan "Akıl Merkezi"ndeki bilim insanları yaptıkları çalışmalar sonunda, bu merkezden Prof. Allan Snyder'in açıklamasına göre, beyin fonksiyonlarının yüksek seviyeleri her insanda mevcut. Fakat insan beyninin rasyonel yanı tarafından bastırılmış. Bunun sebebi de Batı modeli, pozitif bilimlerin mutlak hâkimiyetine yani sol beyin baskısına dayalı eğitim-öğretim sistemi. *Sol beyin tarafının mutlak*

218. Loftus, E. F.; Ketcham, K., *The myth of repressed memory: false memories and allegations of sexual abuse*, New York, St. Martin's Griffin,1994.

219. Laney, C. ve ark., "Asparagus, a Love Story: healthier eating could be just a false memory away", *Experimental Psychology*, 2008; 55 (5): 291-300.

baskısı azaltılırsa sıradan pek çok insanı dâhiye dönüştürecek bir potansiyelin mevcut olduğu kabul ediliyor.

Prof. Snyder'e göre, beş duyuya dayalı ham veri beynimizin sol tarafınca yazılır iken, birçok işlem ve beceri, bir nevi nörolojik sansür diye tabir edebileceğimiz unsur ile kaybediliyor.

Akıl Merkezi'ndeki deneylerde, *rasyonel beyin alanlarının üstünlüğü azaltıldığı takdirde, sanatsal ve matematiksel yetenekler gösterileceği ve hafıza gücünün artacağı tespit edilmiştir.*

Beynin sol tarafı hasar gören bireyler de sağ beyin hızla açıldığı için birdenbire "süper insan" belirtileri ortaya çıkmaktadır. Halbuki gerçekte onlar süper insan değillerdir, bu durum, *beyninin sol tarafınca bastırılmış insanın engel oluşturan duvarlarının yıkılmış halidir.*

Matematik, hafıza ve diğer birtakım olağanüstü görünen becerilere sahip bireyler, bir kez beynin sol tarafının uğradığı hasar ile sol beynin sınırlama etkisini azaltınca, mesela küçük çocuklarda da görülür. "Dâhi" denilen olağanüstü yeteneklere sahip çocuklarda gelişim problemleri, zihni gecikme, beyin hasarı veya hastalık aranır. Bu dâhilerin çoğu otistiktir. *Bazıları da yüksek ateşe bağlı havale geçirmiş olabilir, bazıları ise şizofrendir.*

Bu türden insanlar, küresel sistemin manipülasyonu ile insanların çoğunda sol beyin tarafından baskılanmış olan *beynin asıl potansiyeline ulaşmaktadırlar. Akıl almaz becerilere sahip oldukları için sol beyin odaklı topluma ayak uyduramazlar.*

Özetlersek, *beynimizin sol tarafı (sol beyin) eşittir sınırlanma ve sansür, sağ beyin eşittir sınırsızlık ve enginlik.*

Graham Gynn ve Tony Wright ikilisinin yazdığı *Karanlıkta Kalış* adlı kitabın web sayfasında yer alan bir makalede şöyle bir tespit yer alıyor:

"Mevcut materyalistik ve korkuya dayalı plastik ve Prozac çağının aşamalı bir altın çağı başladı."

Yukarıda tespit yapılan araştırmalar sonucunda, söz konusu nörolojik etkiler açığa çıkıyor ve günümüzün bilimi tarafından da doğrulanıyor. Bir başka anlatımla, *sistem tarafından nörolojik olarak yıkıma tabi tutulmamızın temel sebebi genetik manipülasyon.*

Öyleyse günümüz insanlığının içinde bulunduğu perişan durumun sebeplerini şu şekilde sıralayabiliriz. Elbette bütün bunların nedeni Tapınak Şövalyeleri merkezli Nöro-Mesih Projesi veya sembolizması ile özetleyebileceğimiz Yeni Dünya Düzeni ütopyası:

• Haksız rekabete dayalı kapitalist-neoliberal ekonomin meydana getirdiği ve giderek kontrolden çıkan "para gücü"nün tekelleşmesi.

• Materyalist eğitim sistemi ve buna bağlı sol beyin ağırlıklı algı yönetimleri.

• Korku imparatorluğu, asimetrik bilgi odaklı bilinçaltı operasyonları.

• Plastik çağ endüstrisi.

Tabiatta 300-400 yılda ancak kaybolan plastik malzemeler insanlığın baş belası endüstri ürünlerinden biridir. Dünyadaki plastik üretimi 2015 yılı sonunda yıllık 298 milyon tondan daha fazla[220] araştırma sonuçlarına göre İkinci Dünya Savaşı'ndan bu yana 100 bin dolayında kimyasal geliştirildi. Kimyasalların tamamı zararlı. AB Komisyonu, piyasada kullanılan yeni kimyasalların yüzde 99'unun insana ve çevreye olan zararlarının henüz incelenmediğini açıkladı. Kimyasalların büyük çoğunluğu "erkekler" üzerinde daha olumsuz etki yapıyor.[221] Olumsuz etkilerin en önemlisi erkeklerde sperm sayısının düşmesi ve sertleşme problemleri. Mesela teflonun/teflon tavanın muhtevasındaki kimyasallar kansere sebep oluyor.[222] Türkiye'de plastik malzeme tüketimi almış başını gidiyor. 2005'te 8 milyon ton iken 2013 yılında bu rakam 19 milyon tona çıkmış vaziyette.

• Prozac çağı/toplumu.

Türkiye'de 2015 yılında 43,5 milyon kutu antidepresan ilaçları satıldı.

---

220. San Jose, "Global Plastics Consumption to Reach 297. 5 Million Tons by 2015", According to New Report by Global Industry Analysts, Inc., California (PRWEB).
221. Geoffrey Lean, "It's Official: Men Really are the weaker sex", *The Independent*, 07.12.2008.
222. Pollution in People, www.pollutioninpeople.org/toxics/pfcs

B. *AVATAR* VE TERSİNDEN BİR DÜNYA HİKÂYESİ (SOL BEYİN - SAĞ BEYİN)

Avatar filmi 2009 yılında bütün dünyada gösterildi. Bu filmde dünyanın başına ne geldiği tersinden anlatılıyor. Mavi derili, aslan burunlu insanlar, Alfa Centauri'nin yörüngesindeki Pandora'nın yerlileridir. Bu insanlar çevreleriyle büyük bir uyum içerisinde yaşar ve her şeyin tek bir "bütün" şuura bağlı olduğuna inanır ve bilirler.

Pandora'daki bitkiler ve ağaçlar, köklerle elektrokimyasal bir bağlantı meydana getirmiştir ve bunlar gezegenin veya "şuur"un çok hassas beynini oluşturmak için nöron görevi yaparlar.

Mavi insanlar "dünya dışı" olarak tasvir edilmiş olsalar da insanları sembolize ederler.

Sürüngenler uzaygemileri ile gelip, Zulu efsanesinde anlatıldığı gibi her şeyi allak bullak etmeden önce sağ beyinleri (beyinlerinin sağ tarafı) devrededir.

Avatar'daki sürüngenler, çok gelişmiş uzaygemileri ile dünyadan Pandora'ya gelip üs kurarak gezegeni ele geçirecek ve yağmalayacak insanlar olarak tasvir edilmişlerdir.

Bu insanlar *beyinlerinin sol tarafı egemen taş kafalar* oldukları için, mavi insanlar onlara hayat ile birbirlerine olan bağlantıları söyledikleri zaman bir türlü anlamazlar, anlayamazlar.

Çünkü mavi insanların bu durumu onlara göre sadece ilkel insanların "boş inançları"dır. İroniye bakınız... *Avatar* filminde sürüngenleri temsil eden "avatar olan insanlar" mavi insanların "hayat tarzını" yok etmek için yüksek teknoloji ürünü silahlar kullanırlar. *Kendi akıllarını* mavi derili insanlara yerleştirip onların *efendileri* olmak için savaşırlar. Pandora'nın havası bu "insanlar" için zehirlidir, dolayısıyla üslerindeki yapay-suni atmosferde veya uçan araçlarında kalırlar.

İnsanlığın bugün içinde bulunduğu duruma ne kadar aşina değil mi? Yeni Dünya Düzeni, GDO'lu ürünler, havaya kimyasal püskürtmeler ve en önemlisi başta Hollywood yapımları olmak üzere, sürekli işlenen kurtarıcı Mesih fenomeni...

Avatar filmi, bazı bazı kaçak insanların mavi derili insanlara yardım etmeleri ile işgalcileri yenip kendi dünyalarını yine eski haline getirmeleriyle nihayete erer.

Küresel sistemin 1978 Washington Mutabakatı'ndan bu tarafa hızlandırdığı süreçte "genetik müdahale", insanoğlunun *sınırsız sağ beynini*, sol beyni güçlendiren materyalist eğitim sistemi ile sınırlanmaya adeta mahkûm ederek, *sınırlı olan sol beyni*, gerçeği küresel oligarkların istedikleri gibi algılamaya egemen kıldı.

Araştırma sonuçlarına göre, *beynimizin sol tarafı* bizi "burada" tutarken, *beynimizin sağ tarafının güzergâhı* ise "orası". Bazı insanların beyinlerinin büyük bir bölümü cerrahi müdahaleyle alınsa da hâlâ yaşamayı sürdürebilmeleri son derece önemli. Yine araştırmalar LSD gibi psikoaktif ilaçlar alan kişilerde de ilaçların "oraya" açılan farkındalıklarını etkilemediğini gösteriyor. Beynimizin sol tarafı kapıyı çok sıkı bir şekilde kapalı tutuyor ve psikoaktif şartlanmaya meyletmiyor. Fakat beynin sol tarafı alındığında, psikoaktif etki normal kalıyor.

Konuyu şu şekilde anlatırsak, şayet *beynimizin sağ tarafının* veya kalp çakrasının etkisini azaltırsanız, insanları "beş duyu" realitelerine hapsedersiniz. Tapınak Şövalyeleri matruşkasının-vakıflarının Batı tipi eğitim ile yaptığı budur.

Sadece eğitim sistemi ve genetik müdahalelerle bunu yaparak gerçek halleri "sonsuz deha"ya açılan milyarlarca insanın sağ beyinlerini körelterek-dumura uğratılarak insanları istedikleri gibi kontrol ediyorlar.

Malum sağ beyin solu, sol beyin sağı kontrol eder. *Sağ beynin önemli bir özelliği de esas empati kaynağı oluşudur.* Sağ beyin insanları "tek" oluşa bağlar, böylece birleşilen "tek" olan vasıtasıyla birbirimize bağlanırız. Sol beyin kendisini her şeyden ayrı, birlik olarak değil, bölünmüş olarak görür. Bu sebeple de empati duygusu yoktur. Bu arada belirtelim, telepati de sağ beyne mahsus bir özelliktir.

İnsan fetüsü nötr olarak başlar, dişi karakteristik, erkeğe döner vs. İç üreme organları ve dış cinsel organ, ovaryum ve testisler tarafından üretilen hormonlarla oluşur. Cenin testis geliştirirse testosteron üretir, genital hücreler buna mukabil karşılık verir ve erkek olur...

Planın bilgi veya veri şifresini değiştirirseniz, bir "ırkı genetik" olarak değiştirebilirsiniz.

Zulu kabilesine ait efsanelerden birinde insanların Orion Takımyıldızı'ndaki "Kırmızı Dünya"dan, kadın-erkek arasındaki kavgalardan-savaştan kovulmuş oldukları anlatılır. Rothschild'lerin/İsrail'in sembolü olan *Davud'un Yıldızı'nın/"seksagram"* ezoterik manası kadın ve erkeğin birbirini temsil etmesidir. Çin kültüründe "yin ve yang" dedikleri şey de aynıdır.

Kabala-kara büyü, gıdalara katılan kimyasallar ve çipler ile kadında cinsel arzuyu artıran, erkekte cinsel arzuyu öldüren böylelikle *cinsel dejenerasyona kapıyı sonuna kadar aralayan*, GDO'su ile oynanan tohumlar, ilaç endüstrisi... Aklınıza gelen gelmeyen bir sürü manipülasyon... Ama boşanmalar ve giderek artan aile facialları gerçek.

C. TAPINAK ŞÖVALYELERİ: POLİTİK İHTİLALCİ YENİ DÜNYA DÜZENİ VE İSLAM'A SOKUŞTURULAN EZOTERİZM

Tarihten bugüne hem ayin bağlamında hem de okült tipindeki gizli cemiyetlerin-örgütlerin ortaklaşa özelliklerinden biri, "üyelik yapısının hiyerarşik dereceler taşımasıdır". Okült, içrek bilgi, özellikle ruhlar âlemiyle ve evrenin bilinmeyen güçleriyle ilgili kavram, uygulama ve ayinler için kullanılan genel ad.

"İnsanlık tarihinin aynı zamanda 'gizli örgütlerin' tarihi olduğuna" sık sık gönderme yapılır. Tarihte, eski dönemlerde bu neviden örgütlerin yeraltı tünellerinde büyülü-esrarengiz ayinler düzenleyen bir avuç "seçilmiş"ten, her sene insanlığın kaderini "musalla taşı"nın üzerine koyup seyreden "küresel merkez sermaye elitleri" ve devlet adamlarının seçilmiş kaymak tabakasına kadar geniş bir yelpazeye yayılmıştır.

Ezoterik/Batıni, okült örgütler hakkında nesnel malzeme bulmak çok zor olduğu gibi araştırmacılar "iğne ile kuyu kazmak" durumunda kalır. Bu örgütlerin lehinde ve aleyhinde, bütün sorgulamaların, varlıklarının Antik Mısır-Yunan-Babil'e ve Kabala'ya dayandıkları bilgisine ulaşırlar.

Aleister Crowley'in de üye olduğu, OTO (Ordo Templi Orientis [Doğu Şövalyeleri Tarikatı]) hakkında bir çalışma yapan Francis King'in *Ordo Templi Orientis Örgütü'nün Gizli Ayinleri* isimli kitabında verdiği belgelere göre bu örgüt 11 temel derece üzerine yapılandırılmıştır. Yine aynı kaynağa göre OTO'ya (Ordo Templi Orientis) yeni katılanların tanımlanması Minerval adındaki "sıfır" derecesine karşılık geliyor. Yani OTO'nun bazı derecelerinin belirleyici isimleri var.

Diğer yandan, *Chaos International* dergisinin 3. sayısında yer alan bir makaleye göre, kaotik bir büyü "pakt"ı olan "İlluminati" örgütü, "0" derecesini işgal eden bir "Supreme Magus" (Yüce Büyücü) tarafından idare edilmekte, yeni katılanlar 4. dereceden kabul edilmektedir.

Modern okült-ayin cemiyetlerinden, Birleşik Büyük Serbest Masonlar Locası gibi sayısal olarak en önemli ve yaygın olanları, kadınları yardımcı organizasyonlara kabul etseler bile, sadece erkeklerden oluşur. Keza okült-ezoterik inisiye örgütlerin en tepesindeki Tapınak Şövalyeleri de, kadınları üyeliğe kabul ettiklerine dair en ufak bir bilgiye sahip değiliz.

Tapınak Şövalyeleri'nin temel sloganı: "Uyum, güvenilirlik, teşebbüs." ("Concordia, Integritas, Industria.") Günümüzde bu slogan dünyanın en büyük bankeri olan Rothschild ailesinin sembollerinden biridir. Bu aile kurulduğu yıldan 1949 yılına kadar İngiltere Merkez Bankası'nın kontrolünü elinde tutmuştur.

Diğer taraftan, ABD Merkez Bankası olan Federal Reserve'in kuruluşunu sağlamış ve çeşitli alt bankerlik kuruluşları ile halen FED'i kontrolünde tutmakta olan Rothschild'ler İngiliz ve AB merkez bankalarını da günümüzde kontrol altında tutmaktadırlar.

Rothschild Hanedanlığı "küresel elit"in, "küreselleşme"nin ve Yeni Dünya Düzeni'nin dünyadaki simgesidir. Ailenin 2007 yılı itibariyle *servetinin, gayrimenkuller hariç 30 trilyon dolar*, kontrol ettikleri *nakit paranın 10 trilyon dolar* olduğu tahmin edilmektedir. Küresel elmas ticaretinin *yüzde 65'ini*, altın ticaretinin *yüzde 40'ını*, bakır, uranyum, alüminyum ticaretinin *yüzde 15'ini* bu aile kontrol etmektedir. Dünya şarap endüstrisinin yüzde 15'ten fazlası Rothschild'lerin elindedir. Kısaca *dünya emtia piyasasını, Rothschild'ler neredeyse tek başına* yönetmektedir.

Imperialism (Emperyalizm) adlı kitabında tarihçi J. A. Hobson şöyle yazar:

"Her bankerin yazılmış bir tarihi var fakat bir tanesi tarihi yazmıştır."

Rothschild ve diğer on bir Tapınak Şövalyeleri dünya tarihini yazmaya devam ediyorlar.

Günümüz Türkiyesi'nden kısacık bir enstantane...

Rothschild: "15,3 milyar dolarlık işlemle Türkiye'de lider olduk."[223] Ne zaman? 2006 yılında... Vay benim milletim!

Rothschild Hanedanlığı'nın sahibi olduğu dünyanın en büyük madencilik şirketi "Rio Tinto", Eti Maden tarafından üretilen bor madeninin hammadde olarak en önemli müşterisi ve aynı anda yeryüzündeki en büyük rakibidir. Şeytan bunun neresinde? Dahası Rio Tinto'nun, diğer yan şirketleri vasıtasıyla dolaylı olarak Türkiye'de pek çok ortak yatırımları vardır.

Okültizm-ezoterizm antik Akdeniz kültürünün ruhbanlarının büyü formlu gizlilik ritüelleriyle gelişmiş olup, Mısırlılar, Pisagor geleneği ve Kabala ile en yüksek mertebesine ulaşmıştır. Sayı teorisi kapsamlarında kabul edilebildikleri varsayılan hususların sınırlarını aşan, pi gibi matematiksel oranların irrasyonel tabiatları gibi muhtevaları içeren bazı matematiksel keşiflerle nümeroloji-Kabala-ebcet/cifir ve büyü formları iç içe girmiştir.

İskenderiye Kütüphanesi'nin ve Diocletian'ın simya metinlerini toptan sattığı yerlerin Hıristiyanlarca toptan imhasına rağmen Mısır Roma İmparatorluğu'nun son günlerinde bile bilgi-öğrenme merkezi olma özelliğini korudu.

1. "Nizarcılar" ve "Gnostik İslam"

İslam, Fatımi halifeleri müessir-etkin bir Kahire Üniversitesi'nin kuruluşunu desteklediler. Burası öğrenme-ilim merkezi olarak tanınırdı; diplomalar verdi, ama bunlar mistik ve ezoterik nitelikli

223. *Hürriyet* gazetesi, 11.07.2006.

teşebbüslerle iç içeydi. Takip eden 200 yıl boyunca, İsmaili mezhebinin muhtelif hizipleri içinde Kahire Büyük Mason Locası'nın yedi derecesi ve varyantları mevcuttu. Bunlar içindeki *Nizari İsmailileri 1090'da savaş hilesi ya da kandırmayla liderleri Hasan El Sabbah*, günümüzde Tahran'ın kuzeyinde yer alan Elburz Dağları ile aynı adı taşıyan vadiye hâkim bir mevkideki Alamut (Kartal Yuvası) ismindeki bir kaleyi ele geçirdi. "Hiçbir şey gerçek değildir ve hepsi izne tabidir" sloganı altında Hasan Sabbah, "Haşhaşi" veya "Suikastçı" (İngilizcesi "Assassin") adıyla anılan örgütünü bu kalede kurdu. Bu insanlar modern terörizmin etkili birer temsilcisi sayılabilir.

Kahire Büyük Mason Locası'ndan öğrendikleri "hiyerarşi" ve "sır" özellikleri, örgütün alt düzey üyelerini bir bütün olarak cemiyetin gerçek tabiatı ve nesnelliği hakkında yanlış yönlendirmek ve mensuplarının beyinlerini yıkamak için kullanıldı. Tıpkı, Fethullah Gülen terör örgütü de böyle bir yapılanmanın sonucudur... Pek çok İslami tarikat ve cemaat gibi.

Fedailerin, teröristlerin ya da FETÖ'nün şakirtleri deyin, enerjilerini yönlendirmek için, örgütün kıdemlileri –ağabeyler, ablalar gibi– ustaca bir aldatma yöntemi kullanıyorlardı.

Alamut Vadisi'nde, 120 kilometrelik bir arazide en azından 60 suikastçı kalesi mevcuttu. Bu bölge *1296'da Mengü Kağan'ın* "Moğol Orduları" tarafından ele geçirilinceye kadar, Hasan Sabbah ve cemiyetin etkisi Ortadoğu ve Orta Asya'daki her şehir için bir tehdit oluşturdu.

Haşhaşilerin/Hasan Sabbah'ın yükselişine paralel olarak, Ortadoğu'nun Yahudi-Hıristiyan ruhani tarafında "Tapınak Şövalyeleri"nin kurduğu bir başka askeri teşkilat vücuda geldi. Birinci Haçlı Seferi'nin Kudüs'ü ele geçirmiş olmasının hemen ardından, Hugues de Payen, Kudüs Kralı II. Baldwin'e müracaat ederek, kutsal bölgelere seyahat eden Hıristiyan hacıları korumak için kendisi ve sekiz arkadaşına yeni bir teşkilat kurması için izin istedi. "Hıristiyan hacıları koruma" kulağa hoş geliyordu. Onay 1118'de

Papa tarafından verildi. Hemen sonra Troyes Konsili'nde şövalyelere manastırvari bir "düzen"i kuran kanun verildi. Tapınakçılar/ Tapınak Şövalyeleri adlarını da kendilerine tahsis edilen Kudüs'teki antik İkinci Süleyman Tapınağı harabelerinin mekânına komşu mekândan aldılar.

Tapınak Şövalyeleri ile Haşhaşiler-Suikastçılar arasındaki ilişki, başlangıcı Bağdat'ın etkisine karşı Kral II. Baldwin'le Haşhaşilerin Yüce Efendisi arasında varılan karşılıklı güvenlik anlaşması görüşmelerine dayanıyordu. Ancak olaylar her iki tarafın da birbirine güvenmediğini gösteriyordu. Tapınak Şövalyeleri'nin gayeleri de, adeta ikisinin yolu kesişmedikçe, Hıristiyanlığın genel amaçlarından ziyade kendi gayelerine hizmet edecek şekilde kurgulandı.

Mesela, *1149 yılında Tapınak Şövalyeleri'nin Şam'ı* savunan İslam garnizonundan casuslarla Haçlı İmparatoru Conrad'ın bu şehri alma teşebbüsünün başarısızlıkla neticelenmesine sebep olacak biçimde işbirliği yaptıklarını görüyoruz. Belki de tarihteki ilk Müslüman-Tapınak Şövalyeleri işbirliğidir bu. Bir başkası, *1166'da Kudüs Kralı Amaury'nin bir kalede Haçlılara karşı ihanette* bulundukları gerekçesiyle 12 Tapınak Şövalyesi'ni astırdığını biliyoruz.

12. yüzyılın ortalarında, ağzı sıkı, haşhaş içen bir Şii Müslüman tarikatı olan Haşhaşiler-Suikastçılar, İslam dünyasından haklarını öyle tasarlanmış ve acımasız bir vahşetle istediler ki, bunun ismi cinayetle eşanlamlı hale gelmişti. Bu tarikat bir yeraltı hücre sistemi kurup Masonlarla Tapınak Şövalyeleri dahil olmak üzere sonradan bütün ezoterik-okült gizli cemiyetlerin taklit edeceği bir egemenlik binasıyla İslam dünyasının her yerindeki temsilcilikleri ve casuslarından meydana gelen şubelere ayrılmış bir piramit düzeni oluşturuldu. Adları "Haşhaşiler"di.[224]

---

224. Michael Bradley, *Gizli Cemiyetlerin El Kitabı*, çev. Türkân Çolak, Maviağaç, İstanbul, 2006 s. 14.

F. Gülen'in yanında uzun yıllar geçirmiş olan Nurettin Veren de, F. Gülen'in 26 yaşından beri Diazem ve benzeri antidepresan ilaçlarını yoğun olarak kullandığını söylüyor.[225]

Hz. İsmail'in mucizevi ruhunu taşıyan kişi olarak ilan ettikleri Prens Nizar al-Tayyibi Mısır halifeliği koltuğuna oturtma teşebbüsünde bulundukları için önceden onlara "Nizarcılar" denirdi. Prensi geri getirme teşebbüsleri boşa çıkınca Nizarcı imamlardan oluşan *yeni bir "İslami dönem" başlattılar.* Bu dönemin kendilerini "Al-Mehdi"nin yani *sonun zamanı*, kıyamet günü için "seçilmiş kişi" ne hazırlamak için mevcut olan şeriat kanunlarını -Allah tarafından emredilmiş İslam hukukuyla bağdaşmayan dini hüküm- hiçe saymakla daha önceki imamlardan farklı kılacağına karar verdiler.

Böyle bir anlayış Nizarcı imamların kendi aralarında şarap içme ve büyük miktarda haşhaş içme ve hatta "cihat" adı altında diğer Müslümanları öldürme izni çıkartabilecekleri anlamına geliyordu. *Nizarcılar Mısır'daki ezoterik-okült inançlardan etkilenmişlerdi.* Bu bağlamda kendilerine Koruyucular da (Sırların Koruyucuları) diyorlardı.

Mısır'dan Suriye'ye, buradan da Hasan bin Sabbah'ın liderliğinde, acımasız bir gerilla savaşı ile İran'ın kuzeyinde bulunan Alamut Vadisi'ne yerleştiler. Bağdat'taki Sünni Müslüman hükümdarı düşürmek için en acımasız yöntemlerle saldırılar düzenlediler.

Amin Maalouf *Haşhaşilerin Tarihi* adlı kitabında, Hasan Sabbah'ı "bilimdeki en son gelişmelerle yakından ilgilenen, şiire meraklı, derin bir kültür adamı" olarak tanımlıyor. Maalouf açıklamalarında, ağırlıklı olarak Dar-ül Hikmet (Akıl Evi) düzeniyle uygulamalarına ya da *Kahire Büyük Mason Locası da dikkat* çekmektedir.

1271'de Alamut'tan geçen Marco Polo, güzel bir vadide şarap, uyuşturucu, envaiçeşit yiyecek, bal, altın ve şehvetli danslar yapan

225. Haber Türk TV, Nurettin Veren, 06.08.2016.

kızlardan oluşan bir yalancı cennetin tadına baktırdığı gençleri *"yasak yok, her şey mubah" bir tarikatın mensubu* yaptıktan sonra onları ölüme göndermekteydi.

Arkon Daraul tarafından kaleme alınan *Gizli Cemiyetlerin Tarihi* adlı eserde taraftarların-müritlerin-biat etmiş olanların üç statüsü mevcuttu:

- Misyonerler (Dayes)
- Dostlar (Rafig)
- Şeyhler

Şeyhler, kendilerini tamamen davalarına adayanlardan meydana gelen *eğitimli katillerdi.* Yaşları küçük olan müritler de misyonerler ve "dostlar grubu"nda yer alırlar.

Bir Haşhaşi öldürme vazifesini yerine getirmek için şu sözlerle talimat almaktaydı:

"Nereden geliyorsun?"

Suikastçı şöyle cevaplandırırdı:

"Cennetten."

Sonra da talimatını alırdı:

"Öyleyse git, ismini söyleyeceğim kişiyi öldür. Geri döndüğünde tekrar cennete gireceksin. Ölümden korkun olmasın, zira Allah'ın melekleri seni yine de cennete gönderecek."

Haşhaşilerin etkisi 13. yüzyılın ortalarında *Hasan Sabbah'ın kendi öz oğlu tarafından öldürülmesinden* sonra tarikat yavaş yavaş dağılmaya başladı. *Babası Hasan'ı öldüren Muhammed de daha sonra oğlu tarafından idam edildi.* Haşhaşilerin Suriye'deki son kaleleri *Osmanlı Türkleri tarafından 1500'lü yıllarının başlarında yıkılması ile bu tarikat bitti.*

Ancak günümüzde Batı sosyetesinin bir zamanlar gözdesi olan Aga Khan sayesinde, İsmailiye Tarikatı adıyla bu tarikatçılık İslamiyet'in modern dallarında mevcudiyetini sürdürmektedir.

D. DOKUZ ŞÖVALYEDEN DÜNYA İMPARATORLUĞU'NA: HAHAM PİSKOPOS - ULEMA EZOTERİK DİNİ

- Hugues de Payen
- Bisol de St. Omer
- Andre de Montbard (Aynı zamanda Sion Tarikatı üyesi)
- Archamband de St. Armand (Sion Tarikatı üyesi)
- Nivard de Montdidier (Sion Tarikatı üyesi)
- Gondemare (Sion Tarikatı üyesi)
- Rossal (Sion Tarikatı üyesi)
- Godefroi
- Geoffroi Bisol

Bir Champagne şövalyesi olan Hugues de Payen ve sekiz arkadaşı.

Masonik Ahit olarak isimlendirilen bir metinde şöyle diyor:

"Kral Süleyman, 'Dokuzlunun Kutsal Üstadı' derecesine ulaştı ve bunu dokuz yoldaşla paylaştı." Burada kast edilenin dokuz kişiden oluşan Tapınak Şövalyeleri olduğu ifade edilmektedir.

Fransa'daki "Gizli Evraklar"da (Rossiers Secrets) yer alan metin Tapınak Tarikatı'nı (Order of the Temple) referans göstermektedir.

Meşhur araştırmacılar Baigent, Leigh ve Lincoln'e göre, *Tapınak Şövalyeleri'nin arkasında bir tarikat ve bazı kişilerden oluşan bir grup vardı.* Bu tarikat Sion Tarikatı'ndan başkası değildir. Tapınağa olan talep, Sion Manastırı tarafından oluşturulduğu "Manastır Vesikaları"ndan görülebilir.[226]

---

226. Michael Baigent, Richard Leigh, Henry Lincoln, *Savaşçı Keşişler Tarikatı - Tapınak Şövalyeleri*, çev. Mehmet Topdaş, Nokta Yayınları, İstanbul, 2004, s. 113.

Başka bir söyleyişle Tapınak Şövalyeleri Tarikatı, *Sion Tarikatı'nın eseriydi. Mart 1117'de* tahtını Sion Tarikatı'na borçlu olan Kudüs Kralı I. Baudovin Tapınak Tarikatı'nın anayasasının Akka'da Aziz Leonard'ın çiftliğinde görüşmeye zorlandı. *Aziz Leonard, bölgenin Sion Tarikatı'nın tımarlarından biriydi.*

Anlaşılıyor ki, Kudüs ve çevresinde Kral'ı tayin edebilecek kadar etkili bir güç Tapınak Şövalyeleri'ne zemin hazırlamış onu organize etmişti. Bu güç Sion Tarikatı'ndan başkası değildi.

Yukarıda zikrettiğimiz üçlü araştırmacılara göre, genel olarak *Tapınak Şövalyeleri kuruluş tarihleri olan 1118 yılından dört yıl önce çekirdek yapı halindeydiler.* Tapınak Şövalyeleri, resmi gücü olmamasına rağmen 1118 yılından önce aktif olduğu kesindir. *"Sion Tarikatı'nın idari ve askeri kolu olarak sağlamlaştırılmış bir manastırda oturuyorlardır."*[227]

Baigent, Leigh ve Lincoln yaptıkları araştırma sonucunda *Tapınak Şövalyeleri ile Sion Tarikatı arasında düzen-sistem entrikalı* dolapların döndüğünü fark ederek aşağıdaki şekilde bir sıralama yapıyorlar:

1. 11. yüzyılın sonlarında *Calabria'dan gelen esrarengiz bir keşiş grubu Ardennes'te ortaya çıktı.* Keşişler törenle karşılandılar ve Orval'de kendilerine *Godfroi de Bovillon'un koruyucu annesi*, teyzesi tarafından toprak verildi.

2. 1108'den bir müddet önce kesişler Orval'de ortadan kayboldular. Elbette Kudüs'e gittiler.

3. 1099'da Kudüs Hıristiyanların eline geçti ve Godfroi'ye liderleri Orval'deki keşişler gibi Calabrian kökenli belirsiz bir konsil Kudüs tahtını teklif etti.

4. Godfroi'nin emriyle sonradan aynı isimle anılacak tarikat için Sion Dağı'nda bir manastır inşa edildi. Aynı tarikat sonradan Godfroi'yi tahta önerdi.

227. M. Baigent, R. Leigh ve H. Lincoln, a.g.e., s. 120.

5. *1114 yılına kadar Tapınak Şövalyeleri Sion Tarikatı'nın silahlı gücü olarak* yörede faaliyet gösterdiler. Şövalyelerin yapısı 1117 yılına kadar tartışılmamıştır. Bir sonraki yıla kadar kapalı bir tarikattırlar.

6. 1115'te ekonomik çöküşün kenarındaki *Cistercian Tarikatı'nın üyesi Aziz Bernard*, Hıristiyanlığın sözcüsü olarak ortaya çıktı. Daha önceleri fakir olan Cistercian'lar hızla Avrupa'nın en meşhur, en zengin, en etkili tarikatı haline geldi.

7. 1131'de Aziz Bernard, Calabria'lı keşişler gelmeden önce birkaç yıl boş kalan Orval Manastırı'nı alır. Burası Cistercian üssü haline gelir.

8. Aynı zamanda bazı garip kişilerin devamlı olayların içine girip çıktığı belirlenmiştir. Bir kanaviçe-gergef gibi işlenen, örülen olayların karanlık tarafları mevcuttur. (Bu süreçte Masonların - Sion Tarikatı mensuplarının- Yahudilerin şu veya bu şekilde işin içine girdikleri anlaşılıyor. -R. K.)

Mesela Champagne kontu, Aziz Bernarda Clairvaux'taki manastır için arazi bağışlar ve Trayes'te saray kurar. Nereden geldiği anlaşılamayan "kâse" hikâyeleri sonradan ortaya çıkar.

1114 yılında Kont Tapınak Şövalyeleri'ne katılmaya karar verir ve bilinen ilk büyük üstat Hugues de Payen de o sıralar Kont'a bağlıdır.

9. Aziz Bernard'ın amcası Sion Tarikatı'nın üyesi Andre de Montbord, Hugues de Payen'in kurduğu Tapınak Şövalyeleri'ne katılır. Bundan kısa süre sonra Andre'nin iki kardeşi Clairvaux'ta Aziz Bernard'a katılır.

10. Aziz Bernard şövalyeler için önemli oranda halkla ilişkileri temin eder. Kendi tarikatı Cistercian'ları da resmen Tapınak Şövalyeleri'ne bağlatır.

11. 1115-1140 yılları arasında, 25 yıllık kısa bir zamanda Cistercian'lar ve Tapınak Şövalyeleri büyük meblağlarda para ve arazi elde ederler.

Entrikalı gözüken bağlantıların gerçekten bütünüyle tesadüf olması mümkün gözükmüyor. Sion Tarikatı Aziz Bernard ve Tapınak Şövalyeleri'nin arkasındaki güç olduğu anlaşılıyor. Bir hususun altını çizelim. Tarihi gerçekler, bir hadisenin ya da olgusunun inanılmaz gibi görünmesinin, söz konusu olayın gerçek olmayacağı manasına gelmediğini gösteriyor.

Tam tersine... Özellikle üstü örtülmek istenen bazı hadiselerin, onların gerçek olamayacağı hususunda oluşturulan algının, genellikle söz konusu "inanılmaz"ı *sorgulanıp tartışılmaktan kurtardığı* görülüyor.

Gerçekte, tarihte çok sayıdaki "inanılmaz" olma halinin, bu neviden olayları perde arkasında gerçekleştirenler tarafından biz sıradan insanlara, şuuraltı operasyonlarıyla "öğretilmiş" olduğu ayan beyan ortaya çıkıyor artık.

1. "Görünmeyen Bir Gücü Kim Devirebilir?"

Siyon Protokolleri'nde şöyle der:

"Görünmeyen bir gücü kim devirebilir?" Tarih 1784 yılının sonbaharı. Bir kurye. Almanya'nın Frankfurt şehrinden Paris'e giderken, Almanya'nın Regensburg şehri yakınlarında üzerine yıldırım düşüyor. Hastaneye kaldırılan *kurye John Jacob Lanz'ın üzerinden çıkan belgeler* oldukça dehşetengiz: Adam Weishaupt adlı bir kişiden, bilahare dünyaca meşhur olan Jakobyen Maximillian Robespierre'ye gönderilen belgeler bunlar. Dokümanlarda (1789) *Fransız İhtilali* ile alakalı planlar ve *İlluminati* adlı bir örgütün öğretileri yer alıyor.

Bavyera hükümeti hemen harekete geçerek İlluminati adlı bu tehlikeli örgütü kapatmak için mahkemeye başvuruyor. Diğer taraftan da Fransız hükümetini bilgilendiriyor. Fransız hükümeti *"bu deli saçması şeyleri" hiç ciddiye almıyor.* Ancak bu davranış onlara çok pahalıya patlıyor. *Fransız İhtilali tam beş yıl sonra* neredeyse kelimesi kelimesine *J. Jacob Lanz*'ın üzerinde bulunan pl*anlarda yazıldığı gibi gerçekleşiyor.*

Bavyera'da 1786 ve 1787 yıllarında İlluminati örgüt üyelerinin evlerine yapılan baskınlarda ele geçirilen belgeler bu örgütün gaye ve sistematiğini açıkça ortaya koymaktadır:

"Kaoslar ve savaşlar meydana getirerek, Kilise'yi ve ülke yönetimlerini yıkıp yeni ve tek bir dünya yönetimi kurmak."

Örgüt üyeleri Bavyera ve çevre Alman devletçiklerinde peş peşe tutuklandılar. Faaliyetleri kanunla yasaklanan İlluminati, bir daha gün yüzüne çıkmamak üzere yeraltına indi. Bavyera hükümeti bu belgeleri bütün Avrupa ülkelerine ve kiliselere gönderip iz sürdüyse de İlluminati'nin izine bir daha hiç rastlanmadı. Ele geçen belgelerden birinde Adam Weishaupt şöyle demektedir:

"*Bir perde her zaman gereklidir.* Gücümüzün büyük bölümü gizlenmekten kaynaklanır. Bu sebeple *her zaman bir başka cemiyetin adı altında gizlenmeliyiz.*"[228]

Sevgili okuyucu, benim uzun yıllar araştırmalarım sonucunda geldiğim veya ulaştığım nokta-bilgi şöyle: Her neviden gizli örgütler-kardeşlik teşkilatları-tarikatlar-cemaatler temelde bir "sırra", yani "ezoterik-okült" bir inanca sahipler. Derinlere indikçe "İslami" görünenlerinde çoğu bu tanıma dahil. İnançları asla Kurani değil, ilahi kökenli değil. Tek Allah inancı yok.

Günümüzdeki olaylara baktığımızda, gizli örgüt ve tarikatların arkasındaki dominant yapı: Sion Tarikatı.

228. *Die Neuesten Arbeiten des Spartacus und Philo in dem Illuminaten - Orden*, 1794, s. 143.

E. İLLUMİNATİ

Tapınak Şövalyeleri ve İlluminati ve diğer bir kısım tarikat ve cemaatlerin kontrolü Sion Tarikatı'nın elinde. Ancak Sion Tarikatı çok dar, oldukça elitist ve sadece "Tanrı'nın seçilmiş ırkı"na mensuplardan oluşuyor.

Ezoterizm temel... Masonluk ve bazı "kulüp"ler ise hepsinin üstüne örtülen "sosyetik şal" ve eleman devşirme kaynağı. İlluminati'nin kurucusu Johann Adam Weishaupt. Bir kilise hukuku profesörü. Ama!? O bir ateist, aynı zamanda Zoroastrian/Maniheist-büyücü, mistik okültist ve amoralist.

Bir tarafta Kilise ve monarşilere karşı ferdiyetçi, hürriyet sevdalısı... Diğer taraftan totaliter ve otoriter bir Yeni Dünya Düzeni teorisyeni. Şirket sosyalizmi ile insanlığı köleleştirme budalası. Ancak Masonluğu ile meşhur ABD Başkanı Thomas Jefferson'un ifadesi ile o "coşkulu bir hayırsever".

6 Şubat 1748'de Almanya'nın Ingolstadt şehrinde doğan Weishaupt Cizvit papazlardan aldığı sıkı eğitim ve disiplin sayesinde, çalışkanlığı ve hırsıyla 27 yaşında Ingolstadt Üniversitesi'nde kilise hukuku profesörü ve dekan oldu.

Weishaupt ve küreselleşmeci dünya görüşü, Onun *Kölmer adında, Mısırlı, okültist gezgin bir tüccar ile tanışması ile başlıyor.* Mısırlı veya orada uzun süre kalmış tüccardan Eski Mısır, ezoterizm, okültizm ve Doğu felsefelerini öğreniyor.

Fransız Cizvit Papazı Abbe Augustin Barruel ve Lecoutelx de Conteleu tarafından yapılan araştırmaya göre Kölmer Mısır'da uzun seneler kalmış gezgin bir tüccar. Mısır ve o bölgede öğrendiği *ezoterik kadim bilgilerle ana hatları Maniheizm'e dayanan* bir düşünce sistemi geliştirmişti.

Kölmer, Fransa'ya giderken Malta'ya uğramış ve burada –Malta Tapınak Şövalyeleri'nin üslerinden biridir– tarihin en meşhur ezoterist-okültisti *Cagliostro ile buluşmuştu.* İnisiye olan ve öğretisini mükemmelleştiren Kölmer'in bütün seyahat ve ziyaretlerinin planlı ve arkasında ezoterik bir güç/tarikat olduğu apaçık ortada. Bu güç yapısı da Sion Tarikatı ve Tapınak Şövalyeleri'nden başkası olamaz.

Malta! Akdeniz'in ortasında kıraç bir ada. Uzun bir geçmişi, hareketli bir tarihi ve meşhur Tapınak Şövalyeleri var. Şövalyeleri ve tarikatları... Malta'nın tarihi, bir zamanlar Akdeniz'i göl haline getirmiş Osmanlı İmparatorluğu'nun tarihiyle hemen hemen iç içe.

Voltaire şöyle söylüyor:

"Avrupa'nın tarihinde *Malta Adası'nın Türkler tarafından kuşatılmasından* daha iyi bilinen ikinci bir savaş hatırası yoktur."

Kanuni'nin paşaları tarafından *1565'te 200 gemi ve 40 bin asker gönderilerek kuşatılan Malta, sadece 700 şövalye ve 9000 askeri olan "Malta Şövalyeleri Devleti" tarafından püskürtülmüştü.* Bu kuşatmayı yöneten Mustafa Paşa, uğradığı yenilgiyi canıyla ödemişti. Halbuki bu *Malta Şövalyeleri, daha 40 yıl önce 1520'lerde kendilerine verilmiş olan Rodos Adası'ndan yine Kanuni tarafından sürülmüş*, İspanyol ve Sicilya krallıklarının himmetiyle kimsenin yaşamak istemediği, devasa bir kayalıktan ibaret olan kıraç Malta'ya yerleşmek mecburiyetinde kalmışlardı.

F. MALTA VE DÜNYADAKİ TEK TARİKAT DEVLETİ

Günümüzde Malta Adası'ndaki şövalye tarikatlarının hemen hemen hepsi *kökenlerini 1048'e* kadar götürmekte ve *Tapınak Şövalyeleri geleneğinden* geldiklerini iddia etmektedirler. Kısaltılmış adı SMOM olan "The Sovereign Military Hospitaller Order of St. John of Jerusalem of Rhodes and of Malta" (Rodos, Malta ve Kudüs St. John Şövalyeleri Askeri ve Egemen Tarikatı) isimli *Malta'daki bu tarikat halen yeryüzünde* kabul edilen ve Malta Devleti nezdinde bir büyükelçi tarafından temsil edilen tek "tarikat devleti"dir. Bu tarikatın kendi pasaportları ve elçilik binaları vardır. İlginç bir durum, *merkezleri İtalya'nın başkenti Roma'da olan tarikatın "karargâhları" Malta Adası'ndadır.*

Bu tarikatın ana hedefi, adanın gerçek sahibi olmayı gündeme getirmiş olmasıdır. "Order" kelimesi Türkçeye "tarikat" olarak çevrilmiştir. Daha çok Katolik Hıristiyanlık âleminde kullanılan bir kavramdır Order. Mesela, Benediktinler, Fransiskenler, Dominikanerler birer tarikattır. Bunların hepsi doğrudan papalardan aldıkları "Kutsama"lar (Blessing) ve izinlerle kurulmuşlardır.

Bir başka tarikat modeli ise "Mandicant" diye bilinen, dünyevi işle uğraşmayan "Keşiş" tarikatlarıdır. Keşişler (Monks) manastırlarda yaşar ve çok zaruri olmadıkça dış dünyayla temas kurmazlar. *Kilise papazları* ise alkol ve her neviden bağımlılıktan tutun Amerikan futboluna kadar her alanda insanlarla iç içe olmak mecburiyetindedirler.

Hıristiyan dünyasında gizliden gizliye *manastır keşişlerinin tarikatlarıyla Kilise papazlarının tarikatları arasında sert bir mücadele* vardır. Keşişler daima *fakirlerden* yana ve onların arasında yaşamayı tercih etmişlerken, papazlar ve papalar *zenginlerden* yana ve debdebe içinde yaşamanın Hıristiyanlıkça caiz olduğu görüşündedirler.

Bütün Hıristiyanlık âleminde kullanılan "Sect" ve "Cult" kavramları da vardır. "Sect", mutlaka bir "Schism=Hizip"ten doğmuş olup, *Vatikan için Protestan Hıristiyanlık bir din değil sadece bir "Sect"tir.* Ortodoks Hıristiyanlık için İslam dini, Yahudi Ortodoks hizbinden doğmuş bir *"Sect"tir. Katolikler Protestanların, Ortodokslar da Müslümanların bir gün yanıldıklarını* görerek yeniden "ana kiliselerine" döneceklerine inanırlar. "Cult" kavramı daha ziyade Protestan ülkelerde kullanılır. Mesela, *Almanya'da İslamiyet, bir din değil, sadece bir "Cult"* olarak resmi yazışmalarda yer alır.

Hıristiyanlık özgün haliyle askerlik yapmayı din adamlarına yasaklamıştır. Ancak XI. yüzyıla gelindiğinde Kudüs'ü Müslümanlardan kurtarmak için Papalık, Haçlı Orduları'nın kurulması görevini bazı *keşişlere* verdi. Böylelikle tarihte ilk "silahlı din adamı" *orduları* kurulmuş oldu. İşin başında paramiliter nitelik taşıyan bu tarikatların ilki *"Gizli" Templar-Tapınak Şövalyeleri Tarikatı idi.* Bilahare *bu tarikattan çok sayıda gizli örgüt* ve "okült" (gizli büyü, sihir vs. uğraşanlar) tarikatlar türemiştir.

Bu gelenek günümüzde de devam etmekte olup çok sayıda "kulüp", Yeni Çağ (New Age) tarikatları vb. en meşhurları "Masonlar" ve "Rosyicurician"lardır. Yine Tapınak Şövalyeleri'nden türemiş ama "politik ihtilalciliği" gizlice sistematize ederek geliştirmiş olan "İlluminati" bir diğer tarikattır. Yukarıda değinmiştik. Kölmer adlı "gezgin bir tüccar"dan, Malta'daki son okültist eğitimden sonra Fransa'ya oradan da "kader" Kölmer ile Adam Weishaupt'u Almanya'da karşılaştırıyor. Kölmer bu zeki ve hırslı akademisyeni gizli, politik doktrinin bütün sırlarına inisiye etmişti.

Weishaupt beş yılını sistem üzerinde çalışarak geçirmiş ve kendi düşünceleri doğrultusunda bir topluluk kurmaya karar vermişti. Weishaupt, *bilimsel eşitlik* prensibiyle kurulmuş olan gizli bir öğrenci cemiyeti üzerine, toplam beş kişiyle "Die Perfektibilisten" (Mükemmeliyetçiler) adında yeni bir kült oluşturduğunda tarih 1 Mayıs 1776'yı göstermekteydi. Bilahare 11 kişiye ulaşan bu grup, adını önce "Ordo Illuminati Bavarensis" daha sonra "Illuminatenorden" olarak değiştirdi ve nihayet "İlluminati" adını aldı.

Weishaupt, 1777'de Münih'te kurulu olan Theodor Zum Guten Rath Locası'nda *tekris* olarak Masonlar arasına dahil oldu. Bizzat kendi elyazısıyla yazarak açıkladığı asıl maksadını Yeni Dünya Düzeni içinde *dünyayı yönetmek* olarak sistematize eden Weishaupt'un hedefine ulaşmak için belirlediği hususlar sıradan bir öğretiden ziyade, arkasında gizli-güçlü bir organizasyonun-tarikatın olduğunu ortaya koyan *manifesto* niteliğindedir:[229]

- Mevcut devlet-hükümet sistemlerinin yıkılması.
- Mülkiyet ve miras hakkının kaldırılması.
- Milliyetçilik akım ve duygularına son verilmesi.
- Aile kavramının tamamen yıkılması ve yok edilmesi.
- Din inancının-kavramının yok edilmesi.
- Yeni bir dünya yönetiminin kurulması.

İnsanlığı yaklaşık 200 yıl sosyalist-kapitalist diye birbiriyle kavga ettiren ve birbirine kırdıran, Türkiye'mizde de gençlerimizin bir kısmını sosyalist-komünist bir devlet kurma uğruna ölüme gönderen "Marksist öğreti"nin, Komünist Manifesto ile Weishaupt'un Manifestosu'nun nasıl birebir örtüştüğünü bugün artık görmeyen var mıdır, bilmiyorum.

İlluminati'nin kurucusu Weishaupt *vatanını sevmenin* "yanlışlığını" bir yazısında şu satırlarla anlatmaktaydı:

"Milletlerin ve halkların ortaya çıkışı ile büyük bir aile, tek bir krallık tabiat (gerçeklik) ile bağlarını kopardı. Milliyetçilik 'insan sevgisi'nin yerini aldı. Şimdilerde, *ferdin anavatanını savunması bir 'değer' haline geldi*. Halbuki 'vatan' dar sınırlar içinde yaşamak, bu sınırlar dışındaki yabancıları hor görmek ve hatta onlara saldırmak manasına gelir. İşte bu özelliğe 'vatanseverlik' deniyor. Vatanseverlikten bölgecilik, aile ruhu ve sonunda da egoizm doğar. *Vatanseverliği yok ederseniz* insanlar birbirlerini tanıma fırsatı bulur ve bu şekilde küçük grup dayanışmaları son bulur..."

229. Adam Weishaupt, "Einige Originalschriften des Illuminatenordens", İlluminati'ye ait birkaç orijinal elyazması, Münih, 1787.

Weishaupt, *insanın dışında bir ilahi güç olmadığını* söylüyor, sistemini de sosyoloji ve siyaset bilimi üzerine oturtuyordu. Din ve insan ırkının kurtuluşu ile alakalı olarak şöyle demekteydi:

"Bu ancak *gizli hikmet okulları* vasıtası ile olabilir. İnsanlar ancak tabiattan ve insani haklardan faydalanarak 'ilk günahtan' kurtulabilirler. (Burada bir kısım İslami tarikat ve cemaatin söylemlerine dikkat ediniz. -R. K.) Böylelikle prensler ve milletler, şiddet kullanmadan ortadan kaldırılabilir, insan ırkı ve dünya 'akılcı insanlara' dayanan tek bir aile haline gelebilir. Her aile babası eskiden İbrahim ve patriklerin olduğu gibi, ailenin rahibi ve bağımsız efendisi olabilir. Burada 'akıl' insanlığın yegâne rehberi olacaktır. İşte bu, bizim en büyük sırlarımızdan birisidir..."

Tapınak Şövalyeleri'nin "Politik İhtilalci" kolu olarak ortaya çıkan ve günümüzde varlığını muhtelif yollarla ortaya koyan İlluminati, gizliliğe aşırı derecede önem veren bir örgüttü. Bu örgütün geçmişini, kurucusunun kimliğini, gerçek maksadını Areopagus adı verilen gizli yöneticilerini sadece en üst düzeydeki inisiyeleri (müritleri) bilebiliyordu. Üyelerin isimlerini ve toplantı yerlerini kodlarla belirliyorlardı.

Mesela, kurucu *Weishaupt'un kod adı "Spartacus"* idi. İngiltere başbakanlarından Winston Churchill bile 8 Şubat 1920'de yaptığı bir konuşmada "Spartacus-Weishaupt" ismini kullanmıştı.[230]

İsimlerde olduğu gibi, İlluminati tarihlerde de bir nevi şifreleme yapıyordu. Gregoryan takvim yerine, *Pers takviminden esinlenerek MS 632'de Pers Kralı Yazgederd III'ün ölümü ile başlayan kendi özel takvimini oluşturmuştu. İlluminati'nin en büyük esin kaynağı Pythagoras (Pisagor) ve onun elitist bilimsel felsefe öğretisidir.* Sloganı ise *"Ordo ab Chao" (Kaostan doğan düzen).* Bu slogan daha sonra *Albert Pike*'ın 32 yıl süreyle Kuzey Amerika büyük üsta*tlığını* yaptığı *İskoç Riti Masonluğu'nun* ve ihtilalcilerin *simge sloganı* oldu.

Dönemin meşhur bestecisi ve "Aristotle" takma adını kullanarak İlluminati üyesi olan Johann (es) Simon Mayr *İlluminati'nin*

230. Winston Churchill, *Illustrated Sunday Herald* gazetesi, 8 Şubat 1920.

marşını bestelemiştir. Bu marş *muhtelif ülkelerin mahalli çalgıları içinde* ayrı ayrı hazırlanmış olması nasıl bir *küresel hazırlık* yapıldığını göstermesi bakımından önemli bir işarettir.

İlluminati yazışmalarında başlangıçta "Illuminizm", *Pythagoras'ın "bir dairenin içindeki nokta"* figürü ile sembolize edilmesine rağmen, kısa bir müddet sonra, günümüzde bir dolarlık ABD banknotu üzerinde de yer alan, piramit içinde *"her şeyi gören göz"* olarak değişmez simgesi oldu.[231]

İlluminati'nin o zaman Avrupa'da çok güçlü olan Masonluk ağını kullanarak, yapılanma, sembolizma ve ritüellerde kendine örnek aldığı anlaşılıyor. Ancak *"Coil's Masonic Encyclopedia"*ya (Henry Wilson Coil) göre, "İlluminati'ye üye olabilmek için *Mason olma mecburiyeti yoktu.* Zira Weishaupt ve kuruculardan aristokrat Baron Von Knigge'nin (takma adı Philo) sistematikleştirdiği yapıda, dördüncü, beşinci, altıncı dereceler zaten simgesel Masonluğun ilk üç derecesini içermekteydi. Baron Knigge on dereceden oluşan bir sistem oluşturduklarını belirtmişti ancak, son iki dereceye, yani *minör ve majör sırlara* ulaşan hiçbir üye olmadan örgüt resmen kapatıldı ve yeraltına çekildi.

İlluminati'ye üye olmak ve hızla yükselebilmek için, mali, siyasi güç sahibi olmak, sorgusuz sualsiz çalışmak ve eldeki gücü kayıtsız şartsız örgütün emrine vermek en önemli şartlardan biriydi.

İnsanların *zihninden milliyet, din, vatan, aile aidiyeti kavramlarının mutlaka silinmesi* gerektiği, bu gayelere ulaşmak için medya, eğitim ve devlette karar verici politikaları oluşturan *yüksek mevkilerin ele geçirilmesi* birinci şarttı.

Sion Tarikatı-Tapınak Şövalyeleri-İlluminati şeklinde bir yukarıdan aşağıya doğru yapıdan/yapılanmadan söz edebiliriz.

Ezoterizmin-okültizmin merkezi Mısır ve Ortadoğu coğrafyasıdır. Bu bölgede, özellikle Mısır'da Masonik organizasyonlar ve Sion Tarikatı'nın kökenleri oldukça eskilere gitmektedir. Yahudi-

231. Arkon Daraul, *A History of Secret Societies*, Kasım 2000.

Hıristiyan-Müslüman tarikatların hemen hemen tamamı ezoterik/Batıni inanç hususunda *aynı kökenlerden besleniyorlar.* Bu bağlamda gerek Sion gerek Haşhaşiler gerekse Tapınak Şövalyeleri Mısır ezoterizminin ürünü olan Kahire Büyük Mason Locası'nın inanç ve ritüellerinden beslenmiş oldukları anlaşılıyor. Hepsinin yolu Panteizm-Nirvana-Kabala'ya çıkmaktadır.

Baigent, Leigh ve Lincoln tarafından kaleme alınan *Savaşçı Keşişler Tarikatı - Tapınak Şövalyeleri* adlı çalışmaya göre manastır dokümanları, Sion Tarikatı'nın 1118-1152 tarihleri arasındaki faaliyetleriyle ilgili *bilgi vermemektedir.* Ancak *Tapınak Şövalyeleri bu tarihlerde resmiyet kazanmıştı.* Bu zaman müddetince, Sion Tarikatı Filistin'de, Kudüs'ün hemen dışında yer alan manastırda mevcudiyetini devam ettirdi. İkinci Haçlı Seferi'nden dönüşte, Fransa Kralı VII. Louis'in tarikatın 95 üyesini Avrupa'ya getirdiği söylenmektedir.

Araştırmacıların çalışmaları sonucunda ortaya çıkan gerçek, VII. Louis, Tapınak Şövalyeleri'ne para ve askeri destek yönünden borçlandırılmıştı. Bu durum Tapınak Şövalyeleri'nin arkasındaki gücün Sion Tarikatı/Manastırı olma ihtimalini daha da güçlendiriyor.

Her halükârda Sion Tarikatı, Gadfroi de Bouillon tarafından 1152 yılında Fransa'dan kovulmadan yarım yüzyıl öncesinden kurulmuştu. Dokümanlara göre, Sion Tarikatı'nın 62 üyesi Orleans'taki Aziz Samson'un manastırına yerleştirildi ve VII. Louis onlara yardım etti. Kaynağa göre bunlardan yedi kişi Tapınak Şövalyeleri'nin savaşan birimlerine katıldılar. On üç kişilik iki grup olmak üzere yirmi altı kişi Orleans'ın eteklerinde yer alan Sain Jean le Blanc'taki Sion Dağı Küçük Manastırı'na girdiler.

VII. Louis'in Orleans'ta *Sion Tarikatı'na gönderdiği beratlar günümüze ulaşmış* olup, kopyaları muhtelif kaynaklar tarafından yayımlanmıştır. Orijinalleri ise Orleans Belediye Arşivi'nde durmaktadır. Aynı arşiv belgelerine göre, 1178 yılında *Papa III. Alexander tarafından* yayınlanan piskopos beratından *Sion Tarikatı'nın malvarlığının resmen onaylandığı* görülüyor.

Söz konusu malvarlığının derecesi Sion Tarikatı'nın gücü, zenginliği ve etkisine şahitlik edecek kadar büyüktür. Sion Tarikatı'nın malvarlığından bazıları, Fransa'da Picardy, Orleans'ta Saint-Samson, Lambardy'de, Sicilya, İspanya'da, Calabria'da, Filistin'in pek çok bölgesinde, Akka'da Saint Leonard'da dahil olmak üzere ev ve arazilere sahip olduğu anlaşılıyor. İkinci Dünya Savaşı'na kadar Orleans arşivlerinde özel olarak *Sion Tarikatı'nı anlatan* 20'den fazla eser mevcuttu. Şehrin 1940 yılında bombalanmasıyla bunların üçü kayboldu.[232]

Manastır kaynaklarına göre *1188 yılı içinde Sion Tarikatı ile Tapınak Şövalyeleri Tarikatı yollarını ayırdılar*. Bu ayrılığın sebebi, dokümanlara göre *iki hadiseye* dayanıyor. Birincisi, Tapınak Şövalyeleri'nin büyük üstadı olan Gerard de Ridefort Kudüs Kralı seçiminde sinirliliği ve aptallığı sebebiyle içsavaş boyutuna varan anlaşmazlık çıkardı. Hatta dokümanda hainlik ile suçlanıyor. *Bu iç karışıklıktan istifade eden Müslümanlar 1187'de* Kudüs'ü ele geçirdiler. Bu sebeple *Sion Tarikatı üyeleri, Sion Dağı'ndaki manastırında Müslümanların eline geçmesi sebebiyle*, Kudüs'ü terk ederek Fransa'ya, Orleans'a gittiler ve Fransa'da yeni üsler kurdular. İkincisi, "Karaağaç Kesimi" olayıdır. Fransa Normandiya'yı 1113 yılında yapılan "Gisors Anlaşması" ile İngiltere'ye kaptırmıştı. Bölgedeki Gisors Kalesi'ne bitişik geniş çayırlık arazi "Kutsal Toprak" (Champ Sacre-Kutsal Tarla) olarak kabul edilmekteydi.

1118 yılında İngiltere Kralı II. Henry ile Fransa Kralı II. Philippe barış yapmak için buradaki yeşil arazinin ortasındaki yaşlı bir "karaağaç" altında buluştular. Ancak anlaşmaya varamadılar. Daha önceki buluşmalarda bu ağacın altında gerçekleşmişti.

1118 yılının bir yaz gününde, buluşma noktasına II. Henry biraz erken geldi ve bu ağacın altını işgal etti. Fransa Kralı ise çadırını güneş altında kurmak zorunda kaldı. Görüşmelerin üçüncü gününde sıcaktan bunalan Fransızlar ile İngilizler arasında bir söz düellosu yaşandı. İngilizlerden Fransızlara bir ok atılınca arbede çıktı. Başında Aslan Yürekli Richard olan az sayıdaki İngiliz askerleri

232. M. B.; R. L. ve Henry Lincol, *Tapınak Şövalyeleri*, s. 123-124.

geri çekilerek yakındaki Gisors Kalesi'ne sığındı. Fransızlar ise hırslarını "karaağaç"ı keserek, yakarak çıkarmaya çalıştılar. Fransa Kralı Paris'e döndü. Bir daha iki ülke kralları bu arazide buluşmadılar.

Gisors Kalesi'nin sahibi Jean de Gisors, Sion Tarikatı'nın "büyük üstat"larından biridir. Anlaşılıyor ki İngiltere ile Fransa arasındaki anlaşmazlık basit bir sınır meselesi değildir. Prieure de Sion ve Tapınak Şövalyeleri ile alakalı olduğu ve Jean de Gisors'u da ilgilendirdiği anlaşılıyor.

Bu olaydan sonra Tapınak Şövalyeleri ile dostluğunu ilerleten *"Aslan Yürekli Richard" 1189 yılında Üçüncü Haçlı Seferi'ne çıkarken Tapınak Şövalyeleri gibi giyinmişti.* Akka'da onlarla birlikte yaşadı. 1192 yılında Filistin'i terk ettiği zaman bir Tapınak Şövalyesi olduğunu saklamayı bırakarak, onlarla birlikte, Tapınak Şövalyeleri'ne ait bir gemi ile Filistin'den ayrıldı.

Tekrar, son kez İlluminati meselesine dönelim. Ama bir kez daha altını çizelim. Ezoterizm-Kabala temelli Masonluk geniş bir "sosyetik şal" görevi görürken esas ana omurga Sion Tarikatı-Tapınak Şövalyeleri-İlluminati'dir. Günümüzde:

- Sion Tarikatı: Temel dini ayak-senkretik din.
- Tapınak Şövalyeleri: Finans ayağı, istihbarat, askeri ayak, ilaç endüstrisi, medya, üniversiteler, bilim ve teknoloji kurumları.
- İlluminati: Politik operasyonlar ayağını oluşturan ve elbette bunların da altında yer alan başka ezoterik-gizli örgütlerle Yeni Dünya Düzeni Projesi yürütülmeye devam ediyor. Müzik ve sinema başta olmak üzere moda ve reklam.

İlluminati teşkilatlanması Pythagoras'ın üç derecesi üzerine yapılandırılmıştı. Gerçekte bütün gizli örgütler *hemen hemen aynı üçlü sacayağını kullanmaktadırlar:*

- "Egzoterik" öğretinin verildiği "Akousmatikoi" (anaokulu).
- "Ezoterik" öğretinin verildiği "Matematikoi".
- Yüksek sırların bilgeliği "Epiphanie".

İlluminati'nin 1782 Wilhelmsbad Kongresi'nde son halini alan ve 10 dereceden oluşan "İlluminati Dereceleri" rastgele seçilmiş bir kademelendirme değildir. *İlluminati'nin 10'lu çemberi*, –şeytanın on yardımcısı, İlluminati'nin on kişilik "Has Daire"si– *iblisin krallığını temsil etmektedir*. Çemberin içindeki nokta, özellikle İlluminati'nin kötücül işareti; iblisin egemenliğini ve onun *"Has Daire" üzerinde ışık* ve esin kaynağı oluşunu sembolize eder.[233]

İlluminati'nin üç kademeli on derecesi

Kademe			**Hazırlık**
I	Egzoterik Öğreti (Akousmatikoi)		1. Novice 2. Minerval 3. Minor Illuminatus
II	Ezoterik Öğreti (Matematikoi)	İskoç Dereceleri	4. Çıraklık 5. Kalfalık 6. Üstadlık 7. Major İlluminatus (İskoç Novice) 8. İlluminatus Dirigens (İskoç Knight)
III	Yüksek Sırlar (Epiphanie)	Minör Sırlar Majör Sırlar	9. Rahip (Epopt/ Presbyler) 10. Prens (Principatus Illuminatus) Magus/Büyücü Rex/Kral

233. Texe Marrs, İlluminati - Entrika Çemberi, çev. M. Hulusi Altunel, Timaş Yayınları, İstanbul, 2015, s. 99.

İlluminati çok kısa zamanda üye sayısını iki bin kişiye çıkardığında, Almanya, Avusturya, Fransa, İtalya ve diğer birçok Avrupa ülkesinde teşkilatlanmıştı. Üyeler arasında, Denis Diderot, Johnn Gottfrid Von Herder, Emanuel Swedenborg, Friedrich Von Schiller, Adam Smith, Wolfgang Von Goethe, Jean-Jacques Rousseau, Immanuel Kant gibi toplum nezdinde meşhur ve etkili isimler yer almıştı.

Fransız Cizvit Papazı Abbe Augustin Barruel tarafından ifşa edilen 67 İlluminati üyesinden geri kalan isimler, hükümet ve ordu mensuplarından meydana gelmekteydi.[234] İlluminati örgütünün hızlı büyümesi ve bünyesine bir kısım karanlık olarak tanımlanan kişileri de alması Almanya'daki devletlerin yönetimlerinde rahatsızlık yaratmıştı. Bu durumu fark eden İlluminati, 16 Temmuz 1782'de, Wilhelmsbad Büyük Mason Kongresi'nde[235] kendini Masonluğun bir derecesine dönüştürüp gizlenmek mecburiyetinde kaldı.

Tapınak Şövalyeleri'nde/Sion Tarikatı'nda olduğu gibi İlluminati de Masonluk "sosyetik şalı"nı üzerine çekmişti. *Yüzlerin arasında olmaktansa binlerin arasında gizlenmek en kolay "gözden ırak"* olma yöntemidir.

Nitekim 15 Temmuz 2016 FETÖ kalkışmasından sonra da FETÖ'cüler acımasızca birbirini ihbar ediyor/ettiriyor ki mahkemeler 20 bin kişi yerine 200 bin kişiye bakmak zorunda kalsın, hadise hukuki anlamda içinden çıkılmaz bir hal alsın. Temel ezoterik olunca ha İlluminati, ha FETÖ, hiç fark etmiyor. Metodoloji aynı.

Adam Weishaupt, *İlluminati'ye Ait Birkaç Orijinal Elyazısı*'nda bakın ne söylüyor:

"Biz kendimize ait bir Mason locasına sahip olacağız. Bu loca bizim 'anaokulumuz' olacaktır. Bu Masonlardan bazılarına normal Masonların sahip olduklarından daha fazla bir şey öğretmeyeceğiz. Her daim kendimizi bu Masonlukla saklayacağız. Birlikte çalışmaya layık olmayanlar Mason locasında kalacak ve sistem hakkında daha fazla bilgiye sahip olmayacaklar."

---

234. www.freemasonry.bcy.ca/texts/Illuminati:htm/#17
235. Albert Mackey, *Encylopedia of Freemasonry*, s. 1006.

Nitekim Brunswick Dükü Ferdinand başkanlığında oluşturulan locaya "Aydınlanmış Hür Masonlar Locası" ismi verildi. Bu locanın merkezi Almanya'nın *finans merkezi Frankfurt'tadır*. Locanın kurucuları arasında dünya finans sistemini, kıymetli metalleri ve *küresel emtia piyasasının yüzde 15-20'sini elinde tutan Rothschild ailesi* üyeleri yer almaktadır.

Batı sisteminin en ünlü teorisyenlerinden Alman filozof Friedrich Hegel 1800'lerin başında İlluminati'ye katıldı. Hegel "diyalektik" teorisi ile politikanın temel taşlarından birini oluşturmuştu. Açıkça ifade etmek gerekirse, Weishaupt'un ezoterik-egzoterik örgütlenmenin felsefi öğretilerini çok iyi harmanlaması ile oldukça akılcı ve sistematik ama bir o kadar da şeytani bir *"politik ihtilalci" örgüt* ortaya çıkmıştı.

1785 yılında Bavyera hükümeti İlluminati'yi yasakladı. Pek çok üyesi yargılandı ve mahkûm oldu. *Adam Weishaupt "prens danışmanı"* sıfatı ile tutuklanmaktan ve yargılanmaktan kurtuldu. Gotha'ya yerleşti ve orada Göttingen Üniversitesi'nde dersler verdi ve *18 Kasım 1830'da öldü*.

Weishaupt, İskoçya'da örgütlenmeye çok önem veriyordu. İskoçya'nın önde gelen akademisyenlerinden Prof. John Robinson ile uzun görüşmeler yaptı. Ancak "Aydınlanma"nın arkasının hiç de öyle olmadığını çabuk fark eden Prof. Robinson Weishaupt ile bütün ilişkisini kesti.

Prof. John Robinson 1797 yılında *Proofs of A Conspiracy* (Bir Komplonun Belgeleri) isimli meşhur kitabını yazdı. *İlluminati'nin çok tehlikeli bir karanlık örgüt* olduğunu insanlara anlatmaya çalıştı. İşte o kitaptan bir paragraf:

"İlluminati'nin gayesi, ülkelerin ekonomilerine ve paralarına egemen olmaktır. Bu gayeye ulaşmak için, başta Hıristiyanlık olmak üzere, kurulu düzenin bütün kurumlarını yok etmeye çalışıyorlar. Bütün Avrupa kraliyet yönetimlerini alaşağı edecekler ve daha sonra da gizli hedeflerini bütün dünyaya yaygınlaştıracaklar."

İlluminati nedir?

Pisagor, Maniheizm, Kabala, "büyücülük"ten beslenen bir ezoterik-okültist gizli örgüt olup şeytanın yoldaşlarıdırlar. Doktrinlerinin temeli *aklı şeytanın lehine kullanmak* adeta "Allah'a kafa tutumak"tır. Modern filozofların açık görüşlülüklerinin arkasına monte edilmiş akılcılık deneyciliklerinin temelinde *Allah'a meydan okuma* inancı yatmaktadır.

Bu sebeplerle Sion Tarikatı'nın "inanç" ritüellerinden, İsmaili ve Haşhaşilerin ihtilalci metotlarından, Cizvit ve Tapınak Şövalyeleri'nin "para ve disiplinlerinden", Hür Masonların organizasyon ve "ketumiyet" yeteneğinden, Niccolo Machiavelli'nin "pragmatik felsefesinden" ve Gül-Haç "sır"larından esinlenerek ortaya çıkarılmış *yeryüzü şeytanının adıdır* İlluminati. Yapmak istediği, "Tanrı'nın seçilmiş ırkı"nın önderliğinde "Küresel Seçkinler"in yönettiği Tek Dünya Federasyonu'ndan oluşan *Tek Dünya Devleti.*

Bu yolda her şey mubah. Kitleler biçilmesi gereken "ayrıkotu". Yeryüzünü "Tanrı'ya bomboş teslim etmek" histerisi içindeki *Apokaliptik/Kıyametçi bir elitist yapı.*

BEŞİNCİ BÖLÜM

A. TAPINAK ŞÖVALYELERİ YA DA *BATMAN* *(KARA ŞÖVALYENİN YÜKSELİŞİ)* - FEDERAL RESERVE - WALL STREET - HOLLYWOOD - BIS

Devlet kavramının bir araya getirdiği üç unsur: Egemenlik, bürokrasi, siyaset.

2008 yılında gerçekleşen Wall Street merkezli küresel mali çöküşün ABD'deki kurbanları ve tedbir alınmazsa *Wall Street bankerlerinin Amerika'nın sonunu getireceğini gören* bir avuç aydından oluşan 700 kişilik aktivist *1 Ekim 2011 Cumartesi günü New York'taki Brooklyn Köprüsü'nde* yürümeye kalkıştılar.

Occupy Wall Street (Wall Street'i İşgal Et) aktivisti 700 kişi New York polisi tarafından hemen oracıkta tutuklandılar. Tutuklama gerekçesini New York Belediye Başkanı Bloomberg *protestocuların trafiği engellemesi* olarak gösteriyordu.

Aradan beş hafta geçmişti. Brooklyn Köprüsü'nün *yanındaki Queensboro Köprüsü'nü iki tam gün kapatan kişi de Belediye Başkanı Bloomberg idi.* Çünkü meşhur üçleme film *Batman* serisinin sonuncusunun, *The Dark Knight Rises* filminin yönetmeni Christopher Nolan köprüde iki gün boyunca filmin çekimlerini yapmıştı.

Nasıl bir ironi?

The Dark Knight Rises (Kara Şövalyenin Yükselişi) tam anlamıyla Occupy Wall Street (Wall Street'i İşgal Et) hareketine yönelik anti-işgal hikâyesi.

Yönetmen Christopher Nolan, *Batman* serisinin üçüncüsü olan filmin senaryosunun Wall Street'i İşgal Et hareketinin başlamadan önce yazıldığını ısrarla belirtiyor ve meşhur New York'un (*Gotham*) işgali sahnelerinin ilham kaynağının gerçekte Wall Street'i İşgal Et hareketi değil, *Dickens'in Fransız İhtilali'ni anlatan hikâyeler* olduğunu iddia ediyor.

Herkes biliyor ki *Hollywood'un çektiği filmlerin senaryoları çekim-yapım müddeti boyunca devamlı yenilenir*, eklemeler ve çıkarmalar yapılır, genel olarak da gelinen son noktada hiçbir şey ilk metindekine benzemez hale gelir.

Filmlerde mesaj verme meselesine gelince, kelimelerde yapılacak küçücük bir değişiklik, mesela "kontrolü ele geçirmek" yerine "işgal etmek" türünden ufacık ayrıntılarla yapılır ve bütün algıyı değiştirir.

Batman (The Dark Knight Rises) filminde seyircinin gözünün içine, *kötü adamların gerçekten Wall Street'i işgal ettiği ve borsa binasına saldırdığı* adeta sokuluyor. Amerika'yı batmanın eşiğine getiren *Wall Street "eke"leri ise pirüpak, masumlar.*

ABD Yargıtay Başkanı Felix Frankfurter (1882-1965) tam tamına bu görevi 23 yıl (1939-1962) yapan ender insanlardandır. Avusturya göçmeni Musevi bir aileye mensup olan Felix Frankfurter daha 1952 yılında şu sözler ile Amerikalıları ve insanlığı ikaz ediyor:

"*Washington'u (ABD)'yi yöneten gerçek güçler görünmezdirler.* Onlar güçlerini perde arkasından kullanırlar."

Perde arkasındaki başta Tapınak Şövalyeleri olmak üzere, güç simsarlarını öncelikle Amerikan toplumu olmak üzere, her milletin şu veya bu oranda tarihçileri, akademisyenleri, araştırmacıları biliyor. Ancak gerçekte Amerikan halkının-insanlığın gözünün önünde duran, yediden yetmişe hemen herkesin her gün haşır neşir olduğu "para"nın "tapınağı" hakkında insanlar o kadar az şey biliyor ki!

1. Para ve FED

Yeryüzünün en büyük küresel güç merkezi Federal Reserve (FED) yani ABD Merkez Bankası'dır. *Bu gücün mutlak sahipleri ise Tapınak Şövalyeleri'dir. Çünkü Haçlı Seferleri'nden bu tarafa para ve parayla ilgili her şey* onların kontrolündedir.

Amerikan halkı dört yılda bir Temsilciler Meclisi, iki yılda bir Senoto'nun üçte birinin yenilenmesi için sandığa gider. Böylece halk seçimler vasıtasıyla kendini yönetecek hükümeti ve başkanı *seçtiğini zanneder.*

Gerçekte seçilen, perdenin arkasında duran, hükümetin arkasında hukuki dokunulmazlık zırhı ile korunan "paranın şövalyeleri"dir. İstediği gibi karşılıksız para basma tekeline sahip, ABD'yi ve hükümetleri perde arkasından yöneten daha büyük bir güç vardır. Bu gücün adı Federal Reserve (FED) denilen Amerikan Merkez Bankası'dır.[236]

Federal Reserve (FED) yani Amerikan Merkez Bankası devletin resmi bir kurumu değildir. Özel bir şirkettir. *Bu şirket bir avuç ulus üstü finans şirketinin kontrolündedir.*

FED, sadece ABD'nin değil küresel ekonominin gidişatının ana belirleyicisidir. Günümüzde FED'in faiz artırma-azaltma operasyonları bile küresel para çalkantılarına sebep olmakta, *kur ve faiz oyunlarıyla ülke ekonomileri*, milli devletler bir köşeden diğer köşeye savrulmaktadır.

Para bir devletin en önemli egemenlik göstergesidir. 20. yüzyılın başında devletler para egemenliklerini FED üzerinden Tapınak Şövalyeleri'ne kaptırmışlardır.

Federal Reserve'in *1913 yılında Başkan Woodrow Wilson (1913-1921) döneminde* kurulmasından sonra, aynı yıl içinde çıkarılan bir kanunla *kimlerin bankanın ortakları olduğu gizli tutuldu.*

---

236. William Greider, *Secrets of the Temple: How the Federal Reserve Runs the Country*, Touchstone Publ., New York, 1989, s. 11-12.

Ancak ABD'li araştırmacılar, vatanseverlerde boş durmadılar. Adeta iğne ile kuyu kazdılar ama FED'in kurucu ortaklarının isimlerine ulaştılar: İşte o isimler ve toplam dokuz aile:

- Rothschild ailesi (Londra)
- Rothschild ailesi (Berlin)
- Lazard Brothers/Kardeşler (Paris)
- Israel Seiff (İtalya)
- Warburg ailesi (Hamburg)
- Lehman Brothers/Kardeşler (New York)
- Goldman and Sachs (New York)
- Kuhn-Loeb and Co (Rothschild-Warburg ortaklığı, 1984 yılında American Express)
- Rockefeller ailesi (New York)

Bu ailelerin ve şirketlerinin arkasında birbirini tanıyan 300 dolayında hissedar bulunmaktadır.[237]

Yukarıda zikrettiğimiz bankerlerin sekizi Musevi ailelerdir. Rockefeller ailesi ile alakalı olarak Musevi olduğu yönünde bilgilerin yanında, Frankist oldukları, Musevi olmadıkları yönünde bilgiler de vardır. Ancak bu o kadar da önemli değildir. Zaten Rockefeller ailesi her daim Yahudilerle işbirliği içerisindedir.

Bu güçler seçilmişler/elitler mitine mensup ailelerdir. Ya Tanrı'nın bu dünya için seçtiklerinden (Yahudiler) ya da öbür dünya için seçtiklerinden (Protestan-Evanjelist Hıristiyan) olup hepsinin birbirleriyle ortaklıkları ve aileler arasında evlilikleri mevcuttur. Küresel güç merkezinin nasıl sürdürüldüğünü şu şekilde formüle edebiliriz:

---

237. Gary H. Kah, *En Route to Global Occupation*, Huntington House Publ. Lafayette, LA, 1996, s. 13. Peter Kershaw, *Economic Solutions, The Incredible Story of How You and America Are Being Bunkrupted*, Quality Press Ltd. Engelwood, Colorado, 1997.

- Aileler arası evlilikler
- Şirketlerde karşılıklı yönetim kurulu üyelikleri ve hissedarlık
- Vakıflar üzerinden ortak hareket
- Matruşka modeli sivil toplum kuruluşları üyelikleri

Artık evliliklerde Yahudi olmayan güçlü ailelerin kızlarıyla da evlenmeler görülüyor. Ancak aileye giren kadın ve hele hele doğan çocuklar tam bir Yahudi eğitiminden geçiriliyor. Mesela ünlü Jacob Schiff'in torununun torunu olan Andrew Schiff, Başkan Bill Clinton döneminde başkan yardımcısı olan, Yahudi olmayan, Yunanistan göçmeni, iklim değişikliği hususunda 2007 Nobel ödüllü All Gore'un kızıyla, Karenna ile 1997 yılında evlendi.

Bir başka misal, Baron Jacob Rothschild'in *annesi ve hanımı da Yahudi kökenli değildi.* 1961'de evlendiği hanımı Kanada'nın en zengin ailelerinden, banker James Dunn'ın kızı Serena Mary Dunn, Hıristiyan bir ailedendir.

İşin ilginç yanlarından biri *FED'in 100 yıllık tarihinde hissedarların kurumsal isimleri sık sık değişmekte, yeni ortaklık ve yeni isimlerle arkadaki güçlü/seçilmiş aileler gizlenmeye çalışılmaktadır.*

Eustace Mullins FED'yi araştırmaya 1950'li yılların başında ABD Kongresi'nde kütüphane memuru olarak görev yaparken başladı ve 1952 yılında yazdığı ve Federal Reserve (FED) hakkında şaşırtıcı bilgiler veren kitabını yayımladı.[238]

Elbette Eustace Mullins'in 1952'de ABD Kongresi Kütüphanesi'ndeki görevine son verildi.

İş bununla da kalmadı.

FED'in ve küresel merkez sermayenin arkasında esas itibariyle Musevi sermayesi olduğunu ortaya çıkardığı için, başta AIPAC (American Israel Public Affairs Committee) ve ADL (Anti Defemation League) olmak üzere Eustace Mullins'e yönelik bir karalama

238. Eustace Mullins, *The Secret of the Federal Reserve, Bankers Research Institute,* Staunton, Virginia, 1983, s. 179. Eustace Mullins, *The World Order: Our Secret Rulers, Ezra Pound Institute of Civilization, Staunton,* Virginia, 1992.

kampanyası -basın yayın tekelleri marifetiyle- acımasızca yürütüldü. Yahudi düşmanı (anti-Semitik) olmakla suçlandı.

FED'in başkanını ABD başkanı atar ve Federal Reserve sistemi Amerika'nın farklı eyaletlerinde yer alan *12 merkez bankasından ibarettir*. İddialara göre 12 rakamı kadim Yahudi kabileleri sembolize etmektedir.

Farklı 12 eyaletteki her Federal Reserve farklı şirketlerdir ve sahipleri bölgede faaliyet gösteren bazı bankalardır. Bu ticari bankalar *FED'in yönetim kurulunun üçte ikisi olan dokuz kişiyi belirler.*[239]

FED-Wall Street-Hollywood aynı "seçilmiş"lerin kontrolü altındadır. Milyar dolarlarla desteklenen lobileri vardır.[240] Federal Reserve yöneltilen ağır tenkitler ve kamuoyu baskısı sonucunda, nihayet *Haziran 1997'de*[241] *Amerikan Merkez Bankası'nın arkasındaki en büyük sekiz finans şirketinin-hissedarın listesini yayımlamak* mecburiyetinde kaldılar. İşte sözü edilen ilk sekizli:

• Chase Manhattan Bank (2000 yılında J. P. Morgan Chase ile birleşti.)

• Citibank (Dünyanın en büyük bankası ve "şeriat"la yönetilen Suudi Arabistan'ın, Prens el Velid bin Tallal'ın yüzde 4,4 hissesi var.)

• Morgan Guaranty Trust Comp. (Yeni adı J. P. Morgan Chase'dir.)

• Fleet Bank (2004 yılında Bank of America ile birleşerek onun ismini aldı.)

• Bankers Trust (1998 yılında Alman Deutsche Bank tarafından satın alındı.)

• Bank of New York (2007'de adı Bank of New York Mellon olarak değiştirildi.)

• Marine Midland Bank (1998 yılında ismi HSBC Bank USA oldu.)

---

239. United States, *Federal Reporter*, c. 680, 1982, s. 1239-1241.
240. *Inside Job*, DVD film.
241. New York FED Reports, 1997.

• Summit Bank (2006'da Çin Halk Cumhuriyeti bankası United Commercial Bank tarafından satın alındı.)

Bir kez daha belirtelim, Federal Reserve'in hissedarı görünen bankaların isimleri değişse de esas kontrol yine "seçilmiş" merkez sermayenin elindedir.

Bu mevzuya daha sonra tekrar dönmek üzere şimdi Hollywood sinemasından yukarıda başladığımız *Batman (The Dark Knight Rises)* filmini analize devam edelim.

2. Atom Bombasından Daha Tehlikeli Bir Silah: Algı Yönetimi ve Mistik Derinliklerden Kurtarıcı "Mesih/Mehdi"

Bir kere bu ve benzeri filmler aydınlatıcı potansiyeli olan Hollywood yapımlarıdır. Yani süper kahraman filmlerinin ve genelde süper kahramanların hemen hepsi Amerikalı'dır, aslında ne anlattıklarını görmek, düşünmek için bir yol, bir nevi pencere açarlar. Öncelikle bu türden filmlerin aniden ardı ardına yapılması ve gösterime sokulmasının sebebi nedir?

"Zira o kadar dramatik bir patlama ki, yetmişlerde baskın bir tür olarak polis filmlerinin western'lerin yerine geçmesi kadar hızlı bir biçimde çizgi romanlara dayanan filmler, Hollywood'un önde gelen özel efektli gişe rekortmeni türü bilimkurgunun yerine geçiyor gibi görünüyor."[242]

Bunun sebebi nedir?

İçinde bulunduğumuz zaman diliminde tanınan *süper kahramanlara aniden karmaşık-mistik bir derinlik veriliyor:* Graebber'in anlatımıyla, aile geçmişi, duygularındaki dalgalanmalar, ahlaki krizler, anksiyete, kendi halinden şüphelenme? Ya da pek açıktan

242. David Graeber, *Kuralların Ütopyası*, Everest Yayınları, İstanbul, 2016, s. 199.

ifade edilmese de Mesihi-kurtarıcı ruh kazanmaları olgusu onları aynı zamanda belirgin bir inanç ve politik yönelim tercih etmeye zorluyor.

Bunun ilk örneği 007 James Bond ile başladı. Bond'un geleneksel enkarnasyonunda, kötülük dolu zekâların olağandışı engelleyicisi olarak, her daim aynı şeyin bir nevi sinema versiyonu olduğu anlaşılıyor.

Mesela *Casino Royale* de Bay Bond'a *psikolojik bir derinlik kazandırıldı*. Bir sonraki James Bond filminde de Bay 007 Bolivyalı yerli toplulukları, su kaynaklarını özelleştiren kötü ruhlu, uluslar ötesi güç simsarlarından kurtarmaktaydı.

Batman liberal (sağ çizgide) meşveret eylerken, *Spiderman* liberal (sol çizgide) oynaşıyordu. Bir nevi sağcı George W. Bush, solcu Tony Blair gibi. Nihayetinde her ikisi de "küresel düzenin şifreleri"ne[243] göre algı oluşturuyorlar.

Süper kahramanlar kendi tarihi kökenlerinin bir sonucudur.

Süpermen, 1929 Büyük Buhran döneminin yerinden yurdundan edilen mısır tarlalarının uçsuz bucaksız uzandığı *Iowa'lı bir çiftçi ailenin çocuğudur.*

Buna mukabil Batman, *milyarder bir playboydur*. Aynen kendisi gibi, İkinci Dünya Savaşı'nın başlarında meydana getirilmiş *askeri-endüstriyel ve dahi finans kompleksin çocuğudur.*

1960'ların ürünü olan *Peter Parker, New York Queens'li işçi kesimine mensup ana damarlarına -büyük eczanın/kimyanın geliştirmiş olduğu- tuhaf bir şey zerk edilmiş bilgiç fırlama bir çocuktur.* Ancak son filmde, alt metin kör göze parmak misali oldukça açıktı. "Sen bir kanundışı kanun infazcısı değilsin!" diye bağırır polis şefi. Devamla, "Sen bir anarşistsin!" der.

Spiderman, filmin zirve noktasında bir polis kurşunuyla yaralandığı zaman, birden *emekçilerin-işçi sınıfının dayanışması ortaya çıkar*. Manhattan'da onlarca vinç operatörünün emirlere itaat

243. Ramazan Kurtoğlu ve Cansu Canan Özgen, *Küresel Düzenin Şifreleri*, Asi Kitap, İstanbul, 2016.

etmeyip Spiderman'a yardım için harekete geçmeleriyle kurtulur. *Hollywood mitler üzerinde oynar.* Çizgi romanlar mitlerin-efsanelerin ürünüdür. TV programları, komedi dizileri, gişe rekortmeni filmlerin hepsi bunlardan doğmuştur.

"Çizgi roman süper kahramanları başlangıçta bir yüzyıl ortası olgusudur ve bütün yüzyıl ortası popüler kültür olguları gibi, esas olarak *Freud'cudur*. Yani bir popüler kurgu eserinin insan tabiatı veya insan motivasyonları hakkında söyleyebileceği şey olsa bile, olup olacağı belli bir *pop Freud'culuktur*."[244] Kısaca *postmodern, içi boş kültür ikonlarıdır*.

Ünlü İtalyan düşünür *Umberto Eco*, çizgi roman hikâyelerin işleyişinin biraz da *rüyalara benzediğini* söyler. Benzer hatta aynı temel kroki, obsesif kompülsif şeklinde, ardı ardına tekrarlanır, hiçbir şey değişmez, senaryodaki hikâyelerin geri planı değişerek Büyük Buhran'dan İkinci Dünya Harbi'ne ve savaş sonrası refah dönemine geçse de süper kahramanlar -Süpermen, Wonder Women, Green Hornet veya Dr. Strange olsun- ebedi bir şimdiki zamanda yaşarlar, asla *yaşlanmazlar*, her daim *temel olarak aynı kalırlar*.

Temel işleyiş-süreç şu şekildedir:

Kötülerin kötüsü bir adam ve onun emrindeki kötüler, yeryüzünün fethi, yıkım, soygun, gasp veya öç alma projesine girişir. Biraz da aylak aylak dolaşan kahraman tehlikenin büyüklüğünden haberdar edilmiştir ve neler olup bittiğini anlar. Kahramanın bir de göz koyduğu oldukça seksi, cilveli 90-60-90'lık güzel vardır. Yaşanan ikilemler ve denemelerden sonra, kahraman kötü adamın oyununu bozar ve onu öldürür. Artık bir sonraki filme kadar dünyada her şey normale döner, sonra tamamen benzer şeyler bir kez, bir kez daha gerçekleşir.

Hollywood filmleri algısı en düşük seviyedeki insanlara göre kotarılır. Kahramanlar bir şeylere tepki veren "reaksiyoner" tipler

244. David Graeber, a.g.e., s. 200.

olup, kendilerine has bir projeleri yoktur. Süpermen Clark Kent olarak devamlı Lois Lane'i yatağa atmanın derdindedir ama başaramaz, Süpermen olarak, tamamen reaksiyonerdir.[245]

Gerçekte süper kahramanlar hayal gücünden hemen hemen yoksun gibidirler. Mesela, devasa bir servete sahip olan Bruce Wayne, bu parayla daha yüksek teknolojiye sahip silah tasarlamak ve bazen hayırseverlik faaliyetinde bulunmak dışında başka bir projeyi aklına bile getirmez.

Aynı şekilde yeryüzündeki açlığa ve susuzluğa kolayca son verebileceği ya da dağları delerek sihirli şehirler kurabileceği Süpermen'in aklının köşesinden bile geçmez. Süper kahramanların hiçbirisi hiçbir şey meydana getirmez veya oluşturmaz. Buna mukabil *kötü adamlar hep yeni planları, projeleri, fikirleri olan, bitmez tükenmez yaratıcılıkta olan tiplerdir.*

Postmodern popüler kültürün mevcudiyetinin sebebi, hiç kimseyi hiçbir şeye ikna etmek değildir. Sadece *eğlendirmeyi gaye edinir.* Bu tespit ilk bakışta doğrudur. Ama daha dikkatlice bakarsanız, *popüler kültür ürünlerinin eğlenceyi bir nevi argüman* haline getirdiğini, tartışma unsuru-zemini oluşturduğunu fark edersiniz.

Mesela korku filmleri bir tür suç ve ceza hikâyesidir. Başlangıçta canavar "kötü kızları" doğrarken, bu türün en katıksız-kaba saba örneği olan "slasher" filmleri seyredildiğinde görülür ki seyirci belli belirsiz bir şekilde canavarla özdeşleşmeye teşvik edilir. Kamera, filmin bir yerine kadar tam manasıyla canavarın gözünden bakar, sonra da canavara direnen, sonunda onu öldüren androjen kadın kahramanın gözünden bakmaya başlar.

Film baştan sona şöyle akar:

Günahkâr kötü kızlar seyircinin limitlerini zorlayacak çıplaklık ve görüntülerde çılgınca seks yaparlar ya da vicdani bir görevlerini, gördükleri bir olayı haber vermezler, bunlar iğrenç, aptal yeniyetmeler olabilirler, sonuç olarak temizlenirler. Sonra bakire,

245. David Graeber, a.g.e., s. 201.

güzel ve seksapeli yerinde iyi kız suçluyu temizler. Tamamıyla Hıristiyan ve ahlaki değerlere bağlılığı yüksektir... Filmdeki nihai mesaj şudur:

Hakikaten hepsi bunu hak etmişlerdir. Hepimiz bunu yapıyoruz; medeni-modern dış görüntümüz ne olursa olsun, *insanlar esasen yozlaşmış ve kötü niyetlidirler*. Belge mi istiyorsun? *Aynada kendine bak*. Sen kötü niyetli değil misin? Şayet kötü niyetli değilsen, niçin bu sadist, "cinayet ve seks pornosu"nu seyretmeye kalkıştın?

Süper kahramanlı çizgi filmler son derece masum gösteriliyor. Çizgi filmlerin yeniyetme ergenliğe yeni geçmiş gençlere verdiği mesaj "herkeste belli bir kaos ve kargaşa" arzusu olduğu nihayetinde bu arzuların kontrol edilmesi gerektiği yönünde. Ancak bu film ve karakterlerin verdiği mesaj duygu karmaşasına sebep olarak siyasi çıkarımlara yönlendirmekte ve *Bakuni'nin söylediği gibi "İmha dürtüsü aynı zamanda yaratıcı bir dürtüdür" algısını genç beyinlere yerleştirmektedir*. Süper kahramanlar, her ne kadar genel olarak bizzat kanuni çerçevenin dışında hareket etse bile, nihayetinde onlar "kanun namına" kötülerle mücadele ederler.

Bir hususun altını çizelim. *Başarıya ulaşan her şiddet uygulaması, kendi tarzında bir kurucu güçtür.*

Walter Benjamin'in ifade ettiği gibi, farkında olmaksızın "büyük suçlu"ya içten içe hayranlık duyarız. Bu sebeple Hollywood filmlerinde on yıllardır pek çok film posterinde "O kendi kanununu koyar" yazılmaktadır.

Nitekim kapitalizmden sosyalizme ve mafya teşkilatlarından etnik ve dini teşkilatlara kadar mevcut sisteme/düzene karşı harekete geçen "suç teşkilatları" mutlaka, ayrıntılı bir şekilde *kendi iç kurallarını ve sistemini geliştirmekle işe başlamıştır*. Buna mecburdurlar. Aksi takdirde rastgele şiddete dönüşebilecek bir şeyi kontrol altına almak oldukça zordur.

Ama *sağ/liberal* sağdan bakıldığında, kanun her daim böyledir. *Kendi var ettiği ve sonunda onun vasıtasıyla uyguladığı şiddeti kontrol etme yöntemidir.*

21. yüzyılın başında radikal sol ve otoriter sağ açısından kurucu güç meselesi birbirine çok benziyor. Ancak gerek sol, gerek sağ temel şiddet meselesine birbirine tam anlamıyla zıt yaklaşımları benimsiyor.

20. yüzyılda yaşadığı *felaketlerden ağzı iyice yanan ve "ağzının payını alan" sol artık* devrimci şiddetten bir hayli uzaklaştı. Ancak *otoriter/neoliberal sağ 1920'li yılların faşizminden*, devrimci şiddetinden evrilerek 1978 Washington Mutabakatı ile sembolleştirebileceğimiz *neoliberal şiddete, ustaca geçiş yapmıştır. Neoliberalizm şirket diktatoryasından başka bir şey olmayıp, en büyük demokrasi ve insan hakları düşmanıdır.*

Otoriter sağın "devrimci şiddet"i neoliberalizm ile birlikte *kriminal şiddete* dönüşmüştür. Neticede şiddet şiddettir ve iyisi de yoktur.

Neoliberalizmin dünyasındaki suçlular, suç çeteleri, sağcı-neoliberal hareketler ve devletin ordusu dışında –bazen ordu içinde illegal yapılanmalarla– suç çeteleri, sağcı/solcu siyasi hareketler, sağcı dini hareketler devletin silahlı temsilcileri arasında şaşırtıcı gibi görünen yakınlıklar görülür. Nihayetinde hepsi aynı dilden konuşur. Güçlerine dayanarak kendi kurallarını koyarlar. Neticede bu insanlar genellikle aynı geniş siyasi hassasiyetleri paylaşır. Özellikle neoliberalizmin aşırı sağ ve sol siyasetinin işleyiş biçimi budur. Neoliberallere göre, hukuk düzeninin dışında –veya polis söz konusu olduğunda aleni içinde– şiddet kullanan farklı güçlerin çarpıştığı, alan yeni iktidar şekillerinin, dolayısıyla *yeni düzen şekillerinin* ortaya çıktığı alandır. Bu durum neoliberalizmin "demokrasi" söyleminin temel paradokslarından biridir.

Peki yukarıdaki hususların süper kahramanlarla bir alakası var mıdır?

Evet!

Çünkü kısaca bahsettiğimiz bu alan tam anlamıyla süper kahramanların ve süper kötü adamların da barındığı yerdir. Özü itibariyle *neoliberal devlet düzeninde iki türden gangsterler*, sözüm ona, diktatörler, polis ve haydutlar bulunur. Bunlarla mücadele ediliyor görünür ama polis ve siyaset gücünün bunlarla ilişkileri hep bulanıktır.

İkincisi hukuki zırh giymiş gangsterler, diktatörler, mafya, haydutlar ve polisler bulunur ki bunlar "düzenin yabancılaşmış" sapkınları değil bizatihi sahipleridir. *Birinci gruptakiler halka karşı kullanılan uvertürlerdir.*

Süper kahramanlarla kötü adamlar arada sırada güç birliği yaparlar, birlikte hareket ederler. Güçler arasındaki sınırlar kaygandır. İşte yeni durumlar ancak bu güç kaymaları vasıtasıyla ortaya çıkar. Başka hiçbir şey yoktur. Çünkü DC ve Marvel dünyasında Tanrı'ya ve halka yer yoktur.

İlginçtir. Gerçekte, süper kötü adamlar ve kötü niyetli entrikacılar mükemmel bir suç işlemeyi hayal etmiyorlarsa ya da tesadüfen terör eylemleriyle meşgul değillerse, mutlaka şu ya da bu şekilde bir Yeni Dünya Düzeni kurmayı tasarlarlar.

İşte süper kahramanlarımız bu mantığa direnirler. Onların dünyayı fethetmek gibi bir dertleri yoktur. Netice itibariyle polisin suçlulara asalak olarak yaşadığı gibi, süper kahramanlarda kötü adamlara asalak olarak mevcudiyetlerini sürdürürler. Süper kötü adamlar olmazsa varlık sebepleri ortadan kalkar. *Neoliberal hukuki ve siyasi düzenin* savunucuları olmaya devam ederler. Fakat bu düzenin nasıl kurulduğu, nereden kaynaklandığı meçhuldür, sorgulanmaz ve ne kadar kusurlu ve çürümüş olsa da savunulması zaruridir. Zira bütün *alternatifleri çok daha kötüdür.*

Süper kahramanlar neoliberal değildirler. Sadece neoliberalizmin tek siyasi ihtimal olduğu bir dünyada yaşayan sıradan, namuslu, süper güçlü iyi insanlardır.

Böyle tuhaf bir neoliberal siyaset sistemine dayanan postmodern eğlence türü 1900-1945 dönemini kapsayan sürede faşizm-komünizm gaddarlığına bir tepki olarak sanal bir intikam almaya yönelik Amerikan fantezisi olarak ortaya çıkan süper kahramanlar aslında *tarihi bir açmazın* ürünleridir.

ABD'de, süper kahraman çizgi filmlerinin çekirdek seyircisi, yeniyetme (teenage) diye tabir edilen ergenlik dönemindeki "beyaz" erkek çocuklar.

Bu tanıma giren beyaz Amerikalı, hem üst düzeyde yaratıcı hem birazcık isyankâr olabilen bireyler. Bu bireyler gelecekte Amerika'da ve dünyada yetkili ve güçlü konumlara gelmek üzere, baba, dedektif, bankacı, mühendis, akademisyen, küçük iş sahibi ve orta kademe yöneticisi olarak yetiştirilen bireyler.

Peki *süper kahraman filmlerinden-çizgi romanlarından ne öğreniyorlar?*

Burada üç husus öne çıkıyor:

- En önemlisi hayal gücü ve isyan şiddete yol açıyor.
- Şiddet bir eğlence ve hedefe ulaşma yöntemi olarak sunuluyor.
- Her şey kontrolden çıkmasın diye şiddeti geriye, aşırıya kaçan hayal gücüne ve isyana karşı çeviriyorlar.

Bu üç sebepten dolayı süper kahramanların kendine has bir biçimde düzeni/sistemi etkileyecek bir tarzda *yaratıcı fikirlere sahip olmalarına izin verilmez.* Onlar sadece gündelik hayatlarıyla, kadınlarla, arabalarla alakalı yoğunlaşabilirler.

İnsanın ruhundan "düzenin yabancılaşmasına", karşı çıkma fikri sökülüp atıldığında, toplumsal düzenin temeli ne olabilir? Dahası sistemi en azından revize etmeye yönelik "siyasi hayal gücü"nün sonu ne olur?

Bu bağlamda *süper kahraman filmlerinin mantığı* net bir şekilde derinlemesine ABD'nin "belirlenmiş kader" ve "neoliberal" inanç ve siyasetine bağlıdır.

Netice olarak belirlenmiş kader ve neoliberalizm gerek ABD halkına, gerek diğer ülkelerin/milletlerin insanlarına sol ve sağ zihniyet üzerinden servis edilmektedir. Zira sağ ve sol zihniyet bireyin hayal gücüne karşı kendi kendine geliştirdiğini zannettiği ama bilinçaltı operasyonlarla yönlendirmeye açık tavrına göre değişir.

B. İNSANLARIN AKLI, KANI VE SİNİRLERİYLE RESİM GİBİ SİYASET YAPMAK

Süper kahraman çizgi filmleri ve filmleri ile verilen mesajlarda isyankâr hayal gücünün "siyasetin dışında" tutulduğu ve sadece tüketici tercihleriyle, kadın-erkek ilişkileriyle sınırlı kaldığı müddetçe kabul görmekte, bu türden mesajlar Wall Street sermayesi tarafından bile kolayca desteklenmektedir. Netice olarak şu çıkarımda bulunabiliriz: Süper kahraman filmleri görünüşte siyasidir. Dünya düzenini yıkıp, yeryüzünü ele geçirmeye azmetmiş kötü adamlar, gerçekte ise subliminal/bilinçaltı operasyonları için üretilmiş psikolojik ve bireyseldir. Başta gençler olmak üzere kitlelerin düzene/sisteme paralel savunma reflekslerini geliştirmek, anti-düzen zihniyetini kırmak; ancak Hollywood yapımı bu tür filmler her şeyden önce neoliberalizm yanlısı politik kurgulardır.

Fakat bir hususa dikkat etmek gerekiyor. Özellikle 2008 küresel mali krizinden sonra Hollywood yapımı süper kahraman filmleri yukarıdaki tespitin tam tersi kurgulanmaktadır. İlk bakışta "psikolojik" ve "bireysel", esasında "siyasi", fakat nihayetinde her şeyin ötesinde bilinçaltı operasyonları için üretilmiş "psikolojik" ve "bireysel" film endüstrisi ürünleridir. Amerikan çizgi roman ve süper kahramanlarının insanileştirilmesi, 1978 Washington Mutabakatı denilen Kapitalizmin neoliberal-kontrolsüz piyasa ekonomisi sistemine dönüştürülmesiyle birlikte yürütülen bir projedir. Çünkü neoliberalizm insani değildir ama kitlelere böyle sunulması gerekiyordu. Bu anlayış İngilizcede "camp" veya "camp tarzı" denilen "abartarak rol yapmak" fiilinden türetilen ve bu tarzda bir gösterilerin benimsendiği sosyal, kültürel ve estetik postmodern-içi boş anlayışlar manzumesidir.

Christopher Reeve'in *Süpermen* serisi veya Michael Keaton'ın *Batman*'i ilk akla gelen bu türün örnekleridir. Hollywood sinemasındaki zirvesine yönetmen Christopher Nolan üçlemesinin ilki olan *Batman Begins* ile ulaştığı söylenebilir.

Yönetmen Nolan *Batman Begins* filminde insanların aklına düşürmek için şunu soruyor:

"Ya gerçekten Batman gibi birisi yaşamışsa? Bu nasıl olabilir? Toplumun saygın bir mensubunun yarasa gibi giyinip suçluların peşinde sokaklarda dolaşmaya çıkmasının sebebi ne olabilir?"[246]

1. Define Ararken Aklını Gömmek ve "Kurtarıcı Nöro-Mesih"

İşte bu nokta belki de insanların dünyasında yaşanan kırılmaların başlangıcıdır. 2015 yılı sonunda yaklaşık 80 milyonluk Türkiye'de Türk milletine 43,5 milyon kutu antidepresan satılmış durumda. 325 milyonluk ABD'de satılan antidepresan ise 600 milyon kutudan daha fazla.

Türk milleti ciddi ruh sağlığı meseleleri, garip dini kültler/tarikatlar/cemaatler arasında sıkışmış "Kurtarıcı Mesih"i beklerken bir an önce zengin olmak için ülkenin her yerinde Bizans vs. defineleri arıyor. Bunalım dönemlerinin tipik örneğidir bu davranış şekli. Define ararken ruhunu öldürür, aklını da gömersin.

Dünyadaki durumu, insanlığın pürmelalini şu sözler özetliyor:

"Şaşırtıcı olmayan bir biçimde, psikedelik ilaçlar bu noktada önemli rol oynamaya başladı. Ciddi ruh sağlığı meseleleri ve garip dini kültler de öyle."[247]

246. David Graeber, a.g.e., s. 209.
247. David Graeber, a.g.e., s. 209.

Hoş geldin Tapınak Şövalyeleri ve onların kontrolündeki Evanjelizm ve diğer dini kültler, tarikatlar, cemaatler...

Federal Reserve-Wall Street-Hollywood üçlemesinin şaşkına çevirdiği milyarlık kitlelere "antidepresan" ve "dini kültler" üzerinden operasyona devam: "Kurtuluş için Mesih/Mehdi'yi bekleyin... Az kaldı."

Batman Begins ve *The Dark Knight* korku hakkında konuşan insanları ve bazı korkuları üretti... Bruce ve Komiser Gordon'ın birlikte *Batman*'i günah keçisi olarak ilan etmek ve Harvey Dent'in şahitliğine dayalı bir efsane üretmek için plan yapmaları neoliberal siyasetin kurgu sanatıyla birebir aynı olduğunun itirafıdır.

Birinci ve ikinci *Batman* filmlerinin çekimi dönemi arasında tarih acı bir gerçeği yazdı. Ekonomi çöktü, küresel mali piyasalar 150 trilyon dolar karşılıksız dolar basılarak hafiften nefes alır hale gelebildi. 2016 sonunda küresel milli gelirin 85 trilyon dolar olduğunu hatırlayınız.

Ekonomi ve finans sistemi Tapınak Şövalyeleri'nin kontrolündeki "savaşçı rahip ve hahamlardan" meydana gelen gizli-kardeşlik topluluklarının Yeni Dünya Düzeni manipülasyonlarından beslenen, neoliberal siyasetçi ve akademisyenlerin-iktisatçıların hayal dünyasında kurguladıkları, onların insanların sonsuza kadar maniple edilebileceğiyle alakalı varsayımlarını paylaşan bir grup Wall Street finans "eke"si ve "babo"ların sahtekârlıklarının ortaya çıkması ile çöktü. İki husus öne çıktı. Tarihte ilk kez, gerek ABD'de, gerekse dünyanın gelişmiş kapitalist ülkelerinde kitlesel halk tepkisi ortaya çıktı. Bunlardan en önemlilerinden birisi Amerika'daki "Wall Street'i işgal et" hareketidir. Nihilist şiddet gösterileriyle karışık, giderek bir dizi gerçek halk hareketi, "Arap Baharı" derken insanlığın inanç coğrafyasına göre, geniş kitlelere kurtarıcı Nöro-Mesih beklentisi pompalanmaya başladı. İkincisi –ki birincisi gerçekten sanala doğru evrilirken– başta ABD'de vergi mükelleflerinin paralarıyla "batmasına göz yumulamaz" gerekçeleriyle gerçeğin ötesinde gerçek bir devasa bankaları kurtarma hareketi icra edildi. Trilyon dolarlar küresel finans oligarklarının cebine aktarıldı.

2. Beşinci Cephe, Siber Savaş ve Yeni Dünya Düzeni'nde ABD

The Dark Knight Rises filminde bir sürü iç içe geçmiş hikâye seyircinin gözüne, kalbine, aklına boca edildikten sonra devrimci Bane Gotham şehrinin hapishanelerindekileri salıverir ve onlardan yüzde 1'in evlerini, borsa binasını (Wall Street) yağmalamalarını, yakmalarını ister. Hedef yüzde 1'e dahil kişileri devrim mahkemelerinde yargılamaktır. Pek çok başka şeyler de olur ama özü, ABD'yi ve dünyayı batmanın eşiğine getiren küresel sermaye oligarkları "iyi", Wall Street'i işgal et hareketi ve katılanlar "kötü" algı operasyonu Batman ve Gotham polisinin hapsedildikleri zindandan çıkmaları ve güçlerini birleştirmeleri ile Wall Street borsa binasının dışındaki "Occupy"cılara karşı savaşmalarıyla devam eder. Sonunda Batman kötülerin/teröristlerin koyduğu bombayı imha ederek ölmüş gibi yapar ve "90-60-90 pilici" Catwoman ile Floransa'da buluşur.

Her şey neoliberal düzenin baronlarının isteğine uygun olarak gelişir. Yeni bir şahadet efsanesi doğar ve Gotham şehri halkı yatışır. Süper kahraman Batman yeni bir kötü adam çıkana kadar gönlünü eğlendirmeye, gününü gün etmeye başlar. Herkes rahat bir nefes alır, sinema salonunun ışıkları yanar. Çünkü kötülerin hakkından gelinmiş, süper kahraman sevgilisine kavuşmuştur.

ABD Başkanı Eisenhower 1961 yılında millete veda konuşmasını yaparken şunları söylüyordu:

"Ekonomik, siyasi ve hatta manevi olmak üzere toplu etkisi federal yönetimin her bir şehrinde, her bir resmi dairesinde ve ofisinde hissedilen" bir askeri-endüstriyel kompleks hakkında uyarıda bulunmuş, "dev bir askeri yapı ile büyük bir silah endüstrisi arasındaki yakınlaşmanın Amerikan tecrübesinde yeni bir olgu olarak belirdiğini" söylemişti. Daha büyük endişe duyduğu başka bir şey daha vardı: Hür bir halk adına en iyi kararları alacağı iddiasını taşıyan bir *bilim-teknoloji seçkin sınıfı.*[248] Günümüzde söz konusu *sınıfın* bir parçası olan ABD şirketleri *Beşinci Cephe* olarak adlandırılan ve istihbarat ve askeri operasyonların iç içe geçtiği *siber savaşta Amerikan devleti ile rekabet içine girmiş durumdadır.* Artık ABD'nin en güçlü istihbarat teşkilatı NSA'ya bağlı olan Siber Güçler Komutanlığı sadece teknoloji ve özellikle telekomünikasyon şirketlerinin değil, bankaların, yatırım ve enerji şirketleri ile başlayan ve kapsama alanı giderek bütün sektörleri dahil eden ve ABD içinde veya dışında kanuni sınırları her zaman tartışmalı operasyonlarla metaveriye hükmetme iştahını, üstün yetenekli korsanlarla işbirliği içinde, Amerikan şirketleriyle beraber tatmin etmeye çalışıyor. Bu durum devlet ve şirket işbirliğinde olağanüstü bir hızla büyüyen Beşinci Cephe'nin yükselişi anlamına geliyor.[249]

Diğer taraftan ABD'deki ve elbette neoliberal politikaların fütursuzca uygulandığı ülkelerde, finansal rejim kapsamında kamu ile özel sektörün iç içe geçmesi yeni bir finansal soygun düzeninin gelişmesine kapıyı sonuna kadar aralamıştır.

ABD'de şirket kârları giderek artan şekilde ticaretten veya sanayiden değil, "finans"tan -yani eninde sonunda diğer insanların borçlarından- kaynaklanıyor. Bu borçlar kazara ortaya çıkmadı. Büyük ölçüde hesaplı kitaplı yapıldı ve kesinlikle kamu ve özel sektörün güçlerinin böyle iç içe gelmesi suretiyle.[250]

Graeber'in de ifade ettiği gibi, bütün bu borcun sonuçlarından biri, özel sektör şirket kârlarının gerçekleşmesinde "hükümetlerin" bizzat *ana mekanizma* haline gelmesidir. Mesela, Türkiye'de hane

248. Shane Harris, *Savaşta Beşinci Cephenin Yükselişi*, çev. Timur Demirtaş, Matbuat Yayın Grubu, İstanbul, 2016.
249. Shane Harris, a.g.e., arka kapak.
250. David Graeber, a.g.e., s. 27.

halkı borcu 2002 yılı sonunda yaklaşık 20 milyar TL iken 2016 yılının ortasında 600 milyar TL civarındadır. Böyle bir artışın halkın geliri ile alakası yoktur. Bu artış hükümet politikalarının sonucudur.

Gerek hane halkı, gerek küçük ve orta ölçekli özel sektör şirketlerinin tam manasıyla bir sömürü sistemine dönüşen borçlanmalarının teşviki, bir taraftan kurallar ve düzenlemeler diliyle süsleniyor, ama aslında işleyiş şekli bakımından hukukun üstünlüğüyle hiç ilgisi yoktur. Yani hukuk sistemi giderek keyfi hale gelen sömürünün vasıtası haline gelmiştir. Bankaların ve kredi kartı şirketlerinin elde ettiği kârlar, giderek artan biçimde müşterilerden alınan ödeme güçlüğü sebebiyle "ödenti" ve "cezalardan" oluşmaya başladı.

Neoliberalizmin bir sonucu olan bu gelişmeler açık anlatımıyla "seçkinciliğin" (credentialism) ve "seçkinci ekonomi teorileri"nin sonucudur.

3. Seçkinci Ekonomi Teorileri ve FED

Seçkinci ekonomi teorilerinin arkasındaki *manipülatif güç Federal Reserve* yani ABD Merkez Bankası FED'dir.

ABD Kongre Üyesi Charles A. Linberg (1859-1924) Federal Reserve'in kuruluş şekline 1913'te ilk karşı çıkanlardan biridir ve Kongre'de yaptığı bir konuşmada şöyle demişti:

"*Federal Reserve Kanunu'nun* Federal Reserve bankalarına verdiği büyük güç hükümetlerin halkın çıkarlarını savunmasını önlemektedir."[251]

Yine bir başka ABD Kongre Üyesi Louis Mcfadden (1876-1936) Kongre'de 10 Haziran 1932 tarihinde yaptığı konuşmada şöyle diyordu:

251. Charles A. Lindberg Sr. *Lindberg on the Federal Reserve*, Noontide Press, Costa Mesa, CA, 1923, s. 88.

"Bazılarımızın zannettiği gibi Federal Reserve şubeleri bir devlet kurumu değildir. Biz ülkemizde dünyanın görüp görebileceği en *yozlaşmış kuruma* sahibiz. Bunlar *tekelleşmiş özel şirketlerdir.* Bunlar kendileri ve milletlerarası müşterilerinin menfaatleri için ABD halkını sömürürler. Bu ülke bunlar tarafından yönetilir."[252] Mcfadden'in bu konuşmasından sonra FED konusunda soruşturma açılmak üzereyken *Louis T. Mcfadden şaibeli bir gıda zehirlenmesinden 1936'da öldü.* Elbette soruşturma meselesi de kapandı gitti.

FED'in kurulmasıyla alakalı dört ABD başkanına, karşı çıktıkları için suikast düzenlendi ve bunlardan üçü hayatını kaybetti. FED kurulduktan sonra ise, tek Katolik ABD başkanı seçilen, Mason olmayan 43 yaşında başkanlık koltuğuna oturan John F. Kennedy (1917-1963) *Federal Reserve'in arkasındaki bankerlere adeta meydan okudu.* FED sistemine son vermek ve FED'in yaptığı işi devletleştirmek için *4 Haziran 1963'te bir başkanlık kararnamesi* yayımladı.[253] Başkan Kennedy'nin bu kararnamesine göre *Federal Reserve'in devlete faizli borç para verme hakları yürürlükten kaldırılacak* ve kısa bir müddet içinde arkasında özel bankacılık şirketleri olan *FED sistemden çıkartılacaktı.* Bu kararnamenin hemen ardından *ABD hazinesi toplam 4.2 milyar dolar para basarak tedavüle sürdü.* Bunlar Amerikan hazinesindeki gümüşün belli orandaki karşılığı olarak basıldığından *gümüş sertifika* (silver certificate) adıyla anıldı. Bu dolar banknotlarının üzerlerinde "United States Note" yazıyor ve önyüzünde, sağ taraftaki seri numaralarının altında Federal Reserve'in bastırdıkları gibi yeşil değil, *kırmızı renkte* damga vardı. Günümüzde halen bu banknotların bazıları tedavüldedir.

Başkan Kennedy'nin bu radikal kararı FED'in arkasındaki küresel merkez sermaye oligarklarını ürküttü. Çünkü küresel hegemonyalarının sonu gelecekti. Dahası Amerikan halkını bedavadan

252. Louis Thomas Mcfadden, *Collective Speeches of Congresman Louis T. Mcfadden*, Omni Publication, Hawthone, CA, 1970, s. 298.
253. Presidential Decree, Executive Order EO 11 and EO 110-11110.

soyamayacaklardı... Bu hadiseden beş ay sonra, Başkan Kennedy Dallas'ta 22 Kasım 1963'te bir suikastla öldürüldü... Toprağı bol olsun.

1963 yılının ilk aylarında Başkan Kennedy FED'in arkasındaki bankerlik yapılanmasını yok etmek dışında başta devasa şirketlerin vergi kaçırmak için kullandığı, kızım Beliz Fatma'nın ifadesiyle "indiragandi" yöntemlerine son vermek ve Pentagon'un kontrolünü daha ziyade sivil otoritenin emrine almaya yönelik teşebbüsleriyle kendine yeterli düzeyde düşman kazanmıştı.[254]

ABD başkanları içinde müstesna bir yeri olan Başkan Kennedy'yi Dallas'ta üstü açık arabaya bindirip, önceden ayarlanmış komploya uygun bir güzergâhtan götüren devlet içindeki çete elemanları, başkanın katili diye başka birilerini yakalayıp, onu da başka birine öldürterek, devletin istihbaratında görevli katili gizlediler. Suikasta ait bütün izleri yok ettiler... Son yıllarda pek çok kaynak Başkan Kennedy'nin öldürülmesinde İsrail İstihbaratı MOSSAD'ı işaret ediyor. Çünkü FED'in arkasındaki Wall Street Londra-City, İsviçre-Basel üçgenindeki küresel merkez sermaye Siyonist İsrail Lobisi'nin kontrolü altında.

Başkan Kennedy'nin kardeşi Robert F. Kennedy'yi de öldürten yine aynı güç merkezleriydi. Seçimi kazanması kuvvetle muhtemel olan ve ağabeyinin intikamını almak için Federal Reserve'i devletleştireceğine mutlak gözüyle bakılan Robert F. Kennedy Los Angeles'ta bir otelde seçim konuşması yaptıktan sonra *5 Haziran 1968 tarihinde* bir suikasta kurban gitti. Katil ise *Filistinli bir göçmen olan Sirhan Bişara Sirhan* adlı bir kişiydi.

Kennedy ailesinin Amerika'daki Yahudi lobisiyle aralarının iyi olmadığını hemen hemen bütün Amerikalılar bilir. Başkan Kennedy döneminde Yahudi lobisinin Amerikan dış politikasında hâkim olmadıklarını, öte yandan Katolik ve Mason olmayan Kennedy ailesine karşı büyük bir hınç beslediklerini de belirtelim.

254. Jim Marrs, *Crossfire: The Plot Killed Kennedy*, Caroll and Graf Publ., New York, 1989, s. 5.

ABD kalesi, Başkan John F. Kennedy'nin 4 Haziran 1963'te Dallas'ta vurularak öldürülmesinden sonra *düşmüştür*. ABD ve Amerikan halkı küresel merkez sermaye oligarkları-seçkinleri tarafından "esir" alınmış bir ülkedir.

2008 küresel mali krizinden sonra başlatılan Wall Street'i işgal et hareketi Başkan Kennedy'nin öldürülmesinden sonraki en umut verici Amerikan sivil harekâtıdır. ABD bir kurtarıcıyı, Mesih'i değil ama Başkan J. F. Kennedy gibi adam gibi bir adamı bekliyor... Toprağı bol olsun.

Şimdi bir başka örnek!

4. 1983'te SSCB Tarafından Düşürülen G. Kore Havayolları'na Ait Boeing 747'nin Hikâyesi

1983 yılında SSCB tarafından "hava sahasını ihlal gerekçesiyle" *Güney Kore Havayolları'na ait bir Boeing 747 düşürülmüştü.*[255] Bu uçağın yolcularından biri *ABD Kongre Üyesi Larry P. McDonald idi* ve diğer yolcular gibi "kim vurduya gitti". Çünkü McDonald 1976 yılında yaptığı bir konuşmada şöyle demişti:

"*Rockefeller'le beraber Federal Reserve Bank*'ı *meydana getiren diğer çok milletli özel bankerlerin gayesi*, SSCB, ABD'yi ve yeryüzündeki bütün milli devletleri ortadan kaldırıp, bunların yerine bir *Tek Dünya Devleti* yaratmak... İnanılmaz kötü maksatları olan bir entrika bu..."

Peki Güney Kore Havayolları'na ait uçak nasıl olmuştu da şaibeli bir şekilde düşürülmüştü? Birincisi bu sivil yolcu uçağı normal hava rotasından çıkıp Sovyetler Birliği hava sahasına girmişti. İkincisi Sovyet askeri pilotları Güney Kore Havayolları uçağının pilotunu defalarca ikaz etmişler, hatta uyarı atışları yapmışlardı. Ancak Güney Koreli pilotlar cevap bile vermemişlerdi. Bir başka

255. Cengiz Özakıncı, *Euro-Dolar Savaşı*, Otopsi Yayınları, İstanbul, 2005, s. 89.

ilginçlik, bu uçak düşürülmeden önce yerde iki paraşüt görülmüştü. Üçüncüsü, "düşürülen" uçaktaki yolcuların hepsinin cesetleri bulunmuş fakat *kaptan pilot ve yardımcısının cesetleri bulunamamıştı...* Yorum size ait sevgili okuyucularım.

Bu hususta biraz daha bilgi verelim...

Kongre Üyesi *Larry P. McDonald 1981'de*, Yeni Dünya Düzeni Projesi'nin altyapı taşeronları olan *CFR ve Trilateral organizasyonlarının faaliyetlerini incelemek için Amerikan Kongresi'nde soruşturma açılmasını istemişti.* Yine McDonald, bu ekibin en güçlü teorisyenlerinden ve Rockefeller ailesinin damadı Z. Brzezinski'ye sert eleştiriler yöneltmişti... Sivil bir uçak, hem de Güney Kore Havayolları'na ait bir uçak "rota"yı "şaşırdı". Sovyet pilotları uçağı vurdu ve ABD Kongre Üyesi L. P. McDonald öldü. İş bu kadar basit mi?

Federal Reserve yöntemi çok basittir. Başta Amerikan halkının ve ABD devletinin parasını kendi kontrolleri altında tutmak için "devletin parasıyla devlete borç" verip "faiz" alarak sıfır risk ile kazançlarına kazanç katarlar. Federal Reserve *1933 yılından* itibaren *ABD dolar banknotunu –metal dolarları değil–* basma tekeline sahiptir.

Amerikan halkının daha yeni yeni fark etmeye başladığı bu oyunda, Amerikan devleti kendi eliyle FED adlı özel şirkete kâr etmesi için karşılıksız para basma yetkisini bir nevi kalpazanlığı (Counterfeiting) hukuki kılıf içine altın tepside sunuyordu. Aslında Federal Reserve'in arkasındaki bankerler yukarıda anlattığımız kolay para kazanma sistemiyle, yani bir taşla birkaç kuşu birden avlıyorlar... FED üzerinden dünya ekonomisini ve dünya siyasetini ve dahi küresel dini hareketleri yönlendirme gücüne sahip olmuşlardır.

Rothschild ailesinin büyük dedeleri şöyle demiş:

"Bana bir ülkenin parasının kontrolünü verin, kanunları hangi soytarıların yaptığına bakmam."

5. Para Basma Tekeli: "Aşil'in Topuğu"

Para basma tekeli bir ülkenin ve dahi dünya ekonomisinin "Aşil'in topuğu"dur. Karşılıksız para-dolar banknotu basma işi *15 Ağustos 1971'de Başkan Nixon*'ın dolar-altın/gümüş bağını *tamamen koparmasıyla* "eğlenceli" hale gelmiştir.

İster bir ABD doları, ister 100 dolar olsun, kâğıt, mürekkep ve işçilikten oluşan tek bir maliyet söz konusu. Muhtelif kaynaklarda bu maliyetler 2.3, 4 ve 6.5 sent arası rakamlardan oluşur. ABD'li araştırmacı-gazeteci *Devy Kidd* tarafından yapılan araştırmaya göre, *100 dolarlık banknottan bin adet basarsanız maliyeti 23 dolar*, şayet on bin adet basarsanız 230 dolar. Yani dolar milyarderi olmanızı sağlayacak on bin adet 100 dolarlığın toplam maliyeti *Federal Reserve sadece 230 dolar.*[256]

FED'in emriyle hazine tarafından baskı işlemi yapılan ve hazineden yukarıda bahsettiğimiz ortalama bir milyon dolara karşılık olarak ödenen 230 dolarlık maliyetle satın alınan *dolarların karşılığı yoktur*. Bu dolarların *müstakbel karşılığı* Amerikan devletinin Amerikan halkından *toplayacağı vergilerdir*. Buna *bir ekonomide fiat para (fiat money) denir. Bu paranın değeri hükümetin yürüteceği/yürüttüğü ekonomi-finans politikalarına bağlıdır*. Karşılığı da yoktur. Devlet basılan bu karşılıksız parayı kanuni hale getirir. FED, bu karşılıksız paranın üzerine belli bir faiz oranı koyarak ABD Hazinesi'ne yani devlete borç verir.

Hükümetin, daha doğrusu küresel merkez sermayeyi kontrol eden seçkinler oligarşisinin dikte ettirdiği politikalara göre dolar aşırı miktarda normal düzeyde basılarak "enflasyon" ya da "deflasyon" *oluşturulmasına* katkıda bulunulur. Enflasyonist politikalarla halkı vergilendirirsiniz. Buna bir nevi dolaylı vergi de diyebilirsiniz.

Diğer taraftan tahvil-döviz piyasaları (Foreks)-faiz üçgeninde borsalarda *spekülatif değerler* meydana getirirsiniz. Hele hele

256. Devy Kidd, *Why a Bunkrupt America*, Project Liberty Publ., Colorado, 1995.

ekonomik-finansal-siyasi krizlerle ortaya çıkan kaos ortamlarından ya da savaşlar çıktığında/çıkarıldığında FED daha çok para/dolar basarak Amerikan devletine daha çok borç verir, bu daha çok faiz geliri elde edeceği anlamına gelir. Buna rağmen Federal Reserve için esasen ortakları olan bankerlerin Wall Street ve küresel mali sermaye piyasalarında yaptıkları *"asimetrik bilgi"ye dayalı parasal operasyonlardır.*

Görünürde Federal Reserve'in yıllık kârının yaklaşık yüzde 85'i Amerikan hazinesine devredilir. FED, kârının büyük bir kısmını devlet tahvilleri üzerindeki faiz gelirlerinden elde eder.[257] FED'in 1999-2008 tarihleri arasında *yılda 30 milyar dolar kâr ederken*, 2008 mali krizinden sonra *yılda 100 milyar dolardan fazla kâr ettiği* görülüyor. Yani 2008 Mortgage temelli kriz Amerikan halkını batırırken, milyonlarca Amerikalı evini kaybederken bir avuç "seçkin" ve onların emrindeki "babolar" servetlerine servet katmışlar.

Mesela, ABD bütçesinin 1.6 trilyon dolar açık verdiği 2010 yılında FED 80 milyar dolar kâr elde etmiştir.[258] 2014 yılında söz konusu *kâr 99 milyar dolar* olarak gerçekleşmiş.[259] Yaklaşık iki buçuk üç kat artan bu kârlar Amerikan halkının cebine gitmediğine göre, *FED'in yaptığı kâr gelir vergisinden muaf* olduğuna göre... "Devletin ve milletin parası deniz, yemeyen domuz" sözü akla geliveriyor.

Diğer taraftan FED'in muhasebe sistemi son derece karmaşıktır. Sözde bağımsız bir muhasebe şirketi tarafından da denetlenir. Ama *Arthur Anderson adlı muhasebe denetim şirketinin üçkâğıtları malum iken...* Dev Amerikan şirketleri ve bankaların 2008 krizi öncesinde uyguladıkları "yaratıcı muhasebe" teknikleri ile bilançolarda oynadıkları oyunlarla borsada değerlerini nasıl maniple ederek varlıklarını yüksek gösterdiklerini dünya âlem biliyor.

---

257. www.federalreserve.gov

258. *Federal Reserve 97 th. Annual Report*, 2010, s. 316.

259. Samantha Sharf, "Fed Sending $.98.7 Billion of 2014 Profits to U.S Treasury", *Forbes*, 10.01.2015.

6. Bankerlerin FED Üzerinden Asimetrik Bilgi Gücü ve Küresel Ekonomi

FED'i kontrol eden bankerlik kuruluşlarının esas kazanç alanı *asimetrik bilgi ile faizleri* ve diğer ekonomik göstergeleri etkileyecek kararların alınmasından önce bu bilgilere sahip olmalarıdır.

Bu sayede *gerek ABD, gerekse küresel mali ve sermaye piyasalarını regüle-deregüle etmeye* yönelik spekülasyon ve manipülasyonlara başvururlar. Böylelikle neoliberal iktisatçıların adına "piyasa ekonomisi" dediği ve "tam rekabet şartları" altında çalıştığını iddia ettikleri kapitalizmin neoliberal versiyonu ta baştan "seçkinlerin" daha baştan üç sıfır önde *olduğu eksik rekabet şartlarında* çalışmaya başlar.

FED liderliğindeki neoliberalizm-kontrolsüz piyasa ekonomisi yeryüzünün her köşesinde seçkinci bir sisteme hizmet etmektedir... Piyasaların nasıl bir seyir göstereceğinin "uyanık istihareciler"i herkesten önce asimetrik bilginin verdiği güç ile bilerek pozisyon alıp kimsenin ruhu bile duymadan borsada, Foreks piyasası denilen döviz piyasasında, faiz swaplarında/takaslarında vb. milyarlarca dolarlık kâr ederler.

Federal Reserve periyodik olarak ABD Kongresi'ne rapor vermesi gerekiyorsa da *FED'in yönetim kurulundaki yöneticiler* (Federal Reserve Governors) kanuni olarak *Birleşik Devletler Kongresi'nden bağımsızdırlar*. FED, en hayati toplantılarını gizli (private) yapar ve genel olarak belli bir müddet geçtikten sonra açıklar.[260]

FED, ABD'de adeta devlet içinde devlet olup, Amerika'nın "Vatikan"ı diyebiliriz. 1975'te, ABD Kongresi'ne *FED'in hesaplarının kontrol edilmesi* için bir önerge[261] verildi, ancak *kabul edilmedi.*

---

260. George Clarck ve Kathleen E. Hug (Ed.), *Qutline of U.S. Economy*, tarihsiz, s. 90.
261. H. R. 4316.

ABD'nin önde gelen senatörlerinden biri olan *Dennis Kucinich Ekim 2011'de* "Wall Street'i işgal et" hareketine destek vermiş ve *FED'in devletleştirilmesini* talep etmişti.[262] Peki Federal Reserve (FED) yönetim kurulu kimlerden oluşur? FED'in web sayfasına baktığımızda,[263] mesela 2007-2008 döneminde sadece aşağıda isimlerini sıralayacağımız beş kişinin resmi görülür. Bu beşlinin ortak özelliği Yahudi olmalarıdır.

- Ben S. Bernanke (Başkan)
- Randall S. Kroszner (Yönetim Kurulu Üyesi)
- Donald D. Kohn (Yönetim Kurulu Üyesi)
- Prof. Frederic S. Mishkin (Yönetim Kurulu Üyesi, meşhur finans hocası, tamamen batmış durumdaki İzlanda'ya 250 bin dolar karşılığında "sağlam" raporu yazan kişi)
- Kevin M. Warsh (Yönetim Kurulu Üyesi)

FED'in yönetim kuruluna 35 yaşında Başkan George W. Bush tarafından atanan Kevin Warsh sıradan, hak ederek buraya gelmiş bir Yahudi değil. Warsh'ın hanımı Jane Lauder, şu ünlü *Este Lauder kozmetik şirketinin kurucusu Este Lauder'in torunu olup şirketin* Yönetim *Kurulu (İcra Kurulu) üyesidir.*

Warsh'ın eşi Jane Lauder'in babası İsrail eski başbakanı, "Müslüman kasabı" *Ariel Şaron'un finansal destekçilerinden biridir.*[264] Warsh'ın babası, Yahudi Milli Vakfı'nın (Jewish National Fund) eski başkanıdır ve Dünya Yahudi Kongresi'nin (World Jewish Congres) mali işlerini yönetir.

Kevin M. Warsh, ABD'deki en güçlü Yahudi organizasyonu *ADL'nin yönetim kurulundadır.* Ayrıca Tel Aviv Müzesi Milletlerarası Yönetim Kurulu üyesidir. Bay Warsh Bush'a danışmanlık yapmadan

262. H. R. 2990: "National Emergency Employment Defense Act of 201, 1112 th. Congress: 2011-2012", http://www.youtube.com/watch?v=4IdpyYRnOYo&feature=player_embedded
263. http://www.federalreserve.gov/aboutthefed/default.htm
264. Bloomberg, 04.06.2006.

önce FED'in örtülü hissedarlarından Morgan Stanley'de görev yapıyordu. 2011 yılında görevini bırakan *Warsh Stanford Graduate School of Business'te öğretim üyeliği* yapıyor. Gelelim günümüze. FED'in 2016 yılındaki yönetim kurulu şu isimlerden oluşuyor:

- Janet L. Yellen (Başkan, Ekonomi Profesörü, Yahudi)
- Sarah Bloom Raskin (Yönetim Kurulu Üyesi, Yahudi)
- Jeremy C. Stein (Yönetim Kurulu Üyesi, Yahudi)
- Stanley Fischer (Başkan Yardımcısı, Yahudi, 2005-2013 yılları arasında İsrail Merkez Bankası Başkanı.) [Başkan Trump'ın baskısı ile 13 Ekim 2017'den geçerli olmak üzere Eylül 2017'de istifa ettirildi. 1943'te Zambiya'da doğan Fischer Rothschild ailesinin adamı olarak bilinir.]

Bu kez yedi kişiden oluşan FED Yönetim Kurulu'nun, başkan ve başkan yardımcısı dahil dördü Yahudi.

Diğer yandan Federal Reserve 12 şubeden oluşur ve 2013 yılında dört şubenin başkanı da Yahudi'dir. ABD'nin nüfusu 325 milyon olup bunun 6 milyonu, yani yüzde 2'si Musevi'dir. Bir başka husus. Belki finans-ekonomi tarihinin garip cilvesidir. *FED Başkanı Janet L. Yellen'in kocası 2001 yılında Nobel Ekonomi Ödülü verilen meşhur İktisat Profesörü George Akerlof (doğ. 1940) olup anne tarafından Yahudi'dir.* Buraya kadar her şey normal. Akerlof "Ekonomide Asimetrik Bilgi" (Asymmetric Information) teorisini geliştiren ve bundan dolayı "Ekonomi Nobel"i alan namuslu ve saygıdeğer bir bilim insanıdır. George Akerlof, daha 1990'larda sadece kâr üzerine odaklı, devamlı kârı artırmayı hedefleyen *dur durak bilmez-kontrolsüz piyasa ekonomisinin yıkım getireceğine* dikkat çekmiştir.[265]

---

265. George Akerlof ve Paul Romer, "Looting: The Economic Underworld of Bankruptcy for Profit", Brookings Papers on Economic Activity 24, Brookings Institution, Washington DC, 1993.

Dünya medeniyetinin, dünya ticaretinin (yüzde 85) ortak para birimi dolar bir avuç banker çetesinin eline geçmiş durumda ve gidici... Altın ve gümüşe yatırım yapmayı ve beş yıl kadar da beklemeyi ihmal etmeyin.

ABD Başkanı Franklin D. Roosevelt daha 1933 yılında şöyle söylüyordu:

"Amerika'da önlenemeyen finansal sömürü bizim içinde bulunduğumuz trajik durumun en temel sebebidir." (Unrestrained financial exploitations have been one of the great causes of our present tragic condition.)

Sahi, küresel dev ABD'yi kim kontrol ediyor?[266]

266. "Who Controls America? Who Controls the Federal Reserve System?" http://thezog.worldpress.com/who-controls-the-federal-reserve -system-part-1/.

C. BIS: MERKEZ BANKALARININ İSVİÇRE-BASEL'DEKİ KONTROL ŞÖVALYESİ

Dünyada, yani küresel ekonomik sistemde ne kadar ABD doları dolaştığını kimse bilmiyor. ABD'de bu ülkenin toplam borcunun kaç trilyon dolar olduğunu bilen bir Allah'ın kulu yok. Neoliberalist monoterizm-para teorilerinin teorisyeni *Prof. Milton Friedman* (1912-2006) şöyle der: *"Para birkaç merkez bankası bankerinin eline bırakılmayacak kadar hayati bir meseledir."*[267]

Neoliberalizmin bir başka ifadeyle "paraizm" ekonomisinin şaha kalktığı 2000'li yılların başı... İzlanda... Küçük ama mutlu insanların ülkesi. Yıllık milli gelirleri 12 milyar dolar civarında. Neoliberalizm denilen kontrolsüz serbest piyasa ekonomisine geçtikten sonra başlarına gelmedik bela kalmadı. Yabancı sermayeyi ülkeye çekerek daha zengin olmak gayesiyle 2003 yılında bütün bankaları özelleştirdiler. Aradan dört yıl geçmişti ki, İzlanda'nın yurtdışı borç stoku GSMH'sinin dokuz katına çıkmıştı. Hükümet ülkenin üç ana bankası olan Landbanki, Kapting, Glitnir bankalarını tekrar millileştirmek istedi ama iş işten geçmiş, "atı alan Üsküdar'ı çoktan geçmişti". İzlanda'nın milli parası kroner yüzde 85 değer kaybetti...

2008 yılında küresel mali kriz patladığında İzlanda'nın milli geliri 12 milyar dolar, dış borç yükü ise 130 milyar dolara fırlamıştı. Yani mutlu insanlar ülkesi batmış, İzlanda iflasını ilan etmişti.[268] Ülkeyi neoliberal politikalara sonuna kadar açan sol sosyal demokrat hükümet istifa etti. Nisan 2009'daki seçimi daha solcu bir koalisyon

---

267. Milton Friedman, "Capitalism And Freedom", The University of Chicago Press, Chicago, Londra, 1982, 2002, s. 51.
268. *Inside Job*, DVD finans belgeseli, 2012.

kazandı. Yeni kurulan hükümet, serbest piyasa ekonomisinin patlattığı borç yükünü halka ödetmeyeceğini ilan etti. Ülkeyi böylesine bir borç batağına sokan, iflasına sebep olan siyasetçi ve bürokratlar hakkında soruşturma açtı. Küresel merkez sermayenin oligarkları, IMF, WB, BIS, WTO üzerinden baskıyı artırarak "İzlanda'yı Küba gibi izole ederiz" dediler. İzlanda halkoylamasına/referanduma gitti; halkın yüzde 93'ü borcun ödenmesine karşı çıktı. Devreye küresel sermayenin tetikçilerinden Avrupa Birliği (AB) girdi ve İzlanda'nın AB'ye katılım müzakerelerini süresiz dondurdu. Bu satırlar yazılıyorken İzlanda halkının direnişi ve mücadelesi sürüyordu...

İzlanda batmadan bir yıl önce, Federal Reserve-Amerikan Merkez Bankası Yönetim Kurulu Üyesi, Finans Profesörü ve elbette Yahudi kökenli Frederic S. Mishkin yazdığı raporda İzlanda ekonomisini ve bankalarını göklere çıkaran bir rapor yazmıştı. Sonra ortaya çıktı ki Bay Mishkin el altından 250 bin dolarcık almıştı.[269]

1. "Filantropi/Hayırseverlik ve "Para Aklama Vakıfları"

"Filantropi", Türkçesi "hayırseverlik". İnsan hak ve hürriyetlerini, barışı korumak, demokrasiyi geliştirmek, basın ve düşünce hürriyetini genişletmek gibi ulvi gayeleri kendine şiar edinmiş insan severliktir.

Osmanlı Türkiyesi'nde Enderuni devşirmelerin, devşirme Yeniçerilerin ve dönmelerin para ve servetlerini devletten kaçırmak ve "Boğaz'daki Aşiret"in bugünkü gücüne erişmesinde en büyük rolü oynayan "aç kalmış kuşları koruma vakıfları" benzeri uyduruk vakıfların kullanıldığı "görünürde hayırseverlik" şovları 19. yüzyılda Britanya'da ve günümüzde ise ABD'de oldukça yaygın bir "Washing Money" operasyonlarıdır.

Küresel finans oligarşisi "filantropi"yi "vakıflar" üzerinden yürütüyor ve gerçekleri dünya kamuoyundan gizlemek için kullanıyorlar.

269. *Inside Job*, DVD finans belgeseli, 2012.

Rockefeller, Bill Gates, Rothschild, Paul Elliott Singer ve diğerleri... "Filantropi"nin önde gidenlerinden bazıları.

Mesela Peru, Zambiya, Nikaragua ve Kongo gibi ülkeleri soyup soğana çeviren Paul Elliott Singer vakfının yaptığı bağışlardan bazıları:

- ABD'deki eşcinsel, erkek erkeğe, kadın kadına evlilik hakkı kampanyası için LGBTI'ya 425 bin dolar bağış.
- "Özel Harekât Savaşçı Vakfı"nı kurdu. Savaşta ölen askerlerin çocuklarına yardım için.
- "Bob Woodruff Vakfı" Irak'ın işgalinde yaralanan gazeteci için kurduğu vakıf.
- "Amerikan Ruhu Vakfı" Irak ve Afganistan'daki Amerikalı askerlere yardım için kurduğu vakıf.
- New York Polis Vakfı'na 14 milyon dolar bağış. Böylelikle polis Wall Street'i işgal et harekâtına katılanlara göz açtırmıyor.
- "New York Gıda Bankası" kurucu üyeliği. Bu organizasyon her gün aşevlerinden yemek yiyen 43 milyon (kırk üç milyon) fakirin fakiri Amerikalı'ya ayda 275 dolarlık yiyecek karnesi dağıtanlardan biridir.

Yukarıda belirtmiştik, Bay Frederic S. Mishkin İzlanda ekonomisine iflastan bir yıl önce methiyeler yazmıştı. Mishkin gibi bir başka Musevi aileden gelen Paul Elliott Singer ise İzlanda'yı adeta yağmalamıştı. "Elliott Management Corporation" yıllar içinde *25 milyar dolarlık bir hedge fon* olmuştu. Kurucusu ve başkanı Paul Elliott Singer idi. 2008'de dünyanın milli geliri yaklaşık 68 trilyon dolar iken tam Türkçe karşılığı "tefecilik" olan *hedge fonların büyüklüğü de iki trilyon dolara* ulaşmıştı. "Serbest yatırım fonları" adı altında, küresel merkez sermayenin oligarkları bu hedge fonlarla biraz dara düşen ülkeleri, şirketleri öyle bir "öper" ki... Hemen öncesinde "ekonomik tetikçiler" gereğini yapmış, onları borçlandırmıştır. Bir müddet sonra borç ödemede mutlaka sıkıntı çıkar. İşte burada küresel sermaye oligarklarının avukatları devreye girer.

Paul Elliott Singer, bu bağlamda her iki tarafı da kesen bıçak gibi. Hem finansçı hedge fon yöneticisi hem de avukat.

16 Haziran 2014 tarihinde sözde adalet dağıtan bir ABD mahkemesinin hâkimi *Arjantin devleti aleyhine* öyle bir karar verdi ki... Hiç şüpheniz olmasın, yakın tarihlerde olacak olanların habercisidir... 1978 tarihinde de Türkiye bir borç taksitini ödeyemediği için meşhur bir Yahudi ailenin bankası *Wels Fargo da Türkiye'nin ihracat alacaklarına* ABD mahkemesinin birinde *haciz kararı* aldırtmıştı.

Arjantin hedge fonlara ait yapılandırılmış tahvil borçlarını ödeyememişti. Arjantin'in bu neviden borcu 630 milyon dolardan işletilen temerrüt faizleriyle 2.3 milyar dolar gibi uçuk bir rakama çıkmıştı. Buna rağmen Arjantin devleti "Dolar başına 33 sent ödeyeyim" diyordu. Diyordu demesine de alacaklı olan Cayman Adaları merkezli *NML Capital'di* ve sahibi de *Bay Paul Elliott Singer adlı "filantropi" kişiydi.* Arjantin'in ödeme teklifini kabul etmeyerek ABD'de bir mahkemeye başvurmuş, mahkeme de borcun hemen ödenmesi yönünde karar vermişti. ABD mahkemesi hukuku guguk yapmıştı. Ertesi gün ABD'deki ana akım medya -ki beş Yahudi ailenin kontrolündedir– ince ince Arjantin analizlerine başlamışlardı. "Arjantin'in demokrasi meselesi" vardı. Arjantin'de zinhar "basın hürriyeti yoktu", dahası "Arjantin hâlâ Nazilere kol kanat geriyordu" ve daha akla hayale gelmez zırvalar ABD'deki merkez medya tarafından ballandıra ballandıra anlatılıyordu. Fakat Amerika'daki merkez medya "kendi *gözündeki merteği* görmezden gelerek, Arjantin'in *gözündeki çapağa işaret* ediyordu".

Bay P. E. Singer, Arjantin'in Gama açıklarındaki gemilerine el koydu ve Arjantin borcunu derhal ödemez ise yurtdışındaki bütün malvarlıklarına el koyacağını ilan etti. Bay Singer'in adı sadece Arjantin krizinde değil, Zambiya, Kongo, Nikaragua ve Peru krizlerinde de hep ilk zikredilen isimdi. *Arjantin'in hikâyesi gibi Peru'nun hikâyesi de Türkiye'ye benzer.*

1978 Washington Mutabakatı'ndan sonra Turgut Özal'ın 24 Ocak 1980 Kararları ile Türkiye'yi *neoliberal-kontrolsüz serbest piyasa treninin son vagonuna* paketlediği gibi aynı dönemde Peru da aynı trene bindirilmişti.

Türkiye'de darbe soslu –12 Eylül 1980 Kenan Evren faşizmi– Turgut Özal iktidarı, Arjantin'de IMF, Dünya Bankası ve Wall Street'teki finans "eke"lerinin öve öve bitiremediği Carlos Menem, Brezilya'da Fernando Collar ve Peru'da da neoliberal ekonomik politikaları uygulayacak Alberto Fujimori iktidara "geldi". Neoliberal yolun bebeği Fujimori'nin yolu nasıl açıldı?

2. Alberto Fujimori'nin Peru'da İktidara Gelişi

Fujimori siyasete girmeden önce Peru medyasının gözbebeği haline getirildi. Siz isterseniz buna, Türkiye'deki medyanın da bir dönem Turgut Özal, bir dönem de Kemal Derviş'i medyanın gözbebeği haline getirilişine benzer, aynı senaryo olarak bakabilirsiniz. Neyse...

Fujimori 1990'da başkanlığa adaylığını koyduğunda *KOBİ şirketleri ile Evanjelist Kilisesi'nin* desteğini açıktan almış, *Peru İstihbarat Kurumu SIN de* Fujimori'yi destekliyordu. Bu kadar farklı menfaat ve güç merkezlerini Fujimori'nin etrafında toplayan kişi ise tam bir *"karanlıklar prensi" olan Viladimiro Montesinos'du.* Peki kimdi Montesinos?

Viladimiro Montesinos, *1976 yılında CIA ajanı olmaktan yargılanmış ve Peru ordusundan* yüzbaşı rütbesindeyken ihraç edilmişti. ABD'nin Panama'daki "Panama Terzisi"nin kontrolündeki okulda askeri eğitim görmüş olan Montesinos, San Marcos Üniversitesi'nden sahte avukatlık diploması aldı. 1983 yılında Peru ordusuna ait gizli belge ve dinleme kayıtlarını basına sızdırınca hakkında "vatana ihanet"ten soruşturma açıldı. Ekvador'a kaçtı. Ekvador'da, ABD-Pentagon ile Ekvador ordusu arasındaki ilişkileri organize etti.

La Republica gazetesi Fujimori'nin başkanlığına sert muhalefet ediyordu. Montesinos dosyasını açınca kıyamet koptu. Devreye

Peru İstihbarat Teşkilatı SIN girdi; gazetenin yayımlanmış nüshaları toplatıldı ve *yayını engellendi.* Ekonomik-siyasi-toplumsal kriz Peru halkını canından bezdirmişti. Seçimi Fujimori kazandı. Dakika bir gol bir. Ülkenin stratejik kurumları dahil *her* şeyi özelleştirdi.

Montesinos Ekvador'dan Peru'ya döndü ve Fujimori'den aldığı sınırsız yetkiyle *orduda ve bürokraside geniş çaplı tasfiyeler yaptı.* İşadamlarını belli bir *"cülus"a bağladı.* Muhalefet etme ihtimali olan gazete ve televizyonlar uygun yöntemlerle satın alındı. Tarih *3 Kasım 1991'i* gösterdiğinde iş tamamen kontrolden çıktı. Montesinos'a bağlı paramiliter bir grup olan *Colina tarafından 14 Perulu kurşuna dizildi.* Askeri mahkeme soruşturma açtı. Zaten Peru meclisinde insan hakları ihlalleriyle alakalı araştırma devam ediyordu. Muhalefetin çoğunlukta olduğu ikili parlamentodan Fujimori'nin neoliberal kurtuluş paketleri geçmiyordu. Başkan *Fujimori 5 Nisan 1992'de Peru meclisini feshederek* anayasayı askıya aldı. Genel seçimler Kasım 1992'de yapılacaktı. Fujimori'nin iktidara gelmesi şarttı ve bunun için de bir başarı hikâyesine ihtiyacı vardı.

Peru'nun bir sosyalist Abdullah Öcalan'ı vardı. "Aydınlık Yol" adlı Maocu-komünist terör örgütü 1980-1990 yılları arasında devlet güçleriyle sürekli çatışmış, pek çoğu masum sivil 70 bin kişi hayatını kaybetmişti. Aydınlık Yol'un lideri "Yoldaş Gonzalo" yani Abimael Guzman'dı. *Seçimlere az bir zaman kala, Eylül 1992'de, başkent Lima'da Hava Kuvvetleri Komutanlığı'na iki blok ötede CIA'nin katıldığı bir operasyonla yakalandı.* CIA, Yoldaş Gonzalo ile zaten muhabbet içindeydi desek "komplo teorisi" derler.

Yoldaş Gonzalo evinde yakalandıktan yarım saat sonra *devlete hizmete hazır* olduğunu söyledi. Tıpkı Abdullah Öcalan gibi. Ömür boyu hapse mahkûm edildi. Ancak Peru istihbaratının başındaki Montesinos ile sık sık görüşüyordu. Hedef tutturulmuştu. *Kasım 1992'de Fujimori seçimi ezici bir çoğunlukla kazandı.*

Fujimori güç delisiydi. Yeni anayasayı Ekim 1993'te halkoylamasına sundu. Muhalefet boykot etti ama yüzde 73 destekle referandumu kazandı. Artık "seçilmiş kral"dı. Güç ve iktidar için her şey mubahtı...

1995 yılı genel seçimi yaklaşırken istihbaratın başındaki Montesinos'a bağlı birlikler, komşu Ekvador ile bir ay sürecek *bir dandik sınır çatışması tezgâhlandı. Bu süreçte seçimler yapıldı ve Fujimori yüzde 64 çoğunluk ile yeniden başkan seçildi.*

Fujimori... *Küresel merkez sermaye oligarkları ne istediyse yapmıştı.* "Aydınlık Yol" ile *"açılım" toplantıları yapmış, Evanjelist Kilise'nin gücüne güç katmıştı.* IMF, WB, WTO, BIS reçetelerini uygulamış, *yeni para birimine geçmişti.* Ancak her diktatörlüğün ve popülizmin mutlaka bir sonu vardı. Dünya Sultan Süleyman'a bile kalmamıştı.

Peru halkını geçim derdi fena silkeliyor, özellikle *diplomalı kesimde işsizlik çığ gibi büyüyordu.* 2000 yılına gelindiğinde başta *KOBİ nitelikli şirket/işyeri sahibi iş dünyası Fujimori'den çoktan ümidini kesmişti. Bu arada Fujimori'nin ABD ve Pentagon ile de arası bozulmuştu.*

Terzi aynı olunca kumaşın önemi yoktu... Muhalefetten bir milletvekilinin eline ulaştırılan *Montesinos'un bir gazeteci ile bir generalin satın alınması operasyonunu gösteren video* yayınlandı... Her yer kirli çamaşırdan geçilmiyordu... Fujimori parlamento ve sokağı kontrol edemiyordu.

Tarih 29 Ekim 2000'i gösterirken Yarbay Ollanta Humala 62 kişilik askeri birliği ile yönetime el koydu. Yarbay Humala Maocu-komünist Aydınlık Yol militanlarına karşı yaptığı mücadele ile tanınan bir askerdi... *Fujimori ve Montesinos ülkeden kaçtılar. Montesinos 2001 yılında Venezuela'da yakalandı. Fujimori ise 2005'te Şili'de ele geçirildi... Her ikisi de yargılanarak insanlığa karşı suç işlemekten mahkûm oldu. Ne Wall Street "eke"lerinden, ne IMF ve benzerlerinden hiçbir destek sesi çıkmadı ve hapishanede eski günleri anmakla meşguller...* Etme bulma dünyasıydı bu dünya.

Yarbay Ollanda Humala Peru Milliyetçi Partisi'ni kurdu. Antiemperyalist çizgideki söylemleri ile *merkez sağdan ve soldan oy alan Humala Temmuz 2011'de Peru devlet başkanı seçildi.*

1978 Washington Mutabakatı ile dünyaya dayatılan neoliberal-kontrolsüz serbest piyasa modeli başta gelişmekte olan ülkelerin anasını ağlatmakla kalmadı. *ABD vatandaşlarının yüzde 99'unun da kanını emdi ve emmeye devam ediyor.*

ABD eliyle uygulamaya konulan neoliberalizmin teorisyenlerinden Rockefeller ailesinin damadı ve Beyaz Saray danışmanı Zbigniew Brzezinski şöyle diyor:

"Bütün devletlerin vatandaşları, hükümetleri, iktisatçıları; ulus üstü bankaların ve şirketlerin ihtiyaçlarına hizmet eder."

Buraya kadar yazdıklarımın BIS ile bir alakası yok mu, var mı sevgili okuyucular? İsterseniz buraya kadar bir kez daha okuyunuz.

3. Kontrolsüz Serbest Piyasa Modeli ve ABD'de Aşevlerinden Yemek Yiyen 43 Milyon İnsan

1976 yılında Nobel Ekonomi mükâfatı verilen Prof. Milton Friedman, neoliberal para politikalarının babasıdır. Bir ara Amerika'daki devlet okullarında öğrencilere bedava öğle yemeği verilmesi gündeme gelmiş tartışılıyordu. Bunun üzerine Milton Friedman, "There is no such thing as a free lunch" ("Bedava öğle yemeği diye bir şey yoktur") diyecek kadar zıvanadan çıkmış kapitalist-neoliberaldir. Onun politikalarının uygulanmaya başlandığı 1978 Washington Mutabakatı yıllarının başında ABD'de aşevlerinden yemek yiyenlerin sayısı *17 milyon ve nüfusun yüzde 5-6'sı idi. 2015 yılının sonunda ise 43 milyon Amerikalı aşevlerinden yemek yiyor ve yaklaşık nüfusun yüzde 14'ü.*

Kısaca günümüzdeki ekonomik kaosun, insanlığın trajedisinin sorumlusu Friedman ve benzerleri, kurumları ise FED, BIS, IMF, WB, WTO, WHO ve Birleşmiş Milletler'dir. Ancak en tepedeki *iki kurum FED ve BIS'tir.* Küresel para operasyonları FED üzerinden Londra City, New York-Wall Streeet merkezli olarak kontrol altındadır. Dünyanın bütün merkez bankaları ise İsviçre-Basel'de *Mayıs 1930'da kurulan BIS (Bank for International Settlements) tarafından kontrol edilir.*

Daha önceki krizleri bir kenara bırakalım, 2008 mali krizi gösterdi ki *merkez bankaları hiçbir ekonomide yapısal dertlere derman olamıyor*. BIS Finansal (Monetary) Bölüm Başkanı Stephen Cecchetti'nin ifadesiyle, "merkez bankaları ekonomideki yapısal problemleri çözemez".[270] Çünkü, her şeyden önce *merkez bankaları şeffaf değiller*, güdümlüler.

FED-BIS ikilisi aynı -ki İngiliz Merkez Bankası'nı da ilave edebiliriz- küresel merkez sermaye oligarklarının tam anlamıyla kontrolü altındadır. Bu durum peşinen "asimetrik bilgi" gücü ve *haksız rekabet şartlarını* işin başından itibaren sistemin içine koyuyor.

Türk Merkez Bankası'nın 2003-2004 yılı Merkez Bankası Bağımsız Denetleme Raporu'nda Hazine yüzde 55, Ziraat Bankası yüzde 19 ve diğerleri yüzde 26 hisseye sahip. Bu yüzde 26'nın dağılımı özellikle saklanıyor.

4. BIS'in Asimetrik Gücü

Küresel merkez sermaye oligarkları bir ülkeyi içeriden verdiği borç para ve siyasi gücüyle, dışarıdan ise merkez bankalarını kontrol eden BIS üzerinden baskı ve denetim altına alırlar. BIS (Bank for International Settlements) *merkez bankalarının bankasıdır*.[271] Ancak 1930'dan beri faaliyetteki bu banka bırakın dünya kamuoyu para-finans alanında uzmanlaşmış pek çok kişi tarafından dahi bilinmez ya da çok az bilgi sahibidirler.

BIS, bağımsız/özerk bir banka değildir. Faaliyetlerini gizlilik içerisinde yürütür. Yeryüzündeki bütün merkez bankalarını kontrol ve regüle eder. Böylelikle küresel para piyasaları ve ticari yatırım bankalarını perde arkasından yönetir. BIS'in büyük hissedarları, ABD,

270. Jon Hilsenrath, Brian Blackstone, "Inside the risky beths of Central banks", *The Wall Street Journal*, 12.12.2012.

271. http://www.bis.org

İngiltere, İsviçre, İtalya, Almanya, Fransa, Hollanda, Kanada gibi dünyanın önde gelen merkez bankalarıdır.[272]

FED'in kuruluşunda karşılaşılan büyük oyun burada da geçerli. BIS'in kuruluşunda rol oynayan "seçilmiş" aileler Mayıs 1930'da BIS'in kuruluşunu da deruhte eden aileler. Mesela bu bankanın *ilk başkanı olan Gates McGarah, Rockefeller ailesinin damadıdır. Rockefeller ailesi ise Chase Manhattan Bankası ve Federal Reserve'in sahiplerindendir.*

Dünyada 58 merkez bankası küçük-sembolik hisselerle BIS'in ortağıdır. Ancak *kararlar 58 merkez bankasının başkanının katılımıyla alınmaz.* BIS'in 2016 yılı ortasındaki yönetim kurulu üyeleri, ABD'den FED Başkanı Janet L. Yellen, İngiltere Merkez Bankası Başkanı Mervyn King ve Avrupa Birliği Merkez Bankası Başkanı Jean-Claude Trichet gibi toplam 19 kişilik yönetim kurulu üyesinin biri Çin Halk Cumhuriyeti'nden diğerleri ise Avrupa ve Amerika'dandır.[273]

BIS, küresel merkez sermayenin kontrolü altındaki *Dünya Merkez Bankası'dır* diyebiliriz. Üç ayda bir ve yılda bir kez rapor yayınlasa da oldukça ketumdur, pek çok konuda bilgi vermez. Dünyadaki *merkez bankalarında rezerv olarak tutulan dövizlerin yüzde 7-15'ini elinde tutar.* Ayrıca *bin tondan fazla altını da kasalarında saklar.* BIS'in yönetim kurulunun çekirdeğini daimi-değişmez/Exofficia olarak ifade edilen ABD, İngiltere, Belçika, Fransa, Almanya, İtalya'dan oluşan *altı ülkeden temsilci* üye oluşturur.

ABD'den Prof. Carroll Quigley BIS'i şu sözlerle değerlendirmektedir:

"Finansal kapitalizmi elinde tutan güçlerin esas maksadı, dünya sistemini 'özel kişiler' tarafından kontrol ederek, her devletin siyasi sistemine ve ekonomisine hâkim olmaktır. Bu sistem feodal bir biçimde, gizli anlaşmalar, gizli toplantılar ve konferanslarla ve merkez bankaları vasıtasıyla kontrol edilmelidir."[274]

272. Federal Reserve, Bank of England, Swiss National Bank, Bank of Italy, Bundesbank, Bank of France, Nederlandsche Bank, Bank Of Canada vb.

273. www.bis.org/about/board.htm

274. Carroll Quigley, *Tragedy and Hope: A History of The World in Our Time*, Mc Millan Comp., New York, 1966, s. 324.

Meşhur Basel I-II-III ve benzeri kuralların babası BIS'tir. Japon finans uzmanı, Türkçeye de çevrilen, Ryo Kuroki'nin *Wall Street Kartalını Vurun*[275] kitabında BIS'in dayattığı bu ve benzeri kuralların Japon bankalarına ve pek çok ülke bankasına zarar vermek için uydurulduğunu söylemektedir. Kaldı ki, mesela 2004 yılında uygulamaya konulan Basel II kurallarını ABD 2007 yılında uygulamaya başladı.

BIS'in kontrolü tamamen ABD Merkez Bankası Federal Reserve'in perde arkasındaki bankerlerdir. Oyun FED üzerinden oynanır. ABD'nin BIS'te alınan kararlardaki gücü diğer ülkelerin üç katıdır.[276]

ABD'deki büyük bankalardan J. P. Morgan, First Bank of New York, First Bank of Chicago BIS'in ortaklarındandır. BIS ile alakalı iddialardan biri de oldukça vahimdir. *Bu bankanın küresel uyuşturucu ticaretinden elde edilen paraları da akladığı* ABD'li saygın bir araştırmacı, Jim Marrs tarafından öne sürülüyor.[277]

BIS, dünyanın parasını yöneten, devletler içinde devlet olan, işlerini sessiz ve derinden halleden, dokunulmazlık zırhı ile korunmanın yanında, vergi ödemeyen ve *özel polis gücü* olan dünyadaki tek istisnai kurumdur.[278] Bütün merkez bankalarının anası olan BIS *yeryüzündeki bütün kamu bankalarının özelleştirilmesini ister.*[279]

2008 küresel mali krizinden sonra zaman zaman suya tirit ikaz raporları yayımlayan BIS, 2008 krizinden önce küresel merkez sermayenin kontrolündeki bankalar başta ABD'yi ve Amerikalıları soyup soğana çevirirken, sahtekârlıkla finans dünyasını allak bullak

275. Riyo Kroki, *Wall Street Kartalını Vurun*, Doğan Kitap, İstanbul, 2012.
276. James C. Baker, *The Bank for International Settlements: Evoluation and Evoluation*, Quorum Books, Wesport USA, 2002, s. 6.
277. Jim Marrs, *Rule by secrecy: The Hidden History that Connects the Trilateral Commission, the Freemasons and the Great Pyramids*, Harper Collins Publ., New York, 2000, s.180.
278. Hub Pages, "BIS - Bank of International Settlement: The Mother of All Central Banks", hubpages.com, 2009.
279. Henry C.K., Liu, "The BIS us National Banks", Asia Times, 14.05.2002, www.atimes.com

ederken[280] BIS'in ve FED'in gıkı çıkmamıştır. Sadece seyretmişler, testi kırıldıktan sonra da faturayı vergi mükellefi yüzde 99'luk Amerikan halkına ve elbette insanlığa çıkarmışlardır.

Başta, FED ve İngiliz Merkez Bankası, AB Merkez Bankası olmak üzere merkez bankaları tarihte hiç görülmediği kadar karşılıksız para bastılar. Elbette merkez bankalarının rezervlerini geometrik olarak şişiren bu karşılıksız para basımı BIS'in rezervlerini de şişirdi. Merkez bankalarının varlıkları 2008 yılında 6 trilyon dolar civarında iken, 2012 yılında yaklaşık 11 trilyon dolara çıkmıştı.[281] Diğer taraftan dünyanın önde gelen merkez bankaları mali kriz bataklarını kurtarabilmek için 2008-2012 döneminde piyasalara 11 trilyon dolar karşılıksız bastıkları paraları enjekte ettiler.[282]

Sonuç olarak BIS, kendine özgü bir kuruluş olup küresel finans sistemini tek merkezden kontrol eder.[283] Bu merkezde tam manasıyla Tapınak Şövalyeleri'nin "kontrolündedir". Tapınak Şövalyeleri, Hıristiyanlık inancının koruyucuları olarak başlayan, ortaçağ Avrupası'nın "bankacıları" haline gelen ve açgözlü bir Kral'la yardakçısı bir Papa'nın entrikalarına boyun eğmek zorunda kalan Tapınak Şövalyeleri ile Masonlar arasında tarihi ve fikir birliği vardır.[284]

Tapınak Şövalyeleri, Haçlı Seferleri'nin bir ürünüdür. Ve Haçlılar da, yaygın inanışın aksine, kahramanca niyetlerle ya da Hıristiyanlık inancına bağlılığın bir sonu olarak değil, feodal bir zorunluluk olarak yapılmıştır.[285] Diğer taraftan en önemli motivasyon unsuru, Doğu'nun-İslam coğrafyasının ekonomik zenginliği, çil çil altınlara sahip olma hayalidir.

---

280. *The Big Short*, DVD film, 2015.

281. Jon Hilsenrath ve Brian Blackstone, "Inside the risky beths of central banks", *The Wall Street Journal*, 12.12.2012.

282. Jon Hilsenrath ve Brian Blackstone, a.g.m.

283. Michael Snyder, "Who Controls the Money? An Unelected, Unaccounttable Central Bank of The World Secretly Does", *The Economic Callapse*, 05.02.2013.

284. John Lawrence Reynolds, *Gizli Örgütler - Dünyanın En Çok Merak Edilen Gizli Örgütlerinin Perde Arkası*, çev. Şükrü Kanter, Koridor Yayınları, İstanbul, 2007, s. 50.

285. John L. Reynolds, a.g.e., s. 51.

ALTINCI BÖLÜM

A. GÜNÜMÜZDE TAPINAK ŞÖVALYELERİ VE 700 YILLIK SIRRIN TEMELİ AHİT SANDIĞI MI?

Dikkatlice olaylara ve gelişmelere bakarsak günümüzde Tapınak Şövalyeleri Tarikatı mevcudiyetini sürdürüyor, ama doğrudan görünmüyorlar, bilinmek istemiyorlar. Tapınak Şövalyeleri 13 Ekim 1307 hadisesinden büyük ders çıkarmışlardı. Görünmüyorlar ancak günümüzde yaşanan her hadisenin arkasındadırlar. Yeni Dünya Düzeni için Gizli Dünya Hükümeti'nin gizli beyni olarak, şu anda, özellikle 1978 Washington Mutabakatı'ndan bugüne bütün zamanlardan daha güçlüdürler. ABD'nin kuruluşunda başından beri Tapınakçıların etkinliği mevcuttu. *Mayflower Gemisi (1620) 15 Ağustos'ta* ilk kez İngiltere'nin Southampton Limanı'ndan yola çıktığında, bu gemiye "*Speedwell*" *adlı daha küçük* bir gemi eşlik ediyordu. Ancak açık denize çıkamayacağı anlaşılan Speedwell iki defa limana dönmek durumunda kalmıştı. Bir ay sonra tek başına Mayflower Yenidünya'ya doğru yola çıktı.

Mayflower'ın seçkin yolcuları arasında William Bradford ve Kaptan Myles Standish de vardı. London Adventures adlı İngiliz ticaret şirketinin kiraladığı Mayflower kötü hava ve deniz şartları sebebiyle, Virginia'da göçmenlere ayrılan topraklara ulaşamadı. *Mayflower 66 günlük yolculuktan sonra 21 Kasım 1620'de Cod Burnu'na ulaştı.* Yılbaşından bir gün sonra yakınlardaki Plymouth'a 102 kişilik yolcusunu indirdi. Nisan ayında İngiltere'ye dönene kadar bu limanda kaldı. Bu geminin *1957'de*

İngiltere'de yapılan benzeri 53 günde Massachusetts'e ulaşarak Mayflower (Mayısçiçeği) gemisinin tarihi yolculuğunu tekrarladı.

1. On Dört Başkan Çıkaran Mayflower Gemisi

İşte Mayflower Gemisi'yle Yenidünya'ya ayak basan *102 kişiden meydana gelen ailelerden 14 ABD başkanı çıkmıştır.* Bazı araştırmacılar, başkan ve yardımcılarıyla, etkili yerlerde görev yapanların Tapınakçı olduğunu iddia etmektedirler. Ancak bilinen tek *Tapınak Şövalyesi Tarikatı mensubu Başkan Harry S. Truman'dı.* Onun haricinde, ne ABD'de ne de dünyanın bir başka köşesinde *Tapınak Şövalyesi ismi bilinmez, duyulmaz.*

Çünkü Tapınak Şövalyeleri "görünmeyenler", "bilinmeyenler"dir ve bu hususlar onların "temel özellikleri"dir. Ancak bazen önemli olaylarda hiç beklenmedik bir tarzda adları duyuluyordu. İtalya'da patlak veren 1980'li yılların ortalarından itibaren bu ülkeyi mali, siyasi ve Vatikan'ı sarsan hadiselerin arkasında P2 Mason Locası çıkmış ve önemli isimlerin bu locada olduğu görülmüştü.

David Yallop, P2'nin Vatikan ve CIA'in buluşma noktası olduğunu belirtmektedir. Ayrıca Arjantin, Venezuela, Paraguay, Bolivya, Fransa, Portekiz ve Nikaragua'da etkili olduğunu yazmaktadır. Örgütün üyeleri ABD ve İsviçre'de aktifti ve mafya ile ilişkiliydi. 1981'in mart ayında İtalyan polisi P2 Mason Locası'nın büyük üstadı Licio Gelli'nin evini bastığında, örgüte üye pek çok kişinin olduğu listeyi ele geçirmişti. Mesela İtalyan başbakanlarından Gulio Andreotti, "Order of the Temple of Jerusalem"in (Kudüs Mabet Tarikatı) askeri kanadının yöneticisiydi. Bu tarikat Tapınak Şövalyeleri'nin Malta-İtalya ayağıydı.

Öte yandan CIA başkanlarından William Casey ve William Colb de bilinen Tapınak Şövalyeleri Tarikatı mensuplarıydı. Colb, "Ben sadece küçük bir anahtarım" diye ilginç bir açıklama yapmıştı.

ABD'nin Vatikan büyükelçisi William Wilson, ABD eski savunma bakanlarından Alexsander Haig de Tapınak Şövalyeleri Tarikatı üyesiydi. Tapınak Şövalyeleri'nin 1990'ların başındaki lideri Portekizli Kont Antonia de Fontes idi. Anton Zapelli ise Paris'teki teşkilatın lideriydi. Tapınak Şövalyeleri'nin gerçek yöneticileri 1307 felaketinden sonra asla görünmemeyi prensip edinmişlerdir. Görünenler William Colb'in ifadesiyle "sadece küçük bir anahtar"dır.

Tapınak Şövalyeleri'nin pek çok alt birimi vardır. Bunlardan en yaygın olanı Masonluktur. Sadece Masonluğun derecelerine bakmak bile Tapınak Şövalyeleri'nin varlığını göstermeye yeter: Krallık Şövalyesi, Kılıç Şövalyesi, Doğu Şövalyesi, Salipverdi Şövalyesi, Prusya Şövalyesi, İskoçyalı Papaz, Kudüs Tapınağı'nın Hâkim Amiri, Güneş Şövalyesi, Kadoş Şövalyesi, Kartal Şövalyesi, Masonluğun 33 derecesinde yer alan basamaklar. Unutmayalım! *Gerçekler efsaneler içinde kurgulanır. Parayı kontrol eden dünyayı kontrol eder.*

Tapınak Şövalyeleri, 1492'de bütün dünyayı derinden etkileyecek bir değişime sebep oldular. Bir *Tapınak Şövalyesi olan Kristof Kolomb*, 3 Ağustos 1492 tarihinde görünürde Hindistan'a ulaşmak, gerçekte ise Tapınak Şövalyeleri'ne daha güvenli bir yurt bulmak için İspanya'nın Payos Limanı'ndan uzun bir deniz yolculuğuna çıkmış ve *11 Ekim 1492'de Amerika Kıtası'na ulaşmıştı. Kristof Kolomb sadece Tapınak Şövalyesi üstadı değil, aynı zamanda Kabala uzmanı bir denizciydi.* "Kolomb'un gayesi, Kudüs'teki Süleyman Tapınağı'nı yeniden kurmaktı; sürgündeki Tapınakçıların büyük üstadıydı çünkü. Bilindiği gibi bir *Portekiz Yahudisi*, dolayısıyla da Kabala uzmanıydı; *tılsımlara başvurarak fırtınaları dindirdi, iskorbüt* illetiyle başa çıkabildi."[286]

1492 yılı aynı zamanda Endülüs İslam Devleti'nin Granada-Badol Tepesi'nde feci bir akıbetle son bulduğu, Yahudilerin "Korkunç

286. Umberto Eco, *Foucault Sarkacı*, çev. Şadan Karadeniz, Can Yayınları, 7. baskı, İstanbul, 2003, s. 263.

Isabella" adını taktığı Portekiz-İspanya kraliçesinin Yahudileri İspanya'dan kovduğu yıldır. İspanya'dan ayrılan Yahudiler, Osmanlı topraklarına, Hollanda'ya ve Kristof Kolomb'un Amerika'yı keşfinden sonra "Yeni Kudüs" olan yeni kıtaya, başta New England denilen bölge olmak üzere dağıldılar.

Kolomb'un Amerika'yı keşfettiği yolculukta, Tapınak Şövalyeleri, Yahudiler, Kabalacılar da vardı. Dolayısıyla *ABD topraklarına ilk adım atan Tapınak Şövalyeleri oldu.* Daha sonrası Katolik Kilisesi'nin baskısından kaçan insanlarla Amerika Kıtası hızla dolmaya başladı ve *1620 yılında 102 kişilik "kurucu babalar"ı* taşıyan Mayflower *Gemisi ABD'nin Plymouth Limanı'na demirlemesiyle yeni bir dönem başladı.*

2. "Belirlenmiş Kader" ve "Yeni Kudüs" ABD

"Belirlenmiş Kader" inancı gereğince "Yeni Kudüs" Eski Kudüs dünya nizamını ele alıncaya kadar kurulacaktı. Tapınak Şövalyeleri iş başındaydı. Böylelikle Kabalizm'in bir kehaneti de gerçekleştiriliyordu. Süleyman Tapınağı'nın üçüncü kez yeniden inşa edilmesi için Yahudilerin, MS 138'den itibaren dünyanın dört bir bucağına dağılmış olmaları gerekiyordu. Bütün bunlar adeta kehanetleri doğruluyordu.

Tapınak Şövalyeleri'nin Kudüs'ten Avrupa'ya taşıdığı Kabalacılık –ki bu hususta meraklı olan okuyucularımız, İtalyan düşünür Umberto Eco'nun *Foucault Sarkacı* kitabını mutlaka okumalıdır– Avrupa'yı kasıp kavuruyor, Kilise'nin dogmatizmine bir başkaldırı niteliği taşıyordu. 1492'de Endülüs İslam Devleti'nin yıkılmasıyla İspanya-Portekiz coğrafyasındaki Kabalacı hahamlar Hollanda-Almanya ve İngiltere'ye gittiler. *1523'te Evanjelist Martin Luther* daha sonra Protestanlık mezhebi olarak *Hıristiyanlığı karpuz gibi ikiye bölecek "Siyonist Hıristiyanlık" dinini başlattı.* Artık Katoliklerin "İsa'nın katili" diye tanımladıkları Yahudilerin yerini "Yahudiler iyi çocuklardır" almıştı. Bu salgının *felsefi adına hümanizm* deniliyordu. Rönesans ve reform devrimlerini besleyen hümanizm, Avrupalı Kabalist entelektüellerin, eski Roma ve Yunan kaynaklarından aldıkları, dine, yani Katolik Hıristiyanlığa dayalı dünya düşüncesine karşı çıkma hareketiydi. Bu hareket sonsuza kadar hem Avrupa'yı hem dünyayı değiştirdi. O zamana kadar "Hıristiyanya" adıyla anılan Avrupa Kıtası'nda hızla bir Katolik Hıristiyanlıktan kopuş başladı. Neticede iki husus tezahür etti:

- Sekülerizm
- Kapitalizm

Bu iki tezahür *"Aydınlanma Çağı"nın altyapısını hazırladı.* "İnsancıllık" ekseninde, hümanizm akımı Paganizm ve Kabala'nın etkisindeydi. Zira Tapınak Şövalyeleri'nin kitlelere gösterdiği yeni yüzüydü. Hümanizm hareketinin gayesi, Tapınak Şövalyeleri'nin gerçek maksadına hizmet ediyordu. Katolik Kilisesi'ne yönelik karşı hareketler hümanizmle birlikte çığ gibi büyümeye başladı.

Tapınak Şövalyeleri 13 Ekim 1307 "Kara Cuma"nın rövanşını Katolik Kilisesi'nden ve Avrupa halklarından çok ustaca alıyorlardı. Pagan-Kabala temelli hümanizm ile Avrupa'yı silkeleyen Tapınak Şövalyeleri, *16. yüzyılda yeni bir gizli örgüt kurdular: Gül-Haçlar.*

3. Tapınak Şövalyeleri'nin "Aydınlanma Çağı" ve Gül-Haç Tarikatı

Gül-Haçlar tam manasıyla elitler/seçkinler kulübüydü. "Eski ve köhne otoritelere" karşı çıkmak, "pozitif bilimi kendilerine rehber edinen yeni bir çağ başlatmak" "Gül-Haçlar"ın temel prensibiydi. Nitekim adına Batı medeniyeti denilen bu "imansız akıl" bugün dahil, 500 yıldır dünyanın anasını ağlatıyor. Müslümanlar ise asgari 500 yıldır "akılsız iman" ile Yüce Kuran'ın ilk ayeti olan "Oku"yu anlayamadığı için 700 ayetteki "aklı kullanmayı" da akıl edemiyor. Geçelim! *Gül-Haçlar, Martin Luther ve Calvin sayesinde* Katolik Kilisesi'ne karşı Protestanlaşmayı başlattılar ve *Avrupa'nın gidişatını değiştirdiler.*

"*Gül-Haçları kuran Christian Rosencreutz,* tabii olarak bir Tapınak Şövalyesi Tarikatı mensubu ve Kabala uzmanıydı. Kendisinin *olağanüstü başarılı bir 'büyü üstadı' olduğu* kabul edilmektedir. İlk Doğu gezisini daha 15 yaşındayken Kudüs ve çevresine yaptı. Üç sene sonra Fas'ın Fez şehrine gitti ve oradaki bir kısım mistiklerle bağlantıya geçti. Buradan İspanya'ya geçerek Kabalistlerle ilişki kurdu. Zaman içinde kendisine bağlılık gösteren yardımcılar toplandı. Bunlar *Gül-Haç Cemiyeti'nin çekirdeğini oluşturdu.*"[287] Gül-Haçların iki manifestosundan *Fama Confessio* 1614'te, Johann Valentin Andreae'nin *Christian Rosencretz'un Simyasal Düğünü* eseri 1616'da kaleme alınmıştı. Her iki manifesto da, 1614 ile 1616 yılları arasında Almanya'da ortaya çıkmıştı.

Umberto Eco'ya göre, ele aldıkları konuların ötesinde, asıl muhataplarına seslenen ve bir ızgaranın üstüne konularak okuma bilen şifreli mesaj gibiydi. Gül-Haç Cemiyeti de Tapınak Şövalyeleri'nin mesajını ortaya çıkarmak için oluşturulan paravan bir örgüttür. Bu *gizli güç cemiyetine girmenin yolu simya ve Kabala ile uğraşmaktan geçiyordu.* Bu dönem Avrupa'da simya ve Kabala dönemi olarak tarihteki yerini aldı. *Gül-Haçlar, 1623 yılında, Paris'te ortaya çıkarak,* Marais'te toplandılar. *Marais, Tapınak Şövalyeleri'nin tapınağının bulunduğu kesimin adıydı.* Sonuçta 1789 yılına gelindiğinde Fransız İhtilali ve kralın devrilmesi, Tapınak Şövalyeleri'nin uzun bir mücadele döneminin, sonunda intikam alınış anıydı.

Fransız Kralı'nın Jaques de Molay'ı yaktırmasının intikamını, krallığı yıkarak ve bir kralın kellesini giyotinle keserek almışlardı.

287. Lewis Spence, *The Encyclopedia of the Occult*, s. 340.

Dahası Katolik Hıristiyanlığa karşı çıkarılan Protestanlık "30 Yıl Savaşları" adı verilen *bir mezhep savaşını da ateşlemişti (1618-1648).* Bu mezhep savaşının sonunda Avrupa nüfusunun üçte biri katledilmişti. Protestanlığa geçen Almanya, İspanya, Fransa ve İsveç başta olmak üzere Katoliklerin saldırısına uğramış, *24 milyonluk Almanya 4 milyona inmişti.*

Batı bu oyunu, 1978 yılında Fransa'nın başkenti Paris'te Şanzelize Bulvarı'nın arkasında yıllardır ikamet etmekte olan Molla Humeyni'yi Fransız Havayolları uçağı ile Tahran'a indirdiğinde İslam dünyası için devreye soktu. İran ve Irak 10 yıl kanlı bir savaşı "İslam" adına yaptılar. Sonrası ise DEAŞ/IŞİD'e kadar geldi dayandı ve Türk Ordusu 25 Ağustos 2016'da Cereblus-Suriye'ye girmek mecburiyetinde kaldı.

Katolik Kilisesi'nin yüzyıllardır devam eden dogmatik-despotik doktrinlerini değiştiren Martin Luther, Johannes Reuchlin ve Desiderius Erasmus gibi dönemin en etkili hümanistlerinden ilham almıştı. Her ikisi de Kabalacı olan bu hümanistlerden "Erasmus Programı" günümüzde Avrupa üniversiteleri tarafından yürütülmektedir.

Martin Luther 1523'te *İsa Mesih Yahudi Olarak Doğdu* kitabını yazmış ve başlangıç olarak "vaat edilmiş topraklar" ve "seçilmiş halk" duygularına sahip çıkarak Evanjelizm'e/Siyonist Hıristiyanlığa kapıyı aralamıştı. O günden "Arap Baharı"na ve Suriye'deki içsavaşa... Armagedon'a ustaca yol açılıyor.

4. Protestancılık - Kalvinizm - Püritenler ya da "Tanrı'yı Kıyamete Zorlayan" Evanjelistler

1600'lü yılların başında, İngiltere'de yeni bir mezhep daha ortaya çıktı: *Püritenler.* Calvinist William Tyndale tarafından kurulan bu mezhep *Protestanlıktan daha radikal daha "İbrani"ci bir yol tutturmuştu.* Sadece *Katolik Kilisesi*'ne değil *Anglikan Kilisesi'ne de savaş açan Püritenlik* tam anlamıyla, Kabala'nın etkisiyle Eski Ahit'e, yönelme harekâtıydı. Yahudiler Kral Davud soyundan bir Mesih beklerken Püritenler *bu Mesih'in İsa olduğuna inanıyorlardı.* Bunlar İngiltere'de "*Judaizers*" yani *Yahudiciler* olarak tanımlanıyorlardı. Günümüzde ise Siyonist Hıristiyanlar olarak tanımlanmaktadırlar.

Püritenler devlet ve kilise hakkında çok sert tenkitleri dile getirince, İngiliz Kralı'nın baskısıyla 1620 yılında iki Püriten topluluk İngiltere'den ayrıldı. Bir kısmı Hollanda-Amsterdam'a, bir kısmı da ABD'nin New England-Yeni Kudüs denilen Boston ve civarına göç ettiler. İngiltere'de kalanlar Kral ile mücadele etmek için "New Model Army" (Yeni Model Ordu) adında bir birlik kurdular ve *1640'lı yıllarda Kral'ın ordusuyla baş edecek bir güce ulaştılar.*

Başlarında *Oliver Cromwell* isimli genç bir subay vardı. Cromwell'in *Püriten ordusu 1649 yılında Kral I. Charles'ı devirdi ve bir Püriten Cumhuriyeti kuruldu.* 1292'de Kral I. Edward'ın "İngiliz halkını tefecilikle soydukları ve sahte para bastıkları için" İngiltere'den sürgün ettiği Yahudiler, *Cromwell dönemi ile birlikte 1655 yılında İngiltere'ye dönüş yaptılar.*

ABD'nin Boston ve çevresine yerleşen Püritenler, ABD'nin ilk önemli yerleşim birimini oluştururken meşhur *Kızılderili katliamlarını* gerçekleştirdiler. ABD'nin Yahudi asıllı muhalif seslerinden *Noam Chomsky Püriten katliamları* ile alakalı şunları söylüyor:

"New England'daki ilk büyük soykırım hareketlerinden biri 1637'de 'Pequot Kızılderilileri'nin yok edilmesiydi. Sömürgeci Püritenlerin, uyguladıkları bu vahşeti göklere çıkaran resmi açıklamaları ise şöyleydi: 'Yeryüzü cennetinde Tanrı'nın istemediği bu Pequot yerlileri temizlendi. Öyle ki şükürler olsun, artık Pequot ismi taşıyan kimse kalmadı.' Kızılderilileri vahşi köpeklerle avlıyor, kadınlarını ve çocuklarını katlediyor, ekinlerini yağmalıyorlardı.

Bir de Kızılderililere battaniye satıyorlardı. Ama üzerine *çiçek hastalığı mikrobu enjekte edilmiş olan* battaniyeler!"[288]

1307'den itibaren pek azı yok edilen ve çoğunluğu yeraltına çekilen Tapınak Şövalyeleri, üç yüz yıl sonra ABD ve Kuzey ve Batı Avrupa ülkelerinin geleceğini şekillendiren bir güce ulaşmışlardı. Adeta "gizli ve görünmeyen bir el" dünyanın ekonomik-siyasi-dini yönetimini ele geçirmişti.

17. ve 18. yüzyıllarda Tapınak Şövalyeleri'nin kontrolünde olan Masonluk hümanizm, simyacılık, Gül-Haçlar, Protestanlık, Yahudilik, Kabalacılık, Püritenlik, Reformculuk, Aydınlanmacılık, Fransız İhtilali, İlluminati, kapitalizm, sosyalizm gibi muhtelif adlarla oluşturulan akımlar ve hareketlerle yeryüzünü kontrol altına almışlardı... Elbette 13. yüzyıldan itibaren bir kısım İslami tarikatlar da kontrolleri altındaydı.

Christians Awake Newsletter, Alabama (Hıristiyanlar Uyanıyor Gazetesi, Alabama) 1983 yılında şöyle bir başlık atmıştı:

"Tanrı'nın dünya üzerindeki krallığı para ve servet tekeli olan, küresel bir süper devlet olacak."

İşte bu yapılanma Tapınak Şövalyeleri'nin görünmeyen imparatorluğudur. Bu yapılanmanın karşısında olan İslam dini, Türkiye ve Türkler bu sapkın düşünceye engel görülen yegâne güçtür. Hiçbir ahlaki değeri olmayan bu küresel imparatorluğun hayat tarzına, siyasetine ve ekonomik modeline İslam dini engel olarak görülmekte olup esasen de engeldir. Bu sebepten Hz. Peygamber'e en iğrenç yöntemlerle saldırmalar, karikatürler, dil uzatmalar, "Savaş dinini getirdi" diye algı operasyonları yapmalar... İslam'ı Hz. Peygamber'siz hale getirme gayretleri, gerek içeriden bir kısım İslami tarikat ve cemaatler eliyle, gerek dışarıdan senkretik/bağdaştırılmış "bir küresel din" oluşturma gayretleri...

İslam dininin gerçek koruyucusunun da Türkler olduğunu biliyorlar. Bu Türkler İslam'la şereflendikten sonra "çok olmuşlar"dı.

288. Noam Chomsky, *Yıl 501: İşgal Hâlâ Sürüyor.*

İslam'ı yok etmenin yolu da Hz. Muhammed'i (s.a.v.) kötüleyerek İslamofobi, Türkleri veya Türk kelimesini yok etmeye yönelik Türkofobi ile yürütülmektedir.

Fiziki manada medeniyetleri yok edemeyecekleri için temel karakteristik değerleri, algı operasyonları başta olmak üzere *"sessiz silahlar" ile ruhsal ve ekonomik bozukluk meydana getirerek, kaoslar oluşturarak* Türk milletinin sağlam yapısı yok edip karşılarındaki yegâne engel, "İslam'ın kalemi ve kılıcı"nı ortadan kaldırmak için bütün güçleriyle yükleniyorlar.

Bir tarafta "radikal İslamcı/siyasal İslamcı" menşei belli terör örgütleri, diğer tarafta "Yeni Çağ tarikatları" (New Age) adı verilen tamamen Kabala öğretilerine dayalı İslami tarikat ve cemaatler ile genç beyinleri mankurtlaştırma operasyonları.

Bir hususa dikkat çekmek istiyorum. Tarihi gelişim süreci içinde, dünyanın muhtelif bölgelerinde Keltler, Batıniler (Ezoterikler), Şamanlar, Rahipler vs. gibi isimler altında çeşitli ruhani akımlar, tarikatlar, cemiyetler, gelenekler ortaya çıktı. İlk bakışta birbirlerinden çok farklı anlayışları, görünüşleri, gelenek ve ritüelleri olsa da, hepsinin de gayesi "rüzgârları emirleri altına alan", "kuşlara ve hayvanlara hükmeden", "basit metalleri altına çeviren", hasılı bütün dünyaya ve evrene hükmetmenin sırlarına sahip olmak, bir başka söyleyişle yeryüzünde kendilerine ait bir "Tanrı İmparatorluğu"nu kurmaktır.

İçinde yaşanılan şartlara göre dönemler nasıl bir gelişme gösterirse göstersin, bu gaye her daim nesilden nesile aktarıldı.

5. "İlmi Ledün", "İlmi Simya", "İlmi Cifir"

Bu hedefe kilitlenmiş ve tarihi geçmişi olan ezoterik/Batıni-okült *tarikat ve cemaatlerin üç temel noktası* olup her biri kendi meşrebine göre içini doldurmaktadır. Bunlar, "İlmi Ledün" yani Vahiy iddiaları ki iş "Allah ile konuştum", "Peygamber bana dedi ki"ye kadar varır. "İlmi Simya" maddenin yapısında değişiklik, kısaca tarih boyunca bir çeşit büyücülük ki basit metalleri altına çevirme, "Filozof Taşı-Felsefe Taşı" da denilen bir arayışın genel adı.

Üçüncüsü ise "İlmi Cifir" adı verilen ve dinimiz İslam'a da sokuşturulan ebcet-cifir hesaplarıdır. Tamamen Kabala ve İsrailiyat olup temeli Pisagor, nümeroloji olup İbrani alfabesinin harflerine rakamsal değerler vererek bir kısım geçmiş-gelecek yorumlarıdır. Arap alfabesindeki harflere de aynen İbrani alfabesinin rakamsal değeri aktarılmıştır. Bir nevi büyücülük oyunu.

Yahudilerin en büyük hükümdarı olan Hz. Süleyman, dünyanın en güçlü hükümdarı olarak kırk yıl saltanat sürmüştü. Mülk ve kudretin sembolü olan Hz. Süleyman'ın öldüğünü, onun emrindeki cinler, şeytanlar "geleceği bildiklerini" iddia edenler ve "kâhin" diye anılanlar anlayamamışlardı.

Çünkü Hz. Süleyman öldüğü halde tahtında günlerce asasına dayanarak durmuştu. Hz. Süleyman'ın öldüğünü anlayamayan *cinler ve şeytanlar, ağır ve zorlu işlerde çalışmayı sürdürdüler*. Nihayet, bir ağaç kurdu Hz. Süleyman'ın asasını kemirip bitirdi, o zaman Hz. Süleyman'ın yere yıkılmasıyla öldüğü anlaşılabildi.

Yüce *Kuran'da bir ayette* şöyle der:

"Eceli gelip de Süleyman'ın ölümüne hükmettiğimizde, asasını kemirmekte olan bir ağaç kurdu onun ölümünü onlara fark ettirdi. Süleyman yere düşünce cinler anladılar ki, eğer kendileri gaybı – geleceği– bilselerdi o meşakkatli işe devam edip durmazlardı."[289]

Hz. Süleyman öldükten sonra yerine oğlu geçti. Ancak onun saltanatını sadece Yahuda ve Bünyamin neslinden gelenler kabul etti. Geriye kalan 10 Yahudi kabilesi, onun saltanatını tanımadılar ve Efraim soyundan gelen birini kendilerine hükümdar seçtiler. Böylelikle *iki devlete ayrılan İsrailoğulları'nın* birinci devleti "Yahuda", diğeri ise "İsrail" adını aldı.

Yahuda'nın başkenti Kudüs ve hükümdarları da Süleyman'ın neslinden gelen hükümdarlar şeklinde devam edip gitti.

289. Sebe Suresi, 14. ayet.

İsrailoğulları'nın Ahit Sandığı, Süleyman Mabedi gibi kutsalları Kudüs'te bulunduğu için Yahuda devleti daha meşru ve itibarlı oldu.

Diğer Yahudi devleti "İsrail" ise zamanla putperestliğe dönüştü, "sır"daş ayinlere yöneldi. *Baal putuna tapınarak* Hz. Musa'nın dininin esaslarını bir kenara bıraktılar. Yıllar geçtikçe, Hz. Süleyman'ın ihtişam dolu devrini bir rüya, bir ütopya, bir ülkü-ideal gören ve o dönemi yeniden canlandırmak, dünya hükümdarlığı kurmak için çalışan akımlar ortaya çıktı.

MÖ 586'da Babil Kralı Nebukadnezar tarafından yerle bir edilen Süleyman Tapınağı[290] MÖ 515'te yeniden inşa edilmişti. Tarih MS 70 yılını gösterdiğinde Romalı Titus Yahudileri yenmiş ve Kudüs'ü işgal etmişti. Bu tarihten itibaren MS 90'lı yıllardan 138'e değin Yahudiler için günümüzde sıkça kullanılan Diaspora/Diyaspora dönemi giderek hızlanmıştı. Yani Yahudiler, Mısır ve Babil Sürgünü'nden sonra üçüncü kez sürgün edilmişlerdi. Yüzyıllarca İsrail dışındaki topraklarda hayatta kalma dönemi, eskiye özlem, Süleyman Tapınağı'nı üçüncü kez inşa etmek, bir gün yeniden "Tanrı İmparatorluğu" dedikleri dünya imparatorluğu inşa etmek ideali, bir dini inanca dönüştü.

Hz. Süleyman devrinde, onun emrinde olan cinlerin ve şeytanın, onlardan esinlenen kâhinlerin-kâhin hahamların görüşleri, büyü ritüelleri –ki bu hususta Babil Sürgünü döneminde–[291] sırdaş gizli örgütlerin, toplulukların ama özellikle Filistin'den sürülen Yahudilerin uğraşı alanı oldu. Ezra'nın Babil Tevrat'ı ve Endülüslü İbn Meymun'un Babil Tevratı'nı Mesih'i tefsiri ve İspanya-Portekiz topraklarında yani Endülüs İslam Devleti'nde (711-1492) yaşayan hahamların Kabalacılığı iyice ileri safhalara taşıması hadiselerin içine Hıristiyanlığı, Tapınak Şövalyeleri'ni de çoktan sokmuştu.

Kelime anlamı "gelenek" olan Kabalacılıkta, gizli ilimler, şifreli bilgiler çözülerek, Hz. Süleyman döneminin ihtişamını yakalama

---

290. Ramazan Kurtoğlu, *Evanjelizm - Tanrı'yı Kıyamete Zorlamak*, Destek Yayınevi, İstanbul, 2017.

291. Bkz. Eski Ahid, Daniel Bölümü.

özlemleri için çok yoğun ve ciddi gayretler sarf ediliyordu. Yahudiler her gittikleri Hıristiyan ülkelerinde "İsa'nın katilleri" diye horlanıyorlardı. Halbuki onlar "Tanrı'nın seçilmiş ırkı" idi. Bu ikilem onlarda muazzam bir travmaya sebep olmanın ötesinde bütün insanlardan intikam alma dürtüsünü de besliyordu.

Yahudiler kendilerine Hz. Davud ve Hz. Süleyman döneminden aktarılan gizli bilgiler-ilimler sayesinde, diğer insanlara-milletlere hâkim olma, dünyaya hükmetme gibi idealler ve gayretlere sürüklenmişti.

Hz. Süleyman'ı bir müddet tahtından edenlerin bilgileri, görüşleri, büyü ritüelleri, efsunları, Mason Hiram Usta'nın locaları vasıtasıyla ve elbette hahamların sözlü Kabala-Talmud gelenekleriyle nesilden nesile aktarılarak her devirde varlığını sürdürmüştü. Çünkü onlar bu sebeple Hz. Süleyman'ın o gizli bilgiler, büyüler sayesinde o muhteşem ihtişamı elde ettiğine inanıyorlar. İslam'a "İlmi Ledün", "İlmi Simya", "İlmi Cifir" adıyla sokulan ve adına "İsrailiyat" denilen gizli bilimlerle uğraşmaları ve büyüye dayalı ayinlerle ibadet etmeleri, bir nevi trans haline geçmeleri tarihin her döneminde sürdü ve sürmektedir.

Yüce Kuran'da, *Yahudilerin Babil Sürgünü döneminde büyü ilimlerini öğrendikleri* ifade edilir. Fakat yine Kuran-ı Kerim'e göre Yahudiler bu ilmi rahmani değil, *şeytani işler için* kullanmışlardır. *Babil, Kabala'nın sistematik şekilde çıkış yeridir.* Kabala'nın ilk yazımı 70 yıllık Babil Sürgünü döneminde Babil'de yaşayan "Simoen ben Yahoi" tarafından gerçekleştirilmiştir. Kuran-ı Kerim, Bakara Suresi'nden bir ayette şöyle demektedir:

"Ve onlar, Süleyman'ın mülkü hakkında şeytanların anlattıklarına uydular. Süleyman inkâr etmedi; ancak şeytanlar inkâr etti. Onlar, insanlara sihri ve *Babil'deki iki meleğe Harut'a ve Marut'a indirileni öğretiyorlardı.* Oysa o ikisi, 'Biz yalnızca bir fitneyiz, sakın inkâr etme' demedikçe hiç kimseye bir şey öğretmezlerdi. Fakat onlardan erkekle karısının arasını açan şeyi öğreniyorlardı. Oysa onunla Allah'ın izni olmadıkça hiç kimseye zarar veremezlerdi.

Buna rağmen kendilerine zarar verecek ve yarar sağlamayacak şeyleri öğreniyorlardı. Ant olsun onlar, bunu satın alanın, ahiretten hiçbir payı olmadığını bilirler; kendi nefisleri karşılığında sattıkları şey ne kötü; bir bilselerdi."[292]

Hz. Süleyman'ın dünya hükümdarlığı tarihi süreç içinde dünyayı ele geçirme düşüncesinin temelini oluşturdu. Üstelik *Süleyman'ın bu imparatorluğu "gizli ilimleri" sayesinde gerçekleştirdiği inancını* taşıyorlardı. Tarih boyunca nesilden nesile aktarılan bu idealler, yeryüzündeki ezoterik/Batıni-okült gizli teşkilatlara "ilahi kaynaklık" etmekteydi. Avrupa'da, ortaçağ döneminde İbranice öğrenmek, İbraniceden gizli manalar çıkarma gayretinde bulunmak, Kabalacılık tam anlamıyla salgın bir histeriye dönüşmüştü.[293] Bu işlerle uğraşanların "ilahi ve dünyevi" hedeflerinin iki sembol ismi var. Her ikisi de İbrani peygamberi.

"İlahi anlamda" Kral Davud soyundan yani Hz. Davud soyundan "Kurtarıcı Mesih" olmadığı takdirde yeryüzüne ikinci, üçüncü kez geleceği pompalanan -algı operasyonu yürütülen- İsa Mesih ile yetinmek. Dünyevi saltanat-hegemonya yani "Süleyman saltanatı" tesis etmek için gizli ilimlere sahip olarak "dünyevi ve göksel" akımlara hükmetmek. Süleyman Tapınağı'nı üçüncü kez yeniden inşa etmek, Ahit Sandığı'na ulaşmak, Kudüs'ü "Tanrı İmparatorluğu"nun başkenti olarak korumak, orada gizli kaldığına inandıkları bilgileri elde etmek.

6. Tapınak Şövalyeleri, Süleyman Tapınağı, Ahit Sandığı

Süleyman Tapınağı ve *Ahit Sandığı* Tapınak Şövalyeleri liderliğindeki bütün ezoterik/Batıni-okült cemiyetlerin *somut sembolüdür*. Doğu'daki medeniyetin daha ileride olması, Doğu'nun

292. Bakara Suresi, 102. ayet.

293. Umberto Eco, *Foucault Sarkacı*, çev. Şadan Karadeniz, Can Yayınları, İstanbul, 7. baskı, 2003.

zenginliği, Kudüs'ün Süleyman Tapınağı'nın bulunduğu yer olması, Hz. İsa'nın o bölgeden olması, İslam Peygamberi Hz. Muhammed'in miraca yükseldiği yerin Kudüs olması, iki İslam mabedi Mescidi Aksa ve Kubbet-üs Sahra camilerinin Süleyman Tapınağı'nın yerinde olması... En nihayetinde bu bölgenin Müslümanların kontrolünde olması...

Müslümanların Halifesi Harun Reşit, Kral Şarlman'a çalar saat göndermişti. Daha sonra da Hz. İsa'nın kabrinin bulunduğu Kamame Kilisesi'nin anahtarını gönderince, bazıları Druid, bazıları Pagan ya da başka inanç sahibi olan ama Hıristiyan rahibi görünen kişiler "İsa'nın kabri Müslümanlardan kurtarılmalı" velvelesini kopardılar. Bu algı operasyonu Hıristiyan dünyasını ayağa kaldırdı.

Zaten Hıristiyanlar birbirleri ile savaşmaktan helak olmuşlardı. Kilise ve krallar da bu düşünceye katılınca, Müslümanlar üzerine Haçlı Seferleri düzenlendi. Hıristiyan devletlerinin Haçlı Ordusu, İslam dünyasına, Kudüs'e geliyordu. Onlarla beraber gelen bir organize, küçük ama ne istediğini bilen bir güç odağı daha vardı: Tapınak Şövalyeleri Tarikatı.

Esasen Haçlı Seferleri'nin esas gayesi, Tapınak Şövalyeleri'nin Kudüs'e, Süleyman Tapınağı'na getirilmesiydi ve elbette Ahit Sandığı'nı bulacaklardı. Yahudilerin Samuel Peygamber dedikleri Hz. İsmail son hâkimdi. Hâkimler devrinde İsrailoğulları'nın güçlü hükümdarları olmadı.

Savaşlarda tek manevi dayanakları *Hz. Musa'dan kendilerine emanet kalan "Ahit Sandığı"* idi. Savaşlarda "Kutsal Tabut" da denilen bu sandığı en önde taşıyorlar ve ondan manevi bir güç alıyorlardı. Ahit Sandığı'nda Allah'ın Hz. Musa'ya gönderdiği emirleri, Hz. Musa ve Hz. Harun'un emanetleri vardı.

Hz. İsmail/Samuel döneminde, komşuları Amalika kavminin Callut adında güçlü bir hükümdarları vardı. İsrailoğulları'nı bozguna uğratarak onların topraklarına el koydu, pek çok "İsrailoğlu"nu esir aldı. En önemlisi de *Ahit Sandığı'nı aldı ve başkentine götürdü.*

İsrailoğulları Ahit Sandığı'nı düşmanlarına kaptırınca Hz. İsmail'den güçlü bir kumandan seçmesini istediler. Hz. İsmail İsrailoğulları'na şöyle dedi:

"Savaşmanız gerektiğinde savaşmayacağınızdan endişeliyim."

İsrailoğulları savaşacakları yönünde söz verince Hz. İsmail/Samuel, "Talut"u İsrailoğulları'nın başına hükümdar seçtiğini söyledi... İsrailoğulları itiraz ettiler. Zira Talut soylu bir kökenden gelmiyordu. Hükümdarın kendi soyları olan Yehuda'lardan olması, peygamberlerin ise Lava soyundan olması gerektiğini söylüyorlardı. Talut ise reayadan/halk tabakası olan Bünyamin oğullarından geliyordu.

Samuel, Talut'un Allah tarafından seçildiğini ve itaat edilmesi gerektiğini söyledi. "Muhakkak ki, onu sizin üzerinize Allah seçti ve onu ilim ve kuvvet bakımından sizden güçlü kıldı. Allah mülkü dilediğine verir. Allah lütfu bol olan ve her şeyi bilendir."[294] "Talut'un kumandanlığına alamet, kaybettiğiniz sandığı size getirmesidir. O sandıkta Rabb'inizden size manevi bir kuvvet ile Musa ve Harun ailelerinden hatıralar vardır. Melekler onu yüklenip getireceklerdir. Eğer inanıyorsanız, şüphesiz bunlardan sizin için bir delil vardır."[295]

Talut İsrailoğulları'na hükümdar olunca, Amelika kavminde garip hususlar peyda olmaya başladı. Onlar *Ahit Sandığı'nın yanına gidip defi hacet ediyorlardı* (pisliyorlardı). Ancak Talut hükümdar olunca Ahit Sandığı'na pisleyenler, *hemen ölümcül bir hastalığa yakalanıp* ölüyorlardı. Hastalık ve ölümlerin Ahit Sandığı yüzünden olduğu anlaşılınca, kutsal sandığı bir öküz arabasına yükleyip salıverdiler. Öküzler Ahit Sandığı'nı Talut'un evinin önüne getirdiler. Bu hadiseden sonra İsrailoğulları Talut'un hükümdarlığını kabul etmek zorunda kaldılar.

Talut hemen bir ordu hazırladı ve harekete geçmeden önce askerlere şöyle seslendi:

---

294. Bakara Suresi, 247. ayet.
295. Bakara Suresi, 248. ayet.

"Allah sizi bir nehirle imtihan edecek. Kim o nehrin suyundan içerse benden değildir. Kim ondan içmezse şüphesiz o bendendir. Ancak bir avuç kadar içmenin zararı yoktur."[296] Talut'un İsrailoğulları'ndan oluşan ordusu nehre gelince, onun sözünü dinlemeyerek kana kana su içtiler. Talut sözünü dinleyen pek az kişiyle nehri geçti ve Amelika kavminin Calut komutasındaki kalabalık ordusu ile karşı karşıya geldi. Düşmanın ordusu karşısında çok güçsüzdüler. Allah'a yalvarmaya başladılar.

Calut ve Talut'un ordusu bir dağ/tepe üzerindeydi. Aralarında bir vadi vardı. Haftalar geçti, iki ordu birbirine saldırmaya cesaret edememişti. Bunun üzerine Calut, 40 gün boyunca vadinin ortasına gelip İsrailoğulları'na içlerinden birini seçip kendisi ile dövüşmesini istedi. Yenilen öbür tarafın kölesi olacaktı.

Talut (Şavel) ve askerleri korktular. Talut, Calut'u öldürene büyük bir servet ve kızını vereceğini ilan etti. Babası tarafından Talut'un ordusuna katılan üç kardeşinin durumunu haber vermesi için gönderilen Davud, Calut meydan okumasını duyunca, onunla dövüşmek için Talut'tan izin aldı. Davud, elindeki sapanından bir taşı Calut'un alnına attı. Calut kıvranırken hemen üzerine atlayıp kılıcıyla başını kesti. Talut'un ordusu Calut'un ordusunu kovalayarak çoğunu öldürdüler.

Calut'u öldüren Hz. Davud, Talut'un kızıyla evlendi. Talut ölünce hükümdar oldu. Böylece *peygamberlik ile hükümdarlığı şahsında birleştiren "ilk peygamber" Hz. Davud oldu.* İsrailoğulları'nın 12 soyu da onun hükümdarlığını kabul etti. Hz. Davud veya Kral Davud hemen bir ordu kurdu ve bütün Kenan illerini topraklarına dahil etti. Kudüs'ü başkent yaptı. Ayrıca Amman, Halep, Nusaybin ve Ermenistan'ı zapt etti. *Hz. Davud'a Ramazan ayı içerisinde İbrani dilinde Zebur* adını taşıyan ilahi bir kitap nazil oldu. Allah, bu kitapta nasihatler, kıssalar, *tespih ve zikirler* vahyetmişti.

296. Bakara Suresi, 249. ayet.

Hz. Davud'un çok güzel bir sesi vardı ve Zebur'u okuyunca bütün dağlar taşlar dile gelip Allah'ı zikrediyorlardı. Kuşlar ve ağaçlar da Hz. Davud'un zikirlerine katılıyordu. "Biz dağları onun emrine verdik ki, akşam sabah onunla birlikte tespih eder, kuşlar da onun etrafında toplanırdı. Onların hepsi de Davud'a boyun eğmişti."[297] Başlangıçta bir kayalık olan Mescidi Aksa'nın yerini satın alıp duvarlarını yükselten Hz. Davud idi. Duvarları yıkılınca oğlu Hz. Süleyman'a mescidi tamamlamayı vasiyet etti. *Hz. Süleyman Mescidi Aksa'yı inşa ettirdi.* İnsanlardan ve cinlerden çok sayıda sanatkâr ve işçileri bu inşaatta çalıştırdı.

Hz. Davud'un 19 oğlu vardı. Ama *Hz. Süleyman daha 11 yaşındayken* Hz. Davud'un çözemediği hukuki bir meseleyi, adaletli ve mantıklı bir şekilde çözmüştü. Bu sebeple Hz. Davud ölümünden sonra yerini almasını vasiyet etmişti. Hz. Süleyman, babası Hz. Davud öldüğünde 12 yaşındaydı. Hz. Süleyman'ın emri altındaki cinler ve şeytanlar arasında, gerçekte Hz. Süleyman'ı peygamber görmemelerine rağmen kabul etmiş gibi görünen ve kendi ideallerini gerçekleştirmek isteyenler vardı. Çünkü İsrailoğulları'ndan bazı insanları etkilemişler ve onlara kendi ilimlerinden, büyülerinden öğretmişlerdi. Bu kişiler son derece kurnaz ve gizli ilimlere sahip bir yeraltı teşkilatına dönüştüler. Gelecekte olacak olaylar hakkında "göklerden duyduklarıyla" bilgi sahibi oluyorlar ve kendilerine yakın insanlara aktarıyorlardı. Bu neviden bilgiler kulaktan kulağa duyulunca, diğer pek çok insan "kâhin", "rahip", "gizli ilimler sahibi" insanların geleceği bilen ve gelecekte büyük bir "Tanrı İmparatorluğu" kurulacağını söyleyen bu kişiler yüzünden halkın bir kısmı Hz. Süleyman'dan çok, *bu kâhinlerin söyledikleri-ne inanır*, onlara umut bağlar olmuştu.

Cinlerin ve şeytanların "kâhinler" tarafından yönetildiğinin yayılması, birtakım büyü ritüellerini göstermeleri, büyü ve gelecekte olacaklar hakkında gizli risaleler yazılması, pek çok efsanenin

297. Sad Suresi, 18. ve 19. ayetler.

ortaya çıkması İsrailoğulları halkının bir kısmını etkiledi ve Hz. Süleyman'ı tahtından indiren bir ihtilale dönüştü. *Hz. Süleyman 40 gün kadar gücünü ve hâkimiyetini kaybetti.*

Yüce Kuran'da yer alan hükümlere göre Hz. Süleyman Allah'a yalvararak şöyle dua etti:

"Ya Rabbi, beni bağışla ve *benden sonra kimseye nasip olmayacak* bir mülkü bana ihsan et. Şüphesiz ki sen, pek çok lütuf ve ihsan sahibisin."[298]

Bu duadan sonra Hz. Süleyman'a Allah tarafından adaletle hükmetmek için hikmet ve peygamberliğe layık bir ilim verilmişti.[299]

Hz. Süleyman'ın emrine kuşlar, hayvanlar ve rüzgâr verildi. Onlara hükmediyor, cinleri ve şeytanları emrinde çalıştırabiliyordu. Sihirbaz ve kâhinlerin büyü ve sihirlerini bozacak ilimlere de vâkıf olmuştu. Evinden makamına gitmek için dışarıya çıktığında kuşlar başının üstünden ayrılmıyorlardı. Makamında insanlar ve cinler emrine amadeydi. Hz. Süleyman, cinlerden, insanlardan, kuşlardan meydana gelen orduları topladı.[300] Bu orduyla yeryüzünün çok yerini fethetti. Mülkünü genişletti, dünyanın en büyük servet ve hazinelerine sahip oldu. Pek çok hükümdar onun emrine girdi.

Hayvanların dilini anlayan onlarla konuşan *Hz. Süleyman rüzgâra binip dilediği yere gidip geliyordu.* Ayrıca rüzgâr, başkalarının konuşmalarını bildirmekle de görevliydi.

"Şiddetli rüzgârları da Süleyman'a boyun eğdirdik ki, içinde bereketler yarattığımız topraklara doğru onun emriyle eser ve onu alıp götürürdü. Biz her şeyi biliriz. Denize dolarak onun için cevherler çıkaran ve başka işler gören şeytanları yine onun emrine verdik. Onları gözeten ve Süleyman'ın emrinde tutan bizdik."[301]

"Rüzgârları da Süleyman'a boyun eğdirdik ki, sabahtan bir aylık, öğleden sonra bir aylık yol giderdi. Erimiş bakırı ona sel gibi

298. Sad Suresi, 35. ayet.
299. Enbiya Suresi, 78. ve 79. ayetler.
300. Nemi Suresi, 15. ve 19. ayetler.
301. Enbiya Suresi, 81.ve 82. ayetler.

akıttık. Rabb'inin emriyle ona hizmet eden cinler de vardı ki, içlerinden her kim bizim emrimizden çıkacak olsa, ona alevli azabını tattırırdık. Cinler Süleyman'a yüksek saraylardan, suretlerden, havuz gibi çanaklardan, yerinden kaldırılamayacak kadar büyük kazanlardan ne isterse yaparlardı."[302]

"Binalar yapan ve denize dalarak cevherler çıkaran bütün şeytanları emrine verdik. Asi olan şeytanları ise zincirlere bağlı olarak ona boyun eğdirdik."[303]

Hz. Süleyman, kendisine darbe düzenleyenlerin elindeki büyü, efsun ve entrikaları anlatan bütün risaleleri toplatarak sarayının altındaki mahzende sakladı. Hz. Süleyman MÖ 965-930 yıllarında hüküm sürdü. *İlk Yahudi krallığı ise MÖ 1025 yılında Saul tarafından kuruldu.*

7. Hz. Süleyman'ın Rahmaniliğinden Şeytanın Hizmetine Giden Yol

Başta Yahudi gençleri olmak üzere insanlık Kabala öğretileri ile mankurtlaştırılmakta, dinlerin içleri boşaltılmaktadır. Kabala öğretileri ve Talmud Yahudi çocuklara "seçilmiş ırk" olduklarını, diğer insanların "Goyim", Yahudilerin hizmetçileri olduklarını beyinlerine yerleştirmektedir. İşte Talmud-Tevrat ve Zebur'dan bazı örnekler:

- "İnsanlık Yahudiliğin yüzü suyu hürmetine kutsanmıştır."[304]
- "Bütün Yahudiler kral çocuğu olarak doğar."[305]
- "Yahudiler Tanrı'ya daha yakındır."[306]

302. Sebe Suresi, 12. ve 13. ayetler.
303. Sad Suresi, 17. ayet.
304. Talmud, Jebamot, 63a.
305. Talmud, Shabbat, 67a.
306. Talmud, Chullin, 91b.

- "Sadece Yahudiler insandır. Goyim hayvandır."[307]
- "Goyim'in en iyisi bile öldürülmelidir."[308]
- "O gün Rab Abram'la ahdedip söyledi: Mısır Irmağı'ndan büyük ırmağa, Fırat Irmağı'na kadar senin zürriyetine verdim."[309]
- "Rabbin miras olarak sana vermekte olduğu ve bu kavimlerin şehirlerinden nefes alan kimseyi sağ bırakmayacaksın. Rabb'in sana emrettiği gibi tamamen yok edeceksin."[310]
- "Onları kasaplık koyunlar gibi ayır ve öldürme günü için onları hazırla."[311]
- "Onların her şeylerini tamamen yok et ve onları esirgeme; erkekten kadına, çocuktan emzikte olana, öküzden koyuna, deveden eşeğe kadar hepsini öldür."[312]
- "Et yiyin ve kan için. Yiğitlerin etini yiyeceksiniz ve dünya beylerinin kanını içeceksiniz. Sarhoş oluncaya kadar kan içeceksiniz."[313]
- "İki memen sanki bir çift geyik yavrusu, kaptın gönlümü kız kardeşim, yavuklum. Okşamaların ne güzel kız kardeşim, yavuklum."[314]
- "Ve büyük kız küçüğüne dedi: Gel babamıza şarap içirelim... Onunla yatarız... Ve o gece babalarına şarap içirdiler ve büyük kız gidip babasıyla yattı. Ve öbür gece dahi babalarına şarap içirdiler ve küçük kız kalkıp onunla yattı."[315]

Yukarıdaki Talmud-Tevrat alıntıları yorum gerekmeyecek kadar apaçık. Böyle bir inanç insanda herhalde beyin-ruh dengesini

307. Talmud, Baba Batra, 114b, Jebamot, 61a, Keribor, 6b ve 7a.
308. Talmud, Avodak Zara, 26b, Tesefoth.
309. Tevrat, Tekvin, 18.
310. Tevrat, Tesniye, 10-17.
311. Tevrat, Yeremya Bölümü, 3.
312. Tevrat, 1. Samuel Bölümü, 3.
313. Tevrat, Hezekiel Bölümü, 39/18-20.
314. Tevrat, Neşideler Neşidesi, 4/5, 910.
315. Tevrat, Tekvin, 19, 31-35.

altüst eder. Böylesine kutsiyet atfedilen bir inancı gerçekleştirmek içinde kapitalizm-sosyalizm-faşizm-Nazizm-siyasal "İslam" ideolojileri kurgulanılarak insanlar birbirine kırdırılmakta, dinler üzerinde büyük oyunlar oynanmaktadır. Oyunların temeli "Tanrı'nın İsrailoğulları'nı seçilmiş bir ırk olarak" muharref Tevrat ile hahamların yazdığı Talmud'da sıkça zikredilmesi. Bu ise Siyonizm'i meşrulaştırmanın yegâne dayanağıdır. Kısaca Kabala ile insanlığa zulmedilmektedir.

"... Kutsal Kitap'ta çizilen sınırları gerçekleştirme çabasındaki Yahudi Devleti adlı ütopyanın gerçek inananları, dinin ya da laikleştirilmiş din prensiplerinin kullanımını kutsallaştıran politikaları sebebiyle, Gazit tipi stratejistlerden daha tehlikelidir... Ben Gurion, Davud ve Süleyman krallığının yeniden kurulmasının Yahudi Devleti dışında başka kişilere de yarar sağlayacağını göstermeye bile tenezzül etmiyor."[316]

"*Yahudi İdeolojisine* dayanan İsrail politikalarını analiz etmek için Platonizm mantığının kullanılması, bu nedenle garip karşılanmayacaktır. Bu, çok sayıda uzmanın da dikkatini çekmiştir. Bunlar arasında en önemlilerinden biri olan Moses Hadas, Talmud bilginlerince kurulmuş olan klasik Yahudiliğin kaynağının Platon etkisine dayandığını ve özellikle de Plato'da görülen Sparta imajına yaslandığını öne sürer.[317] Hadas'a göre, Makkabiler döneminde (MÖ 142-63) Yahudiler tarafından benimsenmiş olan Platoncu siyasal sistemin en önemli özelliği, insan davranışının her evresinin, gerçekte bir idareci tarafından ustalıkla yönetilen dini yaptırımlara boyun eğmesidir. Herhalde, klasik Yahudiliği ve hahamların onu beceriyle kullanma yöntemlerini Platoncu tanımlamadan daha iyi ifade eden başka bir yol yoktur... Klasik Yahudilik, İsrail Yahudi toplumunu hâlâ derinden etkilemekte ve İsrail politikalarını büyük ölçüde belirlemektedir... *Antik Yahudilik ve onun iki vârisi*

316. Israel Shahak, *Yahudi Tarihi / Yahudi Dini*, Düşün Yayıncılık, İstanbul, 2015, s. 35.
317. Moses Hadas, *Hellenistic Culture, Fusion and Diffusion*, Columbia University Press, New York, 1959, Bölüm VII ve XX.

Yahudi Ortodoksluğu ve Siyonizm İsrail'de uygulandığı üzere açık toplum anlayışının ezeli iki düşmanıdır."[318]

"İsrail Devleti tarafından benimsenmiş olan Yahudi ideolojik ütopyası, tümüyle vaat edilmiş olan bir toprak ve bunun hiçbir parçasının Yahudi olmayan kişilerin elinde olmamasına dayanır."[319]

"Klasik Yahudilik inancının, Yahudi olmayan insanlar (gentile-Goyim) karşısındaki daimi düşmanlık tutumu, hem kendi takipçisi olan Ortodoks Yahudileri, hem de kendi devamı olan Siyonistleri güçlü biçimde etkilemektedir.

8. Kabala - Vahdet-i Vücut/Varlıkta Birlik

S. L. Mac Gregor Mathers tarafından kaleme alınan ve 1887 yılında ilk baskısı yayımlanan *Qabbalah Unveiled* (Açımlanmış Kabala) kitabının önünde Zohar tercümesi olan kitabı için Kabala hakkında özet bilgiler veriyordu. 1918 yılında ölümünden sonra 1926 yılında gerçekleştirilen baskısına karısı Moina Mathers ilave bir önsöz eklemiştir. Tercüme yukarıda zikrettiğimiz kitabı Türkçeye çeviren Emin Menemencioğlu'nun metninden derlenmiştir.

"Kocamın öğrencisi ve daha sonraki yıllarda ezoterik etütler de onun işbirlikçisi olarak, hakkında ve çalışması ile ilgili olarak birkaç söz söylemek için bu fırsatı kullanıyorum... *Yazılmamış Kabala hiçbir zaman yazıya dökülmeyen* ve sözlü aktarılan belirli öğreti anlamına gelir. Bu konuda söyleyeceğim şey bu kadardır, hatta bu aktarımı alıp almadığımı dahi açıklamam.

1887 yılında Kabala kitabının yayımlanması ile eşzamanlı olarak okült öğretmenleri tarafından zamanla bir ezoterik okul olacak hazırlıkları yapması talimatlarını aldı. Kendisiyle birlikte bu işe iştirak eden her ikisi de önemli ve saygıdeğer Mason ve

318. Israel Shahak, a.g.e., s. 35-37.
319. Israel Shahak, a.g.e., s. 27.

Kabalist olan Dr. Woodman ve Dr. Wynn Westcott vardı. Onlar, kocamla birlikte İngiliz Gül Haç Cemiyeti'nde (Societas Rosicruciana in Anglia) ve diğer Mason kuruluşlarında yüksek görevler üstlenmişlerdi.

1887 yılında *Açımlanmış Kabala*'nın (Qabalah Unveiled) ilk baskısı çıktıktan bu yana, düşünen dünyanın okült felsefe ve okült bilime karşı tavırları tamamen değişmiştir. Son asrın sonundan beri (1900) bilimin attığı devasa adımlar ve uygulamalardan ortaya çıkan baş döndürücü verilerin büyük okült harekâtının gelişmesiyle eşanlamlı oluşu, herhalde bütün düşünen insanların aklında gezegenimizin evriminde yakında önemli bir değişiklik olacağının göstergesi olarak belirmelidir.

Maddesel bilim sanki ruhsallaşmakta ve okült bilim maddeleşmekte. Eğer el sıkışmıyorlarsa bile, kesin olarak o yönde hareket etmektedirler. Kadim bilgelik, kutsal kitaplar, ruhu anlamadan maddeyi anlayamayacağımızı öğretmişlerdir. *Madde ve ruh sadece aynı evrensel nesnenin karşı kutuplarıdır.* Kabala'da baştan sona şu deyiş geçmektedir: 'Malktuh Kether'dedir, Kether de Malktuh'tadır.' Aynı fikir Gnostik öğretilerde de tekrarlanmaktadır: *'Cennet dünyadadır ve dünya cennettedir.'*

Açımlanmış Kabala, 1888 yılında yayımladığında zaman kocam ezoterik okulun işine başladı... Bu okulun kuruluş sebebi, kadim çağlarda misterlerin kutlama merkezlerinin sebeplerine benzemekteydi. Birkaç istisna hariç bu okulun modern zihniyetin gereklerine uyacak biçimde uyarlanmış genelde Mısırlı, Keldani ve Grek olmak üzere eski misterlere dayalı edebiyatı bu öğretmenlerin yönetimi altında kocam tarafından yazılmıştı. Yeter ki en yüksek şekliyle anlaşılsın, insanların günlük dünyevi hayatlarından kopmadan uygulayabileceği *Batı okültizme son derece uygun bir sistemdir...* Dr. Woodman 1890 yılında öldü ve 1897 yılında Dr. Wynn Westcott istifa etti ve bu arada kocam aldığı talimatlar doğrultusunda okulu yeniden düzenledi ve ona daha ileri ek öğretiler verildi.

Öğreti genelde seremoni-ritüel-konuşma ile oluyor. Saf içsel arayış ve hayat öğreticiden beklenen ilk ve esas kalitelerdir. Ruh-akıl ve bedenin eşzamanlı gelişimi zorunlu olarak istenmektedir. Öğretim programı tabiatın arkasındaki 'zeki güçlerin' ve insanın yapısı ve Tanrı ile ilişkisinin etüdünü içermektedir. Öğretinin bütün amacı ve hedefi *insanı yüksek benliğinin bilgisine getirmek*, onu arındırmak, güçlendirmek, varlığının bütün kalite ve güçlerini geliştirmektir. Böylece içinde yatan ilahi insan, *Tanrı'nın kedi suretinde yarattığı Adam Kadmon (Vahdet-i Vücut/Varlıkta Birlik)* ile tekrar birleşir. Bütün kutsal kitaplarda, ister Kitabı Mukaddes, Kabala, Eski Mısır kitapları, Vedanta öğretileri, Druid geleneği vs. olsun, *gül, zambak veya lotus (nilüfer çiçeği) ve haç sembolü bir temel hakikatin doğrulanabilir* yaşayan imajları olarak kendilerini ifşa ederler. Tezahür edilen evrenin yapısı ve tabiatını irdeleme amacıyla yola koyulmuş herhangi bir order (düzenleyici), cemiyet, öğrenci grubu vs. gül, zambak veya lotus ve haç ister istemez sembolizmin altına gelmelidir.

Esrarengiz merkezi, çekirdeği, güneşi ile gül, tabiatın sonsuz ve ahenkli ayrışımlarının sembolüdür. Zambak veya lotusun sembolü ufak nüans farklarıyla hemen hemen aynıdır. Biliyoruz ki, *haç sembolü Yeni Ahit'in (İncil) kilit temasıdır*. Tabiattaki dörtlülüktür. Kutsal isim Tetragrammaton, Yahweh, İ.H.V.H'nin dört harfleridir ve Kutsal Ruh, Shin harfinin ilavesiyle Mesih'in adı Yeheshuah olur. *İster fiziksel, ister ruhsal olsun, 'simya'da nihai sırrın haçın ortasında bulunduğu söylenir.*"

En düşük derecelerinden, en yüksek yönünden tabiatın dört elementinin, hava-su-ateş-toprak güçlerini taşıyan dört harfli ismin gerçek bir idraki yaratılışın bilgisi ve gücünü, ayrıca ölüm ve kıyımın bilgisi ve gücünü ima eder. Kabalistlerin telaffuzunu yasaklamaları bundan dolayı değil midir? Kadim bilgelik sadece en yüksek "inisiyasyonu" alan, diğer bir deyişle "ilk hareketlendirici ile bir olan, onun idaresi olabilen" kişinin bu ismi telaffuz edebileceğini ima etmiştir.

Monoteizm (Tektanrıcılık), Politeizm (Çoktanrıcılık) ve Panteizm (Vahdet-i Vücut-Varlıkta Birlik) arasında ayırt etmeye gelince, bu farklılık "inisiye için neredeyse yoktur". Aslında "tek bir Tanrı" ile "tek" ve "bölünmez" bir varlık gibi "birbirleriyle" iç içe "kenetlenmiş", hareketleri birlik içinde icra edilen ve hareketleri çoğul olan bir birliğin "yüce güçlerinin ahengi" arasında fazla "fark yoktur".

(...) Aşağıda kocamın Mısır sembolizmi (Mathers'in kayıp eserlerinden biri) *Egyptian Symbolism* (S. L. MacGregor-Mathers) kitabından bir alıntıyı veriyorum:

"Tanrı'nın melekleri inip çıktığı Yakub'un merdiveni vizyonu ve Mısır, Keldia, Çin, Hindistan ve benzeri uygarlıkların çok kadim fikirlerindeki gibi ilahi ve doğalın ahenkli birlikteliği konusunda, doğrudan Yüce Tanrı'dan, dünyalı ve dünya ötesi tanrılar, melekler, ruhlar, cinler, insan ruhları gibi ruhsal varlıklar aracılığı ile nihai olarak yeryüzündeki kutsal hayvanlara, bitkilere, madenlere dek inen aralıksız bir zincirin oluşu "kavramı" vardır. O zaman her şeyi ilahi menşee bağlayan zincir ne olabilir? *İnen ilahi etki Mezla kutsalın etkisi ve Kutsal Ruh'tan başka ne olabilir?*"

Sevgili okuyucular, yukarıda kısaca özetlemeye çalıştığım önsöz dünyanın en önemli Kabala eserinde yer almaktadır. Görüldüğü gibi *Tektanrıcılık-Çoktanrıcılık ve Panteizm (Vahdet-i Vücut/Varlıkta Birlik-Adam Kadmon)* bir yerde kesişiyor. İslam dünyasında bu görüşün sembol ve en önemli ismi Endülüslü *Muhyiddin İbn Arabi'dir.* Nitekim bu hususta *ABD'li William C. Chittick* tarafından uzun yıllar süren çalışmalar sonunda yazılan *İbni Arabi'nin Metafiziğinde Hayal Sufi'nin Bilgi Yolu* kitabında yer alan bilgiler bizim tespitimizi doğrulamaktadır.[320]

Konu ilahiyatçıların/teologların alanına girmektedir. Ancak benim dinler tarihi ve İslam dini hakkındaki araştırmalarıma dayanarak şu sonucu da belirtmem bir Müslüman Türk kimliğinin

320. William C. Chittick, İbni Arabi'nin Metafiziğinde Hayal - Sufi'nin Bilgi Yolu, çev. Ömer Saruhanlıoğlu, Okuyan Us Yayınevi, İstanbul, 2016.

temsilcisi olarak boynumun borcu ve vicdani görevdir. Bu hususta kısa iki tespit: Birincisi, Muhyiddin İbn Arabi'nin Panteist yani Vahdet-i Vücut/Varlıkta Birlik felsefesi, İslami tasavvuf anlayışı Kabala daha açık deyimi ile İsrailiyat'ın etkisindedir.[321] İkincisi, Arnold Toynbee'nin ifadesiyle "Türk Müslümanlığı"nın iki temel taşı olan İmamı Azam Ebu Hanife'nin[322] yani Sünni Müslüman Türklerin mezhebi Hanefilik ve Maturidilik ile Muhyiddin İbn Arabi'nin çeliştiği aşikâr olduğu gibi, yine Türk-İslam dünyasının tasavvuf ehli Hoca Ahmed Yesevi[323] ile de çelişmekte, bağdaşmamaktadır. Daha fazlası okuyucunun kendi inisiyatifinde olup görev Diyanet İşleri Başkanlığı ve 70 İlahiyat Fakültesi hocalarına düşmektedir.

Yukarıda *Açımlanmış Kabala* kitabının önsözünden yaptığımız alıntıda zikredilen "simya", birtakım "metafizik güçleri kullanarak, fiziksel dünyayı etkileme" sanatı olup, Kabala'nın temel işlevidir. Kabalacılar, sahip olduklarını iddia ettikleri bu gücü, asıl olarak Mesih Planı'nı gerçekleştirmek için kullanıyorlar, ama bu güç, elementlerin yapısını değiştirme, yani simya alanında da kullanılıyor. Bu bağlamda Evanjelistlerin-Kabalistlerin Nuh'un Gemisi'nde aradıkları Filozof Taşı-Felsefe Taşı doğrudan simya ile bağlantılı olup, basit elementleri "altın"a çeviren bir formüldür.

Yüce Kuran'da, Sebe Suresi'nin iki ayetinde şöyle demektedir:

"Gün olur, onların hepsini bir yere toplar, sonra meleklere sorar: 'Şunlar, sadece size mi kulluk/ibadet ediyorlardı?'[324] Melekler derler ki: 'Tespih ederiz seni! Bizim Veli'miz sendin, onlar değil. Doğrusu şu ki, onlar 'cinlere' tapıyorlardı. Onların çoğu cinlere iman etmekteydi.' "[325]

---

321. Perle Epstein, *Kabala - Musevi Mistiklerinin Yolu*, çev. Nusret Karayazgan ve Şiyma Barkın, Dharma Yayınları, İstanbul, 3. baskı, 2005.

322. Yaşar Nuri Öztürk, *Arapçılığa Karşı Akılcılığın Öncüsü İmamı Azam Ebu Hanife*, Yeni Boyut Yayınları, 23. baskı, İstanbul, 2016.

323. Necdet Tosun (Ed.), *Ahmed Yesevi*, Sultangazi Belediyesi, Ahmet Yesevi Üniversitesi, Ankara, Şubat 2016.

324. Sebe Suresi, 40. ayet.

325. Sebe Suresi, 41. ayet.

9. Tapınakçılar ve Baphomet

Araştırmacı yazar Ian Wilson *The Shrond of Turin* (Turin Kefeni) adlı eserinde şöyle söylüyor:

"Korkunç yüzü ve dağınık sakalları olan bir 'cin' şeklinde tarif edildiğine bakılırsa, bu putun Asmodeus'u (tapınağın yapımında Hz. Süleyman'a yardım eden koruyucu cin) temsil ettiği söylenebilir. Rennes Le Chateau'da bulunan köy kilisesinin kapısında da Asmodeus'un bir heykeli mevcuttur."

Yine bir başka araştırmacı yazar Peter Partner *The Murdered Magicians* (Katledilmiş Büyücüler) adlı eserinde Tapınak Şövalyeleri Tarikatı'nın tapındıklarına inanılan Baphomet ile alakalı şunları dile getiriyor:

"Baphomet'in ileri sürülen fiziki özellikleri, ya Maufe'ye (Kuzey Avrupa folkloruna ait bir cin) ya da eski kilise repliklerine bağlanabilir."

Baphomet, yönlendirilmiş irade gücünü temsil eden ve "Fallus" ibadetine dayanan *Gnostik ayinlerin bir simgesiydi.* Keçi sakallı ve keçi ayaklı, *cinsiyeti belli olmayan* bu put, eski çağların boynuzlu tanrısı Mendes keçisine benziyordu.

Tapınak Şövalyeleri'nin Kudüs'teki karargâhı 1244 yılında Müslümanların eline geçti. Sultan Baybars komutasındaki Türk birlikleri zulme son vermişti. Tapınakçıların kalesini araştırtan Sultan Baybars kulede koruyuculuk yaptığına inanılan kocaman bir put/heykel buldu. Baybars putu yok ettirip yerine bir mihrap inşa ettirdi.

YEDİNCİ BÖLÜM

A. SESLİ VE SESSİZ SAVAŞLARIN SESSİZ SİLAHI: PARA VE "SEÇİLMİŞLER"

• Yeni Dünya Düzeni'nin *en önemli silahı "para ve finans sistemi"dir.*

Finans sisteminin içinden birileri *zihinsel ve duygusal manipülasyonların* "sessiz silahlarını" kullanarak kitlelerin "akıl kontrolünü" küresel çapta yapıyorlar.

Finansal sistemin oligarkları kişilere ve hükümetlere "senet" veriyor. Güya borçlarını ödesinler. Sonra parayı azaltıyorlar ve sistemi böylelikle sıkıştırıyorlar. Nihayet sözleşme gereği karşı teminata el konuluyor. Sonra devir tekrarlanıyor. Derken paranın akışını iyice kontrolüne alıyor ve "savaşı" kimin kazanacağını tayin ediyorlar.

Ekonomik sistemini küresel finans oligarklarına bırakmayı kabul eden devletler/hükümetler onların desteğini alıyor. Finans sisteminin oligarkları, borçlunun düşmanına ise ekonomik yardım yapılacağı taahhüdünde bulunuyor.

Bu ekonomik sistemin döngüsünden sağlanan faiz/kâr küresel merkez sermayeyi kontrol altında tutan seçkinleri iyice zenginleştiriyor.

• Burada-finans sisteminde anahtar *faiz ve kaydi para.* Şayet para sisteme/sirkülasyona faizsiz girerse ve hiçbir şartta paraya faiz uygulanmazsa, swap/takas sınırları kalkar.

Bunun için mevcut banknot-kâğıt para sisteminin yerine, mesela altın/gümüş gibi bir kıymetli metal konulması gerekir.

• İşin içine "faiz" girince "mesele" çıkar. Çünkü o zaman paradan para kazanma döngüsü başlar ve bugün gelinen nokta insanları köleleştirmiş bir finans/ para sistemidir. Kaydi para ise karşılıksız-sınırsız bir kaynak.

• Banka kredisi/faiz sistemi, insanların ekonomik faaliyetlerini "kolaylaştırmak" için bir değiş tokuş birimi olup, sirkülasyona ta başından itibaren borç olarak girer.

• Hükümetler kendi faizsiz paralarını kamu hizmeti için oluşturabilirken, banka sisteminden borç alırlar, elbette geri ödemeleri mecburidir, artı bir de faizi vardır... Bu durum bireyler ve iş dünyası için de geçerlidir... Ammaaa... Hükümetler kendi faizsiz paralarını "basamaz"lar... Çünkü ülkelerindeki bankaları kontrol eden sözde milletlerarası kurumlar vardır; BIS gibi... Ancak bu kurumlar tamamen küresel merkez sermayenin sahibi olan bir düzine ailenin kontrolü altındadır.

• ABD Başkanı Abraham Lincoln, Kuzey-Güney Savaşı'nda Kuzey'i finanse etmek için faizsiz para basmaya başlamıştı. Halbuki Rothschild'ler mutat olduğu üzere, her savaşta yaptıklarını yapıyorlar, Amerikan içsavaşında hem Kuzey'e hem de Güney'e borç veriyorlardı. *Rothschild'ler Başkan Lincoln'ü 1865'te John Wilkes Booth'a öldürttüler.*[326] Çünkü Başkan Lincoln Rothschild'lerin fahiş faizlerini ödemek istememişti.

• Başkan John F. Kennedy, 4 Haziran 1963 tarihinde 11110 numaralı kararnameyi imzalayarak ABD Maliye Bakanlığı'nın *4.29 milyar dolar faizsiz para* çıkarmasını sağlayınca... Bu hareket başta Rothschid'ler olmak üzere diğer Musevi ortakları ile sahip oldukları ABD Merkez Bankası FED'i (Federal Reserve) devre dışı bırakıyordu... *22 Kasım 1963'te Kennedy Dallas'ta vurularak öldürüldü.*

• Dahası Başkan *Kennedy İsrail'in nükleer programına* ve Vietnam Savaşı'na karşı idi. Ancak *asıl sebep FED'in kontrolü dışında faizsiz para basmaktı.*

---

326. David Icke, İnsanoğlu Ayağa Kalk, çev. Esin Akan, Destek Yayınları, İstanbul, 2015, s. 106.

• Çok sayıda kaynak Başkan Kennedy'yi İsrail İstihbarat Teşkilatı MOSSAD'ın öldürdüğünü ve dahi Robert Kennedy ile oğlu John Kennedy'nin de MOSSAD tarafından öldürüldüğünü öne sürmektedir.

• MOSSAD, İsrail Devleti'nin asıl sahibi Rothschild'lerin emrindedir deniyor.

• Borç-faiz sarmalı ülkeleri esir alıyor. Toprakları fiilen işgal yerine "finansal işgal". Küresel finans sistemi dâhiyane bir yöntem olarak hayata geçiriliyor.

• IMF ve WB, küresel merkez sermayenin sahipleri olan finans oligarklarının alt kurumları. IMF Dünya Merkez Bankası, SDR küresel finans sisteminin anaparası yapılmak isteniyor.

• Küresel merkez sermayenin sahibi olan finans oligarkları kredi vasıtasıyla Papa'yı kontrol ediyorlar. Küresel ekonomiyi kontrol altında tutuyorlar. Buradaki en temel kaynak kaydi para.

• *2008 küresel mali krizi, küresel finans sistemini merkezileştirmek* ve uzun zaman önce planlanmış olan Dünya Merkez Bankası'nı kurmak için küresel finans oligarkları tarafından çıkartılmıştır.

• Ekonominin "iyi zamanlarında" geniş kitleler büyük montanlı borç altına girerler... Sonra birden türlü manipülasyonla kriz çıkarılır... Paralar hızla malum ailelerin bankaları vasıtasıyla piyasadan çekilir... Kredi alımı zorlaştırılır.

Ekonomik krizler devlet gelirlerini azaltır. Hükümetler harcama yapabilmek için daha çok borçlanırlar. Küresel finans/para oligarkları söz konusu hükümetleri kontrol altına alırlar ve her krizde daha da güçlenirler. Özellikle ABD ve İngiltere, hassaten 1929 Büyük Bunalım'dan bu tarafa Kabalacı *küresel para oligarkları için birer "iflas" devletleridir.*

ABD ve Batı Avrupa, özellikle İngiltere 1990'lı yıllarının ortalarındaki *ekonomik büyümeyi olağanüstü borçlanarak gerçekleştirmişlerdir.* 2008 yılının eylül ayında bir mortgage kredisi temelli çatırtı koptu ki dünya ekonomisini *tarihin gördüğü en büyük para krizi-*

nin içine itti. Bunun hikâyesini ve nasıl bir sahtekârlık yapıldığını aynı isimle filmi de yapılan *The Big Short* adlı kitabın yazarı Michael Lewis çok ince detaylarına kadar anlatıyor.[327] Hepsi küresel merkez sermayeyi kontrol eden Kabalacı finans oligarklarının işiydi. Daha öncekiler gibi küresel finans krizinin mimarları olan Amerikan Federal Rezerv'in (FED) başkanı Alan Greenspan ve halefi "Helikopter Bernanke" lakabıyla ün salan Ben Bernanke de Kabalacı'ydılar. Küresel finans oligarkları, Rothschild ailesinin önderliğinde benzer oyunları 1813-1815 İngiltere ve Fransa arasında gerçekleşen Waterloo Savaşı'ndan bu yana dünya çapında oynamaktadırlar. 7x7=49 finansal ve siyasi "Semitah Döngüsü" yıllarıdır.

Bu ailelerin Tapınak Şövalyesi olduğunu ve sayılarının bir düzineyi geçmediğini artık konuyla biraz ilgilenen herkes biliyor.

Küresel finans oligarklarının yüksek maaş ve primli memurları olan "babo"lara ve "eke"lere yani ekonomist ve finans uzmanlarına sorarsanız ya da yazıp çizdiklerine, verdikleri mülakatlara bakarsanız, hiçbirinin aslında neler olup bittiğinden haberleri yoktur. Onlara göre bu yükseliş ve çöküş tabii bir ekonomik döngüden başka bir şey değildir.

Halbuki 1929, 1978, 1994, 2001 ve 2008 ve düzinelercesi... Yeni Dünya Düzeni kurmak histerisi içindeki Kabalist Tapınak Şövalyeleri ve "eke"lerinin yeryüzündeki bütün insanların paralarını çalmak için kurguladıkları sistematik "spekülasyon" ve "manipülasyon"dur.[328]

Merkez finans sermaye elitleri, küresel borsalardan trilyonlarca dolar kaldırıyor, düşüp yükselmesi, artması-çökmesi dahil, 2015 yılında gerçekleştirilen 500 trilyon dolarlık faiz swapları/takasları 300 trilyon dolarlık döviz swapları/takasları dahil her şeyi onlar yönetiyorlar.

327. Michael Lewis, *The Big Short, Inside The Doomsday Machine*, Ist. ed., W. W. Norton and Company, Inc., New York, 2015.

328. Thomas Piketty, *Why Save the Bankers* ve *Other Essays on our Economic and Political Crisis*, Translated from the French and Annotaled by Seth Ackerman, Houghton Mifflin Harcourt, Boston, New York, 2016.

Borsa/borsalar çökmez, çökertilir...

Bunun tipik misali 1815'teki Waterloo Savaşı öncesinde Nathan Rothschild'in yaptıklarıdır...

İngiliz Wellington dükü savaşı kazanırsa, Londra borsası yükselecek (Boğa), Napolyon kazanırsa düşecektir (Ayı).

Hem İngiltere'yi hem de Fransa'yı finanse eden Rothschild'ler, eğitimli güvercinler kullanarak, çok güçlü ve hızlı bir casusluk şebekesi kurarlar.

Bu şebeke bilahare MOSSAD, CIA, MI6'ya temel oluşturmuştur.

Bugün güvercinlerin yerini Federal Express (FedEx) adıyla bilinen küresel posta ve kurye servisi almıştır. Sahibi Rothschild ailesidir.

1815 yılında Londra Borsası'ndaki yatırımcılar Rothschild istihbaratının, İngiliz hükümetininkinden daha iyi olduğunu bilmektedir. Ya da bu algı oluşturulmuştur.

Waterloo Savaşı bütün hızıyla devam ederken Londra Borsası'ndaki yatırımcıların gözü kulağı Nathan Rothschild'in üzerindedir...

Wellington mu, Napolyon mu kazanacaktır?

Nathan Rothschild, ajanlarına hisse senetlerini satmaya başlayacağı tüyosunu verir ve Londra Borsası'ndaki yatırımcıların hepsi Nathan'ın Wellington'ın savaşı kaybettiğini bildiğini düşünür...

Londra Borsası panik içinde yüzde 98 düşüş ile çöker, herkes kaybeder, ama Rothschild'ler hariç... O bir gün önceden gelen haberden Wellington'ın kazandığını öğrenmiştir.

Londra Borsası çökünce Nathan Rothschild ajanlarına yine şifreli bir tüyo verir. Bu kez çöküş fiyatları üzerinden inanılmaz miktarlarda hisse senedi satın alırlar.

Rothschild'ler böyle yaparken Londra'ya resmi haber ulaşır. Wellington savaşı kazanmıştır. Hisse senetleri fiyatları uçuşa geçer. Üç gün içinde Rothschild'lerin serveti 20 kat artmıştır. İşte o zamandan beri İngiltere'de hangi parti iktidarda olursa olsun İngiliz ekonomisi ve merkez bankası onların kontrolü altındadır.

Aradan 100 yıl geçtikten sonra bir araştırmacı Waterloo alavere dalaveresini benim kızın özgün tanımıyla "indiragandi"sini detaylarıyla anlatan bir kitap yazmıştır. *New York Times* gazetesi Nathan Rothschild'in torununun bu kitabın basılmaması için dava açtığını ama reddedildiğini yazmıştır.

Dünden bugüne değişen manipülasyonun bütün dünyayı kapsadığı ve sistemin benzer yöntemler olduğudur... Avrupalı bir araştırmacının yazdığı gibi, günümüzde "bankacılık, borsa, her ne olursa olsun küresel finans sistemi bir dolandırıcılıktır."

Küresel merkez sermayeyi kontrol eden elitler ve onların banka-finans karteli 1800'lerden beri bütün savaşlarda her iki tarafı da finanse etmektedirler. Zira hükümetlerde, akademik ve basın dünyasında, ordularda ve istihbarat servislerinde yer alan devşirmeleri iyi çalışırlar.

Birinci ve İkinci Dünya Savaşı'nda ölen 75 milyon insanın, Soğuk Savaş döneminde ve 11 Eylül 2001'den bu yana gerçekleşen doğrudan ya da asimetrik savaşlardan ölen yüz milyonların katili bunlardır. Hükümetleri, şirketleri ve hane halkını borç batağına sokarak kontrolleri altına alırlar.

Savaşlarla mahvedilen ülkelere küresel sermaye elitlerinin banka kartelleri hemen "şefkatli" ellerini uzatırlar... Ülkelerin yeniden yapılanmaya ihtiyacı vardır. Elbette fahiş faizlerle daha çok borçlandırılarak. Silah şirketleri, ilaç endüstrisi, tüketim malları sanayii ihtiyaca binaen devreye sokulur.

1849 yılında ölmeden önce *Mayer Amschel Rothschild'in karısı Gutle Schnaper'in* şöyle bir sözü rivayet edilir:

"Oğullarım savaş istemeseydi, hiçbir savaş olmazdı."

B. "YÜKSEK FREKANSLI TİCARET" VE SERMAYE FİLLERİNİN SÜPER BİLGİSAYARLARININ ARASINDA DANS EDEN FARELER

Küresel merkez sermaye elitlerinin "para sistemi" günümüzde süper bilgisayar ağının borsalarla, bankalarla, finans kurumlarıyla bağlantısı yoluyla çok hızlı ve volatilesi/tutarları çok yüksek olarak çalışmakta, buna da *yüksek frekanslı ticaret* denilen tam manasıyla bir "monopoli" ortaya çıkarmıştır.

Borsadaki hacimleri yüzde 70'lere varan ve saniyede milyonlarca işlem yapan bir kurguyu hayal edin. 2005 yılından bu yana ticaret hacmini yüzde 164'e yükseltmiş olup, arzu ettikleri zaman da dünya ekonomisini yok edip bütün ülkelerin servetini eline geçirecek duruma gelmişlerdir.

"Predatory Algoritma" adı verilen sistem yoluyla, küresel merkez sermaye elitlerinden oluşan esas oyuncular, küresel çapta finansmana her zamankinden daha fazla egemen durumdadırlar. Potansiyel satışlar başlatılmadan önce borsaların bilgisayarlarına ulaşmak için devasa meblağlar ödeyip, arkasından ellerindeki süper bilgisayarlarının müthiş hızını kullanarak ilk satışı gerçekleştirirler...

Daha ufak çapta oynayan borsa yatırımcılarının hiçbir şansı yoktur, çünkü her şey hızlı bilgisayarlar üzerinden kurgulanan sistemin kontrolü altındadır.

Bu oyunu, *Joe Saluzzi, New Jersey'deki Themis Trading şirketinde* yaptığı bir söyleşide şöyle anlatmaktadır:

"Biz sadece, sermaye fillerinin ve süper bilgisayarlarının arasında dans eden fareleriz."

Hipodromda koşan atların sahibi aynı kişi ise, hangi atın koşuyu kazandığının hiçbir önemi yoktur.

2008 krizine bakarsak, Merrill Lynch Bankası kaybetmiştir. Ancak Bank of America tarafından "öpüldü"... Saklı mülkiyeti takip ederseniz, iç içe geçmiş şirket yönetim kurulu üyelikleri, matruşka modeli ortaklıklar, vakıflar... Oyun başka başka isimlerle devam eder gider.

Lehman Kardeşler batınca, o işi bir başka banka aldı. ABD hükümeti Lehman Kardeşleri kurtarmadı, çünkü küresel merkez sermayenin "seçilmiş elitleri" ilahlara kurban istiyorlardı. En az bir ana bankanın batırılıp kaos-panik oluşturması isteniyordu, zira böylece "iflas eden banka utancı" tablosu satılacak, işlerin yürütülmesi kolaylaştırılacaktı.

1929'da ve 2008'de satanlar ve "alanlar"a iyi bakmak gerekir.

1929'da küçük bankaların bütün varlığı ve müşterileri merkez sermaye elitlerinin eline geçmişti. 2008 krizinden sonra bu yöntem aynen işletildi. Küresel merkez sermayenin oligarkları bankacılık ve finans endüstrisinde çeşitlilik ve rekabeti kesinlikle istemiyor.

Öyle ki kapitalizmin temeli "rekabet" olarak iktisat kitaplarında yer alır, merkez medya bunu temcit pilavı gibi sürekli gündeme getirirken John D. Rockefeller'in şöyle söylediği rivayet edilir: "Rekabet günahtır."

Hâlâ ülkeleri hükümetlerin yönettiğine inananlardansanız (!?) hükümetlerin her daim yüklü miktarda parası vardır. Bu paranın iki önceliği vardır: *Bankacılık ve savaş.*

Bu durumda 1800'lerden beri giderek sistematikleşen para-savaş/savaş-para ilişkisinin ya da *finans-savaş endüstrisinin arkasında Tapınak Şövalyeleri'nin olduğu* gerçeği sürpriz ve komplo teorisi değil.

Andrew Jackson (1827-1837), Rothschild banka kartelini ve Amerika'daki onlara ait ikinci bankasını ellerinden almış ve onlara "yılan kuyusu" demişti. ABD başkanının bu ifadesi onu iyice hedef haline getirmişti. Dahası Jackson "Halk bu 'yılan'ların ABD'de nasıl çalıştıklarını bilse, ertesi sabah ihtilal olur" diyordu. Rothschild'ler ve işbirlikçileri mesele çıkardıkları zaman Başkan Lincoln ve Başkan Kennedy'ye yaptıklarını Başkan Jackson'a da yaptılar.

Başkan Jackson 30 Ocak 1835'te bir suikastçı tarafından iki el ateş edilerek öldürülmek istendi. Ama kurşunları isabet ettiremedi.

Jackson "Bunun arkasında kimler var biliyorum" demişti. Suikastçı akli dengesi yerinde olmadığı için suçsuz bulundu. Daha sonra ise Avrupa'daki çok güçlü kişiler tarafından kiralandığını itiraf etmişti.

Financial Times gazetesi 2009 yılında Rothschild'lerin köle ticareti yaptıklarına dair bir habere yer verdi.

Paranın Vatikan'ı "City of London"daki iki baron, 19. yüzyıldaki büyük dedeleri Nathan Mayer Rothschild ve Londra'nın en önemli hukuk firmalarından Freshfields'in kurucusu William Freshfield, İngiliz milli arşivindeki kayıtlara göre köle ticaretinden çok para kazanmışlar. Ancak yaman bir çelişki söz konusu, her ikisi de köleliğe karşı olmalarıyla tanınıyormuş vakti zamanında.

Financial Times'ın haberine göre, Rothschild'lerin köle sahipleriyle bankalarından kredi kullandırdıkları kişilerle yaptıkları anlaşmalarında köleleri "teminat" olarak kabul ettiklerini öğreniyoruz.

"Yeni Dünya Düzeni" semavi dinlerin Kabala felsefesi içinde senkretize/bağdaştırma edilerek, "sivil hürriyetler mücadelesi" maskesinin ardında yeryüzündeki bütün insanları –Tanrı'nın seçilmiş kulları hariç– kendi küresel faşist/komünist "Tanrı İmparatorluğu" devletinin kölesi yapma projesidir. Aslında dün bugündür ve daha sistematik olarak kurgulanmaktadır.

Günümüzde J. P. Morgan Chaze gibi küresel merkez sermayenin monopollerinden birisi, *"solcu" Tony Blair'e danışmanlığı* için milyonluk ödemeler yapmaktadır.

Daily Telegraph gazetesi, Blair'e yaptığı danışmanlık için senede 2 milyon sterlin ödendiğini yazmıştı.

Şimdi daha dikkatli okuyunuz. J. P. Morgan, Zürih Finans Servisi, *Kuveyt hükümeti ve Birleşik Arap Emirlikleri'nin "İslamik" yatırım şirketi Mübadala'daki danışmanlık* için Tony Blair'e yılda en az 6 milyon pound ödendiği söyleniyor.

Şimdi daha da dikkat ediniz. *Mübadala, Güney Irak'ta Zubair petrol bölgesini* geliştiren Batılı petrol şirketlerinin konsorsiyumuna katılmak için görüşmeleri sürdürüyordu... Bu görüşmeler sağcı Bush, solcu Blair ikilisinin Irak'ı işgal etmesiyle anlaşmaya dönüşüverdi. Elbette Irak'ın kuzey bölgesinde de Rothschild'ler petrolden paylarına düşeni aldılar.

ABD ve İngiltere giderek George Orwell'in "Büyük Birader"inin kontrol-gözetleme sistemiyle halk köleleştirilirken paracıklar elitlerin kasasına "tam yol ileri" akıtılıyor.

Meşhur üçleme film *Matrix*'teki temel tema "Zion ana sistem", son kalan insanların hayata umutlarını bağladıkları bilgisayardı.

Küresel merkez sermayeyi kontrol eden Tanrı'nın seçilmiş kulları elitlerin de, bir başka ifadeyle Tapınak Şövalyeleri'nin de kendi sanal versiyonları olan "Siyonizm"leri var. *Siyonizm "bütün yolların Roma'ya çıkması" gibi Yeni Dünya Düzeni'nin ana sistemi.*

Siyonizm nedir? Siyonizm, temel unsurlarıyla, küresel finans şebekesine bağlı olarak, kutsal kitapları Babil'in kitabı Talmud ve ezoterik bilgilerin gizli geleneği büyücülük formatlı Kabala olan gizli bir cemiyettir. Kabala/Khabba, gizlenmek veya gizlemek manasına da gelmektedir.

Siyonizm, kahir ekseriyet Yahudi halkının mutluluk ve huzuru için kullanılmamaktadır. Tam tersine Tapınak Şövalyeleri/İlluminati'nin elitleri Yahudi toplumunu arkasına saklandıkları bir perde olarak kullanmaktadırlar.

Siyonizm, acımasız politik bir felsefedir. Siyonizm'e karşı çıkan herkesi "Yahudi aleyhtarı" olarak damgalıyorlar. Bu aslında insan psikolojisine bir çengel atma operasyonundan başka bir şey değil: *Siyonizm eşittir Yahudilik. Bu asla doğru değil.*

Siyonizm'in gerçek kurucusu, tıpkı İsrail Devleti'nin gerçek sahibinin olduğu gibi Rothschild Hanedanı'dır. Yahudi halkı Siyonistlerin umurunda bile değil. Tıpkı "Siyonist Hıristiyan" *Evanjelistlerin İsa Mesih'in yeryüzüne indirilmesi için 144 bin Yahudi hariç*, bütün Yahudileri ölüme göndermekten bahsettikleri *Armagedon Savaşı politik kurgusu gibi*. Yani Kabalacı-Siyonist küresel finans çetesi sözde daha büyük bir gaye için kolaylıkla Yahudi toplumunu harcayabilirler.

Bir hususu belirtelim. Bütün, hatta *çoğunluk Siyonistler Yahudi kökenli de değildir*. Hıristiyan-Protestan/Püriten-Evanjelistlerdir.

Nitekim Başkan Obama'nın yardımcısı *Joe Biden İsrail televizyonuna, "Ben bir Siyonist'im!" demişti*. Pek çok Siyonist'in de *ateist* olduğunu da belirtelim.

Nitekim, "Yahudiler Siyonizm'e Karşı" isimli web sitesi, yukarıda sözünü ettiğimiz hususları teyit etmektedir. Gerçekten Yahudi inancına bağlı Yahudiler, Birleşmiş Milletler'den *Kudüs'ün fiilen milletlerarası bir şehir* olması için istekte bulundular.

Yahudilerin neyi var neyi yoksa mallarına el konulup pek çoğu toplama kamplarına gönderilirken, *ilk kimlik kartlarını yapan şirket, Rothschild'ler tarafından finanse edilen IBM'di*.

Ne yaman çelişki...

Aynı IBM barkot sistemini geliştirdi. Günümüzde de IBM Credit Corparation "Verichip Corporation"ın ana firması olan "Applied Digital Solutions" şirketini finanse ediyor. Bu şirket insanlar için *mikroçip* yapıyor.

Kanadalı araştırmacı yazar *Henry Makow*, ki kendisi de bir Polonya Yahudisi'dir. 1726-1791 yılları arasında yaşamış *Siyonist elitlerden Jacob Frank'ın, Ortodoks Yahudiliğe karşı sapkın satanist bir muhalefet yürüttüğünü*, Batı medeniyetinin ortadan kaldırılması gerektiğini ve eninde sonunda kötülüğün/şeytanın galip geleceğini belirtmiş olduğunu yazıyor.

İşin ucu Türkiye'ye kadar geliyor. Mesih'in gelmesi için "Günahta Arınma" inancının en ateşli uygulayıcılarından olan, aralarında ensest ilişkiler ve pedofili dahil her neviden melanetin yer aldığı *"seçilmiş elit"lerden Jacob Frank*, "Mesih" ve başka bir satanist olan Sabetay Sevi'nin (1626-1676) "enkarnasyonu" olduğunu iddia etmiş... Jacob Frank'ın takipçileri de "Frankist-Sabatay" olarak adlandırılmıştır.

Kanadalı bir haham olan Gunther Plaut 1988 yılında yayımladığı *Mesih Olacak Adam* adlı eserinde, Almanya'da Hitler döneminde *Yahudilere olanların sorumlularının Frankistler* olduğunu belirtiyor.

Gunther Plaut kitabında, Jacob Frank hakkındaki bulguları bir araya getirmiş. Frank, Yahudileri "Yeni Dünya Düzeni" açısından bir engel olarak görüyormuş.

Birçok önemli sosyalist-komünistin, önemli Nazi liderlerinin Yahudi veya yarı Yahudi olduğunu artık biliyoruz. Ancak genel olarak liderlik konumundaki Yahudi-Hıristiyan Siyonistler gibi Sabetay-Frankist olup ve geri kalan Yahudi popülasyonunu Yeni Dünya Düzeni planlarını uygulamak için kullandıklarını anladığımız zaman arkada bir sır kalmıyor.

Kendisi de bir Alman Yahudisi olan ve 1964 yılında basılan *Hitler Gelmeden Önce* adlı kitabın yazarı Dietrich Bronder'e göre, Adolf Hitler dahil, Hess, Goebbels gibi çok sayıda Nazi ileri geleni Yahudi kökenli ve Thule cemiyetinin gizli üyeleriydiler.

Thule teşkilatı Almanya'da Nazileri iktidara getiren gizli cemiyetlerden biriydi.

Frankistlerin ve Sabetayistlerin çalışma şekli, her dine ve ideolojiye sızıp farklı rollere bürünmektir.

Makow yukarıda bahsettiğimiz eserinde şöyle yazıyor:

"Ya Hıristiyan ya Yahudi ya da Müslüman gibi görünüyorlar. Tipik bir örnek *John Kerry, İrlandalı bir Katolik olduğunu iddia etse de babası CIA için çalışan bir Frankist Yahudi, annesi ise Forbes'lerdendi.* Obama'nın annesi de Frankist/İlluminati Yahudisi olabilir. Başka bir misal, İngiliz Rothschild'lerin Yahudi olmayanlarla evlenip Yahudi'ymiş gibi davranmalarıdır. Hepsi İlluminati satanistleridir."

Bu arada anne ve babası da Hitlerin toplama kamplarında çile çekmiş, sülalesinin bütün mensupları Naziler tarafından katledilmiş olan Yahudi asıllı Profesör Norman Finkelstein tarafından kaleme alınan *Soykırım Endüstrisi: Yahudilerin Acılarının İstismarının Yansıması* adlı kitap mutlaka her entelektüel tarafından okunmalı.

Finkelstein, günümüzde Siyonist çevrelerce iddia edildiği gibi "soykırım"dan kurtulanların sayılarının 1945'te 100.000 iken, 1977 yılında nasıl 1.000.000'a (bir milyon) yükseldiğini, "soykırım endüstrisi"nin sahipleri olan Siyonistlerin sahte kurbanlar yarattıklarını anlatıyor. Elbette dahası da mevcut.

C. PARANIN MANİPLE ETTİĞİ "MÜSLÜMAN TERÖRİSTLER" VE AJANLAR

Eski Alman Mili Savunma Bakanı Andreas Von Bülov, 1970 ve 1980'lerin en meşhur "Müslüman teröristi" Abu Nidal'ın MOSSAD ajanı olduğunu söylüyordu.

Önce terörizm gibi bir mesele oluşturuyorlar, hemen akabinde daha fazla "kontrol" ve "savaş" gerçekleştirmek için sözüm ona çözümleri sıralıyorlar.

FBI, web sitesinde yıllarca yer alan ismiyle *Adam Yahiye Gadahn bir Amerikan vatandaşı.* El-Kaide'ye malzeme taşıyan kişi olarak en çok aranan teröristler listesinden bir isim. Bu adam pespaye video görüntüler ile "gâvur"lara karşı şiddete davet ediyordu. FBI'a göre muhtelif terörist saldırılarda yer almıştı. Başına bir milyon dolar ödül kondu. Amerikan halkı bu "Müslüman terörist" hakkında bilgi vermeye davet ediliyordu.

Sonra ne oldu dersiniz?

FBI'ın "Müslüman terörist"i Adam Yahiye Gadahn'ın adı gerçekte "Philip Pearlman" idi. *Dahası bir Yahudi'ydi.* Dahası Yahudi Yardım Fonu Birliği'nin başkanı ve Damgalama Cemiyeti mensubu olan *Dr. Carl K. Pearlman'ın torunuydu.*

Bir başka "Müslüman terörist" ise "revolutionmuslim.com"dan Yusuf el-Katap adlı kişiydi. Katap, Amerika'da zina suçu için kırbaç ve taşlama gibi "şeriat" kanunlarının uygulanmasını istiyordu. Bu web sitesinde Hürriyet Heykeli kafasında bir balta ile resmedilmiştir. Sitede ölü bir Amerikan askeri ile Amerikalı bir gazetecinin kafasının kesilmesi videoları yayınlanmıştı... Sonra anlaşıldı ki

"Müslüman Terörist" Yusuf el-Katap'ın gerçek adı Joseph Cohen idi. Üstelik *Siyonist bir aileye* mensuptu.

Açıkçası Kabala temelli "din-siyaset-para" politikaları birlikte yürütülüyordu. Bu politikaların başarıya ulaşması için de her şey meşruydu.

1950 yılında, ABD Senatosu'nun Dış İlişkiler Komitesi'nde bir konuşma yapan bankacı James Paul Warburg, "İstesek de istemesek de *bir dünya hükümetimiz olacaktır.* Bilmemiz gereken bu dünya hükümetinin işgalle mi, yoksa gönül rızasıyla mı sağlanacağıdır" diyor.

Bankacı James Paul Warburg, ABD Merkez Bankası Federal Rezerv'in kuruluşundaki kişilerden olup *Siyonist Paul Warburg'un oğludur.*

Bir gün fırsat bulup da ABD'ye giderseniz şayet, mutlaka Yale Üniversitesi'nin bulunduğu şehri ziyaret ediniz. Orada ABD'nin kurucu babalarının çoğunun mezarları bulunuyor ve mezar taşları Siyonist sembollerle doludur.

Malum bir de "protokoller" meselesi var. İlk kez 1903 yılında görülen, Sergius Nilus tarafından yazılan *Siyon Liderlerinin Protokolleri* kimliği meçhul Yahudi bilgelerinin kahal toplantısında verdiği talimatlar temelinde "Yahudi milletinin dünya egemenliğini sağlamak" için oluşturulan "başucu kitabı" olduğu ileri sürülen bir kitaptır. Dünyanın bütün dillerine çevrilen bu kitabın yazarı hukukçu ve Ortodoks papazı Sergey (Sergius) Aleksandroviç Nilus olup protokollerin tam metni ilk kez 1905'te Rusya'nın Saint Petersburg yakınlarındaki bir sayfiye şehri Tsarskoe Selo'da yayımlandı.

İngiliz yazar Lucien Wolf 1920 yılında yazdığı *The Trivialities of Nilus* (Nilus'un Saçmalıkları) isimli makalede protokollerin saçma olduğunu yazıyordu. Hakkında pek çok iddialar bulunan *Siyon Liderlerinin Protokolleri* ile alakalı en yaygın kanaat bunların 1897 yılında İsviçre'nin Basel şehrinde toplanan Siyonist Kongresi'nin gizli tutanakları olduğudur.

Bu protokol düzmece veya gerçek, ancak açık açık savaşlar, devrimler, darbeler yaratmaktan, insanların geçim masraflarını yükseltmekten, ülkelerde kargaşa ve huzursuzluk çıkarıp çare olarak bir dünya hükümetinin kurulacağından söz ediyor... Günümüzde de olanlar bunlar değil mi?

Bu hususta daha geniş bilgi sahibi olmak isteyenler *Yahudiliğin Tarihi ve Siyon Liderlerinin Protokolleri*[329] adlı Will Durant ve Roger Lambelin tarafından yazılan kitabı okuyabilirler.

Bugün araştırmacıların ortaya koyduğu bir gerçek vardır. Rusya'daki 1917 Bolşevik Devrimi'ni Rockefeller, Harriman ve Carnegie imparatorlukları finanse etmiştir. Bunlar Amerikan halkına Federal Rezerv (FED) kuruluşunu zorla kabul ettiren finans elitleridir.

Bu süreçte iki kardeşten de mutlaka bahsetmemiz gerekir. *Dulles kardeşler.*[330] Kardeşlerden Allen Dulles, İkinci Dünya Savaşı'ndan sonra CIA'in başkanı, kardeşi de ABD Dışişleri Bakanı oldu.

Dulles bir Hitler ve öjenik (insan ırkının ıslahı) destekçisidir. Siyonist bir proje olan "Paperclip Projesi"nin tam merkezindedir. Paperclip Projesi, bilim insanları, genetik ve beyin kontrolü uzmanlarından meydana gelen Nazi şahsiyetlerinin Almanya'dan ABD'ye kaçmalarını sağlayan projenin adıdır. Bu projenin içinde yer alanlardan biri de "ölüm meleği" lakabıyla ünlü Dr. Joseph Mengele'dir.

John Foster Dulles, ABD Dışişleri Bakanı olmanın yanında Rockefeller ailesinin de damadıdır. Allen Dules CIA'in ilk sivil başkanı olup oldukça kötü bir şöhrete sahiptir. *Siyon Liderlerinin Protokolleri*'ni örtbas edilmesi için her türlü pisliği ve ahlaksızlığı, sahtekârlığı yapmanın yanında ABD'nin gelmiş geçmiş en iyi başkanlarından olan *Kennedy suikastının da tertipçisi olmakla*

329. Will Durant ve Roger Lambelin, *Yahudiliğin Tarihi ve Siyon Liderlerinin Protokolleri*, çev. A. Basad Kocaoğlu, Okumuş Adam Yayınları, İstanbul, 2004.

330. Stephen Kinzer, *Dulles Kardeşler: John Foster Dulles, Alen Dulles ve Gizli Dünya Savaşları*, çev. Arda Vardar, Profil Yayıncılık, İstanbul, 2016.

suçlanıyor. Bu hususta da daha geniş bilgi sahibi olmak isteyenler Peter Grose tarafından yazılan *Centilmen Casus Allen Dulles* adlı kitaba başvurabilirler.

Dulles kardeşler Soğuk Savaş'ın zirvede olduğu 1950'li yıllarda güçlerinin doruğundadır. ABD'yi, sonuçları günümüzde hâlâ görülen bir dizi dış ve iç maceraya sürüklediler. Yukarıda kaynak olarak verdiğimiz Stephen Kinzer'in *Dulles Kardeşler* kitabı bu iki kardeşin Amerikan kültürüne ve tarihi geçmişine tamamen aykırı, sıra dışı hayat hikâyelerini anlatıyor.

Kinzer'in *Dulles Kardeşler* kitabı, dine saygıdan tutun da, kovboy filmlerine kadar, millet bilincini şekillendiren gizli etkenleri bulmaya çalışıyor ki bu kovboy filmleri genellikle kanunsuzlarla dolu bir kasabayı, sorun çıkaran herkesi öldürerek temizleyen asil bir silahşoru anlatır. İşte Dulles kardeşler de kendilerini bu silahşorlar gibi görmüşler ve hâlâ birçok Amerikalı, ülkelerinin dünya üzerindeki rolünün bu olduğunu düşünüyor.[331]

Yeni Dünya Düzeni Tapınak Şövalyeleri ve benzeri gizli kardeşlik teşkilatlarının dayanışmasıyla "kan" ile sulanarak olgunlaştırılıyor. Eğer ortada böyle bir ezoterik proje var ise "dine başvuru" da vardır. Dine başvurunun olduğu yerde "seçilmişler, casuslar" ve hepsinden önemlisi "para"nın mutlak gücü de vardır.

İnsanlık çaresiz mi?

Hayır...

Martin Luther King'in söylediği gibi:

"Sırtımızı/belimizi doğrultup hürriyetimiz için çalışmalıyız, belimiz dik durdukça kimse üzerimize binemez!"

1984'ün yazarı George Orwell de şöyle demiş:

"Diktatörlük, devrimi korumak için kurulmaz, devrim diktatörlük kurmak için yapılır."

331. Stephen Kinzer, a.g.e., "Tanıtım Önsözü".

D. BLUE BEAM PROJESİ (MAVİ IŞIN PROJESİ) VE NÖRO-MESİH

Kuantum fizik ve monatomik elementlerin etkisi başta olmak üzere, insanlığın bu döneminin en önemli ilmi kabullerinden biri, artık evrende yalnız olmadığımızdır.

Dünyanın içinde ve çevresinde insan olmayan birçok canlı unsurlar-ırklar mevcut.

Eninde sonunda bunlarla ilişki kurulması kuvvetle muhtemeldir.

İtalyan bir kesiş olan Giordano Bruno, 1600 yılında başka dünyaların da mevcut olduğuna dair görüşleri sebebiyle Engizisyon Mahkemesi'nce idam edilmiştir... Ancak Papa'nın Cizvit astronomu Peter Gabriel Funes, 2008 yılında Vatikan gazetesine, uzayda Tanrı'nın yaratmış olduğu zeki varlıkların bulunduğunu belirttikten sonra Mars'taki hayatın da göz ardı edilmemesi gerektiğini yazmıştır.

Maalesef insanlık tarihine baktığımızda, belirli bir konu hakkında, belirli bir algılama seviyesine gelmeden önce hep alay konusu yapılması veya bütünüyle görmezden gelinmesidir... Mesela eskiden Dünya'nın düz olduğuna inanılması gibi.

Artık insanların hayatı algılaması, gerçeği kavraması, müthiş bir değişim sürecine girmiş durumda. Zira "Beyin, mekân-zaman boyutlu bir hacimdir".[332]

"İmajlar vardır, şeyler bile imajlardır çünkü imajlar kafada, beyinde değildir. Tersine diğerleri gibi bir imaj olan beyindir."[333]

---

332. Gilles Deleuze'le Söyleşi, *Cahiers du Cinema*, sayı 380, Şubat 1986, s. 25-32.

333. Gilles Deleuze'le Söyleşi, "Altı Kere İki, (Godard) Üzerine Üç Soru", *Cahiers du Cinema*, sayı 271, Kasım 1976.

Bir imaj olan beyin kolaylıkla film endüstrisi ürünleriyle manip-le edilebilmektedir. Çünkü beyin tekildir. Beyin ekrandır. Dilbilim ve psikanalizle sinema arasında bir bağ kurulamaz. Tersine *moleküler biyoloji* ve *sinema* arasında alakalar tesis edilebilir. Düşünceler molekülerdir. Bizim gibi yavaş varlıklar moleküler hızlardan oluşur. Michaux'un söylediği gibi *insan fantastik hızlar sayesinde varlığı mümkün olan, yavaş bir yaratıktır.* Beynin devre bağlantıları, kendilerini işaret eden uyarıcılar, hücreler, moleküllerden önce var olmazlar. Sinema tiyatro değildir; bilakis gövdesini moleküllerin dışında inşa eder. İmajların yalın her yönde bir aradalıklarının dolup taştığı bu bağlantılar genellikle paradoksaldır. Sinema, görüntüyü hareketlendirdiğinden, daha doğrusu görüntüye bir öz hareket (auto-mouvement) boyutu kattığından, sürekli olarak "beyin devrelerini çizer", yeniden çizer... Kötü sinema her zaman için bir düşük kapasiteli beynin ürünü olan şiddet ve cinselliğin, ucuz bir vahşet ve örgütlü bir salaklık içinde anlatıldığı devrelerden oluşur. Gerçek sinema başka bir cinsellik, başka bir şiddet boyutuna ulaşır, bu boyut "molekülerdir", konumlandırılamaz.

Örnek olarak Losey'in karakterleri durağan bir şiddetle doldurulmuştur ve hiç hareket etmedikleri ölçülerde daha şiddetli hale gelirler. Düşüncenin hızları olgusu, üşüşme ve donmalar, hareket-imaj kavramından ayrılmaz niteliktedir. Lubitsch'teki hıza baktığımızda görüntünün içine, gerçek düşünceleri, şimşekleri ve düşünsel hayatı nasıl soktuğunu görmemiz mümkündür.[334]

1. *Gözdeki Ölüm* ve Sinema ya da Holografik Mesih

İşte böyle bir "dönüştürücü silah" olan sinema endüstrisi Yeni Dünya Düzeni'nin en etkili "kitle imha" silahıdır. Nitekim Stephane Zagdanski'nin 2004 yılında yayımlanan kitabının adı, *Gözdeki*

334. Gilles Deleuze'le Söyleşi, *Cahiers du Cinema*, sayı 380, Şubat 1986, s. 25-32.

Ölüm - Bakış, baskı, yalan, köksüzleştirme, ayartma, manipülasyon, yıkım, kötüye kullanma olarak sinemanın eleştirisi."

Stephane Zagdanski'nin tezine göre, en rafine estetik ürünlerine varıncaya kadar, sinema yırtıcı bir endüstri oldu hep: Hipnozla ve manipülasyonla ta baştan beri el eleydi. İdeolojik bakımdan doğuşu Lumiere kardeşlerin icadı değil, İsa'dan önce 4. yüzyılda Platon'un mağarasıydı; işte bu mağarada kudurgan bir güruh büyüye kapılmış gidiyordu. "Sinema kendini sanatın mirasçısı zanneder, ama olsa olsa klonlamanın atasıdır, hayat taklidi yapan bir *ölüm tekniğidir*."[335]

Hollywood sinemasının *E.T.* örneğinde olduğu gibi, "E.T./dünya dışı varlık" açıklaması, insanlığın hürriyeti için değil, aydınlanması için hiç değil, sadece Yeni Dünya Düzeni kurgulayıcılarının topyekûn insanlığı "kontrol" planına uygun düşeceği için gerçekleştirileceklerdir.

Bu hususla alakalı muhtemel senaryolar var. Bunlardan en önemlisi "Project Blue Beam / Mavi Işın Projesi"dir.

Kanadalı gazeteci Serge Monast tarafından 1990 yılında ifşa edilen bu proje hakkında çok sayıda spekülasyon mevcut. Birincisi, Monast, 1996 yılında, araştırmalarını devam ettirirken bir kalp krizinden öldü. Dahası bu proje üzerinde çalışmakta olan bir başka gazeteci de kalp krizinden hayatını kaybetti.

Monast, 1994 yılında araştırmalarının sonucunda, Blue Beam Projesi'nin bir NASA operasyonu olduğunu ve Yeni Dünya Düzeni'nin hayata geçirilmesini destekleme maksatlı ve çok yönlü bir plan olduğunu açıklamış.

Projeye göre, uydulardan, *holografik teknoloji* yansıtılmak suretiyle sahte bir "dünya dışı varlıkların dünyayı işgali" sahnelenecek, senaryo, dünyadaki dini karakterlerin bir araya gelerek dünya için "tek gerçek" ve "Tek Dünya Dini" önerecekleri bir şekilde devam edecekmiş.

---

335. Ulus Baker, *Beyin Ekran*, Derleyen: Ege Berensel, Birikim Yayınları, İstanbul, 2011, s. 79.

Bir başka anlatımla senkretik/bağdaştırılmış Tek Dünya Dini. "İbrahimi dinler" söylemi bu projenin uç vermiş hali olup, İslam öncelikle Hz. Muhammed'siz hale getirilmek isteniyor. Önce *"deist" bir dünya dini,* arkasından büyü formatlı Kabala inancı insanlığa dayatılacak.

Nitekim Kanadalı gazeteci Monast'ın şu açıklamaları bizim görüşlerimizi doğrulamaktadır. Daha önceki kitaplarımda da yazdığım gibi bu proje din-siyaset-para üçgeninde yürütülen Mesih/Mehdi fenomeni ile öncelikle İslam dünyasının Mehdi'yi bekleyen "Avanak Avni"lere dönüştürülmesi çalışmaları olup, tamamen Kabala temelinde bir projedir. "Blue Beam Projesi", 2000 yıl önce yer almış olan, eski kehanetlerin evrensel olarak yerine geldiği aldatmacası olacak. Sinema perdesi olarak gökyüzü veya yaklaşık *gökyüzünün 96. kilometresindeki "sodyum tabakası" kullanılacak.* Uzaydaki *lazer ışınlayan uydular, dünyanın dört bir köşesine, dini inançlara göre, her dil ve diyalektte görüntüler yumağı yansıtılacak.*

Yeni Dünya Düzeni için kurgulanmakta olan senkretik din/Kabala özellikle Mesih/Mehdi fenomeni üzerinden *gökyüzünde kurgulanacak.* Semavi dinler başta olmak üzere dinlerin gökyüzü gösterisini, uyduları koordine eden ve daha önceden hazırlanmış yazılımları harekete geçirecek olan *dev bilgisayarlar* gerçekleştirecek.

Holografik görüntüler, optik fenomen ve akustik ELF, VLF ve LV'ye aynı derecede uygulanabilen derin bir açı ile meydana getirilecek olan görüntü veya hologramı oluşturmak üzere bir araya getirilen, hemen hemen aynı sinyallerle devreye girecek gösterilerden meydana gelecek. Bu süreç uydu-HAARP-CERN üzerinden yürütülecek.

Mesih/Mehdi gösterileri, belirli bir ülkeye ve dini bölgelere göre ayarlanacak, özel olarak dünyanın farklı farklı bölgelerinde yansıtılacak olan muhtelif holografik görüntüleri kapsayacak. Dünyanın hiçbir yeri bile atlanmayacak. Uzayın derinliklerinden geliyormuş gibi "bilgisayar animasyonları ve sesleri" kullanılacak, her inanca mensup insanlar, oldukça inandırıcı bir şekilde kurtarıcılarının, yani Mesih/Mehdi'nin geldiğine şahit olacaklar!

2. Holografik Mesih/Mehdi ve Deizm

Kanadalı gazeteci Monast, Hz. Musa, Hz. İsa, Hz. Muhammed, Buda, Krishna gibi peygamberler ve dini liderlerin holografik görüntülerinin semaya/gökyüzüne yansıtılıp, hedeflenmiş olan Tek Dünya Dini, senkretik/bağdaştırılmış dinin yani Kabala formatlı "Tek Gerçek Tanrı"nın oluşturulacağını belirtiyor. Böyle bir inanç *deist olup hiçbir dini kabul etmez.*

Pek çok kaynak ve Hollywood sineması bazen üstü kapalı bazen açıktan Tek Dünya Dini, dünya dışı varlıklar konuşunu sık sık işleyen filmler yapıyor ve husus gazeteci Monast'ı doğrular nitelikte.

Yeryüzünü işgal edecek olan "dünya dışı varlıklar" meselesi üzerinde durulması gereken bir mesele. Zira tek dünya ordusu, küresel bir askeri güç için oldukça uygun bir gerekçe yani Yeni Dünya Düzeni için *mesele-reaksiyon-çözüm* sacayağı üzerinden yürütülen çare tekniği.

Holografik teknolojiye bile gerek kalmadan, bunca yıldan beri gizli askeri üslerde denemeleri gerçekleştirilen anti-gravite uçan daireler (UFO) kullanılarak da bir "UFO gösterisi" tezgâhlanabilir. Açıkçası UFO'ların dünya dışı olup olmadığı, en azından tamamının olmadığı kesin gibi bir durum.

2009 yılında, Bulgaristan hükümeti, dünyada zaten dünya dışı varlıkların olduğunu ve onlarla iletişim içinde olduklarını duyurdu.

Bulgaristan Bilimler Akademisi Uzay Araştırmaları Enstitüsü'nün müdürü olan Lachezar Filipov, basına verdiği bir demeçte şöyle diyordu:

"Etrafımızda bir sürü dünya dışı varlık var ve devamlı olarak bizi takip ediyorlar."

Aralık 2009'da *Kuzey Norveç'te gökyüzünde mavi spiral bir ışık peyda* olmuştu. Hem de tam Obama'nın Norveç'te Nobel Barış Mükâfatı'nı kabul konuşmasını yapacağı günden bir gün öncesiydi.

Ortasından mavi bir ışık fışkıran spiral 20 dakika sonra kaybolmuştu. Halen YouTube'da bulunuyor. Bunun başarısız olmuş bir Rus füze denemesi olduğu iddia edildi. Ancak kimse inanmadı.

Işık, Avrupa Uyumsuz Dalga Bilimsel Birliği (European Incoherent Scatter Scientific Association - EISCAT) tesislerine çok yakın bir noktadaydı. Bu tesis meşhur Alaska-Gakona merkezli HAARP'ın anten çiftliği olarak biliniyor. Bu durum Kanadalı gazeteci Serge Monast'ın planlandığını ifade ettiği mevcut teknoloji ile örtüşmekteydi. İnsanlığın kafasını kolayca karıştırmaya yönelik manipülasyonların yapılacağı anlaşılıyor. Resmi makamların dünya dışı varlık/E.T. yaklaşımları, Hollywood film endüstrisinin sürekli bu hususu işlemesi, yazılı ve görsel basında her zamankinden fazla yer alması... Bunların arkasından bir şeylerin geleceğini gösteriyor.

Tıpkı 11 Eylül 2001 saldırıları öncesinde Hollywood'un yaptığı filmler ve İkiz Kuleler'e uçakların çakılması gibi... Zayıf ihtimaller üzerinden küresel şoklar.

Çare!?

Yeryüzünde 7.4 milyar insan yaşıyor. Bunların yüzde 99,9'u köleleştirilmiş ve/veya köleleştirilecek milyarları oluştururken, köleleştiren sadece küçük bir elit grup/seçilmiş soy.

İnsanlık karşılıklı sevgi, saygı, destek, şefkat ve empati ile bir araya gelmek mecburiyetinde. İnsanlığı bölüp parçalayan, din, siyaset, ırk, kültür çatışmaları ve gelir düzeyi gibi mevcut sistemi kurgulayan seçkinlerin üretmiş olduğu kavramları bir kenara bırakmak zorunda. Elbette bu, insanların inançlarından, kültürlerinden vazgeçsinler manasında değil. Sadece "bölünmenin silahı" olmalarına izin vermemeliyiz. Çünkü sistem sadece Müslümanları, Hıristiyanları, Budistleri, zencileri ve hatta Yahudi toplumunu köleleştirmek istemiyor, topyekûn insanlığı köleleştirmek istiyor.

Her adım kitleler halinde atılırsa "sistem" asla başa çıkamaz.

Nitekim İsrail'deki liseli gençlerden bir grup, "Shministtim"/12. Sınıflar Hareketi ile İsrail'in Filistin'i işgal edip Gazze'deki masumları öldüren İsrail ordusuna hizmet etmeyi reddettikleri için hapse atılmayı göze aldılar. *Bu gençlerden biri MOSSAD'ın başkan yardımcısının oğluydu.*

Diğer taraftan Amerikalı-Yahudi genç bir hanım Anna Baltzer, İsrail'in işgali altındaki Batı Şeria'ya geçip Filistinlilerin mağduriyetini kendi gözleriyle gördükten sonra, Siyonizm'e ve sisteme tam anlamıyla cephe almış.

İlk yapılacak şey ışığı yakmaktır. Arkasından hepsini yapmak mümkündür. Aksi takdirde karanlıkta savrulur durursunuz.

Şarkıcı John Lennon "Revolution" ("Devrim") şarkısında şöyle sesleniyor:

Kanunu değiştireceğini söylüyorsun
Peki biliyor musun?
Hepimiz senin kafanı değiştirmek istiyoruz
Bana "sistem"in yüzünden diyorsun
Peki o zaman, sen
En iyisi "aklı"nı değiştir...

Şayet belanın kendiliğinden gideceğini hâlâ umut ediyorsan, bu artık ihtimal dahilinde bile değil.

Aslında her insan kuzu kılığına sokulmuş bir aslandır. Fakat topyekûn insanlığın köleleştirilmesini önlemek istiyorsak içimizdeki aslanı serbest bırakmak mecburiyetindeyiz.

Tıpkı Şair Percy Shelly'nin aşağıdaki şiirinde dediği gibi:

Alt edilmez sayılarla
Kalk, uykudan uyanan bir aslan gibi!
Sen uykudayken üzerini kaplamış çiyleri
Dünyaya doğru şakırdat, bir zincir gibi!
Siz sayıca çoksunuz
Onlar ise neredeyse yok gibi!
Haydi, artık kalkın da gidelim!

E. BİREY VE KİTLELERİN AKIL VE DUYGULARININ ÇEŞİTLİ TEKNİKLERLE MANİPÜLASYONU: ZİHİN KONTROLÜ

1969 yılında Dr. Richard Day, bugün ABD'nin pas kuşağı şehirlerinden olan Pittsburgh'ta doktorlara şöyle diyordu:

"Her şeyin iki gayesi vardır. Birincisi, insanların kabul edebileceği görünürdeki gaye, ikincisi ise yeni sistemi kurarken ileriye dönük gizli gaye."

Birinci safhada gizli bir mesele oluşturun; mesela bir terörist saldırı, ekonomik kriz, savaş, hastalık salgını gibi.

İkinci safha da kitlelere, çoğunun sahibi "seçilmişler"den oluşan medya vasıtasıyla meseleyi geniş kitlelerin inanmasını istediğiniz bir tarzda sunun.

11 Eylül 2001 saldırılarında 19 Müslüman Arap uçak korsanı hikâyesi aynen böyle bir şeydir. Tek motorlu bir Cessna uçağını uçurmaktan bile âciz olan baldırı çıplaklar devasa bir yolcu jetini uçurmayı başarıyorlar. Artık milyonlarca insanın tepki dolu korkularıyla beslenen algılarının yatıştırılması gerekir. İnsanlar "bunun için bir şeyler ivedilikle yapılmalı" histerisi ile kafası kesilerek ortalığa bırakılmış tavuk gibi oradan oraya zıplayacaklardır.

Kitlelerin kahır ekseriyeti, meseleyi suni olarak oluşturan güçle, gücü kontrol edenlerin ve çözüm önerenlerin aynı merkez olduğunu bilmez... Zayıf ihtimaller üzerinden küresel şoklar oluşturulur.

11 Eylül 2001 ve terör tehdidi olmasaydı küresel komplo bu kadar hızlı yol alamazdı. Yerden kontrol edilen uçaklarla İkiz Kuleler'e saldıranlar bu saldırıdan bir müddet sonra "Global

Hawk" adı verilen uzaktan kumandalı uçak teknolojisiyle pilotsuz olarak dünyayı dolaşabilecek uçakları piyasaya sürdüler. Maksat İkiz Kuleler üzerinden insan psikolojisi üzerinde maksimum darbe etkisi yapmaktı. Başarılı da oldu.

11 Eylül 2001 saldırılarında uçağı kaçırdığı iddia edilen hava korsanlarından biri olan Muhammed Atta, hava korsanlarının eğitildiği Florida-Venice Belediye Havaalanı'nda CIA için uyuşturucu işi yaptığı ortaya çıkıyordu. 11 Eylül'den önce, Pakistan Inter Service İstihbarat Ajansı tarafından Atta'ya 100 bin dolar havale gönderilmişti ve uyuşturucu içindi.

Aslında bir taşla iki kuş vuruluyordu. Küresel finans oligarşisinin –nasıl mütedeyyin Yahudiler umurlarında bile değilse– ABD de umurlarında değildi. Maksat Amerika'yı iyice zayıflatıp Kuzey Amerika Birliği/Amero (ABD-Kanada-Meksika ortak para birimi) içinde eritip bölgelere/eyaletlere ayırmak. Zaten Teksas ve Kaliforniya bu yönde yüksek seslerin çıktığı iki önemli eyalet. Hatta Başkan Nixon döneminde ABD'nin bölgesel halini gösteren bir harita bile çıkarılmıştı.

1. Nöro-Linguistik Programlama

Askeri ve resmi zihin kontrol program ve teknikleri 1990'lı yılların sonlarından beri pervasızca yürütülüyor.

Mesela Obama fenomeni, 1980'lerden beri hazırlanan, olabilecek en açık seçik zihin kontrol ürünü: Umut-değişim-inanç kelimeleri, bu manipülasyonun tam merkezidir. Bu üç kelime "algılama" ve "davranışı etkilemek" için kullanılan "Nöro-Linguistik Programlama" tekniğinin bir zarureti.

Buna konuşma yoluyla hipnoz deniliyor...

Obama bu tekniği devamlı olarak kullanıyor. Obama, Hillary Clinton ve John Mac Cain'e karşı kampanyalarında bir yıl süresince hep "umut", "değişim" ve "inanılacak bir şey" kavramlarını tekrar edip durdu.

"Umut" hep geleceğe, yarına yönelik bir kavramdır. Ve "umut" lunaparkta atlıkarıncadaki ata binmek gibidir. *Ne derece hızlı dönerse dönsün öndeki ata yaklaşamazsın bile.*

Buradaki ana fikir nihayetinde vasıl olunacak hayal kırıklığına mukabil sizin atlıkarıncadaki atta kalmanızı sağlamakla yetinmeye *razı olmanızdır.* Sistem buna dayalıdır ve "umut" bunun için kullanılır.

Bu noktada gelecek pazarlamacılarını korkutan en önemli husus "gelecekte bir zaman" projesine/projelerine olan umutlarını "kaybeden geniş halk yığınlarının adalet ve hürriyet isteme ihtimalleridir. Küresel finans oligarklarının başını çektiği Yeni Dünya Düzeni tasarımcıları böyle bir *karabasanla karşılaşmamak* için de geniş kitlelerin bu arzuları gerçekten istedikleri değil, sadece ve sadece –Anadolu insanının deyimiyle– "havaslanacakları" bir seviyede tutmak için gerekeni yapar.

Nasıl mı? Medya, yani TV. Hollywood ne güne duruyor? Kitlelerin işi, aşı ve evi yoktur ama umutları vardır.

"Değişim", Başkan Obama'nın kampanyalarındaki bütünüyle paraya bağımlı kampanyasının tamamı tek bir kelime üzerine üzerine oturtuldu: "Değişim."

Mevcut sistem öyle devasa kitlelerin oluşmasına sebep oldu ki, yeryüzü –başta ABD olmak üzere– hayatının gidişatından memnun olmayan insanlarla dolu.

Statüko kitleler tarafından şikâyet konusu ise, o takdirde "değişim" kelimesini kullanan, ne manaya geldiğini bile bilmeyen, mesela Obama gibi birisi olsa da, kitleleri etkileyen olağanüstü bir mesaj olabiliyor.

Dr. Day'in 1969 yılında söylediklerini yukarıda belirtmiştik: İnsanlar değişim fikrine o derece alışacaklar ki, değişimi beklemeye başlayacaklar. Hiçbir şey devamlılık arz etmeyecek. "Çokomel" Obama'nın kurmaylarının başarısındaki sır buradadır. Bu ise "anı yaşa" yarın "değişim" olacak düşüncesini besleyen postmodernizmden başka bir şey değildir.

"Umut", "değişim", "inanç" siyaset bağlamında ne manaya geliyordu?

Ne için *umut?*

Neyin *değişimi?*

Neye *inanç?*

Bu soruların cevap olarak içini doldurmak "Çokomel" başkan adayı için zarar verici olabilirdi... İş tamamen bir algı ve zihin kontrol operasyonuydu. Önemli olan "Bay Temiz" ve "Bay Samimi" profilinin oluşturulması taktiği idi.

Proje, Obama'yı geniş kitlelerin umudu, inancı ve değişmesini arzu ettiği her şeyin dolgu malzemesi haline getirmekti. Bu vaziyette *umut, inanç ve değişim için hiçbir belirgin hususa gerek yoktu. Çünkü siz ne istiyorsanız onlar onu söyleyeceklerdi.* Beni ne olarak istiyorsanız ben "o"yum mantığı ile derin bir ayrıntıya girmeye lüzum kalmadan ortalıkta sadece "umut", "değişim" ve "inanç" kavramları dolaştırılıp duracaktı.

Amerikan halkı ve hatta topyekûn insanlık Obama'yı sadece Mesih olarak değil, herkesin beklentisine uygun olarak Abraham Lincoln, JFK veya Buda veyahut Müslümanlar için uydurulan göbek adı "Hüseyin" olarak görmenizi istiyorlardı.

Hasılı Obama, *herkesin kendi zihninin bir ürünü olarak içini doldurabileceğiniz kendin yap bir liderdi...* Pek çok manipülasyonda bu oyun geçerli. *Önce bilinçaltınız doldurulur, sonra "oldukça mantıklı" kararlar vermeniz sağlanır.*

Obama başkan seçilince, Rockefeller ailesinin damadı ve Obama'nın "eğitimci"lerinden *Zbigniew Brzezinski'nin kitaplarındaki politikalar* birer birer hayata geçirildi. "Değişim" ile kurtarılacağına inanılan Wall Street Bankerleri/bankalarının mağdurları olan Amerikan halkı yerine devasa bankalar Amerikan vergi mükelleflerinin parasıyla kurtarıldı. Halkın kurtarılması da bir başka bahara kaldı.

Obama, Amerikan halkı başta olmak üzere insanları köleleştiren finans oligarşisinin bankacılık sistemine trilyon dolarları verip onların hayatlarını mahvederken, onları evlerinden kapı dışarı ederken de "halkın adamı" imajı pompalandı. "Savaş karşıtı" Obama'nın ilk işi Pakistan'ı bombalatmak oldu. *Dünyanın 130 ülkesinde yer alan 760'tan fazla askeri üs için yılda bir trilyon dolarlık savunma* harcamasını destekledi.

Bu rakam yaklaşık olarak bütün *dünyanın askeri harcamalarının yarısına* denk geliyor.

Hasılı Obama Kabalist oligarkların tetikçisi.

"Sistem" onu, tatlı tatlı gülümseyip, başkalarının eline tutuşturduğu metinleri okuyarak insanları arkasından sürükleyecek olan fareli köyün kavalcısı olarak pazarlıyor.

F. TAVISTOCK / TAPINAK ŞÖVALYELERİ'NİN İNSAN PSİKOLOJİSİ ÜZERİNDEKİ ORTAK GAYESİ

Adına ister Tapınak Şövalyeleri ister İlluminati deyiniz. Ezoterik gizli kardeşlik teşkilatlarının en önemli kurumlarından biri Tavistock Enstitüsü'dür.

Tavistock-ezoterik gerilla savaşının, insan psikolojisi üzerindeki ortak gayesi, *insanların kendisine has ve özel olma duygusunu tamamen yok etmektir*. Zira bu biçimde bir küresel diktatörlük empoze edilebilir ve kitlelere kabul ettirilebilir.

Dünya Sağlık Teşkilatı'nın eski direktörlerinden Brock Chisholm şöyle diyor:

"Tek bir dünya devleti veya hükümetini oluşturabilmek için insanların zihinlerinden, benliklerini silmek lazım." Bunu kolaylaştırmanın en kestirme yolu, liderlerin aynı şekilde düşünmelerini sağlayabilirsen bu durumu genel nüfusa kolayca uygulayabilirsin.

Tavistock Enstitüsü ve benzeri organizasyonların çalışmalarıyla ortaya, tam "ortak gayeli" bir küresel "ortak şebeke" çıkıyor.

Gerek "Marksizm", gerek "faşizm" aynı güç merkezinin kurguladığı, "merkezden kontrol yapısının" iki farkı ifadesidir.

Marksizm-faşizm, küresel bir dünya toplumu meydana getirmek üzere toplumu önce yok edip, sonra birleştirir. Gerçekte, Marksizm ve faşizm arasında hiçbir zaman, toplumların hürriyeti ve sermayenin kontrolü açısından büyük bir fark yoktur.

"Felsefi düşünce" okulu olan "Frankfurt Okulu" 1923 yılında bir grup Marksist tarafından kurulmuştur. Bu okul "politik doğruluk" hareketinin en büyük destekçisidir. Az sayıdaki grubun, çok sayıdaki kitlelere egemen olması Tapınak Şövalyeleri/İlluminati düşüncesinin temelidir.

Diğer taraftan "Hegeliyan Hareketi" de Marksizm ile aynı doğrultudadır. Muhalif güçler, eritilerek veya yok edilerek bir araya getirilmek üzere birbirine karşı kışkırtılır. Bu şöyle tarif edilir: Tez+Antitez=Sentez. Bu hareket adını "Hegel Diyalektik"i ile meşhur olan George Wilhelm Friedrich Hegel'den almıştır.

Gerek Marksizm gerek Hegel Hareketi'nin kurucuları Marx ve Hegel Tapınak Şövalyeleri'nin hizmetindedir. Karl Marx, İngiliz aristokrasisinden bir hanımla evliydi.

Frankfurt Okulu fikri Theodor W. Adorno ile Herbert Marcuse'ye ait olup, Tapınak Şövalyesi Max Horkheimer ve Felix Weil tarafından finanse edilmiştir.

Marksist ve kapitalist entelektüelleri bünyesinde barındıran Frankfurt Okulu, 1935 yılında New York'a taşındı. Daha önce Almanya'nın Frankfurt şehrinde kurulmuş bilahare İsviçre'ye taşınmıştı. 1941 yılında "politik doğruluk" kavramı küreselleşmenin başkentlerinden Kaliforniya'ya taşındı. Böylece Frankfurt Okulu, ABD'de, Amerikan sosyal bilimlerini hâkimiyeti altına aldı. Aşağıda sıraladığımız fikirler ise bu okulun savunduğu ana fikirlerdir. Yeni Dünya Düzeni için postmodern bir düzenleme:

- Irk ayrımcılığını körüklemek ve derinleştirmek.
- Toplumlarda şaşkınlık meydana getirmek için devamlı olarak değişim yapmak.
- Çocuklara çok erken yaşlarda seks ve homoseksüellik ve lezbiyenlik öğretmek.
- Okul ve öğretmenlerin otoritesini baltalamak.
- Milli kimliği yok etmek için büyük çaplı göçler yapılmasını sağlamak (Suriye örneği).
- Aşırı alkol tüketimi sağlamak.
- Kiliseleri boşaltmak veya insanları bir araya getiren ibadethaneleri ve her şeyi hedef almak.

• Suçlardan mağdur olanlar için taraflı bir hukuk sistemi oluşturmak.

• Devlet ve devlet çıkarlarına dayalı bağımlılık sağlamak.

• Medyayı kontrol altına almak, aşırı derecede basitleştirmek veya bayağılaştırmak.

• Ailelerin parçalanmasını teşvik etmek.

"Milli kimliğin yok edilmesi için büyük çaplı göçler yapılmasını sağlama" ifadesi 1978 Washington Mutabakatı ile yeryüzüne dayatılan neoliberalizm-serbest piyasa ekonomisi ile hayata geçirilmiştir. Yüzyıllardır aynı bölgede yaşayan toplulukların işsizlik ve kitlesel göçlerle yok edilmesidir. Bu proje daha sonra işgaller, iç harpler ve Arap Baharı ve Suriye felaketi ile yeni bir boyut kazanmıştır.

Sınırları ortadan kaldıran Avrupa Birliği, sınırsız Kuzey Amerika Birliği, NAFTA, Amero sebepleri hep aynıdır... Ya da gelecek yüzyılda 1000 devlet.

Diğer taraftan toplumun çöküşü, savaşlar, korku, bunalımlar, milli kimlik ve yön kaybı ile sonuçlanan bütün kopukluklar aynı kapıya çıkmaktadır.

G. DİLİN MANİPLE EDİLMESİYLE ZİHİN KONTROLÜ

George Orwell'in *1984* adlı kitabında dile getirdiği konulardan birisi de, dilin maniple edilmesi suretiyle gerçekleştirilen bireysel ve kitlesel zihin kontrolüdür. Günümüzde politik doğruluk, nefret konuşmaları veya nefret suçu yöntemleri ile ifade ediliyor.

Orwell söz konusu eserinde dilin algılama hususunda ne derece önemli olduğunu "Oceania" isimli süper devletin resmi dili için "Newspeak" kelimesini türetmiş ve *1984* adlı eserinde söz konusu ülkede, kelime sayısı her sene biraz daha azaltılıyormuş.

Dikkat ediniz, politik doğruluk, nefret konuşmaları, "cep telefonu metin dili" her biri bütünün parçası olarak günümüzde yerli yerine oturmuş vaziyette. Orwell'in *"Newspeak" adını verdiği uydurma-aldatma dili*, ne kadar *az kelime kullanılırsa, insanların fikirlerini, o derece az ifade edebilecekleri gerçeğine dayanmaktadır*. Fakat bundan bir adım daha ötesi var. Çünkü beş duyuya dayalı bu realitede biz düşünce eylemini de kelimelerle ifade ediyoruz.

Hasılı kullanılan dili sınırlamak, hür düşünme imkânını da yok edecektir.

Diğer taraftan bir milletin meşru, çoğunlukla da önemsedikleri görüşlerini kötü göstermek için, *kelimelerin tanımları yeniden yapılıyor*.

Mesela, "global/küresel" gücün merkezileştirilmesi ile fakir kişi ve ülkelerin "istismar" edilmesi olan "globalleşme"ye karşı olanlara "anarşist", "terörist" gibi yakıştırmalar yapılıyor. Halbuki onlar gerçekte "kartelleşmeye-oligopolleşmeye" ve "kitlesel insan istismarı"na karşı duruş sergileyen insanlar.

Küresel finans oligarşisinin dayatmalarından farklı düşünen, dünyanın yönetilişindeki neoliberal çılgınlığı sorgulayan kişilere "aşırı uç" damgası vuruluyor. Adaletsizlik ve ahlaksızlığa direnirseniz "militan-fanatik" oluveriyorsunuz.

"Batı değerleri", Batı ülkelerinin kendilerinde bile uygulanmaz iken, dünyanın geri kalan milletlerine dayatma gayretleri hem sözde değerlerdir hem de John Gray'in ifadesi ile *kendini beğenmişlikten* başka bir şey değildir.

Neoliberal/postmodern Yeni Dünya Düzeni için *politik doğruluk* ve mevzuatı, kurallar patlaması, yapılması ve yapılmaması gerekenler, bunların hepsi geniş kitleler üzerinde "zihin kontrolü" sağlamak gayesiyle kullanılıyor. "Ortak gaye" tarzındaki organizasyonlar ile sistemdeki yöneticilerin "zihinlerini" maniple ederek kitleleri önce mankurtlaştırmak, sonra köleleştirecek olan kuralları ve mevzuatları zorla dayatıyorlar.

1. Zihin Kontrolü İçin Biyoteknoloji, Genetik, Nöroloji ve "Havuç"ları Elinde Tutan "Şirketokrasi"

Kitlelerin ve bireylerin *zihin kontrolü*, yüksek teknoloji ürünü alet ve edevatlarla dolu biyoteknoloji-genetik-nöroloji laboratuvarlarının labirentlerinde elektroşok veya cezalandırma yoluyla maniple edilen veyahut beyinlerinin farklı kortekslerine-loplarına altınla kaplı, nano-teknoloji ürünü çipler yerleştirilen fareler için kullanılan "aynı/benzer" yöntemlerle gerçekleştiriliyor.

Şayet fareler *yanlış/istenmeyen yoldan giderlerse, devamlı bir şekilde elektroşok veriliyor*, daha sonra artık elektroşok verilmese de, fareler söz konusu yanlış/istenmeyen yola asla gitmiyorlar.

İnsanların zihinleri de, Yeni Dünya Düzeni sisteminin istediği yönde programlanıyor. Nasıl ki bir atın gözünün göreceği tarzda sarkıtılan bir havucu yakalamak için canı çıkıncaya kadar kaçması gibi... Bizim dediklerimizi yaparsan seni rahat bırakırız, aksi takdirde tokadı yersin.

Dikkat ediniz. Fazla uzun değil, ömrünüzün son 15-20 yılında, nereye giderseniz gidin, ne yaparsanız yapın, basın üzerinden sürekli pompalanan kurallar, mevzuat, talimatlar veya emirler karşınıza çıkıyor. Hareket alanlarımız giderek, manipülasyonlarla gerekçeler hazırlanıp, daraltılıyor.

Küresel bir faşist devlete, sosyalist küresel bir şirket ekonomisine doğru daha açık ifadeyle "şirketokrasi"ye doğru adım adım itiliyoruz. Kurallar giderek çetrefilleşiyor, daha hayatı işgal edici hale geliyor.

İnsanlara/geniş kitlelere yönelik olarak manipülasyonlarla desteklenen devamlı ceza ve ceza alma korkusunun insan psikolojisi üzerinde "benzer" etkisi var. Gücünüzü küresel oligarklara verirseniz, elektroşokun farelere yaptığı gibi olur. Her bir kişi otoriteye ve programlanmış davranış motiflerine bağımlılık ve boyun eğmeye sebep olur.

Nitekim Fabiancı düşünürlerden Bertrand Russell, 1931 yılında yayımlanan *Bilimsel Görünüş* adlı kitabında şu satırlara yer veriyor:

"Bilim bize peş peşe, cansız tabiat, bitkiler ve hayvanlar, son olarak da *insanlar üzerinde güç kurma imkânı vermiş*. Bunlar, bilimsel bir toplum meydana getirecek olan *manipülatif idealistler*. Bu tip adamlardan günümüzde, ilk örnek Lenin ve Mao Zedong. Bütün gerçek güç, bilimsel manipülasyon sanatını anlayanların elinde yoğunlaşacak. Bilime, özen ve azimle çalışacak ama egemen sınıfa sıkı sıkıya mahkûm olacak. Egemen sınıfın görüşlerini nasıl oluşturduğunu, genel nüfusun bilmesine izin vermeyecek. Sıradan kadın ve erkeklerin yumuşak başlı, çalışkan, dakik, düşüncesiz ve kanaatkâr olmaları beklenecek. Bütün bu nitelikler arasında en önemlisi ise 'kanaatkârlık' olacak. Bunu sağlamak için gündeme 'psikanaliz' araştırmaları, 'davranış psikolojisi' ve 'biyokimya' sokulacak."

Diğer taraftan, "insan ırkı, bulunduğu her yerde internet bağlantısı oluşturmaya doğru bir yola girmişken, hem kendini hem de dünyayı yeniden yazıyor".[336]

2. Postmodern Dünyada Teknoloji ve Tabii Seyrinden Çıkarılan İnsanlık

Yani 21. yüzyıl bilgi toplumunun, aslında oldukça zayıf bir temeli bulunuyor. Fakat o temelin üzerine de hiç durmadan ağır yükler bindiriyoruz. Gerek şahsi gerek iş bilgisayarlarımızın internet ağlarıyla sarılmış olması bir tarafa, modern dünyamızda geniş kitlelerin bel bağladığı temel altyapılar da internete güveniyor. Giderek bu postmodern dünyada insanoğlu tabii süreçten çıkarılıyor, medeniyetin temel taşları makinelere teslim edilerek gerçekle sanal dünya birbirine karıştırılıyor. Teknolojik gelişmeler ve algı yönetimleriyle insanlar teknolojik her şeye efsunlanmakta, âşık olmakta, arkasına bile bakmadan tam gaz yola devam etmektedir.

Nitekim "kitlesel zihin kontrolü" için giderek artan teknolojik bir destek mevcut. Bazılarına şaka gibi gelebilir ama elektronik flaş, dijital televizyon, istismar ve maniple edilen küresel ısınma gerekçesiyle kullanma mecburiyeti getirilen, enerji tasarrufu sağlayan ampuller de dahil.

Elektronik flaşın insan ruhunu hipnotik bir hale soktuğu, etkisinin pek çok insanda sara/epilepsi krizine bile yol açabileceği iddia ediliyor. Dijital televizyonun da buna benzer bir şekilde zihin üzerinde etkili olduğu, beynin dijital seviyelerine daha yakın enerji bağlantısı kurarak bunu artırmak üzere tasarlanmış olduğu ifade ediliyor.

Avrupa Birliği (AB) tarafından mecburi hale getirilmekte olan enerji tasarrufu sağlayan floresan ampuller de fiziksel ve hipnotik

336. Marc Goodman, *Geleceğin Suçları / Dijital Dünya'nın Karanlık Yüzü*, Timaş Yayınları, İstanbul, 2016, s. 63.

tepkiye sebep oluyorlar. En azından bazı insanları fiziksel olarak da hasta ettikleri söyleniyor.

Enerji tasarrufu sağlayan ampuller, dünyayı kurtarmak veya enerji sıkıntısının çözümüne katkıda bulunmak için falan değil, *insanların zihnini ve enerjisini titreşimsel olarak etkilemek* için tasarlandıkları yüksek sesle dillendiriliyor.

Öte yandan enerji tasarrufu sağlayan söz konusu ampuller, *zehirli cıva içerdikleri için,* attıklarının imha edilmeleri çevre açısından da son derece riskli ürünler.

İnsan ruhuna ve zihnine her açıdan saldırılar yapılıyor. Bu küresel oyunun maksadı insan *zihninin, bir tepki motifini takip edecek şekilde boyun eğmesini* sağlamak.

Öyle ki netice de labirentteki laboratuvar faresinin nereye gideceğine dışarıdan müdahale edilmesine bile ihtiyaç kalmayacak.

Geniş kitlelerin düşünmemeyi kabullenme-uyum gösterme eşittir "oh ne rahat yan gel yat" düşüncesini yaygınlaştırıyor.

Aldous Huxley, *Cesur Yeni Dünya* isimli kitabında *devletin insan zihnine sızmasının,* öneri ve cezalar yoluyla devam edeceğini yazıyor. Eh, devlet mekanizması kimin elinde?

Huxley yukarıdaki kitabında şöyle devam ediyor:

"En sonunda *çocuğun zihni bu öneriler, bu önerilerin toplamı da çocuğun zihni oluyor.* Tabii sadece çocuğun zihni değil, yetişkinin de zihni oluyor. Bu önerilerden oluşan, yargılayan, talep eden ve karar veren bir zihin. Ama bütün bu öneriler bizim önerilerimiz, devletin önerileri... Yani Yeni Dünya Düzeni oligarklarının, seçkinlerinin önerileri.

İnsanlığı topyekûn kontrol etmek için "Tanrı'nın seçilmiş kullarından" oluşan seçkin aileler, daha çok terör saldırıları, savaşlar, felaketler sahneleniyor. Ekonomik-finansal krizler tezgâhlıyorlar, arkasından daha fazla kanun ve hukuki düzenlemeler dayatıyorlar. Buna HAARP ve küresel iklim değişikliğini maniple etmek de dahil. Böylelikle bütün toplumlarda zaten var olan "korku" ve "stres"lere tavan yaptırıyorlar.

Hemen hemen dünyanın çoğunluğunda "merkez medya" adıyla anılan "seçkinler medyası" oluşturulmuş vaziyette. Alternatif basın ve ifade hürriyetine karşı art niyetli saldırılar, dozajı giderek artırılan nefret kanunları, kamunun hiçbir zaman duyamayacağı gerçeğin politik doğruluğu ile destekleniyor.

Artık pek çok şey gizlenmeye ihtiyaç duyulmadan kotarılıyor. Siyasetin, ordunun, medyanın, hukukun, tıbbın, ilaç endüstrisinin, genetik ve biyoteknolojinin, liderlik eğitiminin, sivil teşkilat gruplarının vs. artık maniple edildiğini biliyoruz.

3. Ay Matriksi ve Sanal Gerçeklik

Oldukça vahim bir iddia. ABD'li, İngiliz ve Kanadalı araştırmacılara göre *Ay Matriksi adı verilen bir hadise mevcut.* Tapınak Şövalyeleri/İlluminati şebekesi topyekûn insanlığı kontrol etmek istiyor. Bunun için de insanların hayatlarının her alanına giderek egemen oluyorlar. Bu şebeke toplumların kolektif aklını devamlı olarak Ay Matriksi'nden, yani yeryüzündeki insanları sahte/sanal bir realitede-gerçeklikte tutmak için Ay'dan yapılan titreşimsel yayın ile destekleniyor.

Titreşimsel yayın ile sağlanan iletişimlerin, metafiziksel evrene implant edildiği, yani "holografik realitenin" dalga boyundaki planına çakıştırıldığı iddia ediliyor...

Artık burada sonsuz ihtimaller mevcut olup kontrol sistemi yeryüzündeki insanları, hepsi de korkunun farklı ifadeleri olan, "aklın düşük seviyeli" hallerine sokmak için maniple ederek, düşük frekanslı Ay Matriksi programlarına ayarlıyor.

Kitleler Ay Matriksi planına ayarlandıkları zaman, zihni programları, tıpkı program ne tasarlamışsa onu uygulayan bilgisayar oyunundaki karakterler gibi oynayacaklardır. Eğitim organizasyonları, liderleri metafiziksel evrendeki kontrol planına bağlama yolları arıyorlar. Zira bağlantı bir kez gerçekleştirilirse, hep programa göre hareket edeceklerdir.

Bu durum, yeryüzündeki insanları, bunu sahneye yansıtmak üzere maniple ederek metafiziksel evrende bir film çekmeye benziyor.

Bu sürat ve koordinasyon ile denetim sistemi, ancak böyle tanıtılabilir.

Yukarıda sözünü ettiğimiz Ay Matriksi bir yana, benzer operasyonların HAARP[337] sistemi ile uygulandığı da bir gerçek. Bütün bunlara holografik realitedeki bir masada karar verilmiş değil, bu planın senaryosu dalga formundaki yapıya yazılmış olup ve insanların doğrudan tecrübe etmekte olduğu gibi yeryüzünde oynanıyor.

Bu, insanlığı topyekûn köleleştirme planını, şuurumuza açılarak ve algılamamızı "akıl"ın ötesine geçirerek, metafiziksel evrene yazılmış olanları "oku"maya çalışarak aşabiliriz, holografik realiteye, başka ihtimaller deşifre edebiliriz. İnsanların, algılamalarını, inanmamız için programlanmış olduğundan çok daha cesametli bir gerçek duygusuna açmaları gerekiyor. Bunun yolu da Kuran'ın ilk ayeti "Oku"yu tam manasıyla gerçekleştirmekten geçiyor. Okur isek 700 ayette zikredilen "akıl"ı tam anlayabilir, kullanabiliriz. İşte o zaman dünyada neler olup bittiğinin ölçeğini ve derinliğini tam kavrayabilir ve bu finans oligarklarının diktatörlüğüne son verebiliriz.

Albert Einstein, "Teknolojik gelişim, patolojik bir hastanın eline verilmiş bir balta gibidir" diyor. Gerçekten de *gelecek çoktan geldi. Sadece henüz herkese verilmedi.*[338]

Omar N. Bradley'in ifadesiyle "teknolojilerimizi bilgelik ve sağduyu ile geliştirmeye başlamazsak, *hizmetkârlarımız ileride celladımız olabilir.*" Bilge sözlere devam edelim. Charles Percy Snow da şu sözlerle tehlikenin boyutuna dikkat çekiyor:

337. Ramazan Kurtoğlu, *Küresel Hegemonya Savaşları / İklim, Su, Gıda.*

338. William Gibson, *Neuromancer.*

"Teknoloji... Teknoloji garip şey. Bir elinde size harika hediyeler verirken, diğeriyle sizi sırtınızdan bıçaklıyor."

Bu ahval ve şerait altında, "gerçeklik, sizi hür kılacak, ama önce canınızı çok sıkacak".[339]

Çünkü Alvin Toffler'ın, ifadesiyle, "teknolojik gücümüz artıyor, ancak yan etkileri ve muhtemel tehlikeleri bundan çok daha hızlı büyüyor". Teknolojik çılgınlık, bırakınız kapalı kapılar arkasında "gelecek tasarımcısı".

Ezoterik kulüplerin elinde suç makinesine dönüşmüş olduğunu, Frank W. Abagnale'in söylediği gibi: "Gençliğimde yaptıklarımı bugün yapmak kat kat daha kolay. Teknoloji suç doğuruyor." Bir misal vermek gerekirse en bilineninden söz edelim. Evgeny Morozov'un sözüyle: "Mobil telefonlar, şimdiye kadar üretilen en güvensiz cihazlardır. Onları takip etmek ve kontrol etmek çok kolay."

"Bazen kahvaltı bile yapmadan 'mümkün olmayan' altı şeye inanıyorum."[340]

Carroll'un bu sözünde öyle bir gerçeklik var ki, lütfen bundan sonra hayatınızda duyacağınız, okuyacağınız ve "Vay be!" diyerek inanmak istemeyip "Bunlar komplo teorisidir" diyeceğiniz şeylerin yüzde 99'unun gerçek olduğunu, olabileceğini kabullenin.

Elbette insanlığı köleleştirmeye yönelik "Büyük Birader" oyunları bilgi ve teknoloji ile giderek kontrolden çıktı. Algı yönetimiyle ve medya destekli/merkezli bu şeytani planın nasıl yürütüldüğüne dair bir Hollywood yapımı filmde aşağıdaki gibi bir replik var.

4. Bilgi Bilgi Bilgi... Bilişsel Uyumsuzluk

"Dünya artık silahlarla, enerjiyle veya doğrudan parayla yönetilmiyor. Birler ve sıfırlarla, minik veri parçalarıyla yönetiliyor...

---

339. Gloria Steinem.

340. Lewis Carroll, *Through the Looking Glass.*

Yeni bir dünya savaşı patlak vereli çok oldu. Ancak bu sefer kimin daha çok mermiye sahip olduğu önemli değil. Kimin bilgiyi kontrol ettiği, ne gördüğümüz, ne duyduğumuz, nasıl çalıştığımız, ne düşündüğümüz önemli. Sadece 'bilgi' önemli."[341]

Öyleyse günümüzün postmodern dünyasında bir husus giderek daha da önem kazanıyor:

"Zihniniz tarafından yönetilmektense, zihninizin efendisi siz olun."

Bir meseleyi çözmek için iki yol mevcuttur:

- Birinci yol, bir çözüm bulursunuz.
- İkinci yol, meseleyi tamamen ortadan kaldırırsınız.

İnsanlık dünyası, ileri sürülen meseleler, problemler içinde boğuluyor, ama çok sayıda mesele yerli yerinde duruyor, durmaya da devam edecektir. Zira sebepleri hâlâ çözülememiş bir vaziyette duruyor. İçinde bulunulan durum boynu kırılmış bir insana devamlı olarak ağrı kesici verilmesine benziyor. Halbuki derhal boynun kırıklığına müdahale edilmesi gerekir. Sebep ne ise onu engelleyebilirsek o takdirde mesele tamamen ortadan kalkacaktır. İnsanoğlu teknolojik destekli manipülasyonlarla tam manasıyla bir karmaşanın içerisine yuvarlanmış olup, sahte realitelerle zihinleri sürekli meşgul edilmektedir. Bunun sebebi ise maalesef insanların çoğunluğunun bilgisiz olmalarıdır.

Bir kere, ilk adım insanlık hürriyetin ne olduğunu tam olarak anlamalıdır. Bunun yeterince doğru anlaşılmadığı günümüz postmodern demokrasilerinde ortadadır. İnsanların zihni esaretinin, *insanların köleliğinin iki temel sebebi* vardır:

- Bilişsel uyumsuzluk.
- İnkâr yoluyla bölünerek yönetilmeye izin vermek.

341. Cosmo, Şifreciler filminin kötü adamı (Ben Kingsley).

Bu iki sebep *insan ruhuna yapılmış "büyü" demektir.* Yani insanlığın kolektif şuuruna bir müdahale, manipülasyon söz konusu olup, ruhların köleliğinin iki sebebi yukarıdaki iki temel husustur. Bütün bu davranış biçimleri hem şahsi hem de kolektif şuuru kapsıyor. İnsanların baskılanma ve manipülasyon sebeplerini ortadan kaldırabilirsek küresel hegemonya kurmak isteyen "seçilmiş soyun" planları da bozulur. Bunun için ilk adım: "Oku! Oku! Oku!" Kuran 14 asır önce söylemiş.

Elbette bir başka çare daha mevcut. Bilmemek. Bilmemek mutluluk, fakat sadece geçici bir müddet için. İlk kurbanlar zaten bu neviden "mutlu, mesut" insanlardır. Belgeler tam tersini gösterse de, hâlâ "hür" bir dünyada yaşadıklarına inanan önemli sayıda Âdem oğlu Havva kızı mevcut.

Bilişsel uyumsuzluk, bir şahsın, iki zıt inanışı aynı anda gerçek olarak kabul etmesidir.

George Orwell, buna "çift düşünce" diyor. Yani iki inanç veya davranış şekli. "Double identity."

Aynı akıl içinde, iki inanç veya davranış biçimi çok farklıysa, bireyi çok sıkıntıya sokan, duygusal uyumsuzluğa, bir iç sürtüşmeye ve kişilik çatışmasına sebep olur... Bu durumu, yeni bilgi veya verinin ışığı altında veya ulaştığımız belgelere göre *inancımızı değiştirerek* düzeltebiliriz. Buradaki inanç sözü *din anlamında olan değildir.*

Bilişsel uyumsuzluğu yenmek için, bireylerin kendine ait çelişkili davranışlarına bir açıklama, izahat bulmaları gerekir. Bu durum ise asla değişmez bir kuraldır, bu biçimde hareket etmelerinin sebebi olan ve suçlayabilecekleri biri, bir şey vardır demektir.

Çok çok önemli olan bir husus. *Bilişsel uyumsuzluk* içerisinde olan şahıslar, kendi küçücük, "kendini inkâr etme dünyaları"nda, genellikle avcı değil, hep mağdur veya *kurban durumundadırlar.* Bu hususun kolektif hali, pek çok insanın yüzleşmek istemedikleri bir şeyi, hususu, günümüz postmodern dünyasıyla ifade edersek hızla kendini pervasızca ortaya koymakta olan finans oligarklarının despot yönetimi gerçeğini kabul etmekten kaçındıkları için bilişsel uyumsuzluğun pençesine düşüyorlar.

Orwell'in *1984*'te anlattığı "Büyük Birader" devleti, inanılmaz bir hız, yöntem, teknik ve koordineli bir biçimde küresel çapta yeryüzüne hâkim olurken, hâlâ geniş kitleler bunun arkasında bir ortak akıl-güç ve komplo olduğunu inkâr ediyor.

Mesela terör manipülasyonu ile teröre karşı savaşı, "önleyici vuruş"u haklı çıkaran Orwell kanunları ile hürriyeti korumak için en *temel hürriyetlerin insanlardan alınması...* Bilişsel uyumsuzluk ve inkâr tam bir hüsnükuruntu ve ahmaklık örneği.

Ayna üzerinden kendimizi kandırmanın hiçbir manası yok. Küresel hegemonya için kontrol sistemini bir arada tutan akıl halidir ve *organize az sayıdaki seçkinlerin bilim ve teknoloji* kullanarak çok sayıdaki grupları yönetmesini sağlıyor.

Bilişsel uyumsuzluğun antidotu "ne ise o" ile dürüstçe yüzleşiyorsanız, bilişsel uyumsuzluk sendromu ile başa çıkabilirsiniz. Şayet karşılaştığımız neyse onu kabullenmeye hazırsak, kendimizi korumak için sansürlemiyorsak, korkup fikirlerimizi değiştirmiyorsak veya hoşumuza gitmiyor diye yüzleşmekten kaçmıyorsak, o takdirde bilişsel uyumsuzluk hiçbir durumda dışa vurmaz.

"Ne ise o" tanımlaması bizi mevcut olan tek an, yani "şimdi"ye işaret ediyor. "Şimdi"yi kabul etmek kitlelerin illüzyonumsu geçmiş ve gelecekten kaçmamızı sağlar. Sadece "şimdi"yi doğru algılarsak, her şeyi etkileyebiliriz.

"Geçmiş" ve "gelecek"te yaşarsak, bu takdirde gerçekte asla mevcut olmayan bir dünyayı algılıyoruz demektir. Bu bir inanç sistemi. O "hal" içinde ve "orada" iken hiçbir şeyi değiştiremeyiz. Âciz duruma düşeriz. Burada kullandığımız "ne ise o", "neyse oydu" veyahut "ne olacaksa o olacak" anlamı kastedilmemektedir.

"Ne ise o" ile şimdiki hali algılıyoruz. Bu durum da bize, olanı değiştirme gücü veriyor. "Olan" bir şeyin değişeceği tek an. Bir insan için hayatını "keşkeler" olmadan veya pek az "keşkeler" ile tamamlamak çok muhteşem bir duygu ve mutluluk olsa gerek.

5. *Matrix* Üçlemesi ve "Zihin Hapishanesi"

Hepimizin bildiği *Matrix* film üçlemesinin birincisinde muhteşem bir sahne-replik vardır. Morpheus Neo'ya, gerçek sandığı illüzyonsu gerçeği adeta suratına çarpar. Morpheus ona, "Sen bir kölesin Neo. Herkes gibi sen de köleliğe doğdun, koklayamadığın, tadamadığın, dokunamadığın bir hapishanedesin. Zihin hapishanesinde" der.

Bu söz üzerine Neo'nun şahsi dönüşümü başlar. Bunu Neo'nun "kırmızı hap"ı, yani köle olduğunu kabul edip hür olmayı seçmesi takip eder. İşte Neo'nun yaptığı bu seçimi günümüz dünyasında her Âdem oğlu ve Havva kızının yapması gerekir. Bugün, hemen, şimdi, şu anda. Zira çok büyük insan kitlesi bunu yapmadığı takdirde, kimse küresel oligarşinin kurduğu kontrol sistemini yerinden oynatamaz.

Hürriyet için arzu ve algılamadaki pozitif değişiklik, *enerji alanımızın titreşim biçimini değiştirir.* Bu gerçeğin dışavurumu için yaptığımız seçimle bunu başarmak üzere bütün kişileri, mahfilleri, tecrübeleri ve bilgiyi kendinize doğru çekmeye başlarsınız.

Bu durumda hiçbir şey organize etmeye ihtiyaç kalmaz, kendiliğinden, sıradan bir şekilde gerçekleşir, çünkü benzerler her daim birbirlerini çekerler.

Aslında yukarıda sözünü ettiğimiz durum, *holografik forma şifrelenmiş* olan dünyada yer alan metafizik evrendeki *enerji dalga formu bağlantılıdır.* Hadisenin can alıcı noktası, bu holografik âlemde, kendilerini eşzamanlılık organizasyonları olarak ifade eden metafizik evrendeki enerji dalga formu bağlantılarını kurmak için, herkesin algılamalarını ve tavrını değiştirmesi gerekir.

Bireyler ve elbette kitleler olarak mevcut olanları inkâr eden bilişsel uyumsuzluk hali içinde bulunuyorsak veya zihni hürriyetimiz için bir şey yapmayı reddediyorsak, hiçbir bağlantı sağlanamaz ve statüko devam eder gider. Burada kastettiğimiz "kendine dönme" vaziyeti, ezoterik/Batıni veya bir kısım İslam tarikatlarındaki, hele hele Muhyiddin İbn Arabi çizgisindeki "Kabalist İslam tasavvufu" manasında bir kendine dönüş değildir. "Kendine dönüş", kişinin *aklı ve imanı ile bilişsel çelişki ve inkârlardan kendini kurtararak küresel oligarkların kontrol sistemini çökertmek için ilk ve en önemli adımdır.*

Albert Einstein, "Problemleri, onları meydana getirmiş olan şuur seviyesi ile çözemezsiniz" diyor. Ama maalesef günümüzde çoğunlukla yapılan bu. Bir başka söyleyişle, "Akıl"ın sebep olduğu problemleri çözmek için aynı "akıl"ı kullanıyoruz. Halbuki *"akıl"dan öteye, "şuur"a geçmek* gerekiyor. Ancak bu durumda cevapları hissedebiliriz. Farkındalığımızın gelişmiş seviyelerini hissetmemizi ve "işitme"mizi, "görme"mizi, "anlama"mızı engelleyen "zihinsel", "duygusal", "titreşimsel" bariyerleri yok etmemiz gerekir.

Yukarıda saydığımız bariyerler, adeta kapalı devre döngü "hal"indeki "akıl"dır.

Çünkü insanları "şuur"dan kopuk "beş duyu" algılamasında tutar. Bu durumu çok iyi bilen manipülatörler, *metafizik evren planını programlayarak* hedeflerine doğru yürüyorlar.

"Akıl", özellikle "sol beyin", yapı, hiyerarşi ve "esnemeyen inançla"dır. Bunlar, "beden aklı" gerçekleri olup, insanların kendilerini ve dünyayı algılamalarını "kontrol altında" tutar. İçinde bulunduğumuz duruma, insanlığın bu yapısı maniple edilerek düşürüldük.

Katı inanışı, dini inanış, politik inanış, ırkçı inanış, kültürel inanış ve özbenlik inanışı takip eder. Bütün gerçek duygumuzu parçadan "bütün"e, "âciz ve zavallı ben"den "mevcut olan her şey"e ve "akıl"dan "şuur"a dönüştürmenin zamanı çoktan gelmiş bulunuyor.

"Arif olanlar, kural ve talimatları rehberleri yaparlar, ahmaklar ise onlara körü körüne itaat ederler." Zihni köleliğimize en çok katkıda bulunan bizzat kendimiziz. Bunun anlamı, aynı zamanda kendimizi hürriyete kavuşturma gücümüzün de mevcut olduğudur. Postmodern günümüz dünyasında insanlara sürekli çok sayıda kanun ve kural empoze ediliyor. Bunları uygulamak için de bir o kadar, düşünmeden ve işine duygu katmadan hareket edecek robot akıllı görevlilere ihtiyacınız olur. Günümüz dünyasında, bütün ülkelerde kanunları ve kuralları uygulama personeli sayısındaki patlama, uygulanacak kanun sayısındaki patlamadan kaynaklanıyor. Bir Türk, Yörük-Türkmen söyleyişiyle, "it ite buyuruyor, it de kuyruğuna".

6. Sessiz ve Görünmez Silahlar: HAARP - CERN - www

Orwell tarzı Yeni Dünya Düzeni'ne gidişte, *mikroçipler, genetiği ile oynanmış ve kimyasal katkılı gıda ve içecekler*, hatta *şehirlerin su şebekelerine konan kimyasallar* her şekliyle zihin kontrolünün asıl sebebini oluşturuyorlar. Bunların her biri silah ve terör meydana getiriyor. Hepsine birden "sessiz silahlar" demek en uygunu.

Sessiz silahlar içinde, zihin kontrolü için en önemlilerinden birisi de HAARP adı verilen ABD'nin Alaska-Gakona merkezli projesi.

Küresel seçkinlerin en önemli sessiz silahı hiç şüphesiz HAARP. Yeryüzünün çevresinde bloke edici bir frekans sistemi meydana getirirken, metafiziksel evrene de Ay'dan da bunu destekleyici enerjiler yönlendiriyor, yansıtıyorlar.

HAARP ile insanların kendileri ve dünya hakkındaki algılamalarını etkilemek için *düşük frekanslı düşünce motifleri* yayımlayarak, insanların kitleler halinde uyanışını durdurmaya çalışıyorlar. Dünyanın her tarafında, atmosferin alt tabakalarına, alüminyum, metal, muhtelif kimyasal içerikler ve nano-teknoloji ürünü maddeler içeren kimyasal püskürtmeler, özellikle yolcu ve kargo uçakları kullanılarak yapılıyor. Muhteva, iyonosferden sektirilerek yapılan HAARP yayını için en uygun iletken özellikleri taşıyor. Zaten bunların hepsi de bu maksat için tasarlanmışlar.

Bu arada, kısaca, İsviçre-Fransa sınırındaki 28 kilometrelik bir tünel döngüsünden oluşan CERN'den de (Avrupa Nükleer Araştırma Merkezi) söz edelim. CERN projesinin, bir, herkesin bildiği, açıklanan "atom patlayıcısı" çalışması var. Bu projede çoğunluğu ABD'li 10.000 bilim insanı çalışıyor. Buraya kaynakları da tam bilinmeyen su gibi para akıyor. CERN projesinin bilinmeyeni ise HAARP ile bağlantılı olmasıdır.

World Wide Web, CERN'deki partikül fizikçileri tarafından icat edildi. "Web", sadece internet üzerinde çalışan bir servistir. Web kavramı, CERN'de bir bilgisayar programcısı olan Tim Berners-Lee'nin HTML isimli bilgisayar dilini bulup geliştirmesiyle oluşmuştur. Günümüzde kendisinin başkanı olduğu W3C (World Wide Web Consortium) tarafından yönetilmektedir. www, 1994'ten beri hızla büyümektedir.

Elbette CERN ve www de kolektif bir gerçeklik ürünü.

Mikroçip planı için ana gaye, insanların beden bilgisayarına erişip onların "gerçeğe ulaşım" frekansı dahilindeki *alıcı ve verici yeteneklerini maniple* etmek.

Gıda içerisindeki, içeceklerdeki katkılar, HAARP merkezli elektromanyetik ve mikrodalga kirliliği ile oluşturulan elektrokimyasal dengesizlik de bütünün bir parçası ve hep aynı gayeye yönelik kullanılıyor.

Zihin/beyin kontrolü operasyonlarında kullanılan yöntemlerden biri de subliminal/bilinçaltı kontrolüdür. Bilinçaltı/şuuraltı kontrolü ilk kez İngiltere'de 1964'te kullandı. ABD'nin 1974 yılında katıldığı bu yarışta artık açık ara önde olduğunu söyleyebiliriz.

Bu yöntemle *insan kulağının normalde duymadığı ses dalgaları beyne gönderilir* ve hedef kişi ya da kişiler kontrol altına alınmaya ve yönlendirilmeye çalışılır. Bu sistem kızılötesi ışınlar ve "25. kare" denen düşük frekanslı sinemada seyircinin normal gözle göremediği ama *insan beyninin alt lobunun/korteksinin* algıladığı yöntemle hedefin *bilinçaltına inilir*. Günümüzde "25. kare" hadisesi daha da geliştirilmiştir.

İnsanlarda *iki tür şuuraltı* mevcuttur. Birincisi 8-23 hertz arasındaki "normal" seviyedir. Diğeri ise, bireyin içinde bulunduğu *farklı haletiruhiye durumlarında değişen* şuuraltı hertzidir.

Mesela, âşık olma hallerinde, sevgili ile buluşma öncesinde, korku durumlarında, çok arzu edilen birisi ile sevişme hallerinde "hipofiz" ve "ipifiz" guddelerinin yaptığı salgılar sonucunda şuuraltı/bilinçaltı hertz oranı büyük çapta artış veya düşüş yaşar. Düşüş 8'in altına inerse kişide hafıza kaybı ve felç gibi bazı psikosomatik arazlar ortaya çıkar.

Subliminal/bilinçaltı teknoloji, Azerbaycan-Ermenistan Savaşı'nda Azeri Türk askerlerine yönelik olarak Rusya tarafından kullanılmıştır. Azerbaycan askerleri, Karabağ'daki dağlık bölgenin bütününün Ermeni askerleri ile dolu olduğu algısına kapılmıştır.

ABD Başkanı oğul Bush, bir önceki seçimde Demokrat Parti adayı, rakibi Al Gore ile yaptığı televizyon tartışma programında, Gore'un fare gibi göründüğünü söylenmişti. Gore, Bush'u mahkemeye vermiş ve davayı kazanmıştı. Bush mahkemeye verdiği savunmada şöyle demişti:

"O esnada karşımda Gore değil, bir fare duruyordu, eminim seyirciler de benim gördüklerimi görmüşlerdir."

İBDA-C teşkilatının lideri Salih Mirzabeyoğlu (Salih İzzet Erdiş) mahkemeye kendisinin uzaktan kontrol edildiğine dair uzun uzun mektuplar yazmış. Avukatı Harun Yüksel de benzer iddiaları kamuoyu ile paylaşmıştır.

Mirzabeyoğlu, İBDA-C teşkilatına katılmadan önce, daha çocukluk döneminde toplantılarına katıldığı tarikatta dikkatleri üzerine çekmiş, lider olma ve lider olunca da kullanılmak üzere hedef olarak seçilmişti.

Devam ettiği tarikatta almış olduğu zikir seanslarında beyin kapasitesi ölçülmüş ve beyninin nasıl bir ses frekansı ile yönlendirilebileceği en ince detayına kadar hesaplanmıştı. Mirzabeyoğlu çok zeki bir insandı ve kısa sürede lider olmuştu. Lider olduktan sonra, yanına yerleştirilen ajan bütün hareketlerini günbegün bağlı olduğu istihbarat merkezine rapor ediyordu.

Hemen hemen aynı karaktere sahip olan bir diğer yönetici denek, tıpkı Mirzabeyoğlu'nun ikizi gibi, merkezde eğitiliyordu. Öyle ki, Mirzabeyoğlu'nun kurmuş olduğu hayalleri, gördüğü rüyaları, korkuları ve korkmuş olduğu bütün objeleri dahi birebir merkezdeki deneğe yüklüyorlardı. Mirzabeyoğlu adeta kopyalanmıştı.

Karşı merkezdeki denek, her ne hareket yaparsa, ne derse, olduğu gibi Mirzabeyoğlu'na iletiliyor, yapılması istenen faaliyetler yüzde 90 gerçekleştiriliyordu. Mirzabeyoğlu'nun zaafları kullanılıyordu. Genelde ise İslam aleyhtarı objeler kullanılmaya dikkat ediliyordu.

Herhangi bir kaotik ve/veya çatışma ortamında Mirzabeyoğlu'nun beynine gönderilen görüntülerde, kaotik ortamın tam ortasında siyahlar giymiş, yüzü görünmeyen bir Tapınak Şövalyesi ve/veya rakibi kılığında birisi görünüyordu. Bunu Mirzabeyoğlu'ndan başkası görmüyordu. Görüntü ile birlikte ses de gönderiliyordu. Gönderilen seste, Mirzabeyoğlu'nun duygu, düşünce ve ideallerine zıt olan şeyler yer alıyordu. Görüntüde görmüş olduğu kişiyi "İslam düşmanı, kâfir olarak, yok et, parçala" vb. gibi sesler gönderilmekteydi.

Mirzabeyoğlu, gerekli talimatları verdikten sonra, meydana gelen olayda, hiç de empoze edilen bilgilerin olmadığını anlayınca, derin pişmanlıklar duyuyordu. Fakat "atı alan Üsküdar'ı geçmiş", işi bitmişti.

Karşı istihbarat servisi arzuladığı sonucu elde etmiş, maksadına ulaşmıştı. Mirzabeyoğlu'na devamlı görüntü iletip, halüsinasyon görmesi sağlanmış, öyle ki rüyalarını dahi kontrol edip *yakaza imgelemi* sağlanmıştır. Sesler göndererek, kişinin ruh halini bozarak, depresyona girmesini sağlayarak antidepresan ilaçlar kullanması sağlanmıştır.

Muhtemeldir ki Mirzabeyoğlu'nun yemeğine *PCP (peri tozu)* serpiştirilmesi veya içeceklerine *LSD damlatılması* gerçekleştirilmiş olabilir.

Ayrıca aşı yapılması söz konusu olmuşsa bir mikroçip enjekte edilmiş olabilir. Veyahut herhangi bir cerrahi operasyon geçirmişse vücuduna mikroçip yerleştirilmiş olabilir. Bir diğer husus uzun süre kaldığı hapishanenin üzerinde bir elektromanyetik radyasyon dalgası oluşturulmuş olabilir.

Yukarıda yazdıklarımız bazılarına masal gibi gelebilir. Ancak bir gerçek var ki artık bilim insanlarınca kabul edilmiş bulunmaktadır. İnsan zihninin uç noktalarını nişan alan tatbiki ve psikolojik operasyonlar ile algı kapılarımızın menteşeleri zorlanıyor.

Nitekim Aldous Huxley şöyle diyor:

"*Bilinen şeyler* vardır; *bilinmeyen şeyler* vardır. Bir de bunların tam ortasında *algı kapıları* vardır."[342]

Kartal Hapishanesi'nde tutuklu ve idam talebiyle yargılanan İBDA-C lideri, intihar etmek için boynuna geçirdiği ip kopunca düşerek duvara çarpmış ve kafasına dört dikiş atılmıştı. Salih Mirzabeyoğlu ya da gerçek ismiyle Salih İzzet Erdiş'in avukatı Harun Yüksel, müvekkilini NSA'nın (Amerikan Milli Güvenlik Dairesi) *dijital manyaklık* projesini kullanarak kumanda ettiğini söyledi.

Avukat Harun Yüksel, NSA'nın elektromanyetik dalgalar vasıtasıyla yeryüzündeki herkesin düşünce ve davranışlarını takip ve kontrol edebileceğine yönelik haberleri şu sözlerle yorumluyor:

"NSA bir proje geliştiriyor. Bu proje, dünyada *elektrik taşıyan her şeyin çevresinde, bir manyetik alan* olduğunu ve bu alanların elektromanyetik dalgalar yaydığı teorisine dayanıyor."

NSA, geliştirdiği elektronik/elektromanyetik aygıtlar, Utah'taki dev dinlenme-gözetleme evi ile ve 60.000'den fazla ajanı sayesinde insandan insana fark eden 3-50 hertz arasında değişen dalga boyutunu tespit edebiliyor.

Hedef bireyin yaydığı elektromanyetik dalga boyutları tespit edildikten sonra bu veri NSA'nın dev bilgisayarlarına veriliyor. Bu bilgisayarlar ve uydular vasıtası ile söz konusu kişi yirmi dört saat-yedi gün takip ediliyor. Dahası bu kişi kontrol altına alınıyor, yönlendirilebiliyor, düşünceleri önemli ölçüde okunabiliyor, konuşmaları

---

342. Aldous Huxley, *Algı Kapıları - Cennet ve Cehennem*, İmge Kitabevi, İstanbul, 2016.

dinleniyor. Dahası gördükleri seyredilebiliyor, sadece ve sadece bu kişinin duyabileceği sesler iletiliyor, sadece onun görebileceği görüntüler yönlendiriliyor. Bir başka husus söz konusu hedef bireye her neviden acılar verilebiliyor, Hasılı bu kişi NSA'nın canlı bir robotuna dönüşüyor.

Hedef kişi, adeta robot haline geldikten/getirildikten sonra, söz dinlemez, emirlere itaat etmezse, her çeşit bedeni/psikolojik acıyla terbiye ediliyor. Merkezden birkaç bilgisayar tuşuna dokunulunca hedef kişide hafıza kaybı, davranış bozuklukları baş gösteriyor.

Bu hususta belli başlı *fiziki ve psikolojik belirtiler* şöyle sıralanabilir:

- Hafıza kaybı ve davranış bozuklukları.
- Psikosomatik rahatsızlıklar.
- Gözkapaklarında ani ve şiddetli kaşıntılar.
- Duyulan sesin yönü, şiddeti ve muhtevası sık sık değişiyor.
- Solunum yollarında ortaya çıkan sıkıntılar.
- Erkeklik/kadınlık uzuvlarında yanma ve kaşıntı.
- Beklenmedik seks arzusu ve orgazm veya yoğun acı hissetme.
- El ve ayak parmaklarında arzu dışı-kontrolsüz bir şekilde sağa ve sola dönüşler.
- Kulaklarda aşırı hassaslaşma.

Yukarıda bahsettiğimiz İBDA-C lideri Salih Mirzabeyoğlu'nun avukatı Harun Yüksel, müvekkilinin kafasına CIA ajanları tarafından mikroçip konularak, kendisine her türden şeyin yaptırıldığını söylediğini ifade ettikten sonra, "Anlattıkları halüsinasyona benziyor olsa da öyle değildi. Birileri onunla çok alçakça bir metot kullanarak uğraşıyor" diyor.[343]

343. *Hürriyet*, 30.08.2000 ve *Radikal*, 19.09.2000.

ABD'de yayımlanan *New York Times* gazetesinde şöyle bir haber daha 1980 öncesinde yer almıştı: "ABD *insanlığın esir kitlelere dönüştürülebileceği görünmez silahlar* geliştiriyor."[344]

7. Teknomaji ve Psikomaji

Yine ABD-Arizona'dan bir gazeteci, Walter Boward 1978 yılında yazdığı *Operation Mind Control* (Zihin Kontrol Harekâtı) adıyla yayımlanan kitabında şöyle yazıyor:

"CIA tarafından uyuşturucu ilaçlarla yapılan deneyler, ABD'nin uyguladığı çok gizli zihin kontrol projesinin sadece bir kısmıdır."

Söz konusu *zihin kontrol deneyleri* binlerce kişi üzerinde *35 yıl devam* etmiş, sonra nitelik değiştirmiştir. Bu deneyler ve araştırmalar şöyle özetlenebilir:

- Hipnoz tekniği
- Narkotik hipnoz
- Elektromanyetik sistemlerle beynin uyarılması
- Ultrasonik
- Mikrodalgalar
- Alçak ses frekanslarıyla insan-hayvan davranışlarının etkilenmesi
- Davranış değişikliği terapisi

Açık kaynaklarda yer alan bilgilere göre, CIA psikolojik silah stokları, psişik silahların muhtelif tiplerini geliştirmeyi başarmıştır.

Günümüzde başta ABD ve Rus istihbarat kurumları elde ettikleri bu kabiliyetleriyle "yeni tip savaş"a yani insan *zihni üzerinde muharebeye* yönelmişlerdir. Bu *görünmeyen savaşın sahası insan beynidir.*

---

344. *New York Times*, 16 Temmuz 1977.

Zihin kontrol ve parapsikolojik silahları devletler, hem kendi vatandaşlarına yönelik olarak, yani devletin resmi ideolojik ve siyasi sistemleri içinde tutmak için veya diğer ülke milletlerinin zihinlerini maniple ederek değiştirmek, kendi maksatlarına uygun hale getirmek için kullanacaklardır.

Walter Boward yukarıda zikrettiğimiz söz konusu eserinde, "En büyük hayret edilecek husus, milli güvenlik etiketi altında Crytolrasy (bürokrasinin gizli olanı) zihinlerin kontrolünü araştırmakta olup, bunlardan *hükümetlerin bile haberi olmamaktadır*" demektedir.

Bugün bilinen bir gerçek mevcut. İnsan denen varlık *biyolojik ve psikolojik* olup çok kolay bir şekilde *programlanabilmektedir.*

Günümüz postmodern dünyasında insan zihnine film endüstrisi, TV, basılı yayınlar, bilgisayar, tablet, telefon gibi araçlarla çok kolay ulaşılabilmektedir.

Beyin yıkama-zihin kontrol metotlarıyla sıradan, mütedeyyin bir insan, şartlandırılmış, robot katillere dönüştürülerek rahatça öldürebilir hale getirilmektedir. Bu hususta Hollywood yapımı çok sayıda sinema filmi ve TV dizileri vardır.

Teknoloji tam manasıyla "teknik büyü"ye dönüştürülmüştür. Gizli kardeşlik/ezoterik teşkilatlarının okült/Batıni-gizli bilgi dedikleri de tam bunlardır. Her ne kadar sırları son 200 yıldır giderek daha geniş insan grupları tarafından çözülse de, arkadan sürekli daha korkunç ve yenileri gelmektedir.

Hemen hemen her ülkede, şöyle veya böyle *siyasi iktidarlar kontrolü kaybetmiştir.*

"Teknokrat-bilim insanı-asker"den meydana gelen bir üst bürokrasi bütün ülkeleri sarmış olup, bunların üstünde "elitler oligarşisi", altlarında ise tetikçi olarak istihbarat kurumları, medya kurumları, dini kurumlar yer almaktadır.

Yeni maji/büyü, "teknomaji" ve "psikomaji" olup hedef doğrudan insan beyni-zihnidir. Tekno-büyü, ruhsal büyü artık her insanın sahip olduğu cep telefonu-internet-kredi kartı üçgeninde çalıştırılmaktadır.

21. yüzyılın ilk yarısı tamamlanmadan, insanların kaderini genetikçiler, nörologlar, nörobiyologlar, biyokimyacılar, kuantum fizikçileri, psikologlar-psikiyatrlar çizeceklerdir.

1978 Washington Mutabakatı'yla küresel merkez sermayenin ulus üstü bir kimliğe bürünerek küreselleşmesi ile birlikte zihin kontrolü operasyonları insafsızca sürdürülmektedir. Bu operasyonlar, özellikle Türkiye gibi eksen ülkelerde daha acımasızca yürütülmektedir.

1990'da Berlin Duvarı'nın yıkılmasıyla birlikte yeryüzünü sınırsız bir oyun alanı olarak gören küresel merkez sermaye, önüne çıkan bütün engelleri tek tek ortadan kaldırmak için "sinema-TV-yazılı basın-ilaç endüstrisi"ni en ileri boyutta kullanmaktadır.

Din-siyaset-para üzerinden yürütülen insanlığı Hiksoslaştırma projesi son hızıyla sürdürülmektedir.

H. DOMDOM KURŞUNU DEĞİL, BUNLAR İLAÇ ENDÜSTRİSİNİN "LEBLEBİ ÇEKİRDEKLERİ" YA DA "SESSİZ MERMİLERİ"

"İlaçlar, onları üreten insanlarca kusurlu testlerle, son derece yetersiz sayıda garip, emsal oluşturmayan hasta üzerinde denenmekte ve kusurlu teknikler kullanılarak, tedavilerin faydalarını abartacak tarzda analiz edilmektedir. Bu testlerin, üreticinin yararına sonuçlar verme eğiliminde olması şaşırtıcı değildir. Şirketler deneme sonuçlarından memnun kalmadığında bunları hekim ve hastalardan saklama hakkına sahiptir. Bu yüzden biz bir ilacın asıl etkilerinin ancak çarpıtılmış bir tablosunu görüyoruz.

Hekimler mezuniyetlerinden sonraki kırk yıllık meslek hayatlarında hangi ilacın işe yaradığını bu alandaki sözlü geleneklerden, satış temsilcilerinden, meslektaşlarından veya yayınlardan öğreniyorlar. Fakat o meslektaşlar ilaç şirketlerinden –genellikle gizlice– ödeme alıyor olabilirler, aynı şekilde yayınlar da. Hasta dernekleri de öyle. Sonuç olarak, herkesin tarafsız olduğunu düşündüğü akademik yayınlar da genellikle, ifşa olmaksızın doğrudan ilaç şirketlerine çalışan insanlar tarafından gizlice planlanıp yazılıyor. Bazen bütün bir akademik dergi bir ilaç firmasının sahipliğinde varlığını sürdürüyor... Temelde kötü amaçlarla oluşturulmuş sistemlerde iyi insanların da, bazen farkında olmadan, tanımadıkları insanlara büyük zararı dokunan işler yapmaları mümkündür."[345]

---

345. Ben Goldacre, *Kötü İlaç*, çev. Özgü Çelik, Pegasus Yayınları, İstanbul, 2016, s. X-XI.

J. İLAÇ ENDÜSTRİSİ VE ROBERT DE NIRO'NUN *VAXXED* FİLMİNİN BAŞINA GELENLER

ABD ve İngiltere'de, 1978 yılında çok az sayıda uzmanın bir araya gelerek kaleme aldığı *Modern İlacın Kültürel Krizi* adlı kitapta[346] *modern ilaç endüstrisinin* kolonileştirme döneminden[347] bugüne bir *sömürü vasıtası* ve *kitleleri kontrol için sessiz bir silah olduğu* yazmaktadır.[348]

Yeni Dünya Düzeni denilen yeni emperyalizm-yeni kolonileştirme modelinin ilaç endüstrisi ile doğrudan ilişkisi[349] ve küresel finans oligarşisinin ABD'deki uç beylerinden Rockefeller ailesi ve Rockefeller Vakfı'nın ilaç endüstrisi alanında oynadığı rol[350] ve günümüzde meşhur yazılım devi Microsoft'un patronu Bill Gates Vakfı'nın bu alanda üslendiği misyon...

Sadece para, para, para ve kârdan başka bir şeyi gözü görmeyen *yozlaşmış bir küresel ilaç endüstrisi*; bu endüstri tarafından adeta *esir alınmış doktorlar*.

Kanser ilaçları, antidepresanlar, zayıflama ilaçları, alerji ilaçları, burun açıcı spreyler, Tamiflu ve aşılar. *Aşı tekeli birkaç küresel ulus üstü firmanın eline geçmiş* durumda.

---

346. John Ehrenreich (Ed.), *The Cultural Crisis of Modern Medicine*, Monthly Review Press, New York, Londra, 1978.

347. Frantz Fanon, *Medicine and Colonalism*, John Ehrenreich (Ed.), a.g.k., s. 229-250.

348. Irving Keneth Zola, *Medicine As an Institutional of Social Control*, John Ehrenreich (Ed,), a.g.k., s. 80-99.

349. James A. Paul, *Medicine and Imperialism*, John Ehrenreich (Ed.), a.g.k., s. 271-286.

350. E. Richard Brown, *Public Health in Imperialism: Early Rockefeller Programs at Home and Abroad*, John Ehrenreich (Ed.), a.g.k., s. 251-270.

Bir misal. *Karma aşıların* bazı çocuklarda "otizm"e sebep olduğuna dair iddialar senelerdir dünya gündemini meşgul ediyor. Bu hususta dünyada binlerce aile, kendi çocuklarının aşı olduktan hemen sonra, aşı içindeki "thimerosal" adlı cıva bazlı kimyasalın, çocuklarını otizm hastası yaptığını söylüyor. Daha sonra bu madde Batı ülkelerindeki aşılardan çıkarılmıştı.

İşte bu mağdurlardan biri de ünlü İtalyan asıllı ABD'li sinema oyuncusu *Robert de Niro.*

Çocuğunun hemen aşı olduktan sonra otizme yakalandığını söylüyor. Bu durumu hikâyeleştiren ve *Vaxxed* adıyla bir film yapan ünlü oyuncu, bu filmiyle Tribecca Film Festivali'ne katılmak, filmini göstermek istedi.

Ancak festivale katılan diğer yapımcıların filmlerini geri çekme tehdidi sebebiyle *Robert de Niro bu filmi festivalden çekmek mecburiyetinde* kaldı.

Apaçık küresel finans endüstrisi-ilaç endüstrisi ve artık klasikleşen Hollywood'u ele geçirmiş olan Musevi grup işbirliği CIA'in Bilimsel İstihbarat Bölümü (Scientific Intelligence Division) ve Pentagon'un Özel Operasyon Bölümü'nün Kimyasal Birliği (Special Operation Division of the U.S. Army's Chemical Corps) tarafından birlikte laboratuvarlarda yapılan araştırmalar sonucunda MKULTRA adını verdikleri projeyle kişilerin davranış ve düşüncelerini denetim için ilaç geliştirme programı daha İkinci Dünya Harbi'nden sonra uygulamaya konulmuştu.

Aslında bu işi ilk kez Kore Savaşı'nda Çinliler denemiş, ilaç-kimyasal verdikleri ABD'li savaş esirlerini konuşturmaya çalışmışlardı. Bazı esir Amerikalı pilotlar, ABD'yi kınayan açıklamalar yapmışlardı. Bu durum da beyin kontrol çalışmalarının işe yaradığı biçiminde yorumlanmıştı.

MKULTRA projesi, CIA'in 1955'e ait belgelerinin[351] ABD Senatosu'nda açılan soruşturma (Senate Hearings) sebebiyle 21

351. "A Portion of the Research and Development Program of CIA" (Draft Document), *Appentix C*, 05.05.1955; Jon Rappoport, "CIA MKULTRA: They Intended to use drugs for everything", *Activist Post*, 14.08.2014.

Eylül 1977 tarihinde ortaya çıktı.[352] CIA'in MKULTRA programı içinde yer alan ve oldukça ses getiren *Mançuryalı Aday* (The Manchurian Candidate) adıyla anılan projeyle alakalı, başrollerinde Frank Sinatra (1962) ve Denzel Washington'ın (2004) oynadığı çok ses getiren filmler yapıldı.

Bu bağlamda Başkan Kennedy'nin kardeşi Senatör Robert Kennedy'ye düzenlenen suikastın zanlısı Sirhan Sirban'ın *Mançuryalı Aday* filminde resmedilen "zihni kontrol altına alınmış suikastçılardan" biri olduğu yaygın bir kanaattir.

CIA ve Pentagon işbirliği ile başlatılan MKULTRA programının 1962 yılında sonlandırıldığı söylenmişti. Ancak bu araştırmaların CIA'in Araştırma ve Geliştirme (Research and Development) Bölümü'nde sürdürüldüğü ortaya çıktı.[353]

ABD Dışişleri Bakanlığı memurlarından (US Foreign Service Officer) John D. Marks 1979 yılında *Search For The Manchurian Candidate: The CIA and Mind Control: The Secret History of Behavioral Science* adıyla bastırdığı kitabını yayımladı. Yazar ABD'deki Serbest Haber Alma Hakkı'ndan (Freedom of Information Act) faydalanarak resmi kanallardan elde ettiği 15 bin CIA belgesine dayanarak bu kitabı yazdığını eserinin giriş bölümünde anlatıyor. Ayrıca John D. Marks, kitabı yazarken CIA Psikoloji Servisi'nden emekli olmuş uzmanlarla ve değişik konunun uzmanı kişilerle görüşerek tespitlerini şüpheye mahal bırakmayacak biçimde ortaya koyduğunu belirtiyor.

CIA işe LSD/LCD ile başlıyor, PCP (peri tozu) ile devam ediyor. Bu çalışmalarda geliştirdikleri kimyasallarla-ilaçlarla, gaye bireyleri "mantıksızca" düşünmeye ve "düşüncesizce" hareket etmeye yönlendirmek ilk hedef. Bilahare geniş kitleleri, psikiyatrik kökenli ilaçlar-antidepresanlar, gıdalara eklenen katkı maddelerinden,

---

352. John D. Marks, *Search For The Manchurian Candidate: The CIA and Mind Control; The Secret History of the Behavioral Science*, Times Books, New York, Londra, 1979, s. 51.
353. Jon Rappoport, "CIA MKULTRA: They Intended to use drugs for everything", *Activist Post*, 14.08.2014.

zirai ilaçlardan, diş macunlarında kullanılan *florit ve benzeri oldukça geniş alanda toplum tarafından kullanılan kimyasallardan* faydalanıyorlar.[354]

CIA, MKULTRA projesinde kullandığı ilaçlarla, denek olarak kullanılan insanların birer kuklaya dönüştüğünü gözlemliyordu.[355]

John Marks'ın kitabına göre, CIA bu projede, kişilerde *hafızayı sıfırlayacak, şuur kaybına sebep olacak kimyasallar-ilaçlar* üzerinde çalışıyor. Bu ilaçların hedef alınan grupları saf dışı etmek gayesiyle itibarını yok etmek istedikleri kişiler üzerinde kullanmayı hedeflemekteydi. Yine projede bireylerin kişiliğini değiştirecek, bu insanları başka insanlara bağımlı hale getirecek, kişileri tembelleştirecek, çalışma azmini kıracak kimyasallar üzerinde çalışılıyordu.

Farklı kaynaklardan destek alan ve 80 değişik kuruma yayılmış olan MKULTRA projesi sadece CIA'in ve Pentagon'un belli bölümlerinde yürütülmüyordu. Belli üniversitelerde, hastanelerde, enstitülerde, hapishanelerde, ilaç şirketlerinde bu projeye ait çalışmalar yürütülüyordu.[356]

Bugüne kadar uyuşturucu ve ilaçlarla beyin yıkama konusunda CIA tarafından yapılan ve kamuoyuna sızan çalışmalardan bazıları şunlardır:

- 1961 yılında "Third Chance" (Üçüncü Şans) kod adıyla anılan, casus olduklarından şüphelenilen ABD'li askerlere LSD verilerek yapılan operasyonlar. Askerler etki altındayken bunlara "stres tekniği" uygulanmıştır.
- 1961 yılından günümüze yapılan deneyler MKULTRA projesi bağlamında devam etmekte olup, LSD kullanımı ile CIA birçok insanda "Mind Bending" (bir tür beyin yıkama) gerçekleştirmiştir.

354. John D. Marks, *Search For The Manchurian Candidate: The CIA and Mind Control; The Secret History of the Behavioral Science*, Times Books, New York, Londra, 1979.

355. John D. Marks, a.g.e., s. 76.

356. Nicholas M. Horrock, "80 Institutions Used in CIA Mind Studies: Admiral Turner Tells Senators of Behavior Control Research Bars Drug Testing Now", *New York Times*, 04.08.1977.

• CIA'in "akli kontrol sağlamak" gayesiyle yürüttüğü 25 yıllık bir projede üzerlerinde LSD deneyleri yapılanların hepsi ABD vatandaşı olduğu ortaya çıktı. Bu projeye çok sayıda ünlü doktor, vakıf ve bilim insanı katılmıştır.

• CIA'in bu konularda 149 projeyi desteklediği ortaya çıkmış, "akli denetim testleri" yapılmıştır.

• CIA'in *mistiklerden faydalandığı* bilinen bir gerçek.

• ABD Başkanlık İnceleme Kurulu'nun araştırma sonuçlarına göre Amerikan toplumunda ruhi stres tahmin edilenden daha çok yaygın. ABD'de akıl hastalıkları için son 20 yılda 17 milyar dolar harcanarak 350 bin kişi tedaviden geçirilmiştir.

Bu çalışmalarda ilaç endüstrisi bilim insanlarına para vererek, muhtelif promosyonlarla doktorları mükâfatlandırarak çarpıtılmış sözde bilimsel raporlar yazdırmaktadır. Bu tip "bilimsel" (uydurma) makale ve araştırma raporları yazanlara "hayalet yazar" (ghost writer) adı verilmiştir.

Bu konuyla alakalı olarak Amerika'nın saygın üniversitelerinden Georgetown Üniversitesi Tıp Fakültesi'nde öğretim üyesi olan Dr. Adriane Fugh-Berman şöyle diyor:

"Doktorlar artık *ilaç şirketlerinin kucağında oturan fino köpekleri* olmamalı."[357]

Elbette bu yorumdan müstesna hekimler mevcuttur.

Günümüzde yolsuzluk ve yozlaşmanın en yaygın olduğu sektörlerden biri küresel sağlık ve ilaç endüstrisidir. Nitekim bu husustaki haberler oldukça saygın yayın organlarında yer almaktadır. Dünya sağlık sektöründe yüz milyarlarca doları bulan inanılmaz boyutta yolsuzluklar vardır.[358]

Almanya, Berlin merkezli "Transparency International" milletlerarası şeffaflık konusunda araştırma yapan bir kuruluş.

---

357. Adriane Fugh-Berman, "Doktors must not be Lapdogs to drug firms", *British Medical Journal (BMJ)*, 333: 1027, 11.11.2006.

358. Stephanie Kirchgaessner, "US probes corruption in big pharma", *Financial Times*, 12.08.2010.

Bu kuruluşun araştırmalarına dayanarak bir rapor yayımlayan WHO'ya (Dünya Sağlık Teşkilatı) göre, *küresel çapta sağlık sektörünün tedavi için yaptığı harcamaların yüzde 10-25 arası manipülasyon, rüşvet-yolsuzluk gibi muhtelif yollarla boşa harcanıyor.*[359] Diğer taraftan saygın olarak kabul edilen sağlık-medikal dergilerde yeni ilaçlar hususunda yazı kaleme alan ve ilaç şirketleri tarafından satın alınmış uzmanlar da ilaç sektöründe dönen rezaletlerde önemli rol oynuyorlar.[360]

İlaç endüstrisi, 2005 yılında sadece *ilaç pazarlaması ve promosyonlarına 60 milyar dolar* harcamıştır. Aynı yıl toplam ilaç endüstrisinin satışları *500 trilyon dolardır.* İlaç şirketleri, sağlıklı insanları hasta kategorilerine saklamakta, doktorları rüşvetle kontrol altına almakta, ilaç test neticelerini ve yan etkilerini çeşitli alavere-dalaverelerle kendi menfaatleri doğrultusunda rapor etmektedir.[361]

İsviçre merkezli, ulus üstü bir ilaç şirketi olan Novartis, "çipli ve sensörlü" nano-teknoloji ürünü çok çok küçük ilaçlar üretti (sensor based drugs). Bu ilaçlara akıllı ilaçlar deniyor ve bir silikon ve metal karışımından oluşuyor. Mide asidiyle aktive oluyor ve insan vücudundaki belli aktiviteleri erken uyarı sistemi gibi *kablosuz haberleşme veya bluetooth sistemi* ile doktorun bilgisayarına, telefonuna veya saatine aktarıyor. Novartis bu ilaca şimdilik 24 milyon dolar harcamış durumda.[362]

• Bu neviden ilaçlar şimdilik organ nakli hastalarında kullanılıyor. Bu çipli, nano-teknoloji ürünü ilaç vücudun yeni organa karşı uyumunu kontrol edip hekime bildiriyor.

İlk bakışta insanlığın lehine, bir devrim niteliğinde görünen bu tip çipli-sensörlü ilaçlar ya da vücuda yerleştirilen çipler her

---

359. Transparency International, Global Corruption Report, www.transparency.org: Marcia Angell, "The Truth About Drug Companies", 2004.

360. Antony Barnett, "How drug firms hoodwink medical journals. Pharmaceutical giants hire ghost writers to produce articles then put doctor's names on them", *The Observer*, 17.12.2003.

361. Sarah Boseley, "Drug firms a danger to health - report", *The Guardian*, 26.06.2006.

362. Ben Hirscher, "Look out, your medicine is watching you", *Reuters Press*, 08.11.2010.

bir bireyin kimliği yerine geçecek ve "herkes böylece kontrol altında" tutulacak.

Alışverişte ödemeler, *bankacılık ve para işlemleri dahi derialtına yerleştirilmiş çiplerle* yapılacak. İngiltere'de bu hususta bir reklam yapılıyor, daha şimdiden insanların şuuraltına işlenen mesajlarla (subliminary messages) İngiliz halkı hazırlanıyor.

ABD ve Avrupa'da eski imalat tesisleri bir bir kapanırken, çip üretimi stratejik bir sektör olarak öne çıkıyor. Çip imalatı yapan dünya devi Intel, Amerika'da (Arizona ve Oregon'da) yeni nesil çip imalatı için *8 milyar dolarlık yatırım yapacağını duyurdu.*[363]

Bunların hepsi Yeni Dünya Düzeni kurmak isteyen Tapınak Şövalyeleri'nin projelerini bir adım daha ileri götüren teknolojik kölelik/teknomajik çalışmaların ürünüdür. Seçkinler oligarşisi insanları uzaktan kontrol edilebilen birer "Mr/Miss Robot"a (Bay/Bayan Robot) çevirecek. Şu anda altyapı önemli ölçüde tamamlanmış vaziyette. Bunlara ilave olarak *Deng hummalı GDO'lu sivrisinekler* ve *laboratuvar ürünü yeni virüsler* yolda.

Kinase M. Zeta proteini (Protein K. M. Zeta), beyindeki muhtelif hafıza formasyonlarını destekleyen ve belleğe yardımcı olan bir protein türü.

Bu protein nevi ile alakalı farelerde yapılan deneylerde hafızayı destekleyen Kinase M. Zeta proteinin çalışmasının kısıtlanabileceği ortaya kondu. Yani, bir başka protein türü olan "peptide"nin sentetik hale getirilmiş nevinin müdahalesiyle, beyin hafıza-bellek fonksiyonlarını çalıştıran "Kinase M. Zeta" proteininin *çalışmasının önlendiği* ortaya çıktı.[364]

İşte bundan bir ilaç yapma projesi başlatıldı ve kamuoyuna bunu ilk kez 2009 yılında duyurdular.

363. Patrick Darling, "Intel Announces Multi-Billion Dollar Investment", 20.10.2010, www.intel.com

364. William Patonlarry L. Squire, "Using a Zeta Inhibitory Peptide (ZIP) to Study the Temporal Dynamics of Long Term Memory", UCSD, 2011; http://tdk.ucsd.edu/research/posters/Attm_2011/patton_Williampdf

Hollanda-Amsterdam Üniversitesi'nde çalışan bilim insanları *insan hafızasında acı ve korku veren kötü hatıralar için ilaç geliştirdiklerini* duyurdular. İlaç önce hayvanlarda, bilahare de 60 kadın ve erkek denek üzerinde test edilmiş.[365]

Ancak burada üzerinde durulması gereken bir husus var. Söz konusu ilacın nasıl oluyor da insan hafızasının sadece *"kötü hatıralar" taşıyan kısmını sildiği tam açıklanmış değil.* Kısa adı ZIP (Zeta Inhibitor Peptide) olan ilaç henüz piyasaya çıkma iznini almış değil. Ancak fareler üzerinde yapılan deneylerde, farelerin öğrendikleri her şeyi unutturduğunu ortaya koymuş.[366]

Böyle bir ilaç muhtemelen "insanlardaki takıntıları" yok etmek gibi, insanları rahatlatıcı-huzura kavuşturucu "iyi niyet atışlarıyla" piyasaya sürülecektir.

Halbuki insanı insan yapan hususlardan biri yaşadığı *acı-tatlı tecrübelerdir*. Şayet insanların hafızalarının "acı" kısmını silerseniz iki husus ortaya çıkmaz mı?

Birincisi insanlığı topyekûn kontrol altına almak isteyen güç odaklarının eline müthiş bir silah verilmiş olur. İkincisi suç işlemeyi marifet haline dönüştürmüş olanların belleğindeki son pişmanlık kırıntısını da söküp atarsanız... Artık gücü yetenin gücü yetmeyen üzerinde tam anlamıyla tahakküm kurduğu bir dünya ortaya çıkar.

1. Aerobiyoloji

Daha 1950'lerde başlatılan zihin kontrol maksatlı çalışmalarda CIA ilk resmi-trajik kaybını 27 Kasım 1953 tarihinde verdi.

Dr. Frank Olson, ABD Ordusu Maryland Camp Detrick'teki Biyoloji Merkezi Özel Harekât Dairesi'nde (SOD) görevli "aerobiyoloji"

365. David Derbyshire, "Piil to erase bad memories: Ethical furore over drugs that threaten human identity", *Daily Mail*, 16.02.2009, www.dailymail.cı.uk

366. Alun Andersan, "Towards immortality", *The Economist*, The World in 2007.

uzmanıydı. Olson'a 19 Kasım 1953'te kendisinin bilgisi dışında içtiği içkinin içine konulmak suretiyle 70 mikrogram LSD verilmişti. İlaç şişeye CIA ajanı Dr. Robert Lashbrook ve yine CIA'de görevli bilim insanı Dr. Sidney Gottlieb tarafından konulmuştu.

Deneyden hemen sonra Olson'da paranoya ve şizofreni belirtileri görülmüştü. Olson Dr. Lashbrook eşliğinde New York'ta Dr. Harold Abramson adlı bir doktor tarafından psikolojik tedaviye alındı. Dr. Harold LSD çalışmalarını CIA'in sağladığı fonlarla yürütüyordu... Olson New York'taki tedavi esnasında Statler Oteli penceresinden atlayarak *intihar etmişti.*

Aerobiyoloji çalışmalarının yürütüldüğü "Biyoloji Merkezi Özel Harekât Dairesi"nin, Albay Vincent Ruwet'e göre üç özel fonksiyonu var:

- ABD askeri üsleri ve temsilciliklerini biyolojik saldırılara karşı korumak.
- Biyolojik silah kullanımının zararlı etkilerine karşı yeni teknikler geliştirmek.
- CIA için biyolojik araştırmalar yapmak... Elbet buna zihin kontrol ve manipülasyonları da dahil.

K. YÖNETMEN SYDNEY POLLACK İLE ROBERT REDFORD, FAYE DUNAWAY'İN *AKBABANIN ÜÇ GÜNÜ* VE İNSANLIĞIN DÖNÜŞTÜRÜLMESİ

Yazar James Grady'nin *Six Days of the Condor* (Akbabanın Altı Günü) romanından *Akbabanın Üç Günü* adıyla ünlü yönetmen Sydney Pollack'ın sinemaya uyarlanan filmi bir kült sinema örneğine dönüşmüştür. Başrollerinde meşhur Amerikalı oyuncular Robert Redford ve Faye Dunaway'in oynadığı film, CIA ajanı olan "Akbaba" kod adlı Robert Redford'un yemek molası dönüşünde ofisteki bütün arkadaşlarının öldürülmüş olduğunu görmesiyle yaşadığı şok ile başlar.

Akbaba, dışarıda yemekte olduğu için kurtulduğunu ama kendisinin de mutlaka öldürüleceğini çoktan anlamıştır. Akbaba, hemen en yakın arkadaşlarını arar ve Adalet Bakanı'na kadar başvurur. Ancak hepsinin işin içinde olduğunu çabuk kavrar. Kaçacak yeri yoktur. Çaresizdir. Şoktadır. Yönetmen Pollack'ın bir kişi üzerinden anlattığı muhteşem *gerilim-çaresizlik*, 1978 Washington Mutabakatı'yla resmen insanlığa dayatılan neoliberalizm-postmodernizm kıskacının oluşturduğu gerçek filmi topyekûn insanlığın yüzde 99'u yaşıyor. Nasıl mı? Benzerlik neresinde?

Milyarlara varan kitleyi bir anda öldürmek mümkün olmadığı için, sadece "çıkış yok" teması veriliyor *Akbabanın Üç Günü*'nde ve elbette Yeni Dünya Düzeni adı verilen gerçek hayat filminde. Filmde bir müddet sonra, Akbaba hiç kimseye telefon edemez hale gelir. Akbaba, bir müddet sonra *kimseye güvenemez hale gelir...* Manevi sıkıntılarının üzerine *parasızlık sıkıntısı da* biner...

Artık Akbaba "yalnız" ve "çaresizlik" hissi içinde debelenmektedir. Akbaba'nın yaşadığı pek çok olay ona kurtuluş umudunun olmadığını düşündürmektedir. Akbaba'nın içinde bulunduğu bu durum günümüz insanlığının içinde yaşadığı durumla örtüşmektedir.

Pollack, neoliberal sistemin kurguladığı "derin devlet"i tenkit ederken, başta neoliberalizmin ve günümüzdeki yönetimlerin "çürümeye başladığında" ne derece tehlikeli olduğunu anlatmaktadır.

Açıkçası Yönetmen *Akbabanın Üç Günü*'nde "ahlak" konusunu ele almakta ve yargılamaktadır. Neoliberalizm, postmodern bir anlayışla *bütün semavi dinlerin ve diğerlerinin kavramlarının içini boşaltmış, kof/kuru bir muhafazakârlık peydahlamıştır. Ahlak ve erdemin bir fiyatı vardır ve oldukça da ucuzlamıştır.*

Filmde Akbaba'da meydana getirilen bu "korku" duygusunun bütün insanlığa muhtelif yöntemlerle yayılması sonucunda dünyada neler olup bittiğini bizzat yaşayarak her gün şahit olmaktayız. *Akbabanın Üç Günü*'nde, Akbaba'nın her halükârda mutlaka ortadan kaldırılması gerekmektedir... Buradan hareketle Pollack "fert" üzerinden toplumsal bir dönüşüm oluşturulduğu mesajı filmde açıkça kendini gösteriyor. *Ölüm korkusu bireyi, birey üzerinden toplumu/kitleleri gerdikçe geriyor.*

Günlük gazete ve televizyon haberlerinde yer alan "kitleler" halinde ölümler ise Stalin'in ifade ettiği gibi "savaş" kavramının altında toplandığı için artık pek önemsenmiyor... Bosna, Afganistan, Irak, Arap Baharı, Ukrayna, Suriyeli mültecilerin yaşadığı dram...

Artık ortada bir katilden söz edilmiyor. *Konuşulan sadece istatiki veriler.* Geçim sıkıntısı çekenler, horlananlar, ezilenler, kör göze parmak adaletsizliklerden bunalan yüzde 99 bir tarafta... Diğer tarafta "deveyi hörgücü ile götüren" yüzde 1'lik seçkinler oligarşisi. Filmde Akbaba'nın hayatı sembolik olarak çok önem kazanıyor.

Irak'ta ölen 1,5 milyon insanın veya küresel iklim değişikliğinin maniple edilerek tsunamilerin öldürdüğü yüz binlerce kişi, içecek su bulamayan, karnını doyuramayan milyonların dünyasında Ankara'da, Paris'te, Londra'da, ABD'de veya bir başka yerde patlatılan bombaların kanıksattığı ölümler...

Ölümlerin sıradanlaştırıldığı acımasız bir postmodern dünyada küresel merkez sermaye oligarklarının aşağıdaki yöntemlerle oluşturduğu "tekinsiz dünya-korku imparatorluğu" sonuç olarak artık ölüm de beklemiyor. Zaten "yaşayan ölüler" onlar için en ideali.

Dünyadaki 7,5 milyar insan şöyle veya "çıkış yok" sendromuna doğru sürükleniyor. İşte Yeni Dünya Düzeni'nin insanlığı topyekûn dönüştürme projesinin yedi unsuru:

1. *Dine başvuru ve dönüştürme*
- Mesih/Mehdi beklentisi (Nöro-Mesih hologramı)
- Armagedon/Kıyamet Savaşı
- Senkretik Tek Dünya Dini
- Yeni Çağ/New Age tarikatları

2. *Finansal spekülasyonlar ve dönüştürme*
- FED ve BIS üzerinden dolarizasyon
- 15 Ağustos 1971 (Karşılıksız dolar basımı)
- Hane halkı, özel sektör, kamu borçları vergiler zirve yaparken borçlanmanın da zirve yapması
- Altın ve gümüş gibi kıymetli metallere yönelik manipülasyonlar
- Tek Dünya Merkez Bankası ve tek küresel para birimi
- Finansal güvenlik konseyi
- Sanal-dijital para

3. *Subliminal/bilinçaltı operasyonları ve dönüştürme*
- Hollywood dizi ve filmleri
- Çizgi filmler
- Bilgisayar oyunları
- Her neviden basın-yayın tekeli

4. *Antidepresanlar/Prozac toplumu ve dönüştürme*
- Türkiye'de 2015 yılında satılan antidepresanlar 43,5 milyon kutu. ABD'de 600 milyon kutudan fazla
- İlaç endüstrisinin kirli oyunları

- Suni bunalım tanıları
- Dönüşemeyen zombi insanlar

5. *Asimetrik bilgi (epistemik çöküş) obüskürantizm*
- Bilgi kirliliği
- Topluma eksik ve çarpıtılmış bilgi
- Milli dilin "piç" edilmesi
- At ile it izinin birbirine karıştırılması
- Toplumun, özellikle gençlerin doğru ile yanlışı ayırt edememesi

6. *Asimetrik savaş/terörizm ile dönüştürme*
- Etnik ırkçılık
- Dini, mezhebi, tarikat ve cemaatleri ayrıştırma unsuru olarak maniple etmek

7. *Sessiz silahlarla dönüştürme*
- Su-gıda-genetik iklim savaşları
- Laboratuvar ürünü virüsler (HIV ve benzerleri)
- HAARP, depremler, tsunamiler
- Havaya kimyasal püskürtme-iklim manipülasyonları

Sonuç: Ses çıkaramayan bir insanlık... Gelecek endişesi, borç, banka, haciz korkusu, parasızlıktan çocuklarının eğitimini tamamlatamayan, muhtemel bir sağlık probleminde hastane kapılarında kalmak... Evlatlarının yalvaran gözlerle bakışlarına çaresizce cevap verememek.

Yukarıdaki *yedi unsurun bir tanesi bile korkunun üzerine adeta benzin döker.* Dahası başınıza gelen kötü şeyler bile "iyi düşünmenizi engellemesin" mealindeki Kabalist "Polyannacılık" telkinleri ile haline "şükretme" haksızlık ve adaletsizliklere "bana dokunmayan yılan bin yaşasın" moduna geçerek görmemek, duymamak, bilmemek... Günümüz dünyası insanlık *Akbabanın Üç Günü*'nü yaşamaya devam ediyor.

SEKİZİNCİ BÖLÜM

A. PANTEİZM VE KABALA: TAPINAK ŞÖVALYELERİ VE BAZI İSLAMİ TARİKATLARIN ORTAK PAYDASI

"Âlem ikidir: Gayb (görünmez) ve şahadet (görünür). 'Şahadet âlemi' gözle, 'gayb âlemi' ise basiretle kavranır." Muhyiddin İbn Arabi'nin tasavvuftaki temel yaklaşımı esas olarak budur. "Görünmez" ve "görünür" olmak üzere iki asli âlem vardır. Dıştaki göz ya da görüş (basar) görünür âlemi, içteki göz ya da iç sezgi (basiret) ise görünmez âlemi kavrar. Keşf, Allah insanın "kalbi" aydınlanıp da "gayb âlemini" görmesini sağladığında gerçekleşir. Açılım (feth, fütüh) Allah'ın kalbe tecelli ederek "gayb âlemi"nin kapılarını açması ya da kalbi "doğrudan" bilgiye açmasıdır. Kelimenin içinde bir şeyin başlangıcı olma anlamı da mündemiçtir, dolayısıyla insan keşf âleminde adım attığında, bu manevi bir yükselme halinin başladığını da gösterir. Kapı ona açılmıştır ve artık kendisinin dışında bir otoritenin peşinden gitmesine (taklit) gerek yoktur.[367]

W. C. Chittick *Sufi'nin Bilgi Yolu* adlı kitabının Türkçe baskısına yazdığı önsözde şu hususları dile getiriyor:

"İbn Arabi özellikle mufassal eseri *Fütühatı Mekkiye*'de Tanrı, evren ve insan ruhuna dair *İslam tasavvurunu* hiçbir yerde ve hiçbir dönemde görülmemiş derecede ayrıntılı ve kapsamlı bir şekilde ele alır... İnsanlara Tanrı'ya karşı en temel görevlerinin onu kendileri için ve bizzat kendileri tarafından anlamak olduğunu

---

367. William C. Chittick, *Sufi'nin Bilgi Yolu - İbni Arabi'nin Metafiziğinde Hayal*, çev. Ömer Saruhanlıoğlu, Okuyan Us Yayıncılık, İstanbul, 2016, s. 260.

söyleyen bir Müslüman düşünür olarak kuşkusuz tartışma ve çatışmanın tarafı olmuştur. Yani ona göre insan Tanrı'ya taklit yoluyla değil, *tahkik* yoluyla yönelmeli ve onu kendi başına ve kendi içinde bulmalıdır. Nihayetinde Tanrı Hakk'tır ve insan olması gerektiği gibi (bi-l hakk) Hakk'a yönelmek istiyorsa onu bilmeli ve onun istediği biçimde davranmalıdır. Bu ise ancak *eşyaya* hakkını vererek gerçekleştirilebilir..."[368]

Yine Chittick söz konusu eserinde Arabi'nin felsefesini "Kozmik Hayal" başlığı altında analiz ettiği bölümde şu görüşlere yer veriyor. "Kâinatta *var olan her şey varoluşunu ve niteliklerini "İlahi Hakikat"ten alır.* Eşyanın hakikatini gerçek anlamda teslim ettiğimizde, hem Allah'ın hakikatini hem de aynı zamanda Allah'ın o şey olmadığını teslim etmiş oluruz. *Eşya, mevcudiyeti ve belirli bir şey olması bakımından yalnızca bir nesnedir, ancak varoluşu ve nitelikleri itibariyle Tanrı'dır.* Bu durumu ne kadar çok tartışırsak, dil o kadar karmaşıklaşır ve dinleyenler de o kadar şaşkınlığa ve hayrete düşer. Olması gereken de budur, zira kâinat "hem o, hem o değil"dir.[369]

Bu görüş tam anlamıyla Panteizm ve Kabala ile örtüşmektedir. Bu görüş İmamı Azam Ebu Hanife'nin Maturidi'nin ve Hoca Ahmet Yesevi'nin görüşleriyle çelişmektedir. Daha fazlası ilahiyatçılara düşmektedir. Ancak 130 bin kadrolu Diyanet İşleri Başkanlığı ile 70 İlahiyat Fakültesi'nin bulunduğu Türkiye'de pek az ilahiyatçı bu çelişkileri dile getirmektedir. Ya da sindirilmektedir. Nitekim FETÖ meselesinde Diyanet ve İlahiyat fakülteleri sınıfta kalmışlardır. İslam dünyası yüzyıllardır Arabi çizgisindeki bir kısım tarikat ve cemaatler eliyle özellikle sözde "Ricali Gayb Erenleri"nin istismarı ile biat kültürünün kurbanları olmaktadır. İslam'a yüklenen-sokuşturulan ve adına "İsrailiyat" denilen çarpıtmaların en kolay bir kısım tarikat ve cemaatler yoluyla olduğunu görüyoruz.

368. W. C. Chittick, a.g.e., s. 10.
369. W. C. Chittick, a.g.e., s. 149.

İddialara göre "Ricali Gayb Erenleri" denilen bir kısım tarikat şeyhi ve cemaat liderleri pek çok olağanüstü yetenek ve bilgi ile donatılmış kişiler. Bunlar canı istediğinde Allah ile konuşmakta ve böylelikle sevgili Peygamberimizi bile "baypas" etmektedirler. Yine bu zatı muhteremler Hz. Peygamber ile canları istediğinde hasbıhal etmektedirler. "Ricali Gayb Erenleri"nin pek çok üstün meziyetlerinin yanında şu üç "ilim"e sahip oldukları iddia edilerek, saf-temiz-mütedeyyin Müslüman Türk evladının inancı ile oynanmaktadır.

Sevgili okuyucu, bu satırların yazarı İslami terbiye ve bilgisinin pek çoğunu "seyyid" yani Hz. Peygamber'in soyundan gelen Seyyid Ahmet Arvasi'den almış biridir.

Bu kadarcıkla yetinerek devam edelim. "Ricali Gayb" gelecekten Allah'ın kendilerine görev verdiği, Allah'ın verdiği bilgileri müminlere-insanlara iletmekle görevlendirilen kişilere verdiği bilgiler toplamıdır. "Ricali Gayb Erenleri" bu bilgilere sahip olur. Bu ilim okuyarak, yazarak, araştırarak öğrenilmez. *Allah tarafından "seçilen" kulların kalplerine indirilir.* Bu tam anlamıyla "vahiy" demektir. Bir başka söyleyişle *"Gayb Erenleri" adına İlmi Ledün denilen "vahiy" ve geleceğe ait bilgilere sahip kişilerdir.*

"Ricali Gayb Erenleri"nin her biri "Evliya"dır. Bu kişiler şu üç temel ilme mutlaka sahiptirler:

a. *İlmi Ledün:* Vahiy yoluyla bilgi ve geleceğe ait Allah'ın tasarıları hakkında bilgi sahibi olurlar.

b. *İlmi Simya:* Basit madenleri bile altına-kıymetli madenlere çevirebilme, maddenin yapısını değiştirebilme yeteneğine sahip, *büyü yapabilen kişilerdir.* Kısaca "İlmi Simya" tam manasıyla Kabala ve büyü formları olup Tapınak Şövalyeleri Tarikatı'nın en önemli dayanaklarından-suçlandıkları hususlardan biridir.

c. *İlmi Cifir:* İbrani alfabesinde harflere bir kısım rakamsal değerler verilerek "gelecek öngörülerinde" bulunulur. Hahamların ve

Kabalistlerin en fazla halvet eyledikleri bir alandır. İşte bu metodolojinin Arap alfabesine aktarılmış şekline "İlmi Cifir" denilmektedir. İslam ve Kuran'la hiçbir alakası yoktur.

Bir diğer husus, bir *"Ricali Gayb Ereni" dünyanın herhangi bir noktasından dakikalar içinde, bir başka noktasına ulaşabilir/ seyahat edebilir ve müritlerini "ziyaret edebilir"*. Bu hususa "tayyi mekân" denilmektedir. Bütün "Ricali Gayb Erenleri" tayyi mekân yeteneğine sahiptir. Manevi liderleri ise Hz. Hızır'dır.

İddiaya göre, Hz. Hızır tayyi mekân/tayyi zamana mensup bir Allah dostu olup peygamber ya da evliyadır. Hz. Hızır, Hz. Musa döneminde yaşadığı için, o döneme ait bilgilere sahip ve bu dönemde de yaşıyor ve bütün "Ricali Gayb Erenleri"ne bilgisi ve ilimleri ile manevi liderlik yapmaktadır. Hz. Hızır, zamanlardan zamanlara, çağlardan çağlara ışınlanabiliyor.

"Ricali Gayb Erenleri"nin rahmani bir teşkilatlanması vardır:

- 1'ler (Pirler/Birler Makamı)
- 3'ler (Üçler Makamı)
- 7'ler (Yediler Makamı)
- 40'lar (Kırklar Makamı)

Her makam yukarıda zikredilen rakamlar kadar "Evliya"/"Ricali Gayb Ereni" barındırır. Ricali Gayb Erenleri'nin lideri "1"ler makamındaki "pir" olan kişidir. En büyük ilim sahibi evliya bu şahıstır.

Yukarıda belirttiğimiz "rahmani" teşkilatlanmada, 40'lardan (Kırklar Makamı) sonra "100 kişilik" ve "300 kişilik" makamlar mevcuttur. "1"ler makamına ulaşmış "Ricali Gayb Ereni"nin unvanı vardır. Şayet bu kişi, "Seyyid nesli"nden yani Hz. Peygamber'in soyundan geliyorsa "Gavs" unvanı alır. Değilse "Kutbul Aktab" unvanı verilir. Ancak Gavs'ın yaşadığı dönemde Kutbul Aktab yaşamaz, yoktur. Kutbul Aktab'ın yaşadığı devirde de Gavs bulunmaz.

Her ölen "Ricali Gayb Ereni"/Evliya-Veli yerine yeni bir evliya gelir. Bu gelişler yukarıda belirttiğimiz "rahmani" hiyerarşik yapıdan gelir. *En önemlisi de bu unvanlar "Allah tarafından" verilir!* Anlaşılıyor ki "Rahmani Hiyerarşi" kadroları ile Yüce Allah "arasında" "özel bir posta sistemi" var.

Yukarıda kısaca özetlediğim görüşler Sünni İslam kaynaklıdır. Bunlara göre Ricali Gayb Erenleri *"Büyük Anadolu Projesi"* adı verilen bir *"Rahmani Devlet" kuruluşunu çoktan başlatmışlardır.* Bu gücün karşısındaki yegâne güç *"Büyük Kral denilen Yahudi Mesihud Haris"in kurduğu düzen olup günümüzde bütün dünyayı sarmış bir sistemdir.*

Sol gözü kör Mesihud Haris yani "Büyük Kral"ın yüksek teknolojiye sahip kurduğu düzen konu İslam tasavvufu ve Ricali Gayb Erenleri olunca etkisiz hale geliyordu. Çünkü "Irak topraklarından doğumu olan Merv şehrindeki Yahudi mahallesinden imparatorluğunu ve Tek Dünya Devleti'ni açıklamaya ve insanlara kendi kendisi açıklayacağı güne dek gizli dünya devletini yönetmeyi planlıyor ve Üçüncü Dünya Savaşı'nı çıkarmak istiyor."[370] "Mesihud Haris kendini deşifre ettirmiyor ancak bütün Ricali Gayb Erenleri onun gerçekte kim olduğunu biliyordu. Büyük Kral yani Mesihud Haris bir önlem aldıysa, Ricali Gayb Velileri de ona ve onun düzenine karşı rahmani bir önlem aldılar..."

Devam edelim...

"Ricali Gayb Erenleri *Allah'ın 99 isminde gizli olan yani Esma-yı Hüsna'daki her Esma'nın sırrını barındıran ruhanilerini bilip o şekilde dua ederler.* Esma-yı Hüsna'da Yaratıcı'nın "99 Esma"sında bulunan sıfatlar çeşitli sırların olduğu manevi kelimeler ve de Müslüman'ın silahı olan dualardaki yakarışın, isteyişin *en etkili harf ve sıfatlarıdır.* Esma-yı Hüsna'daki "Esma"ların büyük sırrı ise Ricali Gayb Erenleri tarafından bilinirler. Ayrıca Ricali Gayb Erenleri Allah'ın 99 isminin dışında olan, bilinmeyen, Allah'ın 1001 adını bilip ve bu adlardaki "Esmalar"dan yola çıkan ilahi sonuçlara

370. Cümledeki anlam bozukluğu orijinal metindedir.

vakıftırlar. *Cifir ilmi ile bu "Esma"ların sıfatlarında yatan harfler ve harflere karşılık gelen sayılarda bile bulunan şifreler ilahi bir manevi anahtardır.* Bu anahtarlar da Ricali Gayb Erenleri'nin sırları arasındadır... Ricali Gayb Erenleri'nin her toplantılarında binlerce sır vardır. Kuran-ı Kerim'den akan lahikaların gösterdiği istikamette müdahaleleri hep bu hayata olmuştur, olacaktır da..."

Yorumsuz... Ama hoş geldin Kabala.

"Ricali Gayb Erenleri, *insanlara olduğu gibi Gayb âleminin bütün sakinlerine de etki ederler.* Gayb âleminde melek, cin, şeytan, ifrit, ruhani, hüddam ve periler yaşamaktadır... Onların sırlarını yeryüzünde yalnızca Ricali Gayb Erenleri bilmektedir... *Perilerin tamamı kızdır...* Periler, huri, cin, ifrit ya da melek değildir. Dünyanın en güzel kızı bile bir perinin yanında sönük kalır. Perilerin hepsinin ayrı ayrı adları vardır. Her perinin *Arap harflerinden oluşan şifreleri vardır, yani sayısal bir değeri vardır.* Periler, veli olmayanlarla asla görüşmezler. Velayet sahibi bir kişi eğer Kuran, ayet, sure, Esma-yı İlahiye'ye hizmet eden *perilerle riyazet yolu ile irtibat sağlayabilirler. Periler zaman zaman da görevlendirilerek dünya hayatında cennet hayatı süren yani cenneti dünya hayatında ameli ile sağlayanlara yardımcı olarak verilirler.* Periler, Kuran, sure, ayet, Esma-yı İlahi'leri ihlasla okunulduğu sıralarda açığa çıkan *'nur enerjisi'nden gıdalanırlar...* Periler, Ricali Gayb Velileri tarafından bilinirler ve onların zaman zaman gösterdikleri hakikatler doğrultusunda hareket ederler. Perilerin sırlarına erişmeye çalışan kişilerin hiçbiri 'veli' değilse onlara ulaşamaz. Periler halen arattırılmaktadır, lakin nafile. Ricali Gayb âleminin yalnızca küçük bir sırrıdır periler... Ricali Gayb Erenleri'nin tamamı Meta Nasrullah'ı tanır, yani 'Allah'ın Gizli Orduları'nı bilirler ve çoğunlukta Meta Nasrullah onlarla beraber çalışmaktadır..."

Yorum yok...

Peki Kabala nedir?

Uzun uzun yazmayacağım. *Ana Britannica Ansiklopedisi*'nin "Kabala" maddesi:

"İbranicede 'gelenek' Kabbala olarak da bilinir. 12. yüzyıl ve sonrasında yaygınlaşan Batıni Yahudi mistisizmi. Kabala öğretileri ve uygulamaları ancak kişisel bir kılavuzun denetimi ve önderliği altında öğrenilebilir; kişiyi mistik deneyiminin tehlikelerinden yalnızca bu kılavuzluk koruyabilir. Bu nedenle Kabala temelde her zaman sözlü geleneğe dayanmıştır. Tanrı'nın Hz. Musa ve Hz. Âdem'e indirdiği yazılı olmayan vahyin gizli bilgisini taşıdığı düşüncesi bakımından da gelenekle özdeşleştirilir. Hz. Musa'ya indirilen emirlere uymak Yahudiliğin temel ilkesi konumunu korumuşsa da Kabala Tanrı'ya dolaysız yaklaşmanın yolunu sağlamıştır. Tanrı'ya mistik yaklaşımı *Kabala'nın Panteistlikle* ya da *sapkınlıkla suçlanmasına da* yol açmıştır.

Kabala'nın kökleri *'Merkava' mistisizmine* değin uzanır. MS 1. yüzyılda Filistin'de yayılmaya başlayan Merkava'nın özünü, *Hezekiel Peygamber'in tahtını simgeleyen Araba'nın (Merkava) vecit içinde tefekkür edilmesi oluşturuyordu. Büyü ve kozmolojiyi* konu alan en eski Yahudi metni *Sefer Yetsira da (Yaratılış Kitabı)* MS 3-6 yüzyıllar arasında kaleme alındı. Bu kitapta yaratılış, yaratıcı Tanrı'nın 10 kutsal sayısını (sefirot) ve İbrani alfabesinin 22 harfini içeren bir süreç olarak açıklanıyordu. İnanışa göre bu *sayıların ve harflerin* tümü 'gizli bilgeliğin 32 yolu'nu oluşturuyordu."[371]

Yine yorum yok sevgili okuyucu. Mukayese size bırakılıyor.

Ya Panteizm nedir?

Yine *Ana Britannica Ansiklopedisi*'ne başvuralım ve kısa keselim. Yoksa gerek Kabala[372] gerek Panteizm konusunda okunabilecek çok sayıda yazılı eser mevcut. Panteizm, (Yunanca pan: "tüm" ve Theos: "Tanrı"), bir bütün olarak kavranan *evrenin Tanrı ile özdeş* olduğu ve *evrende açığa çıkan bileşik töz, güçler ve yasalar dışında Tanrı olmadığı öğretisi.*

---

371. *Ana Britannica*, c. 12, s. 351.

372. Perle Epstein, *Kabala Musevi Mistiklerinin Yolu*, çev. Nusret Karayazgan ve Şiyma Barkın, Dharma Yayınları, İstanbul, 4. baskı, Ocak 2005.

Panteist sıfatını ilk kez akılcı düşünür John Toland *Socinianism Truly Stated* (1705, Gerçek Yönleriyle Socinus Tarikatı) adlı kitabında kullandı. Ad olarak Panteizm ise birkaç yıl sonra onun karşıtlarından biri tarafından ortaya atıldı. K. C. F. Krause 1828'de kendi felsefesini betimlemek için Panteizm terimini kullandı. Daha sonra Doğu ve Batı düşüncelerindeki çeşitli görüşler bu terimlerle adlandırıldı ya da nitelendi.

Panteizm'in çok çeşitli biçimleri vardır. Bunlar bir bütün olarak tabiata bilinç atfeden Panpsişizm'den dünyanın yalnızca bir görünüş ve temelde gerçekdışı olduğunu ileri süren Akozmik Panteizm'e, akılcı Yeni Platoncu ya da türümcü görüşlerden sezgici ve sırcı görüşlere kadar değişir.

Hindu ve Budacı öğretilerde (Vedalarda, Upanishad'larda ve Bhagavadgita'da) çeşitli *Panteist görüşlerin karışımlarına rastlanır.* Başta Ksenophanes, Herakleitos, Anaksagoras, Platon, Plotinos ve Stoacılar olmak üzere birçok eski Yunanlı filozof Batı Panteizm'inin temellerini atmıştır. Panteizm geleneği "Yeni Platonculuk" ve Yahudi-Hıristiyan mistisizmi aracılığıyla Johannes Scotus Erigena, Eckart (üstat), Nikolous Von Cusa, Giordano Bruno ve Jakob Böhme tarafından ortaçağ ve Rönesans'ta da sürdürülmüştür.

Batı felsefesinin yakın dönemlerinde Panteizm düşüncesini en yetkin biçimde dile getiren Spinoza'dır (1632-1677). Sonsuz niteliklere sahip bir tek sınırsız varlığın olabileceğini öne süren Spinoza'ya göre *Tanrı ve tabiat aynı gerçekliğe verilen iki ayrı addan başka şeyler değildi...* Panteizm dogmalara bağlı Hıristiyan ilahiyatçılar tarafından yaratıcı ile yaratılan arasındaki ayrımı yok ettiği, Tanrı'yı belirsizleştirdiği, "aşkın" yerine bütünüyle "içkin" (Batıni) bir Tanrı kavramı öne sürdüğü, insanın ve Tanrı'nın özgürlüğü düşüncesini dışladığı gerekçesiyle reddedildi.[373]

Biz yine aynı kaynaktan, yani *Ana Britanicca*'dan "Batınilik" kelimesine bakalım. Batınilik, Kuran'ın Batıni yorumuna dayanan

373. *Ana Britannica*, c. 17, s. 388.

düşünce ve inanç sistemlerinin genel adı. Batınilik temelde bir yorumlama biçimi olduğundan, bu yöntemi benimseyenler birbiriyle hiçbir bağlantısı olmayan inanç sistemleri içinde yer alsalar bile Batıni sayılırlar.

Batınilerin Tanrı görüşü filozofların görüşlerinin hemen hemen aynısıdır. Tanrı'yı tenzih (soyutlama) anlayışlarının gereği olarak *Tanrı'ya özgü sıfatları kabul etmezler... Evren ve yaratılış konusundaki görüşleri de ilkçağ filozoflarının görüşleriyle çakışır...* Batınilik 12. yüzyıldan sonra etkinliğini daha çok *bazı tasavvuf akımları içinde sürdürmüştür.* Kalenderilik, Hayderilik, Melametilik, Hurifilik, Erdebilik (Safevilik), Bektaşilik gibi tarikatların oluşumunu etkilemiştir. Ayrıca, Dürzilik, Nusayrilik gibi eski, Babilik, Bahailik, Kadıyanilik gibi *19. yüzyılda doğmuş yeni dinsel akımların biçimlenmesinde de* önemli rol oynamıştır.[374]

Bu kez de aynı kaynaktan Muhyiddin İbn Arabi maddesine bakalım. Muhyiddin Arabi (28 Temmuz 1165 Murcia-16 Kasım 1240 Şam). *İslam düşüncesinin Batıni boyutunu eksiksiz bir felsefi anlatıma kavuşturan ilk mutasavvıf ve düşünür.* En önemli eserleri *Fütuhatul Mekkiye* ve *Füsus-ül Hikem*'dir... 1201'de Mekke'de "aldığı tanrısal bir buyrukla" en önemli eseri *Fütuhatul Mekkiye*'yi yazmaya başladı. Kitabı çok sonra Şam'da bitirdi. 560 bölümlük bu eseri, bütün *Batıni İslam bilimlerini* kendi anladığı ve yaşadığı biçimde ele alan, ayrıca iç dünyasıyla ilgili önemli bilgiler de içeren kişisel bir ansiklopediydi.

Konya'da karşılaştığı Sadreddin Konevi, doğudaki en önemli müridi ve ardılı oldu. Konya'dan sonra Bağdat'a ve Halep'e gitti. Uzun gezilerinin sonunda Şam'a geldiğinde (1223) ünü bütün İslam dünyasına yayılmıştı.

Muhyiddin Arabi, hemen bütün bilgi alanlarından yararlanan, onları yeniden anlamlandırarak kullanan bir bireşimcidir. *Düşüncesinin kaynaklarının başında ilk İslam mutasavvıfları Hallacı*

374. *Ana Britannica*, c. 3, s. 442-443.

Mansur, Tirmizi, Bayezidi Bistami ve Gazali gelir. Muhyiddin Arabi'nin tasavvuf sisteminin temelini Vahdet-i Vücut/Varlığın Birliği öğretisi oluşturur.

Buna göre *Tanrı'nın evren karşısında aşkınlığı mutlak olmakla birlikte evren Tanrı'dan bütünüyle ayrı değildir, sır biçimde ona katılmış durumdadır.*[375]

"Simya" meselesine gelince...

Eskiden simyaya "gizli bilim" adı verilirdi. *Simya, İsa'dan sonraki ilk üç yüzyıl süresince İskenderiye'de filizlenmişti.* Başlangıçta, cam ve metal işleme tekniklerinin ortak bir ürünüydü bu gizli bilim.

Ancak sonraları, astroloji ve okültizm ile tüm varlıkların dört temel elemanın (ateş, su, hava ve toprak) birleşiminden oluştuğunu ileri süren *Helen felsefesinin sentezi haline dönüşmüştür...* Simyanın temel ilkesi, ruhun, ister canlı olsun isterse cansız tüm varlıklara nüfuz edebilmesine dayanır. Madde dünyasının varlıkları, kimyasal sentez işlemleri ve yaratıcı düşünce sayesinde, ruhsal dünyanın varlıklarına dönüştürülebilir.[376]

Yeniçağ Avrupası tarihinde önemli rol oynamış gizli cemiyetlerden biri, Tapınak Şövalyeleri ile Masonlar arasında bir tür "geçiş aşaması" olarak kabul edilen Rose-Croix (Gül-Haçlar) Derneği'dir. 15. yüzyılda adı duyulmaya başlayan bu dernek, Avrupa'da özellikle *simya* konusunda bir furyanın doğmasına neden olmuş, derneğin üyelerinin bu konuda "gizli bilgilere" sahip olduğu efsanesi yayılmıştır...[377]

"*Simya, başlangıçta kurşun ve bakır gibi soy olmayan metalleri altın ve gümüş gibi soy metallere dönüştürme girişimleri biçiminde ortaya çıkan yalancı bilim...* Simyadaki karışık eğilimler mistik düşüncelerin simyaya egemen olmaya başlamasıyla yoğunlaştı. Helenistik felsefenin bilimsel bakış açısından uzaklaşıp gittikçe *Gnostizm, Yeni*

375. *Ana Britanicca*, c. 16, s. 286.

376. David Maybury-Lewis, *Millenium-Milenyum*.

377. Aydoğan Vatandaş, *Ezoterika - Gizli Cemiyetler*, Timaş Yayınları, İstanbul, 6. baskı, 2004, s. 158.

Platonculuk ve Hıristiyanlığın tanrısal vahyine önem vermesiyle simyacıların yazıları da belirsizlik bakımından Batıni oldu. Ölümsüzlük iksirini bulmak amacıyla altın yapmaya uğraşan Çinli deneyciler de bütün pratik tekniklere karşılık Batıni görüşlere ağırlık verdiler ve bu sanat bir *boş inançlar kütlesine dönüştü.* Hint simyası da sonunda aynı bozulmaya uğradı..."[378]

Şimdi gelelim Tapınak Şövalyeleri ve Kabala-Panteizm meselesine. Vatikan'ın Avrupa'da Hıristiyan birliğini sağlamak için goygoyladığı ve ortaçağın karanlık Avrupa'sında bir kısım çapulcu-maceraperestin kurdukları ordularına "Haçlı Ordusu" ismini vermeleri kendilerini *"fakir askerler"* diye tanıtan ufak ama zeki bir *"Sion" sempatizanı* için fırsat oluşturmuştu.

Bu sözde İsa'nın fakir askerleri karargâhlarını Kudüs'teki *İkinci Süleyman Tapınağı'nın yıkıntılarına kurdular* ve kendilerine *Tapınakçı/Tapınak Şövalyeleri Tarikatı* adını verdiler. Tapınak Şövalyeleri Tarikatı, Avrupa'dan gelen Hıristiyan hacıları usturuplu yöntemlerle soyup soğana çevirerek *tefeciliğe* başladılar. Böylece *ortaçağ kapitalizminin* ve *bankacılığının temellerini attılar.* Çok kısa zaman dilimi içinde gereğinden fazla güçlenip, özellikle Fransa'da devlet içinde devlet –Türkiye'mizdeki FETÖ ve bir kısım tarikatları hatırlayınız–haline dönüşmelerine bir de Hıristiyan dinine aykırı sapkın ve garip ayinler yapıyor olmaları eklenince Tapınak Şövalyeleri Tarikatı'na diş bileyen Avrupa kralları ve zamanın papası köklerini kurutmak üzere harekete geçtiler.

Tapınak Şövalyeleri resmi bir organizasyon olarak yaşayamayınca yeraltına indiler ve ortaçağın en yaygın sivil toplum teşkilatı olan duvarcı loncalarına sızarak bunları tamamen ele geçirdiler. Bir zamanların masum duvarcı ustası loncaları Tapınak Şövalyeleri'nin ipleri ele almasından sonra "Mason localarına" dönüştü. *Tapınak Şövalyeleri Tarikatı'nın yoldan çıkmasına sebep olan Kudüs'te buldukları bir tür "tehlikeli" bilgiydi. Bu bilgi Kabala idi.*

378. *Ana Britannica*, c. 19, s. 392.

Günümüzde Yahudi dininin Batıni yönü olarak tanıtılan ve son zamanlarda Madonna ve bir kısım şarkıcı kadının seksapeli ile sulandırılarak yapılan reklamasyonla kitlelere zerk edilmeye çalışılan Kabala Yahudiliğin temel kitabı ve Allah'ın vahyi Tevrat'tan çok daha önce var olan putperest kökenli Panteist bir öğretidir. İnsan zihninin en kötü sapmalarından biri olan Kabala büyük ölçüde "büyü ayinleri"yle ilgilidir.

Yahudiliğe dışarıdan sızan bu putperest ve büyüyü temel alan geleneğin kaynağıysa eski Mısır'dır.

Yüce kitabımız Kuran'da kendilerinden "Büyücüler" olarak bahsedilen eski Mısır rahipleri orduyla beraber yönetim sisteminin temelini oluşturmaktaydı. Amon Rahipleri olarak adlandırılan bu sınıf Mısır'ın bütün temel ideolojisini oluştururdu ve zaten Firavun Hz. Musa'ya karşı ilk olarak bu rahipleri sürmesi de rejimin temel direklerinden birinin bu rahipler olmasıydı.

Hz. Musa tarafından kendilerine tevhit dini getirilen İsrailoğulları Mısır'daki materyalist ve putperest yaşantıya duydukları eğilim sonucu bu mesajı bir türlü kavrayamamış hatta Hz. Musa'nın kendilerinden ayrılıp Tur Dağı'na gittiği 40 gün içinde bile hemen Mısır'dan gördükleri Hathor ve Apis putlarının benzeri *bir buzağı putu-heykeli* yapıp buna tapmaya başlamışlardır.

İşte Tevrat'ın bozulma süresinde –muharref Tevrat– Mısır'ın materyalist putperest kültürüne özenenlerin Kabala adı altında Yahudiliğin damarlarına zerk ettiği zehrin büyük etkisi vardır. Kabala kültürü içinde "insanı ilahlaştıran" Yahudiler bir müddet sonra da sadece kendi ırklarını ilahlaştırmış ve bütün diğer insanlardan üstün olduklarına inanmaya başlamışlardır.

Zaman içinde Eski Mısır'ın materyalist öğretisi etkisi altında geliştirilen Kabala da bir çeşit seküler hümanizme dönüşmüştür. Dahası, ilahiyatçıların "İsrailiyat" diye tanımladıkları ve İslam'a tasavvuf ve tarikatlar üzerinden sokuşturulan en önemli sapma Kabala-Panteizm üzerinden olanlardır.[379]

---

379. Serdar Kuru, "Tapınakçılar ve Kabala", *Ortadoğu*, 13 Kasım 2005.

Elbette Hak yolunda olan tasavvuf ehli ve tarikatlar olabilir. Şayet İmamı Azam, Maturidi, Hoca Ahmet Yesevi çizgisinde olan birini bulursam ben de intisap edeceğim.

Son bir not...

Tapınak Şövalyeleri Tarikatı mensuplarının yaşadığı dönemde mistisizm... Halkın bir kısmı Tapınak Şövalyeleri'nin sihirbaz, büyücü ve "simyacı" olduklarına inanıyordu... Tapınak Şövalyeleri ortadan kaldırıldıktan sonra da haklarındaki esrar perdesi ortadan kaldırılamadı. Tarikatın tarihiyle ilgili en son kayıt, *Mart 1314'te son Büyük Üstat Jacques de Molay'ın yakılarak öldürülmesiydi.*[380]

"Tapınak Şövalyeleri çevrelerini aydınlatan, Mecusi ve hikmetli, usta Farmoson, simyacı, Batıni üstatlar olarak ün salmışlardı. Aynı zamanda dehşetengiz bir güç ve bilgi hazinesine sahip gerçek "süpermen"ler olarak biliniyorlardı. Tapınak Şövalyeleri o zamanlar papazlara karşı oluşan hareketin kahramanları olarak ün kazandılar.[381]

"Teoloji ilminin kurucusu H. P. Blavatsky ve antropolojinin kurucusu Rudolf Steiner gibi şahsiyetler Batıni bilgelik geleneğinin Tapınak Şövalyeleri, Catharlar ve uluslararası biraderlik kuruluşlarına kadar uzandığını belirtmişlerdir."[382]

"Türkler ve İranlılarda olduğu gibi, *Arap tarikatları da Masonik düzene yakındır.* Örneğin bir Avrupalı, Kuzey Afrika'daki Senusiyye tarikatını 'dinsel nitelik taşıdığı açık bir Masonluk uzantısı'na benzetir."[383]

380. M. Baigent, R. Leigh ve H. Lincoln, *Savaşçı Kesişler Tarikatı Tapınak Şövalyeleri*, çev. Mehmet Topdaş, Nokta Yayınları, İstanbul, 2004, s. 78.
381. M. B., R. L. ve H. Lincoln, *Tapınak Şövalyeleri*, s. 80.
382. M. B., R. L. ve H. Lincoln, a.g.e., s. 80.
383. Thierry Zarcone (aktaran), İslam'da Sır ve Gizli Cemiyetler, çev. Ali Berktay, Alkım Yayınları, İstanbul, 2005, s. 13.

B. TAPINAK ŞÖVALYELERİ VE VATİKAN'IN "MR"I

1. Vatikan yeryüzünün en küçük ancak siyasi ve finansal açıdan en etkili ve güçlü "şeriat" devletidir.

2. Vatikan Tapınak Şövalyeleri'nin anasıdır. Tapınak Şövalyeleri de Yeni Dünya Düzeni projesinin baş aktörü.

3. Vatikan arşivlerinde Osmanlı ve Cumhuriyet Türkiyesi ile alakalı pek çok belge ve sır vardır fakat Vatikan bunları açıklamaktan kaçınmaktadır.

4. Vatikan, Hz. İsa'ya Yüce Allah'ın tebliğ ettiği Hıristiyanlıkla bir alakası olmayan Tarsuslu Yahudi Pavlus'un Roma Paganizmi-Yahudi mistisizmini harmanladığı senkretik/bağdaştırılmış bir dünyevi inancın ruhani-finansal-siyasi oligarklarıdır.

5. Vatikan'a göre İslam anti-Christ/İsa karşıtı, Hz. Muhammed Deccal'dır. Ancak Vatikan Türkiye'de, Türk cumhuriyetlerinde ve Ortadoğu'da yürütmekte olduğu misyonerlik faaliyetlerinde bazı İslamcı tarikat ve cemaatlerle işbirliği içinde olup, özellikle Opus Dei bu ilişkilerin kurulmasında belirleyici bir rol oynamaktadır: Din-siyaset-para.

6. Vatikan Paris'te genelevi açacak kadar imanı geniş, ateizmin de doğmasının bir numaralı müsebbibidir.

7. Vatikan, İskenderiye Kütüphanesi'ni ve Endülüs İslam Devleti'ndeki kütüphaneleri, yüz binlerce kitabı yaktıran zihniyetin şatosudur.

8. Vatikan, Türk ve İslam'a yönelik ne kadar yıkıcı faaliyet varsa arkasındaki en önemli güç odağıdır. Türkiye'ye yönelik her türlü bölücü-Kürtçü akımları desteklemektedirler. Gerek Vatikan gerek

Evanjelist Hıristiyanlar 1990'lardan beri Kürt asıllı Türklerin yüzde 5'ini Hıristiyanlaştırmak için milyar dolarlık misyonerlik bütçesi ayırmaktadır. Benzer yöntemlerle Güney Korelilerin yüzde 30'unu 1960'lardan bu tarafa Evanjelistleştirdiler.

9. Vatikan, diline pelesenk ettiği insan hakları-demokrasi-eşitlik gibi, neoliberalizmin-postmodernizmin içini boşalttığı sloganları kullanarak Türkiye'ye karşı örtülü operasyon yürütmektedir. Osmanlı Türkiyesi'ne karşı da hürriyet ve azınlıklara/yabancılara toprak satışı söylemlerini kullanmıştı. Buna mukabil Vatikan'ı ve Katolik Kilisesi'ni tenkit eden Prof. Hans Küng ve Prof. Dreverman gibi dünyaca ünlü teologları Kilise'den attırmış ve onları aforoz etmekle tehdit etmiştir... Yani Türkiye'ye karşı kullandığı insan hakları-demokrasi-eşitlik nutuklarında samimi değildir.

10. Vatikan ve Opus Dei ikilisi Türkiye'de özellikle turizm ve inşaat sektörlerinde yatırım yapmaktadır. Özellikle İspanyol şirketleri ile ABD-Londra üzerinden gelen şirketlerin Türkiye'deki ortaklarına bakılmalıdır.

11. Vatikan, Fener Rum Patrikhanesi'nin "ekümeniklik" hayallerini desteklemekte İstanbul'da "devlet içinde devlet" tezgâhına destek vermektedir.

12. Vatikan, 24 Haziran 2016'da İngiltere'nin AB'den ayrılma kararından sonra topal ördek durumuna düşen AB'ye Türkiye'nin girmesine şiddetle karşıdır. 20 Kasım 2000 tarihinde dönemin Papa'sı yanına Ermeni Patriği 2. Karekin'i alarak şöyle demişti: "20. yüzyılda gerçekleşen bütün soykırımların sorumlusu Türklerdir." Benzer şekilde, Haziran 2016'da Ermenistan'ı ziyaret eden Papa Francis "Türkler Ermenilere soykırım yapmıştır" diyecek kadar eksantrikleşmiştir.

13. Papa 23. John Türk dostu olarak lanse edilmiştir. Papa Türkiye'de bulunduğu yıllarda Müslüman Türklerle değil, Türk vatandaşı olan Yahudilerle içlidışlı olmuştur. "Türkleri seviyorum" sözleri ile Türk vatandaşı azınlıkları kastetmekteydi. Papa 23. John'un Türkiye'deki en yakın iki dostundan biri, Karaim/Kırım asıllı bir siyasetçiydi. İlginçtir, diğer dostu da oldukça muhafazakâr bir Karaim asıllı sanayiciydi.

14. Vatikan, Nazilerin Avrupa'nın pek çok ülkesini işgal ettikten sonra el koyduğu ve Hırvatistan'da sakladığı altın ve dövizleri Vatikan Bankası üzerinden İsviçre bankalarına aktaran kara para aklayıcısıdır. William Shakespeare, *Kral Lear* adlı meşhur tragedyasında Lear'ın ağzından Edmund'a şöyle der: "İliklere kadar işleyen bu azgın fırtınayı sen bir şey sanıyorsun. Sana göre belki de öyledir. Ama asıl büyük illetin bulunduğu yerde küçüğü pek hissedilmez. Bir ayıyla karşılaşsan kaçarsın tabii, ama yolun gürleyen denize çıkıyorsa, döner ayıyla kapışırsın."

15. Vatikan, *Baba - 3* filmine de konu olduğu üzere, "P2 Mason Locası-Gladio-Mafya" üçlüsüyle kol kola yürüyen "Tanrı'nın yeryüzündeki gölgesi"dir.

C. İLMİ SİMYA VE KİMYA

Simya, değersiz madenlerden altın yapma sanatı, içrek/Batını bir öğreti olan simyanın tinsel düzlemdeki amacı ise, sıradan insanı "tinsel" insana dönüştürmektir. Bu dönüşüm, "Felsefe Taşı" aracılığı ile gerçekleşecektir. Kökleri Antik Yunan'da bulunan simya, Gnostik çevrelerde gelişmiş, daha sonra Araplara geçmiştir. Simya öğretisinin ilk bireşimi, Cabir İbn Hayyan'ın eserlerinde görülür. 12 yüzyıldan başlayarak, Arapça metinlerin çevirileri aracılığıyla, Batı'da yeniden gelişmiştir. Simyanın nihai amacı "Büyük Eser"i gerçekleştirmektir. Bu sürecin üç aşaması "Kara Eser", "Beyaz Eser" ve "Kırmızı Eser"dir.[384]

Simya ile kimya tam anlamıyla birbirlerini birebir karşılamazlar. Kimya simyanın bilimsel olarak inkârı değildir. Daha açık ifadeyle simya ortadan kalkmış, silinip gitmiş ve onun yerini ve ondan daha geniş ve kapsamlı olan kimya almış değildir.

Simyacıdan filozof veya kimyacı değil ezoterist/Batınici çıkar.

13. yüzyıl İslam dünyasının, 16. yüzyıl ise Türk-İslam'ın duraklama ve gerileme dönemi iken 16. yüzyıl Batı Avrupa'da yepyeni tarihi, toplumsal, siyasi ve iktisadi oluşumların ortaya çıktığı dönemdir.

Özellikle de Katolik Kilisesi'nin bağnazlığına yönelik sert tenkitlerin ve başkaldırıların bu yüzyılda yoğunluk kazandığını görüyoruz. Katolik Kilisesi tarihte ilk kez bu asırda teşkilatlı kitle direnişleriyle karşılaşmıştır.

384. Umberto Eco, *Foucault Sarkacı*, çev. Şadan Karadeniz, Can Yayınları, İstanbul, 7. baskı 2003, s. 622.

Nitekim Luther'in liderliğinde canları ve kanları pahasına direnenler neticede "Protestanlar" olarak Katolik Kilisesi'nden koparak günümüzde Hıristiyan dünyanın neredeyse yarısını oluşturan dini teşkilatlanmalarını gerçekleştirdiler.

Katolik Kilisesi bir tek "bilim", daha doğrusu "ilim" tanıyordu, o da kendisinden başka kimsenin ilgilenemeyeceği, herkese yasak olan "teoloji".

Kim ki Vatikan Kilisesi'nin kendinden menkul "ilmi" (!?) emirlerine ters bir beyanda bulunur veya ters düşen bir işle uğraşırsa, kellesi giderdi.

Katolik Kilisesi'nin ceberut tavrına, baskı ve zulmüne mukabil, Kilise'nin mutlak denetimi dışında, müthiş bir gizlilik ve bağımsızlık içinde varlığını sürdüren bir "ilim" daha mevcuttu.

Katolik Kilisesi'nin asla çözemediği, dolayısıyla da hiç anlayamadığı bir "terminoloji" ile yazışıp, konuşup, anlaşan, kendine göre "buluş"lar yapan bir isim: Simya.

İslam Arap coğrafyasında adına "İlmi Simya" denilen bu "ilim" 16. yüzyılda Batı Avrupa'da oldukça popüler olmuştu. En önemli temsilcisi ise Paracelsus olup, Erasmus, Agri Cola ve Martin Luther'in çağdaşıdır.

Paracelsus, "Christen dome" Avrupası'nın ezoterik-Hermetik en esrarengiz yeraltı teşkilatı olan "Gül ve Haç Kardeşliği"nin de en önemli önderidir.

Babası Alman olmasına rağmen o kendini İsviçreli saymıştır. Paracelsus'un tam adı bilinmemektedir. Farklı farklı isimler zikredilmektedir. Babası William Bombast bir Lokman Hekim'dir. "Paracelsus" bir birleşik isimdir. "Para" ve "Celsus" olarak ikiye ayrılabilir. "Para"sı Sanskritçe de "para"; "diğer", "öte/öbür" taraf (taki) manasını taşır. "Nirvana"ya, "Aydınlanma"ya ulaşılması bağlamında son duada yer alır.[385]

385. *Encyclopedia of Middle Ages*, Thames and Hudson, 1989, s. 336-338.

Muhtelif kaynaklara göre Paracelsus sekiz yıl (1513-1521) Tatar Hanları'nın esiri olarak onların yanında yani Doğu'da yaşamıştı. Kendi düşünce sistemi ile Budizm dahil –ki yazılarında Sanskritçe çok sayıda kelime vardır– Doğu Adeptizmi (İlmi Havas) arasında tam bir benzerlik bulunmaktadır. Paracelsus 1521'de İstanbul'a gelmiştir.

"Celsus"a gelince. Tarihte isimleri meşhur olmuş iki "Celsus" vardır. Birisi MS 2. yüzyılda yaşamış olup Eflatun felsefesinin radikal savunucusudur. Hıristiyanlığa karşı çıkmış, İsa ile alakalı anlatılan Gospeller'in hiçbirisine inanılmaması gerektiğini savunmuştur.

İkinci "Celsus" ise Hipokrat'ın hekimlik anlayışını ve ilaç sistemini Roma'ya getiren bir yazar olup, kendisine Romalı Hipokrat denilmiştir. Yazmış olduğu *De Medicina* adlı ilaçlarla ilgili kitabı 1478'de sekiz cilt olarak basılmıştır.

Paracelsus Hipokrat, Galen ve İbni Sina'ya karşı çıkmıştır. Katolik olduğu halde, Katolikliği tenkit etmiş ve Luther'i desteklemiştir. Ancak hiçbir zaman Protestan olmamıştır. Paracelsus niçin bu ismi aldığını açıklamamıştır. Ne kendinden önce ne de sonra Batı'da hiç kimse bu ismi kullanmamıştır.

Paracelsus'un sekiz yılda (1513-1521) Doğu ülkelerinden çok bilgi edindiği ve o zamana kadar Avrupalıların bilmediği bu bilgileri onlara aktardığı kesindir. Paracelsus 1521'de Tatar Hanı'nın oğluyla İstanbul'a gelir. Yazılarında "Doğulu bilgeler"den (Ricalullah) söz eden Paracelsus, İstanbul'da Filozof Taşı'nı-Felsefe Taşı'nı elde eder.

Filozof Taşı, Paracelsus'a, Solomon Trismosinus adlı bir Yahudi tarafından verilmiştir... 1525'te 32 yaşındayken İsviçre Basel'de, şehir meclisinin kararıyla Basel Üniversitesi'ne profesör olarak atanır. Ancak anlatım tarzı ve verdiği bilgiler, Basel şehri başhekimliği vesilesiyle verdiği bedava ilaçlar vb. herkesi kızdırır. Ölüm tehditleri başlar ve 1528'de bir temmuz gecesi Basel'den gizlice kaçar. 1530'da Almanya'nın Nürnberg şehrindeki hekimler tarafından "şarlatan" ilan edilir. Öyle ki *Americana Ansiklopedisi*'nde "Paracelsus"un karşılığında "şarlatan" yazmaktadır.

Nihayetinde Paracelsus 24 Eylül 1541'de öldürüldü. Mezarı Salzburg'daki Sebestian Kilisesi'nin fakirler için ayrılmış bölümünde olup mezar taşında şöyle bir aforizma yer almaktadır: "Cum morte mutavit." Yani, "Ölümle hayatı takas etti."

Köse ve kafa yapısı da erkeksi değil kadınsı olan Paracelsus'un küçük yaşlarda hadım edildiği iddiaları vardır. Diğer taraftan kadınları sevmediği kesindir.

Paracelsus kadınları "aşağılık" yaratıklar olarak görmektedir. Zira kendisi de bir Kabalist olan Paracelsus, Yahudi mistisizmi/tasavvufu Kabala'da kadın "sui generis" yani ölümü getiren/veren ve endişe edilmesi gereken, tekin olmayan yaratık olarak gösterilir.

Elbette her simyacı gibi Paracelsus da Kabala eğitiminden geçmiştir. Nasıl ki Paracelsus Kabala öğretisinin etkisiyle kadını aşağılarken, o devirde Katolik Kilisesi de kadını "sadece aşağılık değil, aynı zamanda iğrenç" bir "yaratık" -yani insan değil yaratık- olarak görmekteydiler.

Katolik Kilisesi'nin ve Kabalacı Paracelsus'un kadınlar hakkındaki benzer görüşleri Mevlana tarafından da paylaşılmaktadır. Mevlana Şems Tebrizi'ye methiyeler düzerken Allah'ın yarattığı en güzel varlığı, anamızı, bacımızı, eşimizi, kızımızı aşağılamaktadır. Sevgili peygamberimiz "Cennet anaların ayakları altındadır" derken Mevlana kadınları aşağılamakta, sonunda oğulları tarafından öldürülen Şems Tebrizi'ye övgüler düzmektedir.

Eh Kabala'nın öğretisini kendisine şiar edinen Mevlana'dan tersini beklemek safdillik olur. Merak eden okuyucular, *Mesnevi* sistematiği ile Yahudi *Mişna/Mişra*'sını mukayese etsinler. Hele hele o devirde Katolik Kilisesi'nin kadının "insan" mı, "şeytan" mı olduğunu tartıştığı bir devirde, her erkekten de kadınları sevmesi, özlemesi, onlara düşkün olması herhalde beklenemezdi.

Diğer yandan Paracelsian Ethos da, Tanrı-erkek-kadın-hayvan sıralamasında kadına üçüncü sırada yer verilir. Ancak bu kadarcıktır.

Paracelsus, Katolik Kilisesi Tanrı'nın sözlerini iletiyorsa, bunları Almancayla da yapabilir diyen ilk öğretim üyelerindendir. Hayatı boyunca Latince ders vermeyi reddetmiş ve Almanca konuşmuştur.

Tam manasıyla bir Paracelsus felsefesi, ideolojisi, doktrini yok olmakla beraber bir "Paracelsian Ethos" söz konusudur. "Ethos" bir sosyoloji terimi/kavramıdır. Türkçe manası da "bir kavmin özellikleri; toplumsal bir kurumun özelliği" şeklinde lügatlerde yer almaktadır.

Yani, belirli ölçülerin, yol gösterici olduklarına inandığı-inanışların ve ideallerin/ülkülerin bir "Ethos" bütünlüğü olarak ele alınması uygundur. Bu bağlamda Paracelsus Kabalist-ezoterik bir uygulamacıdır.

Paracelsus aynen şunları ifade etmektedir:

"İnsan tabiatı, diğer bütün hayvanlarınkinden farklıdır. O ilahi zekâ ve ilahi marifetlerle (arts) mücehhez kılınmıştır. Bu sebepledir ki bizler haklı olarak tanrılar (gods) ve yüce varlığın (Supreme Being) evlatları olarak adlandırılmışızdır."

Paracelsus'un "Ethos/Hars"ında "inanç" birinci öncelik olmayıp, ikinci sıradadır ve "bilgi"den sonra gelir. Önce bilgi, sonra inanç, daha sonra diğerleri gelir.

Paracelsus'a göre, "simya" gerçek bilgiyi üreten bir marifet/sanattır. Bu gerçek bilgi vasıtasıyla "tabiat"ın tanınması sağlanır.

Yine Paracelsus, insanı "mikrokozmos", "tabiat"ı (bütünsel zihnin tezahürü olarak görülen) da "makrokozmos" olarak değerlendirmektedir. Ona göre "ikisi birdir". Katolik Hıristiyanlıkta olmayan bu inancı Doğu'da Yahudi ve/veya "İslami" Kabala dergâhlarında öğrenen Paracelsus bu öğretiyi Batı'ya taşımıştır.

"Mikrokozmos" kavramı "Gül ve Haç" Tarikatı için kilit önemdedir.

"İlmi Simya"da esas olan "madde" ve onun "bütünsel özellikleri"dir.

"Madde"nin "değişkenliği" "İlmi Simya"da en önemli bilgidir.

Simyacı için, durgun, hiç değişmeyen ve değiştirilemeyecek bir "madde" yoktur. Zira her varlık "Mysterium Magnum"un (Büyük Eser) bir parçasıdır. Ayrışma varoluşun sebebidir. Ayrışma, şeylerin Mysterium Magnum'dan doğuşudur.

Her kim ki, şeyleri Mysterium Magnum'dan dışarı çekebilir, işte gerçek "simyacı" odur. Paracelsus'a göre, "Simya, tabiatın ateşinin ve astral ışığın (İslam'da nur) etkili yaratıcı olarak yer aldığı bir sanattır. Bu sanat vasıtasıyladır ki, saf olan saf olmayandan ayrıştırılır.

Simya, tabiatın mükemmel hale getirmeden bıraktıklarını mükemmelleştirir. Simyanın en alt uğraşı, hazırlama, temizleme ve birleştirme işlemlerinin yapılmasıdır ki, yine bazı araştırmacılara göre modern kimya, simyanın bu en alt dalından türemiştir.

Kimya maddeyi dekompoze veya rekompoze edebilir. Ama... Simya, mesela basit yapıların özelliklerini değişikliğe uğratarak onları daha üst veya yüksek varoluş kademelerine çıkarır.

Hasılı, kimya maddenin fiziki yapısıyla sınırlıdır, onun ötesine geçemez. Mesela belirli bir elementin "astral" bağlantıları olduğunu/olabileceğini kabul etmez.

Simya ise, "astral" prensiplerin sırlarını araştırır ve bulma/bulduğu iddiasındadır.

Nitekim Tevrat/Kabala kaynaklarına dayanan Simya/İlmi Simya literatüründe kendisine geniş yer bulan Filozof Taşı-Felsefe Taşı basit elementleri "altın"a dönüştürdüğü/dönüştüreceği Mesih/Mehdi dönemi kurtarıcı/zenginleştirici bir öğretidir. Yahudi-Hıristiyan-İslam ezoterizminin en önemli dayanaklarından biridir. Elbette hoş geldin "Varlığın Birliği" Panteizm-Kabala.

Mesela, Paracelsus'a göre, önce madde yaratıldı ve o hayatın canıyla mücehhez kılındı ve ondan –Tanrı'nın isteğiyle– her şey türedi. Simyacı için madde ilk ve vazgeçilmezdir. Katolik Kilisesi için "madde" kesinlikle temel unsur/kategori değildir. Esas "Ruh"tur. "Madde", "Kutsal Ruh"un sadece bir suretidir ve hiçbir kıymeti harbiyesi yoktur.

Simyacılar için "metaller"/elementler canlı varlıklardır. Tıpkı "yeşil bitkiler" gibi elde edilebilirler. Bu bağlamda ezoterikler için "altın" ile "yeşil bitki" özdeştir.

Ezoteriklerin savunduğu bu öğretinin temeli "Primordial Matter" kavramı ile özetlenebilir. Bu kavram uğruna Katolik Kilisesi ile ters düşmüşler, can ve kelle vermişlerdir. Evrende ne varsa "madde"den doğmuştur, işte bu öğreti Katolik Kilisesi'ni delirtmeye yetmiştir.

Paracelsus, "İnsan tabiatın ürünüdür, çocuğudur" der ve ona göre, "ahiretin ne başlangıcı ne de sonu" vardır. Hiç kimse de "ortasını" bilemez. Yine Paracelsus'a göre, "bizlerin yeryüzündeki hayatımızı belirlemesi gereken sadece bir sayı vardır, o da 'bir'dir. Bundan ötesini saymayız. Doğrudur, Tanrı katı 'üç'lüdür ama bu da yine 'bir'de birleşir. Nasıl ki Tanrı kendini 'bir'e dönüştürüyorsa, yeryüzündeki biz insanlar da 'bir' için çalışmalıyız ve kendimizi 'bir' olmaya adamalıyız. Bu sayıda 'huzur' ve 'barış'tan başka bir şey yoktur".

Paracelsus toplum düzeninin "sermaye" değil "emek" esas alınarak kurulması gerektiğini savunur. Öyle ki, "tembel, çalışmayan/aylak zenginlerin ellerindeki mallar alınarak onlar da çalışmaya zorlanmalıdır".

Paracelsus'un arası her ne kadar kadınlarla iyi olmasa da, erkeklere en az "üç kadınla evlilik yapılabileceğini" öğütlemiştir. "Çünkü erkekler küçük dünyadır ama kadın en küçük dünyadır ve erkekten farklıdır... Dünya ilk yaratılan, erkek ikinci, kadın üçüncüdür."

Paracelsus'un Kabala ve İslam tasavvufundan etkilendiği anlaşılıyor. Zaten Doğu coğrafyasında sekiz yıl geçirdiğine göre etkilenmemesi mümkün değil.

Yahudi Kabalası'ndaki "Adam Kadmon" ve İslam tasavvufundaki "İnsanı Kâmil" öğretisi benzer ve aynı kaynaktan yani Panteizm'den, Hint "Nirvana"sından kaynaklanır/beslenir. Aristocu mantıktan beslenen Latince düşünen Batı insanı için "İnsanı Kâmil" çok kolay anlaşılabilir bir düşünce değildir. "Universal Man" olarak çevrilen ve Paracelsus'un "Divine Man" (Ebedi İnsan) olarak adlandırdığı ve 1530'larda geliştirdiği bu kavram Batı ezoterizminde/okültizminde 17. yüzyılda "Perfect Man" (Mükemmel İnsan) olarak tanımlanmıştır.

Bu tanımlamaya paralel, başta Gül ve Haç Kardeşliği Tarikatı olmak üzere, Masonlar ve diğer gizli ezoterik/okültist/Hermetik kuruluşlar mensuplarına "Mükemmel İnsan" olunabileceği yönünde telkinlerde bulunmuşlardır.

Türk-İslam tasavvuf dünyasında Abdülkerim el-Ceyri olarak bilinen sufi, Batı'da "El jili" olarak bilinmektedir. El-Ceyri'nin *El İnsan El Kâmil* adını verdiği kitabının 60. Bab'ı özellikle bu hususa yönelik bilgiler vermekte olup sufiler için büyük öneme haizdir.

El-Ceyri, 1366'da Bağdat'ta doğmuştur. İbn Arabi'nin takipçisi el-Ceberti'nin yanında öğrenim görmüştür.

El-Ceyri, yukarıda zikrettiğimiz eserinde "İnsanı Kâmil" derken özellikle İslam Peygamberi Hazreti Muhammed'i kastettiğini ifade etmektedir. Yine El-Ceyri, "İnsanı Kâmil, şeriat, tarikat ve hakikatte tamam olandır. Şayet bu anlatış uygun gelmediyse başka türlü anlatayım. İnsanı Kâmil'de dört şey tamam olmalıdır: İyi sözler, iyi işler, iyi huylar, iyi bilgiler... Zira Kâmil Allah'a erişmiştir. Ve Allah'ı anlamıştır ve Allah'ı anladıktan sonra eşyanın tamamını ve cevherlerini ve cevherlerin hikmetlerini oldukları gibi bilmiş ve görmüştür" der.

İşte Panteizm-Kabala kokan bir tasavvufçunun İslam'a sokuşturduğu sakat bir "Varlığın Birliği" öğretisine dair başka bir misal.

El Ceyri'nin yukarıda özetlediğimiz öğretisine tam tamına paralel/aynı olan Paracelsus öğretisi de insanın dört kategoriden oluştuğunu belirtir. Paracelsus üçlü ve dörtlü kategorileşmeyi temel almıştır. Erdem, hassa, doğruluk, iyi ahlak, iffet, ismet. Çok ilginçtir. "Gül ve Haç Kardeşliği Tarikatı" sırlarının Doğu'dan, İslam tasavvufundan geldiğini ve "İnsanı Kâmil" öğretisine bağlı olduğunu resmen açıklamıştı.[386]

386. Aytunç Altındal, *Gül ve Haç Kardeşliği*, s. 68.

Paraselsus'un "Virtues" (Erdemler) adını verdiği "İnsanı Kâmil"i simgeleyen "taş" "inci"dir. Bu arada hemen şunu belirtelim, okültizmde/ezoterizm-Batınilikte "taş"ın özel bir yeri vardır.

"İnci" ifadesi/tanımlaması Doğu kültüründe sık sık atıfta bulunulan bir "Taş ve Kavram"dır. "İnci" tanımlaması, İslami "Ehli Hak" ve "Enel Hak" (Bende Allah/Hak-bütün gerçekler) öğretisindeki temel kategorilerden biridir.

"İnci"nin iki temel özelliği vardır:

- Canlı olan tek taştır.
- Ezoterizm/Batınilikteki "parça" (inci), "bütün" (istiridye), yani "Varlığın Birliği" ilişkisini simgeler.

Bu sebeple, sufi-tasavvuf dünyasında Hz. Muhammed'in adı da "Dürri Yetim" (Yegâne İnci) olup yine sufi-tasavvuf dünyasında "inci" aynı zamanda "İnsanı Kâmil" yerine kullanılır.

Neticede Paracelsus'un 1540'larda tanımladığı "Divine Man" veya 17. yüzyıldan itibaren "Perfect Man" (Mükemmel İnsan) olarak Gül ve Haç Kardeşliği Tarikatı ile Mason localarında, Batılı gizli ezoterik kuruluşlardaki ya da Yahudi tasavvufu-mistisizmindeki "Adam Kadmon" ile İslam tasavvufundaki "İnsanı Kâmil... Bunların hepsi birbirleriyle sadece kelime tanım manası bakımından değil, öğretinin "muhtevası-ruhu" bakımından da sıkı bağlantıları olan senkretik/bağdaştırılmış inançlar-öğretilerdir.

Paracelsus'un o devirde "emek"ten yana söylemlerine bir nevi sosyalist söylemlerine mukabil, Katolik Kilisesi-Martin Luther kavgasının giderek keskinleştiği bir dönemdir. Luther uç vermekte olan kapitalizmin saikleri doğrultusunda "sermaye"den yana, ve "Individual Men" (Birey İnsanı) Katolik Kilisesi'ne karşı savunmaktaydı. Yani yeni palazlanmakta olan Avrupa/Batı burjuvazisi desteğini Luther'den yana kullanıyordu. Ayrıca Luther "Evanjelist Hıristiyanlığı" bir başka ifadeyle "Siyonist Hıristiyanlığı" inşa ediyordu.

Kısa bir bilgi notu. Katolikler önce İncillere inanırlar. Protestanlar önce Tevrat'ın ilk "beş kitabı"na inanırlar. Zaten Luther kendi ustasının William Ockham olduğunu aleni ifade ediyordu.

William Ockham, Katolik Kilisesi'ni dehşete düşüren bir Normalist idi. Elbette o dönemde Paracelsus'un "Divine Man"i gizli mahfillerde konuşuluyordu. Çünkü o devirde "soyut insan" cazip değildi ancak Yeni Dünya Düzeni artık "soyut insan" istiyor. Aslında bir çelişki gibi gözükse de, günümüzde din-inanç üzerinden yürütülen aforizma böyle.

Paracelsus'un şu sözü "Gül ve Haç Kardeşliği Tarikatı"nın şiarı olmuştur: "Alterius non sit qui suus esse potest." (Kendine hâkim-malik olan, başkasına ait olmaz."

Paracelsus'un *Prognosticatio eximii doctoris Theophrasti Paracelsi* (Dr. T. Paracelsus'un Öngörüleri) adını verdiği çalışmasında "32 kehanet"i vardır. 1530 yılında basılarak sadece özel kişilere ulaştırılan kehanetler, bilahare Latinceye çevrilerek 1616'da Paracelsus'un tilmizlerinden Johann Huser tarafından bütün eserleri Strasbourg'da yayımlandı.[387]

Paracelsus'un 32 kehanetinden 21.'si Osmanlı Tükiyesi ile alakalıdır. "Bu imparatorluk 420 yıl içinde yok olacak ve Türkler Avrupa'dan atılacaklar" demektedir. Kehanetlerin 17., 29. ve 31.'si "yeryüzünde yeni bir din kurulacağı" ile ilgilidir.

16. kehanette "Her inciyi gerçek sanma" ibaresinin yer aldığı tasvirde/çizimde gizli bir köşeye "Rosa=Gül" yazılmış olup burada "İnci" simyanın kodudur. Burada ezoterik bir gönderme vardır. Bilginin doğru adresi Rosa=Gül teşkilatıdır göndermesi söz konusudur.

Paracelsus'a göre esas olan ilim insan beyninin ürettiği hikmeti yansıtan philosophy (felsefe) değil, Tanrı'nın hikmetini yansıtan "theosopy"dir. Bu bağlamda İbn Arabi ile aynı kulvardadır.

---

387. *Kehanetler*, c, II, s. 594-608.

En esrarengiz kehanet 26.'sı olup, bu kehanette yüksek bir dağın tepesindeki kayaların üzerine oturtulmuş bir "Taç" vardır. "Taç"ın iki yanında biri çoraklaşmış, ötekisi ağaçlık ve bereketli iki şehir vardır. –Bu arada *The Economist* dergisinin 2017 yılbaşı kapağını hatırlayınız.–

İki şehirden çorak olan "Yeryüzü Krallıkları"nı, yeşillik olan ötekisi ise ezoterik/okültik "Tanrısal Krallığı" sembolize etmektedir.

"Taç"ın üstünde beş çeperli bir gül, onun üstünde Sybil (Kâhine) tarafından oturtulmuş bir "F" harfi mevcuttur. Kaya "gizli iman"ı temsil eder.

Ezoterizmde Taç, sadece kralların değil aynı zamanda Tanrı'nın insana bağışladığı "Magick" (Sihir/Büyü) sembolüdür.

Paracelsus'un öğretisine göre, yani okültist/ezoterik inancına göre, Tanrı insana bağışladığı "Magick"i öğreterek onu "taç"landırmıştır. Tanrı da bütün kozmosu "Magick" vasıtasıyla kurmuş ve yönetmiştir.

Paracelsus'a göre "Magick" Tanrı'nın "Olsun" (Latincesi: "Fiat") demesiyle başlamıştır. Tanrı'nın bu sırrı, "Subrosa" yani "Gül"ün altındadır, saklıdır, gizlidir ve "F" tarafından korunmaktadır.

"F" ise insanlığa Sybil (Kâhine) aracılığı ile iletilmiştir. Bu tasvirde Kabala'ya göre Gül'ün sayısal kodu 4.169 ve 9.654'tür.

Katolik Kilisesi, resmi yayınlarında 12 Sybil kabul eder. Paracelsus'un bahsettiği Sybil, Katoliklerin kutsal kitaplarında 5. sırada yer alan "Sibylla Erythrea"dir.

Paracelsus'un simyacılık anlayışına göre "Bakire Doğum", yalnızca Meryem'in yaptığı doğumu değil, Felsefe Taşı'nın (Filozof Taşı'nın) doğumunu da simgelemektedir. Paracelsus'a göre bu Pagan Sybil'i "Bakire Doğum"u müjdelerken gerçekte "sofia"nın=Meryem=Gül=Hikmet doğacağını ve insanlığın Tanrı'nın gerçek bilimi olan "Magick" ile tanışacağını anlatmaktadır.

"Meryem'in Bakire Doğumu", Paracelsus'a göre, Tanrısal sihir vasıtasıyla olmuştur. "F" harfi ise söz konusu kehanetteki kilit harftir. Burada da Kabala'daki rakam-harf oyunlarından veya İslam'a sokuşturulan ebcet-cifir hesaplamalarından esintiler görülüyor.

Neyse... Paracelsus'un tasvirindeki kilit harf Sybil tarafından yerleştirilmiş olan "F" harfi üç farklı mananın kodudur:

a. Birinci (F) Fatum=Fate=Kader.

b. İkinci (F) Geçmiş, şimdiki zaman, gelecek anlamındadır.

c. Üçüncü (F) Gül ve Haç Kardeşliği Tarikatı'nın Anayasası (Şeriatı) kabul edilen "Fama Fraternitatis"in kodudur. Yani "F", "Gül'ün Altındaki Taç"ta saklanan "yaşanmış-yaşanmakta-yaşanacak" olan bütün sırların açıklanmasını istemişti.

"Fama", Gül ve Haç Kardeşliği Tarikatı tarafından açıklanacaktı. Latince bir kelime olan Fama "kamuya açıklanan gizli bilgi" manasına gelmekte olup, Gül ve Haç bu açıklamayı yaparak insanlığı Tanrı'nın hikmetiyle tanıştırma görevi Fama'yı deşifre edecekti.

Vatikan'ın 1541'de "Rafızi Hıristiyan" olarak, bir nevi aforozla (anathemize) cezalandırdığı Paracelsus -ki cezası Vatikan tarafından 450 yıl sonra 1991'de kaldırılmıştır–ezoterik/okült örgütler/cemiyetler, gizli Batıni tarikatlar konusunda uzman araştırmacılara göre Gül ve Haç Kardeşliği Tarikatı'nın altyapısını, terminolojisini ve gizli alfabesini hazırlayan kişidir.

İlmi Simya'cıların üzerinde durdukları Filozof Taşı veya Felsefe Taşı, değersiz madenleri altına dönüştürme gücüne inandıkları madde ve/veya formül. Felsefe Taşı'nın elde edilmesi simyanın en büyük ütopyalarından birisidir. Felsefe Taşı'nı belirlemek için simyacılar çifte isim kullanırlar: "Ateş ve hava", "siyah ve beyaz", "taş ve su", "eril ve dişil".

Bu bağlamda "felsefe tuzu", "altın felsefe tuzu" da denen, potasyum sülfat. Yaygın bir Kabalist yoruma göre, değersiz madenleri altına dönüştürme sürecinin "Beyaz Eser" safhasında elde edilen maddedir.

Felsefe Taşı, İsa Mesih'i ikinci ve üçüncü kez dünyaya-yeryüzüne bekleyen Evanjelist Hıristiyan/Siyonist Hıristiyanlara göre bir formül ve Ağrı Dağı'nda olan Nuh'un Gemisi'nde, Kuran'a göre Cudi Dağı'ndadır.[388]

Felsefe Taşı, Şii İslam'a göre Ahir Zaman'da gelecek, kayıp 12. İmam Mehdi, yine bir kısım Sünni İslam tarikat ve cemaatlere göre Ahir Zaman'da gelecek Mehdi bütün Müslümanları altına boğacak, onlara zenginlik üstüne zenginlik yaşatacak, bunu gören başta Hıristiyanlar olmak üzere herkes Müslüman olacak... Elbette bunların hiçbiri Kurani değildir. Birincil hadislerde de yoktur. "İlmi Simya"da geçen diğer bazı terimlere gelince... "Bakire Sütü: Simya dilinde cıva", "Balneum Mariae: Simyada damıtma fırını" anlamındadır. "Atanor: Simyacıların fırını", "Kara Eser: Simyada, Büyük Eser'in oluşturulması sürecinde, maddenin ilk dönüşüm safhası; çözülme ve damıtılma safhası", "Beyaz Eser: Simyada değersiz maddelerin altına dönüştürülmesi safhasının, Kara Eser'den sonraki ikinci önemli aşaması". Bu safhada öğeler birbirleriyle kaynaşarak gümüşsü ya da "aysı" duruma gelirler; bu durumda da maddenin bütün renkleri beyazda birleşir. "Kırmızı Eser: Simyada, değersiz madenlerin altına dönüştürülmesi sürecinin, öğelerin birbiriyle kaynaşarak gümüşsü ya da 'aysı' duruma geldikleri Beyaz Eser safhasından sonra, elde edilen maddenin 'güneşsi' duruma geldiği son safha", "Büyük Eser: Simyada, Felsefe Taşı'nın-Filozof Taşı'nın üretildiği böylece değersiz madenlerin soylu altın madenine dönüştürüldüğü en son safha". "Simya", içrek/Batıni-ezoterik bunların hepsi "sır"cılık üzerine kuruludur. Geniş manada, akıl ve bilimden kopuk ve "sahih imanı" büyü ritüelleri ile mec yaparak ya da büyücülük formatlarıyla, üstün ve gizli bilgilerin araştırılması, sahip olunması. Yani İngilizce adıyla "occultism" (okültizm).

Pitagorasçılık ve yeni-Platonculuktan, Yahudi Kabalası'na, İslam tasavvufuna dek halktan gizlenmiş, bütün bilgileri kapsar. Dar

388. Ramazan Kurtoğlu, *Evanjelizm - Tanrı'yı Kıyamete Zorlamak*, Destek Yayınları, İstanbul, 3. baskı, 2017.

manada, tabiata ait bilgilerin büyü formülleriyle elde edilebilecek gizlenmiş bir bilgi olduğu inancına dayanır. Astroloji simya, teürji gibi 15. yüzyıl bilim sayılmış olan bütün etkinlikler, fal, kehanet, Kabala, büyü, sihir, büyücü hekimlik "sır"cılığın kapsamına girer.[389]

İçrek-içreklik/Batınilik-ezoterik: Başta, İslam'da Arabi tasavvuf ekolünün Kuran ayetlerine yönelik olarak, asıl gerçeklere, ancak çok az sayıda, bunları anlayabilecek yetenek ve bilgiye sahip kimselerin –Allah tarafından seçilmiş– erişebileceği görüşü. Pitagoras, öğrencilerini "esoterikos" (içrek)/Batıni ve "exoterikos" (dışrak) diye ikiye ayırır, gizli öğretisini ancak içrek/Batınilere öğretirmiş. Özellikle Hıristiyan ve İslam içrekliği/Batıniliği dini kurallarla çelişen, onları yadsıyan bir görüşü dile getirir. "Sır"lı dinler, Kabala, simya içrek-Batıni öğretilerdir.[390]

İster "İlmi Simya"dan, ister "Varlıkta Birlik"ten yola çıkın... İslam'daki pek çok tasavvuf tarikatları ile Tapınak Şövalyeleri Tarikatı/Masonluk arasında, asgariden Panteizm-Kabala bağlamında ortak paydalar söz konusudur. Hepsinin ortak hedefi senkretik/bağdaştırılmış Tek Dünya Dini'ne hizmettir.

389. Umberto Eco, *Foucault Sarkacı.*

390. Umberto Eco, a.g.e., s. 613.

D. KURAN'I MUSA'DAN ÖĞRENMEK YA DA PANTEİZM-KABALA

İslam'a Panteist-Kabalist inancı kelime oyunlarıyla sokuşturan Muhyiddin İbn Arabi ve Mevlana hem İslam'a hem İslam tasavvufuna büyük zararlar vermiştir... Bunun için Müslümanların 13. yüzyıldan önce ve sonrasında çıkardığı bilim adamları sayısına bakmak yeterlidir. İslam dünyası 8.-13. yüzyıllar arasında tıpta, astronomide, coğrafya ve matematikte çok sayıda bilim insanı çıkardı ve sayısız eserler ortaya koydular.

Haçlı Seferleri durduk yere olmadı. İslam coğrafyasının bilim ve ekonomideki zenginliği, gücü Vatikan Kilisesi'ni ve Tapınak Şövalyeleri'nin iştahını kabartmıştı. İbn Arabi 12.-13. yüzyıllarda, Mevlana ve benzerleri 13. yüzyılda yaşamıştır. Etkileri günümüzde de sürmektedir.

13. yüzyıl Panteist-Kabalist tasavvufun İslam coğrafyasındaki altın çağıdır. Bu dönemde İslam dünyasının her yerini dergâhlar sarmış, sufiler kol gezmektedir. İslam toplumlarına, Türk-İslam dünyasına şu düşünce "İslam" adına sürekli pompalanmaktaydı:

"Bu dünya boştur, her şeyi bırak, benliğini terk et, ne lüzumu var dünya işlerine, cenneti garantilemenin yolu şeyhine bağlanmak, biat etmektir." Panteist-Kabalist ve "İsrailiyet" kaynaklı etkilerle Müslümanların beynini uyuşturan bu adamlar gücü ve kudreti ya ele geçirdiler ya da güç ve kudret merkezlerini miskinleştirdiler.

Maalesef nasıl bir tesadüfse Müslümanların bilimde, ilimde, felsefede ve ekonomik gelişmede yeryüzünün çok önünde olduğu

İslam'ın altın çağı, refahı, huzur ve barış dönemleri de 13. yüzyılda biter. Bunun sebebi "zihniyet"tir.

Zihniyeti etkileyen en temel iki unsur ise inanç-din ve gelenek göreneklerdir. İlk ayeti "Oku" olan ve 700 ayette doğrudan aklı kullanmayı emreden Kuran bir kenara konmuş "tasavvuf şeyhinin Kuran'ı" artık Müslümanlara dayatılmaktadır.

Yani...

Akıl vasıtasıyla, akla dayalı düşünceyle hiçbir şey kazanamazsın. Bunlar dünyevidir, boştur ve zaten avamın işleridir. Gerçek bilgi şeyhten gelir, zira şeyh efendi doğrudan Allah'a bağlıdır. Dahası şeyh Allah'ın vücut bulmuş halidir. Siz bu dünya işlerini bırakın, şeyhine bağlan ve cenneti garantile. Yegâne kurtuluş yolu budur.

13. asırdan bu tarafa Müslümanların içinde bulundukları trajedinin en büyük sebebi işte bu Arabi çizgisindeki tasavvuf dergâhlarının adamlarıdır.[391]

Panteist-Kabalist zihniyetin ürünü olan "İslam tasavvufu"nun en önemli ismi Endülüslü Muhyiddin İbn Arabi'dir. Arabi'nin en önemli kitabı *Füsus-ül Hikem* adlı eseridir. Arabi'nin hikâyesine göre, sevgili İslam Peygamberi Hz. Muhammed'i rüyasında gören Arabi'ye Hz. Peygamber *Füsus-ül Hikem* kitabını verir ve "Bu ulvi gerçekleri halka anlat" der.

Cemre Demirel'in de ifade ettiği üzere bu tam anlamıyla, Tarsuslu Yahudi Pavlus'un İsa'yı görmesi hadisesidir. Dahası Yuhanna'nın İncil'ini ve Esinlenme kitabını İsa Mesih'in yazdırması gibi.

Arabi *Füsus-ül Hikem* kitabında Panteizm ve Kabala ile birebir örtüşen "Bütün varlıkların bir olduğunu", Allah'ın evrende görünen her şey olduğunu, sıradan halk ile velilerin "Kuran"larının "farklı" olduğunu söylemektedir.

---

391. Cemre Demirel, *Bir Başka Din: Tasavvuf*, Düşün Yayıncılık, İstanbul, Mayıs 2017, s. 78.

Arabi'ye göre gerçek bilgiye ulaşmanın biricik yolu "keşif" ve "ilham"dır. Peygambere gelene vahiy dendiğine göre Arabi ve türevlerine gelene de "keşif" ve "ilham" adı veriliyor. Arabi'nin "Bu anlayış hakikat ve keşif yoluyladır" dediği husus "Ben Allah'tan vahiy alıyorum" demektir.[392]

Arabi'nin gerçeğe ulaşmanın tek yolu olarak ileri sürdüğü "keşif" ve "ilham" İslam'ın yüce kitabı Kuran ile çelişmektedir. Kuran doğrudan 700 ayette akıl ve akla başvurmanın, aklı kullanmanın önemine işaret eder. Arabi'ye göre akıl ve düşünce ile gerçek bilgiye asla ulaşılamaz.

Peki "keşif" ve "ilham" kime nasip olur? Elbette Arabi ve günümüze kadar gelen türevlerine nasip olur. Onlar "seçilmiş kul"lar olup "Varlıkta Birlik" gereği Allah'ın bir parçasıdırlar. Akıl etmek ve düşünmek gerçek bilgiye ulaşmanın yolu değildir. Akıl etmek ve düşünmek "avam"ın işi olup Arabi ve benzeri "veli"ler bilgiyi doğrudan, ilk kaynağından yani Allah'tan alan keramet sahibi ulu insanlardır. İşte toplumun dokusuna kadar 13. yüzyıldan beri işleyen bu zihniyetin sonucunda İslam garip, İslam coğrafyası ise perişandır.

13. yüzyıldan bugüne İslam ve Türk-İslam yurtlarında bir tek Max Weber bile çıkmamıştır. Çünkü Müslümanların ilimde, bilimde, felsefede ve ekonomide "altın çağı" 13. yüzyılda bitmiştir.

Gerçekten Müslümanların 8.-13. asır ile 13. asırdan günümüze çıkardıkları bilim insanlarını mukayese edin. Felaketi göreceksiniz. Bu felaketin sorumlusu Panteizm-Kabala kaynaklı tasavvuf felsefesi olup, sistematize eden Arabi'dir. Anadolu coğrafyasındaki en önemli isimlerden biri ise Mevlana'dır.[393]

Türk milletine karşı Moğollarla işbirliğinden çekinmeyen Mevlana'nın malum "Şems hikâyesi"ni nasıl yorumlarsınız bilmiyorum ama *Mesnevi*'si Arabi'nin *Füsus-ül Hikem*'ini çağrıştırmaktadır.

---

392. Muhyiddin İbn Arabi, *Füsus-ül Hikem Şerhi*, Ataç Yayınları, İstanbul, 2007, s. 194.
393. Horasan, Belh 1207, Konya 1273.

Muhtemeldir ki Gnostik İslam'ın o devirde merkezi durumundaki Şam'da Arabi ile Mevlana tanışmış olabilirler. Diğer taraftan Arabi'nin üvey oğlu ve kitaplarının yorumcusu Sadreddin Konevi, Mevlana'nın Konya'dan arkadaşıydı.

Mevlana'nın en önemli eseri olan ve Şems Tebrizi için yazdığı söylenen *Mesnevi* adlı eserinde şöyle demektedir:

"*Mesnevi*, Âlemlerin Rabbi'nden inmedir."[394] Ya Mevlana'nın *Mesnevi*'sindeki şu beytine ne demek gerekir?

"Bu ne yıldız bilgisidir, ne remil, ne de rüya/
Tanrı, doğrusunu daha iyi bilir ya, Tanrı vahyidir!"[395]

Hoca Ahmet Yesevi çizgisinin dışındaki Panteist-Kabala formatlı "Varlıkta Birlik" zihniyetinin ürünü olan "tasavvuf" anlaşılmadan Müslümanların 13. yüzyıldan bu yana içine düştüğü zillet tam olarak anlaşılamaz...

"Zira peygamberin ölümünden yıllar sonra İslam'a sızan tasavvuf, pratikteki İslam inancını kökünden değiştirmiştir. Gelelim işin esas alengirli boyutuna. Son yıllarda ivmelenerek güçlenen yeni bir akım, yeni bir din var ve çoktandır Türkiye'ye de sıçramış bolca inanır toplamış durumda: Spiritüalizm veya namı diğer New Age. Aslına bakarsanız 'yeni bir din' demekle kasıtlı bir hata yaptım, zira isminin 'New Age' (Yeni Çağ) olması sizi yanıltmasın, bu dinin öğretileri çok eski Pagan dinlere dayanmaktadır. Bu uyduruk din; tek dünya dini olması amacıyla küresel sermaye tarafından desteklenmekte, misyonerliğini yapan kilise ve derneklerine ise milyonlarca dolarlık bağışlar yağdırılmaktadır. Zira dünyadaki birçok merkez bankasının ve özel bankanın sahibi olan Wall Street merkezli küresel güç, tek dünya devleti kurma amacındadır ve bu tek dünya devleti ise insanları bir arada tutan tek bir dünya dini olmadan varlığını sürdüremez... Müslümanlara yıllardır İslam âlimi

394. Mevlana, *Mesnevi*, Timaş Yayınevi, İstanbul, 2007, c. I, "Önsöz".
395. Mevlana, *Mesnevi*, Milli Eğitim Basımevi, 2. baskı, 1953, c. 4 1852-1854 beyitler.

diye yutturulan tasavvufçular aslında bu spiritüalistlerden farklı bir şey söylememektedir..."[396]

Batı medeniyetinin her alanda birbiriyle alakasız görünen ve "Ben bununla ne yapacağım" dediğiniz yığınla bilginin, nasıl birbiriyle bağlantılı olduğunu biraz araştırınca göreceksiniz. Dahası teoloji ile hiç ilgilenmeyen, seküler bir insansanız dahi, hayattaki hemen hemen her şeyin merkezinde "dinlerin" var olduğunu anlayacaksınız.[397]

Malumun tekrarı Tunus kökenli bir ailenin mensubu olan Cemal Nur Sargut isimli hanımefendi Haziran 2017'de CNN Türk televizyonunda katıldığı bir programda "*Mesnevi* Kuran'ın özetidir" dedi. Bu sözleri ertesi gün yazılı basında yer aldı.

Mesnevi'nin önsözünde, Mevlana kendi yazdığı *Mesnevi*'ye övgüler yağdırıyor. İlginç olan Mevlana'nın *Mesnevi*'yi övmek için kullandığı cümleler, Kuran ayetleridir. Yani Yüce Allah'ın kitabımız Kuran'da zikrettiği tabirleri Mevlana birebir olarak kendi *Mesnevi*'si için kullanmaktadır.[398]

Mevlana "*Mesnevi*'ye temiz kişilerden başkası el süremez" diyor. Yüce Yaradan ise Kuran'ın Vakıa Suresi, 79. ayetinde "Kuran'a temiz kişilerden başkası el değdiremez" demektedir. Hakeza. Mevlana "Batıl, *Mesnevi*'nin önünden ve arkasından yol bulamaz" diyor. Allah ise Kuran'ın Fussilet Suresi'nin 42. ayetinde "Batıl Kuran'ın önünden ve arkasından yol bulamaz" der.

Mevlana "Mesnevi, âlemlerin Rabb'inin ilhamıyla hayır sahibi kâtiplerinin elleriyle yazılmıştır" derken, Allah ise Abese Suresi'nin 13.-16. ayetlerinde Kuran'ın hayırlı kâtiplerin elleriyle yazıldığını belirtir.

Yukarıdaki misalleri çoğaltmak mümkün ama... Açıkçası Müslümanlara ince ince zerk edilen Panteizm-Kabala ve şirk... Arabi, Mevlana ve benzerlerine yönelik olarak yüce kitabımız Kuran'da şöyle der:

---

396. Cemre Demirel, a.g.e., s. 17-18.
397. Cemre Demirel, a.g.e., s. 19.
398. Mevlana, *Mesnevi*, Timaş Yayınevi, İstanbul, 2007, c. I, "Önsöz".

"Yazıklar olsun o kişilere ki, kitabı kendi elleriyle yazarlar da sonra onunla basit bir karşılık satın alsınlar diye. 'İşte bu, Allah katındadır!' derler. Vay haline onların, ellerinin yazdıkları yüzünden! Vay haline onların, kazanıp durdukları yüzünden."[399]

Bu Mevlana meselesi hakikaten giderek daha "net" hale geliyor. ABD'li Beyonce ve Jay-Z çiftinin ikizlerine "Rumi" ve "Sir" adını vermeleri ABD basınında tartışmaya yol açtı.[400]

Amerika'nın önde gelen gazeteleri çiftin çocuklarının adını koyarken nelerden etkilendiklerini araştırdı. İkilinin yakın olduğu İlluminati teşkilatının çocuklara bu isimlerin verilmesinde çok etkili olduğunun ABD basınında yer alması oldukça ilginç.

Çiftin Haziran 2017'de doğan ikizlerinin kız olanına "Rumi" erkek olanına "Sir" adını verdikleri iddia edildi. Rumi ismi ilk duyulduğu andan itibaren tasavvufun önde gelen isimlerinden olan Mevlana Celaleddin Rumi'yi hatırlattı.

Çarpıcı iddialardan biri de "Sir" adının da Mevlana'nın şiirlerinde sıkça kullanılan "Efendi" manasına geldiği ortaya çıktı. Mevlana çok yakın dostu Şems Tebrizi'yi hep "Efendim" diye çağırmaktaydı. İngilizce "Sir", "Efendi"/"Efendim" manasındadır.

ABD basınına göre daha önce İlluminati'ye yakın olduğunu kabul eden çiftin Mesneviliğe yöneldiği iddia ediliyor. Bir diğer iddia var ki oldukça tanıdık geliyor. İsimler, vermek istediği mesajları şifreli hale getiren İlluminati tarafından çifte gönderilmişti.

İlluminati'nin tepe noktasındaki kadrosu çifti Müslümanlara yakın göstermek ve sempatizan-üye kazanmak için böyle bir karar aldığı iddia ediliyor. Nisan 2017'de İlluminati'nin olduğu söylenen Twitter adresinde bir sözün altına "Rumi" rumuzunun yazılması iddiaları alevlendirildi.

Nitekim, Mesneviliğe yöneldiği iddia edilen Jay-Z'nin "Marcy Me" adlı şarkısında Farsça ve sufizm ile alakalı ifadeler kullanılmaktadır. Yine Beyonce'in son albümü *Lemonode*'de şarkı isimlerinden

---

399. Bakara Suresi, 79. ayet.
400. *Takvim* gazetesi, 6 Temmuz 2017.

bazı harfler seçildiğinde ortaya "Rumi" ve "Sir" çıkıyor. Yani isimler şarkılara kodlanmış durumda. Diğer taraftan İngilizce biliyorsanız Mevlana ile alakalı web'leri inceleyiniz. Demek istediğim orada var.

Gelelim Mevlana-Şems Tebrizi ilişkisine. Bu hususta muhtelif spekülasyonlar mevcut olup ben *Ana Britannica Ansiklopedisi*'nden yorumsuz bir alıntı ile yetineceğim.

"30 Kasım 1244'te Konya sokaklarında derviş Şems Tebrizi ile karşılaşması, Celaleddin'in hayatında dönüm noktası oldu. (Şems'i önceden Suriye'de tanıdığı da söylenir.) Şems, geleneksel mistik dinsel kuruluşlarla hiçbir ilişkisi olmayan, üstün kişilikli bir insandı ve ona Tanrı'nın ilahi büyüklüğünü ve güzelliğini gösterdi. İki mistik aylarca birlikte yaşadılar. Celaleddin öğrencilerini ve ailesini bir yana bıraktı. Ama çevrenin baskısı üzerine Şems, Şubat 1246'da Konya'dan ayrıldı. Celaleddin'in bu duruma çok üzüldüğünü gören oğlu Sultan Veled Suriye'ye giderek Şems'i geri getirdi. Ama Celaleddin'in ailesi bu yakın ilişkiyi hoş görmedi ve Şems 1247'de ortadan kayboldu; bir daha da geri dönmedi. Şems'in Celaleddin'in oğullarının da bilgisiyle öldürüldüğü ve Konya'da bugün de görülebilen bir kuyunun yakınına gömüldüğü son zamanlarda belirlenmiştir.

Bu sevgi, özlem ve sevdiğini yitirmenin ardından, Celaleddin Rumi şiir yazmaya başladı. Otuz bin dize tutan mistik şiirleri ve çok sayıda ki rubaileri, Şems'e duyduğu sevginin değişik aşamalarını anlatır. Oğlunun yazdığı gibi, sonunda 'kendi içinde bulduğu Şems, ay gibi ışık saçmaktadır'. Sevgisiyle tam anlamıyla özdeşleşme, birçok duygulu şiirinin sonuna kendi adı yerine Şems'in adını koymasıyla da açığa vurulur..."[401]

Hıristiyanlardaki "Nasıl olsa benim yerime düşünen başkaları var, doğru olan onlara uymak" dogmatizmini Avrupa'da merkezini Tapınak Şövalyeleri Tarikatı'nın oluşturduğu Aydınlanma Hareketi yerle bir etmiştir. Buna benzer yönde yani Panteist-Kabalist Tapınak Şövalyeleri Tarikatı'nın İslam dünyasındaki

401. *Ana Britannica*, c. 5, 1986, 1987, s. 440.

paraleli diyebileceğimiz Arabi çizgisindeki "İslam'i tasavvuf" tarikat ve cemaatleri ise biat zihniyetini hortlatmış mübarek İslam'ın "altın çağı"na son veren gelişmelerin başlıca sebebi olmuştur. Türk milletinin gözünü kırpmadan ölüme gittiği dini İslam 13. yüzyıldan beri ilim ve bilim alanında yetimdir. Osmanlı Türkiyesi'nde ise Vani Mehmet Efendi ve benzerlerini "tu kaka" eden zihniyet Kadızade'leri, Ebu Suud'ları, Mevlana'ları göklere çıkarmıştır. Bu madrabazlıklar içinde Osmanlı Türkiyesi'nde bir batında on binden fazla tarikat mensubu idam edilmiştir.

Gerek Prof. Halil İnalcık, gerek Prof. Orhan Türkdoğan'ın eserlerinin ortak noktasında yer alan bir düşünce vardır ve ben de katılıyorum. Özellikle Fatih Sultan Mehmet Han'dan sonra Osmanlı, Hanefi-Maturidi Sünni Müslümanlığı ve Türk kimliğini aşındırmıştır. Bu hususta Türkdoğan'ın *Türk Toplumunda Aydın Sınıfın Anatomisi*[402] kitabını okuyunuz.

1. İslam Dünyasının Kurtuluş Reçetesi

İslam dünyasının kurtuluşu, vahiye hakkı olan itaati gösterirken, Yüce Kuran'da Allah'ın 700 ayette doğrudan zikrettiği akla da hak ettiği hürmet ve alakayı göstermekten geçer.

Kuran "Oku" emriyle başlar. Tövbe Suresi'yle son bulur. Varlık bir kitap, hayat bir okul, idrak etmek bir okuma ve aklı kullanma faaliyetidir.

Sevgili Peygamberimiz o günlerde şu ayette yer alan cevapla karşılaşmıştı:

"Onlara, 'Allah'ın indirdiğine uyun!' dendiğinde, 'Hayır! Biz, atalarımızı üzerinde bulduğumuz şekilde uyarız' derler. Peki, ataları bir şeyi akıl yoluyla kavrayamıyor, doğruya ve güzele ulaşamıyor idiyseler?!"[403]

---

402. Prof. Dr. Orhan Türkdoğan, *Türk Toplumunda Aydın Sınıfın Anatomisi*, Timaş Yayınları, İstanbul, 2003.
403. Bakara Suresi, 170. ayet.

Arabi gibi aklı ve düşünceyi küçümseyen, Mevlana gibi her şeyi terk etmeyi Müslümanlara öğütleyenler ve işi "kabir azabından koruyan ve cehennemde yanmaktan kurtaran kefen bezi" ticareti maskaralığına kadar getirenler çoğunluk Müslümanların zihnine hükmetmeye başlayınca, biat en önemli meziyet oldu. Artık bilim, kültürle uğraşmak yerine dergâhlarda zikir çekmek "cennete gidişin" anahtarı oldu.

Arabi, *Füsus-ül Hikem*'de[404] yazdıklarını Allah'tan "keşif" yoluyla aldığını iddia etmektedir. Arabi bu eserini kendi yazmamıştır. Söylediğine göre "keşif" ve "ilham" vasıtasıyla kendisine "yazdırılmıştır". Eh, Yuhanna da Esinlenme kitabının kendisine İsa Mesih tarafından yazdırıldığını iddia etmektedir. Ama Yuhanna'nın İncil'ine ve diğer İncil'lere muharref/bozulmuş İncil'ler denmektedir.

Maalesef başta "Şeyh-i Ekber" (En Büyük Şeyh) unvanlı Arabi olmak üzere bütün şeyhlerin sözü "Allah sözü" olup hepsi keşif ve ilham üstadıdırlar. Daha açık ifadeyle Yüce Yaratıcı Allah ile doğrudan görüştükleri bir nevi "internet hattı" vardır.

Arabi Müslümanları "havas" ve "avam" olmak üzere iki kısma ayırır. Avam ona göre kıymeti harbiyesi olmayan geniş kitlelerdir. Çok ilginç, Alman Yahudisi, Siyonist-Kabalist Siyaset Bilimci Leo Strauss da (Frankfurt 1899-Chicago 1973) insanları avam ve seçkinler olarak ikiye ayırır. Strauss'a göre de avam dangul dungul bir kitledir. Seçkinler ise her şeyi bilen Tanrı'nın yeryüzündeki temsilcileri. Eh bu kadar benzerlik de oluversin. Arabi de Endülüslü Kabalist İbn Meymun (Meymonides) ve Kabalacıların derin etkisi altındadır. Arabi'nin "havas"ı yani seçkinleri "keşif" yoluyla Allah'tan bilgi alan ulu zatlardır. Bu sayede "havas"lar Allah'ın Kuran'da "gizlediği" ve esasen söylemek istediği "şifreli" mesajları alır, "avam" ise Kuran'daki bu sırları anlayamaz.[405]

Açıkçası Kuran'da yer alan "Biz size apaçık ayetler gönderdik, okuyup anlayasınız" ayeti görmezden gelinerek Batıni yani ezoterik

404. *Füsus-ül Hikem Şerhi*, Ataç Yayınları, İstanbul, 2007, s. 69.
405. Arabi, a.g.e., s. 243.

bir "ikinci Kuran" Müslümanların zihnine nakşedilir. Bunun Tapınak Şövalyeleri Tarikatı'nın ezoterik inanç temellerinden hiçbir farkı yoktur. Tapınakçılar Gnostik-Hıristiyanlık söylemleri ile ezoterizme/Batıniliğe gelir, kökeni Panteizm-Kabala'dır. Arabi ve Mevlana başta olmak üzere günümüzdeki türevleri de "Kuran'ın Batıni Manası" "Varlıkta Birlik" söylemleri ile Panteizm-Kabala'ya gelir dayanır... Sonunda FETÖ denen hain de hızını alamaz, Hz. Peygamber, Cebrail, Allah, önüne kim çıkarsa onlarla halvet eyler, Türk Ordusu başta olmak üzerine devletin içine yerleştirdikleri "devşirmeleri" Müslüman Türk milletine isyan ettirir. İş FETÖ haini ve yoldaşlarıyla bitmiyor...

Türkiye'de İslam adıyla zikredilen en az elli (50) farklı din var. Her biri diğerlerini "sapkın" olmakla itham ediyor ve birbirinin arkasında cuma namazı bile kılmıyorlar. Yukarıda kastettiğim Alevi Müslümanlar, Caferiler, Bektaşiler, Vahhabiler, İhvancılar hele hele Hambeli ve Şafi Müslümanlar değil. Kendini Hanefi-Sünni olarak takdim edenler...

Mesela bir söyleşiye göre altı ayrı kolu ve 21 yolu olan Nurcular ve Nakşibendiler. Hepsi Sünni ve Hanefi ama birbirine yüz seksen derece zıtlar. Mesela Cerrahiler, Kadiriler, Menzilciler, Hazneciler, Şabaniler... Hanefi-Sünni.

Süleymancı'sı, FETÖ'cüsü, Işıkçı'sı, Erenköycü'sü, İskender Paşacı'sı, Melami'si, Akabeci'si, Tillocu'su, Galibi'si, Halveti'si, Yahyalıcı'sı...

Adnan Hocacılar ve kedicikleri ile Çarşamba Cemaati, güya ikisi de Hanefi-Sünni ama aralarındaki farklılıklar hasımlık mertebesinde...

Endülüs İslam Devleti 1492'de Gırnata/Guinata Badol Tepesi'nde yok olduğunda birbirinin arkasında cuma namazı kılmayan üç binden fazla tarikat ve cemaat vardı.

Hasılı Türkiye'de düzinelerce İslami cemaat ve farklı İslam anlayışı mevcut. Diğer taraftan "su katılmamış" cinsinden küresel boyutta faaliyet gösteren "siyasal İslamcı" ve isimleri terör ile yan yana zikredilen mezhepçi-İslamcı teşkilatlar var. Bunların şu veya bu biçimde Batı istihbarat kurumları ve/veya mahfilleriyle bir bağı var.

Bunların hepsinin ortak yönü İslam ve İslam coğrafyasının başına bela olmuş olmalarıdır... Hepsi için bir tek "doğru" vardır ve o doğru da kendi söyledikleridir. Akıl ve barış dini olan İslam bunların saplantılı ve ideolojik "iman"larının adeta kurbanı durumundadır.

Halbuki "vahiy"e itaat akla danışmak temelindeki İslam her neviden mezhepçilik, Şiicilik, Sünnicilik maskesiyle bağnazlık, yobazlık çukuruna itilmektedir. Başta Yahudi-Hıristiyan emperyalizminin tam manasıyla maşası olan Vahhabi-Sünnici-siyasal İslamcı terör örgütleri kendi sığ akıllarıyla, bin yıldır İslam'ın kalemi ve kılıcı olan Türk milletini ve onun devleti Türkiye Cumhuriyeti'ni de hedef almaktadırlar.

İşte "siyasal İslamcı" terör örgütlerinden bazıları:

1. El-Kaide (Suudi Arabistan-Afganistan)
2. Taliban (Afganistan)
3. IŞİD/DEAŞ (Irak ve Suriye)
4. İhvan/Müslüman Kardeşler (Mısır-Katar)
5. Eş-Sebab (Somali)
6. Boko Haram (Nijerya)
7. El-Nusra (Suriye)
8. Maute (Filipinler)
9. FETÖ (Türkiye)
10. Kuran Yolu (Pakistan)

Hepsinin ortak özellikleri İmamı Azam Hazretleri'ni katleden zihniyetin devamı olmaları... Muaviye Sünnicisi-mezhepçisi, Emevici, Vahhabici zihniyetli tekfirci, kendi nefsine karşı cihat vermekten âciz ama "cihatçı" madrabazlar.

Şii Haşdi Şabi ve benzeri "siyasal İslamcı" teşkilatların eylemleri daha ziyade mahalli mezhep savaşlarıyla kendilerini ortaya koymakta olup, küresel boyutta Paris'ten İstanbul Reina'ya, Londra'dan Tahran'a kadar yaygın terör saldırıları yapan teşkilatların neredeyse tamamı Yaşar Nuri Öztürk'ün ifadesiyle "Sünnici-Muaviye Mezhepçisi" siyasal İslamcılardır.

Bunların İslamcılığı da, ümmetçiliği de samimi değil. Bu tekfirci-cihatçı ve mezhepçi teşkilatların yuvalandığı/faaliyet gösterdiği Vahhabi-Selefi-Eşari Sünni Arap ülkeleri bugün birbirlerine girmiş durumdalar. Bunun son örneği Suudi Arabistan-Mısır ekseninin Katar'a karşı 2017'nin mübarek ramazan ayında aldıkları tavırdır.

Öte taraftan Suudi Arabistan, İsrail ile imzaladığı bir anlaşmada Türkiye'nin güneydoğusunu da kapsayan bir "Kürt devleti"nin kurulmasına destek vermiştir. Zaten bazı Amerikan kaynaklarında Suud ailesinin kökenlerinin İbrani olduğuna dair bilgiler vardır. Neticede bir kez daha görüldü ki bunların menfaatleri-hırsları mevzubahis olunca gözleri "ümmeti" görmemektedir.

Bazıları ihvancıları himaye ediyor, bazıları kendisine yakın bulduğu bir başkasını, kimi Şii düşmanlığı yapıyor kimi de Sünni düşmanlığı... Burada rahmetli Atatürk'ün "Laik devlet-Müslüman Türk milleti" temelinde kurduğu Cumhuriyet Türkiyesi'nin ne kadar doğru bir karar olduğu bir kez daha ortaya çıkıyor.

"Siyasal İslamcılık" Halifecilik ki İslam dünyasının başına Sabetayist bir halife projesi CIA, MI6 ve MOSSAD'ın mutabık olduğu en önemli İslam dünyasının geleceğini tasarım projelerinden biridir. Kaldı ki İslam dünyasının halifesi vardır. Bu bir tek kişi olmayıp, Atatürk'ün dâhiyane bir buluşu olan TBMM'dir. Yani bir tüzel kişilik olup, emperyalizmin hükmedemeyeceği bir yapıdır. Diğer taraftan "Yeni Osmanlıcılık" ve "Ümmetçilik" başını Yahudi Profesör İsrael Shakak'tan Bernard Levis'e kadar Siyonistlerin çektiği Yeni Dünya Düzeni projesinin bir parçasıdır. Nitekim bu hususlarla alakalı olarak *Yahudi Ütopyası* adlı kitabı okumak bile yeterlidir. Bu kitap, sinagoglarda derlenen ve Siyonistlerin dünya hâkimiyeti fikrini ifşa eden bir kitaptır ve kitaptaki bütün veriler, Siyonistlerin dünya çapında kurmayı ümit ettikleri "yeni sosyal düzeni" resmetmektedir. Siyonistlerin "Tanrı'nın Krallığı" fikri temelinde geliştirdikleri, Kudüs merkezli "Dünya İmparatorluğu"[406] projesinin en önemli ayağı Türk milli devleti Cumhuriyet Türkiyesi'nin "ulus devlet" kimliğini "ümmet" kimliğine dönüştürmektedir. Bunun için özellikle Müslüman Türk milleti mankurtlaştırılarak kimlik aşınması yoluyla "İslam milleti/İslam ümmeti" potasında eritilmek, kimliksizleştirilmek isteniyor. Tarih ve günümüzde Yeni Dünya Düzeni ütopyası bağlamında olup biten dini-ekonomik-siyasi-sosyal dönüşüm ve dönüştürmeler gösteriyor ki Türk milleti kimliksizleştirilirse diğer Müslüman ülkelerin Batı emperyalizmine dayanması asla mümkün değil.

Bir başka husus. Türkiye'de bazı samimi dindarların safiyane sempati duyduğu Mısır'daki İhvan/Müslüman Kardeşler hareketi Osmanlı İmparatorluğu'nun Mısır'daki varlığına son vermek için İngiliz istihbaratı ve Tapınak Şövalyeleri Tarikatı tarafından organize edilen bir yeraltı-terör teşkilatıdır. Elbette günümüzde bu yapı içinde samimi dindar gruplar da mevcuttur. Ama merkez İngiliz istihbaratının hâlâ kontrolü altındadır. İhvan hareketinin iki karakteristik özelliği vardır. Selefilik ve Türk düşmanlığı. Sonuç olarak İhvan hareketi tam manasıyla "amalgam" bir yapı arz eder ve bu yönüyle bizdeki İttihat ve Terakki'ye benzer. Malum İttihatçılar içinde dindar, vatansever, hain, Yahudi vb. her şey vardı.

2. 13. Yüzyıldan Bu Tarafa Gelinen Trajik Sonuç

Müslümanları yiyip bitiren "nitelikli imansızlık"tır.
Kuran'da iki imansızlıktan söz edilir:

a. Sıradan imansızlık. Bu tam manası ile açık bir "inkâr"dır. Kişi açıkça, doğrudan ve mertçe imansızlığını söyler. Böylelikle

406. Robert H. Williams, *Yahudi Ütopyası'nda Siyonistlerin Nihai Dünya Düzeni*, Ozan Yayıncılık, İstanbul, Nisan 2006.

kendisinin inanmadığına inananlardan hiçbir menfaat sağlamaya tenezzül etmez. Zaten etseydi inanmadığını açıktan söylemezdi. Bunlara "inkârcı" denilir.

b. Nitelikli imansızlık. Birincisinin tam aksine, maskeli, ikiyüzlü ve namerttir. En önemli sermayesi Allah, Kuran, hadis ile aldatmaktır.

İstisnalar hariç bizdeki geleneksel Emevi güdümlü tefsir geleneği bu neviden imansızlığa hiç değinmez... Değinilmediği için FETÖ terör örgütü Türk devletinin kalbine kadar girebildi. FETÖ'yü devlet dağıtıyor ama sırada başkaları var...

Nitelikli imansızlığı Kuran'ın Maun Suresi müminlerin ve insanlığın önüne apaçık koymuştur. Elbette Kuran'ın birçok ayetinde "imansızlık" veya "sıradan imansızlık" anlatılır. Maun Suresi'nde ise imansızlıktan çok daha tehlikeli olan "nitelikli imansızlık" tanıtılır.

Dünya üzerinde "Allah'ın avukatı" gibi dolaşıp Hz. Peygamber'in bile kullanmadığı birçok yetkiyi pervasızca istismar ederek Müslümanların dini-imanı hakkında "iman-metre" ile ölçüm yapan ve bundan "saltanat-iktidar-servet-kadın" devşiren Allah-Kuran-hadis ile aldatanlar zümresi... Nitelikli imansızlığın tam olarak bilinmemesi sayesinde saltanatlarını sürdürüyor.

Maun Suresi biz Müslümanlara en zalim dinsizlik çeşidinin "dinci dinsizlik" olduğunu gösteriyor. Nitekim bunun bir türünü 15 Temmuz 2016'da Türk milleti 250 şehit vererek yaşadı. Böylelikle namazlı niyazlı birtakım münafıkların-riyakârların takva maskesi madrabazlığına rağmen dinsiz-imansız olabilecekleri Kuran'ın şahitliği ile tespit edilmiş oluyor. Kısaca "din ile dincilik", "dindar ile dinci" farklıdır.

Diyanet İşleri Başkanlığı'nın "2017-2021 Stratejik Eylem Planı"nı mutlaka bulup okuyunuz. Bu çalışmada Diyanet'in kendisinin anketlerle ve istişarelerle tespit ettiği şu hususlara-meselelere dikkat ediniz:

- Dine yönelik ilgi ve alaka artarken, ahlaki değerlerdeki aşınma giderek yaygınlaşıyor.
- İlahiyat ve imam hatip lisesi mezunu sayısının kontrolsüz bir şekilde artması beraberinde kalite ve nitelik meselesini getirdi.
- Dernek ve vakıfların kontrolsüz şekilde cami ve Kuran kursu inşa etmesi problemli.
- Diyanet üzerinde siyasi etkinin olduğuna dair toplum genelinde bir algı mevcut.
- Birlikte yaşama kültürünün geliştirilmesi gerekiyor.

Diyanet'in bu tespitlerini Diyanet İşleri eski başkanlarından Prof. Ali Bardakoğlu'nun şu tespiti çok acı bir şekilde ortaya koymaktadır: "Müşteriye göre fetva veriliyor."

Neticede insanımızın komşuluk ilişkilerindeki ikiyüzlülüğünden, kadın tacizlerinden, hırsızlıklardan, işten kaytarmaktan, esnafın çoğunun "teraziyi doğru" tutmadığına kadar bir epistemik çöküş yaşanıyor.

İslam'ın ahlak ve irfan yönü göz ardı edilip dindarlık görüntüye-algı operasyonuna ve politik tarafgirliğe ya da şeyh efendinin söylemlerine indirgenince, toplumdaki değerler aşınmasından o da payını alıyor.

Başta Türk milleti olmak üzere yeryüzündeki 1.8 milyar Müslüman, Durkheim'in "anomi" (kuralsızlık-normsuzluk) olarak adlandırdığı değerler aşınmasını yaşıyor. Değerler aşınması İslam'ın da ahlaki-adalet içeriğini-muhtevasını boşaltıyor.

Yeni Dünya Düzeni ütopyasının merkezdeki babaları da bunu istiyor... "Gözleri tamamen kapalı" içi boşaltılmış Yeni Çağ (New Age) dini. Senkretik Yahudi-Hıristiyan-Müslüman "İbrahimi bir din"... Batıni Kuran yorumları... Panteizm, Kabala: Ezoterizm.

Müslümanların ve Türk milletinin meseleleri "dış güçler"den ziyade kendi hatalarının sonucudur. "Oku" ayetini anlamayan, 700 ayette zikredilen aklı kullanmayan... Medreselerden "felsefiyat" derslerini kaldıranlar Müslümanların kendisi değil mi?

Niçin ikinci bir Farabi, bir İbn Rüşd çıkmadı? Neden 13. yüzyıldan beri Müslüman bir bilim insanı gelmedi? Niçin bir Müslüman Max Weber çıkarıp İslam'ın iktisadi-finansal-ticari teorik altyapısını kuramadık?

Kishor Mahbubani, Singapurlu bir düşünür ve *Yeni Asya Yarımküresi* adlı çok önemli bir kitabın yazarı. Başarı için adına "Yedi Sütun" dediği temel politikaları sıralıyor:

- Eğitim
- Bilim ve teknoloji
- Meritokrasi (Liyakat)
- Kontrollü piyasa ekonomisi
- Barış kültürü
- Pragmatizm
- Hukuk devleti

Gelelim Türkiye'yi de giderek içine çeken "Ortadoğu hastalığı"na ve bu hastalığın temel prensiplerine:

- Okumayan, aklı kullanmayan bir toplum yapısı
- Cemaatçi
- Mezhepçi
- Partizan
- Ataerkil
- Kayırmacı-hukuksuzluk
- İdeolojik politik saplantılar

Türkiye'de 16 Nisan 2017'de bir halk oylaması/referandum yapıldı. Türk milletinin yüzde 51'i evet, yüzde 49'u hayır yönünde oy kullandı. İşte size iki ilahiyatçının yorumu:

- İlahiyatçı Prof. Hayreddin Karaman, "evet" oyu vermenin "farz" olduğunu yazdı. "Bizi hedefe yaklaştıracak olan bir adımı daha evet diyerek atmak, farz olanı tamamlayan ve onu yaklaştıran her fiil farzdır kuralının çerçevesine dahildir..."

• İlahiyatçı Prof. Hayri Kırbaşoğlu ise attığı tweet'te şöyle diyor: "Evet demek de hayır demek de farz falan değildir, politik bir tercihtir. Ortaçağda Emeviler döneminde yaşamıyoruz. Uyanalım derin uykudan..."

Bu arada 130 bin kişilik kadrosu ile "Diyanet" ve "ulema"dan tık çıkmadı. Son olarak Milli Eğitim Bakanlığı okullarda din dersini iki saate çıkarmak için biyoloji dersini bir saat azalttı.

Benim gibi bir insanın okullarda din dersinin devlet eliyle öğretilmesine bir itirazı olmadığı gibi memnun olurum... Ancak gelecek 30 yılın genetik ve biyoteknoloji çağı olacağı yüzde bir milyon iken hangi akıl biyoloji dersini bir saat azaltır? Müslüman Türk milletine bir 100 yıl daha nal toplatmak isteyen bir kafanın ürünüdür bu karar.

Mesele din, ahlak, hukuk, kültür, bilim gibi alanlarda ümit edilen hassasiyetler gelişmeden, daha da kötüsü bu duyarlılıklar giderek daha hızlı aşınarak "servet"in büyümesidir.

Rahmetli Akif Emre *Yeni Şafak* gazetesindeki köşesinde şöyle yazmıştı:

"Devlet desteği olmadan kendi girişimi ile ayakta kalan yeni muhafazakâr zenginlikten bahsetmek zordur. Ülkenin ekonomik pastasından payları ne olursa olsun genelde muhafazakârlar arasında belli bir kesimin eli para görmüş, hayat tarzları değişmeye başlamıştır. Değişim sadece hayat konforlarıyla sınırlı kalmayacak, dünya görüşleri, ideolojileri, hayata bakışları da bu çerçevede değişime uğrayacaktır."[407]

Şimdi sormak lazım. Dün seküler-liberal kesimin yaptığını günümüzde muhafazakâr-İslamcı kesim yapmıyor mu? Eee, o zaman biz bu haltı niye yedik ağam?

407. Akif Emre, "Muhafazakârların Servetle İmtihanı", *Yeni Şafak*, 2016.

E. YENİ ÇAĞ TARİKATLARI, SPİRİTÜALİZM VE PANTEİZM-KABALA

"Tattvam asi" (Sen "o"sun) ve "Aham Brahma asmı" (Ben Brahma'yım). Her ikisi de aynı manaya gelir. Brahma, Hinduizm'de her şeyi yaratan Tanrı'dır.

Yukarıdaki temel öğreti Hinduizm düşüncesinin dayandığı en önemli metinler olan Upanişad'larda yer alır. Bunlar binlerce yıllık Pagan öğretiler olup Kuran'daki tevhit inancıyla hiçbir alakası yoktur. Sanskritçe "Aham Brahma asmı" ile Arapça "Enel Hakk" arasında hiçbir fark yoktur. Her ikisinin anlamı da "Ben Allah'ım" demektir.

Hıristiyanlık Tarsuslu bir Roma vatandaşı Yahudi Pavlus (Aziz Paul) ve Plontinus'un eseridir. Allah'ın peygamberi Hz. İsa'nın değil.

Zengin ve nüfuz sahibi bir kişi olan Pavlus İsa'ya karşı savaşanlardandır. İsa çarmıha gerildikten sonra -ki İslam'a göre çarmıha gerilmemiştir-[408] gördüğü vizyonlar üzerine bir anda kendisini İsa'nın havari olarak tayin ettiğini ve kendisine "Ben Tanrı'nın oğluyum" dediğini etrafa yayar.

Halüsinasyonlardan beslenen Pavlus'un Hıristiyanlığı "Kominyon Ayini" yani "şarap-ekmek" ayinine dayanır. Bu ayinde Hıristiyan müminler şarap içer, ekmek yer. Şarap İsa'nın kanı, ekmek etidir.

---

408. Âli İmran Suresi, 55. ayet.

Bu ayin ritüelinin temelinde Panteist öğreti yatar. İsa Tanrı'nın oğlu olduğu gibi aynı zamanda Tanrı'nın ta kendisidir. Zaten günümüzde bile Hıristiyanların büyük çoğunluğu İsa'nın Tanrı olduğuna inanır ve ona "Rabbimiz" der. İsa'nın kanını içip etini yemek (şarap-ekmek) İsa ile bir olmaktır. "O"nunla bir olmak ise, Allah ile bütünleşmektir.... Dön dolaş gel aynı yere: "Allah olmaya..."

Neo-Platonizm MS 3. yüzyılda Plotinus adında bir filozof tarafından Platon'un düşünceleri üzerine kurulmuş bir teoridir. Adına "Sudur Teorisi" dediği düşünce sistematiğine göre, Tanrı yaratmaz, yaratılmış olan varlıklar Tanrı'dan taşar, fışkırır. Plotinus'a göre de her şey Allah'tan taştığı için, evrende gördüğün her şey Tanrı'nın bir parçasıdır... Bu teori bilahare İslam dünyasına "Vahdet-i Vücut, Vahdet-i Şühut" adıyla kendine yer edinecektir.

Spiritüalistler de aynı şeyi söylerler. Hindular, mistik Hıristiyanlar, Kabalistler, Budistler ve Arabi-Mevlana çizgisindeki sufiler hep birlikte "Her şey Tanrı'dır" ve neticede "Her şey 'bir'dir" demektedir. Tasavvuftaki "Vahdet-i Vücut"un Türkçe anlamı "Varlığın Birliği" demektir.

Spiritüalistlerin başucu kitaplarından olan *Ramtha*'da[409] şu hususlar yer alır:

"Tanrı her şeydir. ... Çünkü her biriniz benim gibi hep sevdiğim ve seveceğim Tanrı..." *Ramtha* da her şeyin Tanrı olduğunu ve dolayısıyla insanların da Tanrı olduğunu ifşa eder. İsimleri farklılık arz etse de "spiritüalizm", "ruhçuluk" veya "New Age" olan dinin temeli budur. Bunlara göre kendileri dışındaki herkes yeterince ruhani evrim-tekâmül geçirmemiş kişilerdir. Bu inanca göre dünya tekâmül etmiş üstinsanlar ve tekâmül edememiş alt insanlarla doludur. Arabi-Mevlana tasavvufuna göre de insanların çoğunluğunun "ilmi yetmez çünkü onlar avamdır", "kalp gözleri kapalıdır".

Ramtha'da Allah'ı görmek,[410] "Tanrı'yı görmek istiyor musun? Git aynaya bak onunla yüz yüze geleceksin!" şeklinde ifade edilir.

---

409. *Ramtha*, Akaşa Yayınevi, İstanbul, 1990, s. 232-249.
410. *Ramtha*, Akaşa Yayınevi, İstanbul, 1990, s. 51.

Bu husus Hallac-ı Mansur'da, "Kalp gözüyle gördüm Rabb'imi... Sordum kimsin sen diye, sensin dedi"ye dönüşür... Kısaca spiritüalistler Arabi ve Mevlana ile aynı şeyi söylerler: Varlıkta Birlik, her şey Tanrı, ben de Tanrı'yım... Senkretizm yani bağdaştırma tasavvufta çoktan gerçekleştirilmiş olup, Tapınak Şövalyeleri Tarikatı'nın Yeni Dünya Düzeni'ndeki Tek Dünya Dini projesinin en önemli ayağıdır.

Spiritüalizm, Arabi-Mevlana tasavvufunun nasıl birebir aynı şeyleri söylediğini gösteren bir başka kaynak kitap da *Ra Bilgileri* isimli eserdir. "Ra" malum Pagan bir Mısır Tanrısı'dır. *Ra (Horus) Bilgileri*[411] kitabına göre de her şey Tanrı'nın bir parçasıdır, Tanrı Ramtha şöyle der: "Ölümsüz olmanızın yolu ölümsüzlüğü yaratmanızdadır."[412]

İslam'daki Allah inancı ile yukarıdaki Allah inancı tanımı asla aynı değildir. İslam'da eşi ve benzeri, dengi bulunmayan, bir ve tek olan, önü sonu olmayan Allah inancı vardır. Ancak "Allah'ın bir olması" kavramı Panteistler, Kabalistler, spiritüalistler ve Arabi-Mevlana tasavvufu tarafından tahrif edilmektedir. Her şeyin bir olduğu düşüncesi Panteist-Kabalist öğretinin bir eseridir.

İslam inancına göre ise bir olan Allah'tır. Fakat tasavvufçular, İslam'a tamamen ters olan "her şey birdir" felsefesini şu şekilde İslam'a yamamışlardır: Allah her şeydir ve Allah birse, o halde her şey birdir. Vücut (Varlık), birdir."[413] İslam'da mutlak "Yaratıcı" ve "yaratılan" vardır ve "ikilidir".

Yüce Allah, Kuran'da müminlere şöyle seslenir: "La ilahe illallah." (Allah'tan başka ilah yoktur.)

Tasavvufçular/sufiler ise şöyle derler: "La mevcude illallah." (Allah'tan başka mevcut yoktur.)

411. *Ra Bilgileri*, Akaşa Yayınevi, İstanbul, 1994, s. 35.

412. Ramtha, *Beyin - Realitenin ve Yüce Bir Hayatın Yaratıcısı*, Akaşa Yayınevi, İstanbul, 2017.

413. Cemre Demirel, a.g.e., s. 40.

"Netice olarak tasavvuf, İslam'ın bir yorumu veya manevi yönü falan değildir. Tasavvuf başlı başına yeni bir öğreti, yeni bir dindir."[414] Ben bu noktada Hoca Ahmet Yesevi tasavvuf çizgisini ayrı tutuyorum.

Mesela tasavvufun günümüzde en etkili kollarından biri olan Nakşibendiliğe icabet etmenin dört şartı vardır:

- Terki dünya (Bu dünyayı terk et)
- Terki ukba (Ahireti terk et)
- Terki hesti (Benliği terk et)
- Terki terk (Terk etmeyi de terk)

Menzil Cemaati Nakşiliğin Kürt kolu olan Süleymaniyeli Halidi Bağdadi çizgisindedir. Bağdadi Osmanlı Türkiyesi tarafından cezalandırılmış olup, Nakşilik-Kürtçülük hareketi hakkında "Prof. Dr. Hakan Özoğlu'nun *Osmanlı'da Kürt Milliyetçiliği* adlı kitabını okuyunuz.

Kitabımız Kuran'da bu dünyayı terk etmek gibi bir miskinlik yoktur: "Gerçek şu ki, insan için çalışıp didindiğinden başkası yoktur."[415] "O halde, bir işe koyulup yorul!"[416] "Namaz kılınca hemen yeryüzüne dağılın ve Allah'ın lütfundan nasibinizi arayın! Allah'ı çok anın ki, kurtuluşa erebilesiniz."[417]

Allah'ın emrettiği, hem çalışmak hem ibadet etmektir. "Hiç ölmeyecekmiş gibi bu dünya için, yarın ölecekmiş gibi öbür dünya/ahiret için çalışmak" İslam'ın temel düsturudur. Allah Hıristiyan keşişler gibi çileci bir hayat sürmeyi veya dergâhlara kapanıp zikirler çekmeyi emretmez. İslam'a sokuşturulan ve 13. yüzyıldan itibaren giderek etkisini artıran bu zihniyet Müslümanların zirveden dibe vurmalarına sebep oldu.

---

414. Cemre Demirel, a.g.e., s. 40.
415. Necm Suresi, 39. ayet.
416. İnşirah Suresi, 7. ayet.
417. Cuma Suresi, 10. ayet.

Kuran'da müminlere, benliği/nefsi öldürmeleri değil, onu terbiye etmeleri, iyi ve güzel davranmak emredilir. Buna mukabil Arabi-Mevlana çizgisindeki tasavvufa göre "benlik/nefis" öldürülmesi gereken bir hınzır, bir lanettir. İnsan "benliğinden" kurtulmalıdır. "Çünkü benlik denilen şey insanın hâşâ Allah olmasını engelleyen bir aldatmaca bir illüzyondur."[418]

Mevlana da şöyle diyor: "Aklını başına al da kendi varlığından kurtul, varlıktan, benlikten beter bir suç yoktur."[419] Mevlana'ya göre benlik denen laneti öldürürseniz "padişah" olursunuz.[420] Yani "Allah" oluyorsunuz.

Tasavvufta Allah'la bir olmak için kat edilmesi gereken mertebelerden biri de "Nefsi Emmare" olup Hinduizm ve Budizm gibi mistik Pagan dinlerden alınmıştır. Tasavvuftaki en sonuncu-üst mertebe Allah veya evren ile bir olunan yokluk halidir. "Tanrı/evren ile bir olunan bu yokluk halinin adı tasavvufta 'Fenafillah', Hinduizm'de 'Samadhi', Budizm'de 'Nirvana', İslam'da 'şirk'tir."[421]

Spiritüalizm de Ramtha adlı yüce bir varlık söz konusu olup "seçilmiş" kişilerin bedenine girerek konuşur; işte bir misal: "Tanrı'yı tümüyle bilmekten ve 'O' olmaktan sizi alıkoyan nedir? Ego Tanrı'nın ve sizin bir ve aynı olduğunuz düşüncesini kabul etmenize izin vermez..."[422]

Mevlana da *Divanı Kebir*'de aynen şunları söylüyor: "Beşeriyet hali yok oldu da ilahi sıfat tecelli etti... Onun güzel hayali gönlüme girince, cevirler, cefalar vefa oldu. Bütün bulanıklıklar gitti. Saflık, arılık, duruluk geldi. Beşeriyet hali yok oldu da ilahi sıfat tecelli etti..."[423]

418. Cemre Demirel, a.g.e., s. 41.

419. Mevlana, *Divan-ı Kebir'den Seçmeler*, Hazırlayan: Şefik Can, Ötüken Yayınevi, İstanbul, 199. bölüm.

420. Mevlana, a.g.e., 440. bölüm.

421. Cemre Demirel, a.g.e., s. 43.

422. Ramtha, Akaşa Yayınevi, İstanbul, 1990, s. 212.

423. Mevlana, *Divan-ı Kebirden Seçmeler*, Hazırlayan: Şefik Can, Ötüken Yayınları, İstanbul, 347. bölüm.

Gerek spiritüalizmde gerek Mevlana'da tekâmül sürecinde benliği çilecilik veya asketizm olarak bilinen çilelerle öldürmek ve Allah'la birleşmek esastır. Hıristiyanlıkta olduğu gibi benlik lanetli ve günah olup insanın "Allah olmasına" engeldir.

Allah'ı sevmek onun emirlerine itaat etmek, bu İslam'dır. "Allah ile bir olmak, onunla aynileşmek", bunun adı Panteizm-Kabala olup İslam inancı ile bağdaşmaz.

Spiritüalizm, ruhçuluk, Arabi-Mevlana tasavvufunda olan da budur ve İslam'ın Allah inancı ile uyuşmaz. Burada şu soruyu soralım. Madem her şey Allah'ın bir parçası niçin benliği terk edelim?

Gerek spiritüalizmde gerek Mevlana'da varlık sadece bir illüzyondan ibarettir. Daha açık ifadeyle ruhçular ve sufiler bu dünyaya ve her varlığa "illüzyon" derler. Maddeden oluşan her şey, dünya onlar için "hayal"dir. Bu aldatmaca dünyadan ve benliğinden sıyrılan seçilmiş-ulvi kişiler Allah ile bir olur.

Bu seçilmiş kişilere ruhçuluk da "ermiş", "üst boyut varlığı" adı verilirken tasavvufta "insanı kâmil", "veli", "şeyh" veya "kutub" adı verilir. Kabala'da da "Adam Kadmon" ki aynı anlama gelir.

"Bu hayat tümüyle bir oyun, bir illüzyondur."[424] "Şimdi yapmamız gereken şey, kendiniz olmaktır, yani Tanrı... Tanrı olduğunu bil..."[425]

Bu kez de Mevlana'nın *Divanı Kebir*'inden bir alıntı yapalım:

"Dünyada görülen bütün varlıklar, insanlar, bitkiler, hayvanlar, balıklar, kuşlar, bunların hepsi de birer nakıştan, hayalden ibarettir."[426]

Alıntıya devam edelim:

"Hakikatte senin gördüğün ben değilim, ben bir hayalden, bir gölge varlıktan ibaretim!"[427]

Ruhçular ve Mevlana şunu söylüyor. Bütün varlık illüzyon, çünkü bütün varlık Allah'tır.

424. Ramtha, Akaşa Yayınları, İstanbul, 1990, s. 60.

425. Ramtha, s. 181.

426. Mevlana, *Divan-ı Kebir'den Seçmeler*, 382. bölüm.

427. Mevlana, a.g.e., 171. bölüm.

F. *MATRIX* ÜÇLEMESİ - RUHÇULUK - ARABİ - MEVLANA'NIN KESİŞME NOKTASI: PANTEİZM-KABALA

Önce bir tespit.

Dünyadaki 1.8 milyar Müslüman'ın içinde bulunduğu duruma bakalım. Afganistan, Irak-Suriye ve Arakan Müslümanlarının feci durumu ve diğerleri...

Müslümanların zelil durumda olduğu perişanlığın paçadan aktığı ülkeler: Filistin, Suriye, Irak, Afganistan, Yemen, Libya... Arnold Toynbee'nin deyimiyle şeyhin, şıhın, kontrolündeki "güney Müslümanlığı".

Müslümanların mutsuzluktan naçar, çaresiz kıvrandığı ülkeler: Mısır, Cezayir, Fas, Tunus, Suudi Arabistan, İran, Pakistan, Türkmenistan, Özbekistan, Kırgızistan, Lübnan, Azerbaycan.

Müslümanların mutlu olduğu, imkân olsa hepsinin kendi ülkelerini bırakıp gideceği, öyle ki Türkiye'ye sığınan Suriyelilerin paralı kısmının bir yolunu bulup gittiği diğerlerinin de Türkiye'de yaşamasına rağmen gitmeye can attığı bu ülkeler şunlardır: ABD, Kanada, Almanya, İngiltere, Fransa, İtalya, İspanya, İsviçre, Norveç, Hollanda, Danimarka, Belçika, Finlandiya, Avustralya, Yeni Zelanda.

Açıkçası Müslümanlar, Müslüman ülkelerin hepsinde perişan veya mutsuz. Buna mukabil hiçbir değer yargısı kendisine uymayan, Müslüman olmayan ülkelerin tamamında mutlu ve mesut.

Türkiye dünyadaki 57 Müslüman ülke içinde bir istisna, huzur limanıydı. Neden? Petrolü, tabii gazı veya kişi başı 50 bin dolar parası olduğundan mı? Hayır! Tam zıddı, petrol ve para saydığımız o mutsuz Müslüman ülkelerde. Türkiye cennetmekân Mustafa Kemal Atatürk'ün "laik devlet-Müslüman Türk milleti" temelinde kurduğu devletin, Cumhuriyet Türkiyesi'nin aydınlık ve akılcı imanı sayesinde farklı idi. İşte Batı bunu gördü ve Atatürk ve Türk'e düşmanlığı din diye satan aptal ya da madrabazları-hainleri önce merdiven altı mahfillerde besledi, palazlandırıp gökdelenlere taşıdı. Eşzamanlı olarak milli devlet Cumhuriyet Türkiyesi'nin altını oyarak Türkiye'yi istisna bir Müslüman vaha olmaktan çıkardı. Bu süreçte heykel Atatürkçüleri ile yani "siyasal laikçiler" ile "siyasal İslamcılar" kayıkçı kavgasına tutuşturuldu. 15 Temmuz 2016 ihaneti ve sıradakiler... Artık Türkiye mutsuz ülkeler arasına, kaçıncı kategoriye gireceğinin tartışıldığı bir ülkedir.

Böyle giderse bir müddet sonra Türkiye ve tabii ki Müslüman Türk milleti perişan ülkeler kategorisine girecektir.

Niçin? Neden? Sadece bir tek misal, işin diğer tarafını zaten bu bölümde anlattık, anlatmaya devam edeceğiz.

2017 yılının temmuz ayında toplanan Milli Eğitim komisyonuna iktidar partisinden katılan Çamlı Bey, "Cihat bilmeyen çocuğa matematik öğretmenin faydası yok" diyor. Birincisi bu beyefendi ve türevleri 21. yüzyılda kastettiği "cihat"ın bilimle, matematikle vb. olacağının farkında bile değil.

Kaldı ki Ankara Üniversitesi İlahiyat Fakültesi dekanı, haklı ve endişeli bir şekilde "cihat beş temel ibadet" arasında değildir demiş. Endişelenmekte, perişan ülkeler listesine mi gireceğiz diye kâbuslar görmekte haklıyız.

Milli Eğitim, cihadı İslam'ın "altıncı şartı" olarak-kelimeyi şahadet getirmek, namaz kılmak, oruç tutmak, zekât vermek, hacca gitmek-okutacak ve öğretecek.

Şimdi "matematiğin beş para etmediği" bir eğitim sistemine doğru pupa yelken yol alırken, 2017 yılında yapılan LYS'ye giren lise son sınıf öğrencilerinin bazı istatistik verilerini aşağıya yorumsuz aktarıyorum:

- 80 matematik sorusundan ortalama doğru cevap sayısı 16.15.
- 30 fizik sorusuna verilen ortalama doğru cevap 7.26, bu sayı kimyada 10.83, biyolojide 10.69.

• Müslümanlığımızın, Türklüğümüzün hasılı varlığımızın yegâne teminatı anadilimiz Türkçe testindeki 56 soruya verilen doğru cevap sayısı 21.78.

• Coğrafyada toplam soru 24 ve doğru cevap ortalama rakamı 9.2.

• Kanayan yaramızdan biri olan yabancı dil öğretme meselesinin bariz göstergelerinden biri. İngilizce, Almanca, Fransızca testlerindeki 80'er soruya öğrencilerin tamamından ortalama 40'ı bulan yok.

Bunlar olurken arada bazen yüreğimizi ferahlatacak şeyler de oluyor. Eski İstanbul Müftüsü ve İlahiyat Profesörü Mustafa Çağrıcı Hoca aynen şöyle yazıyor:

"İslam toplumlarını perişan eden ana sorun, hocamız, efendimiz, şeyhimiz, liderimiz, mezhebimiz, ulemamız, büyüklerimiz ne söylediyse doğrusu odur, anlayışının zihinlerimiz üzerine karabasan gibi çökmesi, aklımızı fikrimizi tıkamasıdır."[428]

Meşhur Hollywood yapımı, üçleme film *Matrix*'in senaristi ve yönetmeni Wachowski Kardeşler Kabalist'tir. Bu kardeşler bir diğer meşhur filmi *Cloud Atlas* da (Bulut Atlası) *Matrix* de Panteizm-Kabala-ruhçuluk-Yeni Çağ tarikatları öğretisini seyircinin gözünden beynine ve kalbine zerk eder. Yani üç kez öpülürsünüz. Bu filmler ve benzeri öğretilere gönderme yapan filmleri Panteizm, Kabala, sufizmi bilmeden tam olarak anlayamazsınız.

Matrix filminin başkahramanı beklenen Mesih/Mehdi Neo (One/Bir) "kâhin" ile görüşmeye gider. Karşısında keşiş tipli bir çocuk kaşık bükmektedir. Olgunlaşma, kemale erme yolunda hızla ilerleyen Neo, çocuğun/kâhinin kaşığı nasıl büktüğünü merak eder. Kâhin çocuk da "Al kardeş ben aydınlandım, bir tur da sen dön" diyerek kaşığı bükmesi için Neo'ya verir.

---

428. Prof. Dr. Mustafa Çağrıcı, *Karar* gazetesi, 19 Temmuz 2017.

Elbette daha kemale ermemiş Neo bir şey yapamaz. Bunun üzerine çocuk görünümlü kâhin Neo'ya şunları söyler: "Bu imkânsızdır. Bunun yerine sadece gerçeği anlamaya çalış. Kaşığı bükmeye çalışma, gerçeği anlamaya çalış."

Nedir bu yüce/ulvi "gerçek"?

Aslında kaşık yoktur. Hayaldir, halüsinasyondur. Yani Mesih/Mehdi olma yolundaki Neo'nun anlaması gereken o yüce/ulvi gerçek, aslında etrafında gördüğü hiçbir şeyin gerçek olmadığıdır. Her şey bir illüzyondan, bir yanılsamadan ibarettir.

Kâhin çocuk can alıcı sözü, tüyoyu Neo'ya şu şekilde seslenerek verir:

"Bu sebeple eğdiğin o kaşık değil. Sadece kendinsin." Niçin/neden eğdiğin kaşık değil de kendinsin?

İşte Panteizm-Kabala'nın-sufizmin "Varlıkta Birlik" öğretisi İslam'a Arabi-Mevlana ve takipçileri tarafından burada zerk edilir. Sen, ben, kaşık, portakal, kaya, taş, elma, kiraz vb. ayrı ayrı varlıklar yoktur. Vahdeti Vücut/Varlığın Birliği vardır. Artık Adam Kadmon/Kâmil Mümin olma yoluna girersin.

Mevlana'dan birkaç alıntı yapalım.

"Sen bensin, benden ibaretsin."[429]

"Biz benlikten, senlikten kurtulunca hepimiz bir oluyoruz."[430]

Matrix üçlemesi Neo'nun ruhani evrim/tekâmül süreci ve Mesih/Mehdi kurtarıcı hikâyesidir. Neo bir anagram olup "One/Bir"dir. Süreç içinde kendisinin "bir" olduğunun şuuruna erer. Yani Neo artık "The One"dır... Filmde varlığın birliğine gönderme yapılırken kurtarıcı Mesih/Mehdi mitosu da işlenir.[431]

Matrix'te Neo Varlığın Birliği felsefesi gereği Allah ile bütünleşmiş yani Tanrı olmuştur, aynı zamanda insanlığı kurtaracak, kurtuluşu muştulayacak Mesih/Mehdi'dir. Kısaca Neo, bilge kişidir, Adam

429. Mevlana, *Divan-ı Kebir'den Seçmeler*, c. I, 322.

430. Mevlana, a.g.e., c. I, 517.

431. Ramazan Kurtoğlu, *Hollywood Sineması ve Bilinçaltı Operasyonları*, Destek Yayınları, İstanbul, 2017.

Kadmon'dur, "Kâmil İnsan"dır, Nirvana'ya ermiş kişidir. Jargonun farklı olduğuna bakmayan hepsi "Varlıkta Birlik"tir.

"Adam Kadmon: İlksel insan; yersel insanın kopyası olduğu göksel insan. Luria'nın öğretisinin bir yorumuna göre, "simsum"un yani Tanrı'nın kasılmasının hemen ardından tanrısal türümelerin konumları, bu kutsal varlığı oluşturacak biçimdedir. İlk üç Sefirah baş, dördüncü ve beşinci Sefirah'lar kollar, altıncı Sefirah gövde, yedinci ve sekizinci Sefirah'lar bacaklar, dokuzuncu Sefirah cinsel organ, onuncu Sefirah ise imgenin bütünselliğini oluşturur."[432]

İşte Kabala'nın "Adam Kadmon"u ve İslam'a Arabi tarafından aktarılan "Kâmil İnsan" böyle bir şey. Yukarıda "Sefirah" -çoğulu "Sefirot"- yani İbranice bir kelime zikrettik. Kabala'nın temel öğretilerinden biri, bir kozmogoni teorisi. Bu teoriye göre, evren, Tanrı'nın "Simsum"larla, yani "kapların kırılması", Isaac Luria'nın Kabala öğretisinde, "Sefirah"lar ilk boşlukta" Simsum"un, Tanrı'nın "kasılması"nın ardından, tanrısal türümenin ışığını içine alan "kaplar" olarak yorumlanır. "Sefirah"ların aldıkları ilk biçim, göksel Adam Kadmon'du. Ama sağlanan denge kalıcı bir denge değildi; çünkü tanrısal ışık, Adam Kadmon'un başından yayılmayı sürdürüyordu. İlk üç Sefirot, ışığı tutabildiler, ama ışık öylesine güçlüydü ki, alttaki kaplar direnemeyip kırıldılar, parçaları evrene dağıldı. Bu kozmik kargaşadan "madde" doğdu; dünyanın düzeni, başlangıçtaki düzenden değişik oldu, kendi kendini dışlaştırmasıyla oluşmuştur. Bu oluşum Sefirot (Daireler) denen 32 daire aşamasıyla gerçekleşmiştir. Bunlardan her biri, Tevrat'ın Tanrı'ya verdiği adlardan birini, sonuncusu Adonai adını alır; hepsi/bütünü birden Adam Kadmon'u (Kâmil İnsan'ı) oluşturur.

İlk on daire yaratıcı "söz"dür. (kelâm). Kendi içinde kusursuz olan, En-sof'tan -Tanrı'dan- türeyen Sefirah'ların işlevi, tanrısal olanla insani olan arasında bir köprü oluşturmaktadır. Kabalacıların temel meselesi, Sefirah'ların özüyle, Tanrı'nın özünün aynı

432. Umberto Eco, *Foucault Sarkacı*, çev. Şadan Karadeniz, Can Yayınları, İstanbul, 7. baskı, 2003, "Sözlükçe", s. 603.

olup olmadığıdır. İlk Kabalacılar, türeten (yaratan) ile türümelerin (yaratılmışların) aynı olduklarını öne sürüyorlardı... İşte Arabi ve Mevlana bu noktada kalmıştır ve "Batıni İslam" veya "Gnostik İslam" inançlarını bunun üzerine bina etmişlerdir.

Sık sık zikrettiğimiz/atıfta bulunduğumuz "Kabala" nedir? Özetin özeti, "sır"cı ve içrek/Batıni-ezoterik Yuda geleneği olan Kabala, Gnos'lardan sonra ortaya çıkmış, onlardan etkilenmiştir. İbranice, Kabballah, "gelenek", manasına gelir. Talmud, Kutsal İbranice metinler. Mishnah-İncil sonrası yasaların ilk yetkin derlemesi ve İncil'le ilgili notlar ve açıklamalar derlemesi. Filistin Talmud'u –Leyden'deki 1289 tarihli elyazması– ve ondan daha geniş kapsamlı, daha tanınmış (Babil Talmud'u –Münih Kodeksi, 1343– diye bilinen iki Talmud vardır) kanunlarının kapsamadığı bütün "sır"cı spekülasyonları içine alır. Kabala 12. yüzyılda Güney Fransa'da daha sonra İspanya'da gelişmiştir.

Üç değişik okuma tekniği (gematria-notarikon-temurah) kullanarak Kutsal Kitap'ı yorumlar/tefsir eder. Bu yeni okumanın gayesi erginlenmişler/arifler için, Tanrı'nın/Allah'ın meleklerin ve cinlerin gizli adlarını belirlemektir. Bu adlar/isimler, onları doğru olarak dile getireceklere sonsuz bir yaratma ve yok etme gücü sağlar.

Yahudilerin harfçilik ve sayıcılıkla karışık bir evren öğretisini (İslam'a ebcet-cifir hesapları ile sokulmuştur) içeren Kabala'nın felsefi temeli, Yunan Stoacılığının, Kamutanrıcılığı (Pantheism) ve Yeni Platonculuk'tur.[433]

Sefer Yesirah ve Seferhazzohar (Sefer ha-Zohar şeklinde de yazılır) isimlerinin taşıyan iki kitaptan meydana gelen Kabala'nın yazılması bütün ortaçağ boyunca devam etmiş ve ortaçağın sonlarına doğru tamamlanmıştır.

Kabalacı evrendoğum (cosmogonie) teorisine göre, evren on Sefirot'tan meydana gelmiştir. Bunlar, sırasıyla, Keter, Hokmah, Binah, Hesed, Geburah, Tiseret, Nezah, Hod, Yesod, Malkut.

---

433. Umberto Eco, a.g.e., s. 613.

Yine yukarıda "Gnostik"ten söz etmiştik. "Gnos", MS 2. ve 3. yüzyılda Doğu Akdeniz havzasında gelişmiş olan felsefi-düşünce akımı. Başlangıç tarihi ve kurucusu bilinmemektedir. Kökleri muhtemelen Hıristiyanlıktan önce, İskenderiye'de Judaizm-Yahudi ve Helenistik-Yunan felsefenin kaynaşmasında yatar.

"Gnosis", kurtuluş güvencesi olarak tabiatın ve Tanrı'nın tam "bilgi"sidir. Gnos'ların incelenmesi uzun müddet Hıristiyanlık tarafından sapkınlık sayılmıştır. 1945'te, Mısır'da, Nag Hammadi'de, 50 ciltlik bir Gnostik kitapların bulunmasıyla yeni bir ivme kazanmıştır.

Bugün sadece Gnostik ideolojinin özgünlüğü değil, Manicilik ve Katarlarla, Kabala ve simya gibi bütün "sır"cı felsefe üstündeki etkisi kesinleşmiştir.

Tekrar esas konumuza dönelim.

Panteizm ve Kabala'nın söylediğini yüzlerce yıl sonra Arabi ve Mevlana söylüyor. 1999 yılında da adeta beyin yıkama endüstrisi haline dönüşen Hollywood film endüstrisinin Kabalist senarist ve yönetmen kardeşleri Wachowski kardeşler *Matrix*'te söylüyor. Elbette Tapınak Şövalyeleri Tarikatı'nın Yeni Dünya Düzeni ütopyasının "Tek Dünya Dini" senkretik- bağdaştırılmış Kabala temelindeki "İbrahimi dinler" projesini de hatırlayınız.

2007 yılını UNESCO Mevlana'yı anma törenleri bağlamında "Mevlana Yılı" ilan etti. Hollywood sinema ve müzik endüstrisinin İlluminati ile bağlantılarını gizlemeyen yıldızları çocuklarına "Rumi", "Efendi" adını koyuyorlar. Amerika'da, Batı'da 1978 Washington Mutabakatı'ndan beri Mevlana ve Arabi'ye özel bir ilgi vardır. Bu hususta çok sayıda makale ve kitap yayını var. Hele hele 2001 İkiz Kuleler-Pentagon saldırılarından sonra Müslümanlar potansiyel terörist muamelesi görürken Mevlana-Arabi ikilisine yönelik "aşk" manidardır.

Biz Müslümanların en büyük ahmaklığı "her sakallıda bir keramet" aramak ya da "vardır bir kerameti" geyiği ile anlamadığımız, bilmediğimiz hususlara gözü kapalı teslim olmaktır.

"Allah her şeydir" demek ile "Allah yoktur" demek arasında hiçbir şey farklı değildir. Halbuki Kuran'da şöyle der:

"Hakkında bilgin olmayan şeyin ardına düşme! Çünkü kulak, göz ve gönlün hepsi bundan sorumlu tutulacaktır."[434]

"Biz gökleri, yeri ve bunların arasındakileri hak olarak yarattık..."[435] Demek ki "hak" olarak yaratılan "hakikattir" ve illüzyon, yanılsama değildir. Ama bilim sayesinde biliyoruz ki zaman ve madde bile görelidir. Varlığın göreli olması, varlığın gerçekliğine asla hiçbir zeval getirmez.

Ayetel Kürsi yani Bakara Suresi'nin 255. ayetinde şöyle der:

"İnsanlar O'nun bilgisinden, bizzat kendisinin dilediği miktar dışında hiçbir şeyi kavrayamazlar."[436]

Varlığın "bütün" bilgisine bir insanın sahip olması mümkün değildir ki bu sadece Allah'a mahsus bir kudrettir. İnsanoğlu, "kül"den "cüz"e sahip bir sınırlı akıl ile sınırlı gerçek bilgiye ulaşırız. Bütün gerçekliğe ulaşamayız. Ne acıdır ki Müslümanlar o "cüz"ü de kullanmaktan âciz.

Spiritüalistler ile Mevlana benzerliğine bir misal daha verelim:

"İçindeki cevheri keşfedersen göreceksin ki sen Tanrı'sın ve Tanrı neden kendisini cehennemde cezalandırsın?"[437]

"İçindeki cevheri keşfeden şeyh Tanrı'dır, şeyhin duası ve isteği kabul olur, Tanrı neden kendi isteğini reddetsin?"[438] "Veliler benim çocuklarım gibidir. Bu dünya gurbetinde işten güçten beridirler (muaftırlar)."[439] Şimdi daha iyi anlıyorsunuz değil mi? Müslüman Türk milleti İstiklal Harbi'nde ezan ve al bayrak için can verirken Konya'da birtakım sufi savaştan kaçmışlardı. Eh Gazi Paşa da gereğini yapmıştı.

434. İsra Suresi, 36. ayet.

435. Hicr Suresi, 85. ayet.

436. Bakara Suresi, 255. ayet.

437. Ramtha, Akaşa Yayınları, İstanbul, 1990, s. 45.

438. Mevlana, *Mesnevi*, Milli Eğitim Basımevi, 2. baskı, 1953, c. 5, 2242-2244. beyitler.

439. Mevlana, *Mesnevi*, Timaş Yayınları, İstanbul, 2007, c. 3, 78-80. beyitler.

Nakşibendi şeyhlerinden biri olan Şeyh Nazım Kıbrısi... Şeyh Nazım Efendi ile ilk kez 1998 yılında Kanada Vancauver'de bulunan British Colombia Üniversitesi'nde bulunduğum dönemde karşılaşmıştım. Evinde kaldığım ve sonradan Müslüman olan Güney Afrika kökenli Bebe Hanım bir gün beni sonradan Şeyh Nazım Efendi olduğunu öğrendiğim bu zatın konferansına davet etti. Kendisi de ilk kez görecekti bu Şeyh Nazım'ı.

Kıbrısi daha sözlerine başlar başlamaz İngiliz kraliyet ailesinin Hz. Muhammed Peygamber'in soyundan olduğunu söyleyince dinimiz İslam'ın nasıl bir ahlaksızlık ve düzenbazlıkla karşı karşıya olduğunu bir kez daha gördüm ve işittim. Şeyh Efendi hızını alamayarak Prens Charles'ın "doğuştan sünnetli" olduğunu da söyleyince; ben Bebe'ye, "Kalk gidelim, bu adam sahtekâr" dedim ve konferansı terk ettik.

Şeyh Nazım Efendi öldükten sonra onun postunda oturan bir zatı muhterem var. Adı Mehmet Pehlivanlı olan bu kişi kendini "Allah dostu" ilan etmiş. "Allah dostu" Pehlivanlı Efendi bir video kaydında –internette bulabilirsiniz– aynen şunları söylüyor:

"Bir kardeşimiz soruyor, sözlerinizin hangi kitaptan olduğunu söyleyebilir misiniz, diyor. Biz burada kitaptan konuşmuyoruz ki, şu kitaptan konuşuyorum diyeyim. Allah, peygamberine nasıl vahyederse, velisine de ilham eder."

Tam manasıyla Arabi-Mevlana çizgisi. Bunu adı en hafifi ile "şirk"tir.

Diğer taraftan Türkler bir milyon Ermeni'yi, 30 bin kürdü kesti dediği için Nobel ödülü olan bir milyon doları cebe indiren Orhan Pamuk da sufilik-tasavvuf adına benzer görüşleri işleyen roman yazdı... Sırada Elif Şafak var. O da romanında sufizm-tasavvuf adına Arabi-Mevlana-Pehlivanlı çizgisini işliyor. Hiç şüpheniz olmasın, ona da, önümüzdeki yıllarda bir Nobel ödülü, pardon parası şu veya bu "ödülü" adı altında verilecektir.

Aslında hepsi Kabalizm'i işliyor.

Yüce Allah Kuran'da açıkça ikaz eder:

"Yalan düzüp Allah'a iftira eden veya kendine bir şey vahyedilmediği halde 'Bana vahyedildi' diyen kişi ile 'Allah'ın ayet indirdiği gibi ben de indireceğim' diyen kimseden daha zalim kim vardır..."[440]

Bu kitabı bitirip kontrollerini yaptığım Temmuz 2017'de, Şeyh Nazım Kıbrisi gibi bir adamın önünde diz çöküp oturmuş olan Merve Kavakçı adlı, ABD'den tanıdığım bir hanım, Türkiye Cumhuriyeti devletinin Kuala Lumpur büyükelçisi yapıldı ve benim şu soru aklıma takıldı: ?!?!?! Siz ne isterseniz koyunuz.

Herhalde Sayın Cumhurbaşkanımız Merve Hanım'ın Protestan Kilisesi organizasyonu ile ABD'nin Yale Üniversitesi'nde yaptığı konuşmayı bilse atama kararnamesini imzalamazdı.

Şimdi tekrar biz Endülüslü, Kabala taklitçisi Muhyiddin İbn Arabi'ye biraz daha yakından bakalım.

Bugün gelinen nokta "şeyhi olmayanın şeyhi şeytandır". Kuran yatak odanda güzel kılıfı içinde asılı dursun. Kuran diliyle orijinal metni okuma. Türkçe meal ve tefsirleri zaten eline bile alma, hasılı Kuran'ı okuma! Okusan da "avam" olduğun için anlaman mümkün değil. Zira Kuran'da "gizlenen" Batını manalar vardır onu ancak "havas" olanlar anlar. Demek ki şeyhine bağlanacaksın, zira bir "havas" olan şeyhin senin anlayamadıklarını anlıyor Kuran'dan. Sen bir avam olarak okursan ya birazını anlayacaksın ya da yanlış anlayacaksın, sen iyisi mi Arabi gibi ulu zatları dinle... Daha olmadı "Kuran'ın özeti olan *Mesnevi*'yi" oku.

Kabala "sözlü gelenek" demektir. Sözüm ona şeyhlerin "kerametleri" de müritlere sözlü gelenek yoluyla aktarılır... İş döner dolaşır "Yukarı köyde bir yalan söyledim, aşağı köyde kendim de inandım" gibi Antalya Yörüklerinin sözü hayata geçirilir, doğru ile yalan/yanlış karıştırılarak "sistematik yeni bir İslam" tezgâhlanır. Bunun hizmet ettiği yer senkretizm/bağdaştırmadan başka bir şey değildir. Nihayeti Tapınak Şövalyeleri Tarikatı'nın Yeni Dünya

440. Enam Suresi, 93. ayet.

Düzeni ütopyasındaki Tek Dünya Dini'ni Kabala temelinde "İbrahimi dinler" şablonuyla Müslümanlara yutturmaktır.

Kitabımız Kuran'dan bir ayet: "Allah'ın berisinden veliler edinenlerin durumu, bir ev edinen dişi örümceğin durumuna benzer. Ve evlerin en güvensizi elbette bir dişi örümceğin evidir. Keşke bilselerdi!"[441]

Kuran Allah'tan başka "veli"/dost edinenlerin halini dişi örümceğin evine, yani onun ağına takılanlara benzetmektedir. Tıpkı örümcek ağına takılan bir karasineği düşünün, Allah'tan başka veliler edinenlerin de hazin sonu aynen böyledir: Felaket.

Kuran'daki "Allah'tan başka *ilah* yoktur" hükmü Arabi ve Mevlana'da ve elbette takipçilerinde "Allah'tan başka *varlık* yoktur"a dönüşüyor. İlk bakışta çok masum gibi görünse de "ilah" ve "varlık" aynı şeyler değildir. Panteizm-Kabala'daki "Varlığın Birliği" cin söylemlerle "Allah'tan başka ilah yoktur"a karşılık olarak İslam'a sokuşturuluyor.

İbn Arabi *Füsus-ül Hikem Şerhi* adlı kitabında baştan sona Kuran ayetlerine Batıni manalar yüklemektedir. Zira gizli anlamlarla dolu Kuran ayetlerini sadece onun gibi arif/ulu bir zatı muhterem anlayabilir. Bu yöntemle "Biz size apaçık ayetler gönderdik, okuyup anlayasınız" ayeti bile görmezden gelinerek Kuran'dan bir başka Kuran çıkarır Arabi ve takipçileri. Arabi'nin "Ancak keşif ehli arifler anlar" dediği o Batıni sırlar ve manalar tam anlamıyla Panteizm-Kabala'dır.[442]

Arabi-Mevlana çizgisindeki sufiler-spiritüalistler/ruhçular, Tapınak Şövalyeleri/Masonlar, New Age/Yeni Çağ tarikatları ve senkretik/bağdaştırılmış Tek Dünya Dini taraftarları, hepsinin vardığı nokta "Varlıkta Birlik /Varlığın Birliği" olup, Panteizm-Kabala'dır. Yeni Dünya Düzeni'ne hizmettir. "Tek Dünya Dini"ne hizmettir.

Bundan dolayıdır ki İstanbul'daki ulu camilerimizin birinde hem "vaiz" hem de 33 dereceli Mason "hocaefendiler" Müslüman Türk

441. Ankebut Suresi, 41. ayet.

442. Arabi, *Füsus-ül Hikem Şerhi*, Ataç Yayınları, İstanbul, 2007, s. 70 ve 122.

milletinin aklıyla alay ediyor. Osmanlı dönemindeki, son dönem şeyhülislamların çoğunun Mason olması, Cemalettin Afgani'nin Kahire Locası'na kayıtlı Mason olması, FETÖ'nün Mason olması tesadüf falan değildir...

Ey Türk evladı! Ey Müslüman, titre ve kendine gel... Dinin de, soyun da, vatanın da elden gidiyor.

Cemre Demirel *Bir Başka Din: Tasavvuf* adlı kitabında şöyle soruyor ve cevaplıyor:

"Size bir soru, eğer her şey Allah ise, öyleyse putperestlik denen olay neden yanlış olsun? Yahu adam o putta her şeyde var olan Allah'ı görüyorsa eğer, bunun nesi yanlış olabilir? Panteist/Panenteist bakış açısına ve tasavvufa göre bu tarz bir putperestlik yanlış değil, tam aksine doğru olandır..."[443]

Kuran'da Hz. Musa hakkında anlatılanlardan biri şöyledir: Musa 40 geceliğine İsrailoğulları'nı bırakır ve geri döndüğünde onları altın bir buzağı heykeline taparken bulur. Gerekçe, bu altın buzağı heykelinin böğürebilmesi, yani ses çıkarabilmesidir. Bu heykeli yapan kişi İsrailoğulları'ndan Samiri adında biridir.

Hz. Musa Samiri'ye 'Ey Samiri, maksadın nedir?' diye sorar.[444]

Hz. Musa'nın bu soruyu Samiri'ye sormasının maksadı, Samiri'nin altın buzağıyı ilah edinmesi ve İsrailoğulları'nı putperestliğe teşvik etmesidir. Fakat Arabi'ye göre, Hz. Musa'nın Maksadın ne ey Samiri?' demesinin sebebi şuymuş: Neden bu heykeli yapmak için milletinin altınlarını topladın? Zaten her şey Allah."[445]

Hz. Musa bir peygamber ve İbn Arabi mana âleminde onunla görüşüyor, bütün bu bilgileri ondan aldığını söylüyor.[446]

Arabi, biz insanlara daha açıkçası "avam"a avam seviyesinde inen Kuran'da anlatılmayan ulvi hakikatleri, Kuran'da açıktan söylenmeyen birazcık ima edilen gizli/Batını manaları Hz. Musa

---

443. Cemre Demirel, a.g.e., s. 86-87.
444. Taha Suresi, 95. ayet.
445. İbn Arabi, *Füsus-ül Hikem Şerhi*, Ataç Yayınları, 2007, s. 227.
446. İbn Arabi, a.g.e., s. 233.

ile mana âleminde görüşüp öğrenmiş. Yani Kuran'ı Hz. Musa'dan öğrenip biz avamların anlayamayacağı sırları-manaları, Batıni anlamlarını ifşa ediyor. Çünkü Arabi bir "arif" ve "arif kendi nefsinden Hakk'ın nefsini anladı". Çünkü "onun nefsi Hakk'ın hüviyetinden başka bir şey değil"dir. "Kâinatta hiçbir varlık yoktur ki Hakk'ın hüviyetinden gayri olarak vücut bulsun. Belki o şey Hakk'ın aynısı"dır...[447]

Arabi'ye göre, gönül gözü açık kimsenin (arif) kendisinde Allah'ı bulacağını, zira arif ile Allah'ın kimliğinin bir olduğunu, hatta aynı "varlık" olduklarını ifşa ediyor. Eh, İbn Arabi de arif olduğuna göre, Mevlana da arif olduğuna göre, eh FETÖ dahil takipçileri de arif olduğuna göre... Müslümanlara düşen görev onları takip etmek, Panteizm-Kabala çukurunda ve kendilerinde Allah'ı bulmak, "Varlığın Birliği" inancında boğulmaktır.

"Musa dedi: Defol, çünkü sen, hayatın boyunca bana dokunmayın diyeceksin! Ve senin için asla kurtulamayacağın bir hesap zamanı da var. O başını bekleyip durduğun tanrına bir bak! Onu kesinlikle yakacağız, sonra da un ufak edip denize dökeceğiz."[448]

Ayette açıkça görüldüğü gibi Hz. Musa Samiri'ye çok kızmıştır. Ancak Arabi *Füsus-ül Hikem Şerhi* adlı kitabında yukarıda aldığımız ayeti Batıni olarak şöyle yorumlamaktadır. Buraya Cemre Demirel'in sadeleştirdiği günümüz Türkçesiyle yorumunu aynen aktarıyorum:

"Musa, Samiri'ye kızarken bile altın buzağı heykelini kastederek 'Yaptığın ilahına bak' der, yani Musa o heykel için ilah ifadesini kullanır, çünkü Musa o heykelin de Allah'ın bir tesellisi-görüntüsü olduğunu bilir."[449]

Arabi Efendi Batıni zorlamalarla ayetleri deforme eder ama Taha Suresi 98. ayet aynen şöyle der:

447. İbn Arabi, *Füsus-ül Hikem Şerhi*, s. 123.
448. Taha Suresi, 97. ayet.
449. İbn Arabi, *Füsus-ül Hikem Şerhi*, s. 227.

"Gerçek olan şu ki, sizin ilahınız kendisinden başka hiçbir Tanrı olmayan Allah'tır. O, ilim bakımından her şeyi çepeçevre kuşatmıştır."[450]

Arabi'den devam edelim; günümüz Türkçesiyle.

"Kemal ehli arif, Allah'ın her şeyde olduğunu bilen kimsedir ve bu kimselerin heykele, yıldıza, ağaca, herhangi bir varlığa 'Allah' demelerinde bir sakınca yoktur. Arabi'ye göre, şayet 'taklit' yoluyla bir puta Allah derseniz işte o yanlıştır, fakat o putta Allah'ın var olduğunu bilen ulvi bir insansanız, yani 'kemal ehli arif' iseniz, kısacası Panteist-Kabalist bir inanca sahipseniz doğru iman budur... Yine Arabi'ye göre, eğer Allah'ın her şeyde var olduğunu bilmeyen biriyseniz, siz Allah'ın cahilisinizdir.[451] Arabi'nin bu anteist-Kabalist görüşlerine karşılık İhlas Suresi'ne bakmanız yeterlidir.

Bir başka isim, günümüzün şöhretlerinden Cemalnur Sargut. Kendileri bir kısım can sıkıcı hususlarla alakalı İstanbul'un Anadolu yakası adliyesinde görülmüştü. Neyse, tasavvufçu ve '*Mesnevi* Kuran'ın özetidir' diyen bu bayan şirine TRT 1'de katıldığı bir programda, Hindu mabedini ziyaretini, orada fil kafalı tanrıya tapınan insanların yaptıklarını ballandıra ballandıra anlatır. Mevlana aşkı ile yanıp tutuşan Cemalnur Sargut şunları dile getiriyor: 'Ben böyle bir saygı, böyle bir hürmet görmedim. Sanki oradaki heykeli yıkamıyorlar da, karşılarında Allah var; Allah'ı yıkıyorlar. Şimdi bu insanların taşa tapmaları mümkün mü? Hayır. Aslında onlar o taştaki hakikate, yani her yerden tecelli eden Allah'a tapıyorlar.' "[452]

Sevgili okuyucular, İbn Arabi'de, Panteizm ve Kabalistler ile ruhçular, Hinduizm'in Upanişad'ları da aynı şeyleri söylüyor. Nasıl bir algı operasyonu? Bu hususta değerli bilim insanı Sefer Darıcı'nın kitapları ve makalelerini mutlaka okuyunuz. "Gerçeklik eşiği" kavramını öğreniniz. Özellikle *Subliminal İşgal*, Sefer

450. Taha Suresi, 98. ayet.

451. İbn Arabi, *Füsus-ül Hikem Şerhi*, Ataç Yayınları, İstanbul, 2007, s. 231-232.

452. TRT 1, Gülben Ergen'in sunduğu program, 26.10.2011.

Darıcı'nın müthiş bir başucu kitabı. Cemalnur Sargut ile alakalı, *Evanjelizm - Tanrı'yı Kıyamete Zorlamak* kitabımız da okunmalı.

Cemalnur Sargut, konuşmasının başında güvenirliliğini artırmak için Mevlana'dan bir alıntı yapar (aman ne güzel referans). "Mevlana'nın da dediği gibi tüm dinlerin özünde 'Ya Rab' sesi vardır" diyerek Panteizm'i İslam diye kakalar. Kuran'da yasak edilen adına şirk denilen şey de tam olarak bu Cemalnur'un anlattığı şeydir işte. Yoksa hiçbir insan evladı bir taş parçasına Allah diyecek kadar geri zekâlı değildir... Zira hiçbir varlıkta Allah'ın tecellisi, Allah'ın bir parçası, zerresi falan yoktur. Allah yaratandır, geri kalanlar ise yaratılmıştır."[453]

Arabi'ler, Mevlana'lar, Hallac'lar İslam ümmetine, Türk milletine yüzlerce yıldır, asırlardır Panteizm ve Kabala'yı İslam diye, tasavvufçuluk, sufizm, tarikatçılık, cemaatçilik, "hizmet hareketi" vb. adına ne derlerse desinler pazarlıyorlar. Aslında pazarlanan bir nevi Mesih/Mehdi yani kurtarıcı bir figürdür.

Yahudiler, Kral Davud soyundan kurtarıcı Mesih'i, Evanjelistler İsa Mesih'i, Şii İslam kayıp 12. İmam Mehdi ve onun arkasında namaza durarak bütün Hıristiyanları bir anda Müslüman yapacak Hz. İsa'yı ve nihayet birtakım Sünni Müslüman tarikat ve cemaati de Mehdi ve Hz. İsa'yı aynı anda bekliyor. Bazıları buna bikinili ve mayolu havuz sefalarıyla "kediciklerini" de ilave ediyor. Hepsi, Yeni Dünya Düzeni'nin senkretik/bağdaştırılmış "Varlığın Birliği" temelinde tek dünya dinine hizmet ediyor. Kabalizm ve Panteizm dense irite olacağından "İbrahimi dinler" çatısı oluşturuluyor. Bunun için de sinemada, TV dizilerinde, roman ve hikâyelerde, çizgi film ve bilgisayar oyunlarında sürekli bir kurtarıcı fenomeni/Mesih-Mehdi figürü ustaca Nöro-Mesih kurgulanıyor.

Arabi'ye göre Firavun da Allah'tan bir parçadır.[454] Yine Arabi'ye göre Allah'ın bir parçası olan Firavun cehennemden kurtulur.[455]

---

453. Cemre Demirel, a.g.e., s. 94.
454. İbn Arabi, *Füsus-ül Hikem*, s. 248 ve muhtelif bölümler.
455. Arabi, *Füsus-ül Hikem*, s. 251.

Halbuki Kuran'da şöyle demektedir:

"Sabah akşam ateşe arz olunurlar. Kıyamet koptuğu gün de şöyle denir: Firavun'un seçkin çevresini de azabın en şiddetlisine sokun!"[456]

"Tasavvuf inancına göre, şeyhlerin, velilerin, gavsların ve bunlar gibi bilumum yüce zatın kerametleri vardır. Yani peygamberlerin gösterdikleri mucizeyi laciverde boyayıp, adına keramet demişlerdir..."[457] İşte bu bağlamda bir "Arif" ve "Şeyhi Ekber", yani en büyük şeyh olan Arabi'nin kerametlerinden birisi de Miraç'a çıkmasıdır.

Arabi, *Kitabul-İsra ila Makamil-Esra* isimli kitabında göğe yükselerek Miraç'a çıkışını, kainatı seyredişini anlatır. Arabi'nin ifadesiyle dünya, "sabit" ve "sakin" bir vaziyette yerinde durmaktadır. Diğer gezegenler, yıldızlar ve dahi Güneş ise sabit olan Dünya'nın etrafında dönmektedir.

Şayet gerçek bilgi sadece "keşif" ve "ilham" yoluyla velilere geliyorsa, Arabi'nin yukarıda anlattıklarında yanıltıldığı anlaşılıyor. Çünkü bilim Güneş'in etrafında Dünya'mızın döndüğünü ispatlamış durumda... Keramet de çöktü, keşif ve ilham da... Yoksa! Hâşâ! Allah yalan mı söylüyor?

Dönemin Diyanet İşleri Başkanı Prof. Mehmet Görmez, "Kuran'da Mehdilik yoktur, en temel hadis kaynaklarında da yoktur" dediğinde, Malta'da mayo giymiş kızı hanımefendi ile denizde jet ski yapan resimleri basında yer alan -ki yaptığını yadırgamıyorum- Cübbeli Ahmet Hoca adlı bir zat Görmez'e ağza alınmayacak hakaretleri, "... Diyanet reisi çıkmış ne yumurtlamış yine? ... Herze yedi, halt etti, freni patladıktan sonra bir adamın nerede duracağı belli olmaz..." sözlerini sıralayıp tepki görünce, "İlim meclisinin ağırlığına yakışmayan argo laflar kullandıysam özür dilerim, ben halk ağzıyla konuşuyorum" diyerek geri adım atıyormuş gibi yapıyor.

456. Mümin Suresi, 46. ayet.

457. Cemre Demirel, a.g.e., s. 99.

Başta Mehdicilik olmak üzere İslam "örtülü bir din istismarı" ile karşı karşıya ve bunun kökenleri 13. yüzyıla kadar gidiyor. Her ne kadar geç kalmış olsa da Görmez döneminde Diyanet İşleri Başkanlığı'nın "örtülü bir din istismarı" raporunda yer alan sapkınlıkların başında şu geliyor. "Cemaat önderinin kutsallığına, Allah tarafından seçilip gönderilmiş bir kurtarıcı olduğuna inanmaya dayalı bir din anlayışı inşa edilmesi..."

Elbette sade Cübbeli, Sargut vb. değil, asgari 50'den fazla sadece Sünni-Hanefi İslam anlayışı Türkiye'mizde İslam'ı için için kemiriyor. Cübbeli ile alakalı Akif Beki'nin makalesini okuyabilirsiniz.[458]

Diyanet İşleri Başkanı Prof. Mehmet Görmez görevinden emekliye ayrılırken şu sözlerle veda etti:

"Diyanet teşkilatı bir daha sapkın hiçbir dini yapı konusunda, 40 yıl gecikmiş olmanın mahcubiyetini yaşamamalıdır..."[459]

Amin... Amin... Amin! Ama Görmez kendisinin kırk yıllık gecikmesini nasıl affettirecek?

İstanbul Rumeli Hisarı'nda hizmet veren Osho Meditasyon Merkezi'nin bir etkinliği, Mevlevilerin ve Mevlana'nın 22. kuşaktan torunu Faruk Hemdem Çelebi'nin tepkisine sebep oldu. İlginç bir ismi olan etkinliğin adı "*Matrix* ve Mevlana". Uluslararası Mevlana Vakfı Başkanı Faruk Hemdem Çelebi şöyle söylüyor:

"Vatandaşlarımız, Hz. Mevlana'nın adını kullanan şeyh ve cemaatler ile meditasyon, kişisel gelişim adı altında hizmet verenlere sakın itibar etmesin... Hz. Mevlana, sadece İslam dünyasının değil, insanlığın değeridir. Osho öğretisi veya Asu isimli şahsın yaptığı etkinlik kesinlikle Hz. Mevlana öğretilerinin dışındadır. Hz. Mevlana'yı *Matrix* filmiyle değerlendirip yorum yapmak saçmalıktır..."[460]

---

458. Akif Beki, "Görmez'in Doğruluğu Cüppeli'den Belli", *Hürriyet* gazetesi, 2 Ağustos 2017.

459. *Hürriyet* gazetesi, 2 Ağustos 2017.

460. Mert İnan, *Milliyet* gazetesi, 4 Ekim 2017.

Şimdi Faruk Hemdem Çelebi'ye sormak gerekir. En azından ben 30 yıldır biliyorum ve şahit oldum. ABD ve Kanada'da benzer yüzlerce etkinlik yapılırken, Mevlana'nın Kabalist öğretiye sahip olduğu vurguları sık sık yapılırken... İngilizce web'lerdeki Mevlana figürü ortadayken, birileri "Mesnevi Kuran'ın özetidir..." derken niye sesiniz çıkmadı? Yoksa bütün bunları Müslüman Türklerin bilmesini istemiyor musunuz?

Bir başka teo-saçmalık. Televizyonlarda sık sık gördüğümüz ilahiyatçı akademisyen Prof. Cevat Akşit bir TV programında şöyle söylüyor:

"Çıplak sevişilirse melekler odadan kaçar ve şeytan tek kalıp doğacak çocuğa etki eder..."

Türkiye ateşten bir çemberin içindeyken Judeo-Hıristiyan dünya açık açık Müslüman Türk milleti ile tarihi-dini-ekonomik/siyasi sebeplerden hesaplaşmak isterken... Pek çok tarikat ve cemaat Türkiye'yi "Endülüsleşme" sürecine sokmuş iken... İslam'ın kalemi ve kılıcı Türk milleti Üçüncü Süleyman Tapınağı'nın sunağında kurban edilecek "kızıl renkli düveler"e dönüştürülmek/topyekûn mankurtlaştırılmak istenirken... Bir şairimizin deyimiyle: "Beni Mehmet Akif Müslüman yaptı ama bu hocalar beni dinden edecek" sözü aklıma takıldı.

Pek çok düşüncesine katılmadığım ama nezaketinden ve zarafetinden dolayı kendisine hürmet ve saygı duyduğum Sayın Mehmet Şevket Eygi *Milli Gazete*'de Ekim 2017'de şöyle yazdı:

"En büyük alçaklık, şerefsizlik, namussuzluk olan din sömürüsü önlenmeli."

DOKUZUNCU BÖLÜM

SÖZÜN SONU: SEKÜLER-KUTSAL TAPINAK ŞÖVALYELERİ TARİKATI'NDAN NÖRO-MESİH DÖNEMİNE

Rahmetli Atatürk'ün 1938'de ahirete intikalinden itibaren Müslüman Türk milletine dayatılan "ceberut laiklik" ya da "siyasal laiklik" Atatürk'ün "laik devlet-Müslüman Türk milleti" temelindeki Cumhuriyet Türkiyesi'ni rüzgârın önündeki bir yaprak gibi her yöne savurmuştur. Dün "siyasal laikçilik" ne idiyse önce yabancı servislerin örtülü, sonra açıktan desteği ile ülkemizde günümüzde "ceberut siyasal İslamcılık" hortlatılmıştır. Türkiye'deki bu yapı esas itibariyle "Mele-Nakşi" tabanlı ve "Kürtçü-İslamcı"dır. Diğer bir kısmı ise Atatürk ve Türklükle kavgası olan devşirme unsurlardır. Yani bu yapı içinde Hanefi-Maturidi Sünni Türk Müslümanlığı-Müslümanları yoktur. İstatistiki bir veri oluşturmaz.

Cumhuriyet Türkiyesi, Osmanlı Türkiyesi'nden devraldığı –özellikle Atatürk'ün ölümünden sonra etkileri giderek artan– Enderuni, "Boğaz'daki Aşiret"in kontrolü altındadır. Gerek "seküler" gerek "İslamcı" ya da solcu-sağcı tanımlamasını kullanalım. Cumhuriyet Türkiyesi dini-siyasi-ekonomik olarak tepede birbirine çok yakın akraba olan iki üç düzine ailenin kontrolü altındadır. Bu yapı iktidara ve iktidar namzedi her siyasi oluşuma-partiye veya devletin stratejik kurumlarına hâkimdir-sızmaktadır.

Buraya spekülasyona sebep olmamak için isimlerini yazmıyorum. Ama Türkiye'nin en büyük seküler holdingi ile muhafazakâr holdinginin sahipleri akrabadır. En muhafazakâr partinin tepe yöneticilerinden bazıları ile solcu partinin yöneticilerinden bazıları akrabadır. Hem de öyle akrabalıklar ki küçükdilinizi yutarsanız.

Bu hususta daha fazla bilgi sahibi olmak isterseniz, Prof. Orhan Türkdoğan'ın *Türkiye'de Aydın Sınıfının Anatomisi*, Mahmut Çetin'in *Boğaz'daki Aşiret* ve diğer kitapları, Tayfun Er'in *Erguvaniler - Türkiye'de İktidar Doğanlar* ve diğer kitaplarını okuyunuz.

Benzer akrabalıklar edebiyat, sinema, müzik ve bürokraside de vardır. Hatta gözbebeğimiz Türk Ordusu'nun Hava Kuvvetleri Komuta Kademesi –ki 15 Temmuz kalkışmasına katılan FETÖ'cü pilotların büyük çoğunluğu– sürekli bir kimlik aidiyetini öne çıkaran insanlardan seçilmiştir. Tesadüf olabilir mi?

Hiç zannetmiyorum. Yine aynı durum akademik dünyada da yaşanmaktadır. Hele hele bazı eski üniversitelerin fakülteleri kapılarındaki kimlik tabelalarından bağırır. İstanbul Üniversitesi'nin İktisat, Hukuk ve Cerrahpaşa ve Çapa Tıp fakültelerinin öğretim üyesi katları oldukça dededen toruna isimlerle doludur.

Bir başka gözbebeğimiz kurum. MİT Sabetaycı, Çerkez-Bektaşi kavgasının en çok alttan alta yaşandığı kurumlardan biriydi. Neden? Niçin bu stratejik kurumlarda "alt kimlik" vurgusu yapılıyor?

Sevgili okuyucu, bir yerde bir yanlışlık var ve bu durum en çok Türkiye'mizin milli güvenliğine zarar veriyor. Şimdi aşağıya rahmetli Aytunç Altındal'ın *Gül ve Haç Kardeşliği* kitabından bir bölümü virgülüne, noktasına dokunmadan aktaracağım:

"Türkiye'yi uzun yıllar yönetmiş ve kendilerini Masonik örgütlerin yöneticiliğine terk ederek 'kimlik ve kişilik' değiştirmiş yöneticilerle Türkiye'yi 'dünya devleti' yapmak hayal bile değil, uyuşturucu kullananlarda rastlanan bir 'halüsinasyon'dur.

Son 100 yılın Türkiyesi'ne damgasını vurmuş olan siyasilerin en elit çekirdeği hep Mason ve 'Gül ve Haç Şövalyesi' unvanlı kişilerdi. Kimler mi? İlk 20 kişiyi sayalım:

- 1861, Prens Halim Paşa
- 1909-1915, Prens Aziz Hasan Paşa
- 1928-1931, Yargıtay Başkanı Fuat Hulusi Demirelli
- 1945-1955, Mim Kemal Öke
- 1955-1967, Prof. Dr. Hazım Atıf Kuyucak. Onun isteğiyle 18. dereceden Gül ve Haç Şövalyesi olan Dr. Ekrem Tok, DP Milletvekili ve Manevi Cihazlanma Derneği Başkanı
- 1975-1984, Prof. Mukbil Gökdoğan
- 1984-1985, Sahir Erman
- 1966-1967, Dr. Enver Necdet Egeran, İçişleri Bakanı Şükrü Kaya, Dışişleri Bakanı Tevfik Rüştü Aras, Ankara Valisi Nevzat Tandoğan, İstanbul Valisi Ord. Prof. Fahrettin Kerim Gökay, Meclis Başkanı Kâzım Özalp, Devlet Başkanı Celal Bayar, Kızılaycı Ali Kermen, Özbekler Tekkesi Şeyhi Ataullah Efendi, Amiral Mehmet Ali Paşa, yazar Servet Yesari, Başhekim Hasan Saka, Devlet Şûrası Başkanı Mustafa Reşit Mimaroğlu, Polis Müfettişi Muhip Nihat Kuran... Bunların tamamı 33 derece Mason'du; kimi Kadoş Şövalyesi, kimisi Tunç-Yılan Şövalyesi, kimisi Kudüs Şövalyesi, kimisi de Gül ve Haç Şövalyesi unvanını taşıyorlardı ama Türk milleti bu kişilerin gerçek kimliklerini hiçbir zaman bilmemiş, bilememişti."

Bunlar ve daha yüzlercesi Osmanlı İmparatorluğu'nu çökerten güçlerin "gizli" örgütleriyle gönüllü "inanç bağları" kurmuşlar ve kendilerinden istenen yasaları yapıp Türk milletinin önüne koyarak bu milletin hayatına yön vermişlerdir.

Sonuçta Türkiye'de dünyaya gelen her bebek, bu dünyada yaşayacak olduğu için, bu gizli örgütlerin koydukları "Bu Dünyaya Gelme Vergisi" olarak 2.500-3.000 dolarlık (Günümüzde 7.000-8.000 dolar. -R. K.) bir "haraç" ödemek zorunda bırakılmıştır. Umarım bu kitabı okuyanlar AB'ye ve Batı'ya bir de bu pencereden bakarlar.

Bugünün dünyası siyasi-dini-ekonomik bağlamda "Establishment"/Yerleşik Seçkinler-Elit Egemenliği olarak tanımlayabileceğimiz bir çekirdek ulus üstü aileler ve onlara hizmet eden "Babo"lar idareciliği altındadır. Bu tanım içinde yer alan ana omurga ülkeler ABD ve AB devletleridir.

ABD'nin kuruluşunda olduğu gibi AB'nin kurucu babaları da Tapınak Şövalyeleri, Mason ve/veya benzeri ezoterik/Batıni örgütlerin/kulüplerin üyeleridir. ABD ve AB ülkeleri başta olmak üzere Batı ülkelerindeki yazılı-görsel basın, güçlü lobi ve sivil toplum kuruluşları "operasyon" vakıfları, finans ve bankacılık, ilaç endüstrisi vb. siyasi, dini, ekonomik kurum ve kuruluşlar Gnostik-Hıristiyan inancını topluma empoze eden okült örgüt üyeleri tarafından kurulmuş ve yönetilmektedir.

İsviçre'nin Yüksek Teknoloji Enstitüsü'nden üç akademisyenin yaptığı ve 2011'de yayımladıkları çalışmaya göre küresel ekonominin yüzde 40'ından fazlası 147 adet banka ve finans kuruluşunun kontrolünde. Söz konusu 147 adet finans kurumu bir avuç okültist inançlara sahip seçkin/elit grubun elinde. 147 finans ve banka kuruluşu 1318 holdingi, bu holdinglerde 43 bin ulus üstü şirket ile dünya ekonomisinin yüzde 40'ından fazlasını kontrol ediyorlar.

1. Yeni Dünya Düzeni'nin Dini ve ABD'nin Din Siyaseti

Okültist, Tapınak Şövalyeleri Tarikatı-Mason localarıyla bağlantıları olan bazı örgütlerin isimleri şunlardır:

- Columbus Şövalyeleri. 1882'de ABD'nin Connecticut şehrinde kuruldu. Katolik soylulardan oluşan üyelere sahiptir. 1967'de Amerikan Büyük Locası'yla bütünleştiler.
- Druidler. 1718 yılında Londra'da kuruldu. 1833'te "Birleşik Kadim Druidler Tarikatı" adını aldı. 1908'de Alman Druidleri Birliği

kuruldu. Arkasından ABD ve Kanada'daki Druid örgütleri takip etti. Üç dereceden oluşan ve birbirini Gnostik-Hıristiyanlığın öngördüğü şekilde "Grove" sıfatıyla anan bu okültistler özellikle fakirliği işleyen yayınları yönetirler.

Druidler'in Müslümanların Mekke'deki Kâbe'si gibi, kutsal kabul ettikleri bir "Taç Tapınağı" vardır. Tapınak İngiltere'dedir ve "Stone Henge" adıyla anılır. Druidler büyü ve sihir üstatları olup taşlardan ve belirli bitkilerden şifa maksadıyla faydalanırlar.

Druidler yeryüzündeki semavi dinler dışındaki en güçlü dindışı okültist teşkilatlardan biridir. İngiltere Kraliçesi Elizabeth, Druidlerin "Şeref Baş Rahibesi"dir. Meşhur İngiliz Başbakanı Sir Winston Churcil (1874-1965), 24 Mayıs 1901'de "Studholme" Mason Locası'na üye olmuş, sonra da Druidlerin hâkim olduğu Rosemary Locası'na 2851 numaralı üye kaydedilmiştir.

• Freetkinkers/Hür Düşünenler. Tapınak Şövalyeleri-Mason entelektüellerinin toplandıkları özel bir locadır. 1930'lu yıllarda "sekülerleşmeyi" temin etmek için manifestolar yayınlamış ve çok büyük toplumsal çalkantılar oluşturmuşlardı.

1970'li yıllarda daha önce yayımladıkları eski manifestolarını yenilediler ve "sekülarizmi" Yeni Dünya Düzeni'nin "yeni dini" ilan ettiler. Dahası bu hususu mahkeme kararıyla ABD'nin din siyaseti haline getirdiler.

Başta ABD, İngiltere, İsviçre ve İsveç'te devlet siyasetini belirleyen Tapınak Şövalyeleri-Mason localarıdır. Bu yapı AB'de "din/devlet" ayırımını yönetirler. Bertand Russel üyeleriydi. Meşhur *Sherlock Holmes*'un yazarı Sir Conan Doyle (1859-1930) bu teşkilatın Phoenix Locası mensubuydu.

• Goodtempler Tarikatı/İyilik-Doğruluk Tapınağı. 1852'de New York'ta kurulan bu Tapınak Şövalyeleri Tarikatı-Masonik teşkilat aldığı bir kararla New York belediye başkanlarını geleneksel üyeleri kabul etmişlerdir.

Papa XIII. Leo'nun Katoliklerin Mason olmalarını yasaklayan 1883 tarihli fetvasına mukabil, bu fetvayı yok saymış, karşı çıkmıştır. Bu tarikat esas olarak "alkoliklerin" tedavisi için vakıflar ve bu yolla yüz milyonlarca dolar elde etmiş, etki sahasını genişletmiştir. Pek çok Batı ülkesi başta olmak üzere dünyanın hemen hemen her ülkesinde paravan bir "hayırseverlik" kurumu gibi çalışmaktadır. Tarikatın bütün ritüelleri Masoniktir.

• B'nai Brith/Davud'un Çocukları. New York'ta 1843 yılında kurulan bu Yahudi örgütü sadece erkekleri üye kabul eder. Ancak dünyadaki feminist hareketlere en çok finansal siyasi destek veren okült-Masonik bir örgüt olup, ABD'de adeta paralel devlet gibi çalışır.

Üç dereceli olan B'nai Brith, İkinci Dünya Harbi sonrasında Almanya'yı tazminat ödemeye mahkûm ettirmiştir. Ve 50 yıl boyunca İsrail'e para aktarmıştır. İstanbul'da da şubesi vardır. 1980'li yıllarda Almanya'nın Berlin ve Frankfurt şehirlerinde localar açmış olup özellikle Türk ve Müslüman işçilerin takip edilmesini sağlayan gizli yönetmelikler çıkarttırmıştır.

Henry Bernhard Berlin'deki Büyük Frederik Locası'na kayıtlı bir gazeteci ve siyasetçidir. AB projesinin mimarlarından biri olup bu örgüt için çok etkilidir. En önemlisi de bu okült-Masonik Yahudi örgütü AB içindeki en etkili lobilerdendir.

Yukarıda birkaçını belirttiğimiz okültist-Tapınakçı-Mason açık ve gizli örgütlerin dışında daha çok sayıda Gnostik-Hıristiyanlığın temsilcileri olarak Yahudi-Hıristiyan Kabalist değerlere dayalı olarak küresel siyaseti, dini, ahlakı, kültürü, sanatı belirlemekte, yön vermektedirler.

Tapınak Şövalyeleri Tarikatı'nın şemsiye çatısı altındaki okült-ezoterik/Batıni örgütlerin kontrolü ile elit/seçkin bir grubun yeryüzüne dayattığı siyasetlere, dini standartlara, ekonomik politikalara uymayan kişiler, kuruluşlar ya cezalandırılırlar ya yok edilirler ya da iyice ötekileştirilirler.

Mesela "Independent Order of Odd Fellows"/Bağımsız Aykırı Dostlar Tarikatı, "Round Table"/Yuvarlak Masa ve Bilderberg adları Türk kamuoyu tarafından duyulmuş "gizli", okültist karar mekanizmalarını işleten Tapınak Şövalyeleri-Masonik örgütlenmelerdir. Dünya Masonlarının yüzde 80'i bu üst locaların kontrolü altındadır. Bu açık-gizli Kabalist/okültist örgütler vasıtasıyla "Tanrı'nın seçilmiş kulları"nın verdiği direktiflere uymayan, onların arzularına uygun icraatlarda bulunmayan hükümetler, aniden, beklenmedik bir anda "göze görünmez" meselelerle karşılaşırlar.

ABD ve AB'nin dini, Gnostik-Hıristiyanlığın açık ya da gizli okültist örgütler tarafından iki bin yılda inşa edilmiş olan "kutsal sekülerizm"dir. Kutsal sekülerizmin tanrısı, muharref bile olsalar İncil'ler ve Tevrat'taki "God/Tanrı" ile alakası yoktur. Hele hele Kuran'daki Tanrı/Allah ile kesinlikle alakası yoktur. Deizm inancının tasarladığı "Demiurge"dür. Tapınak Şövalyeleri-Gül Haç Kardeşliği-Mason Tanrısı "Kâinatın Ulu Mimarı" ABD ve AB'nin de baş mimarıdır. Her ikisinin ahlaki/etik değerleri ezoterizmin öngördüğü değerlerdir. Yani "libertinizm".

ABD ve AB'nin ya da Batı medeniyetinin "varoluş" inancı ise her ne kadar muharref kutsal kitaplar olsa da, onlarda anlatılan "The fall of man/Erkeğin-insanın düşüşü, cennetten kovuluşu bile değildir. Okült gizli örgütler tarafından yüzyıllardır bir kanaviçe gibi işlenen Gnostik-Hıristiyanlığın büyü, sihir, kehanet ve "oracle"lara dayanan formüllerle meydana getirilen "The Rise of womanhood/Dişil prensibin yükselmesi"dir.

Gnostik-Hıristiyanlara yol gösterdiği iddia edilen ve Magi yada Megus adıyla tanınan kişilerin kullandıkları şifreleri, kodları, gizli alfabeleri, Kabalistik sayı metotlarını, özel dili ve yeryüzüne hâkim kılmaya yemin ettikleri şeytani düşleri, sayısı 500'ü bulan kehanetleri/gelecek tasarımları, uzgörüleri anlamadan Batı'yı ve Müslüman Türk milletine bakışlarını tam olarak anlayamayız.

Batı medeniyetinin kurucuları ve Yeni Dünya Düzeni'nin kurucu babaları kendi geleneklerinde var olan "Organized" teşkilatlı

(Kilise=Vatikan, Ortodoks ve Lutheran) Hıristiyanlığın din anlayışını ve Tanrı'sını kiliselerinin vaaz ettikleri biçimde anlamıyor ve kabul etmiyorlar.

Bu adamların 1400 yıldır hiçbir değişim geçirmemiş, dinin peygamberi dahil önderlerinin mezarları belli, önü sonu olmayan mutlak yaratıcı kudret Allah diyen İslam'ı kabul etmeleri mümkün değildir. Mümkün olmadığı için İslam'ı bir taraftan El Kaide-Taliban-DEAŞ ve türevleri üzerinden "terör dini"ne dönüştürmeye çalışırken, diğer yandan bir kısım tarikat ve cemaatler yoluyla "Gnostik İslam" oluşturulmaya çalışılıyor. Atamız Bilge Kağan'ın 1400 yıl önce dediği gibi: "Ey Türk, titre ve kendine dön!"

ABD "Belirlenmiş Kader"i olan "Yeni Kudüs" ülkesidir. AB ise Christendome/Hıristiyan Kubbesi adıyla anılsa da artık Vatikan Kilisesi'nin yani Vatikan Hıristiyanlığı'nın egemen olduğu bir Hıristiyan Kubbesi değildir.

Bu sebeple AB Devleti'nin Anayasası'na Vatikan'ın tanrı anlayışı konulmamıştır. Günümüzdeki Avrupa Birliği, tam manasıyla seküler/dünyevi bir "Yeni Kudüs"tür. AB'nin egemen kültürü "deizm" üzerine inşa edilmiştir. "Laik" ya da "ateistce" değildir.

AB'nin Tanrısı Gül ve Haç Kardeşliği Örgütü'nün tarif ettiği yani Tapınak Şövalyeleri Tarikatı'nın tanımladığı bilahare de Masonluğun kabul ettiği "deist tanrı" anlayışıdır. Bu anlayışın kaynağı ise özellikle Protestan etiği ve "etho"sudur.

Bu bağlamda Vatikan Kilisesi'nin "kutsal" saydığı kitaplarda anlatılan "kutsallıkla" hiçbir ilintisi olmayan sözde "hümanist" bir "dünya görüşüdür". Daha açık ifadelerle adını koyalım. "Yaratıcılık" misyonunu Yahudi-Hıristiyan kutsal kitaplarından alarak kendilerine mal etmiş olan Tapınak Şövalyeleri Tarikatı ve 1307'den sonra Tapınakçıların yeraltına çekilmeleri ile onların uzantıları olan bazı okültist-ezoterik/Batıni gizli örgütlerin "oluşturdukları" bir senkretik/bağdaştırılmış "din ve Tanrı" için hazırlanmış seküler bir "Yeni Kudüs"tür AB.

Yeni ABD ile AB kan kardeşidir.

2002'de, İngiltere Bağımsızlık Partisi (UKIP) tarafından AB'nin 12 yıldızlı bayrağının gizli şifreleriyle alakalı olarak çok ciddi tenkitler yapılmıştır. Bu siyasi parti, İngiltere'de İngiliz para birimi sterlinin yerini euronun almasına karşıdır. Dahası İngiltere'nin 1972 yılında imzaladığı AB üyeliğinden çıkmasını istemekteydi. Nitekim 2016 yılında İngiliz halkı AB'den çıkma yönünde oy kullanmıştır.

Bu İngiliz partisine benzer bir parti İsveç'te de mevcut olup, onlara göre 12 yıldız Meryem Ana'yı sembolize etmektedir. Bugün şiddetini giderek artırmakta olan bir din savaşı AB içinde açık-gizli sürmektedir. Yerleşik dinin temsilcisi Vatikan Kilisesi ile okültist-ezoterik güç grupları arasında bir mücadele yaşanmaktadır.

Her ikisi de Türkiye'nin AB üyeliğine karşıdır. Türk milleti ve Türkiye AB'nin "tarihinde vardır ama kültüründe yoktur". Batı medeniyetinin merkezi olan AB'nin tarihi ise "Türk tehdidine karşı kurgulanmış bir tarihtir".

Batı medeniyetinin günümüzdeki gerçek sahipleri okültist-ezoterik, seküler, deist ve Gnostik açık-gizli topluluklardır. Onların meydana getirdikleri ve Vatikan tarafından yüzlerce sene baskılanmış olan bir kültürden bahsediyoruz.

Nitekim Papalık/Vatikan bu neviden gizli/Gnostik örgütlenmelerle çok sert mücadele etmiştir. Bu mücadelede ilk kitaplarını 1234 ve 1298 yıllarında yayımlamışlardır. Papa 9. Gregory, Raymond of Penaforte'nin ilk *Resmi Kanunlar* adlı kitabı bu hususlarla alakalıdır. 1298 yılında da Papa 8. Boniface, kısaca "Maleficium" diye bilinen "büyü ve sihir"e karşı ilk suçlar kitabı olan *Liber Sextus*'u yayımlatmıştı. O tarihlerde Osmanlı-Türk İmparatorluğu kurulmamıştı.

Avrupa Kubbesi'nde/Christendome'da yaşayan ve kendilerine "Avrupalı" adını veren kavimler "mythos" (Yarı gerçek yarı masal/efsane) oluşturmaya bilahare de kendilerinin meydana getirdikleri bu "masallara" aslı varmış gibi inanmaya teşnedirler.

AB/Avrupa Birliği yukarıda sözünü ettiğimiz "mythos"lardan (ütopya) en geniş kapsamlı olanıdır.

Batı medeniyetinin toplumları özelde "Avrupalı" kavimler "mythos"lar olmadan mevcudiyetlerini ve kültürlerini devam ettiremezler. Batı medeniyeti "mythos"larının karşısında bir de "şeytan" ve/veya şeytanlaştırılanlar vardır. Günümüzde Batı medeniyetinin "şeytan"ı/"şeytanlaştırdıkları" genelde İslam, özelde Müslüman Türklerdir. "İyi" ile "kötü"nün savaşı!

Batılıların dışındaki diğer kavimler ve toplulukların muhtemelen binlerce yıldır bildiklerini, Batı medeniyetinin toplumları daha yeni keşfederler ve sanki bu müthiş (!) keşif kendilerine aitmişçesine bunu bir "üst tasarım" olarak yeryüzündeki bütün insanlara kabul ettirmeye çalışırlar.

Bütün bunları yaparken de muharref İncil'lerde yer alan ve İsa Mesih'in ağzından nakledilen şu deyişten yola çıkarlar: "Yüce Tanrı Baba, dünya seni tanımıyordu, ben tanıyordum ve seni onlara ben tanıttım." (İncil, John, 17:25-26)

Gerçek şu ki, Gnostiklerin ve Yahudilerin ve muhtelif Pagan toplumlarının asırlardır bildikleri "Tanrı"yı bile Batı medeniyetinin toplumları en az bin yıl geriden-gecikmeyle tanımışlardır.

Elinizde tuttuğunuz bu kitapta Batı medeniyetini kuran "gizli" güçlerden, örgütlerden söz edildi ve bunların çatı örgütü olarak Tapınak Şövalyeleri Tarikatı'na vurgu yapıldı. Elbette günümüzde açık-gizli Tapınak Şövalyeleri Tarikatı adını taşıyan tek bir örgüt yok. Ama tarihi verilere baktığımızda günümüzde, bir eşkenar üçgen şeklinde, idealleriyle, ruhuyla, prensipleriyle okültist-ezoterik/Batıni yapısıyla, toplumların her alanında açık-gizli Tapınak Şövalyeleri Tarikatı mevcut olup, tam anlamıyla küresel nizama hâkim durumdalar. Üçgenin en tepesinde bir düzine seçkin/elit-sofistike milletler üstü gelenekli aileler yer almakta olup, aşağıya doğru kiraladıkları, siyasetçi, din adamı, general, akademisyen, hâkim vs. kendi alanlarında yetkin akıllı ve zeki insanlar yer alıyor.

Burada Batı medeniyetinin kurucu babalarının tarihten günümüze dini, siyasi, ekonomik ve bilim alanındaki adım adım uygulamaları ve bugün insanlığın içinde bulunduğu trajik durum izah edilmeye çalışıldı.

Neoliberal-serbest piyasa mitinin insanlığa günümüzde artan dozda dayattığı temel figür Mesih. Mesihi bir Armagedon-Kıyamet Savaşı/Kıyımı için her dinden her inançtan kitlelerin meşrebine göre bir Mesih/Mehdi politikası yürütülüyor ve bu husus da bilim ve teknolojide kullanılarak Nöro-Mesih algı operasyonları yürütülüyor. Öncelik İslam dünyası olmak üzere insanlar Kıyamet-Kurtarıcı ekseninde markurtlaştırılarak "Avanak Avni"leştiriliyor.

Bu politikanın Türkiye'miz/Türk dünyası bağlamında en büyük tehlikeli havucu Mesih/Mehdi-Halife ve "Birleşik Ortadoğu İslam Devleti" veya "Yeni Osmanlı" politikalarıdır.

Nitekim Yahudi asıllı İngiliz-ABD vatandaşı, Siyonist, "Yeni Dünya Düzeni" ütopyasının teorisyeni Bernard Lewis, İstanbul'da Yapı Kredi Bankası'nın 1996 yılında tertiplediği bir konferansta aynen şöyle diyordu: "Hayalim İstanbul'un başkent olduğu Ortadoğu Birleşik Devletleri." Bilahare bu söz Iraklı "siyaset fahişesi" lakaplı Kürt lider Talabani'nin ağzındaydı.

Esasen İngiltere'nin Birinci Dünya Savaşı öncesinde geliştirdiği, "İslam âlemini, kendi kontrollerindeki ılımlı bir halife şemsiyesinde ve dörtlü konfederasyon modeli ile yönetmek" projesi hayata geçirilmeye çalışılıyor.

Söz konusu "halife" asla bir Müslüman Türk olmayacak. O halife Batı'nın ve Siyonistlerin uşağı olacak... Son yıllarda Türkiye ve Ortadoğu ülkelerindeki bazı İslami cemaat/tarikatlar ile Masonik mahfillerin aynı şeyleri söylemesi tehlikenin büyüklüğünü göstermesi bakımından manidardır.

Şimdi bazı "Avro Amerika" diyebileceğimiz ABD ve AB'de önemli misyonlar icra etmiş bazı şahsiyetlere göz atalım. Mesela ABD'de Nisan 1789'da en büyük Mason Üstadı George Washington'un başkan olmasıyla bu Avrupa'nın-İngiltere'nin eski sömürgesinin kısa bir zaman dilimi içinde "süper güç" olduğunu gören Avrupalı Tapınak Şövalyeleri/Mason okült açık-gizli teşkilatlar kendi hayalleri olan Avrupa Birliği'ni kurma yönünde teşebbüslere ve gizli projelere başladılar.

Avrupa Birliği modeli tam manasıyla "Avro Amerika"dır. Yani, kısmen ABD'den aktarılan, kısmen de Avrupa'dan devşirilen deist değerlerden oluşturuldu. Mesela, 1789 Fransız İhtilali'nde sahnenin arkasında çok önemli misyonu olan Girordinlerin liderlerinden M. J. A. Concert'in (1743-1794) bizzat hazırladığı İhtilal Anayasası okültist çevrelerde çok ilgi ve alaka görmüştü.

Condercet ve Girordin Partisi Türk aydını tarafından pek bilinmez ama meşhur radikal/operatif Masonların partisi Jacobin'lere karşı, liberal-Gnostik Hıristiyanlığı savunan Girordin Partisi'nin üst düzey yöneticileri ve spekülatif Masonluğun liderleriydiler. Mesela, anayasacı Papaz Glaude Fauchet, yayıncı Nicolas Bonneville, Brissot, Lanthenas, Bancaldes Issarts gibi.

Bu isimler "mistik/ütopik solculuk" politikaları yapmak maksadıyla "Cercle Social" adını verdikleri bir teşkilat kurmuşlardı. O dönemde "liberal", ABD'de ve Avrupa'da "solcu" demekti ve krallığa karşı çıkıyorlardı. Condercet bu teşkilatın üyelerinden biriydi ve 1793 Anayasası'nı o hazırlamıştı.[461]

İhtilalden sonra Girordinler Yasama Meclisi'nde çoğunluktaydılar.[462] "Hürriyet, eşitlik, kardeşlik" biçiminde formüle edilmiş olan şu meşhur Masonik sloganı bulup son 200 yıldır Avrupa, ABD ve yeryüzündeki insanların beynine nakşeden örgüt bu gizli Gnostik-okültist teşkilattır.

Gnostik-okültist düşünce tarzı insanlık tarihinin son iki bin yıllık dönemi içinde genellikle Katolik/Vatikan Kilisesi'nin baskısı altında kaldıysa da özellikle 1786'dan itibaren kendisini bu baskılardan kurtardı.

---

461. Colin Jones, *The English Historical Review*, University of Exeter, c. CIII, No. 406, s. 221-222.

462. Gary Kates, *The Girordins and the French Revolution*, Princeton, U. P. 1985.

Zamanımızın meşhur Gnostik önderlerinden Herold Bloom'un ifadesiyle, ABD'nin, AB'nin "Avro Amerika"nın gerçek dini Rafizi öğretilerinden oluşmuştur. Yani, "The Self Concealed Core of the American Religion is Orphic, Gnostic and Millenarian".[463]

Gnostik/Rafizi inancı-görüşleri benimseyerek dıştan görünüşte "İyi Katolik/Hıristiyan" olan ancak içsel/Batıni/ezoterik olarak da "İyi Gizli Örgüt Üyeleri" olan meşhurlar o kadar çoktur ki. Benzer durum bugün İslam âleminde de, Türkiye'de de dün Endülüs'te de, Osmanlı Türkiye'sinde de oldukça yaygın ve etkilidirler.

İşte sözünü ettiğimiz Gnostiklerden bazı şöhretli isimler:

• Rene d'Anjou (1418-1480). Rönesans'ın kurucularındandır. Kendisi, İsa'nın tilmizi Joseph Arimathea'nın soyundan geldiğini, Davud Peygamber'in kanını taşıdığını ileri sürerek Avrupa'nın en güçlü asalet hanedanını, yani Lorraine ve Guise'i kurmuştu. Gerçekte kendisi okültist-ezoterik ve Hermelist idi.

• Nicolas Flamel (1330-1380). En meşhur Alşimistlerden biridir. Kabala'nın şifrelerini çözmüş ve "simyacılık"ta çok önemli gelişmeler sağlayarak güya basit metallerden "altın" üretmeyi başarmıştı. Bu altınları Gnostik kiliselere bağışlamıştı. Flamel, "Hz. İbrahim'in Gizli Yazıları"nı tarih sahnesine çıkartarak o metinlerdeki şifreleri kullanmasıyla tanınmıştı?!

• Sandro Filipepi (1463-1510). Boticelli adıyla tanınan bu meşhur ressam, Venüs tablolarında ezoterik şifreler gizlidir.

• Leonardo da Vinci; Robert Fludd (1595-1637). Gül ve Haç Kardeşliği Tarikatı üyesi. Ezoterist, meşhur Dr. John Dee'nin (Kraliçe'nin casusu) öğrencisidir.

• Diğerlerinden bazıları, Robert Boyle, Isaac Newton, Charles Radciyffe (1727), İskoç Riti Masonluğun kurucularından, Kral Naibi, Charles Lorraine (1746-1780), Kutsal Roma İmparatoru Francois'in kardeşi, Charles Nodier (1801-1844), Balzac, Civtor

463. Herold Bloom, *The American Religion*; *The Flight to Lucifer*; *The Gnosis of Angels / Dreams and Resurrection*, Riverhead, New York.

Hugo, Lamartine, Musset, Dalcroix ve pek çoğu... Bu kişilerin tamamı Gül ve Haç Kardeşlik Örgütü bağlantılı örgütlerden Tapınak Şövalyeleri ve Masonlara bağlıydılar. Bütün eserlerinde ve çalışmalarında bu gizli teşkilatların "Yeni Kudüs" rüyasını hayata geçirmek için büyük gayret sarf ettiler. Bunların 20. yüzyıldaki en meşhur siyasi liderleri ise Charles De Gaulle, F.Mitterand ve Valery Giscard'dır.[464]

ABD başkanlarına baktığımızda da tablo çok farklı değildir. George Washington'dan Gerald Ford'a (1962) kadar gelen 15 başkan ve 9 başkan yardımcısı Tapınak Şövalyeleri-Gül ve Haç Kardeşliği bağlantılı Mason'du.

John Marshall'dan (1800) başlayarak 11 devlet bakanı, 8 genelkurmay başkanı, 7 yüksek mahkeme başkanı, 34 yüksek mahkeme başkan yardımcısı meşhur "Supreme Council" üyesi Masonlardı. Bu üst düzey yapının emrinde çalışmış binlerce orta ve küçük dereceli Mason vardı.

Geçelim...

Kutsal Kitap'ta anlatılan "12 Yıldızlı Meryem" ile AB'nin 12 yıldızlı bayrağı özdeştir. 12 Yıldızlı Meryem Kutsal Kitap'ta "Yeni Kudüs"ün sembolüdür. Einsiedein kasabasının manastırında yer alan "Kara Meryem" tasviri, Gül ve Haç Kardeşliği, Tapınak Şövalyeleri Tarikatı ve Masonlar tarafından Eski Mısır Tanrıçası "İsis" olarak kabul edilir. Avrupa'da özellikle Güney Fransa'da, mesela Carcasonne'de "Kara Meryem"e tapılır. Bu Meryem aynı zamanda "büyü ve sihir"in koruyucusudur.

Einsiedein kasabası Paracelsus'un doğum yeridir. Paracelsus, "Gül ve Haç Kardeşliği" adlı Tapınakçı gizli örgütün ilk lideridir. Paracelsus, Kabalist-okültist "mikro kozmik" insan çizimini ilk geliştiren kişidir. Gül ve Haç Kardeşliği'nin sembolü "R" harfidir.

---

464. Aytunç Altındal, *Gül ve Haç Kardeşliği*, s. 182.

"Gül ve Haç Kardeşliği" gizli örgütü tarafından tasarımlanan "Invisible College" (Görünmeyen Akademi), 1670'ler de meşhur "Royal Academy" olarak ortaya çıktı. Newton ve Boyle gibi okültist örgüt üyeleri tarafından idare edildi.

İngiltere'deki Büyük Mason Mabedi'nin çizimi. Masonlar "dişil prensibe" inandıkları için mabet "kadın cinsel organı" olarak tasarlanmış ve öyle inşa edilmişti. Daha ilginci ise Brüksel'deki AB binalarının planları incelendiğinde aynı Tapınak Şövalyeleri-Mason Mabedi gibi bir tasarım olduğu anlaşılır. Aynı okültist tasarımlarla inşa edilmiş olan binalarda 12'şer kapı ve 12 yıldız vardır.

Okültistler-ezoterik gizli örgütler hep "şifreli alfabeler" kullanmışlardır. "Gökyüzü Yazıtları" diye bilinen şifreli semboller bunlardan biridir. Nitekim 13. yüzyılda Tapınak Şövalyeleri Tarikatı da benzer bir alfabeyi, "Atbash Şifresi"ni kullanmışlardı.

Portekiz'de, Belem Manastırı'nın girişinde Tapınak Şövalyeleri'nin kendi inançlarını yansıtan "Grail" (Kutsal Kâse) sembolleri yer alır. 1307'de Fransa'da yasaklanan Tapınak Şövalyeleri Tarikatı üyelerinin Portekiz'e kaçabilenlerinin saklandıkları yer bu ülke olup bugün de Portekiz'de çok etkilidirler.

AB'yi hayata geçiren düşüncenin günümüzdeki en kuvvetli savunucusu okültist-Gnostik örgütlerden biri olan "Priory of Sion" isimli monarşist ve okültist örgütün Leonardo da Vinci'den sonra seçilen liderlerinden biri matematikçi Isaac Newton'dur. Güya İncil'in şifrelerini çözümlemişti. Newton hem Gül ve Haç Kardeşliği Örgütü'ne üye hem de Mason üstadıydı. Hasılı Avrupa'da/Batı'da, din-siyaset-ekonomi-bilim ve teknoloji elit bir okültist seçkinler grubunun elinde.

Tapınak Şövalyeleri "İsa Mesih"e değil onu vaftiz eden "Vaftizci Yahya"ya biat ederler. 24 Temmuz, Vatikan için Yahya'nın başının kesilerek öldürüldüğü gün olarak kabul edilmiştir.

2016 yılı sonu itibariyle dünya nüfusu 7,5 milyar ve bunun 10 milyon kadarının okültist-ezoterik-Masonik tarikat mensubu olduğu tahmin ediliyor. Mesela 2000'lerin başında Fransa'daki Mason sayısının 60.000 kadar olduğu tahmin ediliyor. Masonlar Fransa'da yedi obediyansta Türkiye'de ise iki obediyansta toplanmışlardır.

Yeni bir Mason locasının kurulabilmesi için, obediyansın, usta derecesinden yedi biradere berat vermesi gerekir. Yeni locanın kuruluşu özel bir merasimle gerçekleştirilir. İngiliz Masonluğu Protestanlığın damgasını taşır. ABD Masonluğu ise "Mavi Localar" (ilk üç derece) için İngiltere'ye, sonraki dereceler için ise Fransa'ya bağlıdır.

Amerika'da bütün dereceler, Benjamin Franklin ve İnsan ve Yurttaşlık Hakları Bildirgesi tarafından düzenlenmiştir. Başkan John Kennedy'ye kadar ABD başkanlarının üzerine yemin ettikleri İncil, George Washington'un bağlı olduğu locanın İncil'i idi.

ABD Masonluğu en az İngiliz Masonluğu kadar Protestan inancına Gnostik-Hıristiyanlığa bağlıdır. Nitekim ölmeden kısa bir müddet önce George Washington, "dinsiz ahlak vazedenlere karşı dikkatli olunmalıdır" diyerek ikazda bulunmuştur. Localarda dualar edilir ve kâinatın yüce mimarı aleni İsa Mesih'e benzetilir. Mason mabetlerinde Protestan papazlar sık sık vaaz ederler.

Fransa ve İngiltere'deki sol tandanslı Masonluğa karşı ABD Masonluğu sağ tandanslı ve antikomünisttir. ABD Masonluğu bütün federal nitelikli devletlerde olduğu gibi her eyalette bir büyük loca biçiminde teşkilatlanmıştır. Bu büyük localar birleşiktir, fakat birbirlerinin özelliklerine saygı gösterirler.

ABD'de 50 üstadı azam her sene bir kongrede toplanırlar. Yüksek dereceler iki suprem konsey tarafından idare edilirler. Washington'daki Güney Suprem Konseyi, Boston'daki Kuzey Suprem Konseyi. ABD obediyansları bankaların, lüks hastanelerin, görkemli iş merkezleri ve AVM'lerin büyük bütçeli sosyal kurumların sahibidirler.

Vatikan/Kilise-Tapınakçılar ve Masonlar Katolik Kilisesi, kendi kontrolü dışında teşkilatlanan, mimar, duvarcı ustaları ve işçi mesleki gruplarından-loncalardan "gıcık almaya" 12. yüzyıl başlarından itibaren başlamıştı. Nihayet 1189 yılında gerçekleştirilen Rouen Sinodu mesleki dernekleri yasaklayan bir karar aldı.

Tapınak Şövalyeleri Tarikatı üyeleri ile mimarlık ustaları arasındaki ilişkiler iyice gün yüzüne çıkmıştı. Fakat Tapınakçıların Masonik kardeşlik örgütlerine Vatikan'ın kendilerini suçladığı okült/Rafizi-Gnostik uygulamaları aktardıklarına dair elde net bir belge de yoktur. Ancak her ikisi de okültist-ezoterik inancın temsilcileridir. Bu arada, yine de Barruel, Migne, Eckert, Krause gibi din adamları gotik mimari ustalarının, egemen güçlerin gazabından uzak durmak maksadıyla Hıristiyan gibi göründüklerini ileri sürmektedirler.

Tarihte Vatikan ile Tapınakçılar-Masonlar arası ilişkiler inişli çıkışlıdır. Nihayet 1961 yılı Katolisizm-Masonluk ilişkilerinde yeni bir döneme şahit olunmuştur. Bu dönemi başlatan Volney Locası'nda "ateizm" hususunda bir konuşma yapan Cizvit Rahip Riquet'tir. Haberin Fransız gazetesi *Le Figaro*'da yayımlanması gerek Masonlar, gerekse Katolik din adamları arasında tepkilere sebep olmuşsa da Riquet'i rehber edinecek Katolik ruhbanların sayısı pek göz ardı edilecek gibi değildir.

1962-1976 yılları arasında çok sayıda Katolik ruhbanın Masonlar arasına katıldığı görülmektedir. Tabii ki "Ortodoks papazlar", "Ortodoks Masonları" seçmektedirler kendilerine birader olarak.

Malum Masonluk 33 dereceden oluşur. Masonların takribi olarak yüzde 90'ı yüksek dereceli Masonluğun sırrını bilmez.

Bir Mason ustası daha üst derecelere geçmek için aday olamaz. Bunun kendisine önerilmesini beklemek mecburiyetindendir. Çoğu Mason locası üyesi hayatı boyunca bekler/bekletilir. Yüksek dereceli Masonluk, mavi dereceler gibi "demokratik" değildir. Operatif Masonluğun mirasını değil, başta Tapınak Şövalyeleri Tarikatı olmak üzere şövalye tarikatlarının geleneklerini devralmıştır. Burada otorite en tepeden gelir.

Masonluğun üst derecelerinde her nevi etkiyi görmek mümkündür. Özellikle Tapınak Şövalyeleri Tarikatı'nın, simyacıların, Hıristiyan kiliselerinin ve Yahudi Kabalizmi'nin etkileri barizdir.

KAYNAKÇA

Adam Weishaupt, *Einige Originalschriften des Illuminatenordens*, İlluminati'ye ait birkaç orijinal elyazması, Münih, 1787.

Adriane Fugh-Berman, "Doktors must not be Lapdogs to drug firms", *British Medical Journal (BMJ)*.

Akif Beki, "Görmez'in Doğruluğu Cüppeli'den Belli", *Hürriyet* gazetesi, 2 Ağustos 2017.

Akif Emre, "Muhafazakârların Servetle İmtihanı", *Yeni Şafak*, 2016.

Albert Mackey, *Encylopedia of FreeMasonry*.

Albert Pike, *Morals and Dogma*.

Aldous Huxley, *Algı Kapıları - Cennet ve Cehennem*, İmge Kitabevi, İstanbul, 2016.

Aleister Crowley, *The Confessions of Aleister Crowley, An Autohogiography*, Londra, 1969.

Âli İmran Suresi, 19. ve 55. ayetler.

Ali Murat Yel, *Tempo* dergisi, 16 Mart 2006.

A. Locavella, *Gönye ve Hilal*, Tarih Vakfı, 1998.

Alp, M. İ.; Demir, E. A.; Gergerlioğlu, H. S., "Optogenetiğin Temelleri", http://www.ejbms.org/upload/sayi/28/JBMS-98- pdf

Alun Andersan, "Towards Immortality", *The Economist*, 2007.

Ana Britanicca Ansiklopedisi, c. 3, 5, 12, 16, 17, 19.

Ankebut Suresi, 41. ayet.

Antony Barnett, "How drug firms hoodwink medical journals. Pharmaceutical giants hire ghost writers to produce articles then put doctor's names on them", *The Observer*, 17.12.2003.

"A Portion of the Research and Development Program of CIA" (Draft Document), Appentix C., 05.05.1955; Jon Rapport, "CIA

MKULTRA: They Intended to use drugs for everything", *Activist Post*, 14.08.2014.

Arabi, *Füsus-ül Hikem Şerhi*, Ataç Yayınları, İstanbul, 2007.

Arkon Daraul, *A History of Secret Societies*, Kasım 2000.

ATV, 18 Haziran 1999 ve *Sabah* gazetesi, 19 Haziran 1999.

Avro Manhattan, *Murder in the Vatican*, Ozark Books, Springfield, 1985.

Aydoğan Vatandaş, *Ezoterika - Gizli Cemiyetler*, Timaş Yayınları, İstanbul, 6. baskı, 2004.

Aytunç Altındal, *Gül ve Haç Kardeşliği - Avrupa Birliği'nin Gizli Masonik Kimliği*, Yeni Avrasya Yayınları, Ankara, Ekim 2003.

Aytunç Altındal, *Vatikan ve Tapınak Şövalyeleri*, Alfa, 4. baskı, İstanbul, 2004.

Baba - 3, DVD film.

Babanzade Ahmed Naim, İslam'da Dava-yı Kavmiyet.

Bakara Suresi 79, 102, 170, 247-249 ve 255. ayetler.

Eski Ahit, Daniel Bölümü.

Barla Mektupları.

Bayraktar Bayraklı, *Kuran-ı Kerim Meali*, Düşün Yayıncılık, İstanbul, 2016.

Ben Goldacre, *Kötü İlaç*, çev. Özgü Çelik, Pegasus Yayınları, İstanbul, 2016, s. X-XI.

Ben Hirscher, "Look out, your medicine is watching you", Reuters Press, 08.11.2010.

Bernstein, D. M. ve ark., "False beliefs about fattening foods can have healthy consequences. Proceedings of the National Academy of Sciences" 2005a, 102; 13724-13731.

Bloomberg, 04.06.2006.

Burhan Oğuz, *Türk Halkının Düşüncesi ve Hareketlerinin İdeolojik Kökenleri - III*, Simurg Yayınları, İstanbul, 1997.

Carroll Quigley, *Tragedy and Hope: A History of The World in Our Time*, Mc Millan Comp, New York, 1966.

Cemil Meriç, *Umrandan Uygarlığa.*

Cemre Demirel, *Bir Başka Din: Tasavvuf*, Düşün Yayıncılık, İstanbul, 2017.

Cengiz Özakıncı, *Euro-Dolar Savaşı*, Otopsi Yayınları, İstanbul, 2005.

Charles A. Lindberg Sr., *Lindberg on the Federal Reserve*, Noontide Press, Costa Mesa, CA, 1923.

Colin Jones, "The English Historical Review", University of Exeter, c. CIII, No. 406.

Cuma Suresi, 10. ayet.

Dan Brown, *Kayıp Sembol*, çev. Petek Demir, Altın Kitaplar, İstanbul, 2010.

David Derbyshire, "Piil to erase bad memories: Ethical furore over drugs that threaten human identity", *Daily Mail*, 16.02.2009, www.dailymail.cı.uk

David Graeber, *Kuralların Ütopyası*, Everest Yayınları, İstanbul, 2016.

David Icke, İnsanoğlu Ayağa Kalk, çev. Esin Akan, Destek Yayınları, İstanbul, 2015.

David Leigh, "How the Vatican built a secret property empire using Mussolini's millions Papacy used offshore tax havens to create £.500m international portfolio, featuring estate in U.K, France and Switzerland", *The Guardian*, 21.01.2013.

David Maybury-Lewis, *Millenium-Milenyum.*

David Ovason, *Dolar Banknotundaki Gizli Semboller*, çev. Cem Şen, Klan Yayınları, İstanbul, 2005.

David Yallop, *In God's Name: An Investigation into the murdere of pope John Paul I*, Carol and Graf. Publ., New York, 2007.

Devy Kidd, *Why a Bunkrupt America*, Project Liberty Publ., Colorado, 1995.

Die Neuesten Arbeiten des Spartacus und Philo in dem Illuminaten-Orden, 1794, s. 143.

Doç. Dr. Ali Murat Yel, *Tempo* dergisi, 16 Mart 2006.

Don Lattin, *Falun Gong Derided as Authoritarian Sect by Anti-Cult Experts in Seatle*, San Francisco Chronicle, 29.04.2000.

E. Richard Brown, *Public Health in Imperialism: Early Rockefeller Programs at Home and Abroad*, John Ehrenreich (Ed.).

"Emirdağ Lahikası", I (s.1712) *Tarihçe-i Hayat*, 434.

Enam Suresi, 93. ayet.

Enbiya Suresi, 78-79 ve 81-82. ayetler.

Encyclopedia of Middle Ages, Thames and Hudson, 1989.

Ercan Yıldırım, *Neoliberal İslamcılık 1980-2015 İslamcıların Dünya Sistemine Entegrasyonu*, Pınar Yayınları, İstanbul, 2016.

Erik Erikson, *Childhood and Society*, Norton, New York, 1963.

Ernest Allen, *Dentity and Destiny: The Formative Views of The Moorish Science Temple and the Americanization Path*, Berkeley University of California Press, 1998.

Eustace Mullins, *The Secret of the Federal Reserve, Bankers Research Institute*, Staunton, Virginia, 1983, s. 179; Eustace Mullins, *The World Order: Our Secret Rulers*, Ezra Pound Institute of Civilization, Staunton, Virginia, 1992.

F. Ronald, "The Kanto Ritual: an Essay in Indigenisation", Chater-Cosmo Transaction. Masonic Research in the East, Hong Kong, The Paul Chater Lodge of Installed Masters No. 5391, Hong Kong, 8, 1986.

Federal Reserve 97 th., *Annual Report*, 2010.

Federal Reserve, Bank of England, Swiss National Bank, Bank of Italy, Bundesbank, Bank of France, Nederlandsche Bank, Bank Of Canada vb.

Fethullah Gülen, Çizgi*mizi Hecelerken*, Prizma 8, 2010.

Fethullah Gülen, *Fasıldan Fasıla*.

"FETÖ'nün Karanlık Hikâyesi - 2", *Yeni Şafak* gazetesi, 19 Ağustos 2016.

Francis Edwards, *The Enigma of Gunpowder Plot 1605*, Four Courts Press, Dublin, 2008.

Frantz Fanon, *Medicine and Colonalism*, John Ehrenreich (Ed.), s. 229.

Gary H. Kah, *En Route to Global Occupation*, Huntington House Publ., Lafayette, LA, 1996, s. 13.

Gary Kates, *The Girordins and the French Revolution*, Princeton, U. P. 1985.

Gazeteler, 28 Ağustos 2016.

Geoffrey Lean, "It's Official: Men Really are the weaker sex", *The Independent*, 07.12.2008.

George Akerlof-Paul Romer, *Looting: The Economic Underworld of Bankruptcy for Profit*, Brookings Papers on Economic Activity 24, Brookings Institution, Washington DC, 1993.

George Clarck ve Kathleen E. Hug (Ed.), *Qutline of U.S. Economy*, tarihsiz.

Gerard Gayot, *La Franc-Maçonnerie Française, textes et pratiques*, XVIII e-XIX e-siecles, Paris, Gallimard, 1980.

Geza Vermes, Ölü Deniz Parşömenleri - Kumran Yazıtları, çev. Nurfer Çelebioğlu, Nokta Kitap, İstanbul, 2005.

Gilles Deleuze'le söyleşi, "Altı Kere İki, (Godard) Üzerine Üç Soru", *Cahiers du Cinema*, sayı 271, Kasım 1976.

Gilles Deleuze'le söyleşi, *Cahiers du Cinema*, sayı 380, Şubat 1986.

"Gnostic and Historic", Christianty/Gerald Massey, Fire Press, 1985 s. 25.

Grace Halsell, *Tanrı'yı Kıyamete Zorlamak*, çev. Mustafa Acar ve Hüsnü Özmen, Kim Yayınları, Ankara, 2003.

Grant R. Jeffrey, *War on Terror*, Frontier Research Publications, 2002.

Haber Türk TV, Nurettin Veren, 06.08.2016.

Haftalık dergisi, 2004.

Halit Erol, *Sion Tarikatı ve Tapınak Şövalyeleri*, Pozitif Yayınları, tarihsiz, İstanbul, s. 69.

Hasan Taşkın, İstihbarat Arşivlerindeki Gizli GAP Raporu, Neden Yayınları, İstanbul, 2007.

Henry C. K. Liu, "The BIS us National Banks", *Asia Times*, 14.05.2002, www.atimes.com

Heredot Tarihi.

Herold Bloom, *The American Religion; The Flight to Lucifer; The Gnosis of Angels / Dreams and Resurrection*, Riverhead, New York.

Hicr Suresi, 85. ayet.

"History of Free Masonry, Derived From Official Sources", by Robert Freke Gould, İngiltere Büyük Üstadı, c. V1, 1887.

Honore de Balzac, *Les Illusions Perdues.*

H. P. Blavatsky, *Peçesiz İsis - I, Kadim ve Modern Bilimin Sırları ve Teoloji İçin Temel Bir Anahtar*, çev. Rüya S. Uğurlu, Mitra Yayıncılık, İstanbul, 2016.

H. R., "2990: National Emergency Employment Defense Act of 201, 1112 th. Congress: 2011-2012", http://www.youtube.com/watch?v=4IdpyYRnOYo&feature=player_embedded

http://www.bis.org

http://www.federalreserve.gov/aboutthefed/default.htm

Hub Pages, "BIS - Bank of International Settlement: The Mother of All Central Banks", hubpages.com, 2009.

Hürriyet gazetesi, 11.07.2006.

Hürriyet gazetesi, 02.08.2017.

Hürriyet gazetesi, 30.08.2000 ve *Radikal* gazetesi, 19.09.2000.

Inside Job, DVD, finans belgeseli, 2012.

Iona Opie and Moire Tatem, *A Dictionary of Superstitions*, Oxford, 1992.

Irving Keneth Zola, *Medicine As an Institutional of Social Control*, John Ehrenreich (Ed.).

Israel Shahak, *Yahudi Tarihi, Yahudi Dini*, Düşün Yayıncılık, İstanbul, 2015.

İbrahim Arvas, *Tarihi Hakikatler*, Biyografi Net, İstanbul, Aralık 2005.

İ. Kara (aktaran), "Türkiye'de İslamcılık Düşüncesi - I", *Sırat-ı Müstakim*, sayı 1, 2, 3, 1908.

İlhami Soysal, *Türkiye'de ve Dünyada Masonlar.*

İncil, (Yeni Ahit), Petrus'un 2. Mektubu, 2:8.

İnşirah Suresi, 7. ayet.

İntikam İçin V.

İsra Suresi, 36. ayet.

Jacob M. Landau'nun makaleleri, "Prolegomena to a Study of Secret Societies in Modern Egypt", Middle Eastern Studies, I, 1965.

James A. Paul, *Medicine and Imperialism*, John Ehrenreich (Ed.).

James C. Baker, *The Bank for International Settlements: Evoluation and Evoluation*, Quorum Books, Wesport USA, 2002.

James R. Lewis, *Controversial New Religions*, Oxford University Press, Oxford-New York, 2014.

Jim Marrs, *Crossfire: The Plot Killed Kennedy*, Caroll and Graf Publ., New York, 1989.

Jim Marrs, *Rule by secrecy: The Hidden History that Connects the Trilateral Commission, the FreeMasons and the Great Pyramids*, Harper Collins Publ., New York, 2000.

J. M. Landau, *Prolegomena to a Study of Secret Societies in Modern Egypt*, Ek VI, s. 167.

J. Nimet, "Origin of the National Party in Egypt", *The Nineteenth Century*, c. XII, 1883.

John Cornwell, *Hitler's Pope: The Secret History of Pius XII*, Viking, New York, 1999.

John D. Marks, *Search For The Manchurian Candidate: The CIA and Mind Control; The Secret History of the Behavioral Science*, Times Books, New York, Londra, 1979.

John Ehrenreich (Ed.), *The Cultural Crisis of Modern Medicine*, Monthly Review Press, New York, Londra, 1978.

John F. Pollard, *Money and the Rise of the Modern Papacy; Financing the Vatican 1850-1950*, Cambridge University Press, 2005.

John Hooper, "Papal resignation linked to inguiry into Vatican gay officials, says paper", *The Guardian*, 22.02.2013.

John Lawrence Reynolds, *Gizli Örgütler - Dünyanın En Çok Merak Edilen Gizli Örgütlerinin Perde Arkası*, çev. Şükrü Kanter, Koridor Yayınları, İstanbul, 2007.

John Porter Brown, *The Darvishes or Oriental Spiritualism 1868*, Londra, Frank Cass, 1968.

John Symonds, *The Great Beast, The Life and Magic of Aleister Crowley*, 1971.

Jon Hilsenrath ve Brian Blackstone, "Inside the risky beths of Central banks", *The Wall Street Journal*, 12.12.2012.

Jon Rappoport, "CIA MKULTRA: They Intended to use drugs for everything", *Activist Post*, 14.08.2014.

Joseph E. Stiglitz, *Eşitsizliğin Bedeli - Bugünün Bölünmüş Toplumu Geleceğimizi Nasıl Tehlikeye Atıyor*, çev. Ozan İşler, İletişim Yayınları, İstanbul, 2014.

Kastamonu Lahikası, 75.

Kehanetler, c., II, s. 594-608.

Kurkela, K. A.; Dennis, N. A., "Event-related fMRI studies of falsememory: an activationlikelihoodestimation meta-analysis", *Neuropsychologia*, 2016; 81:149-167.

La Republica, 23 Kasım 1998.

Laney C. ve ark., "Asparagus, a Love Story: healthier eating could be just a false memory away", *Experimental Psychology*, 2008; 55 (5):291-300.

Lewis Carroll, *Through the Looking Glass.*

Lewis Spence, *The Encyclopedia of the Occult.*

Liu X. ve ark., "Optogeneticstimulation of a hippocampalengramac-tivates-fearmemoryreall", *Nature*, 2012, 484 (7394), 381-385.

Loftus, E. F., Creating-falsememories; https://faculty.washington.edu/eloftus/Articles/sciam.htm

Loftus, E. F.; Ketcham, K., "The myth of repressed memory: false memories and allegations of sexual abuse", New York: St. Martin's Griffin, 1994.

Loftus, E. F.; Pickrell, J. E., "The Formation of falsememories, psychiatricannals", 1995, 25 (12):720-725.

Look dergisi, 25 Ocak 1966.

Louis Thomas Mcfadden, *Collective Speeches of Congresman Louis T. Mcfadden*, Omni Publication, Hawthone, CA, 1970.

Mahmut Çetin, *Boğaz'daki Aşiret*, Biyografi.net, İstanbul, 2002.

Mahmut Çetin, *Dededen Toruna Genetik İhanet*, Emre Yayınları, İstanbul, 2006.

Mahmut Çetin, *Kart Kurt Sesleri*, İstanbul.

Malachi Martin, *Rich Church, Poor Church*, G. P. Putnam's Sons, New York, 1984, s. 67, Paul L. Williams.

M. Alex Johnson, "New Pope's choice of Francis has deep meaning for Catholic Church", NBC News, 14.03.2013.

Manevi Cihazlanma Cemiyeti Neşriyatı, Binbirdirek, İstanbul, 1972.

Manly P. Hall, *Adeps*, Los Angeles, 1950.

Marc Goodman, *Geleceğin Suçları - Dijital Dünyanın Karanlık Yüzü*, Timaş Yayınları, İstanbul, 2016.

Mark Aarons ve John Loftus, *Unholy Trinity: The Vatican, The Nazis and The Swiss Banks*, St. Martin's Press, New York, 1998.

Martin Booth, *The Confessions of Aleister Crowley: An Autohagiography*.

M. B.; R. L. ve Henry Lincol, *Tapınak Şövalyeleri*.

M. Baigent; R. Leigh ve H. Lincoln, *Savaşçı Kesişler Tarikatı Tapınak Şövalyeleri*, çev. Mehmet Topdaş, Nokta Yayınları, İstanbul, 2004.

Mehmet Hasan Bulut, *Siyah Papa'nın Casusu - Wilfrid S. Blunt ve İslam'da Reform*, IQ Kültür Sanat Yayıncılık, İstanbul, 2017.

Mektubat, s. 339.

Mert İnan, *Milliyet* gazetesi, 4 Ekim 2017.

Mevlana, *Mesnevi*, Timaş Yayınevi, İstanbul, 2007, c. I, önsöz.

Mevlana, *Divanı Kebir*, c. I, 322.

Mevlana, *Divanı Kebir'den Seçmeler*, haz. Şefik Can, Ötüken Yayınları, İstanbul, 347. ve 382. bölümler.

Mevlana, *Mesnevi*, Milli Eğitim Basımevi, 2. baskı, 1953, c. 4, 1852-1854. beyitler; c. 5, 2242-2244. beyitler.

Mevlana, *Mesnevi*, Timaş Yayınevi, İstanbul, 2007, c. I, "Önsöz"; c. 3, 78-80. beyitler.

M. Fethullah Gülen, "Papa'ya Mektup", *Zaman* gazetesi, 10.04.1998.

M. Fethullah Gülen, *Hoşgörü ve Diyalog İklimi.*

M. Fethullah Gülen, *Küresel Barışa Doğru.*

M. Fethullah Gülen, Ölçü veya Yoldaki Işıklar, Nil Yayınları, İstanbul, 2011.

Michael Baigent, Richard Leigh, Henry Lincoln, *Savaşçı Keşişler Tarikatı - Tapınak Şövalyeleri*, çev. Mehmet Topdaş, Nokta Yayınları, İstanbul, 2004, s. 113.

Michael Benson, *Gizli Topluluklar Sözlüğü*, Neden Kitap, İstanbul, Kasım 2005.

Michael Bradley, *Gizli Cemiyetlerin El Kitabı*, çev. Türkân Çolak, Maviağaç, İstanbul, 2006.

Michael D. Evans, *The American Prophecies-Ancient Scriptures Reveal Our Nation's Future*, Warner Faith, Time Warner Book Group, New York, 2004.

Michael Lewis, *The Big Short, Inside The Doomsday Machine*, Ist. ed., W. W. Norton and Company, Inc., New York, 2015.

Michael Snyder, "Who Controls the Money? An Unelected, Unaccounttable Central Bank of The World Secretly Does", *The Economic Callapse*, 05.02.2013.

Milton Friedman, *Capitalism And Freedom*, The University of Chicago Press, Chicago-Londra, 1982, 2002.

M. Muhammed Hüseyin, *Modernizmin İslam Dünyasına Girişi.*

Moses Hadas, *Hellenistic Culture, Fusion and Diffusion*, Columbia University Press, New York, 1959, Bölüm VII ve XX.

M. Sabri Efendi, *Mevkıfu'l-Akl ve l-ilm ve l-Âlem*, Beyrut 1314, c. I.

Mustafa Köylü, *Dinler Arası Diyalog*, İnsan Yayınları, İstanbul, 2001.

Mustafa Sabri, *Yarın* dergisi, 14 Nisan 1930.

Muhyiddin İbn Arabi, *Füsus-ül Hikem Şerhi*, Ataç Yayınları, İstanbul, 2007, s. 194.

Mücadele Suresi, 19, 20. ayetler.

Mümin Suresi, 46. ayet.

Nadim Macit, *Küresel Güç Politikaları, Türkiye ve İslam*, Ankara, 2006, s. 587-589.

N. Clayer, A. Popovic Th. Zarcone (Ed.), *Melami et Bayrami Etudes sur trois mouvements musulmans*, İstanbul, 1998, s. 227-248.

Necdet Tosun (Ed.), *Ahmed Yesevi*, Sultangazi Belediyesi, Ahmet Yesevi Üniversitesi, Ankara, Şubat 2016.

Necm Suresi, 39. ayet.

Nemi Suresi, 15-19. ayetler.

Nevval Sevindi ve İsmail Ünal'ın ABD'de yaptıkları mülakat.

New York FED Reports, 1997.

New York Times, 16 Temmuz 1977.

Nicholas M. Horrock, "80 Institutions Used in CIA Mind Studies: Admiral Turner Tells Senators of Behavior Control Research Bars Drug Testing Now", *New York Times*, 04.08.1977.

Noam Chomsky, *Noam Chomsky Quotes*.

Noam Chomsky, *Yıl 501: İşgal Hâlâ Sürüyor*.

Noam Friedlander, *What is Opus Dei*, Collins and Brown, Londra, 2005, s. 142.

"Papa'ya Mektup", *Zaman* gazetesi, 10.04.1998.

Patrick Darling, "Intel Announces Multi-Billion Dollar Investment", 20.10.2010, www.intel.com

Paul L. Williams, *Para, Cinayet ve Mafya Üçgeninde Vatikan Sırları*, çev. Handan Eğlence, Güncel Yayınları, İstanbul, 2004.

Perle Epstein, *Kabala - Musevi Mistiklerinin Yolu*, çev. Nusret Karayazgan ve Şiyma Barkın, Dharma Yayınları, İstanbul, 3. baskı, 2005.

Peter Kershaw, *Economic Solutions, The Incredible Story of How You and America Are Being Bunkrupted*, Quality Press Ltd. Engelwood, Colorado, 1997.

Pheme Perkins, *Gnosticism and the New Testament*, Ausburg, 1993 s. 155-159.

Pollution in People, www.pollutioninpeople.org/toxics/pfcs

Popular Science, Kasım 2015.

Presidential Decree, Executive Order EO, 11 and EO 110-11110.

Prof. Dr. Mustafa Çağrıcı, *Karar* gazetesi, 19 Temmuz 2017.

Prof. Dr. Orhan Türkdoğan, *Türk Toplumunda Aydın Sınıfın Anatomisi*, Timaş Yayınları, İstanbul, 2003.

Prof. Eli Kidor, "Arabic Political Memories and other studies", Londra, 1974, *Gündüz* gazetesi (zikreden), 19.05.1998.

Prof. Yümni Sezen, *Dinler Arası Diyalog İhaneti - Dini, Psikolojik, Sosyolojik Tahlil*, Kelam Yayınları, İstanbul, 2006.

Ra Bilgileri, Akaşa Yayınevi, İstanbul, 1994.

Ramazan Kurtoğlu ve Cansu Canan Özgen, *Küresel Düzenin Şifreleri*, Asi Kitap, İstanbul, 2016.

Ramazan Kurtoğlu, *Din ve Küresel Ekonomi Politik*, Destek Yayınları, İstanbul, 2017.

Ramazan Kurtoğlu, *Evanjelizm - Tanrı'yı Kıyamete Zorlamak*, Destek Yayınları, İstanbul, 2017.

Ramazan Kurtoğlu, *Hollywood Sineması ve Bilinçaltı Operasyonları*, Destek Yayınları, İstanbul, 2017.

Ramazan Kurtoğlu, *Küresel Hegemonya Savaşları - İklim, Su ve Gıda*, Orion Yayınları, 3. baskı, Ankara, 2015.

Ramazan Kurtoğlu, *Tanrı İmparatorluğu ve Türkiye*, Destek Yayınları, İstanbul, 2017.

Ramtha, *Beyin - Realitenin ve Yüce Bir Hayatın Yaratıcısı*, Akaşa, İstanbul, 2017.

Reşat Numan, *Tapınak Şövalyeleri ve Masonlar*, Düşünce Yayınları, İstanbul, 2004.

R. H. Tawney, *Religron and the Rise of Capitalizm*, Penguin Books, Londra, 1926, 1990.

Risalat al Malamatiyya, Ed. Abdul ala Afifi, *El Malamatiye ve Suffiyye*, Kahire, 1945.

Riyo Kroki, *Wall Street Kartalını Vurun*, Doğan Kitap, İstanbul, 2012.

Robert H. Williams, *Yahudi Ütopyası'nda Siyonistlerin Nihai Dünya Düzeni*, Ozan Yayıncılık, İstanbul, Nisan 2006.

Ronald Kessler, *CIA Savaşta - Teröre Karşı Gizli Savaş*, Pegasus Yayınları, İstanbul, 2016.

Ronald Kessler, *The CIA at War*, St. Martin Griffin Publ., New York, 2004, s. 276.

Sad Suresi, 17, 18, 19, 35. ayetler.

Sadık Albayrak, *Meşrutiyet'ten Cumhuriyet'e Meşihat, Şeriat, Tarikat Kavgası*, Mizan Yayınları, İstanbul, 1994.

Said-i Nursi, *Asayı Musa*, 73-75.

Said-i Nursi, *Divan-ı Harbi Örfi*.

Said-i Nursi, *Mektubat*.

Said-i Nursi, *Sikke-i Tasdiki Gaybi*.

Samantha Sharf, "Fed Sending $.98.7 Billion of 2014 Profits to U.S Treasury", *Forbes*, 10.01.2015.

Samim Gümüşel, *Tempo* dergisi, 23-29 Kasım 2006.

San Jose, "Global Plastics Consumption to Reach 297. 5 Million Tons by 2015", According to New Report by Global Industry Analysts, Inc., Kaliforniya (PRWEB).

Sarah Boseley, "Drug firms a danger to health-report", *The Guardian*, 26.06.2006.

Sebe Suresi, 12, 13, 14, 40, 41. ayetler.

Serdar Kuru, "Tapınakçılar ve Kabala", *Ortadoğu*, 13 Kasım 2005.

Sezai Kalaycı, *Zaman* gazetesi, 10 Haziran 2007.

Shane Harris, *Savaşta Beşinci Cephenin Yükselişi*, çev. Timur Demirtaş, Matbuat Yayın Grubu, İstanbul, 2016.

Sırr-ı İnna A'tayna Risalesi.

Sikke-i Tasdiki Gaybi.

Soner Yalçın, *Beyaz Müslümanların Büyük Sırrı - Efendi 2*, Doğan Kitap, İstanbul, Haziran 2006.

Spotlight, DVD film.

Stephanie Kirchgaessner, "US probes corruption in big pharma", *Financial Times*, 12.08.2010.

Stephen Kinzer, *Dulles Kardeşler - John Foster Dulles, Alen Dulles ve Gizli Dünya Savaşları*, çev. Arda Vardar, Profil Yayıncılık, İstanbul, 2016.

Şerafettin Güç, "Bir Tahrifatın Deşifresi, Said-i Kürdi Kevser Suresi'ni Neye Alet Etti?", *Düşünce ve Tarih*, s.16-21.

Şerif Mardin, *Bediüzzaman Said Nursi Olayı*, s. 131-132.

Taha Suresi, 95, 97, 98. ayetler.

Takvim gazetesi, 6 Temmuz 2017.

Talmud, Avodak Zara, 26b, Tesefoth.

Talmud, Baba Batra, 114b, Jebamot, 61a, Keribor, 6b ve 7a.

Talmud, Chullin, 91b.

Talmud, Jebamot, 63a.

Talmud, Shabbat, 67a.

Tempo dergisi, 16 Mart 2006, sayı 954.

Tevrat, 1. Samuel Bölümü, 3.

Tevrat, Ekzodus, XXV, 40.

Tevrat, Hezekiel Bölümü, 39/18-20.

Tevrat, Neşideler Neşidesi, 4/5, 910.

Tevrat, Tekvin, 18.

Tevrat, Tekvin, 19, 31-35.

Tevrat, Tesniye, 10-17.

Tevrat, Yeremya Bölümü, 3.

Texe Marrs, *İlluminati - Entrika* Çemberi, çev. M. Hulusi Altunel, Timaş Yayınları, İstanbul, 2015, s. 99.

The Big Short, DVD film, 2015.

"The US embassy cables", Confidential Section 01-04, 11.02.2010, New Delhi, 00290, SIPDIS, http://www.westernshugdensociety.org/photos/dalai-lama-wikileaks-shamel/

Thierry Zarcone (aktaran), *İslam'da Sır ve Gizli Cemiyetler*, çev. Ali Berktay, Alkım Yayınları, İstanbul, 2005.

Thierry Zarcone, *İslam'da Sır ve Gizli Cemiyetler*, çev. Ali Berktay, Alkım Yayınevi, İstanbul, 2003.

Thomas Piketty, *Why Save the Bankers ve Other Essays on our Economic and Political Crisis*, Translated from the French and Annotaled by Seth Ackerman, Houghton Mifflin Harcourt, Boston-New York, 2016.

Transparency International, "Global Corruption Report", www.transparency.org: Marcia Angell, "The Truth About Drug Companies", 2004.

TRT1, Gülben Ergen'in sunduğu program, 26.10.2011.

Tutkun Akbaş, Fotoğraf: Çağrı Kılıççı, *Tempo* dergisi, 16 Mart 2006.

Uki Koni ve Jonathan Watts, "Pope Francis: questions remain over his role during Argentina's dictatorship's", *The Guardian*, 14.03.2013.

Ulus Baker, *Beyin Ekran*, Ege Berensel (derleyen), Birikim Yayınları, İstanbul, 2011, s. 79.

Umberto Eco, *Foucault Sarkacı*, çev. Şadan Karadeniz, Can Yayınları, 7. baskı, İstanbul, 2003.

United States, *Federal Reporter*, 2nd Series, c. 680, 1982, s. 1239-1241.

"Who Controls America? Who Controls the Federal Reserve System?" http://thezog.worldpress.com/who-controls-the-federal-reserve -system-part-1/

Will Durant ve Roger Lambelin, *Yahudiliğin Tarihi ve Siyon Liderlerinin Protokolleri*, çev. A. Basad Kocaoğlu, Okumuş Adam Yayınları, İstanbul, 2004.

William C. Chittick, İbni Arabi'nin Metafiziğinde Hayal - Sufi'nin Bilgi Yolu, çev. Ömer Saruhanlıoğlu, Okuyan Us Yayınevi, İstanbul, 2016.

William C. Chittick, *Sufi'nin Bilgi Yolu - İbni Arabi'nin Metafiziğinde Hayal*, çev. Ömer Saruhanlıoğlu, Okuyan Us Yayıncılık, İstanbul, 2016.

William Gibson, *Neuromancer*.

William Greider, *Secrets of the Temple: How the Federal Reserve Runs the Country*, Touchstone Publ., New York, 1989.

William Patonlarry L. Squire, "Using a Zeta Inhibitory Peptide (ZIP) to Study the Temporal Dynamics of Long Term Memory", UCSD, 2011; http://tdk.ucsd.edu/research/posters/Attm_2011/patton_Williampdf

Winston Churchill, *Illustrated Sunday Herald* gazetesi, 8 Şubat 1920.

World News Briefs, "Dalai Lama Group Says It Got Money From CIA", *The New York Times*, 02.10.1998.

www.bis.org/about/board.htm

www.federalreserve.gov

www.freeMasonry.bcy.ca/texts/Illuminati:htm/#17

www.unification.net/uts/bretmoss/08.

www.vaticanbankclaims.com/press.html ve www.vaticanbankclaims.com/links.html

Yaşar Nuri Öztürk, *Arapçılığa Karşı Akılcılığın Öncüsü İmamı Azam Ebu Hanife*, Yeni Boyut Yayınları, 23. baskı, İstanbul, 2016.

Yuhanna'nın (John) I. Mektubu, 4:7-8.